Apache
Web-Server

Lars Eilebrecht

Apache Web-Server

Installation, Konfiguration, Administration

3., erweiterte und überarbeitete Auflage

Unter Mitarbeit von Thomas Rohde, Tino Wildenhain und Peter Simons

mitp

Die Deutsche Bibliothek – CIP-Einheitsaufnahme

Lars Eilebrecht:
Apache Web-Server /
– 3., erweiterte und überarbeitete Aufl. – Bonn:
MITP-Verlag GmbH, 2000
ISBN 3-8266-0612-4

ISBN 3-8266-0612-4
3., erweiterte und überarbeitete Auflage 2000

Printed in Germany

Ein Unternehmen der verlag moderne industrie AG & CO. KG, Landsberg

Lektorat: Fernando Schneider
Korrektorat: Friederike Daenecke
Druck: Media-Print, Paderborn
Umschlaggestaltung: Kommunikation & Design, Köln
Satz und Layout: reemers publishing services gmbh, Krefeld

Inhaltsverzeichnis

Vorwort zur dritten Auflage

Der Verkaufserfolg eines Computerbuchs lässt sich manchmal dadurch noch steigern, dass man einen namhaften Kenner der Branche dafür gewinnt, ein Vorwort für eine zweite oder dritte Auflage zu schreiben, und dann auf dem Titelbild groß mit dem Ausruf

»Mit einem Vorwort von [*bekannter Name*]!«

wirbt. Im Bekanntenkreis Lars Eilebrechts fänden sich ohne Zweifel eine ganze Reihe sehr gut für diese Aufgabe geeignete Menschen. Doch Lars enthielt sich geduldig der Versuchung, diesen Trumpf allzu früh auszuspielen, denn er wollte einen Autor für sein Vorwort gewinnen, der gleichermaßen bekannt und beliebt ist, und dessen Kompetenz – wenn überhaupt – nur noch von seinem Sprachwitz und seiner Originalität übertroffen wird.

Dass nun trotzdem ich dieses Vorwort schreibe, sollte anderen Buchautoren eine Lehre sein, nicht angetrunken und ohne ein originelles Geschenk auf der Geburtstagsfeier eines Freundes zu erscheinen, der zudem die Sorte Mensch ist, die eine solche Situation schamlos ausnutzt. Als Lars am 4. September 1999 in nämlicher Situation zusagte, ich dürfe ein Vorwort für die nächste Auflage seines Buches schreiben, hatte er offensichtlich noch die vage Hoffnung, ich würde sein Versprechen vergessen. Glücklicherweise belaste ich mein Gedächtnis aber nicht mit Versprechen, die ich anderen Leuten gegeben habe, und habe deswegen sehr viel Kapazität frei, anderer Leute Versprechen mir gegenüber zu speichern. Und so sitzt Lars nun zu Hause und bangt, welche Katastrophe ihm in Form dieses Textes ins Haus steht. Geschieht ihm recht.

Da Herr Eilebrecht und ich inzwischen aber in derselben deutschen Stadt wohnen, und er zudem substanziell größer ist als ich, werde ich darauf verzichten, meine Drohung wahr zu machen, mein Vorwort werde bar jeden Bezuges zum bevorworteten Buch sein und ausschließlich von mir und meiner (inzwischen leider verstorbenen) Katze »Marvin« handeln. Statt dessen leiste ich mir die Grille, hübsche Wortschöpfungen im Text zu verwenden, die durch Umlauten der zweiten Silbe in ein reguläres Wort zu verwandeln sind, welches zudem prima in den Kontext passte, und ärgere so den Lektor.

Beginnen wir also damit, den horrenden Preis des Buches von 69 DM zu rechtfertigen. Sie, lieber Leser, haben wahrscheinlich kein Bild davon, unter wie viel Schweiß und Tränen der Autor dieses Buches zum Autor dieses Buches wurde. Ich selbst erinnere mich noch gut an die Zeit, als Lars an der ersten Auflage arbeitete: Er war ein Schatten seiner selbst. Mit zittrigen Fingern tastete er nach der Tastatur, nachdem ein extra angeschaffter Industrial-Strength-Wecker ihn und das umliegende Wohngebiet aus einem kurzen, fiebrigen Schlaf gerissen hatte; und dann wurde weitergeschrieben. Tag und Nacht schrieb er an dem Buch oder forschte in den undokumentierten Weiten des Apache. Er vernachlässigte seine Gesundheit und lebte ausschließlich von chinesischen Tüten-Nudelsuppen, die man für 99 Pfennig im Asia-Shop kaufen kann und welchen ein Tütchen mit einem unmenschlich scharfen Gewürz beiliegt, damit sie überhaupt nach etwas schmecken. Um Zeit zu sparen, schlang er die Suppen mit kaltem Wasser herunter – der Wasserkocher stand im Erdgeschoss. Hätte er zu diesem Zwecke nicht die Hände von der Tastatur nehmen müssen und so an Schreibgeschwindigkeit verloren, hätte er sicherlich vier Packungen »Rothändle ohne Filter« am Tag geraucht.

Die beiden Katzen des elternlichen Hauses waren völlig verstört ob der ungewohnten Vorgänge, und ihre felinen Körper schütten das seltene Stresshormon Daloktose 324 aus, welches die Nebenwirkung hat, dass die Schnurrhaare der Tiere jede Elastizität verlieren und wie zu Eis erstarrt steif werden. Demzufolge war das Haus Tag und Nacht von ominösen Knirsch- und Knackgeräuschen erfüllt, die von den an Mauerecken und Türen abbrechenden Schurrhaaren der Tiere herrührten.

Die Geliebte von Lars, ein blondes, engelsgleiches Geschöpf von schönem Wuchs und anmutigem Wesen, welche zudem über ein beträchtliches Barvermögen mütterlicherseits verfügt, verließ ihn verbittert nach einigen Wochen und brannte mit seinem besten Freund Fionn durch, dem sie seitdem in dem von ihr finanzierten, aber gemeinsam bewohnten Landhaus in Südirland sieben gesunde Söhne schenkte; und trotz der Geburten noch dieselbe Figur hat wie mit 19.

Ich bin froh, dass ich ihn zu dieser Zeit praktisch nicht kannte und dies alles nicht miterleben musste.

Jedenfalls will ich jetzt nichts mehr hören von wegen »das Buch ist aber ganz schön teuer«. Für den grotesk geringen Betrag von neunundsechzig Deutschen Mark halten Sie das ruinierte Leben eines begabten, jungen Menschen in den Händen. Ich sage es nochmal in aller Deutlichkeit: Lars Eilebrecht ruinierte sein Leben für *neunundsechzig* Deutsche Mark, *für Sie*! Bedenkt man, dass er selbst ja nur einen Bruchteil dieses Betrages wirklich für sich beanspruchen kann, lässt dies einige Rückschlüsse auf seinen Geisteszustand zu. Wie dem auch sei, rechnete ich selbst nicht fest mit kostenlosen Belegexemplaren, wäre es mir den Spaß, Lars' Leben für neunundsechzig Mark zu ruinieren, durchaus wert. Außerdem bekommt man für das Geld ein schönes Vorwort.

Eine interessante Tatsache möchte ich noch schildern, die mich persönlich mit ihrer inhärenten Ironie und Komik sehr erheitert hat: Als Lars damit begann, dieses Buch zu verfassen, war der Apache noch lange nicht in der ausgereiften und gut dokumentierten Form, in der man ihn heute vorfindet. Bei nahezu allen Software-Projekten verbringen die Programmierer ihre Zeit lieber mit dem Programmieren als mit dem Dokumentieren. Infolgedessen ist die Dokumentation des Programms oftmals inkonsistent mit der tatsächlichen Implementierung: Optionen, die in der Dokumentation beschrieben sind, existieren nicht mehr oder funktionieren komplett anders als beschrieben; neue Optionen sind nicht dokumentiert und dementsprechend auch nicht auf breiter Basis getestet und so weiter. Während des Schreibens hatte Lars also regelmäßig damit zu kämpfen, dass er der Erste war, der eine Funktionalität überhaupt zu benutzen versuchte – vom Autor mal abgesehen. Unnötig zu erwähnen, dass dabei dutzende von Fehlern im Apache selbst zu Tage kamen sowohl als auch Fehler und Auslassungen in der Dokumentation des Programms. Brav machte Lars sich die Mühe, den Verantwortlichen diese Probleme mitzuteilen, teilweise direkt mit den entsprechenden Verbesserungen im Anhang der E-Mail. (Als Dank und Anerkennung für diese Leistungen wurde er übrigens in die *Apache Group* gewählt – der kleinen Gruppe von Menschen auf der Welt, die das Schicksal der Software bestimmen und lenken – und wird dort unter dem Spitznamen »*Bug Hunter*« geführt.) Man darf also unwidersprochen behaupten, dass das Verfassen dieses Buches allen Nutzern der Software viel gebracht hat – nicht nur den Lesern des Buches –, denn ohne das Engagement von Lars wäre der Apache nicht so gut verwendbar, wie er es heute ist.

Kurioserweise wird ihm diese Anerkennung gelegentlich ausgerechnet von Lesern des Buches vorenthalten. Die am häufigsten gehörte Kritik von Rezensenten ist, dass der Inhalt des Buches weitgehend mit der Apache-Dokumentation identisch sei. Daraus schließen diese Damen und Herren folgefalsch, dass der gute Herr Eilebrecht sich offensichtlich des Abschreibens schuldig gemacht habe. Die Wahrheit ist tatsächlich aber genau andersherum: Weil Lars dieses Buch geschrieben hat, ist die Apache-Anleitung inzwischen auf einem Stand, in dem ein des Englischen mächtiger Anwender das Buch eigentlich nicht mehr bräuchte. Ich verwende bewusst den Konjunktiv II, denn spätestens seit der nun vorliegenden dritten Auflage, umfasst das Buch ein deutlich breiteres Themenspektrum, als es eine Programmanleitung je tun könnte. Beschränkt sich die Dokumentation des Apache naturgemäß auf den Apache selbst, so bietet dieses Buch eine breite Einführung in eine Vielzahl von Themen, die für den angehenden Webmaster von Bedeutung sind. Dazu gehören Aspekte der Sicherheit von Webservern, aber auch die Beschreibung einer Auswahl von wichtigen Tools und Modulen, ohne die der Betrieb einer modernen Website heute nicht mehr denkbar wäre. Ich darf Ihnen, dem Käufer dieses Werkes, also vorbehaltlos zu Ihrer Wahl gratulieren und möchte Ihnen zum Abschluss dieses Textes noch viel Spaß bei der Lektüre des Buches wünschen.

München, im Januar 2000
Peter Simons <simons@ieee.org>

Kapitel 1

Einleitung

1.1 Worum geht es in diesem Buch?

Um den Apache Webserver, den derzeit am weitesten verbreiteten Webserver im Internet. Zum Zeitpunkt der Drucklegung dieses Buches wird der Apache laut *Netcraft Survey*[1] auf mehr als 60% aller Webserver im Internet eingesetzt, Tendenz steigend.

Es gibt mehrere Gründe für den Einsatz des Apache. Er ist kostenlos und inklusive Sourcecode verfügbar, also sogenannte *Open-Source*-Software, zudem bietet er eine sehr hohe Performance bei vergleichsweise geringer Ressourcenauslastung, er bietet sehr viele, flexibel einsetzbare Funktionsmöglichkeiten, und er ist relativ einfach zu konfigurieren – zumindest dann, wenn man dieses Buch gelesen hat.

Ich gehe detailliert auf die Konfiguration des Apache ein, wobei die einzelnen Konfigurationsanweisungen thematisch geordnet und mit vielen Beispielen versehen sind. Am Anfang beschreibe ich die Übersetzung der Quelltexte und die Installation des Apache, wobei eine Übersicht über die einzelnen Module des Apache auch nicht fehlen darf.

Nachdem der Apache installiert und konfiguriert ist, wird in den nachfolgenden Kapiteln seine Verwendung genauer erläutert. Hier sind die Themen *Common Gateway Interface, Server-Side Includes* und *Image-Maps* zu nennen. Weitere Informationen zu Hilfsprogrammen zur Logfile-Analyse und der Einrichtung eines Suchsystems sind ebenfalls aufgeführt.

Damit Ihre Freude am Webserver nicht getrübt wird, spreche ich im Kapitel »Sicherheitsaspekte« das Thema Sicherheit des Serverrechners an.

Sicherheit spielt auch eine Rolle, wenn es um verschlüsselte Transaktionen im WWW geht. Die Installation und Konfiguration des SSL-Moduls wird deshalb ausführlich betrachtet.

1 `http://www.netcraft.com/Survey/`

Wie von vielen Lesern der ersten und zweiten Auflage gewünscht, werden in der dritten Auflage nun auch auf die bekannten Zusatzmodule PHP und JServ behandelt.

1.2 Leserkreis

Das Buch richtet sich an Webmaster und solche, die es werden wollen. Der Begriff »Webmaster« bezeichnet hier Personen, die für die Installation, Konfiguration und die Verwaltung eines Webservers verantwortlich sind.

Aber auch für Personen, die eher für den Inhalt des Webservers zuständig sind, dürfte das Buch interessant sein. Denn oftmals kann einem das Wissen um die Möglichkeiten des Apache dabei helfen, bestimmte Inhalte besser bzw. sinnvoller präsentieren zu können.

Ziel dieses Buches ist es, einerseits dem Einsteiger die Informationen über den Apache zu geben, die benötigt werden, um den Server erfolgreich in Betrieb nehmen zu können. Es soll ihm zeigen, wie sich die Funktionalitäten des Apache sinnvoll einsetzen lassen und welche Möglichkeiten sich durch Zusatzmodule wie PHP und JServ eröffnen. Andererseits soll das Buch auch dem fortgeschrittenen Nutzer und Experten die Arbeit mit dem Apache erleichtern und als Nachschlagewerk dienen. Hierzu wurde insbesondere darauf geachtet, dass der Buchindex dementsprechend umfangreich ist.

Der Apache ist für verschiedene Betriebssysteme verfügbar, wobei im Buch in erster Linie auf die Unix-Varianten eingegangen wird. Kenntnisse aus den Bereichen Unix und dem World Wide Web sind zwar keine Voraussetzung, aber für das Verständnis der einzelnen Kapitel durchaus hilfreich.

1.3 Kommentare und Verbesserungsvorschläge

Wenn Sie Anmerkungen zu diesem Buch machen wollen oder Fehler entdecken, so können Sie sich via E-Mail unter der folgenden Adresse an den Autor Lars Eilebrecht wenden:

```
lars@apache.org
```

1.4 Danksagungen

An erster Stelle gebührt mein Dank Petra Kirchner, Michael Engel und Wolfgang Hegelich für all ihre Hilfe und Unterstützung, als mein Arbeitsrechner sich in Rauch aufgelöst hatte und der Abgabetermin für die erste Auflage des Buches immer näher rückte.

Großer Dank gebührt ebenfalls meinen Co-Autoren Thomas Rohde und Tino Wildenhain, die durch ihre Kapitel zu `mod_php` und `mod_jserv` dafür gesorgt haben, dass die dritte Auflage dieses Buches noch um vieles besser wurde. Einen Beitrag hierzu hat sicherlich auch Peter Simons durch sein hervorragendes Vorwort geleistet.

Mein Dank gilt zudem meinen Korrekturlesern Petra Kirchner, Ronald Tschalär, Martin Kraemer, Ralf S. Engelschall, Fionn Behrens, Frank Thilo und Friederike Daenecke. Ihre Kritik und ihre Anregungen gaben den Kapiteln die endgültige Form.

Weiterhin gebührt mein Dank der Unix-AG der Uni-GH Siegen, denn ohne sie, hätte ich mich wahrscheinlich niemals so intensiv mit Webservern auseinandergesetzt.

Mein spezieller Dank gebührt jedoch den Mitgliedern der Apache Software Foundation, die durch ihre Arbeit den Apache zu dem gemacht haben, was er heute ist – der beste Webserver, den man für *kein* Geld kaufen kann.

Nicht zuletzt möchte ich dem MITP-Verlag und inbesondere meinem ehemaligen Lektor Hans-Jörg Ehren danken – vor allem dafür, dass er mich überhaupt erst dazu ermuntert hat, ein Buch über Apache zu schreiben.

München, im Februar 2000

Lars Eilebrecht, <lars@apache.org>

## Kapitel 2

Wie alles anfing...

2.1 Internet

Das Internet existiert seit Ende der 60er Jahre und ist aus dem ARPANET (*Defence Advanced Research Projects Agency*) der Vereinigten Staaten von Amerika entstanden. In den 70er und 80er Jahren hat es sich vor allem im akademischen Bereich verbreitet. Anfang der 90er Jahre entdeckte jedoch die kommerzielle Welt das Internet und fing an es für ihre Zwecke, wie z. B. Werbung, zu nutzen. Verantwortlich hierfür war in erster Linie das World Wide Web, das seitdem zu einem der wichtigsten Informations- und Werbemedien geworden.

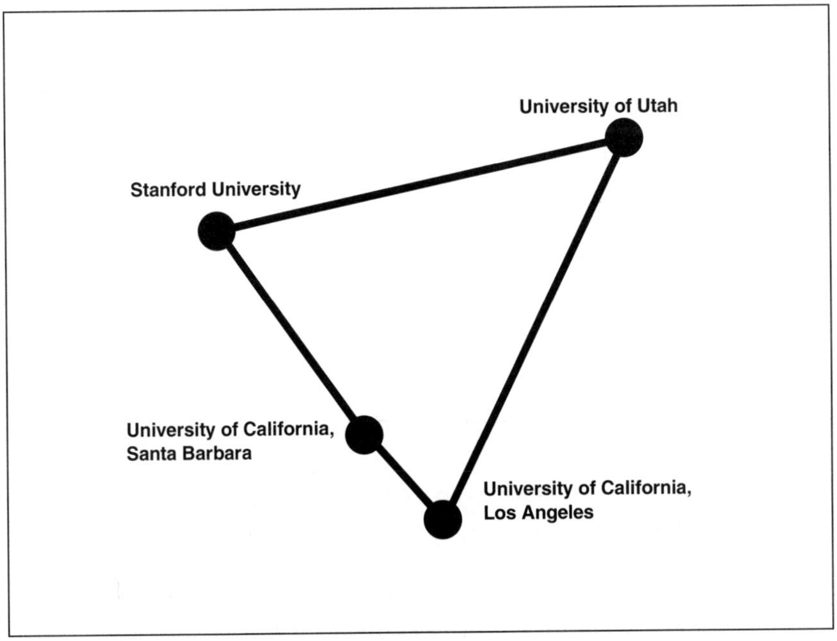

Abb. 2.1: Die ersten vier Knoten des ARPANET im Jahre 1969.

2.2 World Wide Web

Die Wiege des World Wide Web liegt in Europa oder genauer gesagt am europäischen Kernforschungsinstitut CERN in Genf (`http://www.cern.ch/`).

Im März 1989 begann ein Ingenieur am CERN einen Vorschlag zu erarbeiten, wie man Informationen am besten verwalten und auf sie zugreifen könne. Sein Name war Tim Berners-Lee. Er wollte mit seiner Arbeit eine Möglichkeit finden, alle Informationen und Forschungsdaten der CERN-Mitarbeiter zu verwalten.

Die vorgeschlagene Lösung basierte auf einem verteilten Hypertext-System. Diese Idee und der Begriff »*Hypertext*« war jedoch eigentlich gar nicht neu, denn er wurde bereits in den 60er Jahren von Ted Nelson geprägt. Das grundlegende Konzept ist es Informationen und Texte miteinander zu verknüpfen, zu *verlinken* – quasi eine nichtlineare Präsentation von Daten.

Der entgültige Vorschlag von Tim Berners-Lee wurde im März 1990 veröffentlicht und nicht viel später wurde ein Projekt namens »*World Wide Web*« gestartet. Tim Berners-Lee war hauptsächlich für die Erstellung einer Prototyp-Implementierung eines Hypertext-Servers und -Clients beziehungsweise Browsers verantwortlich. Er entwickelte die erste Version von HTTP, dem *HyperText Transfer Protocol*, und der auf SGML aufbauenden Sprache HTML, der *HyperText Markup Language*.

Der am CERN entwickelte Webserver galt lange Zeit als Referenzimplementierung, wird jedoch heute nicht mehr weiterentwickelt.

Die damals von Tim Berners-Lee erstellten Dokumente sind zum Großteil auch auf der Website des W3-Konsortiums (`http://www.w3.org/History/`) zu finden.

2.3 Der erste grafische Webbrowser

Die zuerst entwickelten Webbrowser waren nur in der Lage, textuelle Informationen darzustellen. Weder Grafik noch audiovisuelle Informationen waren möglich.

1992 gab es nur 50 verschiedene Websites, die über das Internet erreichbar waren. Im Jahre 1993 war die Anzahl immerhin schon auf ca. 600 angestiegen, wobei Ende des Jahres von Marc Andreesen, Softwareentwickler am NCSA (*National Center for Supercomputing Applications*, Universität von Illinois, USA; `http://www.ncsa.uiuc.edu/`), der erste Webbrowser mit grafischer Benutzeroberfläche entwickelt und veröffentlicht wurde.

Der Browser *Mosaic* machte das World Wide Web mit einem Schlag populär, und schon Mitte 1994 gab es eine Vielzahl von WWW-Servern im Internet. Mittlerweile gibt es auch für fast jedes Rechnersystem Mosaic-Portierungen. Marc Andreesen verließ die NCSA jedoch Anfang 1994 und gründete zusammen mit Dr. James H. Clark (Gründer der Firma Silicon Graphics; `http://www.sgi.com/`) und der Computerfirma Fortune 500 die Netscape Communications Corporation (`http://www.netscape.com/`), die mit dem Browser *Netscape Navigator* einen neuen Standard setzte.

Seit dieser Zeit verbreitet sich das World Wide Web rasend schnell weiter und ist zu dem wohl bekanntesten Dienst im Internet geworden. Schätzungen zufolge gibt es im Internet derzeit weit mehr als zehn Millionen Webserver.

2.4 W3-Konsortium

Bis vor einiger Zeit ging die Koordination der dem WWW zugrunde liegenden Protokolle und Spezifikationen noch vom CERN aus. Da der enorme Erfolg des World Wide Web jedoch die Möglichkeiten des CERN hinsichtlich weiterer Entwicklung überstieg, wurde das W3-Konsortium (W3C, `http://www.w3.org/`) ins Leben gerufen. Das W3C stellt sozusagen die Zentrale des World Wide Web dar und ist aus einer Kooperation des CERN mit dem MIT (*Massachusetts Institute of Technology*, USA; `http://web.mit.edu/`) entstanden. Zusätzlich zum MIT gehören dem W3C noch die Forschungseinrichtung INRIA (`http://www.inria.fr/`) in Frankreich sowie einschlägige Software-Firmen wie z. B. Netscape Communications oder Microsoft an. Direktor des W3-Konsortiums ist derzeit Tim Berners-Lee.

2.5 Die Entstehung des Apache

Ebenso wie Mosaic lange Zeit der Standardbrowser war, war der CERN Webserver lange Zeit der Standardserver (der von Tim Berners-Lee entwickelt wurde, jedoch mittlerweile nicht mehr weiterentwickelt wird). Anfang 1995 war jedoch der von Rob McCool entwickelte NCSA Webserver der meistgenutzte Webserver im Internet. Nachdem jedoch Rob McCool das NCSA verlassen hatte, kam die Entwicklung des NCSA Webservers etwas ins Stocken. Einige Leute begannen den Webserver in eigener Regie zu erweitern und zu verbessern. Es wurden immer mehr *Patches* hinzugefügt, und letztlich erhielt man einen *gepachten* Server (*a patchy server*), woraus dann der Name *Apache* entstanden ist.

Basierend auf dem NCSA Webserver, Version 1.3, wurde im April 1995 dann die erste Beta-Version des Apache veröffentlicht. Schon damals wurde der Apache vielerorts eingesetzt. Die von den Mitgliedern der *Apache Group* mit zahlreichen neuen Funktionalitäten und Verbesserungen ausgestattete Version 1.0 wurde schließlich im Dezember 1995 herausgebracht. Nicht ganz ein Jahr danach hatte der Apache den NCSA Webserver als Nummer Eins verdrängt und war zum meistgenutzten Webserver geworden. Verantwortlich war hierfür nicht zuletzt das modulare Konzept des Apache. Eine Vielzahl von unterschiedlichen Modulen ist schon in der Apache-Distribution enthalten, und viele weitere Module sind für die unterschiedlichsten Anwendungsgebiete zu bekommen.

Zum Zeitpunkt der Drucklegung wurde der Apache, inklusive all seiner Derivate, auf mehr als 60% aller Webserver im Internet eingesetzt und liegt somit weit vor den Konkurrenzprodukten von Microsoft und Netscape.

Kapitel 3

Das Apache Webserver-Projekt

Wie bereits im vorigen Kapitel erwähnt, wurde das Apache Webserver-Projekt 1995 ins Leben gerufen. Nachfolgend soll deshalb ein kleiner Einblick in das Projekt, in die Arbeit der *Apache Group* und der *Apache Software Foundation* gegeben werden.

3.1 Die Apache Group

Unter dem Namen »*Apache Group*« schlossen sich 1995 acht der Entwickler zusammen, und seither koordiniert diese Gruppe die Entwicklung des Apache. Mittlerweile haben einige der damaligen Mitglieder die Gruppe verlassen und zahlreiche neue Mitglieder sind hinzugekommen. Am heutigen Tage besteht die Apache Group aus mehr als 20 aktiven Mitgliedern aus den USA, Kanada, England, Neuseeland, Italien und Deutschland.

Zentrales Kommunikationsmittel der Gruppe ist eine Mailing-Liste, auf der alle Belange rund um die Entwicklung des Apache diskutiert werden. Die Developer-Liste ist öffentlich, d.h. jeder, der sich für die Entwicklung des Apache interessiert, kann sich auf der Liste eintragen und sich an den Diskussionen beteiligen. Bei etwas mehr als 300 Teilnehmern und einem Mail-Aufkommen von fünf bis hin zu 50 Mails pro Tag sollte man jedoch schon ein solides Interesse am Apache mitbringen. Im Mail-Archiv der Liste befinden sich derzeit weit über 50.000 E-Mails. Auf der Liste wird über zukünftige Neuerungen gesprochen und insbesondere darüber abgestimmt, welche neuen Patches in den Apache integriert werden und welche nicht.

Es gibt feste Richtlinien, wann ein Patch angenommen wird und wann nicht. Soll beispielsweise eine neue Funktionalität eingefügt werden, so müssen sich mindestens drei der Mitglieder dafür aussprechen und es darf keine einzige Gegenstimme geben (*review-then-commit*). Handelt es sich um Bug-Fixes oder kleinere Patches, darf ein Entwickler diese direkt in den Apache integrieren, d.h. eine Überprüfung seitens der anderen Entwickler findet erst nachträglich statt (*commit-then-review*). Die Verwaltung des Quellcodes erfolgt über ein zentrales CVS-Repository (*Concur-*

rent Versions System), auf das alle Mitglieder der Apache Group Schreibzugriff haben. Erst CVS macht es möglich, dass mehrere Leute gleichzeitig am Sourcecode arbeiten können ohne sich dabei gegenseitig in die Quere zu kommen. Zudem ermöglichen CVS-Protokollierungsfunktionen einen schnellen und einfachen Überblick über die Änderungen, die an einer bestimmten Datei vorgenommen wurden.

Ansonsten werden Entscheidungen innerhalb der Gruppe generell in Form einer Mehrheitsentscheidung getroffen. Keine speziellen Richtlinien gibt es bezüglich der Aufgabenverteilung innerhalb der Apache Group, denn es gibt weder feste Aufgabenverteilungen noch eine feste Struktur und insbesondere keinen Chef.

Weitere Details hierzu sind auf der Entwickler-Website `http://dev.apache.org/` zu finden.

3.2 Motivation der Entwickler

Der Apache ist mehr als die Summe aus der Arbeit der Apache Group-Mitglieder, denn der Apache lebt von den zahlreichen Beiträgen der Apache-Gemeinden, angefangen von Bug-Reports, Bug-Fixes und Erweiterungen bis hin zu Anregungen und Ideen. Die Motivation der einzelnen Entwickler ist sehr unterschiedlich. Einige entwickeln aus beruflichem Interesse, bei anderen ist es wiederum der Spaß an der Programmierung und sicherlich auch hier und da ein gutes Stück Idealismus. Im Laufe der Zeit sind auf diese Weise zahlreiche Beiträge in den Apache eingeflossen. Mehr als 400 Personen haben bisher an der Entwicklung des Apache mitgearbeitet, was sicherlich nicht in solch großem Umfang der Fall wäre, wenn es sich beim Apache um ein kommerzielles Produkt handeln würde. Wer behebt schon zum Spaß Fehler in kommerzieller Software, für die man womöglich noch viel Geld bezahlt hat?

3.3 Der Apache Webserver

Mittlerweile ist der Apache für eine Vielzahl von Betriebssystemen verfügbar und belegt mit seinem Erfolg deutlich, dass Open-Source nicht nur eine schöne Idee ist, sondern dass dieses Konzept auch erfolgreich sein kann. Mit seinem enormen Funktionsumfang ist der Apache für nahezu jeden Anwendungsfall geeignet. Durch sein modulares Konzept lässt sich der Apache einfach um zusätzliche Funktionen erweitern, wobei im Lieferumfang des Apache bereits eine Vielzahl von Modulen für die verschiedensten Anwendungsgebiete enthalten sind die im nächsten Kapitel beschrieben werden.

Die meisten verfügbaren Zusatzmodule sind zentral in der *Apache Module Registry* erfaßt und größtenteils kostenlos verfügbar. Unter den mehr als 100 Modulen gibt es zahlreiche spezielle Authentikationsmodule und Skript- respektive Interpretermodule für diverse Programmiersprachen wie beispielsweise Java, JavaScript, Perl, Python oder Tcl. Auch wenn es um eine Datenbankanbindung geht, wird man in der Module Registry fündig. Populärstes Beispiel ist hier das frei erhältliche PHP-Modul, mit dem sich auf einfache und flexible Weise eine Anbindung an eine Datenbank realisieren lässt. Die meisten der bekannten kommerziellen und freien Datenbanksysteme wie beispielsweise MySQL oder Oracle werden von PHP unterstützt. Auch wenn eine SSL-Unterstützung benötigt wird – etwa wenn es um Electronic Commerce geht – ist der Apache eine gute Wahl. Ein SSL-Modul ist ebenfalls frei verfügbar und macht den Apache zu einem SSL-Webserver, der mit wirklich starker 128-Bit-Verschlüsselung arbeitet.

Wenn neue Standards bezüglich des World Wide Web entstehen, so ist der Apache typischerweise immer einer der ersten Webserver, in den diese integriert werden. Dies war beispielsweise bei *Transparent Content Negotiation* (RFC 2295) der Fall und auch bei WebDAV (RFC 2518, *Web-based Distributed Authoring and Versioning*). Bei WebDAV handelt sich um eine Protokollerweiterung, die eine Webpublishing-Funktionalität in HTTP integriert. Im Apache durch das Zusatzmodul `mod_webdav` schon seit längerem verfügbar, ist eine Unterstützung auf der Client-Seite erstmals in der 5er Version des Microsoft Internet Explorer zu finden.

Aber nicht alle Module, die es für den Apache gibt, sind kostenlos verfügbar. Auch im kommerziellen Umfeld finden sich immer mehr Firmen die ihre Produkte als natives Apache-Modul anbieten, wie z. B. Live Software mit der Java-Servlet-Engine *JRun Pro*, Allaire mit *Cold Fusion*, TalentSoft mit dem Warenkorbsystem *Web+Shop* oder auch Chilisoft mit seinem *Active Server Pages*-Modul um nur einige Beispiele zu nennen.

Doch auch für andere kommerzielle Produkte ist der Apache interessant, denn die Lizenzbestimmungen erlauben, abgesehen von kommerzieller Nutzung, auch die Integration des Apache in kommerzielle Produkte. Prominentestes Beispiel hierfür ist IBM. IBM verwendet den Apache als Basis für ihr *WebSphere*-Produkt und beteiligt sich zudem aktiv an der Weiterentwicklung des Apache. IBM besitzt ein eigenes Apache Development Team und einige der Angestellten sind Mitglieder der Apache

Group. Ähnlich verhält es sich bei Siemens und Apple. Siemens liefert den Apache auf seinen BS2000-Systemen aus, und Apple hat den Apache auf das Betriebssystem Mac OS X portiert. Auch Silicon Graphics bietet mittlerweile als Alternative zum Netscape FastTrack-Server den Apache für seine IRIX-Systeme an.

3.4 Ziele des Apache-Projekts

Hauptziel des Apache-Projekts ist es, eine zuverlässige und leistungsfähige Webserver-Software kostenlos zur Verfügung zu stellen. Die Mittel des Webpublishing sollten für jeden frei verfügbar sein, egal ob es sich um eine Firma oder einen Privatanwender handelt. Eine Monopolstellung einer Firma würde sich äußerst negativ auf die Entwicklung des World Wide Web auswirken. Der Apache soll jedem als Referenzimplementierung zur Verfügung stehen, d.h. das primäre Ziel des Apache ist Stabilität und insbesondere die Korrektheit bezüglich der HTTP-Spezifikationen. Der Apache war die erste Webserver-Software, die eine vollständige Unterstützung der HTTP/1.1-Spezifikationen bot. Erst danach folgt die Performance, die aber dennoch einen hohen Stellenwert einnimmt.

3.5 Apache Software Foundation

Um auch zukünftig die Verbreitung des Apache zu erhöhen und diese Ziele verwirklichen und ausbauen zu können, wurde im Mai 1999 von der *Apache Group* die *Apache Software Foundation* (*ASF*) gegründet. Es handelt sich um eine sogenannte *Not-for-profit*-Corporation mit Sitz in Delaware, USA. Die Foundation wurde gegründet, um organisatorische, rechtliche und auch finanzielle Unterstützung für die Apache Open-Source-Projekte zur Verfügung stellen zu können. Zum Zeitpunkt der Drucklegung besaß die ASF knapp 40 Mitglieder und die nachfolgend aufgelisteten ASF-Projekte:

1. Apache Webserver
2. XML-Apache
3. Jakarta
4. Java-Apache
5. mod_perl
6. mod_php
7. Conferences
8. Foundation

Das Apache Webserver-Projekt ist somit eins der Open-Source-Projekte, die unter dem Namen *Apache Software Foundation* zu finden sind.

Letztlich soll die Foundation Entwickler und auch Firmen motivieren sich bei der Foundation zu engagieren und an den Projekten zu beteiligen, von denen in Zukunft weitere hinzukommen sollen.

Details zu den Projekten und der Apache Software Foundation selbst sind unter `http://www.apache.org/` zu finden.

Kapitel 4

Einrichten des Webservers

4.1 Verfügbarkeit der Apache-Distributionen

Auf der dem Buch beigelegten CD-ROM befindet sich die – zum Erstellungszeitpunkt – aktuelle Version der Apache-Software. Im Verzeichnis `/apache/dist` finden Sie sowohl die entpackte Source-Distribution als auch das entsprechende Archiv. Zudem sind Binary-Distributionen für die meisten Plattformen auf der CD-ROM zu finden.

Die Apache-Software ist zwar frei verfügbar, jedoch nicht *Public Domain*. Beachten Sie bitte die Lizenzbestimmungen, die bei jeder Distribution in der Datei `LICENSE` und zudem im Anhang dieses Buches zu finden sind.

Die aktuellste Version der Apache-Distribution finden Sie immer auf dem Webserver der Apache Software Foundation oder einem der zahlreichen Mirror-Server:

```
http://www.apache.org/httpd.html
```

4.2 Inhalt der Source-Distribution

Die Source-Distribution ist unter dem Namen

```
apache_1.3.x.tar.gz
```

auf der beigelegten CD-ROM wie auch auf der Apache Website zu finden. Das »*x*« steht hierbei für die jeweilige Revisionsnummer.

Um prüfen zu können, ob das Archiv auch wirklich von der Apache Software Foundation herausgegeben wurde, wird immer eine PGP-Signatur erstellt, die am Namen

```
apache_1.3.x.tar.gz.asc
```

zu erkennen ist. Auf Unix-Systemen kann mit folgendem Aufruf überprüft werden, ob die Signatur auch wirklich zum Archiv passt:

```
$ pgp apache_1.3.x.tar.gz.asc apache_1.3.x.tar.gz
```

Hat man das Apache-Archiv schließlich entpackt, finden sich im Hauptverzeichnis diverse Textdateien, Verzeichnisse und insbesondere das Konfigurationsskript.

4.2.1 Die wichtigsten Dateien

ABOUT_APACHE	Diese Datei enthält Informationen zur Apache Group, wie sie entstanden ist und was ihre Ziele sind.
LICENSE	Die Lizenzbedingungen des Apache Webservers
README	Enthält allgemeine Informationen zum Apache.
README.NT	Entspricht der `README`-Datei, ist jedoch auf die Win32-Version des Apache bezogen.
INSTALL	Hinweise zur Übersetzung und Installation des Apache
README.configure	Informationen und Bedienungshinweise zum `configure`-Skript
configure	Das Konfigurationsskript (*APACI, Apache Autoconf-Style Interface*)
config.layout	Verzeichnisdefinitionen für gängigsten Betriebssysteme; wird vom `configure`-Skript genutzt.
KEYS	Die PGP-Schlüssel einiger Mitglieder der Apache Software Foundation

4.2.2 Die Verzeichnisse im Hauptverzeichnis

cgi-bin	Das Verzeichnis für CGI-Skripte. Im Distributionsarchiv finden Sie hier einige Beispielskripte.
conf	Enthält Beispielkonfigurationen sowie die `mime.types`- und `magic`-Datei.
htdocs	Das Dokumentverzeichnis, das per Default eine Testdatei und im Unterverzeichnis `manual` die Apache-Dokumentation im HTML-Format enthält.
icons	Hier befinden sich die Piktogrammdateien, die in Verzeichnisindizes benutzt werden können.
logs	Das Logfile-Verzeichnis. Im Distributionsarchiv enthält es keinerlei Dateien.
src	Das wichtigste Verzeichnis: Hier befinden sich die Source-Dateien des Apache und der Module sowie die diversen Support-Dateien und -Skripten.

4.2.3 Die Modulverzeichnisse

standard	In diesem Verzeichnis befinden sich alle Standardmodule des Apache, z.B. mod_mime und mod_access.
proxy	Hier befinden sich alle zum Proxy-Modul gehörenden Dateien.
extra	Soll der Apache mit zusätzlichen Modulen, wie z.B. mod_bandwith ausgestattet werden, können die Dateien in dieses Verzeichnis gelegt werden. Es ist jedoch auch möglich einfach weitere Unterverzeichnisse im modules-Verzeichnis anzulegen und dies entsprechend bei configure anzugeben.
experimental	Dieses Verzeichnis beinhaltet Zusatzmodule, die zwar zur Apache-Distribution gehören, jedoch eher experimentellen Status haben, wie beispielsweise mod_mmap_static.
example	Hier befindet sich das für Programmierer interessante Example-Modul.

4.3 Apache-Module

Das Modulkonzept des Apache ist etwas, das ihn von anderen Webservern unterscheidet. Einerseits kann durch das Einbinden bzw. Weglassen von Modulen kontrolliert werden, welche Funktionalität der Apache besitzen soll, andererseits ist es möglich, auch eigene Module zu erstellen und einzubinden.

Der Apache besitzt ein *Application Programming Interface* (*API*), eine Programmierschnittstelle, über die Module die Kernfunktionen des Apache ansprechen und Informationen (sogenannte *Notes*) mit anderen Modulen austauschen können.

Der Apache wird schon mit einer Reihe von Modulen ausgeliefert, wobei es sich hierbei um Module handelt, die von der Apache Software Foundation unterstützt werden. Im Folgenden sind diese Module zusammen mit einer Kurzbeschreibung aufgeführt. Im Detail werden die Module und ihre Anweisungen in Kapitel 5 erklärt, jedoch soll die folgende Auflistung einen ersten Überblick über die Module verschaffen, damit Sie entscheiden können, mit welchen Modulen Sie den Apache übersetzen sollten.

4.3.1 Standardmodule

Alle der im Folgenden genannten Module werden per Default beim Übersetzen eingebunden und stellen in den meisten Fällen eine brauchbare und ausreichende Auswahl dar. Sofern eines dieser Module weggelassen wird, sollten Sie sich vorher genau überlegen, welche Auswirkungen dies auf die Nutzbarkeit des Apache hat. Das MIME-Modul wegzulassen, wäre beispielsweise eine sehr schlechte Idee.

mod_access

Durch das Access-Modul können Sie den Zugriff auf den Inhalt Ihres Webservers auf Basis von Hostnamen oder IP-Adressen kontrollieren. Beispielsweise kann ein Verzeichnis nur für den Zugriff von Rechnern der lokalen Domain freigegeben werden.

Wenn Authentikationsmodule wie beispielsweise `mod_auth` benutzt werden sollen, sollte unbedingt auch `mod_access` eingebunden werden.

mod_actions

Um *Action* in Ihren Server zu bringen, brauchen Sie das Actions-Modul nicht unbedingt, aber hierüber lassen sich CGI-Skripten bestimmten MIME-Typen zuordnen und bei Zugriff auf Dateien mit diesem Typ automatisch ausführen.

Weiterhin lassen sich für bestimmte Zugriffsmethoden (z. B. `PUT` oder `DELETE`) CGI-Skripten benennen, die den jeweiligen Request behandeln sollen. Das jeweilige CGI-Skript fungiert hierbei als sogenannter *Handler*, von denen der Apache schon einige interne besitzt.

mod_alias

Das Alias-Modul stellt die `Alias`- bzw. `Redirect`-Anweisungen zur Verfügung. Hiermit können Sie beispielsweise einen URL-Pfad intern auf ein anderes Verzeichnis umlenken (*Alias*) oder einen Webbrowser auf einen anderen URL umleiten (*Redirect*). Weiterhin stellt das Modul die Konfigurationsanweisung `ScriptAlias` zur Verfügung, um ein Verzeichnis zu definieren, das CGI-Skripten enthält (typischerweise `cgi-bin`). Sofern das Rewrite-Modul benutzt wird, kann auf das Alias-Modul verzichtet werden, da die Funktionalität des Alias-Moduls auch von `mod_rewrite` zur Verfügung gestellt werden kann.

mod_asis

Mit Hilfe des AsIs-Moduls können Dokumente *so-wie-sie-sind* ausgeliefert werden, d.h. die HTTP-Header stehen in der Datei selbst und werden auch so ausgeliefert, ohne dass vom Apache weitere Header erzeugt werden. Hierdurch lassen sich z. B. Redirects ohne Mithilfe eines CGI-Skripts oder einer Redirect-Anweisung erzeugen.

Es lassen sich quasi beliebige Header erzeugen. Allerdings sollten Sie, wenn es nur um Header-Manipulationen geht, hier eher auf die Funktionalität des Header-Moduls zurückgreifen.

mod_auth

Das Auth-Modul stellt die drei Direktiven `AuthGroupFile`, `AuthUserFile` und `AuthAuthoritative` zur Verfügung, die für die Konfiguration von passwortgeschützten Verzeichnissen bzw. Dokumenten benötigt werden. Das Modul `mod_auth` ist die einfachste Variante eines Authentikationsmoduls, da es mit reinen Textdateien arbeitet.

Ist eine sehr hohe Anzahl von Nutzern zu verwalten, eignet sich `mod_auth` nur noch bedingt, da die Performance stark abnimmt. Statt dessen sollten Sie auf eins der anderen Authentikationsmodule, wie beispielsweise `mod_auth_dbm` oder `mod_auth_db`, zurückgreifen.

mod_autoindex

Das Autoindex-Modul ist für das Generieren von Verzeichnisindizes zuständig: Wenn keine Indexdatei, typischerweise `index.html`, vorhanden ist, sorgt es für die entsprechende Aufbereitung des Verzeichnisinhalts. Über die verschiedenen Anweisungen des Moduls können Sie diese Verzeichnisindizes in gewissen Grenzen an Ihre eigenen Bedürfnisse anpassen.

Die Erzeugung dieser Verzeichnisindizes kann mit der `Options`-Anweisung ausgeschaltet werden, oder man bindet das Modul erst gar nicht in den Apache ein.

mod_cgi

Wie der Name schon vermuten lässt, ist das CGI-Modul (CGI – *Common Gateway Interface*) für die Ausführung von CGI-Skripten notwendig. Wenn grundsätzlich keine CGI-Skripten benötigt werden, kann auf dieses Modul verzichtet werden. Aber in der Regel wird früher oder später die CGI-Funktionalität benötigt, und es ist somit eine gute Idee das CGI-Modul generell mit einzubinden.

mod_dir

Das Dir-Modul stellt einzig die `DirectoryIndex`-Anweisung zur Verfügung und ist überdies für die automatischen Verzeichnis-Redirects zuständig. Wenn beispielsweise auf ein Verzeichnis zugegriffen, aber der Slash am Ende vergessen wird, sorgt das Modul dafür, dass der Webbrowser automatisch einen HTTP-Redirect auf den korrekten URL bekommt (vergleiche hierzu Anhang I).

mod_env

Mit dem Env-Modul ist es möglich Umgebungsvariablen des Servers, d.h. Variablen der Shell, von der aus der Apache gestartet wurde, an CGI-Skripte (*Common Gateway Interface*) und SSI-Dokumente (*Server-Side Includes*) zu übergeben. Ebenso können beliebige Variablen in der Serverkonfiguration gesetzt werden.

Sofern `mod_cgi` oder `mod_include` benutzt wird, kann dieses Modul in manchen Fällen hilfreich sein.

mod_imap

Das Image-Map-Modul wird benötigt, wenn *Server-Side Image-Maps* (auch bekannt als *Clickable Images*) angeboten werden sollen. Sofern ein Browser solche Image-Maps nicht unterstützt (z.B. textbasierte Browser), kann automatisch ein textuelles Menü erzeugt werden. Im Gegensatz zu *Client-Side Image-Maps*, bei denen die Image-Map-Definitionen im HTML-Dokument selbst stehen, wird bei *Server-Side Image-Maps* für jede Grafik eine eigene Map-Datei benötigt. Mittlerweile unterstützen jedoch nahezu alle Browser *Client-Side Image-Maps*, die auch zu bevorzugen sind.

Nach Möglichkeit sollten Sie auf dieses Modul verzichten und *Client-Side Image-Maps* benutzen. Wenn sehr viele Image-Maps verwendet werden, erleichten Sie Nutzern von textbasierten Browsern die Navigation.

Der Einsatz von `mod_imap` macht prinzipiell nur dann Sinn, wenn schon *Server-Side Image-Maps* eingesetzt werden.

mod_include

Wenn *Server-Side Includes* (*SSI*) genutzt werden sollen, wird das Include-Modul benötigt. Sind SSI für ein Dokument aktiviert, so wird es nicht direkt an einen Client ausgeliefert, sondern auf Include-Anweisungen hin analysiert. Diese werden dann gegebenenfalls ausgeführt, und die Ausgabe beziehungsweise das Ergebnis wird in die Ausgabe der Seite übernommen. Es gibt eine ganze Reihe von Include-Anweisungen. Im einfachsten Fall lässt sich mit ihnen eine andere Datei einbinden, aber es ist auch möglich, Shell-Befehle und CGI-Skripten auszuführen. Hierdurch lassen sich relativ leicht dynamisch generierte HTML-Dokumente erzeugen.

mod_log_config

Das Log-Config-Modul ist ein Ersatz für das Modul `mod_log_common`, das bei früheren Apache-Distributionen mitgeliefert wurde. Es können ein oder mehrere Logfiles geführt werden, und Sie können das Aussehen der Log-Einträge an Ihre eigenen Bedürfnisse anpassen.

In der Apache-Distribution befinden sich noch die beiden anderen Logfile-Module `mod_log_agent` und `mod_log_referer`, die jedoch veraltet sind und durch `mod_log_config` ersetzt wurden.

In der Regel sollten Sie auf das Log-Config-Modul nicht verzichten, da man insbesondere über das Access-Log erfahren kann, inwieweit überhaupt Seiten vom eigenen Webserver heruntergeladen wurden.

mod_mime

MIME steht für *Multipurpose Internet Mail Extensions*, und das MIME-Modul sorgt dafür, dass – basierend auf den Dateiendungen – entsprechende MIME-Header für die Dateien generiert werden, damit z. B. Dateien mit der Endung `.html` auch mit dem MIME-Typ `text/html` ausgeliefert werden. Ohne solch eine Kennzeichnung des Dateityps wüsste ein Webclient gar nicht, was er mit den empfangenen Dateien anfangen sollte (vergleiche hierzu auch Anhang C).

mod_negotiation

Dieses Modul stellt Funktionen zur Verfügung, um sogenannte *Type-Maps* und *MultiViews* handhaben zu können. Ein HTTP/1.1-konformer Webbrowser liefert beispielsweise bei einer Anfrage den HTTP-Header `Accept-Language` mit, auf dessen Basis das Negotiation-Modul eine geeignete Sprachvariante des Dokuments auswählen kann. Die Auswahl geschieht dabei für den Benutzer transparent, d.h. hinter *einem* URL können sich mehrere Varianten einer Datei verbergen. Dies wird als *Content Negotiation* bezeichnet und wird ausführlich in Kapitel 11 behandelt.

mod_setenvif

Das SetEnvIf-Modul ist eine erweiterte Version des Moduls `mod_browser`, das in alten Apache-Versionen mitgeliefert wurde. Mit dem Modul können Sie, basierend auf beliebigen HTTP-Headern, wie auch auf anderen Informationen einer Client-Anfrage (z. B. IP-Adresse), Umgebungsvariablen setzen. Diese Variablen können dann zum Beispiel in SSI-Dokumenten verwendet werden. Weiterhin wird das SetEnvIf-Modul dazu benutzt, Funktionalitäten des Apache für bestimmte Browser auszuschalten, wie beispielsweise *KeepAlive* für den *Netscape Navigator 2.x*, da dessen *KeepAlive*-Unterstützung Fehler enthält und Probleme verursacht. Auf das SetEnvIf-Modul sollten Sie im Normalfall nicht verzichten.

mod_status

Wird das Status-Modul eingebunden, lässt sich über einen vorher definierten URL eine Statusseite abrufen, die aktuelle Informationen zu den Apache-Prozessen liefert, z.B. CPU-Auslastung, die aktuelle Anzahl der sich in Bearbeitung befindlichen Anfragen, Informationen zu den letzten Anfragen und vieles mehr.

Wird die Anweisung `ExtendedStatus` aktiviert, schluckt das Modul – wenn auch nur in geringem Maße – Rechenleistung, was sich auf einem viel besuchten Webserver bemerkbar machen könnte. Ansonsten spricht nichts gegen die Nutzung des Moduls.

mod_userdir

Die privaten Verzeichnisse von lokalen Nutzern des Rechners, die mit `http://www.domain.tld/~user/` angesprochen werden können, werden über das UserDir-Modul gehandhabt.

Sofern Sie nicht planen die besagten Nutzerverzeichnisse auch zu verwenden, können und sollten Sie auf das UserDir-Modul verzichten. Bei Bedarf kann auch das Rewrite-Modul einen Großteil der Funktionalität des UserDir-Moduls zur Verfügung stellen.

4.3.2 Extramodule

mod_auth_anon

Mit dem Auth-Anon-Modul kann, ähnlich wie bei einem FTP-Server, ein Anonymous-Zugang angeboten werden, wobei der Benutzer aufgefordert wird, seine E-Mail-Adresse als Passwort anzugeben. Die E-Mail-Adressen können bei Bedarf in einem separaten Logfile gespeichert werden.

mod_auth_db

Mit dem Auth-DB-Modul lässt sich eine Nutzer-Authentikation mittels Berkeley DB-Dateien durchführen. Dies kann sinnvoll sein, wenn eine sehr hohe Anzahl von Nutzern bzw. Paßwörtern verwaltet werden muss, da bei der Verwendung von DB-Files ein *Lookup*, d.h. eine Suche in der Datenbank, erheblich schneller ausgeführt werden kann.

Sollte auf dem System keine Unterstützung für DB-Dateien vorhanden sein, kann ebenso das Auth-DBM-Modul benutzt werden. Wenn sowohl DB, als auch DBM unterstützt werden, sollte die DB-Variante bevorzugt werden.

mod_auth_dbm

Das Auth-DBM-Modul ist quasi mit dem Auth-DB-Modul identisch. Es sollte benutzt werden, wenn das DB-Format vom System nicht unterstützt wird.

Auf einigen BSD-Systemen (z.B. FreeBSD oder NetBSD) wird trotz der Verwendung von DBM intern auf Berkeley DB zurückgegriffen. In solch einem Fall ist es egal, ob `mod_auth_db` oder `mod_auth_dbm` verwendet wird.

mod_auth_digest und mod_digest

Die Module `mod_auth_digest` und `mod_digest` sind weitere Authentikationsmodule, die es ermöglichen die sogenannte *MD5 Digest Authentication* zu verwenden, die Bestandteil der HTTP/1.1-Spezifikation ist.

Im Gegensatz zur *Basic Authentication*, die bei allen anderen Authentikationsmodulen Verwendung findet, ist die *MD5 Digest Authentication* wesentlich sicherer, da das Passwort des Nutzers nicht im Klartext übermittelt wird. Trotz der höheren Sicherheit wird die Digest-Authentikation bisher noch nicht von allen Webbrowsern unterstüzt.

Das Modul `mod_auth_digest` steht seit Apache 1.3.9 zur Verfügung und wird hier noch als experimentelles Modul bezeichnet. Es wird jedoch mittelfristig das alte Modul `mod_digest` ablösen, das die alten Digest-Spezifikationen implementiert.

mod_cern_meta

Das CERN-Meta-Modul ist für Sie interessant, wenn Sie vom CERN HTTPD auf den Apache umgestiegen sind und die CERN-Meta-Files weiterverwenden wollen. Meta-Files enthalten HTTP-Header im Stil von RFC822-Headern (*Standard For The Format Of ARPA Internet Text Messages*).

Beim Apache sollte jedoch das Headers-Modul bevorzugt werden, um Header verändern bzw. neue hinzufügen zu können.

Falls Sie den CERN HTTPD niemals verwendet haben, brauchen Sie `mod_cern_meta` nicht weiter beachten.

mod_example

Das Beispielmodul sollte niemals auf einem Webserver eingebunden werden, der unter Produktionsbedingungen läuft. Das Modul dient zu Demonstrations- bzw. Testzwecken des Apache-APIs und soll Programmierern, die eigene Module erstellen wollen, als Hilfe und Referenz dienen. Im Buch wird auf das Modul nicht weiter eingegangen.

mod_expires

Oftmals wird bei einem Zugriff auf den Webserver ein Proxy-Cache benutzt und dort das jeweilige Dokument zwischengespeichert. Ebenso haben die meisten Webbrowser einen Cache, in dem Dokumente gespeichert werden können, damit sie nicht bei jedem Zugriff erneut übertragen werden müssen. Wenn Sie kontrollieren wollen, wie lange ein Dokument in einem solchen Cache als *aktuell* betrachtet wird, können Sie das Expires-Modul verwenden, das den HTTP-Header `Expires` zur Server-Antwort hinzufügt. In ihm ist das Gültigkeitsdatum der Dokumentes vermerkt.

mod_headers

Mit dem Headers-Modul können beliebige HTTP-Header modifiziert, gelöscht oder auch hinzugefügt werden.

mod_info

Wird das Info-Modul eingebunden, lassen sich durch Abruf eines vorher definierten URL Informationen zur Apache-Konfiguration anzeigen.

mod_log_agent

Mit dem Log-Agent-Modul können Sie Informationen über den Typ und die Version des verwendeten Webbrowsers mitprotokollieren.

Die Funktionalität wird jedoch auch vom neueren Modul `mod_log_config` bereitgestellt, das Sie für diesen Zweck bevorzugt verwenden sollten. Es wird per Default in den Apache eingebunden.

mod_log_referer

Mit dem Log-Referer-Modul können Sie Informationen über den verweisenden URL, den *Referer-URL*, einer bestimmten Seite herausbekommen und in einem Logfile festhalten. Hierdurch lässt sich herausfinden, auf welchen Seiten (von anderen Servern) ein Link auf eine der eigenen Seiten besteht.

Auch hier gilt wie bei `mod_log_agent`, dass bevorzugt `mod_log_config` für diesen Zweck genutzt werden sollte.

mod_mime_magic

Als Erweiterung zum normalen MIME-Modul steht `mod_mime_magic` zur Verfügung. Es basiert auf dem Unix *file*-Befehl und ermittelt den Typ einer Datei nicht anhand der Dateiendung, sondern auf Basis des Dateiinhalts. Nützlich ist dies vor allem dann, wenn nicht immer gewährleistet werden kann, dass Dateien auch eine korrekte Dateiendung besitzen.

mod_mmap_static

Das MMap-Static-Modul stellt die `MMapFile`-Anweisung zur Verfügung, mit der Dateien angegeben werden können, die beim Start des Apache im Speicher abgelegt werden sollen (*Memory Mapping*). Der Vorteil besteht darin, dass beim Zugriff auf diese Dateien keine Dateioperationen ausgeführt werden müssen, was den Zugriff drastisch beschleunigt. Das Modul hat jedoch eher einen experimentellen Charakter und ist nur bedingt auf einem Produktionsserver einsetzbar.

mod_proxy

Durch das Proxy-Modul können Sie, wie der Name schon suggeriert, den Apache um die Funktionalität eines Proxiy bzw. Proxy-Caches erweitern.

Ebenso wie HTTP/1.0 werden auch FTP und CONNECT (für SSL) unterstützt. HTTP/1.1 wird hingegen – bis auf einige wenige Funktionalitäten – nicht unterstützt.

Die Verwendung des Proxy-Moduls bietet sich an, wenn ein kleiner bis mittelgroßer Proxy-Cache betrieben werden soll. Für einen großen Proxy sollten Sie jedoch lieber auf andere Software zurückgreifen, wie beispielsweise auf die frei verfügbare Proxy-Software *Squid*.

Aber auch wenn der Apache nicht als Proxy-Cache betrieben werden soll, kann die Verwendung des Proxy-Moduls in Verbindung mit dem Rewrite-Modul interessant sein. Über das Rewrite-Modul lassen sich beispielsweise Seiten eines anderen Webservers auf dem eigenen Server *einblenden*, wobei das Rewrite-Modul hierbei intern eine Proxy-Anfrage ausführt. In aktuelleren Apache-Versionen stehen hierfür auch die Anweisungen `ProxyPass` und `ProxyPassReverse` zur Verfügung.

Wenn Sie nicht geplanen, die Proxy-Funktionalität in irgendeiner Form zu verwenden, sollten Sie generell auf das Proxy-Modul verzichten.

mod_rewrite

Das Rewrite-Modul bietet ähnliche Möglichkeiten wie das Alias-Modul, ist aber wesentlich flexibler. Es können sowohl interne Aliase, als auch externe Redirects ausgelöst werden, und der Apache Proxy kann – wie schon zuvor angesprochen – ebenso einbezogen werden.

Der größte Unterschied zum Alias-Modul dürfte wohl sein, dass bei einem Alias bzw. Redirect nicht nur ein einfacher URL angegeben werden kann, sondern auch beliebige URL-Muster (*POSIX regular expressions*) möglich sind. Die Einbindung eines externen Programms bzw. Skripts ist ebenso möglich und macht das Rewrite-Modul nahezu beliebig flexibel.

Das Rewrite-Modul kann die Funktionalität des Alias-Moduls und zum Großteil auch die des UserDir-Moduls ersetzen.

mod_so

Das SO-Modul stellt die DSO-Funktionalität des Apache zur Verfügung. DSO steht hierbei für *Dynamic Shared Objects*. Das SO-Modul ersetzt das alte DLD- beziehungsweise DLL-Modul.

Sofern beim Übersetzen mindestens ein Modul als *Shared Object* übersetzt werden soll, wird automatisch auch `mod_so` in den Apache eingebunden. Ansonsten macht es nur dann Sinn das Modul einzubinden, wenn Sie planen Zusatzmodule wie beispielsweise `mod_php` als DSO-Modul einzubinden.

mod_speling

Das Modul `mod_speling`[1] korrigiert Tippfehler von Nutzern (in erster Linie bzgl. Groß-/Kleinschreibung). Greift ein Benutzer z. B. auf die Datei `Test.html` zu, wobei im Verzeichnis aber nur die Datei `test.html` zu finden ist, so sorgt das Modul dafür, dass ein Redirect mit dem korrekten URL an den Webclient geschickt wird.

mod_unique_id

Das Unique-ID-Modul bietet keine Konfigurationsanweisungen, sondern ist automatisch aktiv, wenn es in den Apache eingebunden wurde. Es dient zur Erzeugung eindeutiger Identifier über alle Client-Anfragen hinweg. Der Zugriff auf den Identifier erfolgt beispielsweise aus einem CGI-Skript heraus über die Umgebungsvariable `UNIQUE_ID`.

---

1 Nein, das ist kein Tippfehler, das Modul wird wirklich nur mit *einem* "l" geschrieben.

Sofern kein Bedarf für diese Funktionalität besteht, sollten Sie unbedingt auf das Modul verzichtetn, da es sonst nur unnötig Ressourcen schlucken würde.

mod_usertrack

Das Usertrack-Modul (ehemals `mod_cookies`) benutzt sog. *HTTP-Cookies*, um das Benutzerverhalten festhalten bzw. protokollieren zu können (*User Tracking*).

Das Prinzip ist recht simpel. Für einen neuen Benutzer wird ein Cookie gesetzt, der eine eindeutige Zahl enthält. Mit Hilfe des Logfiles lässt sich dann überprüfen, welche Dateien ein Benutzer in welcher Reihenfolge vom Webserver geladen hat und wie oft er den Webserver besucht hat (*Click Stream*).

Die Aussagekraft des Cookie-Logs ist jedoch sehr zweifelhaft, denn nicht alle Browser unterstützen Cookies, und wenn sie es tun, bieten sie dem Nutzer in der Regel die Möglichkeit, das Setzen eines Cookies abzulehnen (mit oder ohne vorherige Mitteilung an den Nutzer).

Cookies haben einen äußerst zweifelhaften Ruf, insbesondere dann, wenn sie zum User-Tracking missbraucht werden. Sie sollten sich sehr gut überlegen, ob Sie die Funktionen des Usertrack-Moduls wirklich benötigen.

Bei anderen Anwendungen, z.B. CGI-Skripten, die Cookies benutzen, wird `mod_usertrack` *nicht* benötigt.

mod_vhost_alias

Das VHost-Alias-Modul stellt einige Anweisungen zur Verfügung, mit denen auf einfache Weise ein sogenanntes *Mass-Virtual-Hosting* konfiguriert werden kann. Die Idee hierbei ist, die Informationen zu einem virtuellen Host nicht in Form einer `VirtualHost`-Anweisung in die Serverkonfiguration aufzunehmen, sondern die benötigten Informationen, wie den Domainnamen, aus dem Dateisystem zu beziehen. Gerade für Service-Provider, die Web-Hosting anbieten, ist das Modul eine sehr interessante Alternative zur normalen `VirtualHost`-Konfiguration.

4.3.3 Zusammenfassung

In Tabelle 4.1 finden Sie eine alphabetische Aufzählung der in der Apache-Distribution enthaltenen Module. Die mittleren drei Spalten kennzeichnen jeweils eine geeignete Auswahl von Modulen. Die *Standardkonfiguration* kennzeichnet eine Modulauswahl, die verwendet wird, wenn Sie die Default-Einstellungen des Apache verwenden. Die *Minimalkonfiguration* stellt eine sinnvolle Minimalzusammenstellung von Modulen dar, wobei auf CGI und SSI verzichtet wird. Als *Empfohlene Konfiguration* sind in der Auflistung die Module zusammengestellt, die als allgemein verwendbare Konfiguration angesehen werden können und die die meisten der Apache-Funktionalitäten zur Verfügung stellen. In der letzten Spalte sind die Module markiert, die bei Bedarf zur *empfohlenen Konfiguration* hinzugefügt werden können.

Tabelle 4.1: Auflistung von geeigneten Modulkombinationen

Modulname	Minimal-konfiguration	Standard-konfiguration	Empfohlene Konfiguration	Zusatz-funktionalität
mod_access	X	X	X	
mod_actions		X	X	
mod_alias	X	X		
mod_asis		X		X
mod_auth	X	X	X	
mod_auth_anon				X
mod_auth_db				X
mod_auth_dbm			X	
mod_auth_digest				X
mod_autoindex		X	X	
mod_cern_meta				X
mod_cgi		X	X	
mod_digest				
mod_dir	X	X	X	
mod_env		X	X	
mod_example				
mod_expires			X	
mod_headers				X
mod_imap		X		X
mod_include		X	X	
mod_info				X
mod_log_agent				
mod_log_config	X	X	X	
mod_log_referer				
mod_mime	X	X	X	
mod_mime_magic				X
mod_mmap_static				X

Tabelle 4.1: Auflistung von geeigneten Modulkombinationen

Modulname	Minimal-konfiguration	Standard-konfiguration	Empfohlene Konfiguration	Zusatz-funktionalität
mod_negotiation		X	X	
mod_proxy			X	
mod_rewrite			X	
mod_setenvif	X	X	X	
mod_so			X	
mod_speling				X
mod_status		X	X	
mod_userdir		X		X
mod_usertrack				X
mod_vhost_alias				X

4.4 Zusatzmodule

Abgesehen von den vorgestellen Modulen, die schon in der Apache-Distribution enthalten sind, gibt es noch eine Vielzahl von weiteren Modulen für die unterschiedlichsten Aufgabengebiete. Die meisten dieser Module sind in der *Apache Module Registry* erfasst:

```
http://modules.apache.org/
```

In Anhang B finden Sie eine kurze Übersicht einiger ausgewählter Module.

4.5 Übersetzen

Der Apache 1.2 wurde generell über das `Configure`-Skript im `src`-Verzeichnis konfiguriert und übersetzt. Dies ist zwar auch bei den aktuellen 1.3er Versionen möglich, jedoch steht ab Version 1.3.0 eine wesentlich einfachere Möglichkeit zur Verfügung. Im Hauptverzeichnis befindet sich das `configure`-Skript, ein *AutoConf*-ähnliches Konfigurationsinterface, das den Namen *Apache AutoConf-Style Interface* (*APACI*) trägt.

4.5.1 Apache AutoConf-Style Interface

Das zentrale Element des *APACI* ist – wie schon erwähnt – das `configure`-Skript im Hauptverzeichnis der Apache-Distribution. Eine Auflistung der Skriptoptionen bekommen Sie durch folgenden Aufruf:

```
$ configure --help
```

Die weiteren möglichen Optionen sind zusammen mit einer Kurzbeschreibung den folgenden Tabellen zu entnehmen, wobei gegebenenfalls Default-Werte in eckigen Klammern angegeben sind.

Tabelle 4.2: Allgemeine APACI-Optionen

Allgemeine Optionen	Beschreibung
`--quiet, --silent`	Es werden keinerlei Ausgaben beim Abarbeiten des Skripts angezeigt.
`--verbose, -v`	Eine möglichst detaillierte Ausgabe der vom Skript durchgeführten Aktionen.
`--shadow[=`*Verzeichnis*`]`	Hiermit kann ein sogenanntes Shadow-Verzeichnis angegeben werden, in dem der Apache konfiguriert und übersetzt werden soll. Optional kann hierfür ein bestimmtes Verzeichnis angegeben werden.

Tabelle 4.3: Allein stehende APACI-Optionen

Allein stehende Optionen	Beschreibung
`--help, -h`	Ausgabe des Hilfetextes.
`--show-layout`	Ausgabe des Installationslayouts zur Überprüfung. In älteren Versionen hatte die Option den Namen »`--layout`«.

Tabelle 4.4: APACI-Installationsoptionen

Installationsoptionen	Beschreibung
`--with-layout=[`*Datei*`:]`*Layout-ID*	Im Hauptverzeichnis befindet sich die Datei config.layout. Sie enthält einige Verzeichnisdefinitionen für diverse Betriebssysteme. Mögliche *Layout-IDs* sind `Apache`, `GNU`, `BinaryDistribution`, `Mac OS X Server`, `RedHat`, `opt`, `beos`, `SuSE` und `BSDI`. Als Default wird das klassiche Apache-Layout verwendet, für das bei den nachfolgenden Optionen jeweils die Default-Werte angegeben sind. Als *Datei* kann bei Bedarf eine andere Datei mit Verzeichnisdefinitionen angegeben werden.

Tabelle 4.4: APACI-Installationsoptionen (Forts.)

Installationsoptionen	Beschreibung
`--target=`*Name*	Per Default wird als Target-Name `httpd` verwendet. Wird mit dieser Option ein Name gesetzt, so wird dieser sowohl für den Server selbst als beispielsweise auch für die Konfigurationsdateien verwendet.
`--prefix=`*Prefix*	Hauptverzeichnis, in dem alle bezüglich der Hardwarearchitektur unabhängigen Dateien installiert werden sollen [`/usr/local/apache`].
`--exec-prefix=`*EPrefix*	Hauptverzeichnis, in dem alle bezüglich der Hardwarearchitektur abhängigen Dateien installiert werden sollen [`/usr/local/apache`].
`--bindir=`*Verzeichnis*	Verzeichnis für Nutzer-Programme [*EPrefix*`/bin`].
`--sbindir=`*Verzeichnis*	Verzeichnis für Sysadmin-Programme [*EPrefix*`/bin`].
`--libexecdir=`*Verzeichnis*	Verzeichnis für DSO-Module und Bibliotheken. [*EPrefix*`/libexec`]
`--mandir=`*Verzeichnis*	Verzeichnis für die Man-Pages [*Prefix*`/man`].
`--sysconfdir=`*Verzeichnis*	Verzeichnis für die Konfigurationsdateien [*Prefix*`/conf`].
`--datadir=`*Verzeichnis*	Verzeichnis für allgemeine Dateien (z. B. die HTML-Dokumentation des Apache) [*Prefix*].
`--iconsdir=`*Verzeichnis*	Verzeichnis für die Piktogrammdateien [*Prefix*`/icons`].
`--htdocsdir=`*Verzeichnis*	Verzeichnis für die HTML-Dokumente [*Prefix*`/htdocs`].
`--cgidir=`*Verzeichnis*	Verzeichnis für die CGI-Skripten [*Prefix*`/cgi-bin`].
`--includedir=`*Verzeichnis*	Die *Include*-Dateien des Apache werden in diesem Verzeichnis installiert [*Prefix*`/include`].
`--localstatedir=`*Verzeichnis*	Das den Verzeichnissen `runtimedir`, `logfiledir` und `proxycachedir` übergeordnete Verzeichnis. Beim normalen Apache-Layout entspricht es dem allgemeinen Hauptverzeichnis [*Prefix*].
`--runtimedir=`*Verzeichnis*	Das Runtime-Verzeichnis, in dem beispielsweise die Lock-Datei abgelegt wird. Dieses Verzeichnis sollte sich unbedingt auf einer lokalen Partition befinden. Beim normalen Apache-Layout entspricht es dem `logfiledir` [*Prefix*`/logs`]
`--logfiledir=`*Verzeichnis*	Das Verzeichnis zur Speicherung der Logfiles. [*Prefix*`/logs`]
`--proxycachedir=`*Verzeichnis*	Hiermit wird das Verzeichnis spezifiziert, in dem das Proxy-Modul die Cache-Dateien ablegen soll [*Prefix*`/proxy`].

Tabelle 4.5: APACI-Konfigurationsoptionen

Konfigurationsoptionen	Beschreibung
`--enable-rule=`*Name*	Hiermit wird eine der folgenden Rules aktiviert: `DEV_RANDOM`: Falls `mod_auth_digest` in den Apache eingebunden wird, kann über diese Rule festgelegt werden, ob generell die *truerand*-Bibliothek verwendet werden soll. Per Default wird, wenn möglich, das Random-Device vom Betriebssystem verwendet (z.B. `/dev/random`). `EXPAT`: Bindet die Expat-Bibliothek, einen XML-Parser, in den Apache ein. `WANTHSREGEX`: Der Apache beinhaltet eine *POSIX Regular Expression*-Bibliothek, die bei Aktivierung der Rule eingebunden wird. Ansonsten wird die Bibliothek des Betriebssystems verwendet, falls eine vorhanden ist. `SHARED_CORE`: Wird DSO-Unterstützung in den Apache eingebunden, kann mit dieser Rule dafür gesorgt werden, dass das Apache-Core-Modul in Form einer DSO-Datei generiert wird. Manuelles Setzen dieser Rule ist in der Regel nicht notwendig. `SHARED_CHAIN`: Falls DSO-Module wiederum dynamisch Bibliotheken nachladen wollen, kann dies zum Teil fehlschlagen. Falls Sie bei der Verwendung der `LoadModule`-Anweisung Fehlermeldungen bzgl. »*unresolved symbol*« bekommen, kann diese Rule eventuell das Problem beseitigen. `PARANOID`: Ab Apache 1.3 können Zusatzmodule beim Konfigurationsschritt Shell-Befehle ausführen. Um dies kontrollieren zu können, können Sie bei Bedarf diese Rule aktiviern. `SOCKS4`: Socks-Support Version 4 `SOCKS5`: Socks-Support Version 5 `IRIXNIS`: Auf alten 4.x IRIX-Systemen sollte diese Rule aktiviert werden, wenn NIS benutzt wird. `IRIXN32`: Sorgt dafür, dass das *n32-ABI* bei IRIX verwendet wird.
`--disable-rule=`*Name*	Deaktivierung einer der oben genannten Rules.
`--add-module=`*Datei*	Hiermit lässt sich *on-the-fly* ein Zusatzmodul installieren und aktivieren.
`--activate-module=`*Datei*	Aktivierung eines bereits installierten Zusatzmoduls.
`--enable-module=`*Name*	Hiermit werden, zusätzlich zu den Default-Modulen (s.u.), weitere Module ausgewählt, die in den Apache eingebunden werden sollen. Zur Verfügung stehen `auth_anon`, `auth_db`, `auth_dbm`, `auth_digest`, `digest`, `example`, `expires`, `headers`, `info`, `log_agent`, `log_referer`, `mime_magic`, `mmap_static`, `proxy`, `rewrite`, `so`, `speling`, `status`, `unique_id` und `usertrack`.

Tabelle 4.5: APACI-Konfigurationsoptionen (Forts.)

Konfigurationsoptionen	Beschreibung
	Als spezielle Angabe ist die Verwendung von `most` möglich, die dafür sorgt, dass alle bis auf die folgenden Module in den Apache eingebunden werden: `auth_db`, `mmap_static`, `so`, `example`, `auth_digest`, `log_agent` und `log_referer`. Sollen wirklich alle Module eingebunden werden, kann als *Name* auch `max` gesetzt werden.
`--disable-module=`*Name*	Soll eins oder mehrere der Default-Module nicht eingebunden werden, muss diese Option mit dem entsprechenden Modulnamen angegeben werden. Die Default-Module sind `access`, `actions`, `alias`, `asis`, `auth`, `autoindex`, `cgi`, `dir`, `env`, `imap`, `include`, `log_config`, `mime`, `negotiation`, `setenvif` und `userdir`.
`--enable-shared=`*Name*	Soll eins der angewählten Module als *Shared Object*, zur späteren Verwendung mit `mod_so`, übersetzt werden, muss dies mit dieser Option entsprechend angegeben werden. Als zusätzliche Angabe ist die Verwendung von `max` möglich, die dafür sorgt, dass alle Module bis auf `mod_so` als *Shared Object* übersetzt werden.
`--disable-shared=`*Name*	Sofern zuvor `--enable-shared=max` angegeben wurde, können Sie mit dieser Option die Module kennzeichnen, die statisch in den Apache eingebunden werden sollen.

`--permute-module=`*Mod1*`:`*Mod2*	Die Reihenfolge, in der die Module in den Apache eingebunden werden, spielt eine wichtige Rolle, da hiermit die Priorität der Module festgelegt wird. Das `configure`-Skript verwendet als Standardeinstellung die Reihenfolge der Module, so wie sie in der Datei `src/Configuration` vorgegeben ist. Über die `--permute-module`-Option können zwei Module bzgl. ihrer Priorität vertauscht werden, was insbesondere dann sinnvoll ist, wenn die Module sowieso aufeinander folgen.
	Beispiel:
	`--permute-module=auth:auth_db`
	Diese Option sorgt dafür, dass `mod_auth_db` eine höhere Priorität als `mod_auth` bekommt.
	Soll ein Modul ganz ans Ende (höchste Priorität) oder ganz an den Anfang (niedrigste Priorität) verschoben werden, so können Sie als *Mod1* den Wert `BEGIN` und als *Mod2* den Wert `END` angeben.
	Beispiele:
	`--permute-module=BEGIN:Mod2`
	`--permute-module=Mod1:END`

Tabelle 4.5: APACI-Konfigurationsoptionen (Forts.)

Konfigurationsoptionen	Beschreibung
	Im Normalfall sollte die Reihenfolge der Module jedoch nicht geändert werden. Sofern generell DSO-Module verwendet werden, kann die Reihenfolge auch später noch über die `AddModule`-Anweisungen in der Serverkonfiguration spezifiziert werden.
`--with-perl=`*Datei*	Einige Zusatzfunktionalitäten des *APACI* verwenden Perl. Sollte es zu Problemen führen, weil mehr als ein Perl-Interpreter installiert ist, können Sie mit dieser Option den zu verwendenden Perl-Interpreter spezifizieren.
`--with-port=`*Portnummer*	Mit dieser Option kann die *Portnummer* festgelegt werden, die bei der Installation in die `httpd.conf` eingetragen wird. Standardeinstellung ist Port 80, wenn der Apache als *root* übersetzt wird und ansonsten Port 8080.
`--without-support`	Wird diese Option angegeben, werden die Support-Programme (`htdigest`, `dbmmange` etc.) nicht übersetzt und installiert.
`--without-confadjust`	Diese Option kann genutzt werden, wenn keinerlei Anpassungen der `httpd.conf`, wie zum Beispiel die `ServerAdmin`-Angabe, bei der Installation erfolgen sollen.
`--without-execstrip`	Ausführbare Dateien werden bei der Installation *gestrippt*, was jedoch mit dieser Option verhindert werden kann.
`--server-uid=`*User-ID*	Diese Option gibt den Wert für die `User`-Anweisung vor [`nobody`].
`--server-gid=`*Group-ID*	Diese Option gibt den Wert für die `Group`-Anweisung vor [`-1`].

Tabelle 4.6: APACI-Optionen zur suEXEC-Konfiguration

suEXEC-Optionen	Beschreibung
`--enable-suexec`	Nur wenn Sie diese Option angegeben, wird der suEXEC-Wrapper übersetzt und installiert.
`--suexec-caller=`*Name*	Definiert den Usernamen, unter dem der Apache-Prozess läuft (`User`-Anweisung) [`www`].
`--suexec-userdir=`*Verzeichnis*	Das `UserDir`-Verzeichnis [`public_html`].
`--suexec-docroot=`*Verzeichnis*	Das `DocumentRoot`-Verzeichnis [*Prefix*`/htdocs`].
`--suexec-logfile=`*Datei*	Gibt das suEXEC-Logfile an [*Prefix*`/logs/suexec_log`].
`--suexec-uidmin=`*User-ID*	Setzt die minimal zulässige *User-ID*, unter der CGI-Skripten ausgeführt werden sollen [`100`].

Tabelle 4.6: APACI-Optionen zur suEXEC-Konfiguration

suEXEC-Optionen	Beschreibung
`--suexec-gidmin=`*Group-ID*	Entsprechend der *User-ID* wird hiermit die minimal zulässige *Group-ID* gesetzt.
`--suexec-safepath=`*Pfad*	Hiermit wird die Umgebungsvariable `PATH` definiert, die an alle aufgerufenen CGI-Skripten übergeben wird [`/usr/local/bin:/usr/bin:/bin`].
`--suexec-umask=`*umask*	Mit dieser Option wird die *umask* für alle via suEXEC aufgerufenen CGI-Skripten festgelegt. Als Default wird die *umask* genutzt, die auch der Apache-Server selbst verwendet.

Trotz der zahlreichen Optionen reichen in den meisten Fällen einige wenige Angaben aus, um den Apache an die eigenen Bedürfnisse anzupassen.

Soll der Apache beispielsweise im Verzeichnis `/usr/local/web` installiert werden und sollen zusätzlich zu den bereits per Default aktivierten Modulen noch `mod_rewrite` und `mod_proxy` aktiviert werden, so ergibt sich folgender Aufruf und die entsprechenden Ausgaben des `configure`-Skripts:

```
$ ./configure --prefix=/usr/local/web --with-port=80 \
              --enable-module=rewrite --enable-module=proxy

Configuring for Apache, Version 1.3.11
 + using installation path layout: Apache (config.layout)
Creating Makefile
Creating Configuration.apaci in src
Creating Makefile in src
 + configured for Linux platform
 + setting C compiler to gcc
 + setting C pre-processor to gcc -E
 + checking for system header files
 + adding selected modules
    o rewrite_module uses ConfigStart/End
 + using -ldbm for DBM support
      enabling DBM support for mod_rewrite
 + checking sizeof various data types
 + doing sanity check on compiler and options
Creating Makefile in src/support
Creating Makefile in src/regex
Creating Makefile in src/os/unix
```

```
Creating Makefile in src/ap
Creating Makefile in src/main
Creating Makefile in src/lib/expat-lite
Creating Makefile in src/modules/standard
Creating Makefile in src/modules/proxy
```

Der Aufruf des `configure`-Skripts stellt den ersten Schritt beim Übersetzen des Apache dar. Hierbei wird angegeben, welche Module eingebunden werden sollen, es können diverse Parameter wie beispielsweise die Portnummer vorgegeben werden und letztlich erstellt das Skript beim Aufruf alle Dateien, die für das Übersetzen benötigt werden.

Eine der wichtigsten Optionen ist `--prefix`. Sie legt das Installationsverzeichnis fest. Falls von einer alten 1.2er Version des Apache auf 1.3 umgestiegen werden soll, sollten Sie darauf achten, dass sich das Standardinstallationsverzeichnis geändert hat. Das noch aus den Zeiten des NCSA-Daemon stammende `/usr/local/etc/httpd` wurde traditionell als Installationsverzeichnis (`ServerRoot`) verwendet. Auf Unix-Systemen wird nun jedoch `/usr/local/apache` verwendet. Unter Windows und AmigaOS ist es `/apache` (bezogen auf das Laufwerk, von dem Apache gestartet wurde) und unter OS/2 ist es das Verzeichnis `/os2httpd`.

4.5.2 Compiler-Flags und Variablen

Einige Funktionalitäten des Apache lassen sich über Compiler-Flags und -Variablen steuern. Damit können Sie Default-Werte des Apache festlegen oder auch spezielle Zusatzfunktionalitäten aktivieren. In Tabelle 4.7 sind einige der möglichen Compiler-Flags und ihre Bedeutung aufgeführt. Es sind bewusst nicht alle Möglichkeiten aufgeführt, denn viele der Flags kontrollieren die interne Funktionalität des Apache und setzen ein weitrechende Kenntnisse von Apache-Interna voraus. Falsche Angaben haben hier zum Teile fatale Folgen, und eine detaillierte Erläuterung würde den Rahmen dieses Buches sprengen.

Tabelle 4.7: Compiler-Flags des Apache (`CFLAGS`)

Compiler-Flag	Bedeutung
BUFFERED_LOGS	Aktiviert gepufferte Logfiles. Zur Laufzeit lässt sich diese Funktionalität weder aktivieren noch deaktivieren.

Tabelle 4.7: Compiler-Flags des Apache (CFLAGS) (Forts.)

Compiler-Flag	Bedeutung
PIPE_BUF	Gibt die Anzahl von Bytes an, die garantiert vom Betriebssystem ohne Unterbrechung geschrieben werden können (*atomic write*). Der Wert wird zum Teil vom Betriebssystem vorgegeben, andernfalls wird 512 Byte als Default verwendet. Von Änderungen dieses Wertes sollten Sie in der Regel absehen.
BIG_SECURITY_HOLE	Der Apache verweigert normalweise den Start, wenn er unter der User-ID `root` laufen soll (`User`-Anweisung). Nur wenn `BIG_SECURITY_HOLE` gesetzt ist, ist dies möglich. Wie der Name schon deutlich macht, ist es jedoch eine extrem schlechte Idee diese User-ID zu verwenden. Da der Apache nicht für solch einen Einsatz ausgelegt ist, ergeben sich hierdurch zahlreiche Sicherheitsprobleme.
DEFAULT_USER	Hierüber wird die User-ID angegeben, die den Default-Wert für die Konfigurationsanweisung `User` liefert. Belässt man die Standardeinstellung von `DEFAULT_USER`, so ergibt sich als Default-Wert die User-ID »`nobody`«. Diese kann jedoch später über die `User`-Anweisung auf einen anderen Wert gesetzt werden. Somit gibt es keinen Grund, die Angabe schon beim Übersetzen festzulegen. Beim `configure`-Skript kann die User-ID ebenfalls via `--server-uid` gesetzt werden.
DEFAULT_GROUP	Entsprechend zu `DEFAULT_USER`, wird mittels `DEFAULT_GROUP` der Wert für die Group-ID angegeben. Bei der Standardeinstellung ergibt sich »`-1`«. Dieser Wert kann über die Konfigurationsanweisung `Group` zur Laufzeit modifiziert werden. Beim `configure`-Skript kann die Group-ID ebenfalls via `--server-gid` gesetzt werden.

DEFAULT_PATH	Dieser Wert spezifiziert den Pfad, der vom Apache an CGI-Skripten übergeben wird.
	Beispiel:
	`-DDEFAULT_PATH=/bin:/usr/bin:/usr/local/bin`
	Standardeinstellung:
	`/bin:/usr/bin:/usr/ucb:/usr/bsd:/usr/local/bin`

DEFAULT_XFERLOG	Der Name des Access-Logfiles. Per Default wird `conf/access_log` verwendet.
DEFAULT_ERRORLOG	Der Name des Error-Logfiles. Per Default wird `conf/error_log` verwendet.
DEFAULT_PIDLOG	Der Name der Prozess-ID-Datei. Per Default wird `conf/httpd.pid` verwendet.

Tabelle 4.7: Compiler-Flags des Apache (`CFLAGS`) (Forts.)

Compiler-Flag	Bedeutung
DEFAULT_SCOREBOARD	Der Name der Scoreboard-Datei. Per Default wird `conf/apache_runtime_status` verwendet. Auf den meisten modernen Unix-Systemen wird das Scoreboard jedoch sowieso im Speicher gehalten.
DEFAULT_LOCKFILE	Der Name des Accept-Lockfiles. Per Default wird `conf/accept.lock` verwendet.
DEFAULT_INDEX	Der Name der Indexdatei. Per Default wird `index.html` verwendet.
DEFAULT_INDEXING	Soll *Fancy-Indexing* verwendet werden, kann der Wert auf 1 gesetzt werden. Der Default ist 0 und steht für normale Verzeichnisindizes.
DEFAULT_CONTENT_TYPE	Gibt den Wert für die `DefaultType`-Anweisung vor. Standardeinstellung ist `text/plain`.
DEFAULT_ACCESS_NAME	Der Name der `htaccess`-Dateien. Auf OS/2 ist dies `htaccess` und ansonsten `.htaccess` (mit Punkt am Anfang).
DEFAULT_RFC1413	Wird das Flag auf 1 gesetzt, so ist die `IdentityCheck`-Anweisung per Default aktiviert. Ansonsten ist 0 die Standardeinstellung.
DEFAULT_TIMEOUT	Gibt den Wert für die `Timeout`-Anweisung vor. Standardeinstellung sind 300 Sekunden.
DEFAULT_USER_DIR	Der Name des `UserDir`-Verzeichnisses. Per Default wird `public_html` verwendet.
DEFAULT_KEEPALIVE_TIME-OUT	Gibt den Wert für die `KeepAliveTimeout`-Anweisung vor. Standardeinstellung sind 15 Sekunden.
DEFAULT_KEEPALIVE	Gibt den Wert für die `MaxKeepAliveRequest`-Anweisung vor. Standardeinstellung sind 100 Anfragen.
DEFAULT_START_DAEMON	Gibt den Wert für die `StartServers`-Anweisung vor. Standardeinstellung ist 5.
DEFAULT_MIN_FREE_DAE-MON	Gibt den Wert für die `MinSpareServers`-Anweisung vor. Standardeinstellung ist 5.
DEFAULT_MAX_FREE_DAE-MON	Gibt den Wert für die `MaxSpareServers`-Anweisung vor. Standardeinstellung ist 5.
DEFAULT_MAX_REQUESTS_PER_CHILD	Gibt den Wert für die `MaxRequestPerChild`-Anweisung vor. Standardeinstellung ist 0, d.h. unbegrenzt.
DEFAULT_THREADS_PER_CHILD	Gibt den Wert für die `ThreadsPerChild`-Anweisung vor. Standardeinstellung ist 50.
DEFAULT_LISTENBACKLOG	Gibt den Wert für die `ListenBacklog`-Anweisung vor. Standardeinstellung ist 511.

Tabelle 4.7: Compiler-Flags des Apache (CFLAGS) (Forts.)

Compiler-Flag	Bedeutung
DEFAULT_LIMIT_REQUEST_LINE	Gibt den Wert für die `LimitRequestLine`-Anweisung vor. Standardeinstellung ist 8190.
DEFAULT_LIMIT_REQUEST_FIELDSIZE	Gibt den Wert für die `LimitRequestFieldsize`-Anweisung vor. Standardeinstellung ist 8190.
DEFAULT_LIMIT_REQUEST_FIELDS	Gibt den Wert für die `LimitRequestFields`-Anweisung vor. Standardeinstellung ist 100.
DOCUMENT_LOCATION	Gibt das *htdocs*-Verzeichnis an, was jedoch auch via `--htdocsdir` möglich ist.
DYNAMIC_MODULE_LIMIT	Die maximale Anzahl von dynamisch ladbaren Modulen. Default ist 64.
LOW_SLACK_LINE	Der Apache verwendet für Logfiles, Sockets usw. immer Filedeskriptoren mit einem Wert oberhalb der *Slack-Line*, die per Default auf 15 gesetzt ist. Dies dient als Workaround für einige Bibliotheken, die nur Filedeskriptoren im unteren Bereich nutzen können.
HIGH_SLACK_LINE	Per Default ist dieser Wert nicht gesetzt und sollte auch im Normalfall nicht gesetzt sein. Auf Solaris kann es jedoch Sinn machen, den Wert auf 256 zu setzen, falls es bei einer hohen Anzahl von virtuellen Hosts Probleme mit Filedeskriptoren gibt.
NO_SLACK	Der bzgl. `LOW_SLACK_LINE` und `HIGH_SLACK_LINE` beschriebene Workaround kann mittels `NO_SLACK` komplett deaktiviert werden.
FD_SETSIZE	Ebenfalls um Filedeskriptoren geht es bei `FD_SETSIZE`. Wenn es Probleme mit den Filedeskriptoren gibt, gibt der Apache eine Warnung der Art »*filedescriptor larger than FD_SETSIZE...*« im Error-Logfile aus. Falls diese Meldung häufiger auftritt, sollte der Apache mit einem höheren `FD_SETSIZE`-Wert übersetzt werden (der aktuelle ist je nach Betriebssystem unterschiedlich und wird bei der Warnung mit ausgegeben).
HARD_SERVER_LIMIT	Über die Konfigurationsanweisung `MaxClients` können Sie die maximale Anzahl von gleichzeitig laufenden Apache-Prozessen definieren. `HARD_SERVER_LIMIT` stellt hierbei das absolute Maximum dar, das per Default auf 256 gesetzt ist (1024 auf Windows). Falls Sie diese Angabe heraufsetzen wollen, sollten Sie sehr genau prüfen, ob die Maschine, die benutzt wird, solch eine hohe Anzahl überhaupt verkraften kann. In den meisten Fällen gibt es keinen Grund, den Wert zu erhöhen, auch nicht auf Websites, die sehr viele Zugriffe erhalten.

Tabelle 4.7: Compiler-Flags des Apache (`CFLAGS`) (Forts.)

Compiler-Flag	Bedeutung
MAX_SPAWN_RATE	Stehen keine freien Kindprozesse mehr zu Verfügung wird zuerst ein neuer Prozess gestartet, dann zwei, vier, acht usw., je nachdem, ob noch Bedarf besteht. Der Wert wird jeweils verdoppelt, wobei maximal 32 neue Kindprozesse pro Sekunde erzeugt werden. Mittels `MAX_SPAWN_RATE` kann das Maximum erhöht oder auch verringert werden.
MAXHOSTNAMELEN	Die maximale Anzahl von Zeichen die für einen Hostnamen verwendet werden kann. Standardeinstellung ist 256.
HTTPD_ROOT	Über die Konfigurationsanweisung `ServerRoot` können Sie das Server-Verzeichnis festlegen. In diesem Verzeichnis befinden sich die Unterverzeichnisse für die Konfigurationsdateien, die Dokumente usw. Jedoch sucht der Apache beim Starten seine Konfigurationsdatei immer unter `/usr/local/apache/conf/httpd.conf`. Über einen Kommandozeilenparameter können Sie zwar auch eine andere Konfigurationsdatei angeben, jedoch empfiehlt es sich schon beim Übersetzen das passende Verzeichnis zu setzen. Komfortabler lässt sich das Verzeichnis jedoch auch mit der Option `--prefix` des `configure`-Skripts festlegen.
SERVER_CONFIG_FILE	Ausgehend vom `ServerRoot`-Verzeichnis, wird die Hauptdatei der Serverkonfiguration gesucht, wobei per Default `conf/httpd.conf` benutzt wird. Zwar lässt sich die Konfigurationsdatei auch beim Starten des Apache als Kommandozeilenparameter angeben, jedoch können Sie die Datei bei Bedarf durch `SERVER_CONFIG_FILE` auf einen festen Wert setzen. Zumindest das Verzeichnis mit den Konfigurationsdateien lässt sich auch komfortable über die Option `--sysconfdir` festlegen. Beispiel: `-DSERVER_CONFIG_FILE=conf/test.conf`
RESOURCE_CONFIG_FILE	Der Name der Resource-Konfigurationsdatei. Per Default wird `conf/srm.conf` verwendet.
ACCESS_CONFIG_FILE	Der Name der Access-Konfigurationsdatei. Per Default wird `conf/access.conf` verwendet.
TYPE_CONFIG_FILE	Der Name der MIME-Datei. Per Default wird `conf/mime.types` verwendet.
SHELL_PATH	Startet der Apache ein Programm, z. B. über eine *Server-Side-Includes*-Anweisung, so wird die mittels `SHELL_PATH` definierte Shell benutzt. Auf Unix-Systemen wird per Default `/bin/sh` benutzt und unter OS/2 `CMD.EXE`.

Tabelle 4.7: Compiler-Flags des Apache (CFLAGS) (Forts.)

Compiler-Flag	Bedeutung
SUEXEC_BIN	Falls der suEXEC-Wrapper des Apache genutzt werden soll, können Sie mittels SUEXEC_BIN den Dateipfad zum Wrapper-Programm angeben. Per Default wird /usr/local/apache/bin/suexec benutzt.
SCOREBOARD_MAINTENANCE_INTERVAL	Gibt das Intervall in Mikrosekunden für Scoreboard-Updates vor. Standardeinstellung sind 100.000 ms (entspricht 1 Sekunde). Das heißt, inmal pro Sekunde wird überprüft, ob neue Kindprozesse gestartet oder entfernt werden müssen. Sofern der HTTP-Dienst nicht die höchste Priorität auf dem Server hat, kann der Wert auch auf 2 bis 4 Sekunden hochgesetzt werden. Auf High-Traffic-Servern kann gegebenfalls eine verringerung auf 0,5 Sekunden sinnvoll sein um schneller auf plötzliche Lastsituationen reagieren zu können. Der Wert lässt sich zur Laufzeit nicht ändern und sollte im Zweifelsfall nicht modifziert werden.
SECURITY_HOLE_PASS_AUTHORIZATION	Normalerweise sind alle vom Webclient übermittelten HTTP-Header in Form von Umgebungsvariablen einem CGI-Skript (oder sonstigem Skript) zugänglich. Der Authorization-Header stellt hier eine Ausnahme dar, da er das Passwort für die Authentikation enthält. Wird jedoch SECURITY_HOLE_PASS_AUTHORIZATION gesetzt, so wird der Header nicht mehr gesondert behandelt.
TARGET	Der Target-Name. Die Standardeinstellung ist httpd und kann ebenfalls via --target festgelegt werden.
GPROF	Dient zur Aktivierung des *gprof*-Profiling-Codes im Apache. Es steht dann die zusätzliche Anweisung GProfDir zur Verfügung, mit der angegeben werden kann, wo die gmon.out-Datei abgelegt werden soll. Das Ganze ist aber in erster Linie nur für Entwickler interessant und sollte im Normalbetrieb nie aktiviert sein.
USE_PERL_SSI	Diese Option aktiviert die Perl-Funktionalität in mod_include. Falls das Perl-Modul eingebudnen ist und der Apache mit USE_PERL_SSI übersetzt wurde, steht das zusätzliche Element perl zur Verfügung. Hiermit können Sie Perl-Aufrufe direkt innerhalb einer *Server-Side Include*-Anweisung angeben (siehe Kapitel 9).

Nachdem nun alle Compiler-Flags bekannt sind die via CFLAGS angegeben werden können findet sich in der nun folgenden Tabelle eine Auflistung der normalen Compiler-Variablen die bei Bedarf gesetzt werden können.

Tabelle 4.8: Compiler-Variablen des Apache

Compiler-Variable	Bedeutung
CC	`CC` gibt den Name des zu verwendenen Compilers an. Die Angabe muss normalerweise nur dann gemacht werden, wenn das `configure`-Skript keinen Compiler finden konnte oder ein anderer verwendet werden soll. Um den Apache zu übersetzen wird ein ANSI-C-Compiler benötigt.
CPP	Wie `CC` kann `CPP` für den C++-Compiler gesetzt werden. Sofern keine C++-Zusatzmodule verwendet werden, wird jedoch nur ein normaler ANSI-C-Compiler benötigt.
OPTIM	Gibt die Optimierungseinstellung des Compilers an. In der Standardeinstellung ist die Variable nicht gesetzt. Beispiel: `OPTIM='-O2'`
CFLAGS	In dieser Variable können die zuvor beschriebenen Compiler-Flags untergebracht werden. Abgesehen davon ebenso normale Compiler-Flags wie zum Beispiel `-Wall`.
CFLAGS_SHLIB	Entspricht `CFLAGS`, wird jedoch für *Shared-Libraries* verwendet.
LDFLAGS	In dieser Variable können zusätzliche Linker-Flags definiert werden, zum Beispiel Angaben von zusätzlichen Bibliotheken.
LDFLAGS_SHLIB	Entspricht `LDFLAGS`, wird jedoch für *Shared-Libraries* verwendet. Ein Beispiel wäre hier die Angabe -shared. Im Normalfall setzt jedoch das `configure`-Skript bereits die korrekten Flags.
LDFLAGS_SHLIB_ EXPORT	Wiederum spezielle Linker-Flags für den Fall, dass der Apache mit DSO-Unterstützung übersetzt wird. Auch hier sollten in der Regel keine manuellen Konfigurationen notwendig sein.
LIBS	In dieser Variablen können zusätzlich benötigte Linker-Flags von benötigten Bibliotheken untergebracht werden.
INCLUDES	Werden beim Übersetzen bestimmte Header-Dateien nicht gefunden, können mittels `INCLUDES` die notwendigen Angaben definiert werden.
RANLIB	Der Name des *ranlib*-Programms muss hiermit definiert werden, falls es vom configure-Skript nicht gefunden wird.
DEPS	Dependencies; braucht typischerweise nicht gesetzt zu werden.
TARGET	Der Target-Name. Die Standardeinstellung ist `httpd` und kann ebenfalls über die `--target`-Option des `configure`-Skripts festgelegt werden.

Die Übergabe dieser Flags und Variablen an das `configure`-Skript ist auf einfache Weise möglich.

Beispiel:

```
$ env CC=gcc OPTIM='-O2' ./configure ...
```

Im Beispiel wird über die `CC`-Variable der Compiler, in diesem Fall `gcc`, sowie über `OPTIM` die Optimierungseinstellung des Compilers festgelegt und an das `configure`-Skript übergeben. Sofern eine Bourne-Shell, z.B. *bash*, verwendet wird, kann die Angabe des »*env*«-Befehls auch entfallen.

```
$ CC=gcc OPTIM='-O2' ./configure ...
```

Die wichtigste Variable ist jedoch `CFLAGS`, da hiermit die beschriebenen Compiler-Flags gesetzt werden können. Fast alle Angaben können auch zur Laufzeit konfiguriert werden, aber einige wiederum lassen sich nur beim Übersetzen festlegen, wie beispielsweise `HARD_SERVER_LIMIT`.

Beispiel:

```
$ env CFLAGS='-DHARD_SERVER_LIMIT=384 -DBUFFERED_LOGS' \
  ./configure ...
```

Im obigen Beispiel wird das Compiler-Flag `HARD_SERVER_LIMIT` auf 384 gesetzt und die `BUFFERED_LOGS`-Funktionalität im Apache aktiviert. Wie zu sehen ist, müssen die Flags jeweils immer mit der Option »`-D`« angegeben werden. Zum Teil müssen Sie Angaben für bestimmte Flags, zum Beispiel Pfadangaben, in der Regel in Anführungszeichen setzen. Damit die Anführungszeichen auch korrekt durchgereicht werden, müssen ihnen jeweils zwei Slashes vorangestellt werden.

Beispiel:

```
$ env CFLAGS='-DDOCUMENT_LOCATION=\\"/web/htdocs\\"' ...
```

4.5.3 Dynamic Shared Objects (DSO)

Das dynamische Laden von Modulen war zwar schon beim Apache 1.2 über das DLD-Modul (*GNU Dynamic Linking Library*) möglich, dieses war jedoch nur eingeschränkt nutzbar. In Version 1.3 wurde das Modul durch das neue Modul `mod_so` ersetzt, das den *dlopen*-Standard implementiert und somit auf einer Vielzahl von Unix-Systemen das dynamische Laden von Modulen erlaubt, z.B. unter FreeBSD, Linux, Solaris, Digital Unix, IRIX oder HP/UX, um nur einige zu nennen.

Durch die Verwendung der DSO-Funktionalität ist es beispielsweise möglich eine einzelne Apache-Installation auf mehreren verschiedenen Servern zu verwenden (gleiches Betriebssystem vorausgesetzt), da Sie jeweils die Zusammenstellung der Module über die `LoadModule`- bzw. `AddModule`-Anweisungen in der Serverkonfiguration ändern können. Weiterhin ersparen Sie sich das neue Übersetzen des Apache, wenn ein neues Modul eingebunden bzw. wieder entfernt werden soll. Nachdem die Serverkonfiguration geändert wurde, reicht es, den Apache neu zu starten. Zu empfehlen ist hierbei insbesondere der sogenannte *Graceful Restart* (siehe Kapitel 6), der es ermöglicht ohne Unterbrechung von bestehenden Verbindungen ein Modul in den Apache einzubinden bzw. wieder zu entfernen.

Ein kleiner Nachteil der DSO-Funktionalität soll jedoch nicht verschwiegen werden: Je nach verwendetem Unix-System ergeben sich Performance-Einbußen im Vergleich zur statischen Varianten des Apache. Mögen Sie die etwas erhöhte Startzeit noch verschmerzen können, so ergeben sich zur Laufzeit Einbußen von einigen – wenn auch nur sehr wenigen – Prozent, die in der rechenintensiveren Behandlung des sogenannten *Position Independent Codes* (*PIC*) begründet sind. Sofern jedoch auf dem eigenen Server nicht sowieso schon Probleme bezüglich CPU-Performance bestehen, sind die Performance-Einbußen durch die DSO-Funktionalität in den meisten Fällen vernachlässigbar gering.

Wie bereits erwähnt, sollte man sich bei der statischen Übersetzung des Apache vorher überlegen, welche Module benötigt werden, und auch nur diese einbinden. Werden DSO-Module verwendet, so können Sie auch später noch über die Serverkonfiguration Änderungen vornhemen.

Folgender `configure`-Aufruf bietet sich deshalb an:

```
$ ./configure --enable-module=most --enable-shared=max ...
```

Hierdurch werden die meisten Module aktiviert und als DSO-Variante übersetzt. Lediglich das SO-Modul wird hierbei statisch eingebunden. Die Moduldateien befinden sich nach der Installation im `libexec`-Verzeichnis und die entsprechenden Einträge in der Serverkonfiguration. Vergleichen Sie hierzu die Erläuterungen der `LoadModule`- und `AddModule`-Anweisungen in Kapitel 5.27.

4.6 Installation

Wenn Sie nun schließlich das `configure`-Skript mit den passenden Optionen aufgerufen haben, erzeugt es alle zum Übersetzen benötigten Konfigurations- und Makefile-Dateien. Mit einem »`make`«-Aufruf wird dann das Übersetzen gestartet. Traten hierbei keine Fehler auf können Sie die Installation durch den Befehl

```
# make install
```

in die Wege leiten, was typischerweise als *root*-User geschehen sollte.

Nach Abschluss der Installation wird folgender Text ausgegeben:

```
+--------------------------------------------------------+
| You now have successfully built and installed the      |
| Apache 1.3 HTTP server. To verify that Apache actually |
| works correctly you now should first check the         |
| (initially created or preserved) configuration files   |
|                                                        |
|   /usr/local/apache/conf/httpd.conf
|                                                        |
| and then you should be able to immediately fire up     |
| Apache the first time by running:                      |
|                                                        |
|   /usr/local/apache/bin/apachectl start
|                                                        |
| Thanks for using Apache.       The Apache Group        |
|                                http://www.apache.org/  |
+--------------------------------------------------------+
```

Auch bei einer Erstinstallation sollte es jetzt schon möglich sein den Apache mittels

```
/usr/local/apache/bin/apachectl start
```

einfach zu starten. Trotzdem ist es zu empfehlen erst einmal einen Blick in die Serverkonfiguration zu werfen und zumindest die Grundeinstellungen zu überprüfen, wie beispielsweise die `Port`- und die `ServerName`-Anweisung.

Wurde der Apache erfolgreich gestartet, sollte bei einem Zugriff auf den Server die Beispielseite des Apache zu finden sein (siehe Abbildung 4.1). Die Seite liegt in mehreren Sprachen vor und wird jeweils in der Sprache angezeigt, die im Webbrowser als bevorzugte Sprache eingestellt ist. Vergleichen Sie hierzu das Kapitel über *Content Negotiation*.

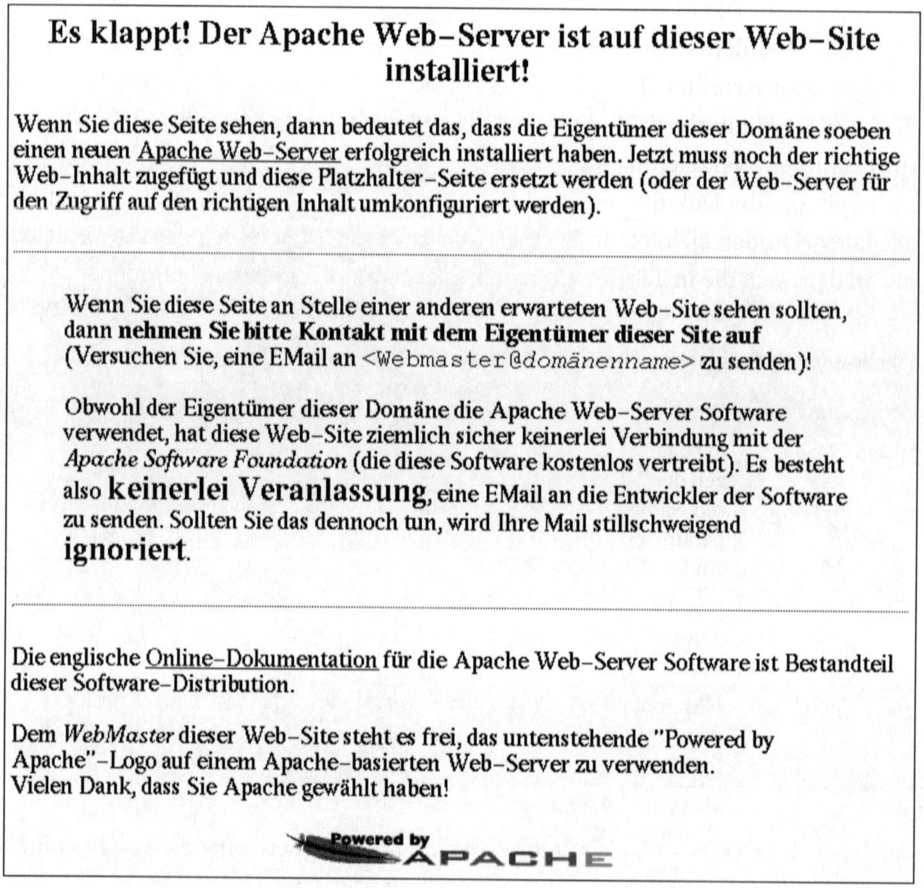

Es klappt! Der Apache Web-Server ist auf dieser Web-Site installiert!

Wenn Sie diese Seite sehen, dann bedeutet das, dass die Eigentümer dieser Domäne soeben einen neuen Apache Web-Server erfolgreich installiert haben. Jetzt muss noch der richtige Web-Inhalt zugefügt und diese Platzhalter-Seite ersetzt werden (oder der Web-Server für den Zugriff auf den richtigen Inhalt umkonfiguriert werden).

Wenn Sie diese Seite an Stelle einer anderen erwarteten Web-Site sehen sollten, dann **nehmen Sie bitte Kontakt mit dem Eigentümer dieser Site auf** (Versuchen Sie, eine EMail an `<Webmaster@`*domänenname*`>` zu senden)!

Obwohl der Eigentümer dieser Domäne die Apache Web-Server Software verwendet, hat diese Web-Site ziemlich sicher keinerlei Verbindung mit der *Apache Software Foundation* (die diese Software kostenlos vertreibt). Es besteht also **keinerlei Veranlassung**, eine EMail an die Entwickler der Software zu senden. Sollten Sie das dennoch tun, wird Ihre Mail stillschweigend **ignoriert**.

Die englische Online-Dokumentation für die Apache Web-Server Software ist Bestandteil dieser Software-Distribution.

Dem *WebMaster* dieser Web-Site steht es frei, das untenstehende "Powered by Apache"-Logo auf einem Apache-basierten Web-Server zu verwenden.
Vielen Dank, dass Sie Apache gewählt haben!

Powered by APACHE

Abb. 4.1: Wenn Sie diese Standardseite beim Zugriff auf Ihren Webserver sehen, ist der Apache erfolgreich installiert.

Doch werfen wir erst noch einen Blick in das Installationsverzeichnis. Sofern das klassiche Apache-Verzeichnislayout verwendet wurde, finden Sie dort die Verzeichnisse `bin`, `conf`, `icons`, `libexec`, `man`, `cgi-bin`, `htdocs`, `include`, `logs` und `proxy`.

Das proxy-Verzeichnis dient, sofern das Proxy-Modul genutzt wird, als Cache-Verzeichnis für die zwischengespeicherten Dateien. Im logs-Verzeichnis befinden sich die Error- und Access-Logfiles und nach dem Start außerdem die PID-Datei mit der Prozessnummer des laufenden Apache. Die Piktogrammdateien befinden sich in icons, und die Beispiel-CGI-Skripten printenv und test-cgi sind im cgi-bin-Verzeichnis zu finden. Im libexec-Verzeichnis sind alle DSO-Module abgelegt, sofern der Apache mit DSO-Unterstützung übersetzt wurde. Für ein späteres Übersetzen von DSO-Modulen stehen die Headerdateien im include-Verzeichnis zur Verfügung. Wie zu vermuten, finden Sie im man-Verzeichnis die Manual-Pages und zwar für *httpd, apxs, apachectl, logresolve, rotatelogs, ab, htpasswd, htdigest* und *dbmmange.* Im Dokument-Verzeichnis sind die Beispiel-HTML-Dokumente gespeichert und insbesondere die Dokumentation des Apache im HTML-Format. Die Konfigurationsdateien finden sich letztlich im conf-Verzeichnis. Bleibt noch das bin-Verzeichnis, in dem sich die in Tabelle 4.9 näher erläuterten Programme befinden.

Tabelle 4.9: Die Programme im bin-Verzeichnis

Programm	Beschreibung
httpd	httpd is das ausführbare Apache-Hauptprogramm. Falls beim Übersetzen der Target-Name geändert wurde, hat die Datei eventuell einen anderen Namen. Das Programm kann mit verschiedenen Kommandozeilenparametern aufgerufen werden, die detailliert in Kapitel 6 beschrieben sind.
apachectl	Das *Apache-Control*-Shell-Skript. Es dient zum einfachen Starten und Stoppen des Apache und wird in den nächsten Abschnitten sowie in Kapitel 6 genauer erläutert.
apxs	Hinter diesem Perl-Skript verbirgt sich das *APache eXtenSion Tool.* Es dient zum nachträglichen Übersetzen und Installieren von DSO-Modulen.
ab	ab ist die Abkürzung für *ApacheBench,* einem kleinen Programm zur Durchführung von Benchmark- und Performance-Tests.
htpasswd	Das htpasswd-Programm wird später noch genauer betrachtet. Es dient zur Erstellung und Verwaltung von Passwortdateien.
htdigest	Das htdigest-Programm hat die gleiche Funktion wie das htpasswd-Programm, ist jedoch für Passwortdateien gedacht, die mit den Modulen mod_auth_digest oder mod_digest verwendet werden sollen.
dbmmange	Dieses Perl-Skript dient ebenfalls zur Erstellung und Verwaltung von Passwortdateien, jedoch können hier die Einträge in Form einer DBM- bzw. DB-Datei verwaltet werden.

Tabelle 4.9: Die Programme im `bin`-Verzeichnis (Forts.)

Programm	Beschreibung
logresolve	Aus Performance-Gründen sollte die `HostnameLookups`-Anweisung immer deaktiviert sein. Um jedoch die Hostnamen zu den IP-Adressen eines Access-Logfiles zu bekommen, kann `logresolve`-Programm genutzt werden. Im einfachsten Fall wird es wie folgt aufgerufen: `logresolve < access_log > result_log` Das Logfile `result_log` entspricht dann dem `access_log`, allerdings wurden die IP-Adressen durch den entsprechenden Hostnamen ersetzt, sofern ein Name zu ermitteln war.
rotatelogs	Das `rotatelogs`-Programm kann als Logging-Programm verwendet werden. Vergleiche hierzu die Erläuterungen zur `CustomLog`-Anweisung in Kapitel 5.
suexec	Sofern der Apache mit suEXEC-Unterstützung übersetzt wurde, befindet sich das Programm `suexec` ebenfalls im `bin`-Verzeichnis. Hinter suEXEC verbirgt sich ein CGI-Wrapper, der in Kapitel 5.16 näher betrachtet wird.

4.7 Binary-Distributionen

Wie bereits erwähnt, finden Sie auf der Apache-Website neben der Source-Distribution auch diverse Binary-Distribution für die gängigen Unix-Systeme, OS/2 und Windows. Für die Dateinamen wird das folgende Schema verwendet:

`apache_1.3.x.-`*`CPU-Typ-Hersteller-Betriebssystem`*`.tar.gz`

Beispiel:

```
apache_1.3.11-sun4u-sun-solaris2.270.tar.gz
```

Jede Binary-Distribution enthält immer auch den Sourcecode, d.h. bei Bedarf kann der Apache auch aus einer Binary-Distribution heraus übersetzt werden. Zusätzlich zu den bekannten Dateien der Source-Distribution befinden sich noch die folgenden Verzeichnisse und Dateien im Hauptverzeichnis der Distribution:

Tabelle 4.10: Zusätzliche Dateien der Binary-Distribution

Datei bzw. Verzeichnis	Bedeutung
INSTALL.bindist	Installationsanweisungen zur Binary-Distribution.
README.bindist	Informationen zur jeweiligen Binary-Distribution wie beispielsweise die Versionsnummer und verwendeten Compiler-Flags.

Tabelle 4.10: Zusätzliche Dateien der Binary-Distribution (Forts.)

Datei bzw. Verzeichnis	Bedeutung
build.log	Die Protokolldatei, die bei der Übersetzung angelegt wurde.
install-bindist.sh	Durch den Aufruf dieses Skripts wird die Binary-Distribution installiert (s.u.).
config.status	In dieser Statusdatei finden Sie die Optionen mit denen das `configure`-Skript aufgerufen wurde.
bindist	Bei `bindist` handelt es sich um ein Verzeichnis, in dem sich die eigentlichen Binary-Dateien befinden.

4.7.1 Installation

Die Installation einer Binary-Distribution ist mehr als einfach. Sie müssen lediglich das Skript `install-bindist.sh` aufrufen. Optional können Sie das Verzeichnis in dem der Apache installiert werden soll, als Parameter angeben.

Beispiel:

```
# ./install-bindist.sh /home/web
```

Ansonsten wird der Apache im Verzeichnis `/usr/local/apache` installiert, was innerhalb weniger Sekunden zu folgender Ausgabe führen sollte:

```
Installing binary distribution for platform i686-whatever-linux2
into directory /usr/local/apache...
Ready.
 +--------------------------------------------------------+
 | You now have successfully installed the Apache 1.3.11  |
 | HTTP server. To verify that Apache actually works      |
 | correctly you should first check the (initially        |
 | created or preserved) configuration files:             |
 |                                                        |
 |   /usr/local/apache/conf/httpd.conf
 |                                                        |
 | You should then be able to immediately fire up         |
 | Apache the first time by running:                      |
 |                                                        |
 |   /usr/local/apache/bin/apachectl start
 |                                                        |
```

```
| Thanks for using Apache.        The Apache Group       |
|                                 http://www.apache.org/ |
+--------------------------------------------------------+
```

Wie am Inhalt der Datei `config.status` zu sehen ist, wird eine Binary-Distribution immer mit den `configure`-Optionen `--enable-module=most` und `--enable-shared=max` erstellt. Somit sind generell alle Module verfügbar und können bei Bedarf genutzt werden. Ebenso können Zusatzmodule via *apxs* nachinstalliert werden.

Sofern also keine speziellen Compiler-Flags oder spezielle Module wie `mod_ssl` benötigt werden, ist eine Binary-Distribution perfekt geeignet, wenn es darum geht, eine Standardinstallation des Apache durchzuführen.

4.8 Updates

In unregelmäßigen Abständen werden von der Apache Software Foundation neue Versionen des Apache herausgebracht. Damit Sie ohne Verzögerung von neuen Apache-Versionen erfahren, sollten Sie sich auf der Announce-Mailingliste der Apache Software Foundation eintragen. Informationen über diese und andere Mailinglisten finden Sie in Anhang G.

Eine neue Version des Apache behebt in der Regel diverse Fehler der alten Version, und in den meisten Fällen wurden auch neue Funktionalitäten eingebaut. Mit anderen Worten: Es ist in der Regel immer eine gute Idee ein Update durchzuführen.

Bei einem Update können Sie im Prinzip genauso verfahren wie bei einer Erstinstallation. Wird »`make install`« ausgeführt, werden generell *keine* existierenden Konfigurationsdateien, Piktogramme oder HTML-Dokumente im `htdocs`-Verzeichnis überschrieben. Wurden Modifikationen am `apachectl`-Skript vorgenommen, z. B. um den Apache mit einer anderen Option zu starten, sollten Sie jedoch beachten, dass dieses Skript, ebenso wie alle anderen ausführbaren Apache-spezifischen Skripten und Programme, beim Update überschrieben wird.

Bevor Sie jedoch den neuen Apache starten, sollten Sie sich sicherheitshalber vergewissern, welche Dinge gegenüber der alten Apache-Version geändert wurden. Denn wurde beispielsweise die Syntax einer bestehenden Konfigurationsanweisungen geändert, so wird ein Neustart des Apache zunächst fehlschlagen. Klarheit verschafft hier ein Blick in die `CHANGES`-Datei, die sich im `src`-Verzeichnis befindet. In dieser Datei werden von den Entwicklern alle Änderungen am Apache dokumentiert und auch neue Funktionalitäten kurz vorgestellt.

4.8.1 config.status

Ein Problem bei einem Update ist jedoch oftmals die Tatsache, dass man nicht mehr genau weiß, wie der alte Apache übersetzt wurde, d.h. mit welchen Optionen das `configure`-Skript aufgerufen wurde. Aus diesem Grund sollten Sie generell das Skript `config.status`, das vom `configure`-Skript erstellt wird, aufheben. Dieses Skript enthält die Konfigurationsinformationen und kann auf einfache Weise genutzt werden, um das `configure`-Skript entsprechend aufzurufen. Das `config.status`-Skript muss lediglich im Verzeichnis der neuen Apache-Distribution aufgerufen werden.

Hier ein Beispiel eines solchen Skripts:

```
#!/bin/sh
##
## config.status -- APACI auto-generated
##                  configuration restore script
##
## Use this shell script to re-run the APACI configure script
## for restoring your configuration. Additional parameters
## can be supplied.
##

./configure \
"--with-layout=Apache" \
"--prefix=/usr/local/apache" \
"--enable-module=most" \
"--enable-shared=max" \
"$@"
```

Wie dem Kommentar in der Datei zu entnehmen ist, können Sie beim Aufruf weitere Optionen angegeben, die dann unverändert zum `configure`-Skript durchgereicht werden. Hiermit ist es auf einfache Weise möglich kleine Änderungen nachträglich vorzunehmen, ohne wieder komplett alle `configure`-Optionen angeben zu müssen.

Beispiel:

```
$ ./config.status --disable-module=usertrack
```

Falls Sie nicht generell das Source-Verzeichnis aufbewahren, sollten Sie zumindest die `config.status`-Datei sichern, z.B. indem Sie sie einfach in das Installationsverzeichnis des Apache kopieren, um später nachvollziehen zu können, mit welchen Parametern der Apache übersetzt wurde.

4.8.2 Apache Extension Tool

Um die nachträgliche Installation von Zusatzmodulen als *Shared Objects* zu vereinfachen, findet sich – nachdem der Apache installiert wurde – im `bin`-Verzeichnis das Perl-Skript `apxs` (*APache eXtenSion tool*).

Tabelle 4.11 zeigt die wichtigsten Kommandozeilenparameter im Überblick:

Tabelle 4.11: Wichtige Kommandozeilenparameter für *apxs*.

Parameter	Bedeutung
-c	Die wichtigste Option: Hiermit wird die Übersetzungsoperation gekennzeichnet, wobei als Endergebnis das DSO-Modul erzeugt wird.
-i	Sorgt nach der Übersetzung dafür, dass das Modul in das libexec-Verzeichnis installiert wird.
-a	Sofern das Modul übersetzt und installiert wurde, kann das Modul hiermit aktiviert werden, d.h. es werden die entsprechenden Einträge in der `httpd.conf` vorgenommen.
-A	Wie `-a`, jedoch sind die Einträge auskommentiert.
-e	Die Alternative zu `-i`; wird die Option zusammen mit `-a` oder `-A` verwendet, so wird das Modul zwar in der `httpd.conf` aktiviert, jedoch nicht im `libexec`-Verzeichnis installiert.
`-o` *Name*	Normalerweise wird der Name des DSO-Moduls aus dem Namen der Sourcecode-Datei abgeleitet, mittels `-o` kann jedoch explizit der Name der DSO-Datei angegeben werden
`-n` *Name*	Falls der interne Modulname nicht ermittelt werden kann, muss er mittels `-n` angegeben werden, z.B. `zyz_module`.
`-S` *Name=Wert*	Als Name wird eine der Angaben `CC`, `CFLAGS`, `CFLAGS_SHLIB`, `LD_SHLIB`, `LDFLAGS_SHLIB`, `LIBS_SHLIB`, `TARGET`, `SBINDIR`, `INCLUDEDIR`, `LIBEXECDIR`, `SYSCONFDIR` verwendet, die dann entsprechend umdefiniert werden kann (diese Angaben sind bereits mit ihren Default-Werten im `apxs`-Skript selbst eingetragen).
`-D` *Name=Wert*	Setzt zusätzliche Compiler-Defines beziehungsweise -Flags.
`-Wc`,*Flags*	Setzt zusätzliche Compiler-Flags.
`-Wl`,*Flags*	Setzt zusätzliche Linker-Flags.
`-I` *Verzeichnis*	Setzt zusätzliche Include-Verzeichnisse.

Tabelle 4.11: Wichtige Kommandozeilenparameter für *apxs*. (Forts.)

Parameter	Bedeutung
-L *Verzeichnis*	Setzt zusätzliche Bibliotheksverzeichnisse.
-l *Bibliothek*	Gibt zusätzliche Bibliotheken an.

Trotz der zahlreichen Parameter kommt man typischerweise mit den drei Parametern -c, -i und -a aus.

Hier sehen Sie ein typisches Anwendungsbeispiel, dass ein Modul übersetzt, installiert und entsprechende LoadModule- und AddModule-Anweisung zur Serverkonfiguration hinzufügt:

```
# apxs -c -i -a mod_xyz.c
gcc -fpic -DSHARED_MODULE -I/usr/local/apache/include
    -c mod_xyz.c
ld -Bshareable -o mod_xyz.so mod_xyz.o
cp mod_xyz.so /usr/local/apache/libexec/mod_xyz.so
chmod 755 /usr/local/apache/libexec/mod_xyz.so
[activating module 'xyz' in /usr/local/apache/conf/httpd.conf]
```

Der Serverkonfiguration wurden dann eine LoadModule- und eine AddModule-Anweisung hinzugefügt. Das apxs-Skript fügt diese Einträge jeweils immer am Ende der jeweiligen Liste ein, was jedoch in der Regel angepasst werden sollte. Sofern es sich beim Modul nicht um ein Authentikationsmodul handelt, sollte es immer eine niedrigere Priorität als die Authentikationsmodule bzw. das Access-Modul haben, d.h. die LoadModule- beziehungsweise AddModule-Anweisung sollte vor mod_access in der Serverkonfiguration eingetragen sein. Gerade bei Modulen wie PHP, JServ und Perl empfiehlt es sich sie direkt nach mod_cgi in die Liste aufzunehmen. Bei einem Authentikationsmodul hängt es schließlich davon ab, welche Priorität das Modul gegenüber den anderen Module haben soll: Vor mod_auth eingefügt, hat es die niedrigste Priorität, und nach mod_auth_digest eingefügt, die höchste Priorität.

Einige Zusatzmodule unterstützen die Verwendung von apxs auch direkt. Das configure-Skript von mod_php bietet beispielsweise eine »--with-apxs=*NAME*«-Option. Sie sorgt dafür, dass ein nachfolgend ausgeführtes »make« beziehungsweise »make install« das PHP-Modul korrekt übersetzt und mit Hilfe von apxs als *Shared Object* installiert und aktiviert.

4.8.3 Die magische Nummer

Wurde der Apache mit DSO-Unterstützung übersetzt, so befinden sich – wie bereits erkärt wurde – alle Module im `libexec`-Verzeichnis. Wurde ein Update mit der gleichen Auswahl von Modulen durchgeführt, so werden die Module im `libexec`-Verzeichnis entsprechend aktualisiert.

Zusatzmodule müssen danach, wie zuvor beschrieben, mittels `apxs` übersetzt und installiert werden. Allerdings ist ebendies nicht immer notwendig, denn prinzipiell sind Module, die für eine 1.3er Version des Apache übersetzt wurden, auch mit einer späteren Version des Apache nutzbar – immer vorausgesetzt, dass der neue Apache mit den gleichen Parametern wie das Modul übersetzt wurde.

Die Ausnahme tritt immer dann auf, wenn die sogenannte *Module Magic Number* (*MMN*) des Apache geändert wurde. Hierbei handelt es sich um eine fest in den Apache eingebettete Zahl, über die er feststellen kann, ob ein Modul kompatibel zur verwendeten Apache-Version ist. Eine Änderung der MMN erfolgt immer dann, wenn Modifikationen am API des Apache vorgenommen wurden. Bei den 1.3er Apache-Versionen dies schon einige Male vor. Beispielsweise lässt sich ein 1.3.4er Modul nicht mit Apache 1.3.6 verwenden, jedoch ist ein 1.3.6er Modul auch noch mit Apache 1.3.12 verwendbar.

Über den Aufruf »`httpd -V`« kann, zusammen mit anderen Informationen, die MMN angezeigt werden:

```
Server's Module Magic Number: 19990320:6
```

Die Nummer setzt sich aus zwei Teilen zusammen, der sogenannten *Major*-Nummer vor dem Doppelpunkt und der *Minor*-Nummer nach dem Doppelpunkt. In Hinblick auf die Binärkompatibilität ist nur die erste Nummer von Bedeutung: Ist sie identisch, kann das Modul ohne weiteres verwendet werden und muss nicht neu übersetzt werden.

4.9 Automatischer Start beim Hochfahren des Rechners

Wie jeder andere wichtige Netzdienst sollte auch der Webserver beim Hochfahren des Rechners automatisch gestartet werden.

Zum Starten des Apache reicht in der Regel der Aufruf des Daemons ohne jegliche Angabe von Parametern (vergleiche Kapitel 6):

```
/usr/local/apache/bin/httpd
```

bzw. des Apache-Control-Skripts (*apachectl*) mit der Option `start`:

```
/usr/local/apache/bin/apachectl start
```

Falls die Default-Datei nicht benutzt werden soll beziehungsweise nicht existiert, muss noch die Konfigurationsdatei angegeben werden:

```
/usr/local/apache/bin/httpd -f /home/web/httpd-test.conf
```

Diese Option kann bei Bedarf im Apache-Control-Skript eingetragen werden (siehe Kapitel 6).

Je nach verwendetem Unix-System muss der Aufruf des Apache zu einem bestehenden Boot-Skript hinzugefügt werden, oder ein entsprechendes Init-Skript muss hierfür verwendet werden. Eine allgemeine Anweisung, wo und wie der Aufruf eingetragen werden muss, kann hier nicht gegeben werden, da sich dies von System zu System stark unterscheidet.

Oft befindet sich im `etc`-Verzeichnis eine Datei namens `rc.local` oder mit ähnlichem Namen, zu der Sie den Aufruf zum Starten des Apache hinzufügen müssen. Eine andere weit verbreitete Variante ist die Verwendung eines extra Verzeichnisses, das verschiedene Skripten zu den einzelnen Netzdiensten enthält. Dieses Verzeichnis hat meistens den Namen `/etc/init.d` oder auch `/etc/rc.d/init.d`, wobei weitere Verzeichnisse, `/etc/rc0.d` bis `/etc/rc6.d`, existieren, die symbolische Links auf die Skripten im `init.d`-Verzeichnis enthalten. Die Verzeichnisse kennzeichnen die einzelnen Runlevel von 0 bis 6. 2 bis 5 sind die normalen Runlevel, 1 ist *Single User*, 6 ist *Reboot* und 0 ist *Halt*.

Die letzte Variante ist bei allen auf Unix System V basierenden Systemen wie beispielsweise Linux[1], Solaris oder IRIX zu finden. Hier kann als Init-Skript direkt das `apachectl`-Skript genutzt werden. Sie müssen das Skript also lediglich in das `init.d`-Verzeichnis kopieren und entsprechende Links in den `rc`-Verzeichnissen angelegen.

1 Nicht bei allen Linux-Distributionen.

Für genauere Informationen konsultieren Sie bitte die Betriebssystem-Dokumentation.

4.10 Installation unter Windows

Ebenso einfach wie die Installation unter Unix mittels APACI ist sie auf Windows-Systemen über die als *InstallShield*-Datei realisierte Win32-Apache-Distribution (Sourcecode inklusive Win32-Binary) möglich.

Zuerst zeigt das Setup-Programm die Apache-Lizenz-Datei, danach wird gefragt, in welchem Verzeichnis Apache installiert werden soll, wobei als Vorgabe (je nach verwendetem Systemlaufwerk)

```
c:\Programme\Apache Group\Apache
```

verwendet wird. Das ausgewählte Verzeichnis dient später als `ServerRoot`-Verzeichnis und wird, abgesehen von der Serverkonfiguration, ebenfalls in der Registry verewigt.

Danach folgt wie gewohnt die Abfrage, ob eine *typical-*, *compact-* oder *custom*-Installation durchgeführt werden soll. Die *compact*-Installation ist weniger zu empfehlen, da weder Zusatzmodule, Piktogrammdateien noch Dokumentation installiert werden. Sie sollten deshalb bevorzugt eine *typical*-Installation durchführen, die bis auf den Sourcecode alle Komponenten der Distribution installiert. Der Sourcecode ist nur bei einer *custom*-Installation erhältlich und ist für das Übersetzen mit dem *Microsoft Visual* C++ Compiler in der Version 5.0 oder höher ausgelegt.

Wurde die Installation erfolgreich durchgeführt, finden Sie im *Programm*-Folder den neue Eintrag »*Apache Web Server*«. Über Untermenüs ist der Zugriff auf die Dokumentation, sowie der Start des Apache möglich. Nur unter Windows NT können Sie das Untermenü zur Installation des Apache als Service nutzen.

Voraussetzung für den Einsatz des Apache unter Windows ist eine installierte Winsock-2-Bibliothek (`ws2_32.lib`). Insbesondere Windows 95-Nutzer müßen hier gegebenfalls ein Update durchführen.

Bevor der Apache jedoch zum ersten mal gestartet werden kann, sollte mindestens die `ServerName`-Anweisung in der Datei `httpd.conf` angepasst werden, auch wenn der Apache in den meisten Fällen in der Lage ist, den Hostnamen beim Start selbst herauszufinden.

Kapitel 5

Konfiguration

5.1 Konventionen

In den folgenden Unterkapiteln werden alle Konfigurationsanweisungen des Apache erläutert. Als Einleitung zu jeder Anweisung finden Sie eine Auflistung der folgenden Art (hier beispielhaft für die Anweisung `IndexOptions`):

Syntax	`IndexOptions` *Option* [*Option* ...]
Default	`None`
Modul	`mod_autoindex`
Kontext	Serverkonfiguration, `<VirtualHost>`, `<Directory>`, `<Location>`, `<Files>`, `.htaccess`

Als Erstes wird die Syntax der jeweiligen Konfigurationsanweisung angegeben (die Groß- bzw. Kleinschreibung ist hierbei egal). Variable Parameter sind entsprechend Kursiv hervorgehoben (z.B. *Option*) und feste Konfigurationsparameter durch eine `nicht-proportionale Schrift` gekennzeichnet. Optionale Parameter werden in eckige Klammern gesetzt. Obiges Beispiel bedeutet somit, dass *Option* mindestens einmal angegeben werden muss, aber noch beliebig viele weitere *Option*-Parameter angegeben werden können. Sind als Parameter mehrere Varianten möglich, sind diese durch ein »|« voneinander getrennt, z.B. bei Anweisungen, die nur an- oder ausgeschaltet werden können: »`AuthAuthoritative on|off`«

Als zweite Angabe sehen Sie jeweils den Default-Wert der Anweisung, der verwendet wird, wenn die Anweisung nicht in der Konfiguration aufgeführt wird. Falls es keinen Default-Wert gibt, fehlt diese Angabe.

Darauf folgt der Name des Moduls, das die jeweilige Konfigurationsanweisung zur Verfügung stellt. Fehlt diese Angabe, wird die Anweisung vom Apache-Kern selbst zur Verfügung gestellt.

Als letzte Angabe ist der Kontext aufgeführt, in dem die Konfigurationsanweisung verwendet werden darf, z.B. `<VirtualHost>`. Bei Verwendung von `<Directory>`, `<Lo-`

cation> bzw. <Files> ist jeweils die Match-Variante <DirectoryMatch>, <LocationMatch> bzw. <FilesMatch> eingeschlossen. Falls als Kontext »Serverkonfiguration« angegeben wird, ist hiermit die httpd.conf gemeint.

Falls in Beispielen Host- oder Domainnamen angegeben werden, wird hier in erster Linie www.domain.tld verwendet. Der Domainname domain.tld soll hierbei die jeweils lokale Domain kennzeichnen, in der sich Ihre Website befindet. Die Abkürzung »tld« steht dabei für eine beliebige *Top-Level Domain*, wie zum Beispiel de, com oder org.

Werden in einem Beispiel Shell-Befehle angegeben, z. B. wenn Installationsschritte beschrieben werden, so ist diesen entweder ein »$« oder »#« vorangestellt, wobei Letzteres eine *root*-Shell kennzeichnen soll, d.h. der jeweilige Befehl muss unter der User-ID root ausgeführt werden.

5.2 Konfigurationsdateien

Im Verzeichnis /usr/local/apache/conf befindet sich die Serverkonfiguration des Apache, wobei alle Konfigurationsanweisungen in der Datei httpd.conf gespeichert sind. In älteren Versionen des Apache wurden die Anweisungen auf drei Dateien aufgeteilt, und zwar (zusätzlich zur httpd.conf) auf die Access-Konfiguration (access.conf) und die Resource-Konfiguration (srm.conf, *Server Resource Management*). In aktuellen Apache-Versionen sind diese Dateien jedoch leer. Bei Bedarf können sie jedoch auch weiterhin verwendet werden.

Beim Aufruf vom httpd kann die Datei mit der Serverkonfiguration über die »-f«-Option spezifiziert werden. Wenn keine Angabe erfolgt, wird die Datei /usr/local/apache/conf/httpd.conf geladen, sofern sie vorhanden ist.

Die Access- und Resource-Konfigurationsdateien, werden in der Serverkonfiguration über die Anweisungen AccessConfig und ResourceConfig angegeben, wobei der Apache beim Start zuerst die Resource- und dann die Access-Konfiguration einliest.

Falls Ihnen die Access- und ResourceConfig nicht ausreichen, können Sie mit der Include-Anweisung ebenfalls weitere Konfigurationsdateien einbinden. Dies kann beispielsweise zur Auslagerung der Konfigurationsanweisungen von virtuellen Hosts verwendet werden, was zu einer übersichtlicheren Gesamtkonfiguration führen kann.

Ab Version 1.3 des Apache wird die unter Unix-System übliche Fortsetzung von Zeilen mittels Backslash unterstützt, d.h. lange Konfigurationseinträge können auf mehrere Zeilen aufgeteilt werden, um sie übersichtlicher darzustellen.

Beispiel:

```
AddIconByType (BIN,/icons/binary.gif) \
              application/octet-stream
```

Die folgenden Beschreibungen zur Konfiguration beziehen sich in erster Linie auf die Unix-Version des Apache, jedoch gibt es hier in Hinblick auf die Win32-Version kaum Unterschiede. Lediglich bei Konfigurationsanweisungen, die Dateiangaben erfordern, sollte unter Windows beachtet werden, dass grundsätzlich keine Backslashes »\« verwendet werden dürfen. Laufwerksbuchstaben können Sie hingegen verwenden.

Zur Verdeutlichung an dieser Stelle ein paar Beispiele:

```
<Directory "c:/Apache/htdocs"> ... </Directory>

ServerRoot "e:/Programm/Apache Group/Apache"

AuthUserFile /Apache/conf/passwd
```

Wird, wie im letzten Beispiel, die Angabe des Laufwerksbuchstabens weggelassen, so wird immer das Laufwerk verwendet, auf dem sich das `apache`-Programm befindet.

Obwohl die meisten Module der Apache-Distribution, wie auch viele der verfügbaren Zusatzmodule wie z.B. `mod_perl`, auch mit der Win32-Version verwendet werden können, gibt es ein paar Module, die generell nicht oder noch nicht unter Windows genutzt werden können. Beispiele hierfür sind `mod_mime_magic`, `mod_auth_db`, `mod_auth_dbm`, `mod_auth_digest`, `mod_mmap_static` und `mod_unique_id`.

5.2.1 AccessConfig

Syntax	`AccessConfig` *Dateiname*
Default	`conf/access.conf`
Kontext	Serverkonfiguration, `<VirtualHost>`

Die Access-Konfiguration enthält Angaben über die Funktionen und Zugriffsrechte bestimmter Verzeichnisse oder Dateien. Wie bereits zuvor erwähnt wurde, können diese Angaben jedoch auch in die `httpd.conf` aufgenommen werden.

An erster Stelle sind hier die Konfigurationsanweisungen `<Directory>`, `<Location>` und `<File>` zu nennen.

Dateiname wird üblicherweise relativ zu `ServerRoot` definiert, z. B.:

```
AccessConfig conf/test/access2.conf
```

Es kann aber auch ein absoluter Pfad angegeben werden, z. B.:

```
AccessConfig /usr/local/apache/conf/test/access3.conf
```

Durch die Angabe von

```
AccessConfig /dev/null
```

kann diese Eigenschaft ausgeschaltet werden, wenn keine Access-Konfiguration benötigt wird bzw. die notwendigen Konfigurationsanweisungen in die Serverkonfiguration übernehmen werden sollen.

5.2.2 ResourceConfig

Syntax	`ResourceConfig` *Dateiname*
Default	`conf/srm.conf`
Kontext	Serverkonfiguration, `<VirtualHost>`

In die Resource-Konfiguration können Angaben zur Formatierung und dem Aussehen der automatisch erzeugten Verzeichnisindizes sowie Angaben zu den einzelnen Dateitypen aufgenommen werden. Angaben zu *Aliases* und *Redirects* können ebenfalls in der Resource-Konfiguration platziert werden.

Ebenso wie bei der Anweisung `AccessConfig` kann der *Dateiname* entweder relativ zu `ServerRoot` oder absolut angegeben werden.

Das Ausschalten der Resource-Konfiguration ist durch Angabe von

```
ResourceConfig /dev/null
```

möglich.

5.2.3 Include

Syntax	`Include` *Dateiname*
Kontext	Serverkonfiguration, `<VirtualHost>`

Mit dem Include-Modul hat die Konfigurationsanweisung `Include` nichts zu tun. Sie dient vielmehr zum Einbinden von zusätzlichen Konfigurationsdateien in die Serverkonfiguration.

Der *Dateiname* kann entweder relativ zum `ServerRoot`-Verzeichnis oder mit einer absoluten Pfadangabe angegeben werden.

Beispiel:

```
Include conf/vhost.conf
```

5.3 Grundlegende Konfigurationsanweisungen

5.3.1 ServerType

Syntax	`ServerType standalone|inetd`
Default	`standalone`
Kontext	Serverkonfiguration

Mit der Konfigurationsanweisung `ServerType` können Sie bestimmen, ob der Server über den `inetd`, den *Internet Super-Server*, gestartet werden soll oder nicht.

Benutzt man `standalone` als Typ, so öffnet der Apache beim Starten selbst den mit der Anweisung `Port` definierten Port und wartet auf Client-Anfragen. Benutzt man hingegen `inetd`, so wird der Apache über den `inetd` gestartet, d.h. der inetd nimmt die Client-Anfrage entgegen, startet den Apache und übergibt ihm dann die Anfrage. Das setzt voraus, dass er in `/etc/inetd.conf` entsprechend eingetragen wurde.

Der Nachteil der zweiten Variante ist offensichtlich: Bei jeder Anfrage muss der Apache neu gestartet werden, was einen deutlichen Performance-Verlust mit sich bringt. Ebenso wenig kommt das Konzept der Reserve-Server bei der Verwendung von `inetd` zum Tragen.

Auch wenn Sie nur eine Handvoll Zugriffe pro Tag erwarten, sollten Sie in der Regel die `standalone`-Variante bevorzugen, damit Anfragen schnell beantwortet werden können. Mit anderen Worten: Die Verwendung von `inetd` sollte unbedingt vermieden werden.

5.3.2 User

Syntax	`User` *Benutzername* `User #`*UID*
Default	`#-1`
Kontext	Serverkonfiguration, `<VirtualHost>`

Wird der als `standalone` konfigurierte Server vom User `root` gestartet, so wird – nachdem der Port geöffnet wurde – zu der unter `User` und `Group` angegebenen *UID* respektive *GID* gewechselt.

Die User-ID kann entweder als Benutzername angegeben werden oder aber als Nummer, der das Zeichen »#« vorangestellt wird.

Beispiele:

```
User nobody
User httpd
User #-1
User #4711
```

Die Wahl einer geeigneten User-ID ist für die Sicherheit des Servers sehr wichtig und wird in Kapitel 7, das von Sicherheitsaspekten handelt, genauer betrachtet.

5.3.3 Group

Syntax	`Group` *Gruppenname* `Group #`*GID*
Default	`#-1`
Kontext	Serverkonfiguration, `<VirtualHost>`

Die `Group`-Anweisung ist das Gegenstück zu `User`. Mit ihr wird die Group-ID des Apache definiert. Analog zur `User`-Anweisung ist entweder die Angabe eines Gruppennamens oder einer nummerischen ID möglich.

Beispiele:

```
Group httpd
Group #123
```

5.3.4 BS2000Account

Syntax	`BS2000Account` *Accountnummer*
Kontext	Serverkonfiguration

Wie der Name bereits vermuten lässt, hat die `BS2000Account`-Anweisung nur etwas mit BS2000-Betriebssystemen zu tun. Allerdings wird die Anweisung auf aktuellen BS2000-Versionen nicht mehr benötigt.

Wird im POSIX-Subsystem ein Kindprozess erzeugt, so muss dieser auch auf der zugehörigen BS2000-Seite wie ein normaler BS2000-Job initialisiert werden. Da der Apache nach dem Start auf den via User-Anweisung konfigurierten Benutzer umschaltet, besteht hier jedoch das Problem, dass dem Apache zunächst keine Accountnummer für diesen Benutzer bekannt ist. Auf aktuellen BS2000-System wird hier mittlerweile auf die *POSIX-RLOGIN-DEFAULT*-Einstellung zurückgegriffen und diese als Accountnummer verwendet. Hier brauchen Sie sich dann keinerlei Gedanken mehr um die `BS2000Account`-Anweisung zu machen.

In früheren BS2000-Versionen fehlt jedoch die Default-Information, mit welcher Accountnummer die Prozesse zu starten sind. Hier hilft die `BS2000Account`-Anweisung, mit der Sie eine entsprechende Accountnummer setzen können.

Beispiel:

```
BS2000Account A1234Z
```

Durch Verwendung der korrekten Accountnummer wird sichergestellt, dass beispielsweise keine CGI-Skripten auf Ressourcen zugreifen, auf die nur der privilegierte User zugreifen darf, unter dem der Apache gestartet wurde (typischerweise `SYSROOT`).

5.3.5 Port

Syntax	`Port` *Nummer*
Default	80
Kontext	Serverkonfiguration, `<VirtualHost>`

Durch die `Port`-Anweisung wird die Portnummer festgelegt, auf welcher der Apache auf Client-Anfragen lauschen soll. Als *Nummer* kann hier ein Wert von 0 bis 65535 eingetragen werden. Benutzt man eine privilegierte Portnummer (0 bis einschließlich 1023), so muss der Apache vom User `root` gestartet werden.

Mit den Konfigurationsanweisungen `User` und `Group` können Sie einstellen, zu welcher UID und GID der Apache wechseln soll, nachdem er sich an den `Port` gebunden hat.

Port 80 ist die Default-Einstellung, da sie die offiziell von der *Internet Assigned Numbers Authority* (*IANA*) vergebene Portnummer für HTTP ist.

In einem URL muss die Portnummer mit angegeben werden, sofern nicht Port 80 benutzt wird, also z. B.:

```
http://www.domain.tld:1234/
```

Wird die Portnummer weggelassen, wie bei

```
http://www.domain.tld/
```

so wird automatisch der Standard-Port 80 benutzt. Der obige URL ist somit identisch mit:

```
http://www.domain.tld:80/
```

5.3.6 Listen

Syntax	`Listen` [*Adresse*:]*Port*
Default	(*alle Interfaces, Default-Port*)
Kontext	Serverkonfiguration

Ein Rechner kann mehrere Interfaces haben. Per Default werden Client-Anfragen auf dem mit `Port` definierten Port und allen Interfaces beantwortet.

Mit `Listen` kann man den Apache anweisen, nur auf einem Port eines bestimmten Interface bzw. einer bestimmten IP-Adresse zu hören. Die Angabe von *Adresse* ist optional. lässt man sie weg, gilt die Port-Angabe für alle IP-Adressen bzw. Interfaces.

Als *Adresse* ist die Angabe der IP-Adresse oder des Hostname möglich.

Die `Listen`-Anweisung darf mehrfach in der Serverkonfiguration auftauchen. So kann man z. B. erreichen, dass der Apache auf mehr als nur einem Port auf Anfragen wartet.

Beispiele:

```
Listen 123.45.67.89:80
Listen www.domain.tld:1234

Listen 80
Listen 8080
```

Die Angabe von `Listen` löscht eine eventuell schon vorhandene `Port`-Angabe und hat eine höhere Priorität als die Angaben für `BindAddress`. Insbesondere sollte `Listen` gegenüber der alten `BindAddress`-Anweisung bevorzugt werden.

5.3.7 BindAddress

Syntax	`BindAddress` *Adresse*
Default	*
Kontext	Serverkonfiguration

`BindAddress` ähnelt der `Listen`-Anweisung, wobei hier angegeben werden kann, auf welcher IP-Adresse beziehungsweise welchem Hostnamen der Webserver antworten soll.

Es gibt insgesamt drei mögliche Werte für *Adresse*:

- * (alle IP-Adressen des Servers)
- eine IP-Adresse (z. B. `123.45.67.89`)
- ein Hostname (z. B. `host.domain.tld`)

Wenn Sie mehrere httpd-Prozesse auf einem Rechner laufen lassen und jeweils eine IP-Adresse zuweisen, können Sie mit Hilfe von `BindAddress` IP-basierte virtuelle Server realisieren. Die Methode mit den `<VirtualHost>`-Anweisungen sollten Sie hier jedoch unbedingt bevorzugen.

Die Verwendung von `BindAddress` ist obsolet. Bevorzugt sollte die `Listen`-Anweisung verwendet werden.

5.3.8 UseCanonicalName

Syntax	`UseCanonicalName On|Off|DNS`
Default	`On`
Kontext	Serverkonfiguration, `<VirtualHost>`, `<Directory>`, `<Location>`, `<Files>`, `.htaccess`

Wenn der Apache selbst referenzierende HTTP-Redirects erzeugen muss, beispielsweise wenn bei einem Zugriff auf ein Verzeichnis der Slash am Ende des URLs vergessen wurde, dann wird im neuen URL als Hostname immer der mittels `ServerName` angegebene Name oder der Name des jeweiligen virtuellen Servers verwendet.

Durch Deaktivieren von `UseCanonicalName` können Sie den Apache jedoch anweisen, grundsätzlich den Hostname aus dem vom Webclient übermittelten `Host`-Header zu verwenden, sofern dieser vorhanden ist.

Es spricht eigentlich in den meisten Fällen nichts dagegen, `UseCanonicalName` grundsätzlich zu deaktivieren.

Das `DNS`-Argument nur benötigt, wenn Sie das VHost-Alias-Modul benutzt. Weitere Informationen hierzu finden Sie in Kapitel 5.25.

Bei Bedarf kann die Anweisung auch begrenzt auf einen bestimmten Bereich des Servers gesetzt werden, z. B. über eine entsprechende `<Directory>`-Anweisung.

5.3.9 DocumentRoot

Syntax	`DocumentRoot` *Verzeichnisname*
Default	`/usr/local/apache/htdocs`
Kontext	Serverkonfiguration, `<VirtualHost>`

Ähnlich wie `ServerRoot`, welches das Home-Verzeichnis des Apache angibt, wird mit `DocumentRoot` das Verzeichnis definiert, das die HTML-Dokumente und sonstige Dateien enthält, die über den Webserver abrufbar sein sollen. Mit der Anweisung

```
DocumentRoot /web/htdocs
```

würde bei einem Client-Zugriff auf

```
http://www.domain.tld/index.html
```

die Datei

```
/web/htdocs/index.html
```

an den Client ausgeliefert (sofern sie vorhanden ist und keine Alias- bzw. Redirect-Anweisungen zum Tragen kommen).

5.3.10 ServerRoot

Syntax	`ServerRoot` *Verzeichnisname*
Default	`/usr/local/apache`
Kontext	Serverkonfiguration

Mit `ServerRoot` gibt man das Hauptverzeichnis des Apache an, in dem sich die Verzeichnisse für die Logfiles, Konfigurationsdateien und die HTML-Dokumente befinden.

Gibt man bei anderen Konfigurationsanweisungen, z. B. `AccessLog`, einen relativen Dateipfad an, so wird dieser relativ zu dem mit `ServerRoot` definierten Verzeichnis interpretiert.

Beim Starten des `httpd` können Sie das Verzeichnis ebenfalls über den »`-d`«-Parameter definieren. Näheres zu den Kommandozeilenparamentern finden Sie in Kapitel 6.

5.3.11 ServerAdmin

Syntax	`ServerAdmin` *E-Mail-Adresse*
Default	`[no address given]`
Kontext	Serverkonfiguration, `<VirtualHost>`

Bei Fehlermeldungen, die an den Client bzw. dessen Benutzer zurückgeliefert werden, z. B. wenn ein Dokument nicht gefunden wurde, wird teilweise die mit `ServerAdmin` angegebene Mail-Adresse als Kontaktadresse des Webmasters bzw. der zuständigen Person angegeben. Es ist natürlich möglich, hier eine private Mail-Adresse anzugeben, aber nach Möglichkeit sollten Sie hier eine dedizierte Kontaktadresse angeben, zum Beispiel

```
ServerAdmin webmaster@www.domain.tld
```

Falls nicht sowieso ein User namens `webmaster` auf dem Serverrechner existiert, sollten Sie ein entsprechendes Mail-Alias einrichten, das typischerweise in der Datei `/etc/aliases` oder `/etc/mail/aliases` konfiguriert wird und der folgenden Syntax entspricht:

Alias: User-ID oder *Alias: E-Mail-Adresse*

Der Name `webmaster` ist die gebräuchlichste Form, aber oft findet man auch Varianten, wie z. B. `wwwadmin` oder `webadmin`. Zumindest sollte ein Alias für `webmaster` gesetzt werden, das z. B. so aussehen könnte:

```
webmaster: joe@other.domain.tld
```

Weitere Varianten kann man bei Bedarf als zusätzliches Alias definieren:

```
wwwadmin: webmaster
webadmin: webmaster
...
```

Weibliche Administratoren bevorzugen vielleicht auch die Angabe von `webmistress`.

5.3.12 ServerName

Syntax	`ServerName` *FQDN*
Default	(*FQDN des Serverrechners*)
Kontext	Serverkonfiguration, `<VirtualHost>`

Mit der `ServerName`-Anweisung wird der FQDN, der *Fully Qualified Domain Name*, gesetzt über den der Webserver angesprochen werden soll.

Beispiel:

```
ServerName www.domain.tld
```

Benutzt wird der Name vom Apache nur bei HTTP-Redirects. Greift zum Beispiel jemand auf den URL

```
http://www.domain.tld/verzeichnis
```

zu (ein häufiger Fehler, vergleiche Anhang I), erzeugt der Apache einen Redirect auf:

```
http://www.domain.tld/verzeichnis/
```

Wäre `ServerName` nicht gesetzt und `www` ein Alias (CNAME) für den Serverrechner, so würde bei dem Redirect der reale Hostname des Rechners an den Client übermittelt, was in der Regel wohl nicht beabsichtigt sein dürfte.

Als *FQDN*-Argument kann auch eine IP-Adresse verwendet werden, falls kein Hostname zur Verfügung steht beziehungsweise dieser noch nicht im Nameserver konfiguriert worden ist.

5.3.13 ServerSignature

Syntax	`ServerSignature On|Off|EMail`
Default	`Off`
Kontext	Serverkonfiguration, `<VirtualHost>`

Durch Aktivierung von `ServerSignature` lässt sich allen Fehlerdokumenten und den vom Proxy-Modul generierten FTP-Indizes eine Informationszeile bezüglich des Hostname und der verwendeten Apache-Version hinzufügen.

Beispielausgabe:

```
Apache/1.3.12 Server at www.domain.tld Port 80
```

Wird als Argument `EMail` verwendet, so wird zusätzlich ein Mailto-Link integriert, der die mittels `ServerAdmin` angegebene Adresse verwendet.

Per Default ist `ServerSignature` zwar deaktiviert, aber insbesondere die Verwendung der `EMail`-Variante ist sinnvoll, da hiermit Besuchern die Möglichkeit gegeben wird im Fehlerfall eine E-Mail an den Administrator des Webserver schreiben zu können.

5.3.14 ServerTokens

Syntax	`ServerTokens Minimal|OS|Full`
Default	`Full`
Kontext	Serverkonfiguration

Der Apache überträgt bei jeder Anwort einen sogenannten Server-Header. Für den Nutzer ist diese Information in der Regel unsichtbar, da sie nur als zusätzlicher Header auf HTTP-Ebene übertragen wird.

Als Wert des Headers wird der Name `Apache`, die jeweilige Versionsnummer, das verwendete Betriebssystem (z. B. Unix, Win32 oder OS/2) sowie gegebenenfalls zusätzliche Informationen zu weiteren Modulen angegeben.

Beispiel-Header bei einem Server, der mit dem SSL-Modul ausgestattet ist:

```
Server: Apache/1.3.12 (Unix) mod_ssl/2.5.1 OpenSSL/0.9.4
```

Diese Informationen werden übertragen, wenn die Anweisung `ServerTokens` auf `Full` gesetzt ist. `Full` ist die Default-Einstellung.

Durch Angabe von

```
ServerTokens OS
```

werden lediglich die Informationen zum Apache selbst sowie zum verwendeten Betriebssystem übertragen.

Soll jegliche Information über das Betriebssystem unterdrückt werden, kann als Argument `Minimal` oder `Min` verwendet werden. In diesem Fall hätte der Header lediglich die folgende Form:

```
Server: Apache/1.3.9
```

Normalerweise brauchen Sie sich keinerlei Gedanken um die Anweisung `ServerTokens` zu machen, aber in einigen Situtationen kann es durchaus Sinn machen, wenn insbesondere Informationen zum verwendeten Betriebssystem nicht kenntlich gemacht werden. Allerdings ist der Schutz nur marginal, denn es ist in den meisten Fällen relativ einfach nur anhand der TCP-Charakteristik einen Rückschluß auf das verwendete Betriebssystem zu ziehen.

5.3.15 PidFile

Syntax	`PidFile` *Dateiname*
Default	`logs/httpd.pid`
Kontext	Serverkonfiguration

Mit `PidFile` können Sie eine Datei angeben, die die Prozess-ID (PID) des HTTP-Daemons enthält.

Der *Dateiname* kann entweder als absoluter Dateipfad angegeben werden, also mit einem Slash »/« beginnen, oder die Angabe wird relativ zu `ServerRoot` interpretiert.

Beispiele:

```
PidFile logs/httpd.pid
PidFile /var/run/apache.pid
```

Nützlich ist die Datei in Verbindung mit dem `kill`-Befehl und insbesondere dann, wenn sie in Shell-Skripten benutzt wird, z. B. zum Neustart des Apache:

```
kill -HUP 'cat /usr/local/apache/logs/httpd.pid'
```

Alternativ empfiehlt sich jedoch die Verwendung von `apachectl`. Vergleiche hierzu Kapitel 6.

5.3.16 LockFile

Syntax	`LockFile` *Dateiname*
Default	`logs/accept.lock`
Kontext	Serverkonfiguration

Auf einigen Plattformen wird ein Lockfile benötigt, und zwar dann, wenn der Apache mit einer der Compiler-Optionen `USE_FCNTL_SERIALIZED_ACCEPT` oder `USE_FLOCK_SERIALIZED_ACCEPT` übersetzt wurde. Der Dateiname für das Lockfile kann mit der Anweisung `LockFile` definiert werden, wobei die Prozess-ID des Apache automatisch an den Dateinamen angehängt wird. Ob eine der beiden obigen Compiler-Optionen verwendet und somit das Lockfile benötigt wird, entscheidet das `configure`-Skript je nach verwendeter Plattform automatisch.

In der Regel brauchen Sie sich um die `Lockfile`-Anweisung keinerlei Gedanken zu machen und können es beim Default-Wert belassen. Falls das `logs`-Verzeichnis jedoch via NFS eingebunden ist, sollten Sie mittels `LockFile` unbedingt einen Dateinamen angeben, der auf das lokale Dateisystem zeigt. Locking via NFS funktioniert in der Regel nicht zuverlässig (auch nicht mit einem Locking-Daemon), was im ungünstigsten Fall dazu führt, dass sich der Apache-Prozess aufhängt.

5.3.17 ScoreBoardFile

Syntax	`ScoreBoardFile` *Dateiname*
Default	`logs/apache_status`
Kontext	Serverkonfiguration

Über das sogenannte *Scoreboard* kommuniziert der Hauptprozess des Apache mit den Kindprozessen. Allerdings wird solch eine Datei auf den meisten Architekturen nicht benötigt und auch nicht angelegt, da der Apache aus Performancegründen bevorzugt dieses Scoreboard in einem Shared-Memory-Segment ablegt.

Für den Fall, das kein *System V*-kompatibles Shared-Memory zur Verfügung steht, wird automatisch das Scoreboard in einer normalen Datei abgelegt, wobei der Dateiname über die `ScoreBoardFile`-Anweisung angegeben werden kann.

Falls man eine Architektur verwendet, bei der eine solche Datei notwendig ist, sollte diese, zur Verbesserung der Performance, möglichst nicht auf einer Festplatte abgelegt werden, sondern auf einer RAM-Disk.

5.3.18 AccessFileName

Syntax	`AccessFileName` *Dateiname* [*Dateiname* ...]
Default	`.htaccess`
Kontext	Serverkonfiguration, `<VirtualHost>`

Abgesehen von den normalen Server-, Access- und Resource-Konfigurationsdateien bietet der Apache die Möglichkeit von Verzeichniskonfigurationsdateien.

Mit `AccessFileName` können Sie einen oder auch mehrere Dateinamen für die Konfigurationsdateien einstellen, wobei typischerweise `.htaccess` benutzt wird:

```
AccessFileName .htaccess
```

In der Datei `.htaccess` können dann z. B. Anweisungen zur Authentikation stehen. Mit der `AllowOverride`-Anweisung ist eine Kontrolle über die erlaubten Anweisungen möglich, beziehungsweise kann festgelegt werden ob die `.htaccess`-Dateien überhaupt verwendet werden können.

Wenn zum Beispiel auf die `Datei /usr/local/apache/htdocs/test/index.html` zugegriffen wird, überprüft der Apache zuerst, ob in den darüber liegenden Verzeichnissen `.htaccess`-Dateien vorhanden sind, und führt dann die enthaltenen Konfigurationsanweisungen aus. Sofern Sie dies nicht verhindern, wird immer mit dem Hauptverzeichnis »`/`« begonnen, gefolgt von allen Unterverzeichnissen entlang des mit `DocumentRoot` definierten Verzeichnisses.

Wenn `DocumentRoot` als `/usr/local/apache/htdocs` angegeben ist, so würde bei obigem Beispiel auf die folgenden Dateien zugegriffen und deren Inhalt entsprechend ausgeführt:

```
/.htaccess
/usr/.htaccess
/usr/local/.htaccess
/usr/local/apache/.htaccess
/usr/local/apache/htdocs/.htaccess
/usr/local/apache/htdocs/test/.htaccess
```

Um eine bessere Kontrolle zu haben, in welchen Verzeichnissen `.htaccess`-Dateien beachtet werden sollen, sollten Sie global die `.htaccess`-Funktionaliät durch den folgenden Eintrag in der Access-Konfiguration deaktivieren:

```
<Directory />
AllowOverride None
</Directory>
```

Dann sollten Sie nur für bestimmte Verzeichnisse `.htaccess`-Dateien zulassen, in denen diese auch gewünscht werden, z. B.

```
<Directory /usr/local/apache/htdocs/test>
AllowOverride All
</Directory>
```

Bei obigem Beispiel würde somit beim Zugriff auf die Datei `/usr/local/apache/htdocs/test/index.html` nur die `.htaccess`-Datei `/usr/local/apache/htdocs/test/.htaccess` beachtet, nicht jedoch eine eventuell in darüber liegenden Verzeichnissen vorhandene `.htaccess`-Datei.

Die `.htaccess`-Dateien liegen wie normale Textdateien auf dem Webserver und können somit auch ganz normal über einen Client abgerufen werden. Da die `.htaccess`-Dateien aber unter Umständen Daten enthalten, die nicht öffentlich zugänglich sein sollen, z.B. welche Personen Zugriff auf geschützte Verzeichnisse haben, sollte durch folgenden Eintrag in der Serverkonfiguration verhindert werden, dass der Apache diese Dateien herausgibt:

```
<FilesMatch "\.htaccess$">
deny from all
</Files>
```

5.3.19 CoreDumpDirectory

Syntax	`CoreDumpDirectory` *Verzeichnis*
Default	(*ServerRoot*)
Kontext	Serverkonfiguration

Die `CoreDumpDirectory`-Anweisung gehört zu den eher weniger interessanten Anweisungen, ist allerdings dann nützlich, wenn bei Problemen mit dem Apache ein Blick auf die von ihm generierte Core-Datei geworfen werden soll. Im Normalfall versucht der Apache eine Core-Datei im `ServerRoot`-Verzeichnis abzulegen, allerdings hat die für den Server verwendete User-ID dort typischerweise keine Schreibrechte und sollte sie auch nicht haben.

Mittels `CoreDumpDirectory` kann nun ein beliebiges Verzeichnis angegeben werden, zum Beispiel:

```
CoreDumpDirectory /usr/tmp
```

Falls trotz entsprechender Core-Dump-Meldung im Error-Log keine Core-Datei zu finden ist, liegt dies in der Regel immer an einer Sicherheitsfunktionalität des Betriebssystems. Bei Solaris und Linux werden beispielsweise keine Core-Dateien erzeugt, wenn der Prozess mit *root*-Privilegien gestartet wurde.

5.4 Serverprozesse

5.4.1 StartServers

Syntax	`StartServers` *Anzahl*
Default	5
Kontext	Serverkonfiguration

Wie schon zuvor erklärt, wird beim Starten des Apache eine gewisse Anzahl von Kindprozessen erzeugt, wobei die Anzahl dieser Kindprozesse über die Anweisung `StartServers` kontrolliert werden kann. Per Default liegt die Anzahl der Prozesse bei 5, was für die meisten Anwendungsfälle ausreichend sein sollte. Bei wenig frequentierten Webservern sollte die Anzahl eher noch verringert werden. Minimalwert ist 1.

Zur Laufzeit wird die Anzahl der Serverprozesse dynamisch kontrolliert und je nach Auslastung des Webservers erhöht oder verringert. Durch die nachfolgend erklärten Konfigurationsanweisungen `MinSpareServers` und `MaxSpareServers` wird die Anzahl der leer laufenden Prozesse kontrolliert (vergleiche Kapitel 6 bezüglich der Funktionsweise des Apache).

Da während des Betriebs die Anzahl der leer laufenden Prozesse über die Konfigurationsanweisungen `MinSpareServers` und `MaxSpareServers` kontrolliert wird, wird der Zweck von `StartServers` eigentlich ad absurdum geführt, denn wenn `MinSpareServers` größer ist als `StartServers`, werden zusätzlich auch schon beim Start weitere Prozesse bis zum Erreichen des mit `MinSpareServers` eingestellten Wertes gestartet. Analog verhält es sich, wenn `MaxSpareServers` geringer ist als `StartServers`, da hier dann automatisch die überschüssigen Prozesse sofort beendet werden.

5.4.2 MinSpareServers

Syntax	`MinSpareServers` *Anzahl*
Default	5
Kontext	Serverkonfiguration

Mit der Konfigurationsanweisung `MinSpareServers` (und der nachfolgend erklärten Anweisung `MaxSpareServers`) wird die Anzahl der leerlaufenden Prozesse kontrolliert.

Der Apache versucht, immer mindestens *Anzahl* Prozesse in Reserve zu halten (*pre-forking*), um schnell nacheinander eintreffende Client-Anfragen zügig beantworten zu können. Fällt der Wert der leer laufenden Prozesse unter den Mindestwert, werden automatisch weitere Prozesse gestartet, wobei maximal ein neuer Prozess pro Sekunde gestartet wird, um den Server im Falle von vielen gleichzeitig auftretenden Client-Anfragen nicht zu überlasten.

Der Default-Wert von 5 dürfte für nahezu alle Websites ausrechend sein. Nur bei Sites mit extrem vielen Zugriffen pro Tag ist es sinnvoll, diesen Wert zu erhöhen. Ein zu großer Wert hat hier eher negative Auswirkungen auf die Performance und vor allem auf den Speicherverbrauch.

Sinnvolle Werte für `MinSpareServers` liegen im Bereich von 1 bis 32, wobei der letzte Wert (oder ein noch höherer Wert) nur benutzt werden sollte, wenn man einige Millionen Zugriffe pro Tag auf den Webserver bekommt. In jedem Fall sollte man darauf achten, ob auch genügend Speicher für die angegebene Anzahl von Prozessen zur Verfügung steht.

5.4.3 MaxSpareServers

Syntax	`MaxSpareServers` *Anzahl*
Default	10
Kontext	Serverkonfiguration

`MaxSpareServers` funktioniert analog zu `MinSpareServers`, wobei – wie der Name schon vermuten lässt – hiermit die maximale Anzahl der leerlaufenden Prozesse kontrolliert wird.

Wenn die Anzahl der leer laufenden Prozesse über den Maximalwert steigt, werden überschüssige Prozesse vom Apache-Hauptprozess automatisch beendet.

Der Default-Wert von 10 dürfte in vielen Fällen ausreichend sein. Nur bei Websites, die sehr viele Zugriffe pro Tag bekommen, kann ein Erhöhen des Wertes sinnvoll sein.

Bei einer Website mit nur einer Hand voll Zugriffen pro Tag reicht bei `MaxSpareServers` ein Wert von 5. Bei Websites, die im Bereich von über einer Million Zugriffen pro Tag liegen, empfiehlt sich – genügend Speicher vorausgesetzt – ein Wert von 64.

5.4.4 MaxRequestsPerChild

Syntax	`MaxRequestsPerChild` *Anzahl*
Default	0
Kontext	Serverkonfiguration

Mit `MaxRequestsPerChild` lässt sich die maximale Anzahl der Anfragen eines Kindprozesses begrenzen. In der Beispielkonfiguration (`http.conf-dist`) der Apache-Distribution wird eine Anzahl von 30 vorgeschlagen. D.h. ein Kindprozess wird nach der Beantwortung der 30. Anfrage beendet, und gegebenenfalls wird ein neuer Prozess gestartet. Die Begrenzung der Lebensdauer eines Kindprozesses hat den Vorteil, dass sich ein eventuell vorhandenes Speicherleck (z.B. eines Zusatzmoduls) nicht negativ auf das System auswirken kann.

Der Default-Wert von `MaxRequestsPerChild` ist jedoch 0, was bedeutet, dass ein Prozess eine quasi unbegrenzte Lebensdauer hat. Auf die Funktionalität von `MaxRequestPerChild` sollten Sie nach Möglichkeit verzichten. Sie sollten nur dann einen entsprechender Wert setzen, wenn Probleme mit Speicherlecks auf dem System auftreten. Im Zweifelsfall (insbesondere auf stark belasteten Servern) sollten Sie zumindest einen entsprechend hohen Wert, z.B. 5000, verwenden.

5.4.5 ThreadsPerChild

Syntax	`ThreadsPerChild` *Anzahl*
Default	50
Kontext	Serverkonfiguration

Die `ThreadsPerChild`-Anweisung findet nur bei der Win32-Version des Apache Anwendung und gibt an, wie viele Threads vom Server verwendet werden sollen. Die *Anzahl* entspricht der maximalen Anzahl von gleichzeitigen Verbindungen, die der Apache verarbeiten kann.

5.4.6 MaxClients

Syntax	`MaxClients` *Anzahl*
Default	`256`
Kontext	Serverkonfiguration

Die *Anzahl*, die man mit `MaxClients` definieren kann, stellt das *absolute* Maximum von gleichzeitig laufenden Serverprozessen dar. Wenn mehr als *Anzahl* Anfragen gleichzeitig auflaufen, werden weitere Anfragen nicht beantwortet. Allerdings würde ein Client nicht direkt die Fehlermeldung bekommen, dass der Webserver nicht erreichbar ist, sondern die Verbindung wird erst einmal angenommen. Die Anfragewünsche landen jedoch in einer Warteschlange und werden erst beantwortet, wenn wieder ein freier Serverprozess zur Verfügung steht. Die Bearbeitung der Anfragen, die in der Warteschlange landen, dauert somit wesentlich länger als im Normalfall, jedoch werden die Anfragen trotzdem beantwortet und nicht einfach abgewiesen.

Der Default-Wert ist 256, wobei in der Beispielkonfiguration (`httpd.conf-dist`) der Apache-Distribution der Wert 150 vorgeschlagen wird, was mehr als ausreichend ist. Höher als auf den Wert 256 lässt sich `MaxClients` gar nicht setzen, denn 256 ist der Wert, der beim Apache als absolutes Limit eincompiliert ist.

Wenn Sie `MaxClients` bis auf 256 erhöhen, sollten Sie sich vergewissern, ob das System, auf dem der Apache läuft, auch diese hohe Anzahl verkraften kann, da bei einigen Systemen die Gefahr besteht, dass die Prozesstabelle des Betriebssystems überläuft. Dann würde eine Anfrage wirklich abgewiesen oder im günstigsten Fall noch mit einer Fehlermeldung quittiert.

Sofern die Server-Hardware es verkraftet und Sie wirklich einen sehr stark frequentierten Webserver betreiben, können Sie den Maximalwert erhöhen, indem Sie beim Compilieren das Compiler-Flag `HARD_SERVER_LIMIT` auf einen entsprechend höheren Wert setzen (siehe Kapitel 4).

Wenn Sie den Apache auf einem kleinen Rechnersystem mit nur wenig Speicher betreiben, kann ein niedrigerer Wert sinnvoll sein, damit bei zu vielen gleichzeitigen Anfragen nicht der Speicher ausgeht (z. B. für andere Netzdienste).

Setzen Sie den Wert lieber zu niedrig als zu hoch, denn wenn das Betriebssystem wegen Speichermangel anfängt zu swappen, hat dies extreme Auswirkungen auf die Performance des Webservers. Als Daumenregel nehmen Sie ca. ein Drittel des internen Speichers (MByte). Ist Ihr Servers beispielsweise mit 128 MByte ausgestattet, ist 48 ein guter Wert für die `MaxClients`-Anweisung.

Falls das `MaxClients`-Limit dennoch erreicht wird, macht der Apache dies durch entsprechende Hinweismeldungen im Error-Log deutlich.

5.4.7 KeepAlive

Syntax	`KeepAlive On|Off`
Default	`Off`
Kontext	Serverkonfiguration

Seit Version 1.2 unterstützt der Apache HTTP/1.1 und somit, abgesehen von HTTP/1.0 *Keep-Alive*-Verbindungen, auch die HTTP/1.1 *Persistent Connections*, die in Kapitel 8 des RFC 2616 genauer erklärt sind.

Der Vorteil von persistenten Verbindungen ist die Tatsache, dass über *eine* TCP-Verbindung mehrere Anfragen an den Webserver geschickt werden können. Hierdurch werden mehrere aufeinander folgende Anfragen schneller beantwortet. Zudem wird Bandbreite gespart, da nicht für jede Anfrage eine neue TCP-Verbindung aufgebaut werden muss (*TCP Slow-Start*).

Über `KeepAlive` werden beide oben genannten Varianten der persistenten Verbindungen aktiviert.

Persistente Verbindungen sind eine der interessantesten und sinnvollsten Eigenschaften von HTTP/1.1. Nach Möglichkeit sollte `KeepAlive` immer eingeschaltet werden.

Einige ältere HTTP/1.0-Clients, z. B. der Browser *Netscape Navigator 2*, bieten zwar auch eine Unterstützung für Keep-Alive-Verbindungen, allerdings ist diese Implementierung fehlerhaft und führt zu fehlerhaften Anfragen. Um diese Probleme zu vermeiden, befindet sich in der Beispiel-Konfiguration des Apache folgender Eintrag:

```
BrowserMatch ^Mozilla/2 nokeepalive
```

Hierdurch wird die Keep-Alive-Funktionalität bei allen Browsern, die sich als `Mozilla/2` melden, ausgeschaltet, auch wenn `KeepAlive` in der Serverkonfiguration aktiviert wurde.

5.4.8 MaxKeepAliveRequests

Syntax	`MaxKeepAliveRequests` *Anfragen*
Default	100 100
Kontext	Serverkonfiguration

Wie viele aufeinander folgende Anfragen innerhalb einer Keep-Alive-Verbindung erlaubt sind, wird mit `MaxKeepAlive` festgelegt. Bei einem stark frequentierten Webserver sollten Sie *Anfragen* nicht zu hoch setzen. Der Default-Wert von maximal 100 Anfragen ist durchaus praktikabel. Bei Servern, die sehr viele gleichzeitige Anfragen zu bearbeiten haben, ist es jedoch eventuell sinnvoll den Wert zu verringern. Allerdings ist es hier in der Regel besser die Keep-Alive-Funktionalität über die nachfolgend beschriebene Timeout-Einstellung zu kontrollieren.

5.4.9 KeepAliveTimeout

Syntax	`KeepAliveTimeout` *Sekunden*
Default	15
Kontext	Serverkonfiguration

Sofern die `KeepAlive`-Anweisung aktiviert ist, gibt `KeepAliveTimeout` die maximale Zeit in Sekunden vor, die der Server auf eine weitere Anfrage des Clients bei einer Keep-Alive-Verbindung wartet.

Auf sehr stark frequentierten Websites sollten Sie den Default-Wert von 15 Sekunden auf einen kleineren Wert verringern. Allerdings sollte der Wert auch nicht zu klein sein, denn wenn ein Client-Zugriff über eine sehr langsame Verbindung erfolgt, hat der Client oft gar keine Gelegenheit, die Keep-Alive-Funktionalität zu nutzen. Werte zwischen 5 und 25 Sekunden sind hier als sinnvoll anzusehen.

Für jede einzelne Anfrage gilt wiederum das Zeitlimit, das mit der `Timeout`-Anweisung spezifiziert wurde.

5.4.10 Timeout

Syntax	`Timeout` *Sekunden*
Default	300
Kontext	Serverkonfiguration

Mit `Timeout` wird ein Zeitlimit für Client-Anfragen gesetzt, wobei das Zeitlimit jeweils für folgende drei Fälle gilt:

- Die Gesamtzeit zwischen dem Aufbau der Client-Verbindung und der Anfrage
- Die Zeit zwischen dem Erhalt von TCP-Paketen bei POST- oder PUT-Anfragen
- Die Zeit zwischen den Bestätigungen von TCP-Paketen, die als Antwort vom Server geschickt wurden.

Wird bei einem dieser Fälle das Zeitlimit ausgeschöpft, so schließt der Apache die Verbindung. Dies trifft auch bei Anfragen an CGI-Skripte zu, wenn nicht innerhalb des gesetzten Zeitlimits fertig ausgeführt werden.

Der Default-Wert von fünf Minuten (300 Sekunden) ist zwar großzügig angesetzt, aber dennoch kann es vorkommen, dass ein Nutzer des Servers mit einer extrem langsamen Verbindung zum Opfer dieses Zeitlimits wird. Sofern Sie es sich bezogen auf die Auslastung des Servers leisten können, sollten Sie den Wert ruhig etwas erhöhen.

Betreibt man den Apache in einem Intranet, dürfte der Default-Wert von fünf Minuten jedoch mehr als ausreichend sein.

5.4.11 SendBufferSize

Syntax	`SendBufferSize` *Bytes*
Default	(*Betriebssystem Default-Wert*)
Kontext	Serverkonfiguration, `<VirtualHost>`

Mit der Konfigurationsanweisung `SendBufferSize` lässt sich die TCP-Puffergröße setzen. Als Default wird immer der vom jeweiligen Betriebssystem vorgegebene Wert verwendet. Ein Verringern des Wertes auf weniger als den vom Betriebssystem vorgegebenen Wert sollte vermieden werden, aber durch eine Erhöhung des Wertes lässt sich evtl. die Übertragungszeit für Nutzer verringern, die zwar eine Anbindung mit hoher Bandbreite haben, bei der aber trotzdem eine hohe Latenzzeit (z.B. 100-200 ms) vorliegt. Ein Beispiel hierfür wäre z.B. die Übertragung über eine Transatlantikleitung.

Im Zweifelsfall sollten Sie die Finger von `SendBufferSize` lassen.

5.4.12 ListenBackLog

Syntax	`ListenBackLog` *Einträge*
Default	`511`
Kontext	Serverkonfiguration, `<VirtualHost>`

Es gibt nur selten einen Grund den Default-Wert in puncto `ListenBackLog` zu modifizieren, und dies sollte insbesondere dann vermieden werden, wenn man sich über die Auswirkungen einer Änderung nicht genau im Klaren ist.

Für experimentierfreudige Leute hier jedoch ein paar Anmerkungen zu `ListenBackLog`:

Wie die meisten Serverprogramme verwendet auch der Apache die *listen(2)*-Funktion um auf neue Verbindungen zu warten. Sie nutzt eine sogenannte *Backlog-Queue*, in der Verbindungswünsche zwischengespeichert werden, wenn der Apache die Anfrage nicht sofort durch Aufruf der *accept(2)*-Funktion annehmen und beantworten kann. Im Normalfall enthält die Backlog-Queue nur wenige Einträge, da Anfragen umgehend vom Apache beantwortet werden. In Last-Situationen kann es jedoch durchaus vorkommen, dass zahlreiche Anfragen in der Backlog-Queue zwischengespeichert werden müssen. Dies ist insbesondere dann der Fall, wenn der Apache die `MaxClients`-Grenze bezüglich gleichzeitiger Verbindungen erreicht hat. Ein anderes Problem sind die oft diskutierten *SYN-Flood*-Angriffe, bei denen die Backlog-Queue mit SYN-Paketen verstopft wird und normale Anfragen kaum oder gar nicht mehr abgearbeitet werden können (*Denial Of Service*).

Hinter der Backlog-Queue verbergen sich im Grunde genommen zwei Queues, eine für die noch unvollständigen Verbindungen (hier landen beispielsweise die angesprochen SYN-Pakete) und eine für die bereits komplettierten Verbindungen. Die Größe der Backlog-Queue bezeichnet somit typischerweise die Summe der beiden einzelnen Queue-Größen. Ist die Kapazität der Backlog-Queue ausgeschöpft, ist ein Zugriff auf den jeweiligen Service nicht mehr möglich und resultiert typischerweise in einem Timeout.

Eine Modifikation des `ListenBackLog`-Wertes, der per Default auf 511 steht, zeigt jedoch nur dann Auswirkungen, wenn auch der systemspezifische Maximalwert entsprechend angepasst wurde. Die Vorgabewert von Linux und FreeBSD liegt beispielsweise bei 128, bei Digital Unix sind es 1024 und bei Solaris 128 respektive 1024 (ab Version 2.6 lassen sich unterschiedliche Werte für die beiden Queue-Varianten festlegen). Auf manchen Systemen kann also schon die Standardanforderung des Apache von 511 Einträgen nicht zur Verfügung gestellt werden und wird dann auf den Maximalwert des System reduziert.

Eine Erhöhung des Systemwertes, und damit eine Erhöhung von `ListenBackLog`, ist zwar oftmals relativ leicht möglich, jedoch sollten Sie beachten, dass die Einträge in der Backlog-Queue auch Dateideskriptoren benötigen, die auch nur in begrenzter Menge zur Verfügung stehen. Falls also `ListenBackLog` und der systemspezifische Maximalwert bezüglich der Backlog-Queue signifikant erhöht werden sollen, müssen Sie sichergestellen, dass auch genügend Ressourcen dafür zur Verfügung stehen.

Um es noch einmal zu wiederholen: Der Default-Wert von `ListenBackLog` ist für nahezu alle Fälle ausreichend, auch dann, wenn es sich um einen Webserver handelt, der mehrere Millionen Anfragen pro Tag bekommt. Lediglich im angesprochenen Fall von SYN-Flood-Angriffen macht es Sinn die Größe der Backlog-Queue zu erhöhen. Ein minimal sinnvoller Wert lässt sich schwer angeben, jedoch sollte ein geringerer Wert als 64 generell vermieden werden.

Wer sich genauer mit diesem Thema auseinandersetzen möchte, dem sei die aktuelle Auflage von W. Richard Stevens Buch »*Unix Network Programming*« wärmstens ans Herz gelegt.

5.5 Grenzwerte für Client-Anfragen

Der Apache bietet Ihnen die Möglichkeit die Client-Anfragen bezüglich ihrer Größe und Ausprägung einzuschränken. Hierdurch können Sie gegebenenfalls gewisse *Denial-Of-Service*-Angriffe abwehren. Beispielsweise lässt sich hierdurch kontrollieren, wie viele Daten bei einer Anfrage maximal an ein CGI-Skript übergeben werden können. Über die vier Anweisungen `LimitRequestLine`, `LimitRequestFields`, `LimitRequestFieldSize` und `LimitRequestBody` können Sie die entsprechenden Werte einstellen. In der Regel gibt es jedoch keinen Grund die Default-Werte der Anweisungen zu ändern, da diese für die meisten Anwendungsfälle bereits optimal gewählt sind.

5.5.1 LimitRequestLine

Syntax	`LimitRequestLine` *Größe*
Default	8190
Kontext	Serverkonfiguration

Über die `ListenRequestLine`-Anweisung können Sie festlegen, welchen Umfang die HTTP-Anfragezeile des Webclients maximal haben darf. Mit HTTP-Anfragezeile ist beispielsweise die erste Zeile einer GET-Anfrage gemeint (vergleiche hierzu Anhang A):

```
GET /test/page.html HTTP/1.1
```

Als Argument erwartet die `LimitRequestLine` die maximale Größe in Byte, wobei der Wert zwischen null und dem Default-Wert von 8190 Byte liegen muss. Bei Bedarf kann der Maximalwert beim Übersetzen des Apache via `DEFAULT_LIMIT_-REQUEST_LINE` modifiziert werden.

Das es nicht sinnvoll ist den Wert allzu klein oder gar auf null zu setzen, braucht sicherlich nicht erwähnt zu werden.

Wenn das Limit überschritten wird, bekommt der Webclient eine Fehlermeldung (*Request-URI Too Large*, Status 414).

5.5.2 LimitRequestFields

Syntax	`LimitRequestFields` *Anzahl*
Default	100
Kontext	Serverkonfiguration

Die maximale Anzahl der Request-Header (vergleiche Anhang A) kann durch `LimitRequestFields` kontrolliert werden. Per Default kann ein Webclient bis zu 100 bei einer Anfrage übergeben, wobei die *Anzahl* bei Bedarf auf einen Wert zwischen 1 und 32767 gesetzt werden kann. Wird `LimitRequestFields` auf null gesetzt, so kann ein Client eine beliebige Anzahl von Request-Headern übermitteln.

Der Default-Wert von 100 kann beim Übersetzen via `DEFAULT_LIMIT_REQUEST_FIELDS` modifiziert werden.

Wird das Limit überschritten, erhält der Webclient eine Fehlermeldung (*Bad Request*, Status 400).

5.5.3 LimitRequestFieldsize

Syntax	`LimitRequestFieldsize` *Größe*
Default	8190
Kontext	Serverkonfiguration

Die maximale Größe eines jeden Request-Headers kann, analog zu `LimitRequestLine`, durch die Anweisung `LimitRequestFieldsize` festgesetzt werden. Als Default-Wert werden 8190 Bytes verwendet. Durch das Ändern der `DEFAULT_LIMIT_REQUEST_FIELDSIZE`-Angabe kann der Default-Wert bei Bedarf geändert werden. Dieser Wert ist auch das Maximum, was als *Größe* angegeben werden kann.

Wird das Limit überschritten, erhält der Webclient eine Fehlermeldung (*Bad Request*, Status 400).

5.5.4 LimitRequestBody

Syntax	`LimitRequestBody` *Größe*
Default	0
Kontext	Serverkonfiguration, `<VirtualHost>`, `<Directory>`, `<Location>`, `<Files>`, `.htaccess`

Greift ein Client mit der POST-Methode auf ein CGI-Skript zu, werden im *Body* der Anfrage in der Regel diverse Parameter bzw. Daten übergeben. Bei anderen Methoden wie zum Beispiel PUT ist dies ebenso. Um den Umfang dieser Daten einzuschränken, kann der maximale Wert in Byte durch die `LimitRequestBody`-Anweisung spezifiziert werden. Als Default-Wert wird null verwendet, was eine beliebige Menge von Daten erlaubt. Mit der `DEFAULT_LIMIT_REQUEST_BODY`-Angabe kann der Wert schon beim Übersetzen modifziert werden.

Als *Größe* kann maximal 2147483647 (2 GByte) angegeben werden und ebenso wie bei `LimitRequestFields` und `LimitRequestFieldsize` bekommt ein Client eine Fehlermeldung, wenn er das konfigurierte Maximum überschreitet.

Gegenüber den anderen LimitRequest-Anweisungen fällt bei `LimitRequestBody` noch auf, dass es nicht nur in der Serverkonfiguration, sondern auch innerhalb von `<Directory>`, `<Location>`, `<Files>` und auch einer `.htaccess`-Datei verwendet werden kann.

Beispiel:

```
<Location /cgi-bin/fileupload.cgi>
LimitRequestBody 262144
</Location>
```

Hierdurch können an das CGI-Skript pro Anfrage nicht mehr als 256 kByte übergeben werden.

5.6 Ausprägung und Zugriffskontrolle von Verzeichnissen und Dateien

Für Verzeichnisse, URLs oder Dateien können jeweils mehrere Anweisungen gegeben werden, z. B. ob `.htaccess`-Dateien erlaubt sind oder nicht oder welche Art der Authentikation angewandt werden soll. Um solche Konfigurationsanweisungen zu gruppieren, wird eine der folgenden Konfigurationsanweisungen benutzt.

- <Directory>
- <DirectoryMatch>
- <Files>
- <FilesMatch>
- <Location>
- <LocationMatch>

Die jeweiligen Konfigurationsanweisungen werden in <*Anweisung*> und </*Anweisung*> eingeschlossen. Wer sich mit HTML auskennt, dem wird die Syntax bekannt vorkommen.

Ein einfaches Beispiel mit `<Directory>` sieht wie folgt aus:

```
<Directory /usr/local/apache/htdocs>
Options Indexes FollowSymLinks
</Directory>
```

Eine Schachtelung der oben genannten drei Konfigurationsanweisungen ist nur für `<Directory>`/`<DirectoryMatch>` und `<Files>`/`<FilesMatch>` möglich, d.h. eine `<Files>`-Anweisung kann innerhalb einer `<Directory>`-Anweisung stehen:

```
<Directory /usr/local/apache/htdocs>
Options Indexes FollowSymLinks
<Files test.html>
Options +Includes
</Files>
</Directory>
```

Im Folgenden werden die genannten Anweisungen detailliert erläutert.

5.6.1 <Directory>/<DirectoryMatch>

Syntax	`<Directory [~]` *Verzeichnis*> *Anweisungen...* `</Directory>` `<DirectoryMatch` *Regular-Expression*> *Anweisungen...* `</DirectoryMatch>`
Kontext	Serverkonfiguration, `<VirtualHost>`

Mit `<Directory>` und `</Directory>` bzw. `<DirectoryMatch>` und `</DirectoryMatch>` werden Konfigurationsanweisungen eingeschlossen, die für das als *Verzeichnis* angegebene Verzeichnis gelten sollen.

Bei *Verzeichnis* muss es sich um eine absolute Pfadangabe handeln wie z.B. `/usr/local/apache/htdocs`. Angaben wie `~web/htdocs` oder `../web/htdocs` würden zu einer Fehlermeldung beim Start des Apache führen. Enthält die Pfadangabe Leerzeichen, muss sie in Anführungszeichen gesetzt werden.

Die *Anweisungen* gelten jeweils für das mit *Verzeichnis* spezifizierte Verzeichnis selbst sowie für alle Unterverzeichnisse.

Abgesehen von der Möglichkeit, ein bestimmtes Verzeichnis anzugeben, können auch Muster als Verzeichnis angegeben werden, wobei ein »?« für genau ein beliebiges Zeichen und »*« für kein Zeichen oder mehrere beliebige Zeichen steht. Mit »[« und »]« können auch Zahlen- oder Zeichenbereiche angegeben werden.

Beispiele:

- `<Directory /web/a???>` würde auf alle Verzeichnisse passen, die mit a beginnen und vier Zeichen lang sind, z. B. `/web/abcd` oder `/web/axyz`, nicht aber auf `/web/a`.
- `<Directory /web/*docs>` würde auf beliebige Verzeichnisse passen, die mit `docs` enden, z. B. `/web/docs`, `/web/mydocs` und `/web/homedocs`.
- `<Directory /web/*/htdocs>` passt z. B. auf die Verzeichnisse `/web/joe/htdocs` und `/web/john/htdocs`, nicht jedoch auf weitere Zwischenverzeichnisse wie `/web/j/joe/htdocs`. In älteren 1.2er Versionen des Apache wären auch Zwischenverzeichnisse erfaßt worden.
- `<Directory /web/[a-c]>` würde hingegen auf die Unterverzeichnisse »a«, »b« und »c« passen.

Zusätzlich zu diesen einfachen Mustern bietet der Apache ab Version 1.2 auch die Möglichkeit, die unter Unix bekannten regulären Ausdrücke (*Regular Expressions*) anzugeben. Die Verwendung von regulären Ausdrücken kann auf zwei verschiedene Arten erfolgen. Bei der Verwendung von `<Directory>` wird ein regulärer Ausdruck durch eine vorangestellte Tilde gekennzeichnet. Als Alternative kann die `<DirectoryMatch>`-Anweisung verwendet werden, die als Argument immer einen regulären Ausdruck erwartet:

```
<Directory ~ "Regular-Expression">
<DirectoryMatch "Regular-Expression">
```

Beispiele (entsprechend der beiden vorherigen Beispiele):

- <DirectoryMatch »^/web/a[A-Z,a-z,0-9]{3}/.*">
- <DirectoryMatch »/web/.*docs/.*">

Die Verwendung von regulären Ausdrücken ist insbesondere dann praktisch, wenn man für mehr als ein Verzeichnis dieselben Konfigurationsanweisungen benötigt, z. B. bei Authentikationsanweisungen.

Hier ein Beispiel:

Die in

```
<DirectoryMatch
 "^/usr/local/apache/htdocs/(abcd|test/web|1234/567)/.*">
```

angegebenen Konfigurationsanweisungen würden für die folgenden Verzeichnisse gelten:

```
/usr/local/apache/htdocs/abcd
/usr/local/apache/htdocs/test/web
/usr/local/apache/htdocs/1234/567
```

Gibt man als *Verzeichnis* ein Verzeichnis an, das ein Unterverzeichnis eines schon zuvor in einer Directory-Anweisung benutzten Verzeichnisses ist, so gelten die für das Mutterverzeichnis eingetragenen Konfigurationsanweisungen auch für das Unterverzeichnis, sofern sie dort nicht neu definiert werden.

Beispiel:

```
<Directory /usr/local/apache/htdocs>
Options Indexes FollowSymLinks
AllowOverride None
</Directory>

<Directory /usr/local/apache/htdocs/test>
AllowOverride All
</Directory>
```

Für `/usr/local/apache/htdocs/test` gelten die Optionen `Indexes` und `FollowSymLinks`, wobei im Gegensatz zum darüber liegenden Verzeichnis die Verwendung von `.htaccess`-Dateien möglich ist.

Bei der Verwendung von regulären Ausdrücken ist zu beachten, dass `AllowOverride`-Anweisungen und die Optionen `FollowSymLinks` und `SymLinksIfOwnerMatch` der `Options`-Anweisung keinerlei Auswirkungen mehr haben. Dies hängt mit der Reihenfolge zusammen in der die einzelnen Sektionen kombiniert werden und wird in einem der nachfolgenden Kapitel genauer erläutert.

5.6.2 <Files>/<FilesMatch>

Syntax	`<Files [~]` *Dateiname>* *Anweisungen...* `</Files>` `<FilesMatch` *Regular-Expression>* *Anweisungen...* `</FilesMatch>`
Kontext	Serverkonfiguration, `<VirtualHost>`, `<Directory>`

Die `<Files>`- bzw. `<FilesMatch>`-Anweisung ist mit der `<Directory>`-Anweisung identisch, wobei der einzige Unterschied darin besteht, dass kein Verzeichnis, sondern eine Datei beziehungsweise ein Dateimuster angegeben werden kann.

Zur Verdeutlichung hier ein paar Beispiele:

- `<Files index.html>` spezifiziert die angegebene `index.html`-Datei, bzw. alle Indexdateien, falls die Anweisung global in der Serverkonfiguration verwendet wird.
- `<Files *.html>` gilt für alle HTML-Dateien.
- `<FilesMatch »\.(txt|doc)$">` passt auf alle Dateien, die mit `.txt` oder `.doc` enden und sich in einem beliebigen Verzeichnis befinden.

Im Gegensatz zu `<Directory>`-Anweisungen und der nachfolgend erklärten `<Location>`-Anweisung kann `<Files>` bzw. `<FilesMatch>` innerhalb von `.htaccess`-Dateien benutzt werden, um Benutzern die Möglichkeit zu geben, bestimmte Konfigurationsanweisungen für ihre Dateien zu definieren.

Eine `.htaccess`-Datei könnte beispielsweise Folgendes enthalten:

```
<Files index.html>
Header append Cache-Control no-cache
</Files>

<Files private.html>
order deny,allow
deny from all
allow from .domain.tld
</Files>
```

Die Datei `index.html` würde mit dem Header

```
Cache-Control: no-cache
```

versehen, und die Datei `private.html` wäre nur von Rechnern der Domain `domain.tld` abrufbar.

Es ist nicht vorgesehen einen absoluten Dateinamen als Argument zu verwenden, statt dessen kann die `<Files>`-Anweisung jedoch innerhalb einer `<Directory>`-Anweisung verwendet werden, wodurch derselbe Effekt erzielt wird.

Beispiel:

```
<Directory /usr/local/apache/htdocs/test>
  <Files page.html>
   ...
  </Files>
</Directory>
```

Bei der Nutzung von `<Files>` bzw. `<FilesMatch>` ist zudem noch zu beachten, dass die `Options`-Anweisung zwar verwendet werden kann, dieser vom Apache jedoch keine Beachtung geschenkt wird. Dies hängt mit der Reihenfolge zusammen in der die einzelnen Sektionen kombiniert werden (vgl. dazu näher Kapitel 5.6.4).

5.6.3 <Location>/<LocationMatch>

Syntax	`<Location [~]` *URL-Pfad*`>` *Anweisungen...* `</Location>` `<LocationMatch` *Regular-Expression*`>` *Anweisungen...* `</LocationMatch>`
Kontext	Serverkonfiguration, `<VirtualHost>`

Die `<Location>`- bzw. `<LocationMatch>`-Anweisung hat ebenso wie die `<Directory>`- oder `<Files>`-Anweisung die Funktion, Konfigurationsanweisungen zusammenzufassen. Allerdings werden hierzu nicht die jeweiligen Verzeichnisse oder Dateipfade angegeben, sondern der entsprechende URL-Pfad bzw. regulärer Ausdruck.

Prinzipiell lässt sich fast jede `<Directory>`- und `<Files>`-Anweisung auch durch eine `<Location>`-Anweisung ausdrücken, was auch sinnvoll ist, da so Verzeichnisangaben aus der Serverkonfiguration herausgehalten werden können.

Wenn z. B. irgendwann einmal das `DocumentRoot`-Verzeichnis geändert wird, spart man sich die Modifikation der `<Directory>`- und `<Files>`-Einträge in der Serverkonfiguration.

Beispielsweise sind die beiden folgenden Konfigurationsanweisungen funktional identisch:

```
<Directory /usr/local/apache/htdocs/private>
deny from all
</Directory>
<Location /private>
deny from all
</Location>
```

Sobald Sie sich jedoch außerhalb des via `DocumentRoot` angegebenen Verzeichnisses befinden, müssen Sie auf `<Directory>`, `<DirectoryMatch>`, `<Files>` oder `<FilesMatch>` zurückgreifen.

Abgesehen davon gibt es einige Anweisungen, die zwar innerhalb einer `<Directory>`-Sektion oder `<Files>`-Sektion verwendet werden können, jedoch generell nicht innerhalb einer `<Location>`- oder `<LocationMatch>`-Sektion.

- Die `FollowSymLinks`- und `SymLinksIfOwnerMatch`-Optionen der `Options`-Anweisung können zwar innerhalb einer `<Location>`- oder `<LocationMatch>`-Sektion verwendet werden, haben jedoch keinerlei Auswirkungen.
- Die Verwendung der `AllowOverride`-Anweisung hat innerhalb einer `<Location>`- oder `<LocationMatch>`-Sektion ebenfalls keinerlei Auswirkung, da zum Zeitpunkt der Auswertung der `<Location>`- bzw. `<LocationMatch>`-Sektionen die Auswertung der `.htaccess`-Dateien bereits abgeschlossen ist. Im nächsten Abschnitt finden Sie hierzu weitere Informationen.

5.6.4 Kombination von <Location>-, <Directory>- und <Files>-Sektionen

Wenn in der Serverkonfiguration mehrere Sektionen wie beispielsweise `<Directory>`, `<Location>` oder auch `.htaccess`-Dateien Verwendung finden, so werden diese kombiniert und bei einem Zugriff in entsprechender Reihenfolge abgearbeitet. Werden `Include`-Anweisungen verwendet, so werden die Anweisungen dieser Konfigurationsdateien genau an der Stelle ausgewertet, an der die `Include`-Anweisung steht. Bei der Verwendung von `AccessConfig` und `ResourceConfig` ist es so, dass diese zuerst nach der Serverkonfiguration ausgewertet werden, und zwar zuerst die Access-Konfiguration und dann die Resource-Konfiguration.

Eine Anweisung einer Sektion, die später abgearbeitet wird, kann eine Anweisung, die bereits zuvor in einer anderen Sektion definiert wurde, neu definieren, d.h. sie hat eine höhere Priorität. Eine Anweisung in einer `<Location>`-Sektion hat beispielsweise eine höhere Priorität als die gleiche Anweisung in einer `.htaccess`-Datei.

Gerade wenn komplexe Konfigurationen erstellt werden müssen, ist es sehr wichtig zu verstehen, in welcher Reihenfolge die einzelnen Sektionen abgearbeitet werden, was im folgenden Abschnitt ausführlich erläutert wird.

Begonnen wird immer mit `<Directory>`-Sektionen (ohne die Sektionen, bei denen reguläre Ausdrücke verwendet werden). Diese werden nicht in der Reihenfolge verarbeitet, in der sie in der Serverkonfiguration auftauchen, sondern es werden immer zuerst die Sektionen mit dem kürzeren Verzeichnispfad verarbeitet. Hierdurch wird es möglich, dass beispielsweise eine `<Directory>`-Sektion für ein Verzeichnis die Anweisungen für ein übergeordnetes Verzeichnis neu definieren kann.

Zusammen mit den `<Directory>`-Sektionen werden die Anweisungen aller relevanten `.htaccess`-Dateien ausgewertet, wobei die Anweisungen in einer `.htaccess`-Datei immer Vorrang gegenüber den Anweisungen der `<Directory>`-Sektionen haben. Eventuell vorhandene `<Files>`- oder `<FilesMatch>`-Sektionen in den `.htaccess`-Dateien werden jedoch zu diesem Zeitpunkt noch nicht beachtet.

Erst danach werden die `<DirectoryMatch>`- und `<Directory>`-Sektionen mit regulären Ausdrücken ausgewertet, und zwar in der Reihenfolge, wie sie in der Serverkonfiguration auftauchen, d.h. die Sektionen, die zuerst in der Konfiguration stehen haben die niedrigste Priorität.

Danach werden, ebenfalls in der Reihenfolge, in der sie in der Serverkonfiguration stehen, gleichberechtigt alle `<Files>`- und `<FilesMatch>`-Sektionen ausgewertet. Die `<Files>`- und `<FilesMatch>`-Sektionen aus `.htaccess`-Dateien werden ebenfalls ausgewertet und haben zudem Vorrang vor den Sektionen in der Serverkonfiguration.

Erst zuletzt werden alle `<Location>`- und `<LocationMatch>`-Sektionen ausgewertet, und zwar gleichberechtigt und in der Reihenfolge in der sie in der Serverkonfiguration stehen.

Bei der zuvor beschriebenen Prozedur werden generell keine Sektionen aus `<VirtualHost>`-Sektionen ausgewertet. Erst wenn die komplette Prozedur für die globale Serverkonfiguration abgeschlossen ist, wird sie in gleicher Weise auch für die virtuellen Server durchgeführt.

5.6.5 AllowOverride

Syntax	`AllowOverride` *Argument* [*Argument* ...]
Default	`All`
Kontext	<Directory>

Mit `AllowOverride` wird kontrolliert, ob die Konfigurationsanweisungen in `.htaccess`-Dateien beachtet werden sollen, und wenn ja, welche Arten von Anweisungen erlaubt sind.

Die Default-Einstellung ist `All`, d.h. `.htaccess`-Dateien werden gelesen, wobei alle Konfigurationsanweisungen auch interpretiert werden. Falls Sie einen Webserver betreuen, auf dem viele Benutzer ihre privaten Homepages ablegen, ist der Default-Wert jedoch eher ungünstig, denn Nutzer können hierdurch Konfigurationsanweisungen setzen, die eventuell nicht gewünscht sind. Zum Beispiel könnte ein Benutzer mit der `Options`-Anweisung *Server-Side Includes* aktivieren.

Man sollte sich darüber klar werden, welche Auswirkungen Konfigurationsanweisungen in `.htaccess`-Dateien haben können und ob diese erwünscht sind oder nicht.

Komplett abschalten lässt sich die Beachtung der `.htaccess`-Dateien durch die Anweisung:

```
AllowOverride None
```

Wie schon bei der Erklärung der `AccessFilename`-Anweisung beschrieben, sollten folgende Konfigurationsanweisungen immer in der Serverkonfiguration auftauchen:

```
<Directory />
AllowOverride None
</Directory>

<Directory /usr/local/apache/htdocs>
AllowOverride All
</Directory>
```

In der letzten Anweisung müssen jedoch nicht zwingend durch `All` alle Konfigurationsanweisungen erlaubt werden, sondern es ist möglich, nur gewisse Gruppen von Konfigurationsanweisungen zu erlauben oder vielleicht auch gar keine.

Als *Argument* bei `AllowOverride` kann eines der folgenden Schlüsselwörter verwendet werden:

- None
- All
- AuthConfig

- FileInfo
- Indexes
- Limit
- Options

Es ist ebenfalls möglich, mehrere Argumente anzugeben, z. B.:

```
AllowOverride AuthConfig Limit
```

Im Folgenden sehen Sie eine Auflistung der Gruppen und die Konfigurationsanweisungen, die durch Angabe dieser Gruppe als Argument in .htaccess-Dateien ermöglicht werden. Sofern es sich um Argumente eines Moduls handelt, funktionieren diese nur, wenn das Modul auch in den Apache eingebunden wurde.

AuthConfig

Modul	Erlaubte Konfigurationsanweisungen
Core	AuthName, AuthType, Require, Satisfy, ContentDigest
mod_auth	AuthUserFile, AuthGroupFile, AuthAuthoritative
mod_auth_anon	Anonymous, Anonymous_MustGiveEmail, Anonymous_NoUserId, Anonymous_VerifyEmail, Anonymous_LogEmail, Anonymous_Authoritative
mod_auth_db	AuthDBUserFile, AuthDBGroupFile, AuthDBAuthoritative
mod_auth_dbm	AuthDBMUserFile, AuthDBMGroupFile, AuthDBMAuthoritative
mod_auth_digest mod_digest	AuthDigestFile, AuthDigestGroupFile, AuthDigestQop, AuthDigest-NonceLifetime, AuthDigestNonceFormat, AuthDigestNcCheck, Auth-DigestAlgorithm, AuthDigestDomain

FileInfo

Modul	Erlaubte Konfigurationsanweisungen
Core	AddDefaultCharset, ErrorDocument, DefaultType, ScriptInterpre-terSource
mod_action	Action
mod_alias	Redirect, RedirectMatch, RedirectTemp, RedirectPermanent
mod_env	PassEnv, SetEnv, UnsetEnv
mod_headers	Header
mod_mime	AddType, AddEncoding, AddCharset, AddLanguage, AddHandler, DefaultLanguage, ForceType, RemoveHandler, SetHandler

Modul	Erlaubte Konfigurationsanweisungen
mod_negotiation	LanguagePriority
mod_rewrite	RewriteEngine, RewriteOptions, RewriteBase, RewriteCond, RewriteRule
mod_usertrack	CookieName, CookieTracking

Indexes

Modul	Erlaubte Konfigurationsanweisungen
mod_dir	DirectoryIndex
mod_autoindex	AddIcon, AddIconByType, AddIconByEncoding, AddAlt, AddAltByType, AddAltByEncoding, IndexOptions, IndexIgnore, AddDescription, HeaderName, ReadmeName, FancyIndexing DefaultIcon
mod_expires	ExpiresActive, ExpiresByType, ExpiresDefault
mod_imap	ImapMenu, ImapDefault, ImapBase

Limit

Modul	Erlaubte Konfigurationsanweisungen
mod_access	order, allow, deny

Options

Modul	Erlaubte Konfigurationsanweisungen
Core	Options
mod_include	XBitHack
mod_speling	CheckSpelling

All

Zusätzlich zu allen oben genannten Konfigurationsanweisungen werden bei All noch die folgenden *Core*-Anweisungen ermöglicht:

<Files>, <FilesMatch>, <Limit>, <LimitExcept>, <IfModule>, <IfDefine>, LimitRequestBody, RLimitCPU, RLimitMEM, RLimitNPROC und ServerSignature.

5.6.6 Options

Syntax	`Options` [+|-]*Option* [+|-]*Option* ...
Default	All
Kontext	Serverkonfiguration, `<VirtualHost>`, `<Directory>`, `<Location>`, `.htaccess`

Die `Options`-Konfigurationsanweisung erlaubt die Kontrolle über die Funktionseigenschaften von Verzeichnissen, z. B. ob *Server-Side Includes* erlaubt sind oder automatisch Verzeichnisindizes vom Apache ausgegeben werden sollen, wenn keine Indexdatei vorhanden ist.

Sofern `Options` innerhalb einer `<Directory>`-Anweisung oder in einer `.htaccess`-Datei angegeben wird, gelten die Angaben für das jeweilige Verzeichnis sowie für alle Unterverzeichnisse. Wird `Options` innerhalb der Serverkonfiguration bzw. in einer `<VirtualHost>`-Anweisung benutzt, so gelten die Angaben für alle Verzeichnisse bzw. Dateien des Servers.

`Options` erlaubt die Angabe von einer oder mehreren Optionen, die im Folgenden erläutert werden.

ExecCGI

Die Ausführung von CGI-Skripten ist erlaubt.

FollowSymLinks

Wenn der Webserver bei einem Dateizugriff auf einen symbolischen Link (*Symlinks*) stößt, wird dieser verfolgt und die Datei zurückgeliefert, auf die der Link zeigt (falls Leserechte vorhanden sind). Ist `FollowSymLinks` für das jeweilige Verzeichnis oder das Zielverzeichnis nicht eingeschaltet, wird eine Fehlermeldung ausgegeben.

SymLinksIfOwnerMatch

Diese Option ist mit der Option `FollowSymLinks` identisch, allerdings wird der symbolische Link nur verfolgt, wenn die Datei, auf die verwiesen wird, auch dem Benutzer gehört, dem der symbolische Link gehört. `SymLinksIfOwnerMatch` hat eine höhere Priorität als `FollowSymLinks`.

Includes

Hierdurch wird die Ausführung von *Server-Side Includes* (*SSI*) ermöglicht.

IncludesNOEXEC

Diese Option ist mit der Option `Includes` identisch, jedoch werden die SSI-Elemente `#exec` und `#include` (von CGI-Skripten) nicht ausgeführt. `IncludesNOEXEC` hat eine höhere Priorität als `Includes`.

Indexes

Wenn als URL ein Verzeichnis angegeben wird, also z. B. `http://www.domain.tld/verzeichnis/`, dann gibt der Server automatisch die entsprechend mit der Anweisung `DirectoryIndex` konfigurierte Datei zurück (üblicherweise `index.html`). Sollte diese Indexdatei nicht vorhanden sein, kann mit `Indexes` kontrolliert werden, ob der Apache automatisch intern einen Verzeichnisindex generieren und zurückliefern soll oder ob eine Fehlermeldung (*Error 403 – Forbidden*) zurückgeliefert werden soll.

MultiViews

Hiermit können Sie die sogenannte *MultiViews*-Funktionalität von Apache einschalten. Eine genaue Erklärung von `MultiViews` finden Sie in den Kapiteln 5.14 und 11.

All

Durch `All` werden die Optionen `ExecCGI`, `Includes`, `FollowSymLinks` und `Indexes` gesetzt.

None

Hiermit wird keine der oben genannten Optionen aktiviert.

Optionen hinzufügen oder entfernen

Die verschiedenen Optionen lassen sich auf zwei Arten angeben: Entweder absolut, wie z. B.

```
Options FollowSymLinks Includes
```

wobei hier dann nur die angegebenen Optionen für das Verzeichnis gelten, oder sie werden zu einer Liste von schon definierten Optionen hinzugefügen bzw. aus dieser Liste entfernt.

```
Options -FollowSymLinks -Includes +Indexes
```

Durch ein vorangestelltes Minuszeichen wird die jeweilige Option aus der Liste entfernt, durch ein Pluszeichen hinzugefügt. Mit Liste ist hierbei die Liste der schon definierten Optionen gemeint, die sich aus den Definitionen der übergeordneten Verzeichnisse ergibt.

Beispiel:

```
<Directory /test>
Options SymLinksIfOwnerMatch Indexes
</Directory>

<Directory /test/web>
Options Includes
</Directory>
```

Durch die erste `<Directory>`-Anweisung werden die Optionen `SymLinksIfOwnerMatch` und `Indexes` für das Verzeichnis `test` und dessen Unterverzeichnisse gesetzt. Durch die zweite `Options`-Anweisung wird `Includes` für das Verzeichnis `/test/web` gesetzt. Allerdings gelten hier die Optionen `SymLinksIfOwnerMatch` und `Indexes` nicht mehr. Falls Sie diese Optionen auch für Unterverzeichnisse nutzen wollen, müssen Sie folgende Angabe verwenden:

```
Options SymLinksIfOwnerMatch Indexes Includes
```

Wenn Sie allerdings bei bestimmten Verzeichnissen nur Optionen zu einer schon bestehenden Optionsliste hinzufügen wollen, ist es besser, die Syntax mit dem vorangestellten »+« bzw. »-« zu verwenden.

Die beiden nachfolgenden Beispiele sind funktional identisch:

1. Variante:

```
<Directory /test>
Options FollowSymLinks Indexes
</Directory>
<Directory /test/web>
Options FollowSymLinks Indexes Includes Multiviews
</Directory>
<Directory /test/cgi-bin>
Options FollowSymLinks ExecCGI
</Directory>
```

2. Variante:

```
<Directory /test>
Options FollowSymLinks Indexes
</Directory>
<Directory /test/web>
Options +Includes +Multiviews
</Directory>
<Directory /test/cgi-bin>
Options -Indexes +ExecCGI
</Directory>
```

Abgesehen von Authentikationsmechanismen, die im nächsten Kapitel behandelt werden, können Sie den Zugriff auf ein Verzeichnis, eine Datei oder einen URL auch auf Basis der IP-Adresse, des Host- oder des Domainname kontrollieren. Hierfür stehen die drei Konfigurationsanweisungen `allow`, `deny` und `order` zur Verfügung, die über das Access-Modul eingebunden werden. Sofern keine dieser Konfigurationsanweisungen benutzt wird, wird als Default angenommen, dass jeder Rechner auf den Inhalt des Webservers zugreifen darf.

Die Anweisungen müssen entweder innerhalb einer `<Directory>`-, `<Location>`- oder `<Files>`-Anweisung vorkommen oder in einer `.htaccess`-Datei. Wenn Sie die letztere Variante benutzen möchten, muss die Verwendung von `allow`, `deny` und `order` durch die Angabe von

```
AllowOverride Limit
```

oder

```
AllowOverride All
```

für das jeweilige Verzeichnis eingeschaltet sein.

5.6.7 allow

Syntax	`allow from` *Name* [*Name* ...] `allow from env=`*Variable* [`env=`*Variable* ...]
Modul	`mod_access`
Kontext	`<Directory>`, `<Location>`, `<Files>`, `<Limit>`, `.htaccess`

Durch `allow` lassen Sie explizit einen Rechner oder ein komplettes Subnetz für den Zugriff auf bestimmte Verzeichnisse oder Dateien zu.

Als *Name* lässt sich einerseits das Wort `All` benutzen, das allen Rechner den Zugriff erlaubt, oder aber eine der folgenden sechs Varianten wird benutzt:

1. Angabe eines FQDN, also des Hostname inklusiv Domainname, z.B. `allow from host1.domain.tld`
2. Angabe eines Domainnamens, z.B. `allow from .domain.tld`
3. Angabe einer kompletten IP-Adresse, z.B. `allow from 123.45.67.89`
4. Angabe einer partiellen IP-Adresse, z.B. `allow from 123.45`
5. Network/Netmask-Syntax, z.B. `allow from 123.45.0.0/255.255.0.0`
6. CIDR-Syntax (*Classless Inter-Domain Routing*), z.B. `allow from 123.45.0.0/16`

Wenn Hostnamen statt IP-Adressen bei den `allow`- oder `deny`-Anweisungen verwendet werden, führt der Apache (ab Version 1.3) aus Sicherheitsgründen generell sogenannte *Double Reverse DNS-Lookups* durch, und zwar unabhängig davon, ob `HostNameLookups` aktiviert oder deaktiviert ist. Hierdurch wird sichergestellt, dass die IP-Adresse auch zum Hostname passt.

Bei `allow` können entweder mehrere Namen respektive IP-Adressen angegeben werden, z.B.:

```
allow from 123.45.66.77 123.45.88.99
```

oder auch mehrere `allow`-Anweisungen angegeben werden, z.B.:

```
allow from 123.45.66.77
allow from 123.45.88.99
```

Als weitere Variante ist das Zulassen bzw. Abweisen von Client-Anfragen auf Basis von Umgebungsvariablen möglich und wird wie folgt angegeben:

- `allow from env=`*Variable*
- `deny from env=`*Variable*

Der praktische Nutzen ergibt sich in erster Linie zusammen mit der `BrowserMatch`- und der später noch in diesem Anhang erklärten `SetEnvIf`-Anweisung.

Beispiel:

```
BrowserMatch "^RobotXY" BADCLIENT
...
<Location />
order allow,deny
allow from all
deny from env=BADCLIENT
</Location>
```

Durch diese Konfigurationsanweisungen würde einem Webclient, der sich unter dem Namen RobotXY meldet, der Zugriff verwehrt.

5.6.8 deny

Syntax	deny from *Name* [*Name* ...] deny from env=*Variable* [env=*Variable* ...]
Modul	mod_access
Kontext	<Directory>, <Location>, <Files>, <Limit>, .htaccess

Die Anweisung deny stellt das Gegenstück zu allow dar. Mit ihr wird ein IP-Adresse, Hostname oder ein Netz angegeben, von dem aus keine Zugriffe erlaubt sein sollen.

Ebenso wie bei allow kann entweder All als *Name* angegeben werden oder aber eine der bei allow genannten sechs Varianten. Die Verwendung von Umgebungsvariablen ist auch bei der deny-Anweisung möglich. Die genaue Syntax und die einzelnen Varianten sollen hier nicht wiederholt werden, da sie mit der allow-Anweisung identisch sind.

5.6.9 order

Syntax	Order *Reihenfolge*
Default	deny,allow
Modul	mod_access
Kontext	<Directory>, <Location>, <Files>, <Limit>, .htaccess

Die Konfigurationsanweisungen `allow` und `deny` werden typischerweise immer zusammen benutzt. Um zu kennzeichnen, ob zuerst die `allow`- oder erst die `deny`-Anweisung ausgewertet werden soll, wird order benutzt. Als *Reihenfolge* gibt es drei mögliche Varianten:

1. `deny,allow`

   Hierbei wird die `deny`-Anweisung vor der `allow`-Anweisung ausgewertet, d.h. zuerst wird ein Zugriff, der auf `deny` basiert, verweigert und dann bei der `allow`-Anweisung überprüft, ob der Zugriff des Rechners eventuell doch erlaubt werden kann.
2. `allow,deny`

   Dies ist das Gegenstück zur ersten Variante. `allow` wird vor `deny` ausgewertet.
3. `mutual-failure`

   Diese Variante ist nur aus Kompatilitätsgründen zum NCSA-Webserver verfügbar. Da die `allow`- und `deny`-Anweisungen immer gegeneinander ausgewertet werden, ist eine spezielle `mutual-failure`-Anweisung nicht notwendig.

Zur Verdeutlichung sollen hier einige häufig benötigte Fälle aufgeführt werden:

- Der Zugriff soll nur Rechnern der eigenen Domain möglich sein:

```
order deny,allow
deny from all
allow from .domain.tld
```

- Es sollen nur die eigene Domain sowie ein paar ausgewählte Rechner Zugriff auf die Daten haben:

```
order deny,allow
deny from all
allow from .domain.tld host1.otherdomain.tld
                                  host2.otherdomain.tld
```

- Bestimmten Domains soll der Zugriff verweigert werden:

```
order allow,deny
allow from all
deny from .otherdomain.tld .yourdomain.tld 234.56.
```

- Nur Rechner der eigenen Domain sollen zugreifen dürfen, zwei Rechner der eigenen Domain sollen jedoch vom Zugriff ausgeschlossen werden:

```
order allow,deny
allow from .domain.tld
deny from host1.domain.tld host2.domain.tld
```

In einigen Fällen kann es sinnvoll sein, den Zugriff nur auf bestimmte HTTP-Methoden zu beschränken, z. B. PUT oder POST. Erreicht wird dies durch die Konfigurationsanweisung <Limit>. Das Gegenstück ist die Anweisung <LimitExcept>.

5.6.10 <Limit>

Syntax	<Limit *Methode [Methode ...]*> *Anweisungen...* </Limit>
Kontext	Serverkonfiguration, <VirtualHost>, <Directory>, <Files>, <Location>, .htaccess

Die Konfiguationsanweisungen order, deny, allow, Require und Satisfy gelten immer für alle HTTP-Methoden, und es gibt auch in den meisten Fällen keinen Grund dies zu ändern.

Sollen die Anweisungen dennoch auf bestimmte HTTP-Methoden begrenzt werden können sie in <Limit> und </Limit> eingeschlossen werden. Als *Methode* kann jede gültige HTTP-Methode angegeben werden, und zwar sowohl nur eine als auch mehrere.

HTTP/1.1 definiert die Methoden DELETE, GET, HEAD, OPTIONS, POST, PUT, TRACE und CONNECT (vergleiche Anhang A). Zusätzlich kennt der Apache noch die für das WebDAV-Protokoll (einer Erweiterung von HTTP) definierten Methoden PATCH, PROPFIND, PROPPATCH, MKCOL, COPY, MOVE, LOCK, und UNLOCK.

Soll der Zugriff für PUT und DELETE zum Beispiel auf die lokale Domain beschränkt werden, geben Sie Folgendes an:

```
<Limit PUT DELETE>
order deny,allow
deny from all
allow from .domain.tld
</Limit>
```

Die Angabe der HTTP-Methoden muss immer in Großbuchstaben erfolgen, andernfalls hätte die Anweisung keinerlei Wirkung. Außerdem gibt es bei den Methoden `GET` und `HEAD` eine Besonderheit: Wenn `GET` verwendet wird, wirkt die `Limit`-Anweisung auch bei `HEAD`-Anfragen.

5.6.11 <LimitExcept>

Syntax	`<LimitExcept` *Methode* [*Methode* ...]`>` *Anweisungen...* `</LimitExcept>`
Kontext	Serverkonfiguration, `<VirtualHost>`, `<Directory>`, `<Files>`, `<Location>`, .htaccess

`<LimitExcept>` ist das Gegenstück der `<Limit>`-Anweisung. Die in `<LimitExcept>` und `</LimitExcept>` eingeschlossenen Konfiguationsanweisungen gelten für alle HTTP-Methoden, die *nicht* aufgeführt sind.

Soll beispielsweise der Zugriff aller Methoden, außer `GET` und `POST`, nur für die lokale Domain erlaubt sein, so lässt sich dies wie folgt ausdrücken:

```
<LimitExcept GET POST>
order deny,allow
deny from all
allow from .domain.tld
</LimitExcept>
```

5.7 Nutzerauthentikation[1]

Oftmals reicht es nicht aus, den Zugriff auf bestimmte Daten auf Basis des Domainname oder der IP-Adresse des Clients zu beschränken, sondern man muss zu Mitteln der Authentikation greifen. Die meistbenutzte Variante dürfte hier die Authentikation über einen Benutzernamen und ein zugehöriges Passwort sein. Beim Apache werden verschiedene Module mitgeliefert, die diesen Zweck erfüllen können, z.B. `mod_auth`, `mod_auth_db`.

1 Bekannter sind vielleicht die Begriffe "Authentifizierung" oder "Authentifikation", die jedoch beide eine Übersetzung des englischen Begriffes "authentication" sind. Im vorliegenden Buch soll deshalb dem Begriff "Authentikation", als direkte Übersetzung von "authentication", der Vorzug gegeben werden. Gemeint ist hiermit die Überprüfung, ob ein Webclient bzw. dessen Nutzer oder Nutzerin wirklich der bzw. die ist, der er oder sie vorgibt zu sein.

Die einfachste Lösung – Textdateien, die die Benutzernamen und die Passwörter enthalten – kann mit mod_auth realisiert werden. Bei einer hohen Anzahl von Nutzern wird jedoch die Verwaltung über eine reine Textdatei unergonomisch, und Sie sollten lieber auf eines der anderen Module zurückgreifen.

Die Module mod_auth_dbm und mod_auth_db sind fast identisch und unterscheiden sich nur durch das Format der User- und Group-Dateien. Wenn das Betriebssystem Unterstützung für Berkeley DB-Dateien bietet, können Sie mod_auth_db verwenden. Ansonsten sollten Sie das DBM-Modul verwenden, denn eine Unterstützung für DBM findet sich auf fast jedem System.

Die bisher genannten Module verwenden alle die sogenannte *Basic WWW Authentication*. Als Alternative bieten sich die Module mod_digest bzw. mod_auth_digest an, welche die sichere *MD5 Digest Authentication* verwenden. Zu den Unterschieden der beiden Verfahren erfahren Sie später mehr.

Das Modul mod_auth_anon fällt etwas aus dem Rahmen, da es nicht dazu gedacht ist, bestimmte Daten vor unberechtigten Nutzern zu schützen, sondern ähnlich wie bei einem FTP-Server eine Art Gastzugang mit der E-Mail-Adresse als Passwort bietet.

Nicht über ein Modul zur Verfügung gestellt, sondern schon im Apache-Kern enthalten, sind die vier Konfigurationsanweisungen AuthName, AuthType, Require und Satisfy, die von jedem der erhältlichen Authentikationsmodule benutzt werden.

5.7.1 AuthName

Syntax	AuthName *Bereich*
Kontext	<Directory>, <Files>, <Location>, .htaccess

Mit der Anweisung AuthName lässt sich dem Benutzer mitteilen, für welchen *Bereich* (*Realm*) er sich mit User-ID und Passwort authentifizieren soll.

Der *Bereich* kann eine beliebige Zeichenkette sein, die dann vom Apache an den Client weitergegeben und vom Client in geeigneter Form dem Benutzer präsentiert wird. Enthält die Zeichenkette Leerzeichen, muss sie in Anführungszeichen eingeschlossen werden, ansonsten bricht der Apache den Start mit einer Fehlermeldung ab.

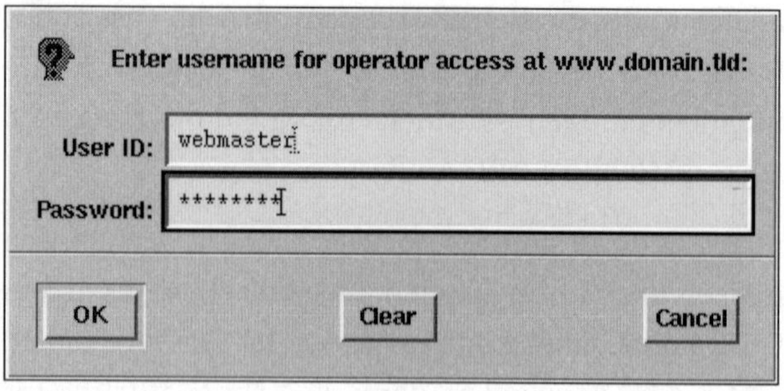

Abb. 5.1: Eingabefenster eines Browsers zur Authentikation

Die Konfigurationsanweisung

```
AuthName Admin-Verzeichnis
```

könnte z. B. in einem Browser das Öffnen eines Eingabefensters mit dem Hinweis »*Bitte geben Sie User-ID und Passwort für das Admin-Verzeichnis an.*« bewirken.

AuthName hat keinen Default-Wert, und es führt zu einem fehlerhaften Zugriffsversuch, wenn die Anweisung weggelassen wird.

5.7.2 AuthType

Syntax	AuthType Basic|Digest
Kontext	<Directory>, <Files>, <Location>, .htaccess

Mit AuthType setzt man den gewünschten Authentikationstyp fest, wobei entweder Basic oder Digest angegeben werden kann.

Bis auf das Digest-Modul muss bei allen anderen Modulen die Anweisung

```
AuthType Basic
```

angegeben werden. Das Weglassen der AuthType-Anweisung würde zu einer Fehlermeldung bei einer Authentikation führen.

Prinzipiell sollte man jedoch die Digest-Variante bevorzugen, da hier, im Gegensatz zur Basic-Authentikation, das Passwort niemals im Klartext über die Verbindung geschickt wird und somit von einem potenziellen Angreifer nicht in Erfahrung gebracht werden kann. Obwohl die Digest-Authentikation sicherer ist, wird sie bisher noch nicht von allen Browsern unterstützt. Da die Digest-Authentikation Teil der HTTP/1.1-Spezifikation ist, wird sie sich jedoch mit zunehmender Verbreitung von HTTP/1.1 auch weiter durchsetzen.

Die Basic-Authentikation wird hingegen von nahezu jedem Browser unterstützt. Hier folgt eine kurze Erklärung der recht einfachen Funktionsweise:

Fordert ein Browser ein Dokument eines geschützten Bereichs an, so antwortet der Webserver mit einer entsprechenden *Unauthorized*-Meldung (Statuscode 401), die einen `WWW-Authenticate`-Header enthält, z. B.

```
WWW-Authenticate: BASIC realm="Admin-Verzeichnis"
```

Als `realm` wird hier immer die Zeichenkette zurückgegeben, die via `AuthName` konfiguriert wurde.

Der Browser wiederholt dann die Anfrage an den Server und fügt die vom Benutzer eingegebene User-ID und das Passwort im `Authorization`-Header ein.

Gibt der Benutzer als User-ID z. B. *Webmaster* und als Passwort *Geheim!* ein, so würde der Browser den folgenden Header bei der Anfrage benutzen:

```
Authorization: BASIC d2VibWFzdGVyOkdlaGVpbSE=
```

Der zweite Wert des Beispiel-Headers ist Base64-kodiert und heißt entschlüsselt:

```
Webmaster:Geheim!
```

Wenn Sie die Basic-Authentikation auf Ihren Server einsetzen, müssen Sie sich immer bewußt sein, dass sie keinen absoluten Schutz bieten kann. Insbesondere bei sicherheitsrelevanten Daten sollten andere Wege des Zugriffsschutzes gewählt werden.

5.7.3 Require

Syntax	`Require` *Variante* [*Name Name* ...]
Kontext	`<Directory>`, `<Files>`, `<Location>`, `<Limit>`, `.htaccess`

Mit der `Require`-Anweisung können Sie festlegen, welchen Nutzern bzw. welchen Nutzergruppen der Zugriff gewährt werden soll. Die entsprechenden Angaben zu den Nutzern findet der Apache je nach verwendetem Authentikationsmodul in einer Datei oder auch in einer Datenbank.

Es gibt insgesamt drei Möglichkeiten, `Require` einzusetzen:

- `Require user` *User-ID* [*User-ID* ...]
  Wird als Variante `user` gewählt, so kann als weiteres Argument eine oder mehrere User-IDs angegeben werden, der bzw. denen der Zugriff auf die geschützten Daten erlaubt sein soll.
- `Require group` *Group-ID* [*Group-ID* ...]
  Bei `group` könenn Sie entsprechend eine oder mehrere Group-IDs angeben. Jeder Nutzer, der zu einer der angegebenen Gruppen gehört, kann Zugriff auf die jeweiligen Daten erlangen.
- `Require valid-user`
  Bei valid-user werden keine weiteren Argumente mehr angegeben, da hier jedem berechtigten Benutzer der Zugriff erlaubt wird. Berechtigter Benutzer ist in diesem Fall jeder, der eine User-ID aus der zugehörigen Passwortdatei oder Datenbank liefert und das richtige Passwort angibt.

Die Varianten `user` und `group` lassen sich beliebig mischen. Eine bestimmte Variante kann auch mehrfach angegeben werden. Zur Verdeutlichung folgen hier zwei funktional identische Beispiele, mit denen jeweils den User-IDs `webmaster` und `guru` sowie allen Nutzern der Gruppe `provider` der Zugriff gestattet wird:

```
require user webmaster
require user guru
require group provider
```

```
require user webmaster guru
require group provider
```

Gibt der Benutzer ein falsches Passwort oder eine falsche User-ID an, so liefert der Apache eine entsprechende Fehlermeldung an den Client zurück. Wie bei Unix-Systemen üblich, wird bei der Angabe einer User-ID bzw. Group-ID zwischen Groß- und Kleinschreibung unterschieden. In den meisten Fällen dürfte es am sinnvollsten sein, nur kleingeschriebene IDs zu verwenden.

Um den Zugriff nur auf bestimmte HTTP-Methoden zu beschränken, lässt sich `Require` innerhalb einer `<Limit>`-Anweisun definieren.

```
<Limit PUT>
require group provider
</Limit>
```

5.7.4 Satisfy

Syntax	Satisfy All|Any
Default	All
Kontext	<Directory>, <Files>, <Location>, <Limit>, .htaccess

Manchmal ist zwar eine Authentikation gewünscht, aber nur für Benutzer, die nicht von einem bestimmten Rechner aus oder aus einer bestimmten Domain zugreifen. Ebenso kann manchmal eine Authentikation und eine Begrenzung auf einen bestimmten Rechner oder eine bestimmte Domain gewünscht sein.

Satisfy wird also benutzt, wenn sowohl Require als auch allow bzw. deny definiert wurden.

Es gibt zwei Varianten, wobei die erste Variante der Default-Wert ist:

- Satisfy All
- Satisfy Any

Bei Angabe von Any wird der Zugriff eines Benutzers entweder auf Basis von allow/deny oder von Require gewährt.

Beispiel:

```
order deny,allow
deny from all
allow from .domain.tld
Require group provider
Satisfy Any
```

Bei diesem Beispiel wird einem Benutzer, der aus der Domain domain.tld zugreift, der Zugriff gewährt, ohne dass er ein Passwort eingeben muss. Ein Benutzer, der von außerhalb der Domain zugreift, muss eine entsprechende User-ID und das zugehörige Passwort eines Benutzers aus der Gruppe provider angeben, um Zugriff zu erlangen.

Wird hingegen

```
Satisfy All
```

angegeben, so ist ein Zugriff grundsätzlich nur aus der Domain `domain.tld` möglich, und jeder Benutzer aus dieser Domain muss sich zusätzlich mit User-ID und Passwort authentifizieren.

5.7.5 Modul mod_auth

Die einfachste Variante der *Basic WWW-Authentication* wird durch das Modul `mod_auth` zur Verfügung gestellt. Es werden insgesamt zwei Textdateien verwaltet, wobei sich in einer die User-ID sowie das zugehörige Passwort befinden und in der anderen die Angaben, welcher User zu welcher Gruppe gehört.

Beide Dateien sollten niemals innerhalb des Dokument-Verzeichnisses des Webservers gespeichert werden, sonst könnten diese Dateien eventuell über den Webserver von einem Benutzer heruntergeladen werden.

AuthUserFile

Syntax	`AuthUserFile` *Dateiname*
Modul	`mod_auth`
Kontext	`<Directory>`, `<Files>`, `<Location>`, `.htaccess`

Mit `AuthUserFile` wird eine Textdatei angegeben, die die User-IDs und die zugehörigen, mit der `crypt()`-Funktion verschlüsselten Passwörter enthält. *Dateiname* gibt hierbei die Datei an und kann entweder mit absolutem Pfad oder relativ zum `ServerRoot`-Verzeichnis angegeben werden.

Die Datei enthält jeweils einen Eintrag pro Zeile, z. B.:

```
webmaster:b6nlTdp0xPgtw
```

Der Teil rechts neben dem Doppelpunkt stellt das verschlüsselte Passwort dar.

Zum Erstellen der Datei und der Einträge finden Sie im `bin`-Verzeichnis der Apache-Installation das Programm `htpasswd`. Ein komplettes Beispiel zu `mod_auth` und zur Nutzung von `htpasswd` finden Sie am Ende des Kapitels.

Es ist nicht möglich, einen Eintrag mit einem leeren Passwort zu erzeugen, z. B. indem man den Passworteintrag einfach weglässt. Ebenso sollte man es vermeiden, eine User-ID mehr als einmal in der Datei zu verwenden.

Es ist nicht mögich, als *Dateiname* direkt die Passwortdatei des Systems (z. B. `/etc/passwd`) anzugeben, und Sie sollten dergleichen aus Sicherheitsgründen auch nicht versuchen.

Aus Kompatibilitätsgründen zum NCSA-HTTPD können – sofern `mod_auth_db` oder `mod_auth_dbm` eingebunden wurden – auch DB- oder DBM-Dateien via `AuthUserFile` (statt `AuthDBUserFile` oder `AuthDBMUserFile`) angegeben werden. Zur Anweisung wird hierbei, durch ein Leerzeichen getrennt, entweder das Argument `db` oder `dbm` hinzugefügt.

Beispiel:

```
AuthUserFile /usr/local/apache/conf/passwd db
```

Vergleiche hierzu `AuthDBMUserFile` und `AuthDBUserFile`.

AuthGroupFile

Syntax	`AuthGroupFile` *Dateiname*
Modul	`mod_auth`
Kontext	`<Directory>`, `<Files>`, `<Location>`, `.htaccess`

Mit `AuthGroupFile` wird die Datei mit den Informationen zu den einzelnen Gruppen der Nutzer angegeben. *Dateiname* gibt hier, wie auch bei `AuthUserFile`, die Datei mit absolutem Pfad oder relativ zum `ServerRoot`-Verzeichnis an. Die Datei ist eine reine Textdatei und enthält pro Zeile eine Angabe des Gruppennamens, gefolgt von einem Doppelpunkt und den zugehörigen User-IDs, die jeweils durch ein Leerzeichen getrennt werden.

Beispiel:

```
admin: webmaster guru
provider: peter paul mary
projekt1: guru paul
```

Eine Gruppendatei ist nicht zwingend notwendig, falls man in der Konfiguration sowieso nur User-IDs verwendet und keinerlei Gruppenangaben. In solch einem Fall kann man die Angabe von AuthGroupFile einfach weglassen.

Ebenso wie bei AuthUserFile können bei AuthGroupFile auch DB- oder DBM-Dateien angegeben werden, wenn die jeweiligen Module in den Apache eingebunden wurden, z.B.:

```
AuthGroupFile /usr/local/apache/conf/group dbm
```

Vergleiche hierzu AuthDBMGroupFile und AuthDBGroupFile.

AuthAuthoritative

Syntax	AuthAuthoritative on|off
Default	on
Modul	mod_auth
Kontext	<Directory>, <Files>, <Location>, .htaccess

Typischerweise wird man die Nutzerauthentikation auf nur ein Modul beschränken. Allerdings ist es möglich, mehr als ein Authentikationsmodul zu verwenden, z.B. mod_auth_db zusammen mit mod_auth.

Die Konfigurationsanweisung AuthAuthoritative dient nun dazu, die Authentikation an ein Modul niedrigerer Ebene weiterzureichen. Die Ebene bzw. die Priorität eines Moduls ergibt sich durch die Reihenfolge der einzelnen Module in der Configuration-Datei des Apache beziehungsweise durch die Reihenfolge, in der die Module via AddModule in der Serverkonfiguration geladen werden. Je weiter unten also ein Modul eingetragen ist, desto höher ist dessen Priorität.

Per Default ist AuthAuthoritative aktiviert, d.h. wenn eine User-ID nicht gefunden wurde, wird eine entsprechende Fehlermeldung an den Client zurückgegeben. Stellt man AuthAuthoritative nun explizit auf off, so wird die Anfrage an ein Authentikationsmodul mit niedrigerer Priorität weitergeleitet.

Jedes Authentikationsmodul stellt eine eigene Authoritative-Anweisung zur Verfügung, bei mod_auth_db ist es AuthDBAuthoritative und bei mod_auth_dbm entsprechend AuthDBMAuthoritative.

Dieses Weiterreichen einer Anfrage kann sinnvoll sein, wenn man beispielsweise primär das Modul `mod_auth_db` benutzt, aber einige wenige Nutzer (z. B. die Administratoren des Servers) über das Modul `mod_auth` verwaltet werden sollen. Wird also `AuthDBAuthoritative` deaktiviert, so werden Authentikationsversuche von unbekannten Nutzern vom `mod_auth_db`-Modul an `mod_auth` weitergereicht (mod_auth hat in der Regel die geringste Priorität). Möchten Sie den Spieß umdrehen, so müssen Sie die Reihenfolge der beiden Module umkehren. Sofern es sich also um DSO-Module handelt, müssen lediglich die beiden `AddModule`-Anweisungen in der Serverkonfiguration vertauscht werden:

```
AddModule mod_auth_db.c
AddModule mod_auth.c
```

Bei dieser Reihenfolge müssen Sie dann `AuthAuthoritative` deaktivieren und `AuthDBAuthoritative` aktivieren.

Sofern Sie eine der Authoritative-Anweisungen benutzen, sollten Sie darauf achten, welche Priorität die einzelnen Module haben und ob diese entsprechend der Priorität konfiguriert sind. Das Weiterreichen einer Anfrage von einem Authentikationsmodul an ein gar nicht konfiguriertes Authentikationsmodul würde mit einem Serverfehler enden (Status 500). Ebenso führt es zu einem Fehler, wenn die Authoritative-Anweisung des Moduls mit der niedrigsten Priorität ausgeschaltet wird, denn weitergereicht werden kann eine Anfrage hier ja nicht.

Anwendungsbeispiel

Im Verzeichnis `/usr/local/apache/conf` sollen zwei Dateien angelegt werden: die User-Datei namens `passwd` und die Group-Datei `group`. Es sollen die User-IDs `webmaster`, `guru`, `peter`, `paul` und `mary` verwaltet werden, und es werden die beiden Gruppen `admin` und `provider` benötigt.

Anlegen der User-Datei und Einfügen der User-IDs

Wie schon zuvor erwähnt, findet sich im `bin`-Verzeichnis der Apache-Installation das Programm `htpasswd`, das zum Erzeugen und zur Verwaltung der User-Datei benutzt werden kann.

Aufruf: `htpasswd` [*Optionen*] *Passwortdatei User-ID* [*Passwort*]

Tabelle 5.1: Optionen des `htpasswd`-Programms

Option	Bedeutung
-c	Durch den Schalter »`-c`« wird kennzeichnet, dass die Passwort*datei* neu erstellt werden soll, was typischerweise bei der ersten *User-ID* geschehen sollte, die eintragen wird.
-m	Sorgt für die Verwendung von MD5-Verschlüsselung für die Passwörter (Default unter Windows).
-d	Auf allen anderen Betriebssystemen wird per Default die normale *Crypt*-Verschlüsselung verwendet.
-s	Statt Crypt- oder MD5- wird SHA-Verschlüsselung verwendet.
-p	Die Passwortverschlüsselung wird komplett deaktiviert, d.h. die Passwörter werden im Klartext in der Datei eingetragen.
-b	Wird diese Option angegeben – und nur dann – kann das Passwort direkt als letzte Option auf der Kommandozeile eingegeben werden.

Beim folgenden Beispiel rufen wir also `htpasswd` für die einzelnen User-IDs auf. Bei der ersten User-ID wird »`-c`« angegeben, damit die Datei `passwd` angelegt wird.

```
$ htpasswd -c /usr/local/apache/conf/passwd webmaster
Adding password for webmaster.
New password: *******
Re-type new password: *******
$ htpasswd /usr/local/apache/conf/passwd guru
Adding user admin
New password: ******
Re-type new password: ******
```

Die weiteren User-IDs werden entsprechend dem Beispiel zu `admin` eingetragen. Man erhält am Schluss eine Datei mit folgendem Aussehen:

```
webmaster:.pRzNIIV2J0L6
admin:fUX9khjeHYo86
peter:5JsOWXdCEliyw
paul:VcoL3YbtDBh3c
mary:sRz4Q.W04Sbmk
```

Um das Passwort einer User-ID zu ändern, wird `htpasswd` in gleicher Weise wie auch beim Eintragen einer User-ID aufgerufen:

```
$ htpasswd /usr/local/apache/conf/passwd webmaster
Changing password for user webmaster
New password: ********
Re-type new password: ********
```

Da bei der Änderung eines Eintrags nicht nach dem alten Passwort gefragt wird, sollten Sie darauf achten, dass die User- und Group-Dateien nur von den berechtigten Personen geschrieben werden können, z.B. dem Webmaster bzw. Administrator. Eine Selbstverwaltung des Passwortes der einzelnen Nutzer ist somit nicht möglich.

Die Group-Datei

Die Group-Datei soll die zwei Gruppen `admin` und `provider` enthalten, wobei `peter`, `paul` und `mary` zur Gruppe `provider` gehören, `guru` zur Gruppe `admin` und `webmaster` zu beiden Gruppen. Die Datei `group` kann mit einem normalen Texteditor erstellt werden und hat in unserem Beispiel den folgenden Inhalt:

```
admin:webmaster guru
provider:webmaster peter paul mary
```

Einträge in der Serverkonfiguration

Es sollen insgesamt vier verschiedene Verzeichnisse beziehungsweise URL-Pfade über die Authentikationsmaßnahmen geschützt werden. Das Verzeichnis `/info/` soll für jeden eingetragenen Nutzer zugänglich sein, das Verzeichnis `/admin/` nur für die Administratoren des Rechners und das Verzeichnis `/provider/` nur für die Gruppe `provider`. Zusätzlich gibt es noch das Verzeichnis `/provider/paul/`, das nur für den Nutzer `paul` zugänglich sein soll.

Da wir nur eine Passwort- und Gruppendatei verwenden wollen und auch nur Basic-Authentikation zum Einsatz kommt, werden diese drei Angaben *global* definiert:

```
<Location />
AuthType Basic
AuthUserFile /usr/local/apache/conf/passwd
AuthGroupFile /usr/local/apache/conf/group
</Location>
```

Nun folgen jeweils die Angaben für die einzelnen Verzeichnisse:

```
<Location /info>
AuthName "Info-Verzeichnis"
require valid-user
order deny,allow
deny from all
allow from .domain.tld
</Location>

<Location /admin>
AuthName "Admin-Verzeichnis"
require group admin
order deny,allow
deny from all
allow from host1.domain.tld
</Location>

<Location /provider>
AuthName "Provider-Verzeichnis"
require group provider
</Location>

<Location /provider/paul>
require user paul
</Location>
```

Alle Dateien unterhalb des URL-Pfades `/admin/` wären somit nur vom Rechner `host1.domain.tld` zugänglich und nur für Nutzer der Gruppe `admin`, also für die User-IDs `webmaster` und `guru`.

Auf `/provider/` könnten hingegen alle Nutzer der Gruppe `provider` zugreifen, egal von welchem Rechner aus sie zugreifen. Auf `/provider/paul/` hingegen könnte nur der Nutzer `paul` zugreifen.

Da `webmaster` ebenfalls in der Gruppe `provider` ist, kann er auch auf die Dateien unterhalb von `/provider/` zugreifen, nicht jedoch auf `/provider/paul/`.

Aufgrund der obigen `Require`-Anweisung für `/info/` kann jeder Nutzer auf `/info/` zugreifen, der sich in der Passwortdatei befindet, solange er von einem Rechner der Domain `domain.tld` aus zugreift.

5.7.6 Das Modul mod_auth_dbm

Will man eine hohe Anzahl von Nutzern verwalten, so empfiehlt sich die Verwendung von mod_auth_dbm (oder mod_auth_db). Hierbei wird ebenfalls mit einer User- und einer Group-Datei gearbeitet, die jedoch im *DBM*-Format vorliegt und somit ein schnelleres Suchen von User-ID und Passwort ermöglicht. Genauer gesagt verwendet mod_auth_dbm Dateien im *NDBM*-Format und das im folgenden Kapitel beschriebene mod_auth_db das *Berkeley DB*-Format.

Zum Erstellen, Modifizieren und Betrachten von User- bzw. Group-Dateien liegt dem Apache im bin-Verzeichnis das Perl-Skript dbmmanage bei. Die Anwendung wird in Kapitel 5.7.8 kurz erläutert.

Wie auch schon bei mod_auth angesprochen, sollten die User- und Group-Dateien aus Sicherheitsgründen niemals innerhalb des Dokument-Verzeichnisses des Webservers untergebracht werden.

AuthDBMUserFile

Syntax	AuthDBMUserFile *Dateiname*
Modul	mod_auth_dbm
Kontext	<Directory>, <Files>, <Location>, .htaccess

Die Anweisung AuthDBMUserFile ist mit AuthUserFile vergleichbar und gibt die DBM-Datei an, die die User-IDs und die mit crypt() verschlüsselten Passwörter enthält. Der Schlüsselwert der DBM-Datei ist jeweils die User-ID mit dem verschlüsselten Passwort als Wert. Weiterhin dürfen nach dem Passwort, durch einen Doppelpunkt getrennt, noch weitere Daten in einem Eintrag enthalten sein. Diese Daten werden vom Apache zwar ignoriert, können jedoch eventuell von anderen Applikationen in Verbindung mit User-ID und Passwort sinnvoll genutzt werden.

Als *Dateiname* wird jeweils der absolute oder der zum ServerRoot-Verzeichnis relative Dateipfad der DBM-Datei angegeben, wobei keinerlei Dateiendung (.dir oder .pag) verwendet werden darf.

Beispiel:

```
AuthDBMUserFile /usr/local/apache/conf/passwd
```

Aus Gründen der Kompatibilität zum NCSA-HTTPD kann statt AuthDBMUserFile auch AuthUserFile mit dem Parameter »dbm« verwendet werden, z. B.:

```
AuthUserFile /usr/local/apache/conf/passwd dbm
```

Anmerkung: Falls Sie DBM-Dateien zwischen verschiedenen Applikationen austauscht bzw. eine Datei außer vom Apache noch von anderen Applikationen benutzt wird, sollten Sie beachten, dass der Apache beim Lesen der Datensätze via dbmopen() die Länge der Zeichenkette der Hashwerte aus der DBM-Datenstruktur ausliest, anstatt wie viele andere Applikationen darauf zu vertrauen, dass die Zeichenkette mit einem NULL-Byte endet. Je nach verwendeter Applikation kann es hier eventuell zu Problemen kommen.

Zur Erstellung von DBM-Dateien kann das in Kapitel 5.7.8 vorgestellte Perl-Skript dbmmanage benutzt werden.

AuthDBMGroupFile

Syntax	AuthDBMGroupFile *Dateiname*
Modul	mod_auth_dbm
Kontext	<Directory>, <Files>, <Location>, .htaccess

Die Funktionsweise von AuthDBMGroupFile ist mit AuthGroupFile identisch. Mit *Dateiname* wird die DBM-Datei bezeichnet, die die Angaben der einzelnen User-IDs und der zugehörigen Gruppen enthält. Der Schlüsselwert ist jeweils die User-ID mit einer Liste der Group-IDs als Wert, wobei die Group-IDs jeweils durch ein Komma getrennt werden (bei AuthGroupFile ist es genau anders herum!). Der Wert darf keine weiteren Angaben und insbesondere keine Leerzeichen oder Doppelpunkte enthalten.

Auch bezüglich der Gruppendatei kann die NCSA-Variante mit der Anweisung AuthGroupFile, gefolgt vom Parameter »dbm«, verwendet werden, z. B.:

```
AuthGroupFile /usr/local/apache/conf/group dbm
```

Zur Erstellung von DBM-Dateien können Sie das bereits vorgestellte Perl-Skript dbmmanage benutzen.

Kombination von User- und Group-Datei

Oftmals ist es einfacher, eine einzelne Datei mit den notwendigen Angaben der Nutzer zu verwalten. Gibt man als *Dateiname* bei `AuthDBMUserFile` und `AuthDBMGroupFile` dieselbe Datei an, so wird eine DBM-Datei mit folgendem Format erwartet:

User-ID verschlüsseltes_Passwort:Group-ID[,Group-ID,...][:Extraangaben]

Der Schlüssel ist also die User-ID, und der Wert besteht aus dem verschlüsselten Passwort und einer Liste der Gruppen, zu denen der jeweilige Nutzer gehört. Weiterhin dürfen noch Extraangaben, wie bei `AuthDBMUserFile` beschrieben, enthalten sein. Diese werden vom Apache selbst nicht beachtet.

Wenn eine Einteilung der Nutzer in Gruppen benötigt wird, sollten Sie immer die Variante mit nur einer DBM-Datei bevorzugen, da dann nur eine einzige Datei gepflegt werden muss.

AuthDBMAuthoritative

Syntax	`AuthDBMAuthoritative on|off`
Default	`on`
Modul	`mod_auth_dbm`
Kontext	`<Directory>`, `<Files>`, `<Location>`, `.htaccess`

Wenn die Konfigurationsanweisung `AuthDBMAuthoritative off` benutzt wird, werden User-IDs, die nicht vom Authentikationsmodul gefunden wurden, an ein Authentikationsmodul niedrigerer Priorität durchgereicht, z. B. an `mod_auth_msql`.

Für eine genauere Erklärung sei hier auf die Beschreibung der Anweisung `AuthAuthoritative` verwiesen.

5.7.7 Das Modul mod_auth_db

Das Modul `mod_auth_db` ist in seiner Funktionalität mit dem Modul `mod_auth_dbm` identisch. Der einzige Unterschied liegt, wie schon zuvor beschrieben, im Format der Dateien. Wenn Sie ein System verwenden, das Unterstützung für Berkeley DB-Dateien in den Versionen 1, 2 oder 3 zur Verfügung stellt, können Sie `mod_auth_db` verwenden. Andernfalls bietet sich die Verwendung von `mod_auth_dbm` an.

mod_auth_db stellt die drei Konfigurationsanweisungen AuthDBUserFile, AuthDBGroupFile und AuthDBAuthoritative zur Verfügung, die in ihrer Funktionalität identisch mit den entsprechenden DBM-Varianten von mod_auth_dbm sind. Für eine ausführliche Erklärung sei hier deshalb auf die Beschreibungen der DBM-Anweisungen verwiesen.

Im Folgenden finden Sie der Vollständigkeit halber die drei Konfigurationsanweisungen nur kurz aufgelistet.

AuthDBUserFile

Syntax	AuthDBUserFile *Dateiname*
Modul	mod_auth_db
Kontext	<Directory>, <Files>, <Location>, .htaccess

AuthDBGroupFile

Syntax	AuthDBGroupFile *Dateiname*
Modul	mod_auth_db
Kontext	<Directory>, <Files>, <Location>, .htaccess

AuthDBAuthoritative

Syntax	AuthDBAuthoritative on|off
Default	on
Modul	mod_auth_db
Kontext	<Directory>, <Files>, <Location>, .htaccess

5.7.8 Verwendung von dbmmanage

dbmmanage ist ein einfaches Tool, mit dem Sie über die Kommandozeile DBM- bzw. DB-Dateien für den Apache erstellen und verwalten können. Das Skript dbmmanage, das dem Apache beiliegt, ist in Perl geschrieben und kann somit nur genutzt werden, wenn auch Perl installiert ist. Allerdings lassen sich nur die Dateien für AuthDBMUserFile bzw. AuthDBUserFile nicht jedoch AuthDBMGroupFile bzw. AuthDBGroupFile, mit dem Programm erstellen. Im Folgenden finden Sie eine kurze Übersicht der einzelnen Aufrufvarianten.

Eintragen eines Nutzers

Aufrufsyntax:

- `dbmmanage` *Passwortdatei* `adduser` *User-ID*
- `dbmmanage` *Passwortdatei* `add` *User-ID Passwort*

Beispiele:

- `dbmmanage passwd adduser webmaster`
- `dbmmanage passwd add webmaster 1HHvT7EVUK1JI`

Der erste Beispielaufruf trägt die User-ID `webmaster` in die DBM-Datei `passwd` ein, wobei zuvor nach einem Passwort gefragt wird. Falls die DBM-Datei noch nicht vorhanden ist, wird sie automatisch erzeugt. Beim zweiten Beispiel wird nicht `adduser`, sondern `add` als Argument verwendet, wobei hier als letztes Argument immer das Passwort in verschlüsselter Form angegeben werden muss. Im Beispiel handelt es sich um das verschüsselte Passwort »`geheim`«.

Die DBM-Dateien sind keine normalen Textdateien, wie z.B. die mit `htpasswd` erstellten Dateien, sondern es handelt sich immer um Binärdateien. Je nach Betriebssystem sind es zum Teil zwei Dateien, die an den Endungen `.dir` beziehungsweise `.pag` zu erkennen sind.

Ändern eines Eintrags

Aufrufsyntax: `dbmmanage` *Passwortdatei* `update` *User-ID*

Beispiel: `dbmmanage passwd update webmaster`

Vorausgesetzt, die User-ID `webmaster` ist schon in der Passwortdatei eingetragen, wird in diesem Fall für die User-ID `webmaster` ein neues Passwort erfragt.

Löschen eines Nutzers

Aufrufsyntax: `dbmmanage` *Passwortdatei* `delete` *User-ID*

Beispiel: `dbmmanage passwd delete webmaster`

Bei diesem Beispielaufruf wird der Eintrag mit der User-ID `webmaster` aus der Passwortdatei `passwd` gelöscht.

Anzeigen der Einträge der DBM-Datei

Aufrufsyntax: `dbmmanage` Passwort*datei* `view`

Beispiel: `dbmmanage passwd view`

Mit diesem Aufruf wird der Inhalt der DBM-Datei `passwd` im Klartext ausgegeben, was wie folgt aussehen könnte:

```
webmaster:1HHvT7EVUK1JI
guru:a6zRPO/9z1V/E
peter:eyvgEk9MdEAYk
paul:P/KFHZBeREUC6
mary:uMVqRveiNFZNo
```

Umwandeln einer htpasswd-Datei in eine DBM-Datei

Mit dem `import`-Argument lassen sich normale textuelle Passwortdateien, wie beispielsweise die mit dem `htpasswd`-Programm erstellten, in DBM-Dateien umwandeln.

Aufrufsyntax: `dbmmanage` *Passwortdatei* `import`

Hierbei erwartet das Skript auf *STDIN* die Eingabe von Passworteinträgen, wobei die Passwörter schon verschlüsselt sein müssen. Soll eine bestehende Passwortdatei, die im Textformat vorliegt, in eine DBM-Datei verwandelt werden, können Sie einen Aufruf der folgenden Art verwenden:

```
cat htpasswd | dbmmanage passwd import
```

Überprüfung eines Passwortes

Aufrufsyntax: `dbmmanage` *Passwortdatei* `check` *User-ID*

Beispiel: `dbmmanage passwd check webmaster`

Bei Verwendung von `check` fragt das Skript nach einem Passwort und gibt aus, ob es zum eingetragenen Passwort passt oder nicht.

5.7.9 Die Module mod_auth_digest und mod_digest

Wie schon in der Einleitung zu diesem Kapitel beschrieben, wird bei der Authentikation zwischen *Basic* und *Digest Access Authentication* unterschieden. Die Module `mod_digest` beziehungsweise `mod_auth_digest` sind die einzigen Authentikationsmodule des Apache, welche die sicherere Digest-Authentikation ermöglichen. Das Modul `mod_digest` ist das ältere der beiden Digest-Module und schon seit langem Bestandteil der Apache-Distribution, `mod_auth_digest` gibt es dagegen erst ab Version 1.3.9. Die Digest-Authentikation wurde bisher jedoch nur äußerst selten eingesetzt, da es kaum Webclients gab, die diese Form der Authentikation unterstützten.

Moderne Webbrowser wie der MS Internet Explorer ab Version 5.0 oder Amaya ab Version 1.4 unterstützen in ihren aktuellen Versionen jedoch auch die Digest-Authentikation. In der zum Zeitpunkt der Drucklegung aktuellen Netscape Navigator Version 4.7 wird die Digest-Authentikation jedoch noch nicht unterstützt.

Der Vorteil der Digest-Authentikation liegt darin, dass hierbei im Gegensatz zur Basic-Authentikation das Passwort niemals im Klartext über die Leitung geschickt wird, da ein *Challenge-Response*-Mechanismus verwendet wird. Als Antwort auf die Challenge-Nachricht des Servers schickt ein Client die Prüfsumme (typischerweise MD5) der User-ID, des Passworts, des Zufallswerts aus der Challenge-Nachricht des Servers, der HTTP-Methode und des angeforderten URLs. Der Unterschied der beiden Digest-Module liegt darin, dass `mod_digest` die alten und `mod_auth_digest` die aktuellen Spezifikationen implementiert. Auch überprüft `mod_auth_digest` aus Sicherheitsgründen die vom Client gesandten Daten wesentlich genauer, als `mod_digest` dies macht. In Version 1.3.11 des Apache ist das neue `mod_auth_digest` noch als experimentelles Modul deklariert, allerdings dürfte es in zukünftigen Versionen das alte `mod_digest` ersetzen. Falls Sie also Digest-Authentikation verwenden wollen, sollten Sie auf `mod_auth_digest` zurückgreifen, da nur hier eine Zusammenarbeit mit aktuellen Webbrowsern gewährleistet ist (MSIE 5.0 beispielsweise weigert sich, die Challenge-Nachricht von `mod_digest` zu akzeptieren, was vom Sicherheitsstandpunkt aus betrachtet auch Sinn macht).

Für eine genaue Beschreibung sei hier auf RFC 2617 (*HTTP Authentication: Basic and Digest Access Authentication*). Die alten Spezifikationen sind in RFC 2069 (*An Extension to HTTP: Digest Access Authentication*) zu finden.

Das Modul `mod_digest` stellt nur eine einzige Anweisung, und zwar die nachfolgend erläuterte `AuthDigestFile`-Anweisung, zur Verfügung. Bei `mod_auth_digest` sind noch einige weitere Anweisungen hinzugekommen die ebenfalls im Folgenden betrachtet werden. Am Schluß dieses Kapitels finden Sie ein ausführliches Beispiel für die Verwendung der Digest-Authentikation.

AuthDigestFile

Syntax	`AuthDigestFile` *Dateiname*
Modul	`mod_auth_digest, mod_digest`
Kontext	`<Directory>`, `<Files>`, `<Location>`, `.htaccess`

Mit der Konfigurationsanweisung AuthDigestFile wird nun – analog zu AuthUser-File – eine Textdatei angegeben, die die Daten enthält, die für eine Authentikation benötigt werden. Als Argument wird die Passwortdatei mit absolutem Pfad oder relativ zum ServerRoot-Verzeichnis des Apache angegeben.

Beispiel:

```
AuthDigestFile conf/digestpasswd
```

Am einfachsten lassen sich die Passwortdateien mit dem Programm htdigest erstellen, das sich im bin-Verzeichnis der Apache-Installation befindet und am Schluß dieses Kapitels näher erläutert wird.

AuthDigestGroupFile

Syntax	AuthDigestGroupFile *Dateiname*
Modul	mod_auth_digest
Kontext	<Directory>, <Files>, <Location>, .htaccess

Die AuthDigestGroupFile-Anweisung ist prinzipiell mit AuthGroupFile identisch, mit der ebenfalls die Datei angegeben wird, in der sich die Gruppendefinition der Nutzer befindet. Das Format der Datei ist ebenso identisch. Auf der linken Seite steht der Gruppenname und rechts sind, durch einen Doppelpunkt getrennt, die einzelnen User-Namen aufgeführt:

```
admin: webmaster joe
users: peter paul mary
```

AuthDigestQop

Syntax	AuthDigestQop none AuthDigestQop auth|auth-int [auth|auth-int]
Default	auth
Modul	mod_auth_digest
Kontext	<Directory>, <Files>, <Location>, .htaccess

Das »Qop« im Namen der AuthDigestQop-Anweisung steht für »*Quality-Of-Protection*« und kennzeichnet den zu verwendenden Algorithmus für die Authentikation.

Die Anweisung erlaubt die Angabe von einem oder zwei Argumenten, wobei dies entweder auth oder auth-int sein kann und im Falle des ersten Arguments auch none sein darf. Letzteres kann dann verwendet werden, wenn der Algorithmus der alten, auch in mod_digest verwendeten Digest-Authentikation verwendet werden soll:

```
AuthDigestQop none
```

Allerdings sollte es eigentlich niemals notwendig sein, dies zu verwenden.

Der Default-Wert der Anweisung ist auth, das für die normale Authentikation mittels User-Name und Passwort zuständig ist. Setzt man das Argument jedoch auf auth-int, so wird eine zusätzliche Integritätsüberprüfung der Daten bei der Authentikation durchgeführt. Hierbei wird ein MD5-Hash über die Daten gebildet und entsprechend überprüft.

Webbrowser die den Spezifikationen entsprechen sind in der Lage eine Auswahl zu treffen, welche der beiden Algorithmen sie verwenden wollen sofern sie vom Apache die Wahl gelassen bekommen. Dies ist dann möglich wenn sowohl auth wie auch auth-int als Argumente angegeben wurden. Die Reihenfolge ist hierbei unerheblich.

Beispiel:

```
AuthDigestQop auth auth-int
```

Zum Zeitpunkt der Drucklegung dieses Buches war die auth-int-Variante jedoch nicht implementiert, und wird erst ab Apache 2.0 oder später zur Verfügung stehen.

AuthDigestNonceLifetime

Syntax	AuthDigestNonceLifetime *Zeit*
Default	300
Modul	mod_auth_digest
Kontext	<Directory>, <Files>, <Location>, .htaccess

Wie bereits zuvor erwähnt wurde, wird bei der Digest-Authentikation ein Challenge-Response-Mechanismus verwendet. Die *Challenge* des Servers enthält hierbei unter anderem einen sogenannten *Nonce*-Wert. Der Nonce-Wert enthält in der Regel einen Zeitstempel und weitere Daten, die nur dem Server bekannt sind.

Dieser Nonce-Wert wird immer genau dann generiert, wenn entweder eine 401-Fehlermeldung (*Unauthorized*) erzeugt wurde, d.h. wenn der Client bei seiner Anfrage keine korrekten Authentikationsdaten geliefert hat, oder wenn der Nonce-Wert in weniger als 30 Sekunden abläuft. Im ersten Fall muss der Webclient dann für diesen Nonce-Wert die entsprechenden Authentikationsdaten generieren und kann diese ebenfalls für weitere Anfragen an den Webserver verwenden. Im zweiten Fall wird der neue Nonce-Wert mit der regulären Antwort zurückgesandt, und der Webclient kann diesen dann für die weiteren Anfragen verwenden. Dieser zweite Fall ist eine Optimierung, damit nicht wieder mit einer 401-Fehlermeldung das Ende der Gültigkeitsdauer signalisiert werden muss.

Zum Schutz gegen *Replay*-Attacks (d.h. ein Angreifer verwendet die Authentikationsdaten die bereits vom Client an den Server geschickt wurden, und stellt seinerseits eine Anfrage mit diesen Daten) können Sie einstellen, für welche Zeitdauer ein Nonce-Wert gültig sein soll. Als *Zeit* wird hierbei die Anzahl der Sekunden angegeben, wobei als Default 300 verwendet wird. Wird *Zeit* auf weniger als null gesetzt, bleibt der Nonce-Wert immer gültig. Eine *Zeit* von 0 Sekunden würde bedeuten, dass ein Nonce-Wert nur genau einmal verwendet werden darf; dies ist aber nur unterstützt, falls das Modul mit der *mm*-Bibliothek[1] übersetzt wurde. Die *Zeit* sollte keinesfalls zu niedrig gesetzt werden, damit ein Webclient überhaupt eine Chance bekommt seine Anfrage mit den korrekten Authentikationsdaten zu stellen. Bei Werten von weniger als zehn Sekunden werden Sie teilweise Probleme bekommen, wenn der Webclient nicht schnell genug auf die Antwort des Webservers reagieren kann.

Falls die Sicherheit eine hohe Relevanz besitzt, erscheinen Werte im Bereich von 10 bis 60 Sekunden sinnvoll. Allerdings sollten Sie bedenken, dass bei kleinen Zeiten die Last auf dem Server erhöht wird und zusätzliche Wartezeiten für den Nutzer entstehen können. Denn obwohl der Server frühzeitig einen neuen Nonce-Wert sendet, kommt es vor, dass der Client weitere Anfragen auf der gleichen Verbindung (*Pipelining*) oder auf weiteren Verbindungen schon abgeschickt hat, die noch den alten Nonce-Wert verwenden.

1 `http://www.engelschall.com/sw/mm/`

AuthDigestNonceFormat

Syntax	`AuthDigestNonceFormat ...`
Modul	`mod_auth_digest`
Kontext	`<Directory>, <Files>, <Location>, .htaccess`

Mittels *AuthDigestNonceFormat* kann festgelegt wie der Apache den Nonce-Wert erzeugen soll und welche Komponenten er enthalten soll. Dies kann nützlich sein, wenn ein *Realm* über mehrere verschiedene Server verteilt ist, die ein anderes Format als `mod_auth_digest` verwenden. Zum Zeitpunkt der Drucklegung war diese Anweisung jedoch noch nicht in `mod_auth_digest` implementiert.

Per Default enthalten die vom Digest-Modul generierten Nonce-Werte die aktuelle Zeit, den Realm, den Server-Hostnamen und Port, eine Client-ID und als wichtigste Komponente eine vom Server erzeugte, geheime Zufallszahl. Aus Sicherheitsgründen werden entweder die vom Betriebssystem zur Verfügung gestellen Zufallszahlengeneratoren (`/dev/random` etc.) oder die im Apache enthaltene *truerand*-Bibliothek verwendet. Letztere hat den kleinen Nachteil, dass der Start des Apache um einige Sekunden verzögert wird, da die Generierung der Zufallszahl relativ lange dauert.

AuthDigestNcCheck

Syntax	`AuthDigestNcCheck On|Off`
Default	`Off`
Modul	`mod_auth_digest`
Kontext	`<Directory>, <Files>, <Location>, .htaccess`

Zum Zeitpunkt der Drucklegung dieses Buches wurde die Anweisung `AuthDigestNcCheck` nur dann unterstützt, wenn `mod_auth_digest` mit der *mm*-Bibliothek übersetzt wurde. Wenn das nicht der Fall ist und diese Anweisung auf `On` gesetzt wurde, wird beim Starten des Servers eine Warnung ausgegeben und die Anweisung ignoriert.

Mit dieser Anweisung wird festgelegt, ob der Apache den vom Webclient gesendeten Nonce-Zähler auswerten soll oder nicht. Der Nonce-Zähler gibt an, wie oft der Client schon eine Anfrage für einen bestimmten Nonce-Wert gesendet hat, und muss vom Client bei jeder Anfrage um Eins inkrementiert werden. Dadurch kann verhindert werden, dass eine dritte Person eine Anfrage wiederholt, obwohl sie keine Zugangsberechtigung hat (*Replay*-Attacke). Falls eine solche Attacke festgestellt wird, wird eine Meldung ins Error-Log geschrieben und dem Client eine 401-Fehlermeldung zurückgesandt.

AuthDigestAlgorithm

Syntax	`AuthDigestAlgorithm` *MD5|MD5-sess*
Default	`MD5`
Modul	`mod_auth_digest`
Kontext	`<Directory>`, `<Files>`, `<Location>`, `.htaccess`

Über die Anweisung `AuthDigestAlgorithm` können Sie kontrollieren, welcher Algorithmus für die Berechnung der Hashwerte bei den Authentikationsanfragen bzw. -antworten verwendet werden soll. Im Normalfall ist dies der MD5-Algorithmus.

Die Digest-Spezifikationen sehen eine spezielle Variante des Algorithmus vor (`MD5-sess`). Bei Drucklegung dieses Buches wird diese Variante jedoch nur unterstützt, falls das Modul mit der bereits erwähnten *mm*-Bibliothek übersetzt wurde. Der Zweck dieser Variante ist es eine Serverkonfiguration zu ermöglichen, bei der der Server keinen direkten Zugriff auf die Benutzerdaten (sprich Benutzername und Paßwort) und den abgespeicherten MD5-Hash des Namens, Realms und Passwortes hat. Dies ist vorallem in Zusammenarbeit mit sogenannten Authentikationservern interessant. Die in Apache 1.3.11 verfügbare `MD5-sess`-Implementierung ist jedoch nur zu Testzwecken geeignet. Wenn Sie eine solche Konfiguration auf einem Produktivsystem einsetzen wollen, sollten Sie eine neuere Version von `mod_auth_digest` einsetzen.

AuthDigestDomain

Syntax	`AuthDigestDomain` *URL [URL ...]*
Modul	`mod_auth_digest`
Kontext	`<Directory>`, `<Files>`, `<Location>`, `.htaccess`

Die Anweisung `AuthDigestDomain` hat keinen Default-Wert und muss für jeden URL-Pfad gesetzt werden, unterhalb dessen die Digest-Authentikation verwendet werden soll.

Als Argumente werden ein oder auch mehrere URLs bzw. URL-Pfade angegeben für die jeweils die gleichen Authentikationsdaten gelten. Es können einerseits komplette URLs mit Protokoll und Hostname angegeben werden oder aber auch nur ein URL-Pfad.

Beispiel:

```
AuthDigestDomain /private
AuthDigestDomain /internal  /cgi-bin/data.cgi
AuthDigestDomain /private  http://private.domain.tld
```

Die Angabe verschiedener Digest-Domains sorgt dafür, dass der Webclient schon automatisch beim Zugriff auf zum Beispiel ein anderes Verzeichnis oder ein CGI-Skript direkt die passenden Authentikationsdaten mitschickt. Hierdurch wird vermieden, dass sich ein Nutzer mehrfach mit dem gleichen Namen und Passwort authentisieren muss.

Um es noch einmal zu wiederholen: Die `AuthDigestDomain`-Anweisung muss zwingenderweise angegeben werden, ansonsten funktioniert die ganze Sache nicht.

Verwendung von Digest-Authentikation

Abgesehen von den unterschiedlichen Anweisungen wird die Digest-Authentikation ebenso verwendet wie die normale Basic-Authentikation. Es wird eine Datei mit den User-Namen und zugehörigen Passwörtern benötigt, wobei optional auch mittels `AuthDigestGroupFile` eine Datei mit Gruppendefinition angegeben werden kann.

Wie bereits zuvor erwähnt, kann das `htdigest`-Programm für die Erstellung der Passwortdatei verwendet werden.

Aufruf: `htdigest` [`-c`] *Passwortdatei Realm User-ID*

Abgesehen von der *Realm*-Angabe, ist die Aufrufsyntax identisch mit der des `htpasswd`-Programms. Mit *Realm* wird hier der Wert bezeichnet, der auch in der Konfiguration bei der `AuthName`-Anweisung angegeben wurde.

Beispielaufruf:

```
$ htdigest -c digestpasswd "Admin-Verzeichnis" guru
Adding password for webmaster in realm Admin-Verzeichnis.
New password: ********
Re-type new password: ********
```

Die Passwortdatei hat dann folgendes Aussehen:

```
webmaster:Admin-Verzeichnis:34a5c7808cca3f0bbfe5af89a2e0edca
```

Als *Realm* wurde »`Admin-Verzeichnis`« angegeben, und genau dies muss auch in der Serverkonfiguration als `AuthName` angegeben werden.

Beispiel:

```
<Location /admin>
AuthName "Admin-Verzeichnis"
AuthType Digest
AuthDigestDomain /admin
AuthDigestFile conf/digestpasswd
require user webmaster
</Location>
```

Die Anweisungen `AuthDigestGroupFile`, `AuthDigestQop`, `AuthDigestNonceLifetime`, `AuthDigestNonceFormat` und `AuthDigestNcCheck` sowie `AuthDigestAlgorithm` können je nach Bedarf hinzugefügt werden.

Zu beachten ist unbedingt, dass bei einer Änderung der `AuthName`-Anweisung auch die Passwortdatei angepasst werden muss.

Umstellung von Basic- auf Digest-Authentikation

Um eine bestehende Konfiguration von Basic- auf Digest-Authentikation umzustellen, müssen Sie lediglich die folgenden drei Schritte befolgen:

1. Erstellen Sie eine neue Passwortdatei mit den entsprechenden Benutzernamen, Realm-Angaben und verschlüsselten Passwörtern.
2. Ersetzen Sie die bestehenden Anweisungen wie folgt:

Alte Basic-Anweisung	Neue Digest-Anweisung
`AuthType Basic`	`AuthType Digest`
`AuthUserFile` *Basic-Passwortdatei*	`AuthDigestFile` *Digest-Passwortdatei*
`AuthGroupFile` *Gruppendatei*	`AuthDiegestGroupFile` *Gruppendatei*

3. Fügen Sie eine entsprechende `AuthDigestDomain`-Anweisung hinzu.

Zur Zeit wird der gleichzeitige Einsatz von Digest- und Basic-Authentikation (in der gleichen Domain) von Apache nicht unterstützt.

AuthDigestNonceLifetime und AuthDigestCheck im Vergleich

Beide Anweisungen haben den gleichen Zweck, nämlich den Schutz vor Replay-Attacken. Der Unterschied ist jedoch der Folgende: Der Nonce-Zähler ist eigentlich der bessere Schutz, da dieser vor jedem Replay-Angriff schützt; das *Ablaufdatum* des Nonce-Wertes schützt nur dann, wenn die wiederholte Anfrage erst nach dem Ablaufen des Nonce-Wertes geschieht. Andererseits funtioniert dies nicht, wenn ein Realm mehrere unabhängige Server umspannt, da bei jeder Anfrage der aktuelle Nonce-Zähler allen anderen Servern mitgeteilt werden müsste. Auch kann das Ablaufdatum effizienter implementiert werden, da der Server nicht über jeden Webclient Buch führen muss, denn das Ablaufdatum ist im Nonce-Wert selbst kodiert (Nonce-Werte können aber nicht vom Webclient gefälscht werden, da sie eine Form von Signatur enthalten, den sogenannten *Message-Authentication-Check*, MAC). Um den Nonce-Zähler zu implementieren, muss sich der Server jedoch den aktuellen Zähler für jeden Webclient merken. Da ein Client auf verschiedenen Verbindungen herein kommen und damit von verschiedenen Apache-Prozessen behandelt werden kann, muss diese Information im Shared-Memory angelegt und der Zugriff darauf synchronisiert werden. Dies kann den Server etwas verlangsamen. Außerdem kann dies nur auf Systemen gemacht werden, die Shared-Memory und entsprechende Synchronisationsmechanismen unterstützen, was bei den meisten modernen Betriebssystemen jedoch der Fall ist.

Generierung der Zufallszahl

Wie schon erwähnt wurde, benötigt `mod_auth_digest` eine gute, sprich nicht erratbare, geheime Zufallszahl, um den Nonce-Wert zu signieren und damit fälschungssicher zu machen. `mod_auth_digest` kennt zwei Methoden, um eine solche Zahl zu bekommen: zum einem aus einer Datei oder einem Device oder zum anderen durch die *truerand*-Bibliothek[1]. Die Methode wird beim Übersetzen des Apache mit dem Compiler-Flag `DEV_RANDOM` festgelegt. In der Standardeinstellung schaut `mod_auth_digest` nach ob ein `/dev/random` oder `/dev/urandom` existiert und verwendet dies. Ansonsten wird auf die *truerand*-Bibliothek zurückgegriffen. Falls diese auch nicht vorhanden ist, wird eine entsprechende Meldung während des Konfigurierens ausgegeben.

1 `ftp://research.att.com/dist/mab/librand.shar`

Falls Sie weder /dev/random haben noch die *truerand*-Bibliothek installieren wollen oder können, müssen Sie DEV_RANDOM mit dem Namen einer Datei angeben, die mindestens 20 Byte beinhaltet; die ersten 20 Byte werden dann als die geheime Zahl verwendet. Diese Datei sollte unbedingt so installiert werden, dass sie nur von authorisierten Personen (*root*) gelesen werden kann. Soll ein Realm über mehrere unabhängige Server verteilt werden, so ist dies sogar die einzige Möglichkeit und muss bei DEV_RANDOM entsprechend angegeben werden.

Realms über mehre Webserver verteilen

Der Digest-Authentikationsmechanismus erlaubt es, dass ein Realm mehrere Websites umfaßt und ermöglicht damit eine Konfiguration, bei der die Benutzer nur genau einmal nach Name und Passwort gefragt werden müssen. Bei der Verwendung von Basic-Authentikation hingegen muss der Benutzer seinen Namen und Passwort jedesmal neu eingeben, wenn er zum ersten Mal auf eine neue Website zugreift, auch wenn die Daten ansonsten gleich sind. Welche URLs Teil des gleichen Realms sind, wird mit der Anweisung AuthDigestDomain kontrolliert. Die Liste, die in dieser Anweisung angegeben wird, wird an die Webclients direkt mit der 401-Fehlermeldung ausgeliefert.

Damit eine solche Konfiguration auch wirklich funktioniert, müssen entweder alle Hosts auf dem gleichen Server laufen (also als virtuelle Server konfiguriert sein), oder es müssen die folgenden drei zusätzliche Bedingungen erfüllt werden:

1. Die Server müssen alle Apache-Server sein, da andere Server mit dem vom Apache generierten Nonce-Wert nichts anfangen können und umgekehrt Apache mit den Nonce-Werten von anderen Servern nichts anfangen kann (dies könnte sich in Zukunft vielleicht ändern, falls AuthDigestNonceFormat entsprechend implementiert wird).
2. Alle Server müssen die gleiche geheime Zufallszahl verwenden (damit jeder die Nonce-Werte von den anderen Servern verifizieren kann). Dies wird dadurch erreicht, daß eine geheime, 20 Byte lange Zahl – wie bereits zuvor beschrieben – in einer Datei abgelegt wird und allen Servern zur Verfügung gestellt wird.
3. Auf allen Servern muss AuthDigestNcCheck deaktiviert werden. Ansonsten kann es passieren, dass ein Client eine Anfrage mit dem Nonce-Zähler N an Server A stellt, dann auf Server B insgesamt M weitere Anfragen stellt und den Nonce-Zähler entsprechend inkrementiert. Stellt der Client dann anschließend wieder eine Anfrage auf Server A, so glaubt dieser, eine Replay-Attacke zu sehen, da der übermittelt Nonce-Zähler N+M ist, aber der Server N+1 erwartet hat.

Zum Schluss gibt es noch eine letzte Hürde zu überwinden, denn `mod_auth_digest` bindet in den Nonce-Wert immer auch den `ServerName` und die Portnummer ein. Da zumindest der `ServerName` für die Websites unterschiedlich sein dürfte, muss das Modul noch entsprechend angepasst werden. Ein Patch für Apache 1.3.11 und 1.3.12 ist auf der beigelegten CD-ROM zu finden, allerdings ist davon auszugehen, dass diese Modifikation bei neueren Apache-Versionen nicht mehr notwendig sein sollte.

5.7.10 Das Modul mod_auth_anon

Mit Hilfe von `mod_auth_anon` können Sie eine Zugriffskontrolle ähnlich wie bei einem Anonymous-FTP-Server durchführen, d.h. als Passwort wird eine E-Mail-Adresse benutzt und als Benutzername z. B. `anonymous` oder `guest`.

Da die E-Mail-Adressen mitprotokolliert werden können, lässt sich mit dem Anon-Modul eine Art *User-Tracking* durchführen, d.h. Sie können kontrollieren, wer und wann auf die *geschützten* Daten zugegriffen hat. Auch eine Kombination mit einem *normalen* Authentikationsmodul ist je nach Anwendungsfall denkbar. Zum Beispiel könnten reguläre Nutzer über das Modul `mod_auth` verwaltet werden, wobei durch Deaktivieren von `AuthAuthoritative` fehlgeschlagene Zugriffe an `mod_auth_anon` weitergereicht werden könnten. Dies würde eine Art Gastzugang realisieren.

Bei der `Require`-Anweisung kann in Verbindung mit `mod_auth_anon` nur die Variante

```
require valid-user
```

benutzt werden.

Durch die im Folgenden erklärten Konfigurationsanweisungen können Sie das Verhalten des Moduls an Ihre eigenen Bedürfnisse anpassen.

Anonymous

Syntax	`Anonymous` *User-ID* [*User-ID,...*]
Modul	`mod_auth_anon`
Kontext	`<Directory>`, `<Files>`, `<Location>`, `.htaccess`

Mit der Konfigurationsanweisung `Anonymous` wird die Funktionalität des Moduls `mod_auth_anon` implizit aktiviert, wobei mindestens eine User-ID als Argument angegeben werden muss. Als *User-ID* können nicht nur einfache Wörter, sondern auch komplette Textphrasen angegeben werden, z. B.:

```
Anonymous anonymous guest gast "keine Ahnung" "add me" "me too"
```

Wenn ein Nutzer auf den *geschützen* Bereich zugreifen will, kann er eine beliebige der angegebenen User-IDs verwenden, wobei man ihn am geschicktesten durch eine entsprechende `AuthName`-Anweisung darauf hinweisen sollte, was er einzugeben hat, z. B.:

```
AuthName "guest access with 'guest' and email as password"
```

Anonymous_LogEmail

Syntax	Anonymous_LogEmail on|off
Default	on
Modul	mod_auth_anon
Kontext	<Directory>, <Files>, <Location>, .htaccess

Wie der Name dieser Konfigurationsanweisung vermuten lässt, wird hiermit die Protokollierung der von den Nutzern eingegebenen E-Mail-Adressen ein- oder ausgeschaltet. Ist die Logging-Funktionalität aktiviert, werden die E-Mail-Adressen im Error-Log des Apache mitprotokolliert. Im Logfile finden sich dann Einträge der folgenden Art:

```
Anonymous: Passwd <lars@apache.org> Accepted
```

Durch den Aufruf von

```
grep 'Anonymous.*Accepted' error_log
```

lassen sich diese Einträge leicht aus dem Logfile extrahieren. Allerdings sollten Sie nicht unbedingt darauf vertrauen, dass auch immer eine gültige E-Mail-Adresse angegeben wurde.

Anonymous_VerifyEmail

Syntax	Anonymous_VerifyEmail on|off
Default	off
Modul	mod_auth_anon
Kontext	<Directory>, <Files>, <Location>, .htaccess

Per Default wird nicht überprüft, ob die vom Nutzer eingegebene E-Mail-Adresse syntaktisch korrekt ist, d.h. es kann ein beliebiges Passwort angegeben werden. Durch Angabe von

```
Anonymous_VerifyEmail on
```

wird jedoch das Passwort dahingehend überprüft, ob ein »@« und mindestens ein ».« enthalten ist.

Anonymous_MustGiveEmail

Syntax	Anonymous_MustGiveEmail on|off
Default	off
Modul	mod_auth_anon
Kontext	<Directory>, <Files>, <Location>, .htaccess

Im Gegensatz zur Anweisung Anonymous_VerifyEmail, verhindert die Aktivierung von Anonymous_MustGiveEmail nur, dass ein leeres Passwort angegeben wird.

Anonymous_NoUserID

Syntax	Anonymous_NoUserID on|off
Default	off
Modul	mod_auth_anon
Kontext	<Directory>, <Files>, <Location>, .htaccess

Durch das Aktivieren von Anonymous_NoUserID wird erreicht, dass bei der Authentikation die User-ID weggelassen werden kann. Allerdings unterstützen viele Browser dies gar nicht, da sie eine Anfrage nicht ohne User-ID schicken wollen.

Anonymous_Authoritative

Syntax	`Anonymous_Authoritative on|off`
Default	`on`
Modul	`mod_auth_anon`
Kontext	`<Directory>, <Files>, <Location>, .htaccess`

Mit `Anonymous_Authoritative` wird kontrolliert, ob das Authentikationsmodul eine fehlgeschlagene Anfrage an ein Modul niedrigerer Priorität weiterreichen soll.

Im Kapitel 5.7.5 zur Konfigurationsanweisung `AuthAuthoritative` findet Sie eine ausführliche Erklärung zu diesem Thema.

5.8 Verzeichnisindizes

Wird auf einen URL der Form

```
http://www.domain.tld/verzeichnis/
```

zugegriffen, so liefert der Apache die mittels `DirectoryIndex` spezifizierte Indexdatei (`index.html`) dieses Verzeichnisses zurück. Wird keine Indexdatei im Verzeichnis gefunden, so generiert der Apache eine Auflistung aller im Verzeichnis enthaltenen Dateien und Verzeichnisse und liefert diese zurück.

Ob solche *on-the-fly* erzeugten Indexdateien überhaupt erstellt und ausgegeben werden sollen, lässt sich mit der schon zuvor erklärten Konfigurationsanweisung `Options` kontrollieren. In den meisten Fällen dürfte es eher unerwünscht sein, dass sich ein Nutzer den kompletten Inhalt eines Verzeichnisses ansehen kann. Es empfiehlt sich, diese Funktionalität erst einmal global auszuschalten und nur für bestimmte Verzeichnisse freizugeben.

Beispiel:

```
<Directory />
Options -Indexes
</Directory>
<Location /software>
Options +Indexes
</Location>
```

Sofern keine Dateiindizes generiert werden sollen und keine Indexdatei im Verzeichnis zu finden ist, wird ein Zugriff auf solch ein Verzeichnis mit einer »*Zugriff verweigert*«-Meldung (Statuscode 403 – *Forbidden*) beantwortet.

5.8.1 DirectoryIndex

Syntax	`DirectoryIndex` *URL-Pfad* [*URL-Pfad,...*]
Default	`index.html`
Modul	`mod_dir`
Kontext	Serverkonfiguration, `<VirtualHost>`, `<Directory>`, `<Location>`, `<Files>`, `.htaccess`

Wie schon zuvor angedeutet, lässt sich mit der Anweisung `DirectoryIndex` die Datei spezifizieren, die zurückgeliefert werden soll, wenn bei einer Anfrage auf ein Verzeichnis zugegriffen wird.

Per Default wird `index.html` als Indexdatei benutzt, aber Sie können noch zusätzliche Dateinamen angeben, z. B.:

```
DirectoryIndex index.html index.htm welcome.html home.html
```

Allerdings muss es sich nicht zwingend um eine HTML-Datei handeln, sondern es kann ein beliebiger URL-Pfad angegeben werden. Das heißt, die Datei kann sich in einem anderen Verzeichnis auf dem Server befinden, und es könnte z. B. eine normale Textdatei, ein CGI-Skript oder gar eine Sound-Datei sein.

Beispiel:

```
DirectoryIndex index.html index.txt /cgi-bin/index
```

Bei diesem Beispiel wird das CGI-Script `/cgi-bin/index` ausgeführt, wenn im Verzeichnis keine der Dateien `index.html` oder `index.txt` gefunden wird.

Wenn Sie feste Indexdateien wie z. B. `/default/index.html` angeben, sollten Sie beachten, dass Sie in dieser Indexdatei keine relativen Links verwenden sollten. Diese werden in der Regel nicht funktionieren, weil der Browser respektive Client den richtigen URL dieser Datei nicht kennt.

5.8.2 Ausprägung der Indizes

IndexOptions

Syntax	`IndexOptions` [+|-]*Option* [+|-]*Option* ...
Default	`None`
Modul	`mod_autoindex`
Kontext	Serverkonfiguration, `<VirtualHost>`, `<Directory>`, `<Location>`, `<Files>`, `.htaccess`

Mit `IndexOptions` kann kontrolliert werden, wie die Verzeichnisindizes aussehen und welche Informationen eingebunden werden sollen.

Es gibt insgesamt dreizehn verschiedene Optionen, von denen eine oder mehrere spezifiziert werden können, z. B.:

```
IndexOptions FancyIndexing ScanHTMLTitles IconsAreLinks
```

FancyIndexing

Durch diese Option werden die im Verlauf dieses Kapitels erklärten Konfigurationsanweisungen überhaupt erst nutzbar, da sie keinerlei Auswirkungen haben, wenn `FancyIndexing` nicht aktiviert ist.

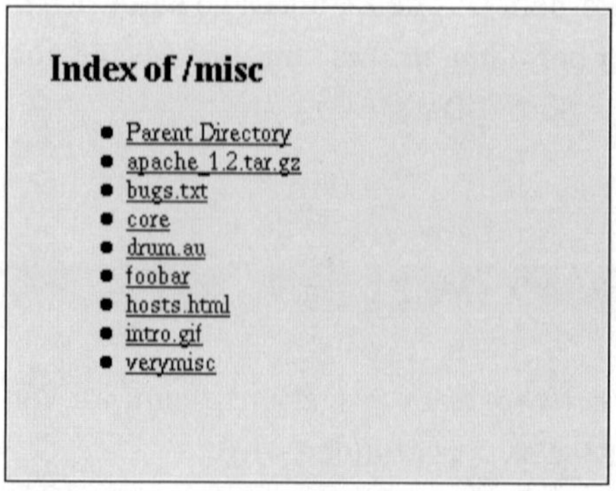

Abb. 5.2: Beispiel für ein Verzeichnis ohne `FancyIndexing`

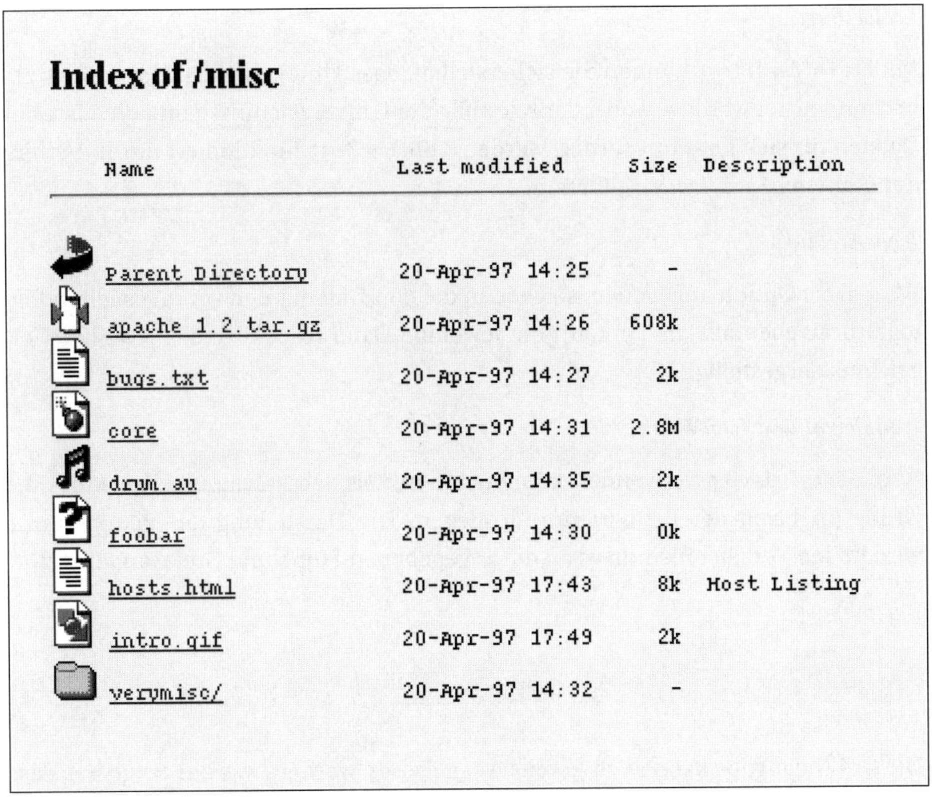

Abb. 5.3: Beispiel für ein Verzeichnis mit `FancyIndexing`

Description Width

Die Option `DescriptionWidth` erwartet, durch ein Gleichheitszeichen getrennt, eine Zahl als Argument. Mit der Zahl wird angegeben, wie lang das *Description*-Feld maximal sein darf, z. B.:

```
IndexOptions DescriptionWidth=23
```

Als Spezialwert kann »*« angegeben werden. Der Stern sorgt dafür, dass immer die komplette Beschreibung zu einer Datei ausgegeben wird.

Name Width

Diese Option entspricht `DescriptionWidth`, allerdings gilt die Angabe nicht für das *Description-*, sondern für das *Name*-Feld, also für den Dateinamen.

FoldersFirst

Mittels `FoldersFirst` können Sie sicherstellen, dass Unterverzeichnisse immer zuerst aufgelistet werden, wobei dann jeweils die Untverzeichnisse und die Liste der Dateien für sich getrennt sortiert werden. `FoldersFirst` funktioniert nur in Verbindung mit der `FancyIndexing`-Option.

IconsAreLinks

Wird diese Option angegeben, so werden die den Dateinamen vorangestellten Piktogramme ebenfalls als Link auf die jeweilige Datei respektive das jeweilige Verzeichnis dargestellt.

IconHeight und IconWidth

Wird `FancyIndexing` verwendet, können Sie mittels `IconHeight` und `IconWidth` die Größe (in Pixel) der Piktogramme festlegen. Die Darstellung der Piktogramme wird in den Verzeichnisindizes an die angegebenen Höhe und Breite angepasst.

Beispiel:

```
IndexOptions IconHeight=22 IconWidth=20
```

Die Größenangabe kann auch jeweils weggelassen werden, was zur Folge hat, dass die Standardgröße der Piktogramme aus der Apache-Distribution verwendet wird.

ScanHTMLTitles

Falls eine HTML-Datei einen Titel besitzt und keinerlei Kurzbeschreibung mittels `AddDescription` gesetzt wurde, wird der Titel in der *Description*-Spalte des Verzeichnisindex aufgeführt, wenn `ScanHTMLTitles` aktiviert ist.

Diese Option ist durchaus nützlich, hat aber den Nachteil, dass sie die Performance ein wenig beinträchtigt, da jede HTML-Datei nach einem Titel durchsucht werden muss.

SuppressLastModified

Ist diese Option aktiviert, wird die Spalte *Last Modified* mit den Angaben für das letzte Änderungsdatum in der `FancyIndexing`-Variante eines Verzeichnisindex unterdrückt.

SuppressSize

Analog zu `SuppressLastModified` wird durch die Angabe der Option `SuppressSize` die Ausgabe der Spalte *Size* unterdrückt.

SuppressDescription

Durch die Angabe dieser Option wird die Ausgabe der Spalte *Description* des Verzeichnisindex unterdrückt.

SuppressColumnSorting

Als neue Funktionalität bietet mod_autoindex sortierbare Verzeichnisindizes, die mittels `SuppressColumnSorting` deaktiviert werden. Per Default ist diese Funktionalität jedoch aktiviert und sorgt dafür, dass sich die Indizes alphabetisch, nach Dateigröße, Kurzbeschreibung oder dem letzten Änderungsdatum sortieren lassen.

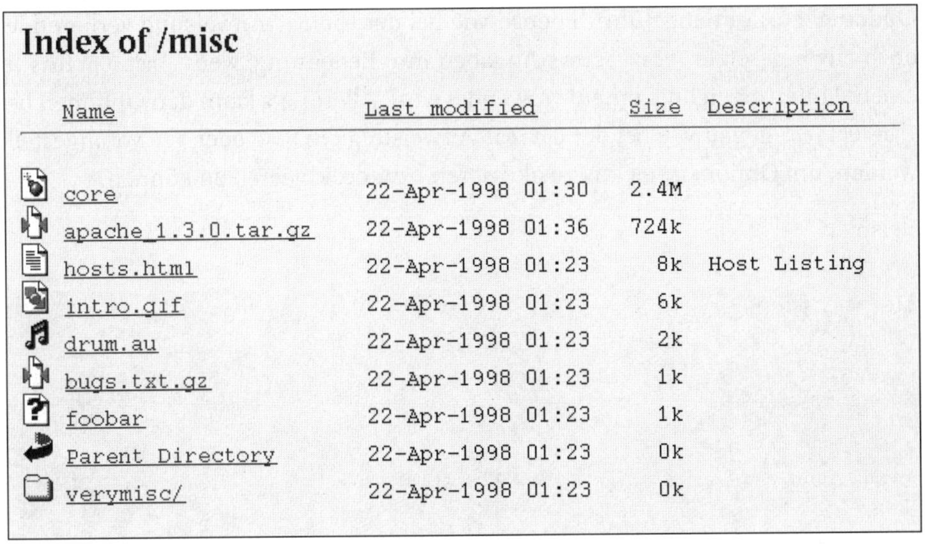

Abb. 5.4: Beispiel für einen nach Dateigröße sortierten Index

Der Apache erkennt bei einer Anfrage am zusätzlichen *Query-String* die gewünschte Sortiervariante, die auch direkt in einem Link angegeben werden kann.

Beispiel:

```
http://www.domain.tld/misc/?S=D
```

Das »`S`« steht hierbei für *Size* und das »`D`« für *descending*, also eine absteigende Sortierreihenfolge. Des Weiteren gilt für die Spalte *Name* entsprechend der Buchstabe »`N`«, bei *Last Modified* ist es »`M`«, und die *Description*-Spalte wird durch »`D`« gekennzeichnet. Das Pendant zu *descending* ist »`A`« (*ascending*) und kennzeichnet eine aufsteigende Sortierreihenfolge.

SuppressHTMLPreamble

In den folgenden Kapiteln werden die Anweisungen `HeaderName` und `ReadmeName` erläutert. Um hierbei die komplette Angabe von HTML-Auszeichnungen im HEAD eines Dokuments und die Anpassung des BODY-Tags zu ermöglichen, muss die Option `SuppressHTMLPreamble` gesetzt werden. Per Default generiert der Apache selbst die entsprechenden HTML-Auszeichnungen.

None

Mit der Option `None` wird die Default-Einstellung ohne *Fancy Indexing* aktiviert.

Wird `IndexOptions` mehrfach für ein einzelnes Verzeichnis angegeben, werden die Optionen zusammengeführt. Ebenso wie bei der `Options`-Anweisung verlieren jedoch zuvor gesetzte `IndexOptions`-Angaben ihre Bedeutung, wenn `IndexOptions` in einem Unterverzeichnis erneut verwendet wird. Allerdings kann den Optionen bei `IndexOptions` genau wie bei der `Options`-Anweisung ein »+« oder »-« vorangestellt werden, um Optionen selektiv zu aktivieren bzw. deaktivieren zu können.

Beispiel:

```
<Location />
IndexOptions FancyIndexing SuppressSize
...
</Location>
<Location /files>
IndexOptions -SuppressSize +FoldersFirst
...
</Location>
```

Im Beispiel ist global `FancyIndexing` und `SuppressSize` gesetzt, wobei im files-Verzeichnis `SuppressSize` deaktiviert und zusätzlich `FoldersFirst` aktiviert ist. Werden die beiden Varianten, d.h. Optionen mit und ohne Vorzeichen, bei einer einzelnen `IndexOptions`-Anweisung gemischt, werden die Optionen mit Vorzeichen ignoriert.

IndexOrderDefault

Syntax	`IndexOrderDefault` *Ascending|Descending Name|Date|Size|Description*
Default	`Ascending Name`
Modul	`mod_autoindex`
Kontext	Serverkonfiguration, `<VirtualHost>`, `<Directory>`, `<Location>`, `<Files>`, `.htaccess`

Wie bereits erläutert, können Verzeichnisindizes durch Auswahl des entsprechenden Links sortiert werden, z. B. nach Dateigröße. Per Default wird aufsteigend nach Name sortiert, wobei dies mittels IndexOrderDefault geändert werden kann.

Sollen beispielsweise per Default alle Verzeichnisindizes absteigend nach Dateigröße sortiert werden, geben Sie Folgendes an:

```
IndexOrderDefault Descending Size
```

In Verbindung mit der Option `SuppressColumnSorting` kann `IndexOrderDefault` genutzt werden, um eine bestimmte Variante fest einzustellen.

IndexIgnore

Syntax	`IndexIgnore` *Dateimuster* [*Dateimuster* ...]
Default	.
Modul	`mod_autoindex`
Kontext	Serverkonfiguration, `<VirtualHost>`, `<Directory>`, `<Location>`, `<Files>`, `.htaccess`

Mit der Konfigurationsanweisung `IndexIgnore` können Sie bestimmte Dateien respektive *Dateimuster* angeben, die nicht im Verzeichnisindex erscheinen sollen.

Als *Dateimuster* können Dateinamen sowie beliebige Dateimuster verwendet werden.

Beispiele:

```
IndexIgnore core *test*
IndexIgnore *.bak *~ *#
```

Gibt man mehr als eine `IndexIgnore`-Anweisung an, so werden die angegebenen Dateien respektive Dateimuster jeweils zu den schon bisher angegebenen hinzugefügt.

Es empfiehlt sich, als allgemein verwendbare Anweisung folgende Angabe zur Serverkonfiguration hinzuzufügen:

```
IndexIgnore .??* *~ *# *.bak *.BAK HEADER* README* RCS core
```

HeaderName

Syntax	`HeaderName` *Dateiname*
Modul	`mod_autoindex`
Kontext	Serverkonfiguration, `<VirtualHost>`, `<Directory>`, `<Location>`, `<Files>`, `.htaccess`

In die vom Apache generierten Verzeichnisindizes lassen sich eigene Text- bzw. HTML-Passagen einbauen. Als Argument bekommt die Konfigurationsanweisung `HeaderName` einen Dateinamen übergeben, der in dem Verzeichnis gesucht wird, auf das jeweils zugegriffen wird.

Einen Default-Wert hat die Anweisung nicht, in der Beispielkonfiguration der Apache-Distribution findet sich jedoch der Eintrag:

```
HeaderName HEADER
```

Bis einschließlich Apache 1.3.6 wird bei einem Zugriff zuerst nach der Datei `HEADER` gesucht und, falls diese nicht gefunden wird, nach der Datei `HEADER.html`. Ab Apache 1.3.6 wird das Argument als URL-Pfad behandelt und muss auf ein Objekt mit einem *text*-MIME-Typ zeigen, z. B. `text/html` oder `text/plain`. Hiermit lassen sich auch CGI-Skripten als Header-Dateien verwenden, und zwar dann, wenn ihr Dateityp mittels `AddType` als `text/html` definiert wurde.

Beispiel:

```
AddType text/html .cgi
```

Der Inhalt der Datei wird direkt nach dem `<BODY>`-Tag des Verzeichnisindex eingebunden, wobei im ersten Fall der Inhalt der Datei in ein `<PRE>`-Tag eingebettet wird. Sofern es sich um eine HTML-Datei handelt und Server-Side Includes für das Verzeichnis aktiviert sind, werden die entsprechenden Anweisungen in der Datei dabei ausgeführt.

Falls `MultiViews` (vergleiche Kapitel 5.14) aktiviert sind, wird auch für die Header-Dateien eine Content Negotiation durchgeführt.

ReadmeName

Syntax	`ReadmeName` *Dateiname*
Modul	`mod_autoindex`
Kontext	Serverkonfiguration, `<VirtualHost>`, `<Directory>`, `<Location>`, `<Files>`, `.htaccess`

Die Anweisung `ReadmeName` ist mit `HeaderName` quasi identisch, allerdings wird hierbei der in der angegebenen Datei enthaltene Text nicht nach dem `<BODY>`-Tag eingebunden, sondern vor dem `</BODY>`-Tag, also am Fuß des Verzeichnisindex.

Zur Verdeutlichung folgt hier der Aufbau eines solchen Verzeichnisindex:

```
<HTML><HEAD>
<TITLE>Index of /Verzeichnisname</TITLE>
</HEAD><BODY>
<!-- Hier würde die HEADER-Datei eingebunden -->
<!-- Hier folgt dann der eigentliche Verzeichnisindex -->
<!-- Und hier befindet sich der Inhalt der README-Datei -->
</BODY></HTML>
```

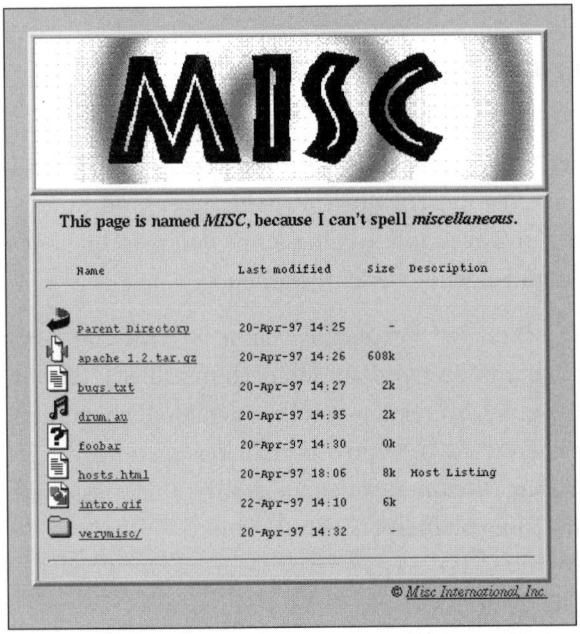

Abb. 5.5: Beispiel für die Nutzung von Header- und Readme-Dateien.

Mit ein bißchen Phantasie lassen sich durch die Header- bzw. Readme-Anweisungen ansprechende Verzeichnisindizes erstellen.

FancyIndexing

Syntax	`FancyIndexing on|off`
Default	`off`
Modul	`mod_autoindex`
Kontext	Serverkonfiguration, `<VirtualHost>`, `<Directory>`, `<Location>`, `<Files>`, `.htaccess`

Die Angabe von

```
FancyIndexing on
```

hat denselben Effekt wie die Angabe der Anweisung:

```
IndexOptions FancyIndexing
```

Die neuere `IndexOptions`-Variante sollte jedoch bevorzugt verwendet werden.

5.8.3 Zuweisen von Piktogrammen, Alt-Texten und Kurzbeschreibungen

Wenn Sie `FancyIndexing` benutzen, können Sie zu bestimmten Dateien und Dateitypen entsprechende Piktogramme definieren, *Alt*-Texte deklarieren und Kurzbeschreibungen zuweisen. Für diesen Zweck gibt es eine Reihe von verschiedenen Konfigurationsanweisungen, die im Folgenden erklärt werden.

Die Apache-Distribution enthält schon ein Verzeichnis namens `icons` mit einer Vielzahl von verschiedenen Piktogrammen (wird automatisch installiert), die verwendet werden können. Das Piktogrammverzeichnis sollte nach Möglichkeit über den URL-Pfad `/icons/` angesprochen werden. Dazu legt man das Verzeichnis einfach an die entsprechende Stelle im Dokumentverzeichnis oder bindet es durch eine `Alias`- oder `RewriteRule`-Anweisung an dieser Stelle ein, z. B.:

```
Alias /icons /usr/local/apache/icons
```

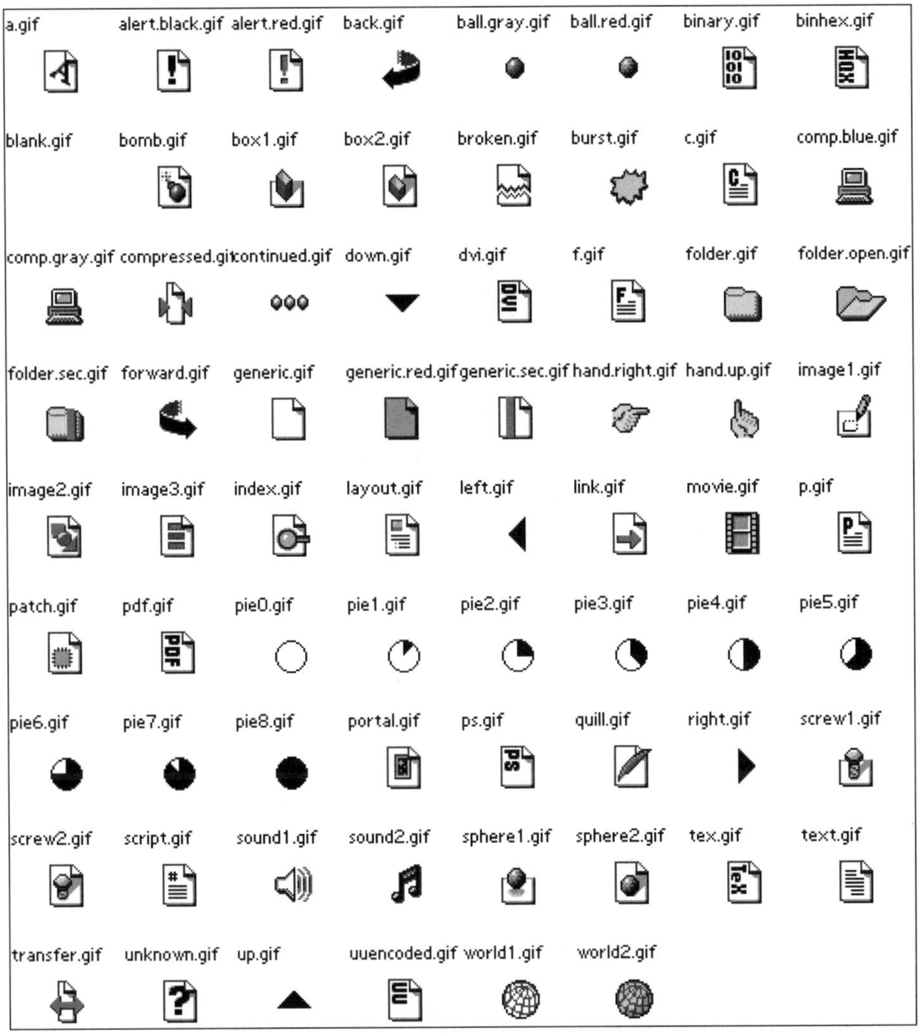

Abb. 5.6: Eine Übersicht über die dem Apache beiliegenden Piktogramme

AddIcon

Syntax	`AddIcon` *Piktogramm-URL-Pfad Dateimuster* [*Dateimuster* ...] `AddIcon` (*Alt-Text*, *Piktogramm-URL-Pfad*) *Dateimuster* [*Dateimuster* ...]
Modul	`mod_autoindex`
Kontext	Serverkonfiguration, `<VirtualHost>`, `<Directory>`, `<Location>`, `<Files>`, `.htaccess`

Welches Piktogramm einer bestimmten Datei vorangestellt werden soll, kann mit der Anweisung `AddIcon` angegeben werden. In der einfachsten Variante werden der URL-Pfad eines Piktogramms und ein oder mehrere Dateimuster übergeben. Das Dateimuster kann hierbei eine Dateiendung sein, ein kompletter Dateiname oder ein mit »*« und »?« aufgebautes Dateimuster.

Beispiel:

```
AddIcon /icons/image.gif .gif .jpg
AddIcon /icons/patch.gif program.patch
AddIcon /icons/burst.gif *test*
```

Beim obigen Beispiel würde jeder Datei mit der Endung `.jpg` oder `.gif` das Piktogramm `/icons/image.gif` zugewiesen, der Datei `programm.patch` das Piktogramm `/icons/patch.gif` und allen Dateien, in deren Namen `test` vorkommt, das Piktogramm `/icons/burst.gif`.

Bei einer Datei mit dem Namen `test.jpg` würde das Piktogramm `image.gif` benutzt, da es vor der Angabe für `*test*` zu finden ist. Der Apache benutzt immer das erste zu einer Datei gefundene Piktogramm.

Wenn bei einem Browser das automatische Laden der Bilder ausgeschaltet ist oder es sich um einen reinen Text-Browser wie z. B. Lynx handelt, sieht der Nutzer die Piktogramme nicht. Für diesen Fall lässt sich bei der `AddIcon`-Anweisung direkt ein sogenannter *Alt*-Text angeben. Angewendet auf obiges Beispiel sieht dies dann so aus:

```
AddIcon (IMG,/icons/image.gif) .gif .jpg
AddIcon (PAT,/icons/patch.gif) program.patch
AddIcon (TST,/icons/burst.gif) *test*
```

In der HTML-Datei eines Verzeichnisindex taucht dann z. B. folgende Zeile auf:

```
<IMG SRC="/icons/burst.gif" ALT="[TST]"> <A HREF="test">test</A>
```

Die eckigen Klammern beim *Alt*-Text fügt der Apache automatisch ein. Er geht davon aus, dass der *Alt*-Text immer aus drei Zeichen besteht, wobei es durchaus möglich ist, auch längere Angaben zu machen.

Als Dateimuster kennt der Apache noch die zwei speziellen Angaben `^^DIRECTORY^^` und `^^BLANKICON^^`. Die erste Angabe spezifiziert ein Verzeichnis beliebigen Namens und die zweite das *leere* Piktogramm, das für die Tabellenüberschrift benutzt wird, damit diese den Verzeichniseinträgen entsprechend korrekt eingerückt ist. Wenn man Piktogramme mit einer anderen Breite benutzt, sollte man für `^^BLANKICON^^` ein entsprechendes *leeres* Piktogramm definieren.

Beispiel:

```
AddIcon /icons/dir.gif ^^DIRECTORY^^
```

Die folgende Auflistung beinhaltet `AddIcon`-Anweisungen die für die meisten Anwendungen ausreichend sein sollten:

```
AddIcon (SRC,/icons/c.gif) .c .h
AddIcon (SCR,/icons/p.gif) .pl .py
AddIcon (FOR,/icons/f.gif) .for
AddIcon (UUE,/icons/uuencoded.gif) .uu
AddIcon (SCR,/icons/script.gif) .conf .config .skel
                                 .cf .mc .in .ksh Makefile
AddIcon (COR,/icons/bomb.gif) core
AddIcon (PAT,/icons/patch.gif) .patch
AddIcon (TXT,/icons/hand.right.gif) README
AddIcon (CGI,/icons/link.gif) .cgi
AddIcon (WRL,/icons/world1.gif) wrl.gz
AddIcon (POS,/icons/ps.gif) ps.gz ps.Z
AddIcon (DVI,/icons/dvi.gif) dvi.gz dvi.Z
AddIcon /icons/back.gif ..
AddIcon /icons/folder.gif ^^DIRECTORY^^
AddIcon /icons/blank.gif ^^BLANKICON^^
```

AddIconByEncoding

Syntax	`AddIconByEncoding` *Piktogramm-URL-Pfad MIME-Kodierung* [*MIME-Kodierung* ...] `AddIconByEncoding` (*Alt-Text*, *Piktogramm-URL-Pfad*) *MIME-Kodierung* [*MIME-Kodierung* ...]
Modul	`mod_autoindex`
Kontext	Serverkonfiguration, `<VirtualHost>`, `<Directory>`, `<Location>`, `<Files>`, `.htaccess`

Abgesehen von einem Dateinamen respektive Dateimuster können Sie ein Piktogramm auch auf Basis der MIME-Kodierung (*Content-Encoding*) zuweisen. Die Syntax der Anweisung `AddIconByEncoding` ist mit der Syntax von `AddIcon` vergleichbar, der Unterschied besteht lediglich im Argument *MIME-Kodierung*, das die jeweilige Kodierung kennzeichnet und mit der Anweisung `AddEncoding` definiert sein muss.

Beispiel:

```
AddIconByEncoding (CMP,/icons/compressed.gif) x-compress x-gzip
```

In diesem Beispiel wird allen Dateien mit der Endung `.gz` das Piktogramm `/icons/compressed.gif` und der *Alt*-Text `CMP` zugewiesen.

AddIconByType

Syntax	`AddIconByType` *Piktogramm-URL-Pfad MIME-Typ* [*MIME-Typ* ...] `AddIconByType (`*Alt-Text*`,`*Piktogramm-URL-Pfad*`)` *MIME-Typ* [*MIME-Typ* ...]
Modul	`mod_autoindex`
Kontext	Serverkonfiguration, `<VirtualHost>`, `<Directory>`, `<Location>`, `<Files>`, `.htaccess`

Die Konfigurationsanweisung `AddIconByType` dient dazu, Piktogramme und *Alt*-Texte auf Basis eines MIME-Typs zuweisen zu können. Die Argumente und Syntax ähnelt wiederum denen der anderen AddIcon-Anweisungen. Als MIME-Typ kann jeder beliebige Typ aus der Datei `mime.types` verwendet werden. Sie ist Bestandteil der Apache-Distribution und befindet sich in der Regel im `conf`-Verzeichnis. Weiterhin können MIME-Typen benutzt werden, die mit `AddType` definiert wurden.

Beispiele:

```
AddIconByType (BIN,/icons/binary.gif) application/octet-stream
AddIconByType (HTM,/icons/layout.gif) text/html
AddIconByType (TEX,/icons/tex.gif) application/x-latex  \
              application/x-tex application/x-texinfo
AddIconByType (ICE,/icons/sound1.gif) x-conference/*
```

AddAlt

Syntax	`AddAlt` *Alt-Text Dateimuster* [*Dateimuster* ...]
Modul	`mod_autoindex`
Kontext	Serverkonfiguration, `<VirtualHost>`, `<Directory>`, `<Location>`, `<Files>`, `.htaccess`

Mit `AddAlt` kann ein *Alt*-Text einer oder mehreren Dateien beziehungsweise einem oder mehreren Dateimustern zugeordnet werden.

Beispiel:

```
AddAlt UUE .uu .uue
AddAlt TST *test*
```

Wie schon erklärt wurde, kann auch mit `AddIcon`, zusätzlich zum Piktogramm, ein *Alt*-Text spezifiziert werden. Diese Variante sollte auch bevorzugt Verwendung finden. Die Anwendung von `AddAlt` ist nur dann nötig, wenn man z. B. auf Basis des MIME-Typs ein Piktogramm definiert hat, jedoch verschiedene *Alt*-Texte für Dateien dieses Typs mit unterschiedlicher Dateiendung vergeben will.

Beispiel:

```
AddAlt WRL .wrl
AddAlt VRM .vrml
AddIconByType (WRL,/icons/world2.gif) x-world/*
```

```
      Name                      Last modified       Size  Description
-----------------------------------------------------------------------------

[DIR] Parent Directory          20-Apr-97 14:25       -
[CMP] apache_1.2.tar.gz         20-Apr-97 14:26     608k
[WRL] level1.vrm                20-Apr-97 23:48      12k
[VRM] test2.vrml                20-Apr-97 23:47       3k
[WRL] shadow.wrl                20-Apr-97 23:38      48k
[CMP] bugs.txt.gz               20-Apr-97 14:27       1k
[SND] drum.au                   20-Apr-97 14:35       2k
[HTM] hosts.html                20-Apr-97 18:06       8k  Host Listing
[IMG] intro.gif                 22-Apr-97 14:10       6k
[DIR] verymisc/                 20-Apr-97 14:32       -
   ------------------------------------------------------------------
```

Abb. 5.7: Darstellung eines Verzeichnisindex mit dem Text-Browser *Lynx*

AddAltByEncoding

Syntax	`AddAltByEncoding` *Alt-Text MIME-Kodierung* [*MIME-Kodierung ...*]
Modul	`mod_autoindex`
Kontext	Serverkonfiguration, `<VirtualHost>`, `<Directory>`, `<Location>`, `<Files>`, `.htaccess`

Auf Basis der MIME-Kodierung kann der *Alt*-Text mit der Konfigurationsanweisung `AddAltByEncoding` definiert werden, die hier der Vollständigkeit halber aufgeführt wird. Sie solltenden *Alt*-Text bevorzugt zusammen mit einem Piktogramm über die Anweisung `AddIconByEncoding` setzen.

Vergleichen Sie die Beschreibung von `AddIconByEncoding` für eine genauere Erklärung.

AddAltByType

Syntax	`AddAltByType` *Alt-Text MIME-Typ* [*MIME-Typ ...*]
Modul	`mod_autoindex`
Kontext	Serverkonfiguration, `<VirtualHost>`, `<Directory>`, `<Location>`, `<Files>`, `.htaccess`

Die Konfigurationsanweisungen `AddAltByType` und `AddIconByType` können beide dazu benutzt werden, einen *Alt*-Text auf Basis eines MIME-Typs zuzuweisen, wobei bei `AddIconByType` auch gleich ein Piktogramm zugewiesen werden kann. Daher sollte diese Anweisung bevorzugt verwendet werden.

Vergleichen Sie die Beschreibung von `AddIconByType` für eine genauere Erklärung.

DefaultIcon

Syntax	`DefaultIcon` *URL-Pfad*
Modul	`mod_autoindex`
Kontext	Serverkonfiguration, `<VirtualHost>`, `<Directory>`, `<Location>`, `<Files>`, `.htaccess`

Da es kaum möglich ist, wirklich allen möglichen Dateitypen ein Piktogramm bzw. einen *Alt*-Text zuzuweisen, wird mit `DefaultIcon` ein Piktogramm spezifiziert, das benutzt wird, wenn kein anderes Piktogramm für die Datei angegeben worden ist. Als *Alt*-Text werden Leerzeichen verwendet.

Beispiel:

```
DefaultIcon /icons/unknown.gif
```

AddDescription

Syntax	`AddDescription` *Zeichenkette Dateimuster* [*Dateimuster* ...]
Modul	`mod_autoindex`
Kontext	Serverkonfiguration, `<VirtualHost>`, `<Directory>`, `<Location>`, `<Files>`, `.htaccess`

Wenn Sie `FancyIndexing` benutzen und `SuppressDescription` nicht aktiviert haben, enthalten die Verzeichnisindizes die Spalte *Description*, die in den meisten Fällen leer ist und allenfalls bei HTML-Dateien den Dokumenttitel enthält.

Mit der Anweisung `AddDescription` lassen sich nun Kurzbeschreibungen bestimmten Dateien zuweisen. Als Argumente übergeben Sie der Anweisung eine *Zeichenkette* und ein oder mehrere *Dateimuster*. Die *Zeichenkette* enthält die Beschreibung und kann per Default aus maximal 24 Zeichen bzw. 48 Zeichen bestehen, wenn `SuppressSize` und `SuppressLastModified` aktiviert sind. Ansonsten kann ab Apache 1.3.10 die Länge über die `DescriptionWidth`-Option der `IndexOptions`-Anweisung kontrolliert werden. Das *Dateimuster* kann ein Dateiname, ein Dateiname mit vorangestelltem URL-Pfad, eine Dateiendung oder ein beliebiges Dateimuster sein.

Beispiele:

```
AddDescription Apache /software/apache_1.3.12.tar.gz
AddDescription "Compressed file" .gz .Z
AddDescription "A fancy picture" fancy.gif
AddDescription "Just a test..." *test*
```

Wenn Sie eine Beschreibung für HTML-Dateien spezifizieren, wird diese Beschreibung verwendet, auch wenn `ScanHTMTitles` aktiviert wurde.

Empfohlene Reihenfolge der Icon- und Alt-Anweisungen

Da der Apache immer das erste passende Piktogramm bzw. den ersten passenden *Alt*-Text zu einer Datei ausgibt, empfiehlt es sich, eine bestimmte Reihenfolge bei den Anweisungen einzuhalten. Je spezieller eine Angabe ist, desto weiter vorn in der Serverkonfiguration sollte sie auftauchen:

1. `AddAlt`
2. `AddAltByEncoding`
3. `AddAltByType`
4. `AddIcon`
5. `AddIconByEncoding`
6. `AddIconByType`
7. `DefaultIcon`
8. `AddDescription`

5.9 Dateitypen und -kodierung

Ein Webserver kann bekanntlich nicht nur HTML-Dateien zur Verfügung stellen, sondern Dateien beliebigen Typs, z. B. Audio- oder Video-Dateien. Ein Webbrowser erkennt am jeweiligen HTTP-Header, um welchen Typ es sich bei den Daten handelt, und kann entsprechend damit umgehen. Bei einer Midi-Datei (z. B. `melody.midi`) würde der HTTP-Header folgenden Eintrag enthalten:

```
Content-Type: audio/midi
```

Ein `Content-Type`-Header wird vom Apache immer generiert. Bei Dateien unbekannten Formats findet der Default-Typ Verwendung.

Eine Datei kann aber auch auf eine bestimmte Weise kodiert sein, wie z. B. Dateien, die mittels `gzip` komprimiert wurden. Solche Dateien haben üblicherweise die Dateiendung `.gz`. Daran erkennt der Apache, dass er den zusätzlichen HTTP-Header `Content-Encoding` generieren soll. Bei solch einer Datei wird also zusätzlich der folgende Header übermittelt:

```
Content-Encoding: x-gzip
```

Der Apache erkennt typischerweise an der Dateiendung, um welchen Typ bzw. um welche Kodierung es sich handelt, aber ebenso kann dies auch auf Basis des Inhalts einer Datei geschehen. Im folgenden werden die einzelnen Konfigurationsanweisungen erklärt, die die Kontrolle über Typ und Kodierung einer Datei erlauben.

5.9.1 TypesConfig

Syntax	`TypesConfig` *Dateiname*
Default	`conf/mime.types`
Modul	`mod_mime`
Kontext	Serverkonfiguration

In den meisten Fällen ordnet der Apache aufgrund der Dateiendung einen entsprechenden MIME-Typ zu, wobei er die Information hierüber aus der Datei erhält, die mit der Anweisung `TypesConfig` spezifiziert ist. Der *Dateiname* wird relativ zum `ServerRoot` angegeben und zeigt per Default auf `conf/mime.types`. Diese Datei ist Bestandteil der Apache-Distribution und enthält pro Zeile einen MIME-Typ, gefolgt von einer oder mehreren Dateiendungen, die zu dem jeweiligen MIME-Typ gehören. Um neue Typen hinzuzufügen, sollten Sie jedoch nicht die `mime.types`-Datei modifizieren, sondern die neuen Typen über die Konfigurationsanweisung `AddType` hinzufügen.

5.9.2 AddType

Syntax	`AddType` *MIME-Typ Dateiendung* [*Dateiendung ...*]
Modul	`mod_mime`
Kontext	Serverkonfiguration

Durch die Konfigurationsanweisung `AddType` können Sie einem MIME-Typ Dateien mit bestimmten Dateiendungen zuweisen. Da grundsätzlich nur Dateiendungen als Argumente erlaubt sind und z.B. keine Dateimuster, muss die *Dateiendung* nicht zwingend mit einem ».« beginnen, was aber durchaus möglich ist.

Beispiele:

```
AddType text/html shtml phtml
AddType x-world/x-vrml vrm
AddType x-test/x-test test1 test2 test3
```

Die `AddType`-Anweisung kann auch dazu verwendet werden, einem bestimmten Dateityp einen Zeichensatz zuzuweisen. Hierzu wird lediglich beim *MIME-Typ*-Argument die zusätzliche `Charset`-Option hinzugefügt.

Beispiel:

```
AddType "text/html; charset=us-ascii" html
```

Für HTML ist als Standard der Zeichensatz ISO-8859-1 definiert. Mit der obigen Anweisung wird der Zeichensatz US-ASCII verwendet. Jedoch wird diese Angabe nicht von jedem Webbrowser beachtet. Vergleichen Sie hierzu auch die Anweisung `AddCharset` und die nachfolgend aufgeführte `AddDefaultCharset`-Anweisung.

5.9.3 AddDefaultCharset

Syntax	`AddDefaultCharset On|Off|`*Zeichensatz*
Default	`Off`
Kontext	Serverkonfiguration, `<VirtualHost>`, `<Directory>`, `<Location>`, `<Files>`, `.htaccess`

Per Default ist `AddDefaultCharset` deaktiviert, d.h. vom Apache werden keine Zeichensatz-Informationen bei einer Antwort ausgeliefert. In den meisten Fällen sollte jedoch aus Sicherheitsgründen immer der Zeichensatz eines Dokuments angegeben werden (vergleiche hierzu die Webseite `http://www.apache.org/info/csssecurity/` zum Thema *Cross Site Scripting*).

In den meisten Fällen ist somit die Angabe

```
AddDefaultCharset On
```

zu empfehlen, die dafür sorgt, dass immer dann, wenn nicht schon ein Zeichensatz definiert ist, der Default-Zeichensatz `ISO-8859-1` ausgegeben wird.

Liegen die meisten Dokumente in einem anderen Zeichensatz vor, kann dieser ebenfalls statt `On` oder `Off` angegeben werden:

```
AddDefaultCharset UTF-7
```

5.9.4 DefaultType

Syntax	`DefaultType` *MIME-Typ*
Default	`text/plain`
Kontext	Serverkonfiguration, `<VirtualHost>`, `<Directory>`, `<Location>`, `<Files>`, `.htaccess`

Da der Apache bei einer Antwort immer einen `Content-Type`-Header angeben muss, muss er bei Dateien, zu denen er keinen MIME-Typ kennt bzw. die keinen MIME-Typ haben, auf einen Default-Typ zurückgreifen. Dieser wird über die Konfigurationsanweisung `DefaultType` festgelegt.

Als Standardeinstellung empfiehlt sich `text/plain`.

```
DefaultType text/plain
```

Hierdurch wird jede Datei, der anderweitig kein Typ zugeordnet werden kann, als Textdatei gekennzeichnet. Browser zeigen Dateien dieses Typs in der Regel direkt im Browserfenster an.

`DefaultType` kann jedoch auch in einer `<Directory>`-, `<Location>`- oder `<Files>`-Anweisung oder einer `.htaccess`-Datei benutzt werden, um einen anderen Default-Typ zu definieren.

Beispiel:

```
<Location /sampler/techno>
DefaultType audio/mpeg
</Location>
```

5.9.5 ForceType

Syntax	`ForceType` *MIME-Typ*
Modul	`mod_mime`
Kontext	`<Directory>`, `<Location>`, `<Files>`, `.htaccess`

Mit der Anweisung `ForceType` lässt sich der MIME-Typ einer Datei gezielt festlegen, auch wenn diese Datei, z. B. aufgrund ihrer Dateiendung, schon einen bestimmten Typ hat. `ForceType` besitzt hier eine höhere Priorität als die Angaben der `mime.types`-Datei oder die Anweisungen `AddType` und `DefaultType`.

Beispiele:

```
<Location /images>
ForceType image/gif
</Location>

<Location /publish/*.txt>
ForceType text/richtext
</Location>
```

Beim ersten Beispiel werden alle Dateien des `images`-Verzeichnisses als GIF-Dateien ausgeliefert, egal ob und welche Dateiendung sie haben. Beim zweiten Beispiel würden alle Dateien mit der Endung `.txt` aus dem `publish`-Verzeichnis mit dem Typ `text/richtext` ausgeliefert, obwohl ansonsten Dateien mit dieser Endung als `text/plain` definiert sind.

5.9.6 AddEncoding

Syntax	`AddEncoding` *MIME-Kodierung Dateiendung* [*Dateiendung,...*]
Modul	`mod_mime`
Kontext	Serverkonfiguration, `<VirtualHost>`, `<Directory>`, `<Location>`, `<Files>`, `.htaccess`

Wie mit `AddType` ein MIME-Typ für bestimmte Dateiendungen gesetzt werden kann, so kann dies für die MIME-Kodierung mit der Konfigurationsanweisung `AddEncoding` geschehen. Die folgenden zwei Anweisungen sollten immer in der Serverkonfiguration definiert werden:

```
AddEncoding x-gzip gz
AddEncoding x-compress Z
```

5.9.7 Das Modul mod_mime_magic

Der Apache liefert, wie jeder andere Webserver auch, Daten an einen Webclient immer mit einer Angabe über den Typ der jeweiligen Daten aus, dem sogenannten `Content-Type`-Header. Wie zuvor beschrieben, dient das MIME-Modul dazu, auf Basis von Dateiendungen zu entscheiden, welchen MIME-Typ eine Datei hat.

Nicht als Ersatz für `mod_mime`, sondern als Erweiterung gedacht, steht `mod_mime_magic` ab Apache 1.3 zur Verfügung. Es basiert auf dem Unix *file*-Befehl und ermittelt den Typ einer Datei nicht anhand einer Dateiendung, sondern auf Basis des Dateiinhalts. Dies ist insbesondere auf Webservern interessant, auf denen viele verschiedene Leute ihre Webseiten ablegen und wo nicht immer gewährleistet werden kann, dass die Nutzer ihren Dateien korrekte oder überhaupt eine Dateiendung geben.

Fast jedes Dateiformat lässt sich anhand von festen Byte-Sequenzen erkennen, die typischerweise als *Magic Cookies* oder *Magic Numbers* bezeichnet werden. Das MIME-Magic-Modul entnimmt diese Informationen zusammen mit dem korrekten MIME-Typ einer externen Datei, die über die `MimeMagicFile`-Anweisung spezifiziert werden kann.

`mod_mime_magic` sollte immer zusammen mit `mod_mime` verwendet werden, d.h. erst wenn `mod_mime` keinen passenden MIME-Typ ermitteln konnte, sollte `mod_mime_magic` in Aktion treten. Damit reduziert man die zusätzliche Belastung des Serverrechners auf ein Minimum.

MimeMagicFile

Syntax	`MimeMagicFile` *Dateiname*
Modul	`mod_mime_magic`
Kontext	Serverkonfiguration, `<VirtualHost>`

Der *Dateiname* kann entweder absolut angegeben werden oder relativ zum `ServerRoot`-Verzeichnis.

Einen Default-Wert hat `MimeMagicFile` nicht, jedoch befindet sich unter den Konfigurationsdateien der Apache-Distribution bereits eine `magic`-Datei, die Angaben zu zahlreichen Dateiformaten enthält und bei Bedarf erweitert werden kann. Die mitgelieferte Datei dürfte jedoch in den meisten Fällen ausreichend sein.

5.10 Handler

Beim Apache ist es möglich, bei jedem Zugriff auf eine Datei mit einer bestimmten Endung oder einer bestimmten Lokation eine definierte Aktion ausführen zu lassen. Damit der Apache nun weiß, auf welchen Dateien welche Aktion ausgeführt werden soll, wird zu diesem Zweck ein sogenannter *Handler* definiert. Ein Handler lässt sich am ehesten mit einem MIME-Typ vergleichen, der ja auch bestimmten Dateien zugeordnet ist.

Der Apache hat bereits einige interne Handler, die durch diverse Module zur Verfügung gestellt werden. Ein Beispiel hierfür ist z. B. das CGI-Modul, das den Handler mit dem Namen `cgi-script` zur Verfügung stellt. Dieser sorgt dafür, dass beispielsweise Dateien mit der Endung `.cgi` als CGI-Skripten interpretiert und somit beim Zugriff ausgeführt werden.

Da es vergleichsweise schwierig ist, ein Apache-Modul zu schreiben, ist es ebenso möglich, ein CGI-Skript als Handler zu benutzen. Über die Konfigurationsanweisung `Action` wird dem CGI-Skript ein Name zugeordnet, der als Name des Handlers fungiert und wie einer der internen Handler benutzt werden kann. Wie in jedem anderen CGI-Skript können auch in einem als Handler definierten CGI-Skript die Standard-CGI-Umgebungsvariablen wie z. B. `QUERY_STRING` verwendet werden. Interessant sind in erster Linie die beiden Variablen `PATH_INFO` und `PATH_TRANSLATED`, da diese den Datei- respektive URL-Pfad der Datei enthalten, für die der Handler aufgerufen wurde.

Durch einen selbst definierten Handler erschließen sich interessante Möglichkeiten. Da eine abgerufene Datei nicht direkt vom Apache ausgeliefert wird, können Sie nach Belieben eigene Funktionen auf dieser Datei ausführen. Die Datei könnte einfach nur modifiziert werden, z. B. indem Informationen hinzugefügt werden. Es könnten Informationen über den Aufruf gespeichert werden, und ebenso wäre eine Implementierung eines eigenen Authentikationsmechanismus denkbar.

Am Ende des Kapitels finden Sie ein ausführliches Beispiel eines selbst erstellten Handlers.

5.10.1 Interne Handler

Wie soeben gesagt, stellen einige der Apache-Module Handler zur Verfügung. Es gibt insgesamt sieben solcher Handler.

cgi-script

Der Handler `cgi-script` wird vom Modul `mod_cgi` zur Verfügung gestellt und sorgt dafür, dass bestimmte Dateien als CGI-Skripten behandelt werden. Durch die Verwendung des Handlers muss man CGI-Skripte nicht zwingend in ein dafür vorgesehenes Verzeichnis (z.B. `cgi-bin`) legen, sondern kann sie in beliebigen Verzeichnissen des Servers ablegen. Weitere Informationen zu CGI, dem Common Gateway Interface, finden Sie in den Kapiteln 5.16 und 8.

imap-file

Über das Modul `mod_imap` wird der Handler `imap-file` zur Verfügung gestellt, der es erlaubt, bestimmte Dateien als *Image-Map*-Konfigurationsdatei zu behandeln. Hierzu finden Sie in den Kapiteln 5.15 und 12 weitere Informationen.

send-as-is

Das Modul `mod_asis` erlaubt es, Dateien *wie-sie-sind* herauszugeben, d.h. die HTTP-Header müssen schon in der Datei enthalten sein. Der entsprechende Handler wird vom Modul unter dem Namen *send-as-is* zur Verfügung gestellt. Weitere Informationen zu `mod_asis` finden Sie in Kapitel 5.19.

server-info

Das Modul `mod_info` hat nur einen Zweck: Es liefert Informationen über die Konfiguration des Servers, wenn der URL abgerufen wird, der dem Handler `server-info` zugewiesen ist. Vergleiche Kapitel 5.21.

server-parsed

Server-Side Includes (`mod_include`) können durch die Benutzung des Handlers `server-parsed` aktiviert werden. In Kapitel 5.17 finden Sie hierzu weitere Informationen.

server-status

Ähnlich wie das Modul mod_info stellt das Modul mod_status Statusinformationen über den Server zur Verfügung. Der entsprechende Handler trägt den Namen server-status. Vergleiche Kapitel 5.21.

type-map

Das Modul mod_negotiation stellt den Handler type-map zur Verfügung. Der Zweck des Handlers ist die Kennzeichnung von Map-Dateien, die für Zwecke der *Content Negotiation* verwendet werden. Genauere Informationen finden Sie in den Kapiteln 5.14 und 11.

isapi-isa

Bei der Win32-Version steht zusätzlich über das Modul mod_isapi der Handler isapi-isa zur Verfügung. Wie der Name schon erahnen lässt, stellt der ISA-Handler auf Windows-Systemen die Unterstützung für die Verwendung von *Internet Server Applikationen* bereit. Das ISAPI-Modul implementiert die *ISAPI-Extensions*, Version 2.0; allerdings werden bis dato keine ISAPI-Filter unterstützt.

Die Aktivierung des Handlers erfolgt in gewohnter Weise via AddHandler oder SetHandler, wobei die Nutzung denselben Restriktionen wie die des CGI-Handlers unterliegt, d.h. durch die ExecCGI-Option der Options-Anweisung kann kontrolliert werden, in welchen Bereichen des Servers *Internet Server Applikationen* verwendet werden können.

default-handler

Der Default-Handler ist immer aktiv und wird zum normalen Ausliefern von statischen Dokumenten beziehungsweise Dateien verwendet. Er kann mit einer der im Folgenden erläuterten Anweisungen gesetzt werden, um beispielsweise in einem Unterverzeichnis den Default-Handler wieder zu aktivieren, wenn vorher einer der anderen Handler für diesen Server-Bereich gesetzt wurde.

5.10.2 AddHandler

Syntax	AddHandler *Name Dateiendung* [*Dateiendung* ...]
Modul	mod_mime
Kontext	Serverkonfiguration, <VirtualHost>, <Directory>, <Location>, <Files>, .htaccess

Die Konfigurationsanweisung AddHandler weist den Dateien mit der angegebenen *Dateiendung* einen Handler zu. *Name* ist hierbei der Name eines internen Handlers oder ein Handler, der zuvor mit Action definiert wurde.

Beispiele:

```
AddHandler cgi-script cgi
AddHandler server-parsed shtml shtm
```

Durch die erste Beispielanweisung werden alle Dateien mit der Dateiendung .cgi als CGI-Skripten betrachtet und entsprechend ausgeführt. Ob sie in einem speziellen CGI-Verzeichnis wie z.B. cgi-bin liegen, ist dabei egal, einzig die Ausführung von CGI-Skripten muss im jeweiligen Verzeichnis durch Options +ExecCGI ermöglicht worden sein.

Beim zweiten Beispiel verhält es sich ähnlich, nur dass es sich hierbei um den Handler server-parsed handelt und diesem die Dateien mit der Endung .shtml und .shtm zugewiesen werden. Sofern die Optionen Includes respektive IncludesNoEXEC für das jeweilige Verzeichnis angegeben wurden, werden die .shtml- bzw. .shtm-Dateien auf SSI-Anweisungen untersucht und diese entsprechend ausgeführt.

Üblicherweise benutzt man AddHandler in der Serverkonfiguration (srm.conf), aber eine Verwendung in einer <Location>-Anweisung oder einer .htaccess-Datei ist ebenso möglich.

5.10.3 RemoveHandler

Syntax	RemoveHandler *Dateiendung* [*Dateiendung* ...]
Modul	mod_mime
Kontext	<Directory>, <Location>, <Files>, .htaccess

Das Gegenstück zu AddHandler ist RemoveHandler, mit dem ein zuvor definierter Handler wieder gelöscht werden kann. Genauer gesagt wird wie bei AddHandler eine Dateiendung angegeben, wodurch ein zuvor mit dieser Dateiendung assoziierter Handler entfernt wird. Dies ist zum Beispiel dann notwendig, wenn in einem Unterverzeichnis nicht der via AddHandler definierte Handler verwendet werden soll. Das heißt, der Ursprungszustand kann wieder hergestellt werden.

Beispiel:

```
AddHandler server-parsed html htm

<Location /test/pages>
RemoveHandler html htm
</Location>
```

Die `AddHandler`-Anweisung wird global in der Serverkonfiguration verwendet. Somit werden generell alle Dateien mit den Endungen `.html` und `.htm` als SSI-Dokumente verarbeitet. – immer unter der Voraussetzung, dass auch für das jeweilige Verzeichnis die `Includes`- oder `IncludesNoEXEC`-Option der `Options`-Anweisung gesetzt ist. Die `RemoveHandler`-Anweisung sorgt nun dafür, dass im und unterhalb des Verzeichnisses `/test/pages` Dateien mit den Endungen `.html` und `.htm` als normale HTML-Dokumente betrachtet werden. Es werden somit generell keine SSI-Anweisungen in diesen Dokumenten ausgeführt.

5.10.4 SetHandler

Syntax	`SetHandler` *Name*
Modul	`mod_mime`
Kontext	`<Directory>`, `<Location>`, `<Files>`, `.htaccess`

`SetHandler` ist prinzipiell mit der Anweisung `AddHandler` identisch. Allerdings erfolgt die Zuweisung nicht über eine Dateiendung, sondern `SetHandler` kann nur innerhalb einer `<Directory>`- oder `<Location>`-Anweisung sowie einer `.htaccess`-Datei stehen und wird dann auf alle Dateien des jeweiligen Verzeichnisses angewendet.

Beispiele:

```
<Location /status>
SetHandler server-status
</Location>

<Directory /usr/local/apache/cgi-bin>
Options +ExecCGI +FollowSymLinks
SetHandler cgi-script
</Directory>
```

SetHandler kann in Verbindung mit RemoveHandler verwendet werden, um Dateien mit einer bestimmten Dateiendung von dem via SetHandler definierten Handler auszunehmen.

5.10.5 Action

Syntax	Action *MIME-Typ CGI-Skript* Action *Handler-Name CGI-Skript*
Modul	mod_actions
Kontext	Serverkonfiguration, <VirtualHost>, <Directory>, <Location>, <Files> .htaccess

Die Konfigurationsanweisung Action kann auf zwei verschiedene Arten benutzt werden. Zum einem kann mit ihr einem MIME-Typ ein CGI-Skript zugewiesen werden, das bei jedem Abruf einer Datei mit diesem Typ ausgeführt wird, oder aber es kann ein Handler deklariert werden.

Die Datei, auf die der Webclient zugreifen will, können Sie im CGI-Skript über die Umgebungsvariablen PATH_INFO und PATH_TRANSLATED herausbekommen.

Beispiel für die Deklaration eines Handlers:

```
Action mein-handler /cgi-bin/meinhandler
```

Sie können dann den Handler mit

```
AddHandler mein-handler xyz
```

oder

```
SetHandler mein-handler
```

benutzen.

5.10.6 Script

Syntax	`Script` *HTTP-Methode CGI-Skript*
Modul	`mod_actions`
Kontext	Serverkonfiguration, `<VirtualHost>`, `<Directory>`, `<Location>`, `<Files>` `.htaccess`

Wurde bei der `Action`-Anweisung ein CGI-Skript deklariert, das als Handler fungiert bzw. bei bestimmten Dateitypen ausgeführt wird, so ist es mit der `Script`-Anweisung möglich, ein CGI-Skript zu definieren, das immer dann ausgeführt wird, wenn beim Zugriff eine bestimmte HTTP-Methode verwendet wird. Als *CGI-Skript* wird der URL-Pfad zum jeweiligen Skript angegeben.

Beispiel:

```
Script PUT /cgi-bin/put.cgi
```

Wie bei `Action` können auch hier die Umgebungsvariablen `PATH_INFO` und `PATH_TRANSLATED` im CGI-Skript ausgewertet werden.

Bis einschließlich Apache 1.3.9 hatte die Anweisung den kleinen Nachteil, dass als *HTTP-Methode* nur die Standardmethoden GET, POST, PUT und DELETE verwendet werden konnten. Ab Apache 1.3.10 kann jedoch eine beliebige Methode verwendet werden, wobei darauf geachtet werden sollte, dass bezüglich Groß-/Kleinschreibung unterschieden wird.

Falls die Methode GET verwendet wird, ist weiterhin zu beachten, dass das definierte CGI-Skript nur dann aufgerufen wird, wenn bei der Anfrage – durch ein »?« getrennt – mindestens ein Argument übergeben wurde.

Beispiel: »`page.html?foobar`«

Dies kann somit für die `<ISINDEX>`-Suche verwendet werden. Dieses HTML-Tag wird aber kaum noch benutzt.

5.10.7 Beispiel eines eigenen Action-Handlers

Es soll ein Handler konfiguriert werden, der dafür sorgt, dass beim Aufruf einer bestimmten Datei aus mehreren GIF-Dateien zufällig eine Datei ausgewählt und zurückgeliefert wird. Das Beispielverzeichnis `/test` soll folgende Dateien enthalten:

```
index.html
image.random
banner1.gif
banner2.gif
banner3.gif
banner4.gif
banner5.gif
```

In die Datei `index.html` soll bei jedem Zugriff eine der GIF-Dateien eingebunden werden, wobei die zufällige Auswahl über den Handler erfolgt, der allen Dateien mit der Dateiendung `.random` zugewiesen wird. Der einzige Zweck der Datei `image.random` ist somit die Aktivierung des Handlers respektive des zugehörigen CGI-Skripts. Das heißt, der Inhalt der Datei hat in diesem Beispiel keinerlei Bedeutung.

Die Serverkonfiguration sieht wie folgt aus:

```
Action random-select /cgi-bin/shadowobjects
AddHandler random-select random
```

Über die `Action`-Anweisung wird der Handler mit dem Namen `random-select` deklariert und dem CGI-Skript `/cgi-bin/shadowobjects` zugeordnet.

Die Datei `index.html` kann nun ein `<IMG>`-Tag enthalten, das die Datei `image.random` einbindet:

```
<IMG SRC="image.random" ALT="">
```

Beim Laden des URL `http://www.domain.tld./test/image.random` wird der Handler `random-select` angesprochen, und das CGI-Skript `/cgi-bin/shadowobjects` wird ausgeführt. Die Umgebungsvariable `PATH_TRANSLATED` enthält in diesem Fall den Dateipfad zur Datei `image.random`. Ein CGI-Skript, das diese Variable entsprechend auswertet und eine der im Verzeichnis enthaltenen GIF-Dateien auswählt und ausgibt, soll hier in Form eines einfach gehaltenen Perl-Skripts wiedergegeben werden (eine kommentierte Version des Skripts befindet sich auf der CD-ROM zum Buch):

```
#!/bin/perl

$MediaType = "image/gif";
$Extension = "gif";
```

```
$|=1;
$filepath = "$ENV{'PATH_TRANSLATED'}";
$filepath =~ s/(\/.*)\/[^\/]+.*$/$1/;
chdir $filepath;
@files = glob "*.$Extension";
srand(time ^ $$);
$num = int(rand(@files));
$outfile = "$filepath/$files[$num]";
print "Content-Type: $MediaType\nCache-Control: no-cache\n\n";
open outfile;
print while <outfile>;
close outfile;
```

5.11 Logfiles

Um einen Überblick über die Funktion und Auslastung des Servers zu bekommen, kann der Apache diverse Logfiles führen. In erster Linie sind hier das Error-Log und das Access-Log zu nennen, das die Zugriffe auf den Webserver protokolliert.

Für Logfiles ist in den meisten Fällen das Modul `mod_log_config` zuständig, das es ermöglicht, über die `CustomLog`-Anweisung verschiedene Logfiles zu führen. Das Aussehen der einzelnen Logfile-Einträge kann durch eine Formatangabe an die eigenen Bedürfnisse angepasst werden.

Insbesondere das Access-Log ist für die meisten Betreiber eines Webservers interessant, da Sie sich so einen Überblick über die Auslastung des Servers verschaffen können.

5.11.1 ErrorLog

Syntax	`ErrorLog` [`|`]*Dateiname* `ErrorLog syslog`[`:`*facility*]
Default	`logs/error_log` `logs/error.log` (*Win32*)
Kontext	Serverkonfiguration, `<VirtualHost>`

Über die Konfigurationsanweisung `ErrorLog` teilen Sie dem Apache mit, in welche Datei er seine Fehlermeldungen und sonstigen Info-Meldungen schreiben soll. *Dateiname* ist hierbei der Name dieser Datei. Er kann entweder relativ zu `ServerRoot` oder mit absolutem Dateipfad angegeben werden.

Wird der Datei das Pipe-Zeichen »|« vorangestellt, wird sie als Programm interpretiert und beim Start des Apache als Prozess gestartet. Der *Dateiname* muss hierbei immer eine absolute Pfadangabe enthalten. Ein Beispiel für ein solches Logging-Programm ist im Kapitel 5.11.5 zur `CustomLog`-Anweisung zu finden.

Sie sollten immer ein Error-Log führen, da Sie in manchen Fällen nur mit ihm eine Fehlfunktion des Apache aufspüren können. Sollte dennoch solch ein Logfile nicht benötigt werden, können Sie es durch die folgende Angabe abstellen:

```
ErrorLog /dev/null
```

Sofern das verwendete Betriebssystem einen Syslog-Daemon unterstützt, können Sie den Apache mit der Anweisung

```
ErrorLog syslog
```

anweisen, diesen zur Protokollierung der Fehlermeldungen zu verwenden. Wird als Argument nichts weiter angegeben, wird die *Syslog-Facility* `local7` für die Logfile-Eintrage verwendet, d.h. ein Eintrag in der Konfigurationsdatei des Syslog-Daemon könnte wie folgt aussehen:

```
local7.*   /var/log/apache/error_log
```

Die Syslog-Facility kann jedoch, getrennt durch einen Doppelpunkt, ebenfalls angegeben werden, z.B.:

```
ErrorLog syslog:daemon
```

Details zur Konfiguration des Syslog-Daemons finden Sie bei Bedarf auf der zugehörigen Manual-Page (`syslogd` bzw. `syslog.conf`).

5.11.2 LogLevel

Syntax	`LogLevel` *Level*
Default	`error`
Kontext	Serverkonfiguration, `<VirtualHost>`

Hat der Apache bisher immer grundsätzlich alle Fehlermeldungen protokolliert, so können Sie ab Version 1.3 mit der LogLevel-Anweisung einstellen, welche Kategorien von Fehlern protokolliert werden sollen.

Als *Level* können Sie `emerg`, `alert`, `crit`, `error`, `warn`, `notice`, `info` oder `debug` verwenden, was den gleichnamigen Kategorieren des Syslog-Daemons entspricht. Wird als Level beispielsweise `warn` angegeben, so werden alle Fehlermeldungen der Kategorien `emerg`, `crit`, `error` und `warn` protokolliert, jedoch keine `notice`-, `info`- oder `debug`-Meldungen.

Die Kategorien `emerg`, `alert` und `crit` verzeichnen Fehlermeldungen, die in fast allen Fällen ein sofortiges Handeln des Administrators erfordern. Insbesondere `emerg` kennzeichnet Fehlersitutationen, die einen Ausfall des Webservice kennzeichnen. Als *Level* sollte somit sinnvollerweise mindestens `crit` angegeben werden.

`error` kennzeichnet wichtige Fehlermeldungen, denen Beachtung geschenkt werden sollte, aber nicht in allen Fällen undingt Beachtung geschenkt werden muss. Beispiele für `error`-Meldungen sind »*File does not exist*«- und »*Permission denied*«-Meldungen.

Warnhinweise, die keine relevanten Probleme kennzeichnen, aber teilweise durchaus wichtig sein können, sind in der Kategorie `warn` zusammengefasst.

Normale, aber signifikante Zustandsmeldungen sind über die Kategorie `notice` zu bekommen. Alle Meldungen in Hinblick auf Start, Stopp und Neustart des Apache gehören beispielsweise zum Level `notice`, jedoch stellen gerade diese eine Ausnahme dar, denn unabhängig vom verwendeten *Level* werden diese Meldungen immer mitprotokolliert.

Die Kategorien `info` und `debug` beinhalten informative Meldungen, die jedoch keine Fehlersituation kennzeichnen und insbesondere im Falle von `debug` lediglich zu Debugging-Zwecken nützlich sind. Die dauerhafte Verwendung von `info` oder `debug` sollte vermieden werden.

Der Default-Level ist mit error angegeben, wobei die Default-Serverkonfiguration des Apache jedoch die Zeile

```
LogLevel warn
```

enthält, was auch durchaus sinnvoll ist. Gegebenenfalls kann der Level jedoch auf error reduziert werden.

5.11.3 LogFormat

Syntax	LogFormat *Zeichenkette* [*Nickname*]
Default	"%h %l %u %t \"%r\" %>s %b" (*Common Log Format*)
Modul	mod_log_config
Kontext	Serverkonfiguration, <VirtualHost>

Mit der LogFormat-Anweisung können Sie bestimmen, welche Werte in dem mit TransferLog spezifizierten Logfile protokolliert werden sollen. Per Default wird das *Common Log Format* (*CLF*) verwendet.

Beispieleintrag:

```
client.domain.tld - - [27/Jul/1997:15:30:07 +0200]
"GET /misc/ HTTP/1.0" 200 5821
```

Im Einzelnen erhalten Sie Angaben über den zugreifenden Rechner, den Account-Namen (sofern IdentityCheck aktiviert ist und die identd-Anfrage einen Wert zurückgeliefert hat), den Zeitpunkt des Zugriffs, die erste Zeile der Client-Anfrage, den HTTP-Status und darüber wie viele Bytes transferiert wurden.

Die *Zeichenkette*, die immer in Hochkommata eingeschlossen ist, hat für das *Common Log Format* folgendes Aussehen:

```
LogFormat "%h %l %u %t \"%r\" %>s %b"
```

Die »%«-Formatanweisungen sind Platzhalter und kennzeichnen jeweils, welcher Wert an dieser Stelle eingefügt werden soll. Die Formatanweisung %h steht beispielsweise für den Hostnamen des zugreifenden Rechners.

Falls der Wert für eine bestimmte Formatanweisung nicht gesetzt ist, z. B. `%l` für die *IDENT*-Angabe, wird an dieser Stelle im Logfile ein »-« eingefügt.

Ab Apache 1.3 ist es möglich dem angebenen Format einen Namen (*Nickname*) zuzuweisen.

Im folgenden Beispiel wird der Format-Angabe, bei der es sich um das *Common Log Format* handelt, der Nickname `common` zugewiesen:

```
LogFormat "%h %l %u %t \"%r\" $>s %b" common
```

Die definierten Nicknames finden bei der `CustomLog`-Anweisung Verwendung, die als zweites Argument statt einer Format-Angabe auch einen solchen Nickname akzeptiert.

Beispiel:

```
CustomLog logs/access_log common
```

In der Default-Konfiguration des Apache sind bereits die Nicknames `common`, `combined`, `referer` und `agent` vordefiniert.

Formatanweisungen

Im Folgenden sind alle Formatanweisungen aufgelistet, die innerhalb der Zeichenkette verwendet werden können. Abgesehen davon kann auch mittels »`\t`« ein Tabulator und mittels »`\n`« ein Zeilenumbruch eingefügt werden.

%a

Die IP-Adresse des zugreifenden Rechners.

%A

Die lokale IP-Adresse, an die die Anfrage gestellt wurde. Sofern IP-basierte virtuelle Server verwendet werden, können Sie mittels `%A` herausbekommen, an welchen Server die Anfrage gestellt wurde.

%b

Die Größe der vom Server ausgelieferten Datei (ohne Header) oder anders ausgedrückt, der Wert des `Content-Length`-Headers der Server-Antwort.

%B

Entspricht `%b`, allerdings wird kein »-«, sondern eine Null im Logfile eingetragen, wenn bei der Antwort keine Daten gesendet wurden.

`%{`*Variable*`}e`

Als *Variable* wird hier eine Umgebungsvariable angegeben. Die Benutzung der Standardumgebungsvariablen des Servers ist allerdings nur in wenigen Fällen möglich, da nur die Variablen protokolliert werden können, die auch dem Log-Modul bekannt sind. Es wird zwischen Groß- und Kleinschreibung beim Namen der Umgebungsvariable unterschieden.

%f

Der Dateiname des abgefragten Dokuments inklusive komplettem Dateipfad.

Beispiel:

```
/usr/local/apache/htdocs/misc/index.html
```

%h

Der Hostname des zugreifenden Rechners. Ist `HostnameLookups` deaktiviert oder existiert kein Hostname für den jeweiligen Rechner, finden Sie hier die IP-Adresse des Rechners. Unter dem zugreifenden Rechner ist hierbei der Rechner zu verstehen, der die Anfrage an den Webserver geschickt hat. In vielen Fällen ist dies nicht der Rechner, auf dem auch der Client läuft, sondern ein Web-Proxy.

%H

Gibt das Protokoll an, das beim Zugriff verwendet wurde. Typischerweise `HTTP/1.0` oder `HTTP/1.1`.

`%{`*Header*`}i`

Mit dieser Anweisung können Sie bestimmte HTTP-Header der Client-Anfrage protokollieren. *Header* ist hierbei der in geschweifte Klammern eingeschlossene Name der Headerzeile, deren Wert protokolliert werden soll.

Ein Client liefert in der Regel einen `User-Agent`-Header, der z.B. für den Webbrowser *Lynx* wie folgt aussieht:

```
User-Agent: Lynx/2.8 libwww-FM/2.14
```

Die Angabe vor dem Doppelpunkt ist hierbei der Name des HTTP-Headers, der als *Header* in der Formatanweisung benutzt werden kann.

Beispiel:

```
%{User-Agent}i
```

%l

Mit `%l` bekommen Sie den sogenannten *Remote Logname*, d.h. das Ergebnis einer *IDENT*-Anfrage an den zugreifenden Rechner. `IdentityCheck` muss aktiviert sein, um bei dieser Formatanweisung Werte zu erhalten. (Vergleichen Sie hierzu die Beschreibung der `IdentityCheck`-Anweisung bezüglich weiterer Informationen zum Thema *IDENT*-Anfragen.)

%m

Die Request-Methode, z.B. GET oder PUT.

%{*Note*}n

Der Apache besitzt intern sogenannte *Notes*, die dazu dienen Informationen zwischen Modulen bzw. dem Apache-Kern auszutauschen. Gibt man als *Note* den Namen einer solchen Notiz an, lässt sich deren Wert protokollieren. Ein Beispiel einer solchen Notiz ist z.B. die von `mod_usertrack` gesetzte Notiz `cookie`, die den vom Server an den Client übermittelten *Cookie* enthält.

Beispiel:

```
%{cookie}n
```

%{*Header*}o

Ebenso, wie die HTTP-Header der Client-Anfragen protokolliert werden können, ist dies auch mit den HTTP-Headern der Server-Antworten möglich.

Beispiele:

```
%{Content-Type}o
%{Last-Modified}o
%{ETag}o
```

%p

Benennt den TCP-Port, an den die Antwort des Servers ausgeliefert wurde.

%P

Die Prozess-ID des Apache-Prozesses, der die Anfrage beantwortet hat.

%q

Der Query-String inklusive dem vorangestellten Fragezeichen.

%r

Die erste Zeile der Client-Anfrage, z.B.:

```
GET /misc/index.html HTTP/1.1
```

%s

Der HTTP-Statuscode, z.B. `200`. Wurde bei einer Client-Anfrage ein interner Redirect ausgelöst, enthält `%s` den Status der Originalanfrage. Benutzen Sie hingegegen `%>s`, so wird der letzte Status eingetragen. In der Regel empfiehlt sich die Verwendung von `%>s`.

%t

Die Zeitangabe im *Common Log Format*:

```
[Tag/Monat/Jahr:Stunden:Minuten:Sekunden Zeitzone]
```

Beispiel:

```
[21/Feb/2000:15:30:18 +0200]
```

Möchten Sie die Zeitangabe in einem anderen Format haben, so können Sie in geschweiften Klammern eine Formatangabe hinzufügen. Diese Formatangabe entspricht dem Format der `strftime(3)`-Funktion.

Beispiel:

```
%{%A, %d. %B %Y %H:%M:%S %Z}t
```

Im Logfile finden Sie dann Eintragungen der folgenden Art:

```
Monday, 21. February 2000 15:30:18 CEST
```

%T

Die Zeit, die vom Server benötigt wurde, um die Client-Anfrage zu bearbeiten.

%u

Bei einer Authentikation wird über `%u` die User-ID zugänglich, die auch gesetzt ist, wenn die Authentikation fehlgeschlagen ist (Statuscode 401).

%U

Der URL-Pfad der Anfrage.

%v

Der Name des virtuellen Servers, der vom Client angesprochen wurde. Es wird immer der konfigurierte Name des virtuellen Servers verwendet, und zwar auch dann, wenn `UseCanonicalName` deaktiviert wurde.

Wenn Sie ein gemeinsames Logfile für alle virtuellen Server nutzen, können Sie über `%v` feststellen, an welchen Webserver die Client-Anfrage gerichtet war.

%V

Über `%V` bekommen Sie, im Gegensatz zu `%v`, den Namen des virtuellen Servers entsprechend der `UseCanonicalName`-Anweisung. Falls die Verwendung von `.htaccess` für Nutzer freigeschaltet ist, sollten Sie hier allerdings aufpassen, denn `UseCanonicalName` kann dann von einem Nutzer umdefiniert werden, was letztlich dazu führt, dass eventuell der falsche Hostname im Logfile protokolliert wird. Als Alternative können Sie `%{Host}i` verwenden, womit immer der im *Host*-Header übermittelte Name verwendet wird. Beachten Sie hierbei allerdings, dass dann gegebenenfalls auch eine Portnummer mitprotokolliert wird.

Bedingte Log-Einträge

Da es manchmal sinnvoll ist, einen Log-Eintrag nur bei bestimmten Anfragen respektive bei Anfragen mit einem bestimmten HTTP-Statuscode aufzunehmen, können Sie bei der Formatangabe angeben, für welche Codes ein Eintrag aufgenommen werden soll.

Die jeweiligen Codes werden bei einer Formatangabe nach dem »%« eingefügt und durch Kommata getrennt. Wird einem Statuscode ein »!« vorangestellt, so ist dies als »*nicht*« anzusehen, und der Wert erscheint nur im Logfile, wenn die Anfrage *nicht* den angegebenen Statuscode hatte.

Wird eine Bedingung nicht erfüllt, so wird ein »-« in den Log-Eintrag eingefügt.

Beispiele:

- `%401u`
  Die User-ID bei einer Authentikation wird nur eingefügt, wenn die Authentikation fehlgeschlagen ist.
- `%!401u`
  Die User-ID bei einer Authentikation wird nur eingefügt, wenn die Authentikation *nicht* fehlgeschlagen ist.
- `%301,303,404{Referer}i`
  Bei den Statuscodes 301 (*Moved Permanently*), 303 (*See Other*) und 404 (*Not Found*) wird der Wert des `Referer`-Headers protokolliert.

Welches Logfile-Format ist sinnvoll?

Mit `LogFormat` lässt sich das Logfile nach Belieben strukturieren. Jedoch sollte man beachten, dass es Auswertungsprogramme für Logfiles gibt, die ein bestimmtes Format voraussetzen. In der Regel ist dies das *Common Log Format*, das einen Quasi-Standard darstellt, aber auch das sogenannte *Combined Log Format* wird von einigen Auswertungstools unterstützt. Dieses Format entspricht dem *Common Log Format*, allerdings werden noch zusätzliche Informationen zum *Referer* und zum *User-Agent* eingebunden.

- *Common Log Format*:
  `LogFormat "%h %l %u %t \"%r\" %>s %b"`
- *Combined Log Format*:
  `LogFormat "%h %l %u %t \"%r\" %>s %b \"%{Referer}i\" \"%{User-Agent}i\""`

Bevorzugt sollte man eines dieser beiden Formate wählen und gegebenenfalls weitere Formatanweisungen am Ende hinzufügen oder mittels `CustomLog` in einem weiteren Logfile unterbringen.

5.11.4 TransferLog

Syntax	`TransferLog [|]`*Dateiname*
Modul	`mod_log_config` (ehemals `mod_log_common`)
Kontext	Serverkonfiguration, `<VirtualHost>`

Über die Anweisung `TransferLog` wird das Zugriffslog spezifiziert, wobei ursprünglich nur das *Common Log Format* unterstützt wurde. Jedoch ist es seit Einführung von `mod_log_config` möglich, das Aussehen der Log-Einträge über die Anweisung `LogFormat` den eigenen Wünschen anzupassen.

Als *Dateiname* wird die Datei angegeben, an welche die Log-Einträge angefügt werden sollen. Sie wird entweder mit einem absoluten Pfad oder relativ zu `ServerRoot` angegeben.

Wird der Datei das Pipe-Zeichen »`|`« vorangestellt, wird sie als Programm interpretiert und beim Start des Apache als Prozess gestartet. Der *Dateiname* muss hierbei immer eine absolute Pfadangabe enthalten.

Der Apache übergibt zur Laufzeit die Log-Einträge auf der Standardeingabe (*stdin*) an das Programm. Ein Beispiel eines solchen Programms finden Sie im folgenden Kapitel zur Anweisung `CustomLog`. Stürzt das Logging-Programm ab, so wird es vom Apache automatisch neu gestartet. Falls das Programm aber generell eine Fehlfunktion zeigt oder nach jedem Start erneut abstürzt, gehen Log-Einträge in der Regel verloren und gegebenfalls wird der Apache durch die Startversuche spürbar beeinträchtigt.

Beispiele:

```
TransferLog logs/access_log
TransferLog |/usr/local/apache/bin/loghandler.sh
```

Die `TransferLog`-Anweisung kann und sollte durch eine `CustomLog`-Anweisung ersetzt werden.

5.11.5 CustomLog

Syntax	`CustomLog [|]`*Dateiname Zeichenkette*|*Nickname* `[env=`*Variable*`]`
Modul	`mod_log_config`
Kontext	Serverkonfiguration, `<VirtualHost>`

Die Konfigurationsanweisung `CustomLog` stellt die Kombination der Anweisungen `TransferLog` und `LogFormat` dar.

Als erstes Argument wird wie bei `TransferLog` ein *Dateiname* angegeben, der entweder die Datei kennzeichnet, an die die Log-Einträge angehängt werden sollen, oder ein Programm, das die Log-Einträge verarbeitet. Als zweites Argument folgt eine *Zeichenkette*, die der *Zeichenkette* der Anweisung `LogFormat` entspricht, oder alternativ ein via `LogFormat` definierter *Nickname*. Wie bereits zuvor erläutert wurde, sind in der Default-Konfiguration des Apache bereits die vier Formate `common`, `combined`, `referer` und `agent` vordefiniert und können verwendet werden.

Die `CustomLog`-Anweisung kann beliebig oft benutzt werden. Dadurch können Sie mehrere unterschiedliche Logfiles führen. Beispielsweise können die Konfigurationsanweisungen `TransferLog`, `RefererLog` und `AgentLog` durch eine `CustomLog`-Anweisung mit entsprechendem Format oder Nickname ersetzt werden:

- TransferLog (im *Common Log Format*):
  ```
  CustomLog logs/access_log »%h %l %u %t \"%r\« %>s %b«
  CustomLog logs/access_log common
  ```
- RefererLog:
  ```
  CustomLog logs/referer_log »%{Referer}i -> %U«
  CustomLog logs/referer_log referer
  ```
- AgentLog:
  ```
  CustomLog logs/agent_log »%{User-Agent}i«
  CustomLog logs/agent_log agent
  ```

Optional kann als drittes Argument eine Variable angegeben werden. Nur wenn die Variable bei einer Anfrage gesetzt ist, wird die Anfrage im Logfile protokolliert. Diese Funktionalität wird als *Conditional Logging* bezeichnet und kann in Verbindung mit einer `SetEnvIf`-Anweisung sehr nützlich sein, um bestimmte Anfragen aus dem Logfile herauszufiltern. Genau wie auch bei der `allow`- und `deny`-Anweisung wird der Variable der Text »`env=`« vorangestellt. Weiterhin kann dem Wert der Variable ein Ausrufezeichen vorangestellt werden, um ihren Wert zu negieren.

Sollen beispielsweise keine Bild-Anfragen im Logfile erscheinen, kann dies auf folgende Weise konfiguriert werden:

```
SetEnvIf Request_URI \.gif$ IsImage
SetEnvIf Request_URI \.jpg$ IsImage
CustomLog logs/access_log combined env=!IsImage
```

Vergleichen Sie auch die Erklärungen zu den Anweisungen `LogFormat` und `TransferLog`.

Beispiel für ein Logging-Programm

An einem einfachen Beispiel soll der Einsatz eines Logging-Programms demonstriert werden, das bei den Anweisungen `CustomLog` oder auch `TransferLog` durch das dem Dateinamen vorangestellte »`|`« kenntlich gemacht wird. Man sollte beim Erstellen solch eines Programms niemals vergessen, dass es unter der User-ID läuft, unter der der Apache gestartet wurde, die in der Regel `root` ist.

Die Logging-Programme werden vom Apache überwacht und bei Bedarf neu gestartet, z.B. wenn ein Programm respektive Skript abgestürzt ist oder es ins Stocken geraten ist und Einträge nicht mehr schnell genug annimmt.

In einem extra Logfile sollen die Zugriffszeit, der URL-Pfad und der `Referer`-Header von Zugriffen protokolliert werden, die fehlgeschlagen sind, also z.B. zu einem »*Not Found*«-Fehler (Statuscode 404) geführt haben. Da nicht immer ein `Referer`-Header mitgeliefert wird, soll der Log-Eintrag über ein Programm bearbeitet werden, das nur Einträge in das Logfile schreibt, die einen Referer-Eintrag enthalten. Das heißt, die Einträge, die nur das Zeichen »`-`« als Referer enthalten, sollen nicht im Logfile erscheinen.

Der Eintrag in der Serverkonfiguration sieht wie folgt aus:

```
CustomLog |/usr/local/apache/bin/reflog  \
          "%t %U %301,303,404{Referer}i"
```

Als `reflog`-Programm könnte z.B. das folgende, minimale Shell-Skript benutzt werden:

```
#!/bin/sh
LOGFILE=/usr/local/apache/logs/badreferer_log
while /bin/true;
```

```
do
  read date zone url referer
  if [ "$referer" != "-" ];
  then
    echo "$date $zone $url $referer" >> $LOGFILE
  fi
done
```

Beim Starten – ein Restart reicht hier nicht aus – wird nun auch obiges Programm gestartet. Es wartet auf Log-Einträge, die vom Apache über STDIN übergeben werden.

Bei jedem an das Programm übergebenen Log-Eintrag wird nun überprüft, ob ein Referer enthalten ist. Dieser Eintrag wird an das Logfile `badreferer_log` angehängt.

Im `bin`-Verzeichnis der Apache-Installation befindet sich zudem das Programm `rotatelogs`, ein einfaches Logging-Programm, das eine automatische Logfile-Rotation durchführt. Das `rotatelogs`-Programm bekommt zwei Parameter, den Namen des Logfiles und ein Zeitintervall in Sekunden.

Beispiel:

```
CustomLog "|/usr/local/apache/bin/rotatelogs  \
          /usr/local/apache/logs/access_log 86400"  \
          combined
```

Beim Start erzeugt das `rotatelogs`-Programm die Datei `access_log.`*Zeit*, wobei *Zeit* hierbei die vierstellige Systemzeit ist. Nach 24 Stunden (86400 Sekunden) wird dann automatisch ein neues Logfile erzeugt. Die *Zeit*-Angabe ist somit immer ein Vielfaches der Startzeit. Weitere Details zu `rotatelogs` können Sie der Manual-Page entnehmen.

Als Alternative zu `rotatelogs` sei hier noch auf die Verwendung von `cronolog` hingewiesen, das auf der beiliegenden CD-ROM zu finden ist. Das `cronolog`-Programm ist um einiges flexibler zu konfigurieren als `rotatelogs`. Mit `cronolog` können Sie genaue Rotationszeiten und nicht nur ein Zeitintervall definieren.

5.11.6 AgentLog

Syntax	`AgentLog [|]`*Dateiname*
Default	`logs/agent_log`
Modul	`mod_log_agent`
Kontext	Serverkonfiguration, `<VirtualHost>`

Die Anweisung `AgentLog` wird vom Modul `mod_log_agent` zur Verfügung gestellt. Sie ist die einzige Anweisung, die dieses Modul bietet.

Sie brauchen dieses Modul jedoch erst gar nicht einzubinden, denn die Funktion kann auch über die folgende `CustomLog`-Anweisung erbracht werden, die vom Modul `mod_log_config` zur Verfügung gestellt wird:

```
CustomLog logs/agent_log "%{User-Agent}i"
```

`AgentLog` ist nur aus Kompatibilitätsgründen zum NCSA-Server noch vorhanden.

5.11.7 RefererLog

Syntax	`RefererLog [|]`*Dateiname*
Default	`logs/referer_log`
Modul	`mod_log_referer`
Kontext	Serverkonfiguration, `<VirtualHost>`

`RefererLog` ist mit `AgentLog` vergleichbar, nur dass hierbei der `Referer`-Header von Client-Anfragen zusammen mit dem URL-Pfad, auf den zugegriffen wurde, protokolliert wird. Ebenso wie `AgentLog` lässt sich auch `RefererLog` durch eine `CustomLog`-Anweisung ersetzen:

```
CustomLog logs/referer_log "%{Referer}i -> %U"
```

Im Gegensatz zu `RefererLog` ist es bei obiger `CustomLog`-Anweisung jedoch so, dass – unnötigerweise – auch Anfragen protokolliert werden, die gar keinen Referer enthalten.

5.11.8 RefererIgnore

Syntax	`RefererIgnore` *Zeichenkette* [*Zeichenkette* ...]
Modul	`mod_log_referer`
Kontext	Serverkonfiguration, `<VirtualHost>`

Mit `RefererIgnore` können Sie Host- bzw. Domainnamen angeben, die bei der Protokollierung ignoriert werden sollen. Typischerweise gibt man hier als *Zeichenkette*, von denen mehrere angegeben werden können, den eigenen Hostnamen oder auch den Domainnamen an.

Beispiele:

```
RefererIgnore domain.tld
RefererIgnore www.domain.tld host.domain.tld
```

Im ersten Fall werden keine Log-Einträge getätigt, wenn sie im `Referer`-Header die Zeichenkette `domain.tld` enthalten. Im zweiten Fall gilt dasselbe für die beiden angegebenen Hostnamen.

Wie schon bei der Erklärung zu `RefererLog` angesprochen wurde, kann die Funktionalität von `mod_log_referer` zum Großteil über das Modul `mod_log_config` abgedeckt werden. Der Effekt von `RefererIgnore` lässt sich über die beschriebene *Conditional Logging*-Funktionalität von `mod_log_config` erreichen. Hier folgt ein Beispiel, bei dem keine Referer protokolliert werden die die Zeichenkette »`.domain.tld`« enthalten.

```
LogFormat "%{Referer}i -> %U" referer
SetEnvIf Referer \.domain\.tld LocalReferral
CustomLog logs/referer_log referer env=!LocalReferral
```

5.11.9 CookieLog

Syntax	`CookieLog` [`|`]*Dateiname*
Modul	`mod_log_config` (ehemals `mod_cookies`)
Kontext	Serverkonfiguration, `<VirtualHost>`

Die Anweisung CookieLog wurde ursprünglich vom Modul mod_cookies, das mittlerweile den Namen mod_usertrack trägt, zur Verfügung gestellt. Aus Kompatibilitätsgründen wird sie auch noch vom Modul mod_log_config angeboten.

In der mit *Dateiname* spezifizierten Datei werden die vom Apache ausgegebenen respektive vom Client übermittelten *Cookies* protokolliert. Weitere Informationen zu Cookies und User-Tracking finden Sie in Kapitel 5.22.

CookieLog kann – und sollte – durch die CustomLog-Anweisung ersetzt werden:

```
CustomLog logs/cookie_log "%{Cookie}n \"%r\" %t"
```

5.11.10 HostNameLookups

Syntax	HostNameLookups on|off|double
Default	off
Kontext	Serverkonfiguration, <VirtualHost>, <Directory>, <Location>, <Files>, .htaccess

Wie der Name HostNameLookups schon vermuten lässt, geht es bei dieser Konfigurationsanweisung um DNS-Lookups. Bei einem Client-Zugriff, kennt der Apache erst einmal nur dessen IP-Adresse, nicht jedoch den zugehörigen Hostnamen.

Wenn HostNameLookups aktiviert ist, führt der Apache bei einem Zugriff einen DNS-Lookup aus, d.h. wenn die IP-Adresse des Clients im zuständigen Nameserver eingetragen ist, wird der zugehörige Hostname ermittelt.

Der Nutzen liegt in erster Linie darin, dass dann der Hostname im Logfile protokolliert werden kann. Zudem wird die Umgebungsvariable REMOTE_HOST auf den ermittelten Namen gesetzt und kann in CGI-Skripten und Server-Side Includes benutzt werden.

Auf Websites mit sehr vielen Zugriffen pro Tag sollten Sie unbedingt auf DNS-Lookups verzichten, da durch die DNS-Lookups sehr viel Zeit bei einem Zugriff verloren geht, denn der Apache führt bei *jedem* Zugriff einen DNS-Lookup durch.

Im bin-Verzeichnis der Apache-Installation finden Sie das Programm logresolve, dass dazu benutzt werden kann, die in einem Logfile enthaltenen IP-Adressen in die zugehörigen Hostnamen umzuwandeln, falls Sie nicht auf die Namen in den

Logfiles verzichten wollen. Demgegenüber gibt es auch diverse Statistik-Programme, wie z. B. *analog*, die ebenfalls selbstständig DNS-Lookups ausführen können.

Wird in CGI-Skripten die Umgebungsvariable `REMOTE_HOST` benötigt, so kann `HostNameLookups` innerhalb einer `<Directory>`-, `<Location>`- oder auch `<Files>`-Anweisung benutzt werden. Dadurch werden DNS-Lookups nur für bestimmte Verzeichnisse oder Dateien aktiviert.

Beispiel:

```
<Location /cgi-bin/script>
HostNameLookups On
</Location>
```

Die Angabe von

```
HostnameLookups double
```

veranlasst den Apache, bei jedem Zugriff einen sogenannten *Double Reverse DNS-Lookup* auszuführen. Hierbei wird die IP-Adresse des zugreifenden Rechners abgefragt und danach durch einen weiteren DNS-Lookup überprüft, ob der erhaltene Hostname auch auf diese IP-Adresse zeigt.

Die Nutzung sollte jedoch auf ein Minimum beschränkt werden, denn die Ausführung der DNS-Lookups wirkt sich sehr negativ auf die Performance des Webservers aus. Sinnvoll sind DNS-Lookups aus Sicherheitsgründen bei `allow`- und `deny`-Anweisungen. Allerdings führt der Apache diese sowieso immer durch, egal ob nun `HostnameLookups` aktiviert oder deaktiviert ist.

5.11.11 IdentityCheck

Syntax	`IdentityCheck on|off`
Default	`off`
Kontext	Serverkonfiguration, `<VirtualHost>`, `<Directory>`, `<Location>`, `<Files>`, `.htaccess`

Mit der Anweisung IdentityCheck können Sie bestimmen, ob der Apache bei Client-Zugriffen einen *IDENT-Lookup*[1] ausführen soll oder nicht.

Ist IdentityCheck aktiviert, wird bei einer Anfrage der *IDENT-Daemon* des Client-Rechners nach dem zur Anfrage gehörenden Account-Namen (*Remote Logname*) gefragt. Das Ergebnis des IDENT-Lookups erscheint einerseits im Logfile (Formatanweisung %l) und kann andererseits in CGI-Skripten und bei Server-Side Includes über die Umgebungsvariable REMOTE_IDENT in Erfahrung gebracht werden.

Sie sollten jetzt jedoch nicht auf die Idee kommen, IdentityCheck global für den Webserver zu aktivieren, um herauszufinden, wer auf den Server zugreift, denn der Einfluss auf die Performance ist enorm, da bei jeder Anfrage erst ein IDENT-Lookup erfolgt. Außerdem ist das Ergebnis eher enttäuschend, denn auf sehr vielen Rechnern ist überhaupt kein IDENT-Daemon installiert, und andererseits ist keineswegs garantiert, dass auch ein verwertbares Ergebnis zurückgeliefert wird. Beispielsweise wird oft nicht der Account-Name, sondern die User-ID (UID) zurückgeliefert, die zwar eindeutig ist, aber von einem Außenstehenden keinem bestimmten Nutzer zugeordnet werden kann. Sofern der Client-Zugriff über einen Proxy stattfindet, ist das Ergbnis eines IDENT-Lookup sowieso unbrauchbar, da man in solch einem Fall höchstens den Logname erhält, unter dem der Proxy-Prozess läuft.

Als Fazit ergibt sich somit, dass man, wenn überhaupt, IdentityCheck nur gezielt über eine <Directory>-, <Location>- oder <Files>-Anweisung aktivieren sollte. Allenfalls in einem Intranet ist IdentityCheck noch sinnvoll einsetzbar.

Zu Zwecken der Authentikation sollte das Ergebnis eines IDENT-Lookup niemals benutzt werden, da der jeweilige Wert leicht gefälscht werden kann.

5.11.12 ScriptLog

Syntax	ScriptLog *Dateiname*
Modul	mod_cgi
Kontext	Serverkonfiguration

Vom Modul mod_cgi zur Verfügung gestellt, kann die Konfigurationsanweisung ScriptLog dazu beitragen, dass Fehler in CGI-Skripten leichter zu finden sind. Als *Dateiname* wird die Datei angegeben, in die die Debug-Informationen geschrieben

1 Identification Protocol; wird in RFC 1413 respektive RFC 931 spezifiziert.

werden sollen, wobei der Name wie üblich relativ zu `ServerRoot` oder mit absolutem Dateipfad angegeben werden kann.

Wer schon selbst CGI-Skripten oder auch nur ein etwas komplexeres CGI-Skript geschrieben hat, weiß, dass es schwierig ist, einen Fehler zu finden, wenn das Skript nicht wunschgemäß funktioniert. Das Problem besteht in erster Linie darin, dass man die Ausgabe bzw. Fehlermeldungen eines CGI-Skripts beim Zugriff nicht zu sehen bekommt, sondern nur die Fehlermeldung des Apache. An dieser Stelle kommt nun `ScriptLog` ins Spiel, denn in dem hiermit angegebenen Logfile wird die Ausgabe von CGI-Skripten protokolliert, die nicht ordnungsgemäß ausgeführt werden konnten.

Die folgenden beiden Zeilen erscheinen dabei immer im Logfile:

```
%% [Datum/Zeit] "erste Zeile der Client-Anfrage"
%% HTTP-Status "Dateiname des CGI-Skripts"
```

Dann erscheinen je nach Art des Fehlers noch die folgenden Einträge:

```
%request
Der Inhalt der Client-Anfrage inklusive aller HTTP-Header.
%response
Alle HTTP-Header, die das CGI-Skript ausgegeben hat.
%stdout
Ausgabe des CGI-Skripts auf STDOUT.
%stderr
Ausgabe des CGI-Skripts auf STDERR.
```

oder

```
%error
Fehlermeldung.
```

Die letzte Variante erscheint zum Beispiel, wenn ein CGI-Skript erst gar nicht ausgeführt werden kann:

```
%% [Tue Feb  2 19:39:67 2000] GET /cgi-bin/test HTTP/1.0
%% 404 /usr/local/apache/cgi-bin/test
%error
script not found or unable to stat
```

In den meisten Fällen werden Sie aber die erste Variante im Logfile finden, z. B. wenn das CGI-Skript die HTTP-Header falsch ausgegeben hat. Die Angaben zu `%stdout` und `%stderr` erscheinen im Logfile nur, wenn das Skript auch Entsprechendes ausgegeben hat.

5.11.13 ScriptLogLength

Syntax	`ScriptLogLength` *Größe*
Default	10385760
Modul	`mod_cgi`
Kontext	Serverkonfiguration

Da bei der Verwendung von CGI-Skripten oftmals große Datenmengen anfallen, insbesondere wenn eine der HTTP-Methoden PUT oder POST benutzt wird, können Sie die Größe des Logfiles mit der Konfigurationsanweisung `ScriptLogLength` beschränken. Die *Größe* wird hierbei in Byte angegeben.

Soll das Logfile beispielsweise auf 2 MB begrenzt werden, so ergibt sich folgende Anweisung:

```
ScriptLogLength 2097152
```

Ist die angegebene Größe des Logfiles erreicht, werden keine weiteren Einträge mehr hinzugefügt. Per Default erreicht das Logfile eine Größe von maximal 10 MB.

5.11.14 ScriptLogBuffer

Syntax	`ScriptLogBuffer` *Größe*
Default	1024
Modul	`mod_cgi`
Kontext	Serverkonfiguration

Wie schon zuvor angedeutet wurde, können insbesondere bei POST- und PUT-Anfragen große Datenmengen anfallen, da der gesamte *Entity-Body* (vergleiche Anhang A) der Anfrage in das Logfile aufgenommen wird. Mit der Anweisung `Script-`

LogBuffer lässt sich eine maximale Größe festlegen, bis zu der die Daten einer Anfrage aufgenommen werden sollen.

Ist die *Größe*, die in Byte angegeben wird, beispielsweise auf 2048 gesetzt, so werden nur die ersten 2048 Byte der Anfrage in das Logfile aufgenommen.

5.11.15 RewriteLog

Syntax	RewriteLog *Dateipfad*
Modul	mod_rewrite
Kontext	Serverkonfiguration, <VirtualHost>

Wenn Sie mod_rewrite verwenden, können Sie die vom Rewrite-Modul ausgeführten Manipulationen in der mit RewriteLog spezifizierten Datei protokollieren. Wie bei den meisten anderen Logfile-Anweisungen auch, kann der Dateiname entweder absolut oder aber relativ zum mit ServerRoot definierten Verzeichnis angegeben werden.

Mit der Konfigurationsanweisung RewriteLogLevel können Sie zudem einstellen, wie detailliert die Daten protokolliert werden sollen.

5.11.16 RewriteLogLevel

Syntax	RewriteLogLevel *Level*
Default	1
Modul	mod_rewrite
Kontext	Serverkonfiguration, <VirtualHost>

Wird als *Level* der Wert 1 angegeben, so werden nur grundlegende Aktionen der *Rewriting Engine* protokolliert. Geht man bis auf einen Level über 8 hinauf, ist der Umfang der protokollierten Daten sehr hoch, und die Größe des Logfile wächst in kurzer Zeit stark an. Für den täglichen Betrieb ist ein hoher Loglevel nicht sinnvoll, da er sich negativ auf die Performance auswirkt. Sinnvoll nutzbar ist ein Level von maximal 1, vielleicht auch 2. Höhere Werte sollten Sie nur kurzzeitig zum Zweck der Fehlerbeseitigung benutzen.

Bei *Level* 0 werden dem Logfile keinerlei Einträge hinzugefügt, und die Log-Funktion wird somit ausgeschaltet. Diese Einstellung sollte im Normalbetrieb eines Webservers nach Möglichkeit verwendet werden.

5.11.17 Gepuffertes Logging

Auf Webservern die pro Tag sehr viele Zugriffe zu verarbeiten haben, ergibt sich häufig das Problem, dass sich das Festplatten-I/O-System in Hinblick auf die Performance zum Flaschenhals entwickelt. Abgesehen vom Lesen bestimmter Dateien wird typischerweise jeder Zugriff mitprotokolliert, was somit eine Vielzahl von Schreibzugriffen zur Folge hat.

Um diesem Problem entgegenzuwirken, unterstützt der Apache (`mod_log_config`) gepufferte Logfiles. Diese Funktionalität können Sie nicht mit einer Konfigurationsanweisung aktivieren, sondern nur beim Übersetzen mit dem Compiler-Flag »`BUFFERED_LOGS`« (vergleiche hierzu Kapitel 4).

Einmal aktiviert, werden durch `mod_log_config` angelegte Logfiles dann nur noch häppchenweise geschrieben. Die Größe des Puffers hängt vom verwendeten System ab und beträgt in der Standardeinstellung 512 Byte. Typischerweise ist der Puffer jedoch 4 kByte groß und bietet, je nach Größe der Log-Einträge, somit Platz für ca. 30 Einträge, die dann mit nur einer Schreiboperation in das Logfile geschrieben werden können.

Die Verwendung von gepufferten Logfiles ist insbesondere beim Schreiben von Logfiles via NFS unbedingt zu empfehlen.

Nicht vergessen sollten Sie zudem, dass auch das Error-Log gepuffert wird, was dazu führt, dass Protokolleinträge nicht sofort im Logfile erscheinen. Wenn ein Problem untersucht werden soll, kann dies zum Teil recht unpraktisch sein. Im Bedarfsfall können Sie den Apache durch einen Neustart zwingen, die Daten aus dem Puffer in das Logfile zu schreiben.

5.12 Aliases und Redirects

Das Modul `mod_alias` war schon in den ersten Versionen des Apache enthalten. Es stellt Konfigurationsanweisungen zur Verfügung, mit denen man Verzeichnisse respektive Dateien einem URL zuweisen kann (`Alias`) oder einen Client beim Zugriff auf einen bestimmten URL auf einen anderen weiterleiten kann (`Redirect`).

Die Flexibilität von mod_alias ist jedoch sehr begrenzt. Zwar können ab Apache 1.3 auch Muster und reguläre Ausdrücke benutzt werden, aber die größtmögliche Flexibilität erreicht das Modul mod_rewrite, das in seinem Kern auf einem Parser für reguläre Ausdrücke basiert.

Alle Anweisungen des Alias-Moduls (und auch des UserDir-Moduls) lassen sich durch Anweisungen des Rewrite-Moduls ersetzen. Weitere Merkmale des Rewrite-Moduls sind *externe Aliases,* d.h. mit dem Apache-Proxy lassen sich Daten eines anderen Servers auf dem lokalen Server einbinden. Dies lässt sich zwar auch mit den Proxy-Anweisungen ProxyPass und ProxyPassReverse realisieren, aber die Variante mit dem Rewrite-Modul ist jedoch um einiges flexibler. Weiterhin lassen sich mit dem Rewrite-Modul fallweise – basierend auf den HTTP-Headern des Zugriffs – URLs umschreiben oder gar sperren und viele weitere Funktionen mehr ausführen.

Auch wenn das Rewrite-Modul auf den ersten Blick kompliziert wirkt, sollten Sie in Erwägung ziehen, das Alias-Modul durch das Rewrite-Modul zu ersetzen, denn auch, wenn Sie zu Beginn die Funktionalität des Rewrite-Moduls vielleicht noch nicht benötigen, kann sich dies jedoch später schnell ändern.

Der Vollständigkeit halber sollen jedoch zuerst die Konfigurationsanweisungen von mod_alias erklärt werden, wobei jeweils eine vergleichbare Anweisung des Rewrite-Moduls angegeben wird.

5.12.1 mod_alias

Alias/AliasMatch

Syntax	Alias *URL-Pfad Dateipfad* AliasMatch *Regular-Expression Dateipfad*
Modul	mod_alias
Kontext	Serverkonfiguration, <VirtualHost>

Mit der Alias-Anweisung können Sie ein Verzeichnis oder eine Datei einem URL zuweisen. Wollen Sie beispielweise Dateien aus einem Verzeichnis, das sich außerhalb des eigentlichen Server-Verzeichnisses befindet, einbinden, so können Sie dies über einen symbolischen Link auf Filesystemebene lösen oder – eleganter – über eine Alias-Anweisung.

Beispiele:

```
Alias /software /usr/home/ftp/pub/software
Alias /test.html /usr/home/test/test3.html
```

Bei einem Zugriff auf den URL `http://www.domain.tld/software/HelloWorld.tar.gz` greift der Apache intern auf die Datei `/usr/home/ftp/pub/HelloWorld.tar.gz` zu und liefert diese zurück.

Der praktische Nutzen der `Alias`-Anweisung ergibt sich in erster Linie, wenn Sie Daten von außerhalb des eigentlichen Dokumentverzeichnisses einbinden wollen. Allerdings ist es ebenso möglich, auf ein Verzeichnis oder eine Datei zu verweisen, die sowieso schon über einen URL abgerufen werden kann, um so eine zweite Sicht auf dieses Verzeichnis oder diese Datei zu erzeugen.

Durch `AliasMatch` besteht weiterhin die Möglichkeit reguläre Ausdrücke verwenden zu können.

Beispiel:

```
AliasMatch ^/(.*)\.html$ /web/$1.php3
```

Die in Klammern gesetzen Bereiche des regulären Ausdrucks können Sie im Zielpfad durch `$1`, `$2`, usw. referenzieren. Vergleichen Sie hierzu die Angaben der `RewriteRule`-Anweisung

Beide oben aufgeführten `Alias`-Beispiele lassen sich auch mit einer Anweisung des Rewrite-Moduls realisieren:

```
RewriteRule ^/software(.*) /usr/home/ftp/pub/software$1
RewriteRule ^/test\.html$ /usr/home/test/test3.html
```

Redirect/RedirectMatch

Syntax	`Redirect` [*Status*] *URL-Pfad URL* `RedirectMatch` [*Status*] *Regular-Expression URL*
Modul	`mod_alias`
Kontext	Serverkonfiguration, `<VirtualHost>`, `<Directory>`, `.htaccess`

Die Konfigurationsanweisung `Redirect` dient dazu, einen Client, der auf einen bestimmten URL zugreift, anzuweisen, statt dessen auf einen anderen URL zuzugreifen. Dies wird als *HTTP-Redirect* bezeichnet und führt dazu, dass der Webserver dem Client in seiner Antwort über einen speziellen HTTP-Header (`Location`) mitteilt, auf welchen URL er zugreifen soll. Nahezu alle Browser führen solche Redirects automatisch, d.h. ohne Interaktion mit dem Nutzer, aus.

Laut HTTP-Spezifikationen darf ein Webclient maximal fünf Redirects in Folge ohne Nutzerinteraktion ausführen, damit keine endlosen Redirect-Zyklen entstehen. Allerdings halten sich nicht alle Webclients daran.

Beispiele:

```
Redirect /old http://www.domain.tld/new
Redirect /~user http://www.otherdomain.tld/~user
```

Beim ersten Beispiel endet ein Zugriff auf `http://www.domain.tld/old/index.html` mit einem Redirect auf `http://www.domain.tld/new/index.html`, d.h. der Client führt nach Erhalt des Redirects einen zweiten Zugriff auf den neuen URL aus.

Als optionales Argument ist noch die Angabe eines HTTP-Statuscodes möglich. Dieser kann entweder als Nummer angegeben werden, z.B.:

```
Redirect 301 /old http://www.domain.tld/new
```

oder aber eine der folgenden vier fest definierten Varianten wird benutzt:

temp

Ein temporärer Redirect (Statuscode 302) wird wie im folgenden Beispiel gekennzeichnet.

Beispiel:

```
Redirect temp /old http://www.domain.tld/new
```

Die Angabe von `temp` ist redundant, da es sich um den Default-Wert handelt.

permanent

Hiermit wird ein permanenter Redirect (Statuscode 301) ausgelöst, d.h. die ursprüngliche Adresse ist als veraltet anzusehen. In vielen Fällen ist die Angabe von `permanent` sinnvoll und sollte deshalb auch benutzt werden.

seeother

Es wird kein Redirect im eigentlichen Sinne ausgeführt, denn wenn ein Browser den Statuscode 303 (*See Other*) erhält, soll er keinen automatischen Redirect ausführen, sondern den Nutzer in geeigneter Weise auf den neuen URL hinweisen.

gone

Bei der Verwendung von `gone` (Statuscode 410) kann kein neuer URL angegeben werden. Denn wie der Name vermuten lässt, wird hiermit lediglich gekennzeichnet, dass der URL, auf den zugegriffen wurde, veraltet ist und es keinen neuen URL für die gewünschte Information gibt, bzw. dass keiner bekannt ist.

In den meisten Fällen reichen die vier genannten Statusangaben aus. Falls Sie jedoch einen nummerischen Wert angeben, müssen Sie beachten, dass der verwendete Statuscode dem Apache bekannt sein muss.

Ebenso wie `AliasMatch` gibt es auch die `RedirectMatch`-Variante, bei der statt eines URL-Pfades ein regulärer Ausdruck angegeben wird.

Beispiel:

```
RedirectMatch permanent ^/(.*)\.tar\.gz$ /software/$1.tar.gz
```

Bei der Verwendung des Rewrite-Moduls ergeben sich für die zuvor genannten `Redirect`-Beispiele die folgenden `RewriteRule`-Anweisungen:

```
RewriteRule ^/old(.*) /new$1 [R]
RewriteRule ^/~user(.*) http://www.otherdomain.tld/~user$1 [R]
```

Das letzte Argument kennzeichnet die Art der `RewriteRule`, wobei `[R]` hier für Redirect steht. Wie bei der `Redirect`-Anweisung wird per Default der Statuscode 302 benutzt. Die Angabe von beliebigen Statuscodes ist jedoch auch bei `RewriteRule` möglich. Wollen Sie einen permanenten Redirect ausführen, so benutzen Sie folgende Anweisung:

```
RewriteRule ^/old(.*) /new$1 [R=301]
```

Weitere Informationen finden Sie in den Beschreibungen der `RewriteRule`-Anweisung.

RedirectTemp

Syntax	`RedirectTemp` *URL-Pfad URL*
Modul	`mod_alias`
Kontext	Serverkonfiguration, `<VirtualHost>`, `<Directory>`, `<Location>`, `.htaccess`

Die Anweisung `RedirectTemp` entspricht exakt der Anweisung

```
Redirect temp
```

(temporärer Redirect, Statuscode 302) und ist nur aus Kompatibilitätsgründen zum NCSA-HTTPD im Alias-Modul enthalten.

RedirectPermanent

Syntax	`RedirectPermanent` *URL-Pfad URL*
Modul	`mod_alias`
Kontext	Serverkonfiguration, `<VirtualHost>`, `<Directory>`, `<Location>`, `.htaccess`

Ebenso wie `RedirectTemp` ist die Anweisung `RedirectPermanent` nur aus Kompatibilitätsgründen zum NCSA-Server enthalten. Sie ist mit der folgenden Anweisung identisch:

```
Redirect permanent
```

ScriptAlias/ScriptAliasMatch

Syntax	`ScriptAlias` *URL-Pfad Verzeichnispfad* `ScriptAliasMatch` *Regular-Expression Verzeichnispfad*
Modul	`mod_alias`
Kontext	Serverkonfiguration, `<VirtualHost>`, `<Directory>`, `<Location>`, `.htaccess`

Über `ScriptAlias` wird ein Verzeichnis angegeben, das ausschließlich CGI-Skripten enthält. Bei einem Zugriff auf eine Datei innerhalb dieses Verzeichnisses (typischerweise hat dieses den Namen `cgi-bin`) wird die Datei als CGI-Skript angesehen und ausgeführt, sofern es die Dateirechte zulassen.

Beispiel:

```
ScriptAlias /cgi-bin/ /usr/local/apache/cgi-bin/
```

Bei Verwendung von `ScriptAliasMatch` wird als erstes Argument ein regulärer Ausdruck erwartet, zum Beispiel:

```
ScriptAliasMatch ^/~([^/]+)/cgi-bin/(.*) /home/$1/cgi-bin/$2
```

Zur Definition eines CGI-Skript-Verzeichnisses kann ebenfalls die Konfigurationsanweisung `SetHandler` eingesetzt werden.

Beispiel:

```
<Location /cgi-bin>
Options +ExecCGI -Includes
SetHandler cgi-script
</Location>
```

`ScriptAlias` kann auch durch eine `RewriteRule`-Anweisung ersetzt werden:

```
RewriteRule ^/cgi-bin/(.*)$ /usr/local/apache/cgi-bin/$1 [T=application/x-
httpd-cgi]
```

Sie sollten jedoch auf jeden Fall die Variante unter Verwendung von `SetHandler` bevorzugen.

5.12.2 mod_rewrite

RewriteEngine

Syntax	`RewriteEngine On|Off`
Default	`Off`
Modul	`mod_rewrite`
Kontext	Serverkonfiguration, `<VirtualHost>`, `<Directory>`, `<Location>`, `<Files>`, `.htaccess`

Um das Modul mod_rewrite respektive dessen Konfigurationsanweisungen zu aktivieren, muss in der Serverkonfiguration die Anweisung

```
RewriteEngine On
```

erscheinen. Im Bedarfsfall lässt sich die Rewriting Engine komplett mit der Anweisung

```
RewriteEngine Off
```

ausschalten. Dann werden keine Anweisungen des Rewrite-Moduls mehr beachtet bzw. ausgeführt.

Wenn Sie die Rewriting Engine in der Serverkonfiguration aktivieren, so werden jedoch nur Rewrite-Anweisungen in der Serverkonfiguration selbst beachtet, nicht aber in <Directory>-Anweisungen oder in .htaccess-Dateien. Wenn Sie Rewrite-Anweisungen benutzen wollen, müssen Sie jeweils explizit RewriteEngine einschalten. Die Benutzung von Rewrite-Anweisungen in .htaccess-Dateien setzt weiter voraus, dass für das jeweilige Verzeichnis eine der Optionen FollowSymLinks oder SymLinksIfOwnerMatch eingeschaltet wurde.

RewriteOptions

Syntax	RewriteOptions *Option* [*Option* ...]
Default	(*Keine*)
Modul	mod_rewrite
Kontext	Serverkonfiguration, <VirtualHost>, <Directory>, <Location>, <Files>, .htaccess

Für die Rewriting Engine können Sie mit RewriteOptions spezielle Optionen setzen. derzeit existiert jedoch nur eine Option mit dem Namen inherit.

Anwendung findet die Angabe von

```
RewriteOptions inherit
```

entweder in einer <VirtualHost>-Sektion oder in einer .htaccess-Datei. Im ersten Fall sorgt sie dafür, dass die RewriteRule-, RewriteCond- und RewriteMap-Angaben des

Hauptservers übernommen werden. Im anderen Fall werden die entsprechenden Angaben der `.htaccess`-Datei des übergeordneten Verzeichnisses übernommen.

Vor dem Einsatz der `inherit`-Option sollte genau geprüft werden, ob sich die übergeordnete Rewrite-Konfiguration nicht mit der eigentlichen Konfiguration überschneidet, z.B. wenn es Verzeichnisse mit demselben Namen, aber unterschiedlichem Inhalt gibt.

RewriteLog

Syntax	`RewriteLog` *Dateipfad*
Modul	`mod_rewrite`
Kontext	Serverkonfiguration, `<VirtualHost>`

Zu Protokollzwecken bzw. zum Zwecke der Fehlerbeseitigung kann ein Logfile mit den Aktionen der Rewriting Engine geführt werden. Eine Erklärung der Anweisung finden Sie in Kapitel 5.11.

RewriteLogLevel

Syntax	`RewriteLogLevel` *Level*
Default	1
Modul	`mod_rewrite`
Kontext	Serverkonfiguration, `<VirtualHost>`

Wie ausführlich die Logfile-Einträge ausfallen sollen, wird via `RewriteLogLevel` festgelegt. Eine Erklärung der Anweisung findet sich in Kapitel 5.11.

RewriteBase

Syntax	`RewriteBase` *Basis-URL*
Default	(*Der jeweils physikalische Verzeichnispfad*)
Modul	`mod_rewrite`
Kontext	.htaccess

Mit `RewriteBase` wird explizit der Basis-URL für die weiteren URL-Manipulationen gesetzt. Verwendung findet die Anweisung in `.htaccess`-Dateien.

Zur Verdeutlichung hier ein Anwendungsbeispiel:

Der `DocumentRoot`-Pfad ist definiert als `/usr/local/apache/htdocs`, wobei das Verzeichnis `/usr/local/apache/htdocs/pub/software` einerseits unter dem URL-Pfad `/pub/software` wie auch unter `/software` auf dem Webserver eingebunden ist (d.h. hierfür existiert schon eine `Alias`- respektive `RewriteRule`-Angabe). In diesem Verzeichnis befindet sich nun eine `.htaccess`-Datei mit folgenden Angaben:

```
RewriteEngine On
RewriteBase /software
RewriteRule ^apache-current\.tar\.gz$ apache_1.3.12.tar.gz [R]
```

Ein Zugriff auf den URL `http://www.domain.tld/software/apache current.tar.gz` führt somit dazu, dass ein Redirect auf die den URL http://ww.domain.tld/`software/apache_1.3.12.tar.gz` zurückgeliefert wird. Würde `RewriteBase` weggelassen, so würde hier `/pub/software` verwendet werden.

Wie auch im zuvor gegebenen Beispiel entspricht auf einem Webserver oftmals die nach Außen hin sichtbare URL-Struktur nicht der physikalischen Verzeichnisstruktur. In solch einem Fall ist die Verwendung von `RewriteBase` notwendig. Es ist generell ratsam, in einer `.htaccess`-Datei, in der Rewrite-Anweisungen verwendet werden, immer eine `RewriteBase`-Anweisung anzugeben, damit korrekt vom physikalischen Verzeichnis auf den URL geschlossen werden kann.

RewriteRule

Syntax	`RewriteRule` *Muster Substitutions-URL* `[`*Flag*`,` *Flag*`,` ...`]`
Modul	`mod_rewrite`
Kontext	Serverkonfiguration, `<VirtualHost>`, `<Directory>`, `<Location>`, `<Files>`, `.htaccess`

Die gewünschten URL-Manipulationen werden über `RewriteRule`, die zentrale Konfigurationsanweisung des Rewrite-Moduls, definiert.

Muster ist das erste Argument. Es enthält einen regulären Ausdruck (*POSIX regular expression*) eines URL-Pfades. Bei einem Zugriff auf den Apache wird der URL-Pfad der Anfrage mit dem Muster einer `RewriteRule`-Anweisung verglichen und bei einem passenden Muster durch den im zweiten Argument von `RewriteRule` angegebenen *Substitutions-URL* ersetzt. Beim Substitutions-URL handelt es sich entweder um einen absoluten URL, einen URL-Pfad oder um einen Verzeichnis- respektive Dateipfad. Allerdings ist es nicht immer zwingend der Original-URL-Pfad der Zugriffs, der bei einem Vergleich mit dem Muster benutzt wird, da beliebig viele `RewriteRule`-Angaben gemacht werden können, die der Reihe nach ausgewertet werden. Es wird somit immer der *aktuelle* URL-Pfad benutzt, d.h. entweder der URL-Pfad der Originalanfrage oder aber das Ergebnis einer zuvor ausgeführten `RewriteRule`-Anweisung.

Auf den ersten Blick sehen `RewriteRule`-Anweisungen kompliziert aus – insbesondere dann, wenn man sich nicht oder nur wenig mit regulären Ausdrücken auskennt. Die grundlegende Syntax von regulären Ausdrücken ist in Anhang F erklärt.

Ein einfaches Beispiel:

```
RewriteRule ^/old(.*)$ /new$1 [R]
RewriteRule ^/new/test\.html$ http://www.otherdomain.tld/test/ [R]
```

Wird auf den URL `http://www.domain.tld/old/index.html` zugegriffen, löst dies einen Redirect auf den neuen URL `http://www.domain.tld/new/index.html` aus. Die darauf folgende `RewriteRule`-Anweisung greift nur, wenn auf `http://www.domain.tld/old/test.html` oder auf `http://www.domain.tld/new/test.html` zugegriffen wird, wobei ein externer Redirect auf `http://www.otherdomain.tld/test/` ausgelöst wird.

Im ersten Beispiel wird `$1` im Substitutions-URL als Referenz zu dem in Klammern eingeschlossenen Teil des Musters `(.*)` verwendet. Sie können beliebige solcher Gruppen angeben und der Reihe nach als `$1`, `$2` usw. im Substitutions-URL referenzieren. In der `mod_rewrite`-Dokumentation wird dies als *Back-Reference* bezeichnet. In einer `RewriteRule`-Anweisung lassen sich ebenfalls Referenzen für definierte Bereiche einer `RewriteCond`-Anweisung verwenden, und zwar in der Form `%1`, `%2` usw. Die genauen Zusammenhänge und die Funktionsweise werden im Kapitel 5.12.28, »Back-References« zusammenfassend erläutert.

Da es relativ aufwendig ist, ein logisches »*Nicht*«, z.B. alle Dateinamen bis auf einen, in einem regulären Ausdruck zu realisieren, gibt es bei `RewriteRule` die Möglichkeit, dem Ausdruck ein Ausrufezeichen »`!`« voranzustellen und so eine Verneinung zu kennzeichnen.

Beispiel:

```
RewriteRule !^/test\.html$ /index.html [R]
```

Hiermit wird für alle Dateien, *außer* für test.html, ein Redirect auf index.html ausgelöst.

Wenn Sie negierte Ausdrücke benutzen, müssen Sie beachten, dass es dann nicht möglich ist, Gruppierungen (ein in Klammern eingeschlossener Teil eines regulären Ausdrucks) anzugeben und im Substitutions-URL zu referenzieren. Der Grund ist leicht ersichtlich, denn wenn der Ausdruck nicht passt, hat eine angegebene Gruppe auch keinen Inhalt und kann somit nicht verwendet werden.

Gruppen lassen sich äußerst vielseitig einsetzen, zur Verdeutlichung folgt hier ein etwas komplexeres Beispiel:

```
RewriteRule ^/([^/]+)\.([^/]+)\:([^/]+)$ \
  /cgi-bin/db-lookup?vorname=$1\&nachname=$2\&kundennummer=$3
```

Würde auf den URL http://www.domain.tld/john.doe:4711 zugegriffen, so wird Apache-intern auf den URL /cgi-bin/db-lookup?vorname=john&nachname=doe&kundennummer=4711 zugegriffen. Nicht passen würde der Ausdruck auf http://www.domain.tld/test/joe.user:123 oder http://www.domain.tld/test.html.

Abgesehen von einfachen URLs als Substitutions-URL und der Verwendung von Gruppenreferenzen (z. B. »$1«) können auch Servervariablen und sogenannte *Maps* (siehe Erklärungen zu RewriteMap) verwendet werden.

Die Syntax bei der Verwendung von Servervariablen ist identisch mit der Syntax der Anweisung RewriteCond, die im nächsten Kapitel erklärt wird.

Hier ein Beispiel für die Verwendung einer Servervariablen im Substitutions-URL:

```
RewriteRule ^/data$ /usr/data/%{REMOTE_USER}
```

Sofern der URL http://www.domain.tld/data über einen Authentikationsmechanismus geschützt ist, enthält die Variable REMOTE_USER die eingegebene User-ID. Wird beispielsweise joe als User-ID angegeben, so würde beim Zugriff auf http://www.domain.tld/data der Inhalt der Datei /usr/data/joe zurückgeliefert.

Abgesehen von den bisher beschriebenen Möglichkeiten, können Sie als speziellen Substitutions-URL »-« angeben, wodurch *keine* Substitution erfolgt.

```
RewriteRule ^/test\.html - [forbidden]
```

Auch wenn dies auf den ersten Blick unsinnig erscheint, lässt sich dieser spezielle Substitutions-URL vielseitig einsetzen, beispielsweise, wenn man eine Substitution auf Basis von mehreren regulären Ausdrücken ausführen will, man URLs aber nicht manipulieren, sondern wie im obigen Beispiel sperren will. Verdeutlicht wird die Anwendung in einigen der folgenden Beispiele.

RewriteRule-Flags

Als letztes Argument einer `RewriteRule`-Anweisung ist die Angabe eines speziellen Flags möglich, d.h. Sie können den Typ respektive die Funktion einer `RewriteRule`-Angabe spezifizieren. Lassen Sie das in eckige Klammern zu setzende Flag weg, so wird in den meisten Fällen der URL nur intern umgeschrieben. Geben Sie als Substitutions-URL jedoch einen externen URL an, der auf einen anderen Webserver zeigt, so wird automatisch ein Redirect ausgelöst.

redirect, R

Die Angabe von `[R]` respektive `[redirect]` führt zu einem temporären Redirect (Statuscode 302), d.h. einem Client wird die neue Lokation des gewünschten Objekts übermittelt.

Beispiel:

```
RewriteRule ^/~(.*)$ /homepages/$1 [R]
```

Ein Zugriff auf `http://www.domain.tld/~joe/` würde auf den URL `http://www.domain.tld/homepages/joe/` weitergeleitet.

Per Default wird immer ein temporärer Redirect ausgelöst. In sehr vielen Fällen ist jedoch ein permanenter Redirect (Statuscode 301) sinnvoller (z.B. bei obigem Beispiel). Durch Angabe des gewünschten Statuscodes können Sie dies wie folgt erreichen:

```
RewriteRule ^/~(.*)$ /homepages/$1 [R=301]
```

Prinzipiell können beliebige Statuscodes im Bereich von 300 bis 400 angegeben werden, allerdings sollte man darauf achten, dass man auch einen gültigen Code verwendet, d.h. er muss dem Apache bekannt sein (vergleiche Anhang A bezüglich möglicher Statuscodes). Abgesehen von einer Nummer, kann auch einer der Statusnamen `temp`, `permanent` oder `seeother` benutzt werden.

Beispiel:

```
RewriteRule ^/test/(.*)$  \
            http://www.otherdomain.tld/$1 [R=seeother]
```

forbidden, F

Wenn Sie das F-Flag benutzen, können Sie URLs sperren, d.h. der Server antwortet mit einer *Forbidden*-Meldung (Statuscode 403). Praktisch ist dies in Verbindung mit `RewriteCond`, da man so z.B. auf Basis des `User-Agent`-Headers einen URL sperren kann, z.B. um Web-Robots auszusperren, die sich nicht an die `robots.txt`-Konvention halten (mehr zum Thema Web-Robots finden Sie in Kapitel 18).

Hier sehen Sie ein Beispiel, bei dem die Seiten des Nutzers `joe` für den Zugriff gesperrt werden:

```
RewriteRule ^/~joe/(.*)$ - [F]
```

gone, G

Über `[G]` respektive `[gone]` lassen sich Seiten kenntlich machen, die vom Webserver gelöscht wurden und auch nicht mehr an anderer Stelle zu finden sind (Statuscode 410).

Beispiel:

```
RewriteRule ^/veryoldstuff(.*) - [G]
```

proxy, P

Haben Sie das Proxy-Modul in den Apache eingebunden, lassen sich über das Proxy-Flag von `RewriteRule` sehr interessante Konfigurationen erstellen, da die Nutzung des Proxy transparent für den Client geschieht. Hierdurch können Sie Daten eines anderen Webservers auf dem lokalen Webserver einbinden oder besser gesagt *einblenden*.

Beispiel:

```
Rewrite ^/test(.*)$ http://www.otherdomain.tld$1 [P]
```

Ein Zugriff auf den URL `http://www.domain.tld/test/index.html` würde den Inhalt des URL `http://www.otherdomain.tld/index.html` zurückliefern, jedoch bleibt dies dem Client verborgen; er sieht nur `www.domain.tld`.

Ein Problem tritt bei obigem Beispiel auf, wenn auf der Originalseite bei Verweisen absolute URLs benutzt werden, z. B. `/images/logo.gif`, denn in der Regel existieren diese Daten auf dem lokalen Server nicht. Das Problem lässt sich umgehen, indem der komplette Server als ein lokaler virtueller Server gespiegelt wird.

```
<VirtualHost www.test.domain.tld>
RewriteEngine On
RewriteRule ^/(.*) http://www.otherdomain.tld/$1 [P]
...
</VirtualHost>
```

Weitere Beispiele zur Nutzung des Proxy-Moduls zusammen mit dem Rewrite-Modul finden Sie bei den Anwendungsbeispielen am Ende des Rewrite-Kapitels.

Einen wichtigen Punkt bei der Verwendung des Proxy-Moduls sollten Sie immer beachten: Wenn der Webserver, von dem Sie Daten auf dem lokalen Server einbinden, nicht sowieso einer der eigenen Webserver ist, sollten Sie im Zweifelsfall um Erlaubnis fragen, ob Sie die Daten des Servers in dieser Weise nutzen dürfen. Wenn Sie unberechtigt Daten eines anderen Webservers *kopieren*, kann dies sehr schnell zu rechtlichen Problemen führen.

last, L

Bekanntlich können beliebig viele `RewriteRule`-Anweisungen benutzt werden, wobei der Substitutions-URL einer internen Manipulation für die darauf folgenden `RewriteRule`-Anweisungen als aktueller URL weiterbenutzt wird. Durch Verwendung des Last-Flags wird die weitere Auswertung von `RewriteRule`-Anweisungen jedoch gestoppt, und es werden keine weiteren Anweisungen mehr ausgeführt. Vergleichbar ist dies mit dem `last`-Befehl von Perl oder dem `break`-Befehl der Sprache C.

Beispiel:

```
RewriteRule ^/old/test\.html$ /usr/local/apache/htdocs/old/test.html [L]
RewriteRule ^/old(.*) /new$1 [R]
```

Erfolgt ein Zugriff auf `http://www.domain.tld/old/test.html`, so wird der Inhalt der Datei `/usr/local/apache/htdocs/old/test.html` zurückgeliefert und keine weitere `RewriteRule`-Anweisung mehr beachtet. Die zweite `RewriteRule`-Anweisung wird somit nur ausgeführt, wenn im Verzeichnis `old` auf eine andere Datei als `test.html` zugegriffen wird.

next, N

Das Gegenstück zum Last-Flag ist das Next-Flag, das sich mit dem gleichnamigen Befehl von Perl oder dem Befehl `continue` der Sprache C vergleichen lässt. Wird das Next-Flag angegeben, so werden erneut alle `RewriteRule`-Anweisungen abgearbeitet. Da man auf diese Weise leicht eine nicht enden wollende Schleife erzeugt, sollten Sie beim Einsatz des Next-Flags sehr vorsichtig sein.

chain, C

Wollen Sie aufeinanderfolgende `RewriteRule`-Anweisungen verknüpfen, so verwenden Sie das Chain-Flag. Wird eine `RewriteRule`-Anweisung, die mit dem Chain-Flag versehen ist, nicht ausgeführt, wird automatisch die darauffolgende `RewriteRule`-Anweisung übersprungen, und falls diese ihrerseits auch mit dem Chain-Flag versehen ist, auch die nächste `RewriteRule` usw.

Beispiel:

```
RewriteRule ^/$ %{REMOTE_HOST} [C]
RewriteRule ^.+\.([a-z,A-Z]+)$ /$1/ [R,L]
```

Ein Zugriff auf `http://www.domain.tld/` von einem Rechner aus der Toplevel-Domain `de`, würde einen Redirect auf `http://www.domain.tld/de/` auslösen. Die zweite `RewriteRule`-Anweisung wird nur ausgeführt, wenn auch die erste Anweisung ausgeführt wurde.

skip, S

Ein Flag, das auf den ersten Blick dem Chain-Flag sehr ähnlich ist, ist das Skip-Flag, das jedoch einen etwas anderen Zweck erfüllt.

Über das Skip-Flag können Sie die Anzahl der nachfolgenden `RewriteRule`-Anweisungen angeben, die übersprungen werden sollen. Hierdurch werden *If-Then-Else*-Konstrukte von `RewriteRule`-Anweisungen ermöglicht.

Beispiel:

```
RewriteRule ^/home\..*$ /index.html [R,S=3]
RewriteRule ^/welcome\..*$ /index.html [R,S=2]
RewriteRule ^/default\..*$ /index.html [R,S=1]
RewriteRule ^/index\.htm$ /index.html [R]
RewriteRule ^/index\.html$ /usr/local/apache/cgi-bin/index
```

Der Zweck des Beispiels ist es, bei einem Zugriff auf z. B. `/home.html` einen Redirect auf `/index.html` auszuführen, wobei intern das CGI-Skript `index` ausgeführt wird.

Wenn der reguläre Ausdruck der ersten `RewriteRule`-Anweisung auf den Zugriff passt, wird die zweite, dritte und vierte Anweisung des obigen Beispiels übersprungen und die letzte Anweisung ausgeführt. Hierdurch wird das unnötige Ausführen von `RewriteRule`-Anweisungen vermieden, die sowieso nicht angewendet würden.

type, T

Über das Type-Flag können Sie einen zu benutzenden MIME-Typ definieren, d.h. der Typ, der in der Antwort des Apache benutzt werden soll.

Beispiele:

```
RewriteRule ^/images/(.*) - [T=image/gif,L]
```

Alle Dateien im `images`-Verzeichnis werden vom Apache als GIF-Dateien herausgegeben. Derselbe Effekt lässt sich jedoch auch durch die Benutzung der Konfigurationsanweisung `DefaultType` erzielen.

```
RewriteRule ^/index\.html$ /usr/local/apache/cgi-bin/index.cgi
            [T=application/x-httpd-cgi,L]
```

Beim Aufruf der Seite `http://www.domain.tld/index.html` wird das CGI-Skript `/usr/local/apache/cgi-bin/index.cgi` ausgeführt.

qsappend, QSA

Die Rewriting Engine splittet grundsätzlich den URL und einen eventuell vorhandenen *Query-String* auf und fügt ihn später wieder an, wenn alle Modifikationen abgeschlossen sind.

Die Anweisung

```
RewriteRule ^/test\.cgi$ /cgi-bin/script [R]
```

wird somit beim Zugriff auf den URL-Pfad `/test.cgi` ausgeführt, aber auch dann, wenn beliebige weitere Daten als *Query-String* übergeben werden, so z. B. `/test.cgi?vorname=John&nachname=Doe`.

Will man jedoch zu diesen Daten noch weitere hinzufügen, z. B. `&nr=4711`, wird dies relativ schwierig, da ja beim Anwenden des regulären Ausdrucks auf den URL schon der *Query-String* abgeschnitten wurde.

Gibt man jedoch als Flag `[qsappend]` bzw. `[QSA]` (*Query String Append*) an, so werden zum *Query-String*, der im Substitutions-URL angegeben wurde, auch die ursprünglichen Daten wieder hinzugefügt.

Beispiel:

```
RewriteRule ^/test\.cgi$ /cgi-bin/script?nr=4711 [QSA,R]
```

Ein Zugriff auf `/test.cgi?vorname=John&nachname=Doe` führt durch obige Anweisung zum Zugriff auf `/cgi-bin/script?nr=4711&vorname=John&nachname=Doe`.

nosubreq, NS

Der Apache beziehungsweise dessen Module können interne Sub-Requests auslösen, wie z. B. das Modul `mod_dir`, wenn es nach `HEADER`- und `README`-Dateien für die Erstellung eines Verzeichnisindex sucht. Da bei solchen Anfragen Probleme respektive Fehler auftreten können, wenn `RewriteRule`-Anweisungen ausgeführt werden, kann im Falle eines internen Sub-Requests über das NS-Flag, die Ausführung verhindert werden. Vor allem, wenn Sie in `RewriteRule`-Anweisungen mit CGI-Skripten arbeiten, sollten Sie es vermeiden, dass diese für interne Anfragen aufgerufen werden.

nocase, NC

Die Angabe dieses Flags sorgt dafür, dass beim Vergleich des regulären Ausdrucks mit dem Testargument nicht zwischen Groß- und Kleinschreibung unterschieden wird.

passthrough, PT

Wollen Sie das Ergebnis einer URL-Manipulation an ein anderes Modul weiterreichen, das einen ähnlichen Zweck wie das Rewrite-Modul erfüllt, wie zum Beispiel das Alias- oder UserDir-Modul, so können Sie hierfür das PT-Flag benutzen.

Beispiel:

```
RewriteRule ^/abc(.*) /def$1 [PT]
Alias /def /ghi
```

Wenn Sie `[PT]` weglassen, so wird die darauf folgende `Alias`-Anweisung nicht ausgeführt.

env, E

Über das Env-Flag können Sie beliebige Umgebungsvariablen definieren, die in Server-Side Includes oder in CGI-Skripten benutzt werden können.

Beispiel:

```
RewriteRule ^/~([^/]+)/test.\html$
            /usr/local/apache/htdocs/test.html [E=USER:$1]
```

Bei einem Zugriff auf die Datei `test.html` eines Nutzer-Verzeichnisses wird der Inhalt der Datei `/usr/local/apache/htdocs/test.html` zurückgeliefert und die Variable `USER` auf den Account-Namen des jeweiligen Nutzers gesetzt. Bei einem Zugriff auf beispielsweise `http://www.domain.tld/~joe/test.html`, würde die Variable `USER` auf `joe` gesetzt. Via SSI kann dann der Inhalt der Variablen im Dokument verwendet, z. B. ausgeben werden:

```
<!--#echo var="USER" -->
```

RewriteCond

Syntax	`RewriteCond` *Testargument Muster* `[`*Flag*`,`*Flag*`,...]`
Modul	`mod_rewrite`
Kontext	Serverkonfiguration, `<VirtualHost>`, `<Directory>`, `<Location>`, `.htaccess`

Wie der Name schon vermuten lässt, können Sie mit der Konfigurationsanweisung RewriteCond Bedingungen für eine RewriteRule-Anweisung spezifizieren. Wird die Bedingung für die RewriteCond-Anweisung bei einer Anfrage erfüllt, so wird die darauf folgende RewriteRule-Anweisung ausgeführt. Andernfalls wird sie übersprungen. Zu beachten ist jedoch, dass aus Performance-Gründen die zu einer RewriteRule-Anweisung gehörenden RewriteCond-Anweisungen nur dann ausgewertet werden, wenn der zur RewriteRule gehörende reguläre Ausdruck überhaupt auf den gerade zu bearbeitenden URL passt.

Beispiel:

```
RewriteCond %{REMOTE_HOST} \.domain\.tld$
RewriteRule ^/index.html  /index-local.html [R=permanent]
```

Bei Zugriffen von Rechnern der Domain domain.tld wird bei Zugriffen auf die Hauptseite ein HTTP-Redirect auf die Seite index-local.html ausgeführt. Die Auswertung der RewriteCond-Anweisung erfolgt aber nur genau dann, wenn auch auf index.html zugegriffen wird.

Das *Testargument* der RewriteCond-Anweisung enthält in den meisten Fällen die Angabe einer oder mehrerer Variablen. Weiterhin können wie bei einer RewriteRule auch die sogenannten Back-References verwendet werden, und zwar via $1, $2 usw. auf die Gruppen der zugehörigen RewriteRule-Anweisungen und mittels %1, %2 usw. auf die Gruppen der letzten RewriteCond-Anweisung. Die genaue Funktionsweise ist im folgenden Kapitel »Back-References« ausführlich beschrieben.

Das zweite Argument, *Muster*, enthält dann einen regulären Ausdruck, der auf den Inhalt der spezifizierten Variablen angewendet werden soll.

Beispiele:

```
RewriteCond %{REMOTE_HOST} ^somehost\..*
RewriteCond %{REQUEST_FILENAME} index\.html$
RewriteCond /usr/data/%{REMOTE_USER}/%{REQUEST_FILENAME} -f
```

Wie auch bei der RewriteRule-Anweisung kann dem regulären Ausdruck oder den später noch beschriebenen speziellen Ausdrücken ein Ausrufezeichen »!« vorangestellt werden, um den Ausdruck zu negieren.

Beispiel:

```
RewriteCond %{REQUEST_FILENAME} !index\.html$
```

Verfügbare Variablen

In den Anweisungen `RewriteCond` und `RewriteRule` können fast alle der allgemein verfügbaren Variablen (wie in Kapitel 10 über Umgebungsvariablen beschrieben) verwendet werden, z. B. `REMOTE_HOST`, `DOCUMENT_ROOT` usw. Zusätzlich zu den normalen Variablen stehen in den Rewrite-Anweisungen noch die im folgenden beschriebenen Variablen zur Verfügung.

Datum und Uhrzeit:

- TIME_YEAR
- TIME_MON
- TIME_DAY
- TIME_HOUR
- TIME_MIN
- TIME_SEC
- TIME_WDAY
- TIME

Spezielle Variablen:

- API_VERSION
- THE_REQUEST
- REQUEST_URI
- REQUEST_FILENAME
- IS_SUBREQ

Spezielle Abfrageformate

Abgesehen von der einfachen Angabe einer Variablen gibt es noch vier spezielle Abfrageformate.

`%{ENV:`*Variable*`}`	*Variable* ist hierbei eine beliebige Systemvariable, d.h. Sie können eine Umgebungsvariable des Apache-Prozesses über sie abfragen. Beispiel: `RewriteCond %{ENV:OSTYPE} ^Linux.*`
`%{HTTP:`*Header*`}`	Dieses spezielle Format erlaubt den Zugriff auf den Inhalt aller HTTP-Header, die bei einer Client-Anfrage übermittelt wurden. *Header* ist hierbei der Name eines solchen HTTP-Headers. Beispiel: `RewriteCond %{HTTP:Accept-Language} de`

`%{LA-U:`*URL-Pfad*`}`	In einigen Fällen ist es praktisch, wenn man herausfinden kann, ob ein URL noch durch andere `RewriteRule`-Anweisungen manipuliert werden kann und wenn ja, welchen Wert der endgültige URL hätte (unter Beachtung von eventuell vorhandenen Authentikationsmechanismen für diesen URL). `LA-U` in der obigen Formatangabe steht für »*URL-Look-Ahead*« und sorgt dafür, dass für den angegebenen URL-Pfad ein interner Sub-Request ausgelöst wird. Beispiel: `RewriteCond %{LA-U:REQUEST_URI} ^/new/.*` Das Ausführen vieler solcher `RewriteCond`-Anweisungen kann den Prozessor spürbar belasten.
`%{LA-F:`*Dateipfad*`}`	Ähnlich zur vorhergehenden Formatangabe funktioniert auch `LA-F`, nur dass hierbei ein Dateipfad statt einem URL benutzt werden kann. Beispiel: `RewriteCond %{LA F:REQUEST_FILENAME} ^/usr/data/.*` Das Ausführen vieler solcher `RewriteCond`-Anweisungen kann den Prozessor spürbar belasten.

Spezielle reguläre Ausdrücke

Typischerweise wird als *Muster* ein regulärer Ausdruck benutzt. Jedoch kann auch eins der folgenden speziellen Argumente angegeben werden.

-d	Es wird überprüft, ob es sich beim Testargument um ein gültiges, existierendes Verzeichnis handelt. Eventuell vorhandene Zugriffsbeschränkungen oder Authentikationsmechanismen werden nicht beachtet. Beispiel: `RewriteCond %{REQUEST_URI} -d`
-f	Ähnlich wie bei `-d` wird mit `-f` überprüft, ob es sich beim Testargument um eine gültige, existierende Datei handelt.
-s	Genau wie bei `-f` wird mittels `-s` geprüft, ob eine Datei vorhanden ist. Allerdings ist das Ergebnis nur dann positiv, wenn die Datei nicht leer ist.
-l	Wollen Sie überprüfen wollen, ob es sich bei einer Datei bzw. einem Verzeichnis um einen symbolischen Link handelt, geben Sie `-l` als Argument an. Praktisch ist der Test auf einen symbolischen Link, wenn Sie mit CGI-Skripten arbeiten und es aus Sicherheitsgründen vermeiden wollen, dass ein Skript ausgeführt wird, das über einen symbolischen Link angesprochen wird.

	Beispiel:
	`RewriteCond %{REQUEST_FILENAME} !-l`
	`RewriteRule ^index\.html$ index.cgi [T=application/x-httpd-cgi,L]`
	Die `RewriteRule` wird nur ausgeführt, wenn es sich bei der angesprochenen Datei nicht um einen symbolischen Link handelt.

-F	Prinzipiell identisch mit `-f`, führt die Verwendung von `-F` dazu, dass ein interner Sub-Request ausgeführt wird. Somit wird nicht nur überprüft, ob die Datei existiert, sondern auch, ob der Zugriff trotz eventuell vorhandener Zugriffsbeschränkungen und Authentikationsmechanismen des Webservers erlaubt ist. Die Verwendung solcher `RewriteCond`-Anweisungen ist prozessorintensiv.
-U	Vergleichbar mit `-F` und ebenso prozessorintensiv ist `-U`; allerdings wird das Testargument hier als URL-Pfad behandelt. Beispiel: `RewriteCond %{REQUEST_URI} -U`

=*Zeichenkette*	Bei der Zeichenkette kann es sich nicht um einen regulären Ausdruck handeln, da sie als feste Zeichenkette angesehen und in dieser Form mit dem Testargument verglichen wird. Das Ergebnis der `RewriteCond`-Anweisung ist positiv, wenn die Zeichenkette mit dem Testargument identisch ist.
	Beispiel:
	`RewriteCond %{TIME_DAY}%{TIME_MON} =2412`
	`RewriteRule ^/$ /usr/local/apache/htdocs/christmas-index.html`
	Am 24. Dezember wird bei einem Zugriff auf die Hauptseite des Webservers das Dokument `/usr/local/apache/htdocs/christmas-index.html` zurückgeliefert.

>*Zeichenkette* und <*Zeichenkette*	Analog zum Vergleich mit »=« können Sie mit »>« respektive »<« überprüfen, ob die Zeichenkette lexikografisch größer oder kleiner als das Testargument ist.
	Beispiel:
	`RewriteCond %{TIME_HOUR}%{TIME_MIN} >1600`
	`RewriteCond %{TIME_HOUR}%{TIME_MIN} <1630`
	`RewriteRule ^/$ /usr/local/apache/htdocs/teatime.html`

RewriteCond-Flags

Als optionales Argument ist die Angabe von speziellen Flags möglich. Die Syntax ist hierbei mit der `RewriteRule`-Anweisung identisch.

nocase, NC

Die Angabe dieses Flags sorgt dafür, dass beim Vergleich des regulären Ausdrucks mit dem Testargument nicht zwischen Groß- und Kleinschreibung unterschieden wird.

Insbesondere bei Vergleichen von Hostnamen ist es sinnvoll, [NC] anzugeben, da hier per Definition kein Unterschied zwischen Groß- und Kleinschreibung gemacht wird.

Beispiel:

```
RewriteCond %{REMOTE_HOST} ^.*\.domain\.tld$ [NC]
```

Diese Bedingung hat beispielsweise sowohl bei host.Domain.TLD als auch bei host.domain.tld ein positives Ergebnis.

ornext,OR

Per Default werden aufeinander folgende RewriteCond-Anweisungen mit *UND* verknüpft. Um jedoch eine ODER-Verknüpfung zu erreichen, kann als Flag [ornext] respektive [OR] angegeben werden.

Ein Beispiel hierzu finden Sie im nächsten Abschnitt.

Verknüpfung von mehreren RewriteCond-Anweisungen

Wie schon zuvor erwähnt, werden aufeinanderfolgende RewriteCond-Anweisungen mit einem logischen *UND* verknüpft.

Beispiel:

```
RewriteCond %{HTTP_USER_AGENT} ^RobotXY.*
RewriteCond %{REMOTE_HOST} ^.*\.baddomain\.tld$ [NC]
RewriteRule ^/.* - [forbidden]
```

Kommt eine Anfrage von einem Rechner der Domain baddomain.tld *und* meldet sich der Client als RobotXY, so wird ihm der Zugriff verweigert.

Wenn Sie RewriteCond-Anweisungen mit einem logischen *ODER* verknüpfen wollen, müssen Sie das Flag [ornext] beziehungsweise [OR] angeben.

Beispiel:

```
RewriteCond %{HTTP_USER_AGENT} ^Lynx.* [OR]
RewriteCond %{HTTP_USER_AGENT} ^Mosaic.*
RewriteRule ^/index\.html$ /noframe.html [R,L]
```

Meldet sich der Client beim Zugriff auf `http://www.domain.tld/index.html` als `Mosaic` *oder* `Lynx`, so wird er auf die Seite `http://www.domain.tld/noframe.html` verwiesen.

Das folgende, etwas komplexere Beispiel soll zeigen, wie Zugriffe von *Mirror-Tools*[1] wie *Wget* und *WebCopy* von bestimmten Hosts oder Domains abgewiesen werden können:

```
RewriteCond %{HTTP_USER_AGENT} ^Wget.* [OR]
RewriteCond %{HTTP_USER_AGENT} ^WebCopy.*
RewriteCond %{REMOTE_HOST} ^host\.otherdomain\.tld$ [NC,OR]
RewriteCond %{HTTP_USER_AGENT} ^WebMirror.*
RewriteCond %{REMOTE_HOST} ^.*\.roguesite\.tld$ [NC]
RewriteRule ^/.* - [forbidden]
```

Ein Zugriff auf eine Seite des Webservers wird verweigert, wenn er von `host.otherdomain.tld` kommt *und* entweder der Client `Wget` *oder* `WebCopy` benutzt wird *oder* der Zugriff von einem der Rechner der Domain `roguesite.tld` stammt *und* als Client `WebMirror` benutzt wird.

Ungesetzte Variable?

Ob eine Variable überhaupt gesetzt ist und somit einen Wert enthält, können Sie durch die folgende `RewriteCond`-Anweisung prüfen:

```
RewriteCond %{Variable} !^$
```

Das Ergebnis der `RewriteCond`-Anweisung ist nur dann positiv, wenn die Variable nicht leer respektive ungesetzt ist.

Back-References

Bei den Beschreibungen zu den Anweisungen `RewriteCond` und `RewriteRule` wurden bereits die sogenannten *Back-References* erwähnt. Es gibt zwei Arten von Referenzen, zum einen Referenzen auf Gruppen einer `RewriteRule`-Anweisung und zum anderen Referenzen auf Gruppen einer `RewriteCond`-Anweisung. Um eine Gruppe zu definieren, wird der gewünschte Teil lediglich in runde Klammern eingeschlossen. Im ersten Fall beginnt die Referenzierung immer mit einem »`$`«, gefolgt von der zugehörigen Gruppennummer (`$1`, `$2` usw.) und im zweiten Fall immer mit einem »`%`« (`%1`, `%2` usw.).

1 Programme, die automatisch Dokumente von einer Website herunterladen.

Gruppen können jeweils nur im regulären Ausdruck, dem Muster der Anweisung definiert werden. Im Falle einer RewriteRule-Anweisung ist dies das erste Argument und im Falle einer RewriteCond-Anweisung das zweite Argument.

Beide Varianten können sowohl in RewriteRule- als auch in RewriteCond-Anweisungen Verwendung finden, was nachfolgend im Einzelnen erläutert wird.

RewriteRule

In einer RewriteRule-Anweisung können Referenzen im Substitutions-URL verwendet werden. Im einfachsten Fall kann diese eine Referenz auf eine Gruppe der jeweiligen RewriteRule-Anweisung selbst sein.

```
RewriteRule ^/(.*\.gif) /www/images/$1 [L]
```

Über die Referenz $1 wird der Dateiname eines GIF-Bildes inklusive der Dateiendung .gif referenziert. Sofern im regulären Ausdruck keine Gruppe definiert wurde, ist das Ergebnis einer Referenz immer leer. Dies ist ebenso der Fall, wenn beispielsweise auf $2 verwiesen wird, jedoch nur eine Gruppe definiert wurde.

Wie bereits erläutert, können einer RewriteRule-Anweisung eine oder mehrere RewriteCond-Anweisungen vorangestellt sein. Wurden also in einer RewriteCond-Anweisung eine oder mehrere Gruppen definiert, so können diese in der RewriteRule-Anweisung durch %1, %2 usw. referenziert werden. %1 ist hierbei immer die erste Gruppe der direkt vorangestellten RewriteCond-Anweisung. Daher ist es nicht möglich, wenn mehrere RewriteCond-Anweisungen verwendet werden, Gruppen darüber liegender RewriteCond-Anweisungen zu referenzieren.

Beispiel:

```
RewriteCond %{REMOTE_HOST}  ^(.*)\.domain\.tld [NC]
RewriteCond %{HTTP_REFERER} ^http://(.*)\.domain\.tld [NC]
RewriteRule ^/(.*)  /usr/local/apache/htdocs/%1/$1 [L]
```

Ein Zugriff vom Rechner host.domain.tld auf den URL http://www.domain.tld/test.html würde dafür sorgen, das die Datei /usr/local/apache/htdocs/www/test.html ausgeliefert würde – wobei dies nur unter der Voraussetzung geschieht, dass der Referer-Header entsprechend gesetzt ist, d.h. ein Link auf einem Server der Domain domain.tld verfolgt wurde. Über %1 wird die Gruppe der zweiten RewriteCond-Anweisung referenziert und mit $1 die Gruppe der RewriteRule-Anweisung.

Bei der folgenden Konfiguration würde beim beschriebenen Zugriff die Seite /usr/local/apache/htdocs/host/test.html ausgeliefert, da in der zweiten RewriteCond-Anweisung keine Gruppe definiert wurde und somit %1 die Gruppe der ersten RewriteCond-Anweisung referenziert.

```
RewriteCond %{REMOTE_HOST} ^(.*)\.domain\.tld [NC]
RewriteCond %{HTTP_REFERER} \.domain\.tld [NC]
RewriteRule ^/(.*) /usr/local/apache/htdocs/%1/$1 [L]
```

Auch bei den mit einem Prozentzeichen beginnenden Referenzen gilt, dass die Referenz leer ist, wenn in den vorangestellten RewriteCond-Anweisungen keine Gruppe definiert wurde.

RewriteCond

Bei einer RewriteCond-Anweisung können Referenzen im Testargument verwendet werden. Mit einer Referenz der Form %1, %2 usw. wird die entsprechende Gruppe der vorangestellten RewriteCond-Anweisung referenziert.

Hier ein Beispiel, was zwar nur wenig Sinn macht, aber die Funktionsweise verdeutlicht:

```
RewriteCond %{HTTP_REFERER} ^http://(.*)\.domain\.tld/(.*) [NC]
RewriteCond /usr/local/apache/htdocs/%1/%2 -f
```

In der ersten RewriteCond-Anweisung werden zwei Gruppen definiert, einmal der Hostname und zweitens ein Teil des URL-Pfades. In der zweiten Anweisung werden diese Zeichenketten genutzt, um zu überprüfen, ob es eine entsprechende Datei auf dem Server gibt. Ist als Referer beispielsweise http://www.domain.tld/test.html gesetzt, so würde in der zweiten Anweisung nach der Datei /usr/local/apache/htdocs/www/test.html gesucht.

Wie bereits zuvor erwähnt, wird aus Performanc-Gründen immer zuvor überprüft, ob der reguläre Ausdruck einer RewriteRule zum zu überprüfenden URL passt *bevor* die zugehörigen RewriteCond-Anweisungen ausgewertet werden. Konsequenterweise können deshalb mittels $1, $2 usw. Gruppen dieser zugehörigen RewriteRule-Anweisung referenziert werden.

```
RewriteCond %{HTTP_REFERER} $1
RewriteRule ^/(.*)/[^/]+\.html /usr/local/apache/htdocs/index.html [L]
```

Mit dem `$1` in der `RewriteCond`-Anweisung wird der durch Klammern gekennzeichnete Bereich `(.*)` referenziert.

RewriteMap

Die `RewriteMap`-Anweisung definiert eine externe *Rewriting Map*. Ein Lookup-Aufruf einer solchen Map kann in den Substitutions-URL einer `RewriteRule`-Anweisung eingebaut werden.

Definition einer Rewriting Map

Syntax	`RewriteMap` *Map-Name Typ*: *Dateipfad*
Modul	mod_rewrite
Kontext	Serverkonfiguration, `<VirtualHost>`

Eine Rewriting Map wird über einen Namen (*Map-Name*), einen Map-Typ (*Typ*) und die eigentliche Datei (*Dateipfad*) gekennzeichnet. Über den Map-Namen kann eine solche Rewriting Map dann in einer `RewriteRule`-Anweisung angesprochen werden.

Es gibt insgesamt fünf Typen von Rewriting Maps: `txt` (*Text*), `dbm`, `rnd` (*Random*), `int` (*Internal*) und `prg` (*Program*).

txt

Der `txt`-Typ spezifiziert eine reine Textdatei. Sie enthält pro Zeile ein »*Schlüssel Wert*«-Paar, wobei leere Zeilen und Kommentarzeilen (die mit einem »#« beginnen) nicht beachtet werden. Die *Schlüssel*- und *Wert*-Angaben in jeder Zeile werden durch mindestens ein Leerzeichen oder einen Tabulator getrennt.

Beispiel einer Map-Datei:

```
#
# username to directory mapping
# /usr/local/apache/conf/map.user-dir
#

john.doe          /usr/local/apache/htdocs/jdoe
joe.user          /web/joe/public_html
lars.eilebrecht   /home/lars/public_html
```

Deklaration der Map-Datei:

```
RewriteMap user-dir txt:/usr/local/apache/conf/map.user-dir
```

dbm

Wenn Sie bei der `RewriteMap`-Anweisung eine Datei angeben, die im NDBM-Format vorliegt, müssen Sie als Typ `dbm` eintragen.

Wenn Sie mit sehr großen Rewriting Maps arbeiten, ist die Verwendung von DBM-Dateien sinnvoll, da bei ihnen die Performance wesentlich besser ist als bei normalen Textdateien.

Ebenso wie eine reine Text-Map enthält die DBM-Map Paare, die aus Schlüssel und Wert bestehen. Erstellt werden können die DBM-Dateien beispielsweise mit dem Skript `dbmmanage`, das im `bin`-Verzeichnis der Apache-Installation enthalten ist, oder mit einem anderen Program, das Dateien im NDBM-Hashfile-Format erstellen kann.

rnd

Der Map-Typ `rnd` entspricht im Wesentlichen dem Typ `txt`, denn beide Typen verwenden normale Textdateien. Bei `rnd` (*Random*) können in der Datei jedoch zu jedem Schlüssel mehrere Einträge (mittels »|« getrennt) enthalten sein, von denen dann jeweils zufällig einer ausgewählt wird.

Beispiel:

```
key  wert1|wert2|wert3
```

Ein Beispiel, wo solch ein Map-Typ nützlich ist, ist die Einbindung eines zufällig ausgewählten Werbebanners auf einer Seite. Im folgenden Beispiel sollen mittels einer Map-Datei des `rnd`-Typs mehrere Banner-Sets verwaltet werden, die über einen festgelegten URL aufgerufen werden sollen.

Die Rewrite-Konfiguration:

```
RewriteMap banner rnd:/usr/local/apache/conf/bannersets.map
RewriteRule ^/banners/(.*)\.gif$  \
        /usr/local/apache/htdocs/banners/${banner:$1|default}.gif [L]
```

Die Map-Datei:

```
set1  company1|company2|company3
set2  clickhere|foobar|blafasel|clickme
set3  ad1|ad2|ad3|ad4|ad5|ad6|ad7|ad8
...
```

Wird nun beispielsweise ein Zugriff auf den URL `/banners/set1.gif` ausgeführt, so wird zufällig einer der drei angegebenen Einträge ausgewählt und die entsprechende Datei an den Webclient zurückgeliefert. Ist kein passender Eintrag in der Map-Datei zu finden, wird die Datei `default.gif` verwendet.

int

Mit dem `int`-Typ stehen bis dato die beiden Maps `tolower` und `toupper` zur Verfügung, mit denen Sie die Groß- beziehungsweise Kleinschreibung von Zeichenketten manipulieren können.

Die Definition solcher Rewrite-Maps lässt sich wie folgt angeben:

```
RewriteMap lowercase int:tolower
RewriteMap uppercase int:toupper
```

In `RewriteCond`- oder `RewriteRule`-Anweisungen können Sie die Maps dann unter den Namen `lowercase` bzw. `uppercase` ansprechen, um Zeichenkentten entsprechend konvertieren zu können.

Die neuen Map-Typen sehen auf den ersten Blick nicht sehr spektakulär aus, jedoch werden durch sie interessante Anwendungen ermöglicht.

prg

Falls eine normale Rewriting Map nicht mehr ausreicht, können Sie ein Programm oder Skript als Map definieren. Als Map-Typ wird dabei `prg` angegeben. Das Programm wird einmal beim Starten des Apache gestartet und kommuniziert dann mit der Rewriting Engine über die Standardeingabe und -ausgabe (`stdin`, `stdout`).

Bei jedem Map-Lookup wird dem Programm der Suchschlüssel (terminiert mit einem Newline-Zeichen) auf `stdin` übergeben. Die Rewriting Engine erwartet dann eine Ausgabe (ebenfalls mit einem Newline-Zeichen terminiert) über `stdout` des Programms. Wurde der gesuchte Schlüssel nicht gefunden, sollte das Programm als Ergebnis die Zeichenkette »`NULL`« zurückliefern.

Bei der Erstellung eines solchen Map-Programms ist es extrem wichtig, dass die Ausgabe auf `stdout` immer ungepuffert stattfindet, ansonsten würde dies den Apache blockieren. In der Sprache C sorgt man durch die Angabe von

```
setbuf(stdout,NULL)
```

für eine ungepufferte Ausgabe. In Perl geschieht dies durch Angabe von

```
select(STDOUT); $|=1;
```

Ein minimales Perl-Skript für diesen Zweck (es gibt den Suchschlüssel unverändert zurück) hat folgendes Aussehen:

```
#!/usr/local/bin/perl
select(STDOUT);
$|=1;
while (<STDIN>)
{
  print $_;
}
```

Abgesehen davon, dass Sie für eine ungepufferte Ausgabe sorgen müssen, sollten Sie das Programm möglichst einfach halten, denn ein Fehler bzw. Programmabsturz führt zum Blockieren des Apache, sobald die entsprechende `RewriteRule`-Anweisung ausgeführt wird.

Außerdem sollte bei Verwendung von Map-Programmen immer die auf einer der nachfolgenden Seiten beschriebene `RewriteLock`-Anweisung verwendet werden, da ansonsten die Kommunikation mit dem Map-Programm nicht synchronisiert werden kann.

Nutzung von Rewriting Maps

Analog zur Verwendung einer Gruppenreferenz in einem Substitutions-URL einer `RewriteRule`-Anweisung kann eine Map eingebunden werden, d.h. ein Map-Eintrag beginnt immer mit einem »`$`«. Darauf folgen in geschweiften Klammern der Map-Name, der Suchschlüssel und ein Default-Wert.

Syntax: `${`*Map-Name*`:`*Suchschlüssel*`|`*Default-Wert*`}`

Benötigt man keinen *Default-Wert*, kann dieser einfach weggelassen werden:

`${`*Map-Name*`:`*Suchschlüssel*`}`

Im folgenden Beispiel verwenden wir die schon in einem der vorigen Beispiele definierte Map `user-dir`:

```
RewriteRule ^/home/([^/]+\.[^/]+)/(.*)
 ${user-dir:$1|/usr/local/apache/htdocs/home/nouser.html}/$2
```

Eine Anfrage an `http://www.domain.tld/home/joe.user/test.html` führt zu einem Lookup der Map `user-dir` mit dem Suchschlüssel `joe.user`. Als Ergebnis wird `/home2/joe/public_html` zurückgeliefert. Damit wird die Datei `/home2/joe/public_html/test.html`, sofern sie vorhanden ist, vom Apache an den Client übermittelt.

RewriteLock

Syntax	`RewriteLock` *Dateiname*
Modul	`mod_rewrite`
Kontext	Serverkonfiguration

Damit der Apache die Kommunikation mit einem Map-Programm (siehe `RewriteMap`-Anweisung) synchronisieren kann, muss immer mittels `RewriteLock` eine entsprechende Lock-Datei definiert werden. Erforderlich ist dies lediglich für Map-Dateien vom Typ `prg`. Es existiert kein Default-Wert.

Als *Dateiname* muss eine Datei mit absolutem Pfad angegeben werden, die keinesfalls auf einem via NFS eingebundenen Dateisystem liegen darf, sondern auf einem lokalen Dateisystem liegen sollte.

Beispiel:

```
RewriteLock /usr/local/apache/logs/rewrite.lock
```

Belastung des Serverrechners durch die Rewriting Engine

Dass das Parsen von `RewriteCond`- und insbesondere `RewriteRule`-Anweisungen relativ CPU-intensiv ist, wurde bereits erwähnt. Wenn Sie nur eine Handvoll `RewriteRule`- und `RewriteCond`-Anweisungen verwenden, so ist die Belastung des Serverrechners kaum spürbar. Falls Sie jedoch eine vielbesuchte Website haben und der Serverrechner ausge- oder sogar überlastet ist, so könnte ein Grund hierfür die extreme Nutzung des Rewrite-Moduls sein. Falls Sie jedoch einen hinreichend schnellen Rechner haben, brauchen Sie sich hierüber in der Regel kaum den Kopf zu zerbrechen.

Es folgen einige Tips zur Strukturierung von `RewriteRule`- und `RewriteCond`-Anweisungen, um die Belastung des Rechners zu minimieren:

- Ein regulärer Ausdruck sollte so kurz wie möglich, aber so ausführlich wie nötig sein. Je komplizierter ein regulärer Ausdruck ist, desto mehr Rechenschritte werden benötigt, um ihn auszuwerten und mit dem Testargument zu vergleichen.
- Anweisungen, die mit dem Last-Flag versehen sind, sollten so weit oben wie möglich in der Konfigurationsdatei stehen. Hierdurch erspart man sich die Auswertung der darauf folgenden `RewriteRule`- und `RewriteCond`-Anweisungen, sofern die mit dem Last-Flag versehene Anweisung ausgeführt wird. Weiterhin sollten diejenigen mit dem Last-Flag versehenen Anweisungen, die mit einer höheren Wahrscheinlichkeit ausgeführt werden, vor den anderen stehen.

  Beispiel:

  ```
  RewriteRule ^/$ /usr/local/apache/htdocs/test.html [L]
  RewriteRule ^/index\.html$ \
          /usr/local/apache/htdocs/test.html [L]
  ```

  Bei jedem der URLs `http://www.domain.tld/` und `http://www.domain.tld/index.html` soll die Datei `/usr/local/apache/htdocs/test.html` zurückgeliefert werden. Da in den meisten Fällen index.html bei einer Client-Anfrage nicht mit angegeben wird, steht die entsprechende Anweisung weiter unten.

- Wenn Sie viele Rewrite-Anweisungen verwenden, die sich aber auf ein oder nur wenige Verzeichnisse beschränken, empfiehlt es sich, diese Anweisungen in eine `<Location>`- oder `<Directory>`-Anweisung zu schreiben. Die Rewriting Engine wird dann nur aktiviert, wenn auf einen URL innerhalb der `<Location>` respektive eine Datei innerhalb des mit `<Directory>` angegebenen Verzeichnisses zugegriffen wird.
- Auf die Benutzung der speziellen Ausdrücke `-F` und `-U` bei der `RewriteCond`-Anweisung und der Abfrageformate `LA-F` und `LA-U` bei der `RewriteRule`-Anweisung, sollte man nach Möglichkeit verzichten, da diese jeweils einen internen Sub-Request auslösen.

- Falls Sie Rewriting Maps mit sehr vielen Einträgen verwenden, sollten Sie das DBM-Format benutzen, da hier ein Lookup wesentlich schneller erfolgen kann als bei einer normalen Textdatei.
- Map-Programme beziehungsweise -Skripten sollten so kurz wie möglich gehalten werden.

Anwendungsbeispiel

Zusätzlich zu den schon zuvor gezeigten Beispielen sollen hier noch einige weitere interessante Anwendungen des Rewrite-Moduls vorgestellt werden. Ein Teil der Beispiele stammen aus der Dokumentation zu `mod_rewrite` bzw. basieren auf ihnen und werden hier mit freundlicher Genehmigung des Autors Ralf S. Engelschall abgedruckt.

Benutzerverzeichnisse

Auf vielen Webservern trifft man auf URLs, die eine Tilde enthalten und in der Regel auf eine Seite eines Nutzers des Rechners hinweisen, wie z. B. `http://www.domain.tld/~joe/`. Will man die Homeverzeichnisse der Nutzer jedoch lieber über einen anderen URL zugänglich machen, z. B. über `http://www.domain.tld/home/joe/`, so kann man dafür sorgen, dass ein Zugriff auf `/~joe/` mittels eines Redirects auf `/home/joe/` umgelenkt wird.

```
RewriteRule ^/~([^/]+)/?(.*) /home/$1/$2 [R=permanent]
```

Der Zugriff auf `http://www.domaint.tld/~joe/` endet mit einem Redirect auf die Seite `http://www.domain.tld/home/joe/`. Ein eventuell vergessener Slash am Ende des ursprünglichen URLs wird automatisch hinzugefügt, damit nicht noch ein weiterer Zugriff des Clients erfolgen muss.

Wollen Sie, weil es schöner aussieht, statt der Account-Namen die richtigen Namen in den URLs verwenden, so können Sie dies über eine Map realisieren, die als Inhalt »*Realname Account-Name*«-Paare wie z. B. »`joe.user joe`« oder »`john.doe jdoe`« enthält:

```
RewriteMap realnames txt:/usr/local/apache/conf/map.realnames
RewriteRule ^/home/([^/]+\.[^/]+)/(.*)
        /usr/home/${realnames:$1}/public_html/$2
```

Ein Zugriff auf `http://www.domain.tld/home/john.doe/test.html` liefert die Datei `/usr/home/jdoe/public_html/test.html` an den Client zurück.

Obiges Beispiel geht davon aus, dass sich alle Home-Verzeichnisse der Nutzer im Verzeichnis `/usr/home` befinden. Gibt man, wie schon einige Seiten zuvor im Beispiel zu `RewriteMap` gezeigt, in der Rewriting Map direkt den absoluten Verzeichnispfad zurück, kann der reale Name sehr flexibel einem Verzeichnis zugewiesen werden:

Wenn Sie noch einen Schritt weitergehen und zusätzlich auch die Nutzer-Homepages von anderen (lokalen) Webservern über interne Proxy-Anfragen einbinden wollen, so ergibt sich folgende Konfiguration:

```
RewriteMap users txt:/usr/local/apache/conf/map.users
```

Die Map enthält die realen Namen und entweder einen absoluten Verzeichnispfad des lokalen Servers oder einen URL, z. B.:

```
joe.user          /web/joe/public_html
john.doe          /usr/local/apache/htdocs/jdoe
lars.eilebrecht   /home/lars/public_html
donald.duck       http://www.entenhausen.xy/~donald
billy.boy         http://www.somewhere.tld/homepages/billy
```

Die `RewriteRule`-Anweisungen lauten:

```
RewriteRule ^/home/([^/]+\.[^/]+)/(.*) ${users:$1}::$2 [C]
RewriteRule ^(/.*)::(.*) $1/$2 [S=1]
RewriteRule ^(http://.*)::(.*)$ $1/$2 [P,L]
```

In der ersten `RewriteRule`-Anweisung wird der Map-Lookup durchgeführt. Die Abfrage des URL `http://www.domain.tld/home/billy.boy/test/index.html`, führt zu dem speziellen URL `http://www.somewhere.tld/homepages/billy::test/index.html`. Daraufhin wird die letzte `RewriteRule`-Anweisung ausgeführt (der reguläre Ausdruck der zweiten Anweisung passt ja nicht). die eine interne Proxy-Anfrage für den URL `http://www.somewhere.tld/homepages/billy/test/index.html` generiert. Der Inhalt wird dann an den Client weitergeleitet. Analog wird bei einem Zugriff auf `http://www.domain.tld/joe.user/test/index.html` über die zweite `RewriteRule`-Anweisung der Dateipfad `/web/joe/public_html/test/index.html` erzeugt und das Dokument an den Client geliefert. In diesem Fall wird die letzte `RewriteRule`-Anweisung aufgrund des Skip-Flags `[S]` gar nicht mehr ausgeführt.

Wenn Sie keinen Wert darauf legen, dass die Homepages von anderen Servern über interne Proxy-Anfragen eingebunden werden, so reicht die Verwendung von nur einer RewriteRule-Anweisung aus, die einen Redirect mit der eigentlichen Adresse an den Client übermittelt:

```
RewriteRule ^/home/([^/]+\.[^/]+)/(.*) ${users:$1}/$2
```

Dokumente in mehr als einem Verzeichnis suchen

Manchmal ist es notwendig, den Webserver ein angefordertes Dokument in mehr als nur einem Verzeichnis suchen zu lassen.

Im folgenden Beispiel werden die beiden Verzeichnisse htdocs1 und htdocs2 durchsucht:

```
RewriteCond /usr/local/apache/htdocs1/%{REQUEST_URI} -F
RewriteRule ^/(.+) /usr/local/apache/htdocs1/$1 [L]
RewriteCond /usr/local/apache/htdocs2/%{REQUEST_URI} -F
RewriteRule ^/(.+) /usr/local/apache/htdocs2/$1 [L]
```

Statusinformationen zwischen zwei Zugriffen beibehalten

Um Statusinformationen, wie z.B. eine Kundennummer, zwischen zwei Zugriffen eines Clients beizubehalten, könnten Sie ein CGI-Skript benutzen. Jedoch lässt sich dies auch über das Rewrite-Modul realisieren.

Mit einer RewriteRule-Anweisung wird eine zuvor in den URL eingefügte Statusinformation wieder herausgenommen und eine entsprechende Umgebungsvariable gesetzt, die dann via Server-Side Includes oder in einem CGI-Skript abgefragt werden kann. Auf diese Weise würde z.B. der URL-Pfad /S=0815/test/index.html in den korrekten Pfad /test/index.html umgewandelt.

```
RewriteRule ^/S=([^/]+)/(.*)
            /usr/local/apache/htdocs/$2 [E=STATUS:$1]
```

In einem Dokument könnte nun die Variable STATUS referenziert werden, z.B. über eine SSI-Anweisung:

```
<!--#echo var="STATUS" -->
```

An dieser Stelle kann man allerdings auch ein Skript aufrufen, das die Statusinformation zum Zwecke des User-Tracking benutzt. Erzeugt man z. B. eine eindeutige Tracking-Nummer beim ersten Zugriff eines Clients und weist ihn via Redirect an, z. B. die Seite `/S=1234/index.html` statt `/index.html` zu laden, kann man die Tracking-Nummer von einem Zugriff auf den nächsten Zugriff des Clients weitergeben und erhält somit einen Überblick, welche Dokumente abgerufen wurden und in welcher Reihenfolge dies geschah.

Vergleichbar ist dies vielleicht mit dem User-Tracking-Mechanismus auf Basis von HTTP-Cookies, der vom Modul `mod_usertrack` verwendet wird. Allerdings ist die Tracking-Nummer nur für eine Sitzung des Clients gültig, da sie nicht persistent auf der Client-Seite gespeichert werden kann, außer der Nutzer übernimmt eine Seite inklusive der Tracking-Nummer in seine Bookmark-Datei. Ein Problem tritt auf, wenn ein Verweis in einem Dokument auf einem anderen Server eine Tracking-Nummer beinhaltet. Das führt dazu, dass alle Zugriffe auf den Webserver, die über diesen Verweis kommen, ein und dieselbe Tracking-Nummer haben. Lösen lässt sich dieses Problem in den meisten Fällen, indem man überprüft, ob beim Zugriff ein `Referer`-Header übergeben wird, der nicht vom lokalen Webserver herrührt, und in solch einem Fall eine neue Tracking-Nummer erzeugt.

Der Vorteil der oben beschriebenen Methode liegt darin, dass sich ein Nutzer – im Gegensatz zur Verwendung von HTTP-Cookies – nicht gegen diese Form des User-Tracking wehren kann (außer er besucht den Webserver nicht mehr). Abgesehen davon läßt sich diese Methode auch für Webclients einsetzen die gar keine HTTP-Cookies unterstützen.

Virtual Host Mapping

Im Zeitalter von HTTP/1.1 ist es möglich, sogenannte namensbasierte virtuelle Server (*non-IP Virtual Hosts*) zu verwenden, d.h. es wird nicht für jeden virtuellen Host eine eigene IP-Adresse benötigt. Ermöglicht wird dies dadurch, dass ein HTTP/1.1-konformer Webclient einen `Host`-Header mitschickt und somit kenntlich macht, auf welchen Webserver er zugreifen will.

Wollen Sie beispielsweise jedem Nutzer, der Seiten auf dem Server liegen hat, einen URL der Form `http://www.username.domain.tld/` zur Verfügung stellen, müssen Sie zuerst alle benötigten Hostnames im zuständigen Nameserver eintragen und konfigurieren dann den Apache den folgenden Angaben entsprechend.

Prinzipiell müssten Sie jetzt für jeden Nutzer einen `<VirtualHost>`-Abschnitt zur Serverkonfiguration hinzufügen, z. B.:

```
<VirtualHost www.joe.domain.tld>
DocumentRoot /home/joe/public_html
...
</VirtualHost>
```

Wird statt dessen das Rewrite-Modul verwendet, lässt sich dies einfacher realisieren, indem Sie die Variable SERVER_NAME abfragen, die den Namen der Website enthält, auf die der Webclient zugegriffen hat.

```
RewriteCond %{SERVER_NAME} ^www\.[^.]+\.domain\.tld$
RewriteRule ^(.+) %{SERVER_NAME}$1 [C]
RewriteRule ^www\.([^.]+)\.domain\.tld(.*) \
            /home/$1/public_html$2
```

Gegebenenfalls köennen Sie hier wiederum eine Rewriting Map verwenden, falls sich die Nutzer-Verzeichnisse nicht alle im selben Verzeichnis, hier /home, befinden.

Fehlgeschlagene Anfragen an anderen Webserver weiterleiten

Wird ein Dokument bzw. eine Datei bei einem Zugriff nicht gefunden, kann man die Anfrage via Redirect an einen anderen Webserver weiterleiten. Typischerweise realisiert man dies über die ErrorDocument-Anweisung zusammen mit einem CGI-Skript, was auch bezüglich der Performance besser ist, aber mit dem Rewrite-Modul lässt sich dieses Problem ebenso lösen.

```
RewriteCond %{DOCUMENT_ROOT}%{REQUEST_FILENAME} !-f
RewriteRule ^/(.+) http://www.test.domain.tld/$1
```

Das Problem bei dieser Lösung ist die Überprüfung (RewriteCond), ob der Dateiname existiert. Denn wenn man -f verwendet, werden eventuell noch nachfolgende URL-Manipulationen nicht beachtet. Die Verwendung der Anweisung

```
RewriteCond %{REQUEST_URI} !-U
```

ist hier besser. Sie hat jedoch den Nachteil, dass sie wesentlich rechenintensiver ist, da ein interner Sub-Request ausgelöst wird.

Multiplexer für den Archivzugriff

Kennen Sie das CPAN, das *Comprehensive Perl Archive Network*[1]? Es führt bei einem Zugriff einen Redirect auf einen der zahlreichen FTP-Server rund um die Welt aus, die einen Mirror des CPAN führen. Auf Basis der Top-Level-Domain, von der aus der Client zugreift, wird dabei entschieden, welcher FTP-Server der Lokation des Clients am nächsten liegt, und auf diesen wird dann der Redirect ausgeführt. CPAN selbst arbeitet mit CGI-Skripten, um dies zu erreichen, wobei eine Realisation mit dem Rewrite-Modul ebenfalls möglich ist.

```
RewriteMap multiplex txt:/usr/local/apache/conf/map.multiplex
RewriteRule ^/CPAN/(.*) %{REMOTE_HOST}::$1 [C]
RewriteRule ^/.+\.([a-zA-Z]+)::(.*)$
            ${multiplex:$1|ftp.default.tld}$2 [R,L]
```

Die Map-Datei sieht so aus:

```
de   ftp://ftp.somewhere.de/pub/CPAN/
uk   ftp://ftp.somewhere.uk/pub/perl/CPAN/
edu  ftp://ftp:somewhere.edu/pub/CPAN/
...
```

Die ganze Sache hat allerdings einen kleinen Haken: An der Top-Level Domain lässt sich nicht unbedingt erkennen, wo sich der Client denn nun befindet. Ein Rechner der Top-Level Domain `.org` oder `.com` kann sich prinzipiell überall befinden, z.B. in Deutschland oder den USA. Ein weiterer Punkt, der den ganzen Aufwand ad absurdum führt, sind die sogenannten Cache-Networks, von denen es mittlerweile mehrere auf der Welt gibt, z.B. das Deutsche Cache-Network[2], an das in erster Linie Mitglieder des Deutschen Forschungsnetz e.V. (DFN) angeschlossen sind. Greift jemand von einem Rechner, der an das Deutsche Cache-Network angeschlossen ist, beispielsweise auf einen Webserver in den USA zu, so kann es sein, dass die Anfrage über das Cache-Network und dessen kaskadierte Proxy-Caches bis zu einem Cache in den USA weitergeleitet wird und dieser dann den Zugriff auf den Webserver vornimmt. Obige Realisation würde einen FTP-Server in den USA auswählen, da nicht erkennbar ist, dass der Initiator der Anfrage in Deutschland sitzt.

1 http://www.perl.com/CPAN/

2 http://www.cache.dfn.de/

Lastverteilung

Unter Lastverteilung respektive *Load Balancing* versteht man das Verteilen von Anfragen auf mehrere Webserver, die sich jedoch nach außen hin alle hinter demselben Hostnamen verstecken.

Es gibt verschiedene Möglichkeiten, solch eine Lastverteilung zu erreichen. Eine Möglichkeit ist die Verwendung des sogenannten *Round-Robin DNS*, bei dem eine spezielle Konfiguration des Nameservers dafür sorgt, dass bei einer Anfrage jeweils eine andere der zu einem Hostnamen gehörenden IP-Adressen zurückliefert wird. Das Problem hierbei ist, dass DNS-Lookups in vielen Fällen in einem Cache zwischengespeichert werden und somit die Last nicht unbedingt immer gleich verteilt wird. Eine weitere – und eigentlich die beste Möglichkeit – ist die Verwendung einer entsprechenden Hardwarelösung zur Lastverteilung, die auf TCP-Ebene agiert und die Verbindungen auf einen Webserver-Cluster verteilt. Der Vorteil der Hardwarelösung ist die hervorragende Performance, was sich jedoch auch im Preis solcher Hardwarelösungen niederschlägt.

Aber kommen wir nun zur Lösung des Problems mit dem Rewrite-Modul. Bei dieser Variante wird das Ausführen von internen Proxy-Anfragen über eine `RewriteRule`-Anweisung ausgenutzt.

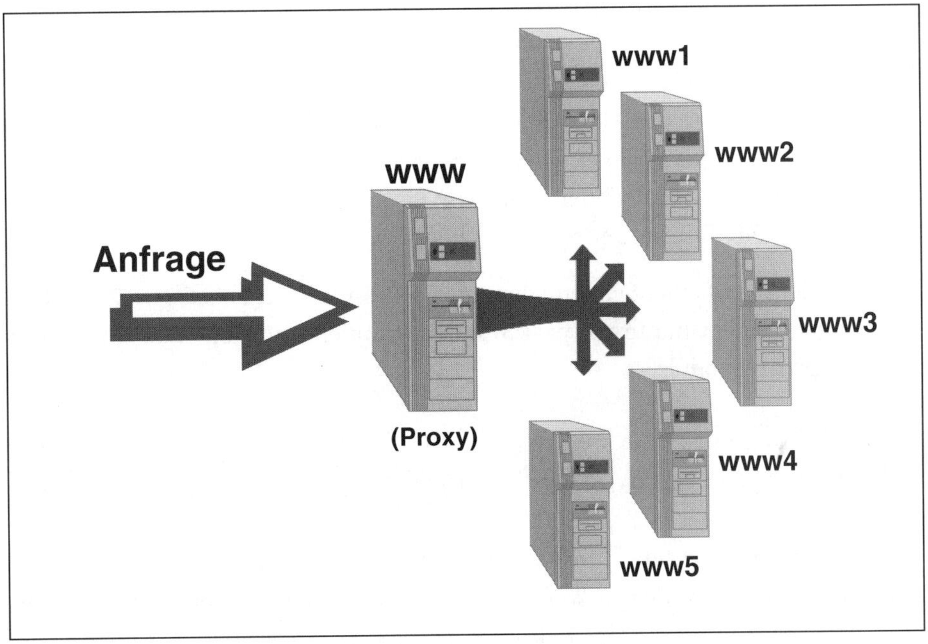

Abb. 5.8: Lastverteilung via Apache-Proxy

Konfiguration:

```
RewriteMap  server rnd:/usr/local/apache/conf/servers.map
RewriteRule ^/(.*) http://${server:hosts}.domain.tld/$1
```

Durch die Nutzung des Map-Typs `rnd` wird erreicht, dass bei jedem Zugriff jeweils ein zufälliger Wert des Schlüssels hosts ausgewählt wird. Soll die Last beispielsweise auf die fünf Server `www1.domain.tld` bis `www5.domain.tld` verteilt werden, ergibt sich folgendes Aussehen der Map-Datei `servers.map`:

```
hosts  www1|www2|www3|www4|www5
```

Beachten Sie, dass auf den Webservern jeweils `UseCanonicalName` deaktiviert ist, damit nicht der reale Name des Webservers bei einem HTTP-Redirect verwendet wird und zum Webclient gelangt. Abgesehen davon empfiehlt es sich in der Map-Datei bevorzugt IP-Adressen statt Hostnamen zu verwenden, damit DNS-Lookups vermieden werden können.

Vielleicht fragen Sie sich jetzt, warum obige Lösung gut sein soll, denn der Hauptserver wird ja immer noch mit allen Zugriffen konfrontiert. Der Punkt ist jedoch, dass der Hauptserver nur als Proxy dient und insbesondere CGI-Skripten, Server-Side Includes usw. auf einem der anderen Webserver ausgeführt werden.

On-the-fly Content-Regeneration

Hier folgt ein etwas esoterisches Beispiel: statische Dokumente, die jedoch bei Bedarf dynamisch *on-the-fly* generiert werden. Die Ausführung von CGI-Skripten kostet Zeit und belastet den Rechner, aber wenn Sie dynamische Seiten generieren wollen, bleibt Ihnen oft keine andere Möglichkeit.

Falls sich der Inhalt einer Seite mit dynamischem Inhalt nicht bei jedem Zugriff ändert, sondern vielleicht nur alle paar Stunden, empfiehlt sich folgende Lösung mittels des Rewrite-Moduls:

```
RewriteCond %{REQUEST_FILENAME} !-s
RewriteRule ^page\.html$ page.cgi [T=application/x-httpd-cgi,L]
```

Ein Zugriff auf `page.html` führt zu der internen Ausführung des CGI-Skripts `page.cgi`, allerdings nur dann, wenn `page.html` nicht schon existiert und die Dateigröße größer als null ist. Der Trick ist, dass `page.cgi` zusätzlich zur Ausgabe auf stdout auch in die Datei page.html schreibt. Ein weiterer Zugriff auf page.html würde somit nicht das CGI-Skript aufrufen, sondern zum normalen Ausliefern der Seite führen. Wollen Sie nun von Zeit zu Zeit eine Neugenerierung der Seite herbeiführen (typischerweise via *cronjob*), löschen Sie einfach die alte Seite. Beim nächsten Zugriff wird automatisch wieder das CGI-Skript ausgeführt und die Seite *on-the-fly* erzeugt.

Dokument mit Autorefresh

Wäre es nicht schön, wenn ein Webbrowser eine Seite – die er gerade geladen hat – automatisch erneuert, wenn sich diese auf dem Webserver ändert? Auf den ersten Blick mag dies unmöglich erscheinen, jedoch lässt sich genau dies durch die Verwendung von MIME-Multipart-Dokumenten, der NPH-Skript-Funktionalität (*Non-Parsed-Header*) und des Rewrite-Moduls erreichen.

```
RewriteRule ^(.+):refresh  \
            /usr/local/apache/cgi-intern/nph-refresh?f=$1
```

Die obige RewriteRule-Anweisung sorgt dafür, dass jeder Zugriff auf einen URL, dem »:refresh« angehängt wurde, die Ausführung des CGI-Skripts nph-refresh erzwingt. Beim Zugriff auf http://www.domain.tld/test/page.html:refresh wird beispielsweise intern /usr/local/apache/cgi-intern/nph-refresh?f=/test/page.html aufgerufen. Das Skript sorgt dann dafür, dass die Seite /test/page.html als Multipart-Dokument an den Browser geschickt wird und automatisch erneut geschickt wird, wenn die Datei – auf Dateisystemebene – erneuert wurde. Als Anwendung hierfür wäre z. B. eine Seite denkbar, die ein Bild enthält, das alle paar Minuten erneuert wird. Das aktuelle Bild würde somit ohne jegliche Nutzerinteraktion vom Webserver an den Browser übertragen (*Server-Push*).

Der wichtigste Teil ist aber das Skript nph-refresh:

```
#!/usr/bin/perl
##
##  nph-refresh -- NPH/CGI script for auto refreshing pages
##  Copyright (c) 1997 Ralf S. Engelschall, All Rights Reserved.
##
$| = 1;

#  split the QUERY_STRING variable
@pairs = split(/&/, $ENV{'QUERY_STRING'});
foreach $pair (@pairs) {
```

```
    ($name, $value) = split(/=/, $pair);
    $name =~ tr/A-Z/a-z/;
    $name = 'QS_' . $name;
    $value =~ s/%([a-fA-F0-9][a-fA-F0-9])/pack("C", hex($1))/eg;
    eval "\$$name = \"$value\"";
}
$QS_s = 1 if ($QS_s eq '');
$QS_n = 3600 if ($QS_n eq '');
if ($QS_f eq '') {
    print "HTTP/1.0 200 OK\n";
    print "Content-type: text/html\n\n";
    print "<b>ERROR</b>: No file given\n";
    exit(0);
}
if (! -f $QS_f) {
    print "HTTP/1.0 200 OK\n";
    print "Content-type: text/html\n\n";
    print "<b>ERROR</b>: File $QS_f not found\n";
    exit(0);
}

sub print_http_headers_multipart_begin {
    print "HTTP/1.0 200 OK\n";
    $bound = "ThisRandomString12345";
    print "Content-type: ";
    print "multipart/x-mixed-replace;boundary=$bound\n";
    &print_http_headers_multipart_next;
}

sub print_http_headers_multipart_next {
    print "\n--$bound\n";
}

sub print_http_headers_multipart_end {
    print "\n--$bound--\n";
}

sub displayhtml {
    local($buffer) = @_;
    $len = length($buffer);
    print "Content-type: text/html\n";
    print "Content-length: $len\n\n";
```

```
    print $buffer;
}

sub readfile {
    local($file) = @_;
    local(*FP, $size, $buffer, $bytes);
    ($x, $x, $x, $x, $x, $x, $x, $size) = stat($file);
    $size = sprintf("%d", $size);
    open(FP, "<$file");
    $bytes = sysread(FP, $buffer, $size);
    close(FP);
    return $buffer;
}

$buffer = &readfile($QS_f);
&print_http_headers_multipart_begin;
&displayhtml($buffer);

sub mystat {
    local($file) = $_[0];
    local($time);

    ($x, $x, $x, $x, $x, $x, $x, $x, $x, $mtime) = stat($file);
    return $mtime;
}

$mtimeL = &mystat($QS_f);
$mtime = $mtime;
for ($n = 0; $n < $QS_n; $n++) {
    while (1) {
        $mtime = &mystat($QS_f);
        if ($mtime ne $mtimeL) {
            $mtimeL = $mtime;
            sleep(2);
            $buffer = &readfile($QS_f);
            &print_http_headers_multipart_next;
            &displayhtml($buffer);
            sleep(5);
            $mtimeL = &mystat($QS_f);
            last;
        }
        sleep($QS_s);
```

```
    }
}

&print_http_headers_multipart_end;

exit(0);
```

Gesperrte Inline-Images

Es kommt immer wieder vor, dass in Dokumenten eines anderen Webservers Bilder des eigenen Servers – unerlaubt – referenziert werden. Verhindern lässt sich dies, wenn auch nicht in allen Fällen, durch eine Überprüfung des Referer-Headers. Stammt der Referer beim Zugriff auf ein Bild nicht vom eigenen Server, so ist es wahrscheinlich, dass das Bild in einem Dokument eines anderen Webservers benutzt wird.

Beispiel:

```
RewriteCond %{HTTP_REFERER} !^$
RewriteCond %{HTTP_REFERER} !^http://www\.domain\.tld/.*$ [NC]
RewriteRule /images/.* - [F]
```

Der Zugriff auf eine Datei im Verzeichnis `/images` ist nur dann möglich, wenn der `Referer`-Header entweder leer ist (d.h. der Webclient hat solch einen Header nicht geschickt) oder er mit `http://www.domain.tld/` beginnt.

Manipulation von Proxy-Anfragen

Falls der Apache als Proxy-Cache eingesetzt wird, ist es ohne weitere Probleme möglich, auch die Proxy-Anfrage zu manipulieren. Beispielsweise kann der Zugriff auf bestimmte Webserver gesperrt oder auf einen anderen Webserver umgeleitet werden. Im Folgenden sehen Sie einige kleine Beispiele:

Anfragen an einen FTP-Server auf einen lokalen Spiegel-Server umleiten

```
RewriteRule ^ftp://ftp\.otherdomain\.tld/pub(.*)
            ftp://ftp.domain.tld/pub/mirror/otherdomain/$1 [L]
```

Wenn Sie dem Nutzer nicht zeigen wollen, dass er auf dem lokalen FTP-Spiegel-Server gelandet ist, so können Sie `[P]` verwenden, um eine interne Proxy-Anfrage auszuführen.

Sperren von bestimmten URLs

```
RewriteRule ^http://www\.badsite\.tld/.* - [F]
RewriteRule ^http://www\.otherdomain\.tld/~badboy/.* - [F]
RewriteRule ^http://123\.45\.67\..+ - [F]
```

Wenn Sie kenntlich machen wollen, warum der Zugriff auf die URLs gesperrt wurde, können Sie einen Redirect auf ein erklärendes Dokument ausführen:

```
RewriteRule ^http://www\.badsite\.tld/.*  \
            http://www.domain.tld/gesperrt.html [R,L]
```

Proxy-Nutzung für bestimmte Nutzer sperren

Wenn man den Proxy des Apache nutzt, wird man typischerweise in der Access-Konfiguration einen Eintrag der Form

```
<Directory proxy:*>
order deny,allow
deny from all
allow from 123.45
</Directory>
```

benutzen, der den Zugriff auf den Proxy auf die lokale Domain (im Beispiel 123.45.*.*) beschränkt. Mit dem Rewrite-Modul können jedoch auch bestimmte Nutzer von der Proxy-Nutzung ausgeschlossen werden.

Host-basierte Sperre (im Beispiel für den Host mit der IP-Adresse 123.45.67.89):

```
RewriteCond %{REMOTE_ADDR} ^123\.45\.67\.89$
RewriteRule !^http://[^/.]\.domain\.tld.* - [F]
```

User-basierte Sperre (via IDENT-Lookup für badboy@123.45.*.*):

```
RewriteCond %{REMOTE_IDENT}@%{REMOTE_ADDR} ^badboy@123\.45\..*$
RewriteRule !^http://[^/.]\.domain\.tld.* - [F]
```

Mass-Virtual-Hosting

Eine eigene Domain zu haben ist in, nicht nur für Firmen. Auch immer mehr Privatleute legen sich eine eigene Domain zu. Viele Internet-Service-Provider bieten deshalb schon in großem Stil eine eigene Website inklusive eigener Domain an.

An dieser Stelle kommt der Begriff *Mass-Virtual-Hosting* ins Spiel, denn nicht selten werden mehrere tausend virtuelle Server auf einem einzelnen Webserver untergebracht.

Prinzipiell müsste für jeden virtuellen Server eine eigene `<VirtualHost>`-Anweisung verwendet und mindestens die Angaben zu `ServerName` und `DocumentRoot` angepasst werden, was jedoch recht aufwendig ist.

Ab Apache Version 1.3.9 lässt sich das Problem komfortabel mit dem Modul `mod_vhost_alias` lösen (siehe Kapitel 5.25), allerdings soll die folgende Rewrite-Konfiguration zeigen, dass sich dasselbe Ziel auch mittels `mod_rewrite` lösen lässt ohne eine einzige `<VirtualHost>`-Anweisung verwenden zu müsse – zumindest dann nicht, wenn ausschließlich namensbasierte virtuelle Server verwendet werden.

```
RewriteMap  lowercase  int:tolower
RewriteCond ${lowercase:%{HTTP_HOST}}
            ^([0-9a-z-]+\.[0-9a-z-]+\.[0-9a-z]+)
RewriteRule ^/(.*)$  /web/vhosts/%1/$1
```

Wird zum Beispiel eine Anfrage des URLs `http://www.yourdomain.tld/index.html` durchgeführt, wird der Hostname `www.yourdomain.tld` (bei dem es sich um einen Alias-Namen des Webservers handeln muss) aus dem `Host`-Header extrahiert, dabei mittels `int:tolower` in Kleinbuchstaben umgewandelt und die Anfrage auf das jeweilige Dokumentverzeichnis umgeschrieben. Letztendlich würde somit die Datei `/web/vhosts/www.yourdomain.tld/index.html` zurückgeliefert.

Das Verzeichnis `/web/vhosts` stellt im Beispiel das Hauptverzeichnis dar, in dem für jeden virtuellen Server ein Unterverzeichnis angelegt werden sollte, das dem zugehörigen Hostname entspricht. Fehlt ein solches Verzeichnis, wird eine normale »*Not Found*«-Fehlermeldung erzeugt.

Der recht komplexe reguläre Ausdruck der zweiten `RewriteCond`-Anweisung sorgt dafür, dass es sich bei der Zeichenkette, die aus dem `Host`-Header extrahiert wird, auch wirklich um einen Hostname handelt und eine eventuell angehängte Portnummer (z. B. `www.domain.tld:80`) abgeschnitten wird. Im Beispiel ist der reguläre

Ausdruck auf Namen der Form `www.domain.tld` ausgelegt. Falls Namen der Form `www.sub.domain.tld` oder nur `domain.tld` verwendet werden sollen, muss der reguläre Ausdruck entsprechend angepasst werden. Das `RewriteCond`-Ergebnis wird dann in der folgenden `RewriteRule`-Anweisung mittels »`%1`« referenziert.

Aus Sicherheitsgründen sollten Sie die direkte Verwendung von `%{HTTP_HOST}` in einer `RewriteRule`-Anweisung vermeiden, da nicht sichergestellt ist, dass bei einem Zugriff auch ein korrekter `Host`-Header übermittelt wurde. Ein potenzieller Angreifer könnte zum Beispiel folgende Anfrage schicken und somit eventuell Zugriff auf Daten erlangen, die ansonsten nicht über den Webserver abrufbar sind:

```
GET /etc/passwd HTTP/1.1
Host: ../../
```

Die angegebene `RewriteRule`-Anweisung wird somit nicht ausgeführt, wenn ein falscher `Host`-Header übermittelt wurde oder dieser Header überhaupt nicht übermittelt wurde, was bei älteren Webclients durchaus noch vorkommen kann.

Ab Apache 1.3.11 ist diese Prüfung des Host-Headers nicht mehr notwendig, da der Apache ab dieser Version bereits selbstständig die syntaktische Korrektheit des Headers überprüft. Ist der Header inkorrekt wird die Anfrage mit einer Fehlermeldung beantwortet (*Bad Request*).

Zusätzlich zur obigen Beispielkonfiguration ist die Angabe von

```
UseCanonicalName Off
```

erforderlich, damit der Apache bei intern erzeugten HTTP-Redirects nicht den eigentlichen Hostnamen des Webservers, sondern den Namen aus dem Host-Header verwendet.

5.12.3 mod_speling

Schon seit längerem als Zusatzmodul verfügbar, gehört `mod_speling` mittlerweile zur Apache-Distribution und dient zur Korrektur von URL-Tippfehlern. Jeder kennt das Problem: Man tippt einen URL ein und durch einen Zeichendreher oder ein vergessenes Zeichen schlägt der Zugriff fehl. `mod_speling` ist in der Lage insgesamt vier verschiedene Arten von Fehlern zu korrigieren:

- Groß-/Kleinschreibung
  Beispiel: `PaGe.html -> page.html`
- weggelassene Dateiendung
  Beispiel: `page -> page.html`
- vertauschte Zeichen
  Beispiel: `pgae.html -> page.html`
- Fehler mit maximal einem falschen Zeichen
  Beispiel: `pages.html -> page.html`

Sofern eine Anfrage eindeutig zugeordnet werden kann, erzeugt das Spelling-Modul automatisch einen HTTP-Redirect auf den korrekten URL. Kommen dagegen mehrere URLs in Betracht, wird eine Auswahlseite mit den jeweiligen URLs an den Webclient zurückgeliefert um den Benutzer entscheiden zu lassen, welches Dokument er haben möchte.

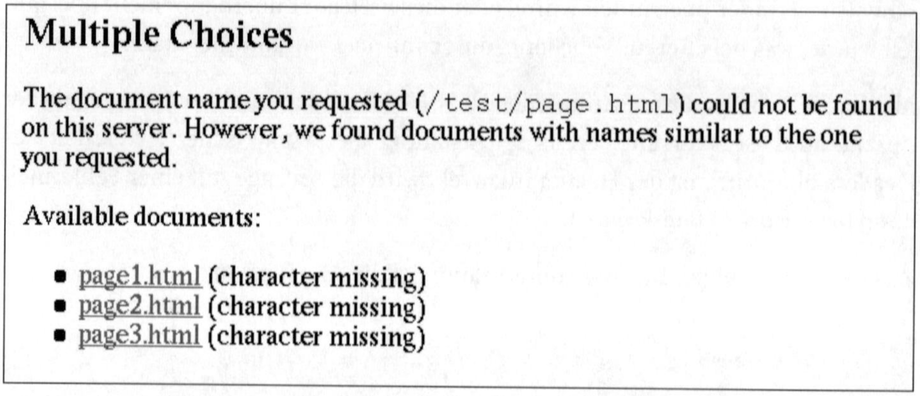

Abb. 5.9: Beispiel einer Auswahlseite beim Zugriff auf `page.html`.

Um ein passendes Ziel bei einer falschen Anfrage zu finden, überprüft das Modul die jeweiligen Verzeichnisse. Es ist somit nicht in der Lage Fehler zu korrigieren, wenn es sich um einen *virtuellen* URL handelt, wie z. B. die mit einer Tilde beginnenden Benutzerverzeichnisse.

Weiterhin sollten Sie beachten, dass durch die Dateizugriffe eine zusätzliche Belastung des Servers entsteht. Insbesondere sollten Sie auf `mod_speling` verzichten, wenn die Gefahr besteht, dass durch die Korrekturfunktion der Zugriff auf sensitive Daten ermöglicht wird, die zwar abrufbar sind, jedoch ansonsten nicht über einen Verweis von einer anderen Seite erreicht werden können.

CheckSpelling

Syntax	`CheckSpelling` *On|Off*
Default	Off
Modul	mod_speling
Kontext	Serverkonfiguration, `<VirtualHost>`, `<Directory>`, `<Location>`, `<Files>`, `.htaccess`

Mit der `CheckSpelling`-Anweisung, die im Gegensatz zum Modulnamen mit zwei »`l`« geschrieben wird, können Sie die Korrekturfunktionalität von `mod_speling` aktivieren beziehungsweise deaktivieren.

Aktiviert werden kann die Korrekturfunktionalität entweder global in der Serverkonfiguration oder aber auch nur für einen bestimmten Bereich des Servers, z. B. mit einer `<Directory>`-Anweisung.

5.13 Benutzerverzeichnisse

Beim Stöbern auf Webservern trifft man oft auf URLs der Form `http://www.somewhere.tld/~user/`, bei denen der URL-Pfad mit einer Tilde »~« beginnt. Wie auch der Apache verwenden die meisten Webserver diese Art der URLs, um Benutzerverzeichnisse zu kennzeichnen. Der Name nach der Tilde ist hierbei der Account-Name des jeweiligen Nutzers.

Wenn Sie nutzerspezifische Verzeichnisse einrichten wollen, können Sie dies durch die Verwendung des UserDir- oder des Rewrite-Moduls erreichen.

5.13.1 mod_userdir

UserDir

Syntax	`UserDir` *Verzeichnis*|`disabled` `UserDir enabled`|`disabled` *Username* [*Username* ...]
Default	`public_html`
Modul	`mod_userdir`
Kontext	Serverkonfiguration, `<VirtualHost>`

`UserDir` ist die einzige Konfigurationsanweisung, die das Modul `mod_userdir` zur Verfügung stellt. Bei der ersten Variante wird als Argument die Angabe eines Verzeichnisnamens erwartet. Im einfachsten Fall wird ein Unterverzeichnis bezüglich des Home-Verzeichnisses angegeben, in das die Nutzer ihre Dateien ablegen müssen.

Beispiel:

```
UserDir public_html
```

Legt nun der Nutzer mit dem Account-Namen `joe` ein Verzeichnis `public_html` in seinem Home-Verzeichnis an, so kann auf die Dateien in diesem Verzeichnis über den URL `http://www.domain.tld/~joe/` zugegriffen werden. Der Apache überprüft intern anhand der Passwortdatei, wo sich das Home-Verzeichnis des Nutzers befindet, und gibt entsprechend die angeforderte Datei aus dem `public_html`-Verzeichnis zurück.

Als *Verzeichnis* muss jedoch nicht zwingend die obige Variante benutzt werden. Es kann auch ein absoluter Verzeichnisname angegeben werden.

Beispiel:

```
UserDir /usr/local/web
```

Ein Zugriff auf den URL `/~joe/test.html` würde den Apache dazu veranlassen, die Datei `/usr/local/web/joe/test.html` zu laden.

Gibt man in der Verzeichnisangabe einen Stern »*« als Platzhalter an, so wird dieser beim Zugriff durch den jeweiligen Benutzernamen ersetzt.

Beispiel:

```
UserDir /usr/home/*/www
```

Beim URL `/~joe/test.html` würde der Apache versuchen, die Datei `/usr/home/joe/www/test.html` an den Client zurückzuliefern.

Falls sich die Benutzer-Homepages nicht auf dem lokalen Rechner befinden, lässt sich automatisch ein Redirect auf einen anderen Webserver ausführen. Als *Verzeichnis* wird hierbei dann ein URL angegeben.

Beispiele:

```
UserDir http://www.home.domain.tld
UserDir http://www.otherdomain.tld/users
```

Bei der Verwendung des UserDir-Moduls sollten Sie beachtet, dass es per Default aktiviert ist, wenn es in den Apache eingebunden wurde. Wollen Sie es ausschalten, müssen Sie explizit

```
Userdir disabled
```

in der Konfiguration angeben.

Unabhängig davon, ob `UserDir` global aktiviert oder deaktiviert wurde, können Sie den Zugriff auf bestimmte Nutzerverzeichnisse sperren oder freischalten (ab Apache-Version 1.3.0).

UserDir nur für einige ausgewählte Nutzer freischalten

```
UserDir disabled
UserDir enabled peter paul mary
```

UserDir für einige Nutzer sperren

```
UserDir public_html
UserDir disabled peter paul mary
```

Statt `disabled` bzw. `enabled` kann auch jeweils die Kurzform `disable` bzw. `enable` verwendet werden.

mod_rewrite

Alle zuvor beschriebenen Varianten der `UserDir`-Anweisung lassen sich auch über das Rewrite-Modul und dessen `RewriteRule`-Anweisung realisieren.

Beispiel:

```
RewriteRule ^/~([^/]+)/?(.*) /usr/home/$1/$2
```

5.14 Content Negotiation

Der Apache hat die Fähigkeit, eine Antwort an die Wünsche und Fähigkeiten des Webclients anzupassen. Der Webclient handelt quasi bei einem Zugriff aus (daher resultiert der Begriff *Content Negotiation*), welche Variante einer Datei er gern hätte. Liegt eine Bilddatei beispielsweise in den Formaten PNG, GIF und JPG vor, so könnte an einen Client, der PNG-Dateien (*Portable Network Graphic*) verarbeiten kann, diese Variante des Bildes geliefert werden.

Aufseiten des Apache ist – abgesehen von der Erstellung der verschiedenen Dateivarianten – die Erstellung einer *Type-Map* oder die Aktivierung einer sogenannten *MultiViews*-Suche notwendig.

Die Nutzung und Erstellung von Type-Maps und der MultiViews-Funktionalität wird ausführlich in Kapitel 11 beschrieben. Hier sollen zunächst die dafür notwendigen Konfigurationsschritte betrachtet werden.

5.14.1 Type-Maps

Eine *Type-Map* ist eine Datei, die Angaben zu den verschiedenen Varianten enthält, die sich hinter genau *einem* URL verbergen. Liegt ein Dokument beispielsweise im HTML- und PDF-Format vor, so werden diese Dateien in der Map aufgeführt und der jeweilige MIME-Typ kenntlich gemacht.

Aktiviert werden Type-Maps über die Zuweisung des Handlers `type-map` zu einer Dateiendung, wobei typischerweise die Endung `.var` (für *Variant*) benutzt wird.

```
AddHandler type-map var
```

Wenn Sie die `AddHandler`-Anweisung global in der Serverkonfiguration an, so werden Dateien mit der Endung `.var` in *allen* Verzeichnissen des Webservers als Type-Maps deklariert. Will man die Nutzung der Type-Maps einschränken, so bietet sich eine Beschränkung auf bestimmte Verzeichnisse an, z. B.:

```
<Location /test>
AddHandler type-map var
</Location>
```

5.14.2 MultiViews

Die Erstellung von Type-Maps ist relativ zeitaufwendig, da zu jeder Datei, die in verschiedenen Varianten vorliegt, eine entsprechende Type-Map erstellt werden muss. Einfacher gestaltet sich die Content Negotiation, wenn man die *MultiViews*-Funktionalität des Apache einsetzt. Dies ist jedoch nicht so flexibel wie der Einsatz von Type-Maps.

Aktiviert wird die MultiViews-Suche über die Option `MultiViews`, die, wie im folgenden Beispiel, typischerweise auf bestimmte Verzeichnisse beschränkt wird:

```
<Location /test>
Options +MultiViews
</Location>
```

Beachten Sie, dass die Option `MultiViews` die einzige Option ist, die nicht über die Anweisung `Options All` aktiviert wird.

Eine MultiViews-Suche läuft wie folgt ab: Bei einem Zugriff auf eine nicht existierende Datei, z.B. `/test/page`, in einem Verzeichnis, für das `MultiViews` aktiviert wurde, sucht der Apache intern nach allen Dateien `/test/page.*` und erstellt anhand der gefundenen Dateien intern eine Type-Map, auf deren Basis dann entschieden wird, welche Datei an den Webclient zurückgeliefert werden soll. Wird keine passende Datei gefunden, wird eine normale »*Datei nicht gefunden*«-Fehlermeldung an den Client zurückgeliefert.

Die MultiViews-Suche wird in erster Linie angewendet, wenn Dokumente in verschiedenen Sprachen angeboten werden sollen, z.B. Deutsch und Englisch. Damit der Apache herausfinden kann, in welcher Sprache ein Dokument vorliegt, kennzeichnet man dies über einen zuvor via `AddLanguage` definierten Dateizusatz. Dieser Zusatz des Dateinamens entspricht in der Regel dem Sprachkürzel der jeweiligen Sprache, so wie er in ISO 639 definiert ist.

Hier ein Beispiel für ein Dokument, das in englischer und deutscher Sprache vorliegt:

```
page.html.de
page.html.en
```

Fordert ein Webclient in einer Anfrage keine spezifische Sprache an, so wird das Dokument zurückgeliefert, das bezüglich der verwendeten Sprache die höchste Priorität hat. Gekennzeichnet wird dies in der Konfiguration durch die `LanguagePriority`-Anweisung.

Die zwei zuvor genannten Konfigurationsanweisungen `AddLanguage` und `LanguagePriority` werden im Folgenden kurz erklärt. Eine ausführliche Erläuterung zur Nutzung der MultiViews-Funktionalität finden Sie in Kapitel 11.

AddLanguage

Syntax	`AddLanguage` *Sprache Name* [*Name* ...]
Modul	`mod_mime`
Kontext	Serverkonfiguration, `<VirtualHost>`, `<Directory>`, `<Location>`, `<Files>`, `.htaccess`

Sprache ist hierbei ein Sprachkürzel nach ISO 639 (vergleiche Anhang D), und *Name* kennzeichnet die Dateiendung, von denen mehrere angegeben werden können.

Beispiele:

```
AddLanguage de .de
AddLanguage en .en
AddLanguage pl .po
```

Das letzte Beispiel fällt etwas aus dem Rahmen: Bei der polnischen Sprache sollte als Dateiendung nicht `pl`, sondern z.B. `po` verwendet werden, um Probleme mit eventuell vorhandenen Perl-Dokumenten zu vermeiden, die ja bekanntlich auch die Dateiendung `.pl` haben.

Auf der CD-ROM finden Sie im Verzeichnis `/apache/config` Beispielkonfigurationen, die `AddLanguage`-Anweisungen für alle Sprachen enthalten.

LanguagePriority

Syntax	`LanguagePriority` *Sprache* [*Sprache* ...]
Modul	`mod_negotiation`
Kontext	Serverkonfiguration, `<VirtualHost>`, `<Directory>`, `<Location>`, `<Files>`, `.htaccess`

Da nicht alle Browser respektive Webclients kenntlich machen, welche Sprache sie bevorzugen, oder im ungünstigsten Fall gar keinen `Accept-Language`-Header mitschicken, können Sie über die Konfigurationsanweisung `LanguagePriority` festlegen, welche Variante in solch einem Fall vom Apache zurückgeliefert werden soll.

Beispiel:

```
LanguagePriority en de fr
```

Die zuerst angegebene Sprache hat hierbei die höchste Prioriät. Im obigen Beispiel haben somit englische Dokumente die höchste Priorität, deutsche Dokumente die zweithöchste und französische Dokumente die niedrigste Priorität.

Bei `LanguagePriority` sollten Sie darauf achten, dass Sie auch nur die Sprachen angeben, die auch auf dem Webserver verwendet werden.

DefaultLanguage

Syntax	`DefaultLanguage` *Sprache*
Modul	`mod_mime`
Kontext	Serverkonfiguration, `<VirtualHost>`, `<Directory>`, `<Location>`, `<Files>`, `.htaccess`

Sofern eine Datei keine Dateiendung zur Kennzeichnung der Sprache hat, kann der Apache bei Verwendung von MultiViews nicht herausfinden, welche Sprache für das Dokument verwendet werden soll. Mittels `DefaultLanguage` kann hier bei Bedarf eine Default-Sprache vorgegeben werden, wobei die Anweisung sowohl global in der Serverkonfiguration als auch in einer `<Directory>`-, `<Location>`- oder `<Files>`-Sektion sowie in `.htaccess` angegeben.

Nützlich ist `DefaultLanguage` vor allem denn, wenn Dateien bereits in einer bestimmten Sprache vorliegen, aber die Website auch in anderen Sprachen angeboten werden soll. Normalerweise müssten die bisherigen Dateien alle um eine entsprechende Dateiendung zur Kennzeichnung der Sprache ergänzt werden, was durch Nutzung von `DefaultLanguage` jedoch entfällt.

Soll eine Website mit bisher nur deutschsprachigen Dokumenten um die englischsprachige Variante der Dokumente ergänzt werden, so ergibt sich folgende Konfiguration:

```
AddLanguage de .de
AddLanguage en .en
LanguagePriority de en
<LocationMatch \.html$>
DefaultLanguage de
</LocationMatch>
```

Alle Dokumente mit der Dateiendung `.html` werden nun als deutschsprachige Dokumente behandelt. Die Sprachkennungen `.de` und `.en` können ganz normal verwendet werden.

Es wäre auch möglich `DefaultLanguage` global anzugeben, jedoch ist das nur selten sinnvoll, da diese Angabe dann wirklich für alle Dateien gilt, auch für Bilddateien oder Softwarearchive.

AddCharset

Syntax	`AddCharset` *Zeichensatz Dateiendung* [*Dateiendung* ...]
Modul	`mod_mime`
Kontext	Serverkonfiguration, `<VirtualHost>`, `<Directory>`, `<Location>`, `<Files>`, `.htaccess`

Die Anweisung `AddCharset` hat eigentlich nicht speziell etwas mit Content Negotiation zu tun und wird auch nicht vom Negotiation-, sondern vom MIME-Modul zur Verfügung gestellt. Ihr Nutzen ergibt sich aber letztlich nur, wenn es um Content Negotiation geht.

Wie der Name `AddCharset` bereits vermuten lässt, ist es mit dieser Anweisung möglich einen festen Zeichensatz für Dateien mit einer bestimmten Dateiendung zu definieren. Dies kann dann notwendig sein, wenn der Default-Zeichensatz ISO-8859-1 nicht verwendet werden kann oder soll.

Ein Beispiel hierfür sind HTML-Seiten in chinesischer Sprache, für die verschiedene Zeichensätze verwendet werden. Die zugehörige Konfiguration könnte wie folgt aussehen:

```
AddCharset BIG5 big5
AddCharset EUC-TW euctw
AddCharset GB2312 gb
AddLanguage zh .zh
```

Es sind die drei möglichen Zeichensätze BIG5, EUC-TW und GB2312 definiert und, mittels `AddLanguage`, die Sprache Chinesisch (`zh`) selbst.

Liegt ein Dokument beispielsweise im BIG5-Zeichensatz vor, so muss sowohl ».`big5`« als auch ».`zh`« im Dateinamen vorkommen. Die Reihenfolge ist hierbei unerheblich.

Beispiel:

```
page.html.big5.zh
page.html.zh.big5
```

Obwohl der Zeichensatz im HTTP-Header an den Webclient übermittelt wird, wird dieser jedoch in kaum einem Fall vom Client wirklich genutzt um das Dokument darzustellen. Wie bereits erwähnt, ist jedoch die Verwendung im Zusammenhang mit *Content Negotiation* und *MultiViews* nützlich, da hier der Apache eine passende Variante auswählen kann, je nachdem welcher Zeichensatz vom Client bevorzugt wird.

5.14.3 Caching von Variationen

Das Caching von Dateien, die als Variation eines bestimmten URLs zurückgeliefert wurden, stellt prinzipiell ein Problem dar. Ein Nutzer beispielsweise, der nur Englisch spricht, wird sich nicht freuen, wenn er vom Proxy-Cache die deutsche Variante eines Dokuments erhält. In HTTP/1.1 wurden Mechanismen entwickelt, um genau dies zu verhinden, so dass man sich in solch einem Fall keinerlei Gedanken machen muss. Bei HTTP/1.0-Anfragen lässt sich dies jedoch nicht kontrollieren. Per Default sorgt der Apache dafür, dass eine Variation nicht in einem Proxy-Cache gespeichert wird, wenn es sich um eine HTTP/1.0-Anfrage gehandelt hat. Dieses Verhalten lässt sich jedoch mit der Anweisung `CacheNegotiatedDocs` außer Kraft setzen.

CacheNegotiatedDocs

Syntax	CacheNegotiatedDocs
Default	*(Caching von Variationen wird verhindert)*
Modul	`mod_negotiation`
Kontext	Serverkonfiguration

Die Konfigurationsanweisung `CacheNegotiatedDocs` hat keinerlei Optionen und sorgt, wenn sie in der Serverkonfiguration gesetzt wird, dafür, dass Variationen auch in einem Proxy-Cache gespeichert werden dürfen, wenn es sich bei der Anfrage um eine HTTP/1.0-Anfrage gehandelt hat. Im Zeitalter von HTTP/1.1 sollte man jedoch auf das Setzen dieser Konfigurationsanweisung verzichten, damit die Variationen in solch einem Fall nicht gespeichert werden. Sonst kommt es zu Problemen, weil an einen Client eine Variante ausgeliefert wird, die er nicht verarbeiten kann oder will.

5.15 Image-Maps

Unter *Image-Maps* bzw. *Clickable Images* versteht man anwählbare Bilder, hinter denen sich – entsprechend der angewählten Koordinaten – ein Verweis auf ein anderes Dokument versteckt.

Die zwei Arten dieser Image-Maps, *Client-Side Image-Maps* und *Server-Side Image-Maps*, werden in Kapitel 12 näher erläutert. Im Folgenden finden Sie die für Server-Side Image-Maps relevanten Konfigurationsanweisungen, die vom Modul `mod_imap` zur Verfügung gestellt werden.

Aktiviert werden die Server-Side Image-Maps über einen Handler mit dem Namen `imap-file`. Dieser wird typischerweise Dateien mit der Endung `.map` zugewiesen:

```
AddHandler imap-file map
```

Jede dieser Map-Dateien spezifiziert genau eine Image-Map, wobei diese über die in der Datei enthaltenen Anweisungen `base`, `default`, `poly`, `circle`, `rect` und `point` charakterisiert wird (vergleiche Kapitel 12). Über die nachfolgend erläuterten Konfigurationsanweisungen, können Sie in der Serverkonfiguration Vorgaben für die Image-Maps definieren.

5.15.1 ImapBase

Syntax	`ImapBase map|referer|`*URL*
Default	`map`
Modul	`mod_imap`
Kontext	Serverkonfiguration, `<VirtualHost>`, `<Directory>`, `<Location>`, `<Files>`, `.htaccess`

Den Basis-URL für jede Image-Map können Sie in der Map-Datei selbst über die base-Anweisung definieren. Fehlt eine solche Anweisung, wird als Basis-URL der mit ImapBase definierte URL angenommen, und falls diese Angabe auch fehlt, wird der URL der Image-Map selbst verwendet. Als spezieller URL ist die Angabe von map und referer möglich, die dieselbe Bedeutung haben wie bei einer Angabe in einer Map-Datei.

Beispiele:

```
ImapBase http://www.domain.tld/test/
ImapBase referer
```

5.15.2 ImapDefault

Syntax	ImapDefault map|referer|error|nocontent|*URL*
Default	nocontent
Modul	mod_imap
Kontext	Serverkonfiguration, <VirtualHost>, <Directory>, <Location>, <Files>, .htaccess

Über die Konfigurationsanweisung ImapDefault gibt man den Default-URL an, der geladen werden soll, wenn die Image-Map zwar angewählt wurde, sich auf den Koordinaten aber kein Objekt befindet. Mit der default-Anweisung in einer Image-Map, können Sie diesen URL jeweils pro Imape-Map definieren.

Abgesehen von einem normalen URL können Sie einen der schon zuvor beschriebenen speziellen URLs – map, referer, error oder nocontent – angeben, wobei nocontent der Default-Wert von ImapDefault ist.

5.15.3 ImapMenu

Syntax	ImapDefault none|formatted|semiformatted|unformatted
Default	formatted
Modul	mod_imap
Kontext	Serverkonfiguration, <VirtualHost>, <Directory>, <Location>, <Files>, .htaccess

Da ein textbasierter Webbrowser wie z. B. Lynx nur wenig mit einer Image-Map anfangen kann, können Sie bei Anwahl der Image-Map mit ungültigen Koordinaten (0,0) automatisch ein Textmenü erzeugen. Als Text werden hierbei die *Alt*-Angaben aus der Image-Map-Datei benutzt. Die Konfigurationsanweisung ImapMenu hat vier mögliche Argumente: formatted, semiformatted, unformatted und none.

formatted

Bei dieser Art des Menüs werden nur die Link-Namen der Image-Map in Form eines Verzeichnisindex aufgelistet.

semiformatted

Diese Art eines Image-Map-Menüs entspricht formatted. Jedoch werden die *Alt*-Texte respektive Kommentare aus der Image-Map-Datei ausgegeben, wobei Leerzeilen in
-Tags umgewandelt werden.

unformatted

Bei dieser Art des Menüs wird keinerlei Formatierung vorgenommen, sondern die Formate werden jeweils aus der Map-Datei übernommen. HTML-Tags werden in der Map-Datei als Kommentare angegeben und erscheinen in genau dieser Reihenfolge dann im Menü.

none

Es wird kein Menü erzeugt und die default-Aktion ausgeführt.

5.15.4 Das imagemap-CGI-Skript

Ältere Versionen des NCSA-HTTPD konnten Image-Maps nicht direkt verarbeiten, sondern benötigten hierzu ein extra CGI-Skript. Falls Sie von solch einer Version auf den Apache umsteigen und sich noch viele Referenzen auf dieses CGI-Skript auf Ihrem Webserver befinden, können Sie folgende RewriteRule-Anweisung benutzen, um alle Anfragen automatisch so umzuschreiben, dass sie vom Apache interpretiert werden können.

```
RewriteRule ^/cgi-bin/imagemap(.*) $1
```

5.16 Common Gateway Interface (CGI)

Eine Erläuterung des *Common Gateway Interface* sowie Beispiele und Hinweise zur Sicherheit finden Sie in Kapitel 8. Im Folgenden werden die verschiedenen Konfigurationsmöglichkeiten erläutert.

Um CGI-Skripten auf eine der nachfolgend beschriebenen Arten zu benutzen, muss das Modul `mod_cgi` in den Apache eingebunden sein.

5.16.1 Verzeichnis als CGI-Verzeichnis deklarieren

Historisch bedingt befinden sich CGI-Skripten im Verzeichnis `/cgi-bin/`. Sie können somit über den URL `http://www.domain.tld/cgi-bin/scriptname` angesprochen werden. Damit der Apache weiß, dass sich in diesem Verzeichnis CGI-Skripten befinden, die beim Aufruf ausgeführt werden sollen, wurde das Verzeichnis über die Konfigurationsanweisung `ScriptAlias` definiert, z. B.

```
ScriptAlias /cgi-bin/ /usr/local/apache/cgi-bin/
```

Seit der Apache jedoch über die sogenannten Handler verfügt (vergleiche Kapitel 5.10), braucht und sollte die `ScriptAlias`-Anweisung nicht mehr verwendet werden.

Der korrekte Weg, um ein Verzeichnis als CGI-Verzeichnis zu deklarieren, führt somit über das Setzen des Handlers `cgi-script`. Der Handler wird über die Konfigurationsanweisung `SetHandler` aktiviert. Zusätzlich muss mit der `Options`-Anweisung die Ausführung von CGI-Skripten für dieses Verzeichnis erlaubt werden.

Beispiel:

```
<Directory /usr/local/apache/cgi-bin>
AllowOverride None
Options ExecCGI
SetHandler cgi-script
</Directory>
```

5.16.2 Datei als CGI-Skript deklarieren

Analog zur zuvor beschriebenen Methode kann eine einzelne Datei als CGI-Skript deklariert werden.

Beispiel:

```
<Directory /usr/local/apache/htdocs/test>
  <Files script.sh>
  SetHandler cgi-script
  </Files>
</Directory>
```

Das CGI-Skript kann somit unter dem URL `http://www.domain.tld/test/script.sh` angesprochen werden und wird entsprechend ausgeführt. Da jedoch die `Options`-Anweisung nicht innerhalb einer `<Files>`-Sektion benutzt werden kann, müssen Sie dafür sorgen, dass `ExecCGI` in diesem Fall für das jeweilige Verzeichnis gesetzt ist.

5.16.3 Dateiendung zur Kennzeichnung von CGI-Skripten

Wenn Sie generell CGI-Skripten in den normalen Verzeichnissen nutzen wollen, empfiehlt es sich, den `cgi-script`-Handler für eine bestimmte Dateiendung zu setzen. In der Regel wird die Endung `.cgi` benutzt.

Beispiele:

```
AddHandler cgi-script cgi
AddHandler cgi-script pl
```

Ist der Handler aktiviert, können in allen Verzeichnissen, für die die Option `ExecCGI` gesetzt ist, CGI-Skripten ausgeführt werden, sofern sie die jeweils deklarierte Dateiendung haben.

5.16.4 suEXEC-Wrapper

Alle CGI-Skripten werden unter der User- und Group-ID des Apache ausgeführt, d.h. unter den mit der Konfigurationsanweisungen `User` und `Group` angegebenen IDs. Oftmals benötigt ein CGI-Skript aber eine bestimmte User-ID, um beispielsweise auf eine Datenbank zugreifen zu können. Weiterhin ist es oftmals unerwünscht, dass Nutzer, die ihre Seiten auf dem Webserver ablegen, ein CGI-Skript unter der User-ID des Apache ausführen können, sofern es ihnen überhaupt erlaubt ist, dies zu tun.

Hier bietet sich die Verwendung des Zusatzprogramms suexec an. Es sorgt dafür, dass ein CGI-Skript eines Nutzers unter dessen User-ID und nicht unter der des Apache ausgeführt wird.

Der Apache übergibt dem als *Wrapper* bezeichneten Programm suexec den Dateinamen des aufgerufenen CGI-Skripts. suexec ruft dann – wenn bestimmte Sicherheitskriterien erfüllt sind – das CGI-Skript unter der geänderten User-ID auf.

Übersetzen

Im Idealfall haben Sie den Apache schon mit suEXEC-Unterstützung übesetzt, d.h. beim Aufruf des configure-Skripts wurden die entsprechenden suEXEC-Optionen angegeben (vergleiche Kapitel 4).

Andernfalls muss der Apache entweder neu übersetzt werden, was relativ einfach mit folgendem Aufruf geht, wenn das Distributionsverzeichnis noch vorhanden ist:

```
./config.status --enable-suexec --suexec-caller=nobody ...
```

Da es aber eigentlich nicht notwendig ist, den Apache und die Module hierfür neu zu übersetzen, kann alternativ auch einfach nur das suexec-Programm übersetzt werden.

Der Quellcode, die beiden Dateien suexec.c und suexec.h, befindet sich im src/support-Verzeichnis der Apache-Distribution. Da das komfortable configure-Skript in diesem Fall nicht verwendet werden kann, müssen die notwendigen Änderungen an der Headerdatei suexec.h manuell vorgenommen werden.

suexec.h

In Tabelle 5.2 finden Sie kurze Erklärungen zu den einzelnen *Defines* aus der Headerdatei. Einige können Sie an die eigenen Bedürfnisse anpassen, andere sollten unbedingt angepasst werden.

Tabelle 5.2: Defines aus suexec.h

Define	Bedeutung
HTTPD_USER	Gibt den Usernamen an, unter dem der Apache läuft. Nur dieser User kann später das suexec-Programm ausführen. Falls der Webserver unter der ID nobody läuft, sollten Sie beachten, dass bei einigen Unix-Betriebssystemen mit dieser ID keine *setuid-root*-Programme ausgeführt werden können und der suEXEC-Wrapper deswegen nicht funktionieren wird. Beispiel: `#define HTTPD_USER "httpd"`

Tabelle 5.2: Defines aus suexec.h (Forts.)

Define	Bedeutung
UID_MIN	Hiermit wird die kleinste User-ID angegeben, unter der CGI-Skripten ausgeführt werden können. Ein typischer Wert ist auf vielen Systemen 100, da kleinere User-IDs Systemprogramme usw. kennzeichnen. Aus Sicherheitsgründen sollten Sie `UID_MIN` höher setzen als die ID des mit `HTTPD_USER` definierten Server-Users. Beispiel: `#define UID_MIN 100`
GID_MIN	Analog zu `UID_MIN` wird mit `GID_MIN` die kleinstmögliche Group-ID angegeben, mit der ein CGI-Skript ausgeführt werden darf. Beispiel: `#define GID_MIN 100`

USERDIR_SUFFIX	Über dieses Define gibt man den Namen des Verzeichnisses an, in dem sich bei den Nutzern die Webseiten befinden. In der Regel ist dies identisch zur Konfigurationsanweisung `UserDir`.
	Beispiel:
	`#define USERDIR_SUFFIX "public_html"`
	Bei `UserDir` (oder dem `RewriteRule`-Äquivalent) lassen sich als Argument auch Verzeichnismuster (z.B. `/home/htdocs/*/www`) angeben. Dagegen funktioniert der suEXEC-Wrapper mit solchen Angaben *nicht*. Der suEXEC-Wrapper geht immer davon aus, dass das in der Passwortdatei angegebene Home-Verzeichnis eines Nutzers auch die jeweiligen Webseiten und CGI-Skripten enthält. Andernfalls wird der Wrapper nicht funktionieren.
	Falls man mehrere virtuelle Server verwendet und für jeden eigene `UserDir`-Anweisungen gesetzt hat, muss man dafür sorgen, dass all diese Verzeichnisse als Unterverzeichnisse in einem festen Verzeichnis zusammengefaßt sind, und dann diesen Verzeichnispfad als `USERDIR_SUFFIX` angeben, z.B.:
	`#define USERDIR_SUFFIX "/usr/local/homepages/"`

LOG_EXEC	Auf das Logfile des suEXEC-Wrappers
	`#define LOG_EXEC "/usr/local/apache/logs/suexec_log"`
	sollten Sie nicht verzichten.
	Einerseits sind die dortigen Eintragungen sehr hilfreich, wenn Sie herausfinden wollen, warum der Wrapper mal nicht so funktioniert, wie er eigentlich sollte, und andererseits behalten Sie so den Überblick, wer den Wrapper mit welchen CGI-Skripten nutzt.
	Beispiel-Eintrag:
	`uid: (user/user) gid: (staff/staff) test.cgi`

DOC_ROOT	Diese Angabe sollte dem Wert der `DocumentRoot`-Anweisung entsprechen. Beispiel: `#define DOC_ROOT "/usr/local/apache/htdocs"` Abgesehen von den Benutzerverzeichnissen führt der Wrapper nur unterhalb des als `DOC_ROOT` definierten Verzeichnisses CGI-Skripten aus.

Tabelle 5.2: Defines aus suexec.h (Forts.)

Define	Bedeutung
SAFE_PATH	Mit `SAFE_PATH` wird die Umgebungsvariable `PATH` definiert, die an alle aufgerufenen CGI-Skripten übergeben wird. Es sollten nur Pfade von *vertrauenswürdigen* Verzeichnissen angegeben werden. Beispiel: `#define SAFE_PATH "/bin:/usr/bin:/usr/ucb"`

make

Nachdem alle notwendingen Anpassungen vorgenommen wurden, kann der suEXEC-Wrapper im `src/support`-Verzeichnis durch den Aufruf

```
$ make suexec
```

übersetzt werden.

Installation

Die Installation gestaltet sich recht einfach und beschränkt sich darauf, die Datei `suexec` in das Verzeichnis `/usr/local/apache/bin` zu kopieren beziehungsweise in das mit dem Compiler-Flag `SUEXEC_BIN` definierte Verzeichnis. Damit der Wrapper auch die User- und Group-ID des jeweiligen CGI-Skripts ändern kann, muss er als *setuid-root*-Programm installiert werden.

Die Installationsschritte sind im Einzelnen:

```
# cp suexec /usr/local/apache/sbin
# chown root /usr/local/apache/sbin/suexec
# chmod 4711 /usr/local/apache/sbin/suexec
```

Um es noch einmal zu wiederholen: Die manuellen Installationsschritte entfallen, wenn der Apache direkt mit suEXEC-Unterstützung übersetzt wurde.

Sofern die Datei `suexec` korrekt installiert wurde, sollte beim Starten des Apache – ein Neustart reicht hier nicht aus – die Meldung

```
Configuring Apache for use with suexec wrapper.
```

erscheinen. Sie besagt, dass der Wrapper aktiviert wurde. Andernfalls wurde das `suexec`-Programm nicht gefunden oder die Dateirechte sind inkorrekt gesetzt.

Konfiguration

Jedes CGI-Skript, das über einen *User-URL*, z.B. `/~joe/script.cgi`, angesprochen wird, wird mittels suEXEC-Wrapper nun automatisch unter der UID des entsprechenden Nutzers ausgeführt.

Weiterhin können Sie über die `User`- und `Group`-Anweisungen die Default-IDs für jeden virtuellen Server setzen.

Beispiel:

```
<VirtualHost 123.45.67.89>
ServerName www.provider.tld
User provider
Group provider
...
</VirtualHost>
```

Im obigen Beispiel eines virtuellen Servers werden nun alle CGI-Skripten (abgesehen von den CGI-Skripten aus Benutzerverzeichnissen) unter der User-ID `provider` und der Group-ID `provider` ausgeführt.

Sicherheitsvorkehrungen

Ein Programm, das *setuid-root* ist, stellt immer ein potenzielles Sicherheitsrisiko dar. Jedoch ist der suEXEC-Wrapper hinreichend kompakt und übersichtlich geschrieben, und die meisten Zeilen des Quellcodes entfallen auf die nachfolgend genannten Sicherheitsüberprüfungen:

- Wurde `suexec` mit einer falschen Anzahl von Argumenten aufgerufen, wird es sofort abgebrochen.
- Nur der httpd-Prozess darf das Programm ausführen (`HTTPD_USER`).
- Beginnt das Argument des aufzurufenden CGI-Skripts mit einem »`/`« oder enthält es eine Pfadangabe zu einem übergeordneten Verzeichnis »`../`«, wird die Ausführung des Skripts verweigert.
- Handelt es sich um ein User-CGI-Skript, so wird das Skript nur ausgeführt, wenn der jeweilige Username und dessen zugehörige Group-ID gültig sind.
- Liegt die User-ID oder Group-ID unterhalb der mittels `UID_MIN` und `GID_MIN` angegebenen Grenze, wird die Ausführung des CGI-Skripts verhindert. Die Ausführung von Skripten unter der User- und Group-ID 0 (`root`) wird grundsätzlich verhindert.

- Liegt das CGI-Skript nicht in einem Nutzerverzeichnis oder unterhalb des mit `DOC_ROOT` angegebenen Verzeichnisses, wird es nicht ausgeführt. Zeigt der Verzeichnispfad mit einem symbolischen Link auf ein anderes Verzeichnis außerhalb von `DOC_ROOT`, wird ebenfalls die Ausführung des Skripts verhindert.
- Hat das Verzeichnis, in dem sich das CGI-Skript befindet, Schreibrechte für `group` oder `other` gesetzt, wird die Ausführung verweigert.
- Hat das CGI-Skript Schreibrechte für `group` oder `other` gesetzt, wird die Ausführung verweigert.
- Ist das CGI-Skript *setuid* oder *setgid*, wird die Ausführung verweigert.
- Das Skript muss dem *Owner* und der *Group* gehören, unter der das Skript aufgerufen werden soll. Ein Nutzer kann somit nur seine eigenen Skripten und nicht etwa ein Skript eines anderen Nutzers ausführen.
- Es werden nur *sichere* Umgebungsvariablen an das CGI-Skript übergeben. Es handelt sich hierbei um alle Variablen, die der Apache selbst setzt (z.B. `DOCUMENT_URI` oder `HTTP_USER_AGENT`, vergleiche `suexec.c`). Die einzige Ausnahme ist die `PATH`-Variable, die mit `SAFE_PATH` festgelegt wird.
- Jeder der zuvor genannten Fehlerfälle sowie normale Fehlerfälle (z.B. wenn das CGI-Skript gar nicht gefunden wurde oder das Umsetzen der User-ID fehlschlägt) werden im Logfile protokolliert.

Erst wenn alle zuvor genannten Sicherheitsüberprüfungen durchgeführt wurden und auch sonst keinerlei Fehler aufgetreten sind, wird das CGI-Skript ausgeführt.

5.16.5 Interpreter-Definition unter Windows

Syntax	`ScriptInterpreterSource script|registry`
Default	`script`
Kontext	`<Directory>`, `<Location>`, `<Files>`

Genauso wie bei den Unix-Versionen des Apache wird bei der Ausführung von CGI-Skripten per Default immer der Eintrag aus der ersten Zeile des Skripts verwendet, z.B.:

```
#!C:\path\to\perl
```

Unter Windows könenn Sie jedoch mit der `ScriptInterpreterSource`-Anweisung den zuständigen Interpreter aus der Registry heraussuchen.

```
ScriptInterpreterSource registry
```

Ist als Option `registry` angegeben, so wird bei der Ausführung eines CGI-Skripts die Endung, beispielsweise ».pl«, als Suchschlüssel verwendet und in der Registry nachgeschaut, welcher Interpreter hierfür konfiguriert ist.

Die Option `script` ist die Default-Einstellung und sorgt für eine althergebrachte Auswahl des Interpreters.

5.16.6 Logfiles

Wer selbst schon einmal versucht hat, einen Fehler in einem CGI-Skript zu finden, weiß, dass dies schwierig ist, da man nur die Standardfehlermeldung des Apache, aber nicht die Ausgabe des CGI-Skripts zu sehen bekommt. Das CGI-Modul stellt jedoch die Möglichkeit eines Logfiles zur Verfügung, in dem die Ausgaben von fehlerhaften CGI-Skripten protokolliert werden können.

Die dafür zuständigen Konfigurationsanweisungen sind `ScriptLog`, `ScriptLogLength` und `ScriptLogBuffer`. In Kapitel 5.11 wurden diese Anweisungen bereits ausführlich erklärt.

5.17 Server-Side Includes (SSI)

Die Erzeugung von dynamischen HTML-Seiten mit *Server-Side Includes* wird zusammen mit verschiedenen Beispielen und Hinweisen zur Sicherheit in Kapitel 9 erklärt.

Um *Server-Side Include*-Anweisungen in einem Dokument verwenden zu können, muss das Modul `mod_include` eingebunden und entsprechend aktiviert worden sein. Aktiviert heißt in diesem Zusammenhang, dass der von `mod_include` zur Verfügung gestellte Handler (`server-parsed`) via `AddHandler` einer Dateiendung zugeordnet und die Ausführung von SSI-Anweisungen über die Options-Anweisung freigeschaltet wurde.

Beispiele:

```
AddHandler server-parsed html
AddHandler server-parsed shtml
```

In welchen Verzeichnissen letztendlich die Verwendung von SSI möglich ist, wird über die Options-Konfigurationsanweisung kontrolliert. Die Aktivierung der Server-Side Includes kann hierbei auf zwei Arten erfolgen:

- Options +Includes
  SSI wird generell freigeschaltet, und alle Dateien, an die der Handler durch AddHandler gebunden wurde, werden vor der Auslieferung vom Apache auf SSI-Anweisungen hin untersucht.
- Options +IncludesNOEXEC
  Mit der die SSI-Anweisung exec können Sie Shell-Kommandos und CGI-Skripten ausführen. Auch mit der include-Anweisung lässt sich ein CGI-Skript ausführen. Soll dies unterbunden werden, geben Sie IncludesNOEXEC statt Includes als Option an. Abgesehen von exec und include (von CGI-Skripten) können alle SSI-Anweisungen benutzt werden.

Die eleganteste Lösung ist es sicherlich, wenn SSI-Anweisungen in normalen HTML-Dateien mit der Dateiendung .html benutzt werden können. Allerdings hat dies den Nachteil, dass in solch einem Fall alle .html-Dateien vom Apache vor der Auslieferung auf eventuell enthaltene SSI-Anweisungen untersucht werden müssen. Das wirkt sich negativ auf die Performance aus und macht somit nur Sinn, wenn auch im überwiegenden Teil der Dokumente Server-Side Includes verwendet werden. Wenn Sie nur in wenigen Dokumenten SSI-Anweisungen verwenden, empfiehlt sich die Einführung eines speziellen Datei-Typs, wobei hier oftmals .shtml benutzt wird.

Sind nur eine Handvoll Dokumente vorhanden, in denen SSI-Anweisungen verwendet werden, bietet es sich an, diese Dokumente jeweils mit <Location> als SSI-Dokumente zu deklarieren.

Beispiele:

```
<Location /index.html>
Options +Includes
SetHandler server-parsed
</Files>

<Location /home/*.html>
Options +Includes
SetHandler server-parsed
</Files>
```

5.17.1 Caching von SSI-Dokumenten

Der Apache generiert prinzipiell für jedes Dokument den sogenannten `Last-Modified`-Header, der das Datum und die Uhrzeit der letzten Änderung der Datei enthält. Auf Basis dieses Headers ermitteln zum Beispiel Proxy-Caches, ob sie das Dokument speichern sollen, und wenn ja, wie lange sie es als *aktuell* ansehen können. Liefert ein Webserver solch einen Header nicht und auch keinen `Expires`-Header, wird das Dokument in der Regel nicht von einem Proxy-Cache gespeichert[1]. Und genau das Senden eines `Last-Modified`-Headers unterlässt der Apache, wenn er ein SSI-Dokument ausliefert.

Da ein SSI-Dokument dynamisch generiert wird, ist dieses Verhalten prinzipiell korrekt, denn ein `Last-Modified`-Header kann hierbei schwerlich angegeben werden. Die Verwendung von Server-Side Includes hat somit zur Folge, dass Dokumente, für die die Option `Includes` bzw. `IncludesNOEXEC` gesetzt wurde, nicht mehr von einem Proxy-Cache gespeichert werden. Man sollte die Verwendung von SSI somit nur auf das nötige Minimum beschränken.

Es gibt zwei, wenn auch eingeschränkte Möglichkeiten, um es Proxy-Caches trotzdem zu ermöglichen, ein SSI-Dokument zu speichern. Die erste Möglichkeit verbirgt sich hinter der – nicht mehr ganz so aktuellen – Konfigurationsanweisung `XBitHack` des Include-Moduls, die im folgenden Abschnitt vorgestellt wird. Die zweite Möglichkeit eröffnet sich durch das Modul `mod_expires`, das in Kapitel 5.19.3 genauer erklärt wird.

XBitHack

Die einzige Konfigurationsanweisung, die das Include-Modul zur Verfügung stellt, ist `XBitHack`. Diese Anweisung kontrolliert die Auswertung von SSI-Dokumenten.

Es gibt drei mögliche Parameter:

- `on` Jede Datei, bei der das *User-Execute*-Bit gesetzt ist, wird als SSI-Dokument angesehen, und die enthaltenen Anweisungen werden ausgeführt.
- `off` Dieser Parameter deaktiviert den `XBitHack` und ist die Default-Einstellung. Wenn der Apache mit dem Compiler-Flag `-DXBITHACK` übersetzt wurde, ist `full` die Default-Einstellung.

1 Zumindest dann nicht, wenn er nicht speziell konfiguriert wurde, dies doch zu tun.

- `full` Dies entspricht `on`, wobei ein `Last-Modified`-Header mit dem Last-Modified-Wert der jeweiligen Datei gesendet wird, falls zusätzlich zum *User-Execute*-Bit auch das *Group-Execute*-Bit gesetzt ist. Durch Senden des `Last-Modified`-Headers werden Clients und Proxy-Caches in die Lage versetzt, diese Datei zu speichern. Andernfalls würden sie – wie zuvor erklärt – bei jedem Zugriff erneut übertragen.

5.18 Umgebungsvariablen

Abgesehen von den Umgebungsvariablen, die der Apache zur Verfügung stellt und die in Kapitel 10 erklärt werden, wie z. B. `REMOTE_HOST` oder `SERVER_NAME`, können Sie auch eigene Variablen setzen, die dann in einem CGI-Skript oder einem SSI-Dokument benutzt werden können. Weiterhin gibt es interne Variablen, die das Verhalten des Apache kontrollieren. Die entsprechenden Module heißen `mod_env`, `mod_setenvif` und `mod_rewrite` und werden im Folgenden vorgestellt.

5.18.1 mod_env

Das Modul `mod_env` stellt die Konfigurationsanweisungen `SetEnv`, `PassEnv` und `UnsetEnv` zur Verfügung.

SetEnv

Syntax	`SetEnv` *Variable Wert*
Modul	`mod_env`
Kontext	Serverkonfiguration, `<VirtualHost>`

Mit der Anweisung `SetEnv` können Sie in der Serverkonfiguration beliebige Variablen setzen, die dann in CGI-Skripten und SSI-Dokumenten verwendet werden können.

Beispiel:

```
SetEnv TEST 0815
```

PassEnv

Syntax	`PassEnv` *Variable*
Modul	`mod_env`
Kontext	Serverkonfiguration, `<VirtualHost>`

Mit der Konfigurationsanweisung `PassEnv` können Sie Variablen aus der Umgebung, aus der der Apache gestartet wurde, an CGI-Skripten und SSI-Dokumente weiterreichen.

Beispiel:

```
PassEnv LD_LIBRARY_PATH
```

UnsetEnv

Syntax	`UnsetEnv` *Variable* [*Variable* ...]
Modul	`mod_env`
Kontext	Serverkonfiguration, `<VirtualHost>`

Sollen Variablen gelöscht werden, gibt man `UnsetEnv`, gefolgt von einem oder mehreren Variablennamen, an.

Beispiel:

```
UnsetEnv TEST
```

5.18.2 mod_setenvif

Das in älteren Apache-Versionen enthaltene Modul `mod_browser` ermöglichte es, basierend auf dem Namen des Webbrowsers bzw. Webclients, der beim Zugriff verwendet wurde, beliebige Variablen zu setzen. Das Modul überprüft hierbei den HTTP-Header `User-Agent`, der von den meisten Webclients bei einer Anfrage mitgeliefert wird. Ab Apache 1.3 wird diese Funktionalität von `mod_setenvif` zur Verfügung gestellt, wobei das Modul jedoch weitaus flexibler einsetzbar ist. Im Gegensatz zum Browser-Modul lassen sich mit dem SetEnvIf-Modul jedoch Variablen auf Basis beliebiger HTTP-Header und sonstiger Charakteristiken der Client-Anfrage, z. B. der IP-Adresse, deklarieren.

Das Modul `mod_setenvif` stellt aus Kompatilitätsgründen die alten Anweisungen `BrowserMatch` und `BrowserMatchNoCase` zur Verfügung und erlaubt ansonsten die Nutzung der neuen Anweisungen `SetEnvIf` und `SetEnvIfNoCase`. Im Folgenden sind deshalb alle vier Anweisungen aufgeführt.

BrowserMatch

Syntax	`BrowserMatch` *Muster Variable*[=*Wert*] *Variable*[=*Wert*] ...
Modul	`mod_setenvif`
Kontext	Serverkonfiguration

Als erstes Argument erwartet die Konfigurationsanweisung `BrowserMatch` einen regulären Ausdruck, der auf den vom Client übermittelten Wert des `User-Agent`-Headers angewendet wird. Ist das Ergebnis positiv, d.h. passt der reguläre Ausdruck zum übermittelten `User-Agent`-Header, werden die nachfolgenden Variablendeklarationen ausgeführt.

Es können beliebig viele Variablendeklarationen angegeben werden, wobei die Deklarationen verschiedener `BrowserMatch`-Anweisungen zusammengefaßt werden, falls der reguläre Ausdruck beider Anweisungen auf den User-Agent-Namen passt.

Die `BrowserMatch`-Anweisungen, die nur in der Serverkonfiguration benutzt werden können, werden der Reihe nach angewendet, wobei später ausgeführte Anweisungen die Variablen, die von einer zuvor ausgeführten Anweisung bereits gesetzt wurden, überschreiben können.

Setzen einer Booleschen Variable

Die einfache Angabe des Variablennamens in der `BrowserMatch`-Anweisung reicht, um eine Variable zu setzen, wobei sie den Wert »1« erhält.

Beispiele:

```
BrowserMatch ^Lynx textonly
BrowserMatch "^Mozilla/[3-4]" pjpeg javascript
```

Setzen einer Variable auf einen Wert

Will man eine Variable auf einen bestimmten Wert (Zeichenkette) setzen, so gibt man den Variablennamen und den Wert, durch ein Gleichheitszeichen getrennt, an.

Beispiele:

```
BrowserMatch ^scooter robot=noframes
BrowserMatch ^Lycos robot=frames
```

Die Variable `robot` wird bei den beiden Beispielen auf den Wert `noframes` respektive `frames` gesetzt.

Löschen einer Variablen

Eine Variable, die von einer zuvor ausgeführten `BrowserMatch`-Anweisung gesetzt wurde, kann wieder gelöscht werden, indem man dem Namen in der Deklaration ein Ausrufezeichen voranstellt.

Beispiel:

```
BrowserMatch ^Mozilla !blafasel
```

BrowserMatchNoCase

Syntax	`BrowserMatchNoCase` *Muster Variable*[=*Wert*] *Variable*[=*Wert*] ...
Modul	`mod_setenvif`
Kontext	Serverkonfiguration

Die `BrowserMatchNoCase`- ist mit der `BrowserMatch`-Anweisung identisch, jedoch wird – wie der Name schon erahnen lässt – beim Vergleich des regulären Ausdrucks mit dem Wert des `User-Agent`-Headers nicht zwischen Groß- und Kleinschreibung unterschieden.

Beispiele:

```
BrowserMatchNoCase linux platform=Linux
BrowserMatchNoCase amiga platform=Amiga
```

SetEnvIf

Syntax	`SetEnvIf` *Attribut Muster Variable*[=*Wert*] *Variable*[=*Wert*] ...
Modul	`mod_setenvif`
Kontext	Serverkonfiguration

Die SetEnvIf-Anweisung können Sie ebenso zum bedingten Setzen von Variablen verwenden wie die BrowserMatch-Anweisung, wobei die SetEnvIf-Anweisung jedoch auf Basis eines beliebigen Attributes der Client-Anfrage verwendet werden kann.

Als Attribut kann einer der in Tabelle 5.3 aufgelisteten Werte verwendet werden:

Tabelle 5.3: Attribute von SetEnvIf

Attribut	Bedeutung
Remote_Addr	Die IP-Adresse des Clients
Remote_Host	Der zugehörige Hostname, sofern verfügbar
Request_Method	Die HTTP-Methode der Anfrage
Request_Protocol	Das in der Anfrage verwendete Protokoll, also z. B. HTTP/1.1. Dieses Attribut ist erst ab Apache 1.3.9 verfügbar.
Request_URI	Der URI der Client-Anfrage (vergleiche Anhang A)
Remote_User	Der Benutzername, falls eine WWW-Authentikation durchgeführt wurde.

Ferner kann als *Attribut* jeder beliebige HTTP-Header verwendet werden. Eine Übersicht aller für HTTP/1.1 definierten Header ist in [Fiel99] zu finden. Tabelle 5.4 enthält eine Auflistung der gebräuchlichsten Anfrage-Header und deren Bedeutung:

Tabelle 5.4: Gebräuchliche HTTP-Header bei Client-Anfragen

HTTP-Header	Bedeutung
Accept	Auflistung der MIME-Typen, die der Client verarbeiten kann.
Accept-Charset	Auflistung aller Zeichensätze, die vom Client verarbeitet werden können.
Accept-Encoding	Die Kodierungsarten, die der Client verarbeiten kann.
Accept-Language	Die Sprachen, die der Client – oder besser gesagt, dessen Nutzer – verarbeiten kann.
Authorization	Die Daten einer WWW-Authentikation
Cache-Control	Informationen, ob und wie ein Objekt gespeichert werden kann bzw. ob von einem Proxy-Cache ein gespeichertes Objekt zurückgeliefert werden darf.
Cookie	Ein vom Client eventuell übermitteltes Cookie.
From	Die nur in seltenen Fällen übermittelte E-Mail-Adresse des Clients respektive dessen Nutzers.
Host	Der Name des Webservers, der vom Client angesprochen wurde.

Tabelle 5.4: Gebräuchliche HTTP-Header bei Client-Anfragen (Forts.)

HTTP-Header	Bedeutung
Pragma	Die alte HTTP/1.0-Variante des `Cache-Control`-Headers.
Referer	Der URL der Seite, von der aus der Link verfolgt wurde.
User-Agent	Der Name und die Versionsnummer der Webclient-Software
Via	Informationen zu Proxy-Caches, über die die Anfrage gestellt wurde.

Anwendungsbeispiele:

```
SetEnvIf Request_Addr "^123\.45\.67" LOCAL_NET
SetEnvIf Request_URI "\.gif$" IMAGE=gif
SetEnvIf Request_URI "\.jpg$" IMAGE=jpg
SetEnvIf Remote_User "^joe$" GROUP=internet ADMIN
SetEnvIf User-Agent "^$" AGENT=unknown
```

Beim ersten Beispiel wird die Variable `LOCAL_NET` gesetzt, wenn der Zugriff aus dem Subnetz 123.45.67 stammt. Durch die letzten beiden Anweisungen wird die Variable `IMAGE` auf `gif` respektive `jpg` gesetzt, je nachdem ob auf eine entsprechende Datei zugegriffen wurde. Im vierten Beispiel wird demonstriert, dass auch mehrere Variablen in einer Anweisung gesetzt werden können. `GROUP` wird auf den Wert `internet` gesetzt und `ADMIN` auf den Wert 1. Im letzten Beispiel wird schließlich `^$` verwendet, um zu überprüfen, ob der Header übermittelt wurde oder nicht.

Seit Apache 1.3.9 ist es ebenfalls möglich, als Attribut eine Variable zu verwenden, die zuvor durch eine andere `SetEnvIf`-Anweisung gesetzt wurde.

Beispiel:

```
SetEnvIf Remote_User "^peter$" GROUP=support
SetEnvIf Remote_User "^paul$"  GROUP=support
SetEnvIf Remote_User "^mary$" GROUP=sales

SetEnvIf GROUP ^support$ ACCESS=all
```

SetEnvIfNoCase

Syntax	`SetEnvIfNoCase` *Attribut Muster Variable*[=*Wert*] *Variable*[=*Wert*] ...
Modul	`mod_setenvif`
Kontext	Serverkonfiguration

Die `SetEnvIfNoCase`- ist mit der `SetEnvIf`-Anweisung identisch, jedoch wird beim Vergleich des regulären Ausrdrucks mit dem Wert des Attributs nicht zwischen Groß- und Kleinschreibung unterschieden.

Variablen mit besonderer Funktion

Die `BrowserMatch`- bzw. `SetEnvIf`-Anweisung wird auch benutzt, um einige interne Variablen zu setzen, die das Verhalten des Apache kontrollieren. Derzeit gibt es drei solcher interner Variablen, `nokeepalive`, `force-response-1.0`, `downgrade-1.0` und `force-no-vary`.

nokeepalive

Der Apache unterstützt zwei Varianten von persistenten Verbindungen, HTTP/1.0-*Keep-Alive* und HTTP/1.1-*Persistent Connections*, die beide über die Anweisung `KeepAlive` aktiviert werden können. Der erste Browser, im dem eine Unterstützung für Keep-Alive-Verbindungen implementiert wurde, war der Netscape Navigator 2.0, jedoch ist genau diese Implementierung in den 2er-Versionen des Netscape Navigator fehlerhaft. Auch wenn der Apache eine Verbindung schon geschlossen hat, versucht der Navigator diese Verbindung weiter zu benutzen und ist dann der Meinung, dass der Webserver nicht mehr erreichbar sei.

Über die interne Variable `nokeepalive` wird der Apache dazu veranlasst, *keine* Keep-Alive-Verbindungen zu benutzen, auch wenn sie mit `KeepAlive` aktiviert wurden und der Webclient diese Art der Verbindung nutzen möchte.

```
BrowserMatch ^Mozilla/2 nokeepalive
```

force-response-1.0

Der Apache ist seit der Version 1.2 ein HTTP/1.1-kompatibler Webserver und war damit einer der ersten. Laut Spezifikationen muss ein HTTP/1.1-Webserver in seinen Antworten kenntlich machen, dass er HTTP/1.1 beherrscht, auch wenn es sich um eine HTTP/1.0-Anfrage gehandelt hat. Dies führt jedoch dazu, dass einige schlecht geschriebene Webclients nicht mehr funktionieren, da sie mit der HTTP/1.1-Antwort nicht klarkommen.

Durch das Setzen der Variable `force-response-1.0` können Sie den Apache veranlassen, eine alte HTTP/1.0-Antwort zurückzuschicken.

Folgende Anweisungen sollten deshalb immer in der Serverkonfiguration erscheinen:

```
BrowserMatch "RealPlayer 4\.0" force-response-1.0
BrowserMatch "Java/1\.0" force-response-1.0
BrowserMatch "JDK/1\.0" force-response-1.0
```

Die beiden letzten Einträge resultiert aus einem Bug im *Java Development Kit* (JDK) bis einschließlich Version 1.0.2, wodurch alle Java-Applikationen, die mit diesem JDK entwickelt wurden, also dessen Web-Klassen nutzen, nicht korrekt funktionieren. Der Fehler wurde in Version 1.1 des JDKs behoben.

downgrade-1.0

Im Gegensatz zu `force-response-1.0` sorgt `downgrade-1.0` dafür, dass die Anfrage intern als HTTP/1.0-Anfrage behandelt wird. Die Variable wurde wegen des Microsoft Internet Explorer 4.0b2 eingeführt, der zahlreiche Fehler bezüglich der HTTP/1.1-Implementierung aufweist. Durch die folgende Anweisung wird der Apache dennoch in die Lage versetzt, Anfragen dieses Webbrowsers beantworten zu können.

```
BrowserMatch "MSIE 4\.0b2;" \
             nokeepalive downgrade-1.0 force-response-1.0
```

Ebenso wie die zuvor genannten `BrowserMatch`-Anweisungen zu `nokeepalive` und `force-response-1.0` ist auch die obige Anweisung bereits in der Default-Konfiguration des Apache enthalten und sollte möglichst nicht gelöscht werden.

force-no-vary

Seit der Apache-Version 1.3.4 wird *Transparent Content Negotiation* (siehe Kapitel 11) unterstützt, was zu Problemen mit einigen Webclients führte. Sowohl Lynx in den Versionen 2.7. und 2.8 als auch der Microsoft Internet Explorer 4.0 behandeln in diesem Zusammenhang den vom Apache gelieferten Vary-Header falsch. Um Probleme mit diesen Webclients zu vermeiden, kann mit der Variable `force-no-vary` das Senden des Vary-Headers unterdrückt werden.

Beispiel:

```
BrowserMatch "MSIE 4\.0" force-no-vary
```

5.18.3 mod_unique_id

Das Unique-ID-Modul hat keine Konfigurationsanweisungen, sondern ist automatisch aktiv, wenn es in den Apache eingebunden wurde. Es dient zur Erzeugung eindeutiger Identifier über alle Client-Anfragen hinweg.

Für jede Client-Anfrage erzeugt das Modul die Variable `UNIQUE_ID`, die den aus Zahlen und Buchstaben bestehenden 19stelligen Identifier enthält. Der Identifier wird aus mehreren Komponenten generiert, zu denen ein Zeitstempel, die IP-Adresse der Client-Anfrage, die Prozess-ID sowie der Wert eines internen Zählers gehören. Durch die verschiedenen Komponenten wird sichergestellt, dass der Identifier absolut eindeutig ist, auch über einen Neustart des Servers hinweg und auch dann, wenn `mod_unique_id` in einem Verbund von Webservern eingesetzt wird.

Eine Einsatzmöglichkeit des Unique-ID-Moduls ist beispielsweise die Erzeugung von Session-IDs, um Zugriffe eines Clients zuordnen zu können.

Sofern die Funktionalität des Unique-ID-Moduls nicht benötigt wird, sollte man davon absehen, es in den Apache einzubinden, damit der Server nicht unnötig durch die Berechnung der Identifier belastet wird.

5.18.4 mod_rewrite

Wie schon in Kapitel 5.12 zum Rewrite-Modul gezeigt wurde, können Sie auch über die `RewriteRule`-Anweisung Umgebungsvariablen setzen.

Beispiel:

```
RewriteRule ^/old(.*) /new$1 [E=TEST:4711]
```

5.19 Header-Manipulationen

Außer in CGI-Skripten müssen Sie sich prinzipiell nicht um die HTTP-Header kümmern, da der Apache für jede seiner Antworten entsprechende HTTP-Header generiert.

Beispiel einer *normalen* Server-Antwort:

```
HTTP/1.1 200 OK
Date: Fri, 01 Apr 2000 21:05:16 GMT
Server: Apache/1.3.12
```

```
Last-Modified: Fri, 02 Feb 2000 10:26:24 GMT
ETag: "1a86-2570-383e6050"
Accept-Ranges: bytes
Content-Length: 9584
Content-Type: text/html

<HTML>
...
</HTML>
```

In einigen Fällen kann es jedoch vonnöten sein, zusätzliche Header zu definieren bzw. vorhandene zu modifizieren. Das interessanteste Modul in diesem Zusammenhang ist `mod_headers`. Es bietet nahezu beliebige Möglichkeiten, um die HTTP-Header zu modifizieren. Weiterhin steht das Modul `mod_asis` zur Verfügung, das einen Handler namens `send-as-is` bietet, der dafür sorgt, dass eine Datei *so-wie-sie-ist* ausgeliefert wird. Das heißt, dass die HTTP-Header schon in der Datei selbst angegeben werden können bzw. müssen.

Wenn Sie nur den `Expires`-Header ändern möchten, bietet sich das Modul `mod_expires` an, das es erlaubt, diesen Header nach bestimmten Vorgaben zu modifizieren.

Als letzte Variante zur Headermanipulation gibt es das Modul `mod_cern_meta`, das in erster Linie für ehemalige Nutzer des CERN-Webservers gedacht ist.

5.19.1 mod_headers

Header

Syntax	`Header set|append|add|unset` *Name Wert*
Modul	`mod_headers`
Kontext	Serverkonfiguration, `<VirtualHost>`, `<Directory>`, `<Location>`, `<Files>`, `.htaccess`

`Header` ist die zentrale Konfigurationsanweisung von `mod_headers`. Mit ihr können Header hinzugefügt, manipuliert oder gelöscht werden.

Verwendung findet die Anweisung entweder in der Serverkonfiguration, einer `<VirtualHost>`-, `<Directory>`-, `<Location>`-, `<Files>`-Anweisung oder in einer `.htaccess`-Datei.

Auswertungsreihenfolge

Je nachdem, wo eine `Header`-Anweisung auftaucht, ob z.B. in einer `<Directory>`-Anweisung oder in einer `<Files>`-Anweisung, kann sie Header, die schon zuvor durch eine `Header`-Anweisung gesetzt wurden, wiederum beeinflussen. Die höchste Prioriät haben somit die Anweisungen, die zuletzt vom Apache ausgewertet wurden. Als erstes werden die `Header`-Anweisungen in der Konfiguration des Hauptservers ausgewertet und danach die Anweisungen in den `<VirtualHost>`-Sektionen. Dann folgen die `<Directory>`-Sektionen und die `.htaccess`-Dateien, sofern diese überhaupt aktiviert bzw. freigegeben wurden. Danach folgen die `Header`-Anweisungen in den `<Location>`- und `<Files>`-Sektionen.

HTTP-Header hinzufügen

Ein Header wird über den Parameter `add` zu den bestehenden Headern hinzugefügt. Auf den Parameter folgt der Header-Name und dessen Wert. Die Groß- bzw. Kleinschreibung des Header-Namens ist dabei egal.

Beispiele:

```
Header add x-comment "There is no spoon!"
Header add Warning "99 www.domain.tld \"I really like this.\""
```

Das letzte Beispiel führt in der Server-Antwort zu folgendem Header:

```
Warning: 99 www.domain.tld "I really like this."
```

Der `add`-Parameter fügt den angegebenen Header nur hinzu. Ein bereits zuvor enthaltener Header mit demselben Namen bleibt dabei erhalten.

HTTP-Header setzen

Wenn Sie einen HTTP-Header setzen und dabei einen eventuell schon vorher enthaltenen Header mit demselben Namen überschreiben wollen, müssen Sie die `Header`-Anweisung mit dem Parameter `set` benutzten.

Beispiele:

```
Header set Window-Target "_top"a)
Header set Last-Modified "Mon, 01 Jan 1997 12:00:00 GMT"
Header set Allow "GET, HEAD"
```

a) Dieser Header hat nahezu denselben Effekt wie das HTML-Tag `<BASE TARGET="_top">`. Einige framefähige Browser lösen beim Erhalt dieses Headers eine eventuell schon vorhandene Frame-Umgebung sofort auf. Dieser Header lässt sich somit effektiv einsetzen, um zu verhindern, dass auf einem anderen Webserver unberechtigt Seiten des eigenen Servers in einen Frame eingebunden werden.

Daten zu einem Header hinzufügen

Mit dem Parameter `append` können Sie einem bereits bestehenden HTTP-Header weitere Werte hinzufügen.

Beispiel:

```
Header append Allow "PUT, DELETE"
```

Wenn der HTTP-Header `Allow` schon wie im vorigen Beispiel auf

```
"GET, HEAD"
```

gesetzt ist, ergibt sich durch die `Header`-Anweisung mit dem Parameter `append` der HTTP-Header:

```
Allow: GET, HEAD, PUT, DELETE
```

HTTP-Header löschen

Das Gegenstück zum Parameter `set` ist `unset`, mit dem sich Header löschen lassen, egal ob sie zuvor durch einen anderen Header gesetzt wurden oder schon vom Apache selbst stammen.

Falls mehrere Header mit demselben Namen vorhanden sind, wird nur der zuerst Gefundene gelöscht.

Beispiel:

```
Header unset Set-Cookie
```

Zusammenfassung

Abgesehen von den HTTP-Headern `Date` und `Server` lassen sich beliebige Header einfügen, manipulieren oder löschen. Für Header, die in den HTTP/1.1-Spezifikationen definiert sind, sei hier auf RFC 2616 verwiesen.

Wenn Sie wichtige Header wie beispielsweise `Content-Type` manipulieren wollen, sollten Sie genau prüfen, ob es nicht zu Problemen auf der Client-Seite kommen kann. Ebenso sollten Sie Header-Namen kenntlich machen, die nicht dem HTTP-Standard entsprechen, indem Sie ihnen ein »X-« voranstellen (z. B. »`X-Copyright`«). Bei der Verwendung von `append` sollten Sie ebenfalls darauf achten, dass Sie keine wichtigen Header damit manipulieren, z. B. indem an den `Expires`-Header durch `append` noch ein zweites Datum angehängt wird. Auch sollten Sie beachten, dass bei `add` ein Header mit demselben Namen eventuell doppelt eingefügt wird, was bei Headern, die nur genau einmal auftreten dürfen, auf der Client-Seite zu Problemen führen kann. Die Verwendung von `unset` empfiehlt sich vor allem in einer `<Files>`-Anweisung, da die enthaltenen `Header`-Anweisungen als letztes ausgeführt werden und somit die höchste Priorität haben.

5.19.2 mod_asis

Das Modul `mod_asis` stellt einzig den Handler mit den Namen `send-as-is` zur Verfügung, der typischerweise durch `AddHandler` einer bestimmten Dateiendung zugewiesen wird.

```
AddHandler send-as-is asis
```

Eine Datei mit der angegebenen Dateiendung, z. B. `.asis`, wird dann über den `send-as-is`-Handler ausgegeben, und zwar ohne weitere Header hinzuzufügen. Die Header, die ein Dokument haben soll, müssen somit schon in der Datei selbst enthalten sein. Einzig die Header `Date` und `Server` werden vom Apache hinzugefügt, wobei bereits im Dokument vorhandene Header überschrieben werden. Ansonsten haben Sie die freie Wahl, was die Art und den Umfang der HTTP-Header angeht.

Beispiele für solche Dokumente sind:

```
Status: 200 OK
Content-Type: text/html
Content-Language: de
Last-Modified: Mon, 01 Jan 1997 12:00:00 GMT
X-Comment: Test
```

```
<HTML>
<HEAD>
<TITLE>Test-Dokument</TITLE>
</HEAD>
<BODY>
<P>Dies ist ein Test...</P>
</BODY>
</HTML>

Status: 404 Now where did I leave that URL
Content-Type: text/html
Content-Language: en

<HTML>
<HEAD>
<TITLE>Lame excuses'R'us</TITLE>
</HEAD>
<BODY>
<H1>404 baby, the file is not in da house!</H1>
</BODY>
</HTML>
```

Der in den Beispielen angegebene `Status`-Header wird allerdings in der obigen Form nicht ausgegeben, sondern in eine – dem verwendeten Protokoll entsprechende – Statusmeldung umgewandelt. Die Statusangabe aus dem letzten Beispiel führt somit dazu, dass entweder

```
HTTP/1.0 404 Now where did I leave that URL
```

oder

```
HTTP/1.1 404 Now where did I leave that URL
```

als erste Zeile des zurückgelieferten Dokuments ausgegeben wird, je nachdem, ob HTTP/1.0 oder HTTP/1.1 beim Zugriff verwendet wird.

5.19.3 mod_expires

Über `mod_expires` wird einzig der `Expires`-Header kontrolliert. Er legt fest, wie lange ein Dokument als gültig respektive aktuell betrachtet werden soll.

Beispiel-Header:

```
Expires: Thu, 24 Dec 1998 12:00:00 GMT
```

ExpiresActive

Syntax	`ExpiresActive On|Off`
Default	`Off`
Modul	`mod_expires`
Kontext	Serverkonfiguration, `<VirtualHost>`, `<Directory>`, `<Location>`, `<Files>`, `.htaccess`

Aktiviert wird das Expires-Modul mit

```
ExpiresActive On
```

Einmal aktiviert, werden für jede Datei des jeweiligen Kontextes `Expires`-Header entsprechend der `ExpiresByType`- und `ExpiresDefault`-Angaben erzeugt. Sofern `ExpiresDefault` nicht angegeben wurde, wird ein `Expires`-Header nur erzeugt, wenn die Kritierien bezüglich `ExpiresByType` erfüllt sind.

ExpiresByType

Syntax	`ExpiresByType` *Mime-Typ* `M`[*Zeit*]|`A`[*Zeit*] `ExpiresByType` *Mime-Typ* »`access|now|modification` [`plus`] [*Wert Einheit* ...]"
Modul	`mod_expires`
Kontext	Serverkonfiguration, `<VirtualHost>`, `<Directory>`, `<Location>`, `<Files>`, `.htaccess`

Wie ein `Expires`-Header aussehen soll, kann auf Basis des MIME-Typs definiert werden, den die Konfigurationsanweisung `ExpiresByType` als erstes Argument erhält.

Beim ersten Syntaxformat, beginnt das zweite Argument entweder mit »`M`« oder »`A`«, gefolgt von der in Sekunden angegebenen *Zeit*. »`M`« bezeichnet hierbei die Zeit der letzten Dateimodifikation und »`A`« die aktuelle Zeit, d.h. die Zeit des Client-Zugriffs. Die angegebene *Zeit* wird zu diesem Wert jeweils hinzugezählt oder davon abgezogen, je nachdem, ob ein positiver oder negativer Wert angegeben wurde.

Das zweite Syntaxformat besitzt eine etwas verständlichere Form. Die Zeitangabe wird hierbei in Anführungszeichen gesetzt, wobei als erstes eins der Wörter `access`, `now` oder `modification` angegeben werden muss. Die Angaben `access` und `now` sind identisch mit der Angabe »`A`« des ersten Syntaxformats. Wie unschwer zu erraten ist, steht `modification` für die Zeit der letzten Dateimodifikation und ist somit identisch mit »`M`«. Ist nun die Zeitbasis angegeben, folgen – durch ein optionales `plus` getrennt – Paare aus *Wert* und *Einheit*. Als Einheit kann `years`, `months`, `weeks`, `days`, `hours`, `minutes` oder `seconds` verwendet werden. Im Gegensatz zum ersten Syntaxformat lassen sich als *Wert* jedoch keine negativen Werte angeben.

In den folgenden Beispielen werden jeweils beide Varianten angegeben, soweit dies möglich ist.

Last-Modified

Wenn Sie bei `ExpiresByType` als Argument ein »`M`« respektive »`modification`« verwenden, so setzen Sie damit die Zeit der letzten Dateiänderung als Zeitbasis.

Beispiele:

```
ExpiresByType text/html M
ExpiresByType text/html "modification"

ExpiresByType image/gif M604800
ExpiresByType image/gif "modification 7 days"

ExpiresByType text/html M-604800
```

Das erste Beispiel sorgt dafür, dass bei allen HTML-Dateien im `Expires`-Header die Zeit der letzten Dateiänderung eingetragen wird. Der `Expires`-Header ist so mit einem eventuell vorhandenen `Last-Modified`-Header identisch.

Beim zweiten Beispiel, das für alle GIF-Dateien gilt, wird als *Zeit* 604800 Sekunden angegeben, was einer Woche entspricht. Somit wird als `Expires`-Header die Zeit des letzten Zugriffs plus eine Woche eingetragen.

Das letzte Beispiel gilt wiederum für alle HTML-Dateien und erzeugt den `Expires`-Header mit der Zeit der letzten Änderung minus eine Woche.

Access-Time

Wenn Sie für den `Expires`-Header die Zugriffszeit als Zeitbasis verwenden wollen, müssen Sie entweder »`A`« oder »`access`« im Argument angeben.

Beispiel:

```
ExpiresByType text/html A86524
ExpiresByType text/html "access 24 hours 2 minutes 4 seconds"
```

Dieses Beispiel führt dazu, dass HTML-Dateien genau einen Tag, zwei Minuten und vier Sekunden nach dem Zugriff verfallen.

Auch bei der Verwendung von »A« ist die Angabe von negativen Werten möglich. Sie ist jedoch wenig sinnvoll und führt im ungünstigsten Fall dazu, dass die Datei doch in einem Proxy-Cache zwischengespeichert wird.

ExpiresDefault

Syntax	`ExpiresDefault M[`*Zeit*`]`|`A[`*Zeit*`]` `ExpiresDefault »access`|`now`|`modification [plus] [`*Wert Einheit* ...`]"`
Default	`Off`
Modul	`mod_expires`
Kontext	Serverkonfiguration, `<VirtualHost>`, `<Directory>`, `<Location>`, `<Files>`, `.htaccess`

Im Gegensatz zu `ExpiresByType` wird mittels `ExpiresDefault` nicht nur für einen bestimmten MIME-Typ, sondern für alle Dateien im jeweiligen Kontext ein `Expires`-Header festgelegt. Die Syntax ist grundsätzlich mit der von `ExpiresByType` identisch und soll hier nicht noch einmal wiederholt werden.

Wenn Sie zusätzlich zu `ExpiresDefault`- auch `ExpiresByType`-Anweisungen verwenden, so haben letztere eine höhere Priorität.

5.19.4 mod_cern_meta

Das Modul `mod_cern_meta` emuliert die Semantik der CERN-Meta-Dateien. Sie sollten es verwenden, wenn Sie vom CERN-Webserver auf den Apache umgestiegen sind und diese Funktionalität des CERN-Webservers benutzt haben. Diese Meta-Dateien sind am ehesten mit den `.asis`-Dateien zu vergleichen. Falls Sie jedoch niemals den CERN-Webserver verwendet haben, brauchen Sie sich nicht weiter um `mod_cern_meta` kümmern.

MetaDir

Syntax	`MetaDir` *Verzeichnis*
Default	`.web`
Modul	`mod_cern_meta`
Kontext	Serverkonfiguration, `<VirtualHost>`, `<Directory>`, `<Location>`

Das Verzeichnis, in dem sich die Meta-Dateien befinden, wird mit `MetaDir` angegeben.

Beispiele:

```
MetaDir .web
MetaDir .
```

Das erste Beispiel ist der Default-Wert. Die Dateien werden jeweils im Unterverzeichnis `.web` gesucht. Bei einem Zugriff auf `/verzeichnis/test/index.html` wird die zugehörige Meta-Datei im Verzeichnis `/verzeichnis/test/.web/` gesucht.

Das zweite Beispiel gibt das aktuelle Verzeichnis an, d. h. die Meta-Dateien werden im selben Verzeichnis gesucht.

MetaSuffix

Syntax	`MetaSuffix` *Verzeichnis*
Default	`.meta`
Modul	`mod_cern_meta`
Kontext	Serverkonfiguration, `<VirtualHost>`, `<Directory>`, `<Location>`

Mit `MetaSuffix` wird gekennzeichnet, welche Dateiendung die Meta-Dateien tragen.

Beispiel:

```
MetaSuffix .meta
```

Beim Zugriff auf `/verzeichnis/test/index.html` wird in dem mit `MetaDir` spezifizierten Verzeichnis nach der Datei `index.html.meta` gesucht.

MetaFiles

Syntax	`MetaFiles on|off`
Default	`.off`
Modul	`mod_cern_meta`
Kontext	Serverkonfiguration, `<VirtualHost>`, `<Directory>`, `<Location>`

Per Default können die Anweisungen `MetaDir` und `MetaSuffix` nicht auf Verzeichnisebene konfiguriert werden. Wenn `MetaFiles` aktiviert wird, kann die Verarbeitung von Meta-Dateien auch auf Verzeichnisbasis erfolgen, was aber erst ab Apache 1.3 möglich ist.

5.19.5 Nicht modifizierbare Header

Die zuvor beschriebenen Methoden, HTTP-Header zu manipulieren, gelten für alle Header, jedoch gibt es genau zwei Ausnahmen. Die HTTP-Header `Date` und `Server`, die bei jeder Antwort des Apache gesendet werden, können nicht verändert oder gelöscht werden. Eine dritte Ausnahme stellt der HTTP-Header `Connection` dar. Zu ihm können zwar – auch wenn es keinen Sinn macht – Werte hinzugefügt werden, jedoch kann er nicht gelöscht werden.

5.20 Message Digest-Erzeugung

Obwohl die Wahrscheinlichkeit relativ gering ist, dass die vom Webserver zum Client übertragenen Daten beschädigt werden, ist dies dennoch nicht ausgeschlossen. Beispielsweise könnte eine Fehlfunktion eines Proxy-Cache die Daten unbeabsichtigt modifizieren.

Dass dieser Gedanke gar nicht so abwegig ist, zeigten in vergangener Zeit mehrere Vorfälle, bei denen von verschiedenen Proxy-Caches – aufgrund einer Fehlfunktion – augenscheinlich *falsche* Seiten ausgeliefert wurden, die in dieser Form nicht vom Webserver übermittelt wurden.

Ganz verhindern lassen sich solche Fehlfunktionen nicht, jedoch bietet der Apache die Möglichkeit in einer Antwort einen `Content-MD5`-Header einzufügen, der den MD5-Hashwert der jeweiligen Daten enthält. Anhand dieses Headers könnte ein Client überprüfen, ob die Daten bei der Übertragung beschädigt wurden, d.h. ob die Integrität der Daten gewahrt wurde. Gegen absichtliche Modifikationen durch einen Angreifer bietet dies jedoch keinen Schutz, da dieser einen neuen `Content-MD5`-Header erzeugen könnte.

Leider unterstützen bisher fast keine Webclients die Überprüfung des besagten HTTP-Headers.

Weitere Informationen finden Sie in RFC 1544 (*The Content-MD5 Header Field*) und RFC 1321 (*The MD5 Message-Digest Algorithm*).

5.20.1 ContentDigest

Syntax	`ContentDigest On|Off`
Default	`Off`
Kontext	Serverkonfiguration, `<VirtualHost>`, `<Directory>`, `<Location>`, `<Files>`, `.htaccess`

Mit der Konfigurationsanweisung `ContentDigest` wird die Erzeugung des `Content-MD5`-Headers aktiviert.

Beispiel-Header:

```
Content-MD5: bOg+61+FPyo01C9GXA94zg==
```

`ContentDigest` hat einen eher experimentellen Charakter und sollte nur bei Bedarf aktiviert werden. Insbesondere sollte beachtet werden, dass die Berechnung des `Content-MD5`-Headers erneut bei jedem Zugriff durchgeführt wird und zusätzliche Rechenzeit beansprucht.

5.21 Status- und Informationsseiten

In der Apache-Distribution finden sich die beiden Module `mod_status` und `mod_info`, die – sofern sie eingebunden wurden – den Handler `server-status` respektive `server-info` zur Verfügung stellen.

5.21.1 server-info

Aktiviert wird der Handler `server-info`, indem er mit `SetHandler` einem URL zugewiesen wird. Achten Sie hierbei darauf, dass diese Seite nur authorisierten Personen zugänglich gemacht wird.

Beispiel:

```
<Location /intern/server-info>
SetHandler server-info
AuthName server-info
AuthUserFile /usr/local/apache/conf/passwd
require group admin
</Location>
```

Der Aufruf des definierten URLs `/intern/server-info` präsentiert eine Informationsseite, die einen Überblick über die aktuelle Konfiguration und die Module des Apache gibt. Ebenso wird bei jedem Modul aufgelistet, welche Konfigurationsanweisungen es zur Verfügung stellt.

Beispielausgabe (hier nur für ein Modul):

Apache Server Information

```
Server Settings, mod_setenvif.c, mod_so.c, mod_unique_id.c, mod_usertrack.c,
mod_headers.c, mod_expires.c, mod_cern_meta.c, mod_proxy.c, mod_digest.c,
mod_auth_dbm.c, mod_auth_anon.c, mod_auth.c, mod_access.c, mod_rewrite.c,
mod_alias.c, mod_userdir.c, mod_speling.c, mod_actions.c, mod_imap.c,
mod_asis.c, mod_cgi.c, mod_dir.c, mod_autoindex.c, mod_include.c, mod_info.c,
mod_status.c, mod_negotiation.c, mod_mime.c, mod_mime_magic.c,
mod_log_config.c, mod_env.c, mod_vhost_alias.c, http_core.c
```

```
Server Version: Apache/1.3.12 (Unix)
Server Built: Jan 29 2000 18:28:40
API Version: 19990320:6
Run Mode: standalone
User/Group: nobody(65534)/65534
Hostname/port: www.domain.tld:80
Daemons: start: 10    min idle: 10    max idle: 20    max: 150
Max Requests: per child: 0    keep alive: on
           max per connection: 100
Threads: per child: 0
```

```
Excess requests: per child: 0
Timeouts: connection: 300   keep-alive: 10
Server Root: /usr/local/apache
Config File: conf/httpd.conf
PID File: /usr/local/apache/logs/httpd.pid
Scoreboard File: /usr/local/apache/logs/httpd.scoreboard
_________________________________________________________________

Module Name: mod_setenvif.c
Content handlers: none
Configuration Phase Participation: Create Server Config,
                                   Merge Server Configs
Request Phase Participation: Post-Read Request
Module Directives:
    SetEnvIf - A header-name, regex and a list of variables.
    SetEnvIfNoCase - a header-name, regex and a
                  list of variables.
    BrowserMatch - A browser regex and a list of variables.
    BrowserMatchNoCase - A browser regex and a list of variables.
Current Configuration:
httpd.conf
    BrowserMatch "Mozilla/2" nokeepalive
    BrowserMatch "MSIE 4\.0b2;" nokeepalive downgrade-1.0
                           force-response-1.0
    BrowserMatch "RealPlayer 4\.0" force-response-1.0
    BrowserMatch "Java/1\.0" force-response-1.0
    BrowserMatch "JDK/1\.0" force-response-1.0
_________________________________________________________________
...

Apache/1.3.12 Server at www.domain.tld Port 80
```

AddModuleInfo

Syntax	`AddModuleInfo` *Modulname Beschreibung*
Modul	`mod_info`
Kontext	Serverkonfiguration, `<VirtualHost>`

Sie können die AddModuleInfo-Anweisung des Info-Moduls lässt sich verwenden, um zusätzliche Informationen in die Ausgabe des Info-Moduls zu integrieren. Der praktische Nutzen dieser Konfigurationsanweisung ist jedoch relativ gering.

Beispiel:

```
AddModuleInfo mod_userdir.c \
 '<A HREF="http://www.apache.de/docs/mod/mod_userdir.html">
 Dokumentation</A>'
```

Wird dann das mod_info-Dokument aufgerufen, finden Sie unter dem Eintrag »*Additional Information*« des UserDir-Moduls den obigen Zusatztext.

5.21.2 server-status

Statusinformationen zum Apache bekommt man über das Modul mod_status. Mit dem Status-Modul können Sie sich einen Überblick über die aktuelle Auslastung, also die Anzahl der belegten und freien Serverprozesse des Apache, verschaffen. Außerdem werden die Gesamtanzahl der bearbeiteten Anfragen und die übertragene Datenmenge aufgeführt und noch einige weitere Informationen mehr (vergleiche die nachfolgend aufgeführte Beispielausgabe).

Der Handler server-status wird ebenso aktiviert wie der zuvor beschriebene Handler server-info:

```
<Location /intern/server-status>
SetHandler server-status
...
</Location>
```

Genau wie bei der server-info-Seite sollten Sie darauf achten, dass der URL /intern/server-status nur authorisierten Personen zugänglich gemacht wird.

Beispielausgabe (Auszug):

```
Apache Server Status for www.apache.org

Server Version: Apache/1.3.13-dev (Unix)
Server Built: Feb 10 2000 18:04:01

Current Time: Sunday, 16-Feb-2000 11:41:42 PST
```

```
Restart Time: Monday, 10-Feb-2000 18:10:09 PST
Parent Server Generation: 6
Server uptime: 5 days 17 hours 31 minutes 33 seconds
Total accesses: 7036544 - Total Traffic: 114.1 GB
CPU Usage: u373.555 s217.453 cu387.469 cs76.664 - .213% CPU load
14.2 requests/sec - 241.7 kB/second - 17.0 kB/request
89 requests currently being processed, 12 idle servers

_K_WKWWWWWWWKK_KK_WKRKKWRKWWWKKWKWW_KWWK_WK_K_WKWKWWKKKKRKRW__KR
K_KWK_KK_WKKKKWWKKKWWLWKKK_.W.RWW..._K...W..W..W..W............
................................................................
................................................................


Scoreboard Key:
 "_" Waiting for Connection,
 "S" Starting up,
 "R" Reading Request,
 "W" Sending Reply,
 "K" Keepalive (read),
 "D" DNS Lookup,
 "L" Logging,
 "G" Gracefully finishing,
 "." Open slot with no current process

...
```

Wird statt des normalen URL `/intern/server-status` der URL `/intern/server-status?refresh=`*N* aufgerufen, so wird die Seite im Browser automatisch alle *N* Sekunden aktualisiert.

Falls Sie lieber eine Seite ohne HTML-Tables betrachten möchten, können Sie die Seite mit dem Parameter `?notable` aufrufen.

Eine weitere Variante ist der Parameter `?auto`. Hiermit wird das Status-Modul angewiesen keine normale Statusseite zu generieren, sondern die Statusinformationen in einer maschinenlesbaren Form auszugeben. Das im `src/support`-Verzeichnis der Apache-Distribution enthaltene Programm `log_server_status` verwendet dies, um ein Logfile aus den jeweiligen Angaben zu erstellen.

ExtendedStatus

Syntax	`ExtendedStatus On|Off`
Default	Off
Modul	mod_status
Kontext	Serverkonfiguration

Im zuvor gezeigten Beispiel einer Status-Seite sind unter anderem Informationen zur CPU-Auslastung, der Anzahl der gestellten Anfragen und der transferierten Datenmenge sowie Informationen (wie URL-Pfad , IP-Adresse, Virtual Host, usw.) zu den zuletzt gestellten Anfragen enthalten. Allerdings ist dies nur der Fall, wenn die Anweisung `ExtendedStatus` aktiviert wurde.

Per Default protokolliert der Apache solche Informationen nicht mit und gibt auf der Status-Seite nur die rudimentären Informationen wie Versionsnummer, Restart-Zeit, Uptime usw. aus.

Beachten Sie bei Aktivierung der `ExtendedStatus`-Anweisung jedoch, dass der Apache durch die Protokollierung der Zusatzinformationen zusätzlich belastet wird. Allerdings ist die Belastung nur sehr marginal.

5.22 User-Tracking

Schon in Kapitel 4 wurde bei der Vorstellung des Moduls `mod_usertrack` (ehemals `mod_cookie`) von dessen Verwendung abgeraten. Das Modul verwendet sogenannte *HTTP-Cookies*, um das Nutzerverhalten zu protokollieren. Allerdings machen viele Nutzer einem hier einen Strich durch die Rechnung, indem sie es nicht zulassen, dass der Webserver solch ein Cookie bei ihnen setzt. Die meisten Webbrowser erlauben es, entweder fallweise oder generell, Cookies abzuweisen, und ebenso gibt es Browser, die Cookies erst gar nicht unterstützen.

Cookies sind prinzipiell eine interessante Idee, ihre Verwendung zum Zwecke des User-Tracking ist jedoch äußerst zweifelhaft. Falls Sie dennoch `mod_usertrack` verwenden wollen, finden Sie im Folgenden die Erklärung der von `mod_usertrack` zur Verfügung gestellten Konfigurationsanweisungen.

Abb. 5.10: Beispiel einer Cookie-Anfrage

5.22.1 CookieTracking

Syntax	`CookieTracking On|Off`
Default	`Off`
Modul	`mod_usertrack`
Kontext	Serverkonfiguration, `<VirtualHost>`, `<Directory>`, `<Location>`, `<Files>`, `.htaccess`

Das Modul `mod_usertrack` ist per Default nicht aktiviert und muss durch

```
CookieTracking On
```

eingeschaltet werden, wenn man es benutzen will.

Durch die Verwendung z.B. in `<Directory>`-Anweisungen oder `.htaccess`-Dateien kann es nahezu beliebig für bestimmte Bereiche des Webservers ein- oder ausgeschaltet werden.

Ist `CookieTracking` aktiviert, schickt der Apache bei jedem neuen Client-Zugriff, d.h. dann, wenn der Client nicht schon einen `Cookie`-Header mitgeschickt hat, einen neuen Cookie (`Set-Cookie`-Header).

5.22.2 CookieName

Syntax	`CookieName` *Name*
Default	`Off`
Modul	`mod_usertrack`
Kontext	Serverkonfiguration, `<VirtualHost>`, `<Directory>`, `<Location>`, `<Files>`, `.htaccess`

Bis einschließlich Apache 1.3.6 wurde als Name des Cookies generell »`Apache`« verwendet. Mit der Anweisung `CookieName` lässt sich dies nun den eigenen Anforderungen anpassen. Als Argument erhält die Anweisung hierbei lediglich den gewünschten Namen.

Beispiel:

```
CookieName take_a_cookie
```

Der Name sollte hierbei nur normale Groß-/Kleinbuchstaben, Zahlen sowie »_« und »-« enthalten. Werden Umlaute und Sonderzeichen verwendet, führt dies typischerweise zu unbrauchbaren Ergebnissen.

5.22.3 CookieExpires

Syntax	`CookieExpires` *Gültigkeitsdauer*
Default	*(eine Client-Session)*
Modul	`mod_usertrack`
Kontext	Serverkonfiguration, `<VirtualHost>`

Wird `CookieExpires` nicht explizit angegeben, so werden die Cookies auf der Client-Seite nur im Speicher gehalten, nicht jedoch persistent in der jeweiligen Cookie-Datei des Browsers gespeichert. Wollen Sie genau kontrollieren, wie lange ein gesetzter Cookie seine Gültigkeit behalten soll, so können Sie mittels `CookieExpires` eine *Gültigkeitsdauer* vorgeben. Als Angabe der Gültigskeitsdauer sind Kombinationen der Begriffe `years`, `months`, `weeks`, `hours`, `minutes` und `seconds` erlaubt.

Beispiele:

```
CookieExpires 120 seconds
CookieExpires 6 hours 30 minutes
CookieExpires 1 years 2 months 3 weeks
```

5.22.4 Logfiles

Der ganze Aufwand mit `mod_usertrack` nützt jedoch nur wenig, wenn die Cookies nicht auswertet und mit protokolliert werden. Hierdurch können Sie – im Idealfall – feststellen, wie oft ein bestimmter Nutzer die Website benutzt hat, welche Seiten ein Nutzer vom Server geladen hat, welchen Weg er dabei genommen hat und wie viel Zeit zwischen zwei Anfragen vergangen ist.

Ursprünglich hat das Modul selbst die Protokollierung der Cookie-Daten übernommen, wobei das Logfile über die `CookieLog`-Anweisung spezifiziert wurde. Mittlerweile sollte man hierfür jedoch das Modul `mod_log_config` benutzen. Es stellt zwar aus Kompatibilitätsgründen immer noch die Konfigurationsanweisung `CookieLog` zur Verfügung, jedoch sollte man bevorzugt die folgende `CustomLog`-Anweisung verwenden:

```
CustomLog logs/usertrack_log "%{cookie}n \"%r\" %t"
```

5.23 Proxy

Ein Proxy dient als Vermittler zwischen einem Client und dem eigentlichen Ziel der Anfrage. Im Falle von HTTP leitet ein Proxy die vom Client gestellte Anfrage an den jeweiligen Webserver weiter, d.h. dieser *sieht* nur den Proxy-Rechner.

Gerade im World Wide Web verwendet man oftmals *Caching-Proxies* respektive *Proxy-Caches*, d.h. die Daten, die vom Server zum Client übertragen werden, werden zwischengespeichert. Greift ein anderer Client nun auf dieselben Daten zu, kann der Proxy-Cache auf die gespeicherte Kopie zurückgreifen und muss die Daten nicht erneut anfordern.

Das Modul `mod_proxy` stellt einen Proxy-Cache zur Verfügung, der die Protokolle HTTP (0.9 und 1.0), FTP und CONNECT (für SSL) unterstützt. Zum Zeitpunkt der Drucklegung des vorliegenden Buches unterstützte `mod_proxy` noch nicht HTTP/1.1, obwohl diesbezüglich schon einige kleine Erweiterungen in das Modul aufgenommen wurden.

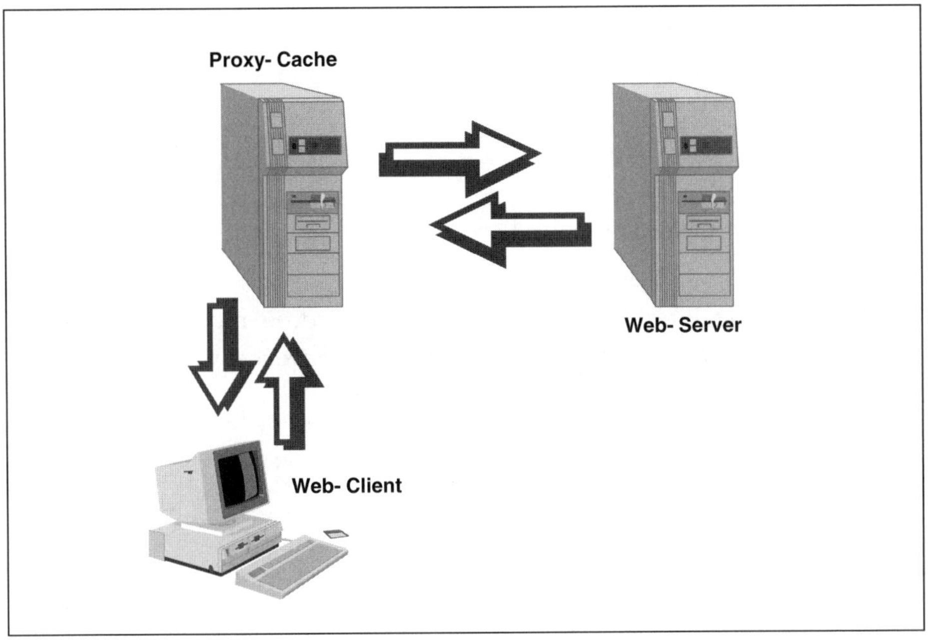

Abb. 5.11: Zugriff auf einen Webserver via Proxy-Cache

Der Proxy kann autark eingesetzt oder aber an einen anderen Proxy angeschlossen werden (Kaskadierung).

Der Apache-Proxy eignet sich für eine kleine bis mittelgroße Nutzergruppe. Falls Sie planen, einen Proxy respektive Proxy-Cache in größerem Umfang einzusetzen, sollten Sie den Apache-Proxy eher links liegen lassen und einen Blick auf den als Freeware erhältlichen *Squid*[1] werfen. Squid hat eine um einiges höhere Performance und ist insbesondere für den Einsatz in einem Cache-Netzwerk prädestiniert. Außerdem eignet er sich besser für sehr große Caches, die im Bereich von einigen GByte liegen, denn hier nimmt die Performance des Apache-Proxy spürbar ab.

Aber kommen wir wieder zurück zu `mod_proxy` und dessen Konfigurationsanweisungen.

1 http://squid.nlanr.net/

5.23.1 ProxyRequests

Syntax	`ProxyRequests On|Off`
Default	`Off`
Modul	`mod_proxy`
Kontext	Serverkonfiguration, `<VirtualHost>`

Per Default ist das Proxy-Modul des Apache deaktivert. Es muss über die `ProxyRequests`-Anweisung eingeschaltet werden, wenn es verwendet werden soll.

```
ProxyRequests On
```

Das Modul muss nicht aktiviert werden, wenn nur `ProxyPass` oder die Proxy-Funktionalität der `RewriteRule`-Anweisung genutzt werden soll.

5.23.2 CacheRoot

Syntax	`CacheRoot` *Verzeichnis*
Modul	`mod_proxy`
Kontext	Serverkonfiguration

Das Verzeichnis, in dem die Cache-Daten gehalten werden sollen, wird über die Konfigurationsanweisung `CacheRoot` spezifiziert.

Beispiel:

```
CacheRoot /usr/local/cache
```

Da in diesem Verzeichnis die Serverprozesse ihre übermittelten Daten speichern und von dort auch lesen, müssen Sie darauf achten, dass das Verzeichnis von der User- respektive Group-ID, unter der der Apache läuft, lesbar und insbesondere beschreibbar ist, andernfalls kann das Proxy-Modul nicht auf die Daten zugreifen.

Aus Gründen der Performance empfiehlt es sich, das Cache-Verzeichnis auf einer eigenen Festplatte unterzubringen.

Sofern die `CacheRoot`-Anweisung nicht gesetzt ist, wird kein Caching durchgeführt.

5.23.3 CacheSize

Syntax	`CacheSize` *Größe*
Default	5
Modul	`mod_proxy`
Kontext	Serverkonfiguration, `<VirtualHost>`

Der maximale Umfang, den die gespeicherten Daten auf der Festplatte einnehmen sollen, wird mittels `CacheSize` angegeben. *Größe* ist hierbei der Wert in kByte (1024 Byte).

Wollen Sie beispielsweise als Cache-Größe 0,5 GByte benutzen, so ergibt sich als Anweisung:

```
CacheSize 524288
```

Sie sollten unbedingt darauf achten, dass auf der verwendeten Festplattenpartition auch genügend Platz vorhanden ist. Sie sollten den Wert auch nicht zu eng angeben, denn während des Betriebs kann der mit `CacheSize` angegebene Wert durchaus überschritten werden, da der Apache nur in bestimmten Intervallen die Größe der gespeicherten Daten überprüft und gegebenfalls den Umfang der Daten reduziert (vergleiche `CacheGcInterval`).

5.23.4 CacheDirLevels

Syntax	`CacheDirLevels` *Anzahl*
Default	3
Modul	`mod_proxy`
Kontext	Serverkonfiguration, `<VirtualHost>`

Da das Speichern von vielen Dateien in einem einzelnen Verzeichnis auf den meisten Unix-Betriebssystemen relativ uneffizient ist, legt `mod_proxy` per Default die Dateien in Unterverzeichnissen bis zur Tiefe drei ab. Mit `CacheDirLevels` können Sie die Anzahl der Unterverzeichnisse festlegen.

Beispiel:

```
CacheDirLevels 4
```

Als Dateiname wird jeweils ein Hash-Wert erzeugt (22 Zeichen), wobei die ersten Zeichen jeweils den Namen des Unterverzeichnisses darstellen. Die Länge der für ein Unterverzeichnis verwendeten Zeichen entspricht dabei dem mit `CacheDirLength` angegebenen Wert.

5.23.5 CacheDirLength

Syntax	`CacheDirLength` *Länge*
Default	1
Modul	`mod_proxy`
Kontext	Serverkonfiguration, `<VirtualHost>`

Wie im vorigen Abschnitt gesagt, werden die ersten Zeichen des für eine Datei erzeugten Hash-Wertes für die Namen der Unterverzeichnisse verwendet, wobei per Default jeweils genau ein Zeichen benutzt wird. Setzt man `CacheDirLength` auf einen höheren Wert, so werden entsprechend mehr Zeichen für die Unterverzeichnisse verwendet. Auf diese Weise können sich im Hauptverzeichnis (`CacheRoot`) mehr Unterverzeichnisse befinden.

Die Default-Werte für `CacheDirLevels` und `CacheDirLength` dürften für die meisten Anwendungen ausreichend sein. Bei großen Proxies sollte `CacheDirLength` auf 2 und gegebenfalls `CacheDirLevels` auf 4 oder 5 erhöht werden.

Beispiel:

```
CacheDirLevels 3
CacheDirLength 2
```

Ein Dokument wird angefordert und bekommt den folgenden Hash-Wert zugewiesen:

```
MwORtZUioP42dfBhIkL3cQ
```

Gespeichert wird die Datei, ausgehend vom mit `CacheRoot` angegebenen Verzeichnis, unter:

```
Mw/OR/tZ/UioP42dfBhIkL3cQ
```

5.23.6 CacheGcInterval

Syntax	`CacheGcInterval` *Zeit*
Default	(*niemals*)
Modul	`mod_proxy`
Kontext	Serverkonfiguration, `<VirtualHost>`

Wie wir alle nur zu gut wissen, ist freier Plattenplatz eine endliche Größe und meistens deutlich geringer als der Platz, den man gerade benötigt. Damit nun der Cache nicht das letzte Byte der Festplatte ausfüllt, muss der Umfang der gespeicherten Daten von Zeit zu Zeit auf die mit `CacheSize` angegebene Obergrenze zurechtgestutzt werden.

Über die Konfigurationsanweisung `CacheGcInterval` gibt man an, wie oft diese Überprüfung (*Garbage Collection*) stattfinden soll. Die `Zeit` wird hierbei in Stunden angegeben.

Soll beispielsweise alle zwölf Stunden der Cache überprüft werden, so verwenden Sie die Anweisung:

```
CacheGcInterval 12
```

Ist der Umfang der gespeicherten Daten zu hoch, so werden alte Daten gelöscht, bis der Wert wieder knapp unterhalb des mit `CacheSize` angegebenen Maximalwerts liegt.

Ein Richtwert für `CacheGcInterval` kann nur schlecht angegeben werden, da er von der Anzahl der Nutzer und der Anzahl der Zugriffe abhängt. Insbesondere bei einem großen Cache mit vielen Nutzern sollten Sie den Wert nicht zu gering ansetzen, da die Überprüfung des Caches und das Löschen der alten Daten den Rechner deutlich belastet. Je größer die angegebene Zeit ist, desto größer sollte auch der Spielraum zwischen dem mit `CacheSize` angegebenen Wert und dem maximalen Fassungsvermögen der Partition sein.

5.23.7 CacheMaxExpire

Syntax	`CacheMaxExpire` *Zeit*
Default	`24`
Modul	`mod_proxy`
Kontext	Serverkonfiguration, `<VirtualHost>`

Die mit der `CacheMaxExpire`-Anweisung angegebene Zeit gibt an, wie viele Stunden eine gespeicherte Datei als aktuell betrachtet werden soll. Während dieser Zeitspanne wird die Datei, z. B. ein HTML-Dokument, bei einem Zugriff immer aus dem Cache zurückgeliefert und der Originalserver nicht befragt.

Soll die Zeitspanne auf 72 Stunden festgelegt werden, ergibt sich folgende Anweisung:

```
CacheMaxExpire 72
```

Während dieser 72 Stunden wird ein Dokument bzw. eine Datei, die zuvor gespeichert wurde, immer aus dem Cache selbst ausgeliefert. Das bedeutet, dass die jeweilige Seite maximal 72 Stunden nicht auf dem neuesten Stand ist.

Auch wenn z. B. ein Dokument einen `Expires`-Header enthält, der ihm eine Gültigskeitsdauer von mehr als 72 Stunden bescheinigt, würde der Originalserver trotzdem nach 72 Stunden erneut befragt.

Die `CacheMaxExpire`-Zeit sollte nicht zu knapp gesetzt werden, denn sonst nützt der Cache relativ wenig, da zu selten die Kopie aus dem Cache ausgeliefert wird. Je nach Anwendungsfall sind Werte im Bereich von einigen Tagen bis Wochen durchaus sinnvoll, denn `CacheMaxExpire` gibt, wie der Name schon sagt, die maximale Gültigskeitsdauer an. In erster Linie entscheidet der Proxy-Cache auf Basis des `Last-Modified`-Headers, wie lange er die Daten als aktuell betrachten soll. Wurde ein Dokument zum Beispiel schon seit knapp einen Jahr nicht mehr modifiziert, kann man mit sehr hoher Wahrscheinlichkeit davon ausgehen, dass es sich auch innerhalb der nächsten Tage nicht ändern wird. Vergleichen Sie hierzu die Erklärungen der Konfigurationsanweisung `CacheLastModifiedFactor`.

5.23.8 CacheLastModifiedFactor

Syntax	`CacheLastModifiedFactor` *Faktor*
Default	`0.1`
Modul	`mod_proxy`
Kontext	Serverkonfiguration, `<VirtualHost>`

Wie oben gesagt, entscheidet der Apache-Proxy wie auch alle anderen Proxy-Caches in den meisten Fällen auf Basis des HTTP-Headers `Last-Modified`, wie lange er die Daten als gültig respektive aktuell betrachten soll, ohne erneut den Originalserver abzufragen. Ist ein `Expires`-Header in der jeweiligen Antwort eines Webservers vorhanden, wird dessen Wert als Gültigkeitsdauer benutzt und ein eventuell vorhandener `Last-Modified`-Header ignoriert. Ist weder ein `Expires`- noch ein `Last-Modified`-Header vorhanden, wird das Dokument nicht gespeichert, sondern nur an den Client weitergereicht.

Ob nun ein Dokument, das beispielsweise eine Woche alt ist, eine Stunde oder einen Tag gespeichert werden soll, wird über die Konfigurationsanweisung `CacheLastModifiedFactor` festgelegt. Die Gültigkeitsdauer wird nach der folgenden Gleichung, in die der als Faktor angegebene Wert eingesetzt wird, errechnet:

```
Gültigkeitsdauer = Last-Modified-Zeit * Faktor
```

Beispiel:

```
CacheLastModifiedFactor 0.3
```

Ein Dokument, das laut `Last-Modified`-Header vor zehn Tagen zuletzt geändert wurde, wird bei einem Faktor von 0.3 drei Tage im Cache gespeichert. Erst dann wird wieder der Originalserver befragt. Sinnvolle Faktoren liegen im Bereich von 0.1 bis 0.5.

Ist das Ergebnis der obigen Formel größer als die mit `CacheMaxExpire` angegebene Gültigkeitsdauer, so wird der `CacheMaxExpire`-Angabe der Vorrang gewährt.

5.23.9 CacheDefaultExpire

Syntax	`CacheDefaultExpire` *Zeit*
Default	1
Modul	`mod_proxy`
Kontext	Serverkonfiguration, `<VirtualHost>`

Falls bei einem Zugriff ein Protokoll verwendet wurde, das keine Kennzeichnung einer Gültigskeitsdauer kennt, z.B. FTP, wird die mit `CacheDefaultExpire` angegebene Gültigkeitsdauer verwendet. Angegeben wird die *Zeit* hierbei in Stunden.

Beispiel:

```
CacheDefaultExpire 24
```

Auf Übertragungen via HTTP hat `CacheDefaultExpire` keinerlei Einfluss, ebenso hat `CacheMaxExpire` keinen Vorrang gegenüber `CacheDefaultExpire`.

5.23.10 ProxyDomain

Syntax	`ProxyDomain` *Domain*
Modul	`mod_proxy`
Kontext	Serverkonfiguration, `<VirtualHost>`

Die ProxyDomain-Anweisung sorgt dafür, dass bei einer Anfrage, in der nur ein Host- ohne Domainnamen angegeben wurde, ein Verweis auf den kompletten Namen (*FQDN*) durchgeführt wird (HTTP-Redirect). Mit anderen Worten: Die mittels `ProxyDomain` definierte Domain wird bei einem Redirect an den jeweiligen Hostnamen angehängt.

Beispiel:

```
ProxyDomain .domain.tld
```

5.23.11 ProxyRemote

Syntax	`ProxyRemote` *Protokoll Cache-URL* `ProxyRemote` *Host-URL Cache-URL*
Modul	`mod_proxy`
Kontext	Serverkonfiguration, `<VirtualHost>`

Wenn Sie den Apache-Proxy in ein Cache-Netzwerk integrieren oder einfach nur einen anderen Cache vorschalten wollen, können Sie über die Anweisung `ProxyRemote` einen übergeordneter Cache spezifizieren. An diesen Cache werden alle Anfragen weitergeleitet, wobei es zwei Varianten der `ProxyRemote`-Anweisung gibt.

Auf Basis des Protokolls können Sie festlegen, welcher Cache benutzt werden soll, wobei ein »*« für alle Protokolle steht.

Beispiele:

```
ProxyRemote * http://www-cache.domain.tld:3128
ProxyRemote http http://www-cache.otherdomain.tld:3128
ProxyRemote ftp http://ftp-cache.domain.tld:8080
```

Die andere Variante erlaubt es, statt des Protokolls einen Host-URL anzugeben, d.h. für den Zugriff auf eine bestimmte Website kann ein fester Cache definiert werden.

Beispiele:

```
ProxyRemote http://www.specialdomain.tld/
          http://www-cache.otherdomain.tld:8080
```

Die Zahl am Ende der Cache-Angabe spezifiert wie üblich die Nummer des Ports, auf dem der jeweilige Proxy-Cache läuft. Häufige Varianten sind 8080, 8000 und 3128 (der Default-Port des Squid-Cache).

Sofern der jeweils angegebene Cache nicht erreichbar ist, wickelt der Apache-Proxy die Anfrage selbstständig ab.

5.23.12 ProxyVia

Syntax	`ProxyVia On|Off|Full|Block`
Default	`Off`
Modul	`mod_proxy`
Kontext	Serverkonfiguration, `<VirtualHost>`

Das HTTP/1.1-Protokoll definiert den optionalen Header »Via:«. In ihm ist aufgeführt, über welche Proxy-Server die Anfrage zum Zielserver gelangt ist, welche HTTP-Version für die Anfrage verwendet wurde, und in den meisten Fällen auch einen Kommentar zur verwendeten Proxy-Software.

Hier folgt ein Beispiel-Header einer Anfrage, die über drei Proxy-Server gelaufen ist:

```
Via: 1.0 www.domain.tld (Apache/1.3.12),
     1.0 cache.provider.tld (Squid/2.1.RELEASE),
     1.1 cache.upstreamprovider.tld (NetCache 4.0R3D5)
```

Über die ProxyVia-Anweisung kann kontrolliert werden, ob Via-Header weitergeleitet werden und ob ein Eintrag für den eigenen Proxy hinzugefügt werden soll.

Per Default werden Via-Header an übergeordnete Proxy- bzw. Webserver weitergeleitet, jedoch wird kein Eintrag für den eigenen Proxy hinzugefügt. Ist ProxyVia auf On gestellt, so wird ein Eintrag für den eigenen Proxy hinzugefügt und gegebenenfalls ein Via-Header generiert. Allerdings werden nur der Domainname und die verwendete HTTP-Version in den Header aufgenommen. Soll der Apache sich selbst mit seiner Versionsnummer im Header verewigen, so muss ProxyVia auf Full gestellt sein.

Wenn aus Datenschutzgründen keine Informationen zu lokalen Proxy-Servern weitergeleitet werden sollen, kann der Apache angewiesen werden Via-Header grundsätzlich aus den Anfragen zu entfernen und auch keine neuen zu generieren. Erreicht wird dies durch den folgenden Eintrag:

```
ProxyVia Block
```

5.23.13 NoProxy

Syntax	NoProxy *Adresse* [*Adresse* ...]
Modul	mod_proxy
Kontext	Serverkonfiguration, <VirtualHost>

Die NoProxy-Anweisung ist nur dann nützlich, wenn die ProxyRemote-Anweisung verwendet wird. Mittels NoProxy können Sie steuern, ob eine Anfrage an den in der ProxyRemote-Anweisung angegebenen Proxy geschickt werden soll oder der jeweilige Webserver direkt angesprochen werden soll.

Als *Adresse* können Sie folgenden Werte verwenden:

- Hostname
  Beispiel: server.domain.tld
- Domainname, gekennzeichnet durch einen Punkt als erstes Zeichen
  Beispiel: .domain.tld
- IP-Adresse
  Beispiel: 123.45.67.89
- Subnetz, angegeben als partielle IP-Adresse oder als Adresse mit zugehöriger Netzmaske.
  Beispiele: 123.45, 123.45.0.0, 123.45.0.0/16, 123.45.0.0/255.255.0.0.

Anwendungsbeispiel:

```
ProxyRemote * http://www-cache.provider.tld:8080
NoProxy     .domain.tld  123.45.0.0/16
```

Anfragen an Server innerhalb der eigenen Domain (domain.tld) würden mit dieser Anweisung direkt ausgeführt, und alle anderen Anfragen würden an den übergeordneten Proxy www-cache.provider.tld weitergeleitet.

5.23.14 ProxyPass

Syntax	ProxyPass *URL-Pfad URL*
Modul	mod_proxy
Kontext	Serverkonfiguration, <VirtualHost>

Bei der Erklärung des Rewrite-Moduls wurde bereits die Proxy-Funktionalität angesprochen, mit der es möglich ist, über interne Proxy-Anfragen einen anderen Webserver oder einen Teil von ihm in den eigenen Webserver *einzubinden*. Über die `ProxyPass`-Anweisung ist dies – wenn auch nicht so flexibel – ebenfalls möglich.

Beispiel:

```
ProxyPass /mirror http://www.mirror-me.tld
```

Ein Zugriff auf den lokalen URL `http://www.domain.tld/mirror/test.html` würde dazu führen, dass der Apache intern über den Proxy auf den URL `http://www.mirror-me.tld/test.html` zugreift und den Inhalt des Dokuments zurückliefert. Auf der Client-Seite ist hiervon nichts zu bemerken.

Vergleichen Sie auch die Erklärungen zur `RewriteRule`-Anweisung.

5.23.15 ProxyPassReverse

Syntax	`ProxyPassReverse` *URL-Pfad URL*
Modul	`mod_proxy`
Kontext	Serverkonfiguration, `<VirtualHost>`

`ProxyPassReverse` dient als Ergänzung zur `ProxyPass`-Anweisung und sorgt dafür, dass der URL von selbst referenzierenden HTTP-Redirects, die vom übergeordneten Webserver erzeugt wurden, auf den eigenen Hostnamen umgeschrieben werden. Hierdurch wird vermieden, dass der Name des Webservers, auf den via `ProxyPass` zugegriffen wird, zum Client gelangt.

Durch diese Funktionalität lässt sich der Apache als *Reverse-Proxy* einsetzen. Der Begriff Reverse-Proxy bedeutet, dass die Daten nicht vom Server selbst stammen, sondern von einem oder mehreren anderen Servern, die quasi hinter dem Reverse-Proxy *versteckt* werden. Dies kann einerseits zum Zwecke der Lastverteilung genutzt werden, aber auch, wenn sich die Datenserver hinter einer Firewall befinden und nicht von außen erreichbar sind.

Beispiel:

```
ProxyPass        / http://server.domain.tld
ProxyPassReverse / http://server.domain.tld
```

Durch diese Konfiguration werden alle Anfragen an `server.domain.tld` weitergeleitet.

`ProxyPassReverse` lässt sich ebenfalls zusammen mit der flexibleren Proxy-Funktionalität des Rewrite-Moduls verwenden.

5.23.16 ProxyBlock

Syntax	`ProxyBlock` *Domain* [*Domain ...*]
Default	(*Keine Beschränkung.*)
Modul	`mod_proxy`
Kontext	Serverkonfiguration, `<VirtualHost>`

Über die `ProxyBlock`-Anweisung können bestimmte Sites oder ganze Domains für den Zugriff gesperrt werden.

Beispiel:

```
ProxyBlock microsoft.com www.microsoft.de ftp.microsoft.de
```

Versucht ein Nutzer auf die IP-Adresse einer der gesperrten Sites zuzugreifen, wird auch dieser Versuch abgefangen.

Abgesehen von Domain- oder Hostnamen kann jedoch auch ein Wort als *Domain* angegeben werden. Kommt im Hostnamen der URL das Wort vor, wird der Zugriff verweigert.

Beispiel:

```
ProxyBlock test
```

Durch die obige Anweisung werden zum Beispiel Zugriffe auf `www.test.tld` oder `test.domain.tld` verweigert.

Wenig sinnvoll, aber trotzdem möglich, ist die folgende Angabe, die den Zugriff auf alle Sites sperrt:

```
ProxyBlock *
```

5.23.17 AllowCONNECT

Syntax	`AllowCONNECT` *Port* [*Port* ...]
Default	`443 563`
Modul	`mod_proxy`
Kontext	Serverkonfiguration, `<VirtualHost>`

Das Proxy-Modul unterstützt das CONNECT-Protokoll, das es ermöglicht SSL-Verbindungen über einen Proxy zu *tunneln*. SSL wird beispielsweise bei *https*- und *snews*-Zugriffen verwendet.

Sofern keine weiteren Einstellungen vorgenommen werden, erlaubt der Apache CONNECT-Zugriffe nur auf die Portnummern 443 (https) und 563 (snews) der Zielserver. Über die `AllowCONNECT`-Anweisung können diese Portnummern geändert beziehungsweise erweitert werden.

Beispiel:

```
AllowCONNECT 443 563 1234 666
```

Im Normalfall brauchen Sie hier allerdings keine Änderungen vorgenehmen.

5.23.18 CacheForceCompletion

Syntax	`CacheForceCompletion` *Prozentwert*
Default	`90`
Modul	`mod_proxy`
Kontext	Serverkonfiguration, `<VirtualHost>`

In der Grundeinstellung des Apache werden angeforderte Objekte zu Ende gelanden, wenn mindestens 90% des Objektes bereits übertragen wurden. Somit wird das Objekt auch dann geladen und gespeichert, wenn der Webclient die Übertragung abgebrochen hat.

Über die Anweisung `CacheForceCompletion` kann der *Prozentwert* festgelegt werden, zum Beispiel:

```
CacheForceCompletion 42
```

Im obigen Beispiel würde also auch bei einem Verbindungsabbruch des Clients das angeforderte Objekt weitergeladen, wenn bisher mindestens 42% übertragen wurden.

Sinnvolle Werte der `CacheForceCompletion`-Anweisung liegen zwischen 50 und 95.

5.23.19 NoCache

Syntax	`NoCache` *Domain* [*Domain* ...]
Default	(*Alle Daten werden zwischengespeichert.*)
Modul	`mod_proxy`
Kontext	Serverkonfiguration, `<VirtualHost>`

Greift ein Client über den Proxy auf lokale Websites der eigenen Domain zu, so macht es wenig Sinn, die Daten dieser Websites zu speichern. Mit der Konfigurationsanweisung `NoCache` geben Sie an, von welchen Websites keine Daten gespeichert werden sollen, wobei eine oder mehrere Domains (oder Hostnames), durch Leerzeichen getrennt, angegeben werden können.

Beispiele:

```
NoCache .domain.tld
NoCache host1.otherdomain.tld .somewhere.tld
NoCache apache
```

Das letzte Beispiel sorgt dafür, dass keine Daten von einer Website im Cache gespeichert werden, die `apache` im Hostname enthält, z.B. `www.apache.org` oder `www.apache.de`.

Wenn Sie generell keine Daten speichern wollen, geben Sie als *Domain* einen Stern an:

```
NoCache *
```

Allerdings lässt sich dies auch einfach durch Weglassen der Konfigurationsanweisung `CacheRoot` erreichen.

5.23.20 ProxyReceiveBufferSize

Syntax	`ProxyReceiveBufferSize` *Größe*
Default	`0`
Modul	`mod_proxy`
Kontext	Serverkonfiguration, `<VirtualHost>`

Um eventuell noch ein bisschen mehr Performance aus `mod_proxy` herausholen zu können, lässt sich mit `ProxyReceiveBufferSize` die Größe des Netzwerkpuffers festlegen, der für ein- und ausgehende HTTP- und FTP-Verbindungen genutzt wird.

Als Größe wird der Wert in Bytes angegeben, der mindestens 512 betragen muss. Der Default-Wert ist jedoch »0« und bezeichnet die Systemvorgabe.

Ist den meisten Fällen ist es sinnvoll, den Default-Wert des Systems zu verwenden, insbesondere dann, wenn Ihnen nicht genau klar ist, welche Auswirkungen die Änderung auf die Performance des Apache haben kann.

5.23.21 Zugriffskontrolle

Unter keinen Umständen sollten Sie vergessen, die Nutzung des Proxy auf den gewünschten Personenkreis einzuschränken, bei dem es sich in aller Regel um die Nutzer der eigenen Domain handelt.

Über eine `<Directory>`-Anweisung und entsprechende `deny`- und `allow`-Anweisungen können Sie genau festlegen, wer den Proxy nutzen darf.

```
<Directory proxy:*>
order deny,allow
deny from all
allow from 123.45.
</Directory>
```

Die partielle IP-Adresse soll hierbei die lokale Domain kennzeichnen, d.h. alle Rechner mit der IP-Adresse 123.45.*.* dürfen den Proxy nutzen.

Mit Apache 1.3 ist auch die Verwendung einer *Proxy-Authentikation* möglich, d.h. ein Client kann den Proxy nur verwenden, wenn er ein korrektes Passwort bei der Anfrage mitgeschickt hat. Die Konfiguration ergibt sich analog zur zuvor beschriebenen normalen Nutzer-Authentikation.

Beispiel:

```
<Directory proxy:>
order deny,allow
deny from all
allow from 123.45.67
AuthType Basic
AuthName Proxy
AuthUserFile conf/proxy-passwd
AuthGroupFile conf/proxy-group
require group users
Satisfy Any
</Directory>
```

Diese Konfiguration erlaubt Nutzern, die vom Subnetz `123.45.67` aus zugreifen, ohne Proxy-Authentikation die Nutzung des Proxy, alle anderen werden nach einem Passwort gefragt und können den Proxy nur nutzen, wenn sie zur Gruppe »`users`« gehören.

Unabhängig davon, ob IP-Adressen oder Passwörter zur Zugriffskontrolle verwendet werden, lässt sich die Zugriffskontrolle auch auf bestimmte Web- und FTP-Server einschränken.

Beispiel:

```
<Directory proxy:http://www.domain.tld>
order deny,allow
deny from all
allow from 123.45.
</Directory>
```

Abgesehen von Anweisungen bezüglich der Zugriffskontrolle können auch nahezu beliebige andere Anweisungen innerhalb einer solchen Proxy-Sektion verwendet werden.

Hier folgt ein Beispiel, bei dem der MIME-Typ für ein bestimmtes FTP-Server-Verzeichnis gesetzt wird:

```
<Directory proxy:ftp://ftp.domain.tld/pub/docs>
ForceType text/plain
</Directory>
```

5.23.22 Eine geeignete Portnummer

Sofern keine weiteren Angaben bezüglich der Portnummer gemacht werden, wird die mit `Port` angegebene Portnummer auch für die Proxy-Zugriffe benutzt, wobei dies typischerweise Port 80 ist.

Um für spätere Erweiterungen und vielleicht den Umstieg auf eine andere Proxy-Software gerüstet zu sein, empfiehlt es sich, von Anfang an eine dedizierte Portnummer und einen dedizierten Hostname zu benutzen. Dann kann eine Umstellung transparent für die Nutzer durchgeführt werden, denn nichts ist schlimmer, als Hunderte von Nutzern dazu zu bewegen, die Proxy-Einstellungen in ihrem Webbrowser zu ändern.

Wenn Sie die `Listen`-Anweisung benutzen, können Sie den Apache anweisen, auf mehr als nur einem Port auf Anfragen zu lauschen. Nachdem Sie die `Port`-Anweisung entfernt haben, fügen Sie die folgenden beiden Anweisungen zur Serverkonfiguration hinzu:

```
Listen 80
Listen 8080
```

Geben Sie der Website jetzt einen Hostname-Alias (CNAME), z. B. `www-cache.domain.tld`, dann lässt sich dieser Hostname zusammen mit Port 8080 als Proxy-Cache verwenden, und ist damit unabhängig vom Hostnamen des Webservers.

Als aufmerksamer Leser haben Sie aber sicherlich schon bemerkt, dass diese Lösung noch nicht ideal ist, denn unter dem URL `http://www-cache.domain.tld:8080/` könnte man nun auch den Webserver selbst erreichen und auf Port 80 von `www.domain.tld` auch den Proxy-Cache nutzen. Aber auch dies können Sie noch durch eine `<VirtualHost>`-Anweisung verhindern.

Es ist möglich für `www-cache.domain.tld` eine eigene IP-Adresse zu vergeben, allerdings lässt sich dies auch mit einer einzigen IP-Adresse und sogenannten Port-basierten virtuellen Servern lösen (Details zu virtuellen Servern finden Sie in Kapitel 5.24). Für eine IP-Adresse, z. B. `123.45.67.89` ist weiterhin im Nameserver `www.domain.tld` eingetragen und `www-cache.domain.tld` als Hostname-Alias. Es ergibt sich folgende Serverkonfiguration:

```
Listen 80
Listen 8080
ProxyRequests Off
...
```

```
<VirtualHost 123.45.67.89:80>
ServerName www.domain.tld
DocumentRoot /usr/local/apache/htdocs
...
</VirtualHost>

<VirtualHost 123.45.67.89:8080>
ServerName www-cache.domain.tld
ProxyRequests On
CacheRoot /usr/local/cache
CacheSize 524288
CacheGcInterval 24
CacheMaxExpire 336
...
</VirtualHost>
```

Weiterhin sollten Sie sicherstellen, dass nur der gewünschte Nutzerkreis auf den Proxy zugreifen darf und der Zugriff auf alle lokalen Dateien unterbunden ist. Die folgende Konfiguration gibt dies beispielhaft vor.

```
<Directory proxy:*>
order deny,allow
deny from all
allow from 123.45.
</Directory>

<Directory />
deny from all
</Directory>
```

In der Konfiguration des Hauptservers deaktivieren Sie den Proxy durch

```
ProxyRequests Off
```

Allerdings ist dies sowieso die Default-Einstellung der `ProxyRequests`-Anweisung und kann somit auch weggelassen werden.

Auf den Webserver kann dann nur noch über den URL `http://www.domain.tld/` und auf den Proxy über `http://www-cache.domain.tld:8080/` zugegriffen werden.

5.24 Virtual Hosts

5.24.1 Was ist ein »Virtual Host«?

Wenn man davon redet, dass ein Webserver Unterstützung für virtuelle Server (*Virtual Hosts*) bietet, so meint man damit, dass er gleichzeitig unter mehr als einem Hostnamen agieren und dabei jeweils ein eigenes Dokumentenverzeichnis, Logfiles usw. verwalten kann.

Einen eigenen Domainnamen zu besitzen ist mittlerweile nichts Besonders mehr und auch bei Privatleuten schon durchaus üblich. Da es auf die Dauer unökonomisch ist, für jede Website einen eigenen Rechner und Webserver zu verwenden, wurden die virtuellen Server erfunden, bei denen ein Webserver mehrere Websites respektive Hostnames verwaltet.

Um bei obigem Beispiel zu bleiben, bedeutet dies, dass sich `www.provider.tld` und `www.firma.tld` auf demselben Rechner befinden und ein einziger Webserver verwendet wird, wobei z. B. die Dokumente für `www.provider.tld` im Verzeichnis `/usr/local/apache/htdocs` liegen und die Dokumente für `www.firma.tld` im Verzeichnis `/usr/local/apache/firma`.

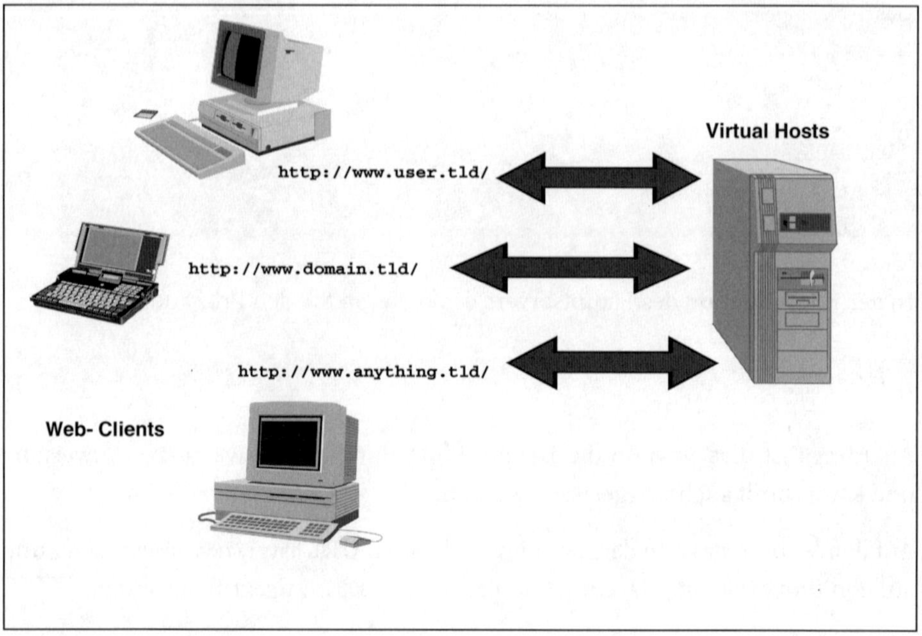

Abb. 5.12: Virtuelle Server

Es gibt zwei Arten von virtuellen Servern: zum einen die normalen IP-basierten virtuellen Server, die die Vergabe von einer IP-Adresse pro Server verlangen, und die mit HTTP/1.1 eingeführten namensbasierten virtuellen Server (*Non-IP Virtual Hosts*). Der Apache unterstützt beide Varianten. Als dritte unterstützte Variante gibt es noch die sogenannten port-basierten virtuellen Server (*Port-based Virtual Hosts*), allerdings sind dies prinzipiell auch nur IP- oder namensbasierte Server, nur eben mit unterschiedlichen Portnummern.

Die Konfiguration wurde beim Apache 1.3 grundlegend gegenüber 1.2 verändert und kann nur dann ohne Veränderungen übernommen werden, wenn ausschließlich IP-basierte virtuelle Server verwendet werden. Andernfalls muss die Konfiguration angepasst werden.

5.25 IP-basierte virtuelle Server

Die ursprüngliche Form von virtuellen Servern setzt voraus, dass jeder virtuelle Server eine eigene IP-Adresse bekommt (IP-basierter virtueller Server). Diese Limitierung beruht auf einer Restriktion von HTTP/1.0, da hier ein Client nicht kenntlich machen kann, auf welche Website (Hostname) er zugreifen will. Verwendet man jedoch für jeden virtuellen Server eine eigene IP-Adresse (*A-Record* im Nameserver), erkennt der Webserver anhand der IP-Adresse, welches Dokument er zurückliefern soll.

Begriffe, die im Zusammenhang mit virtuellen Servern immer wieder fallen, sind *IP-Aliases* und *Virtual Interfaces*. Beide bezeichnen die Fähigkeit des Betriebssystems, auf einem physikalischen Interface, z. B. einer Ethernet-Karte, auf mehrere IP-Adressen zu hören, denn es ist kaum möglich, für jeden virtuellen Server eine eigene Netzwerkkarte in den Rechner einzubauen.

Nahezu alle Unix-Derivate unterstützen IP-Aliases, wobei hier für deren Konfiguration auf die jeweilige Betriebssystemdokumentation verwiesen sei.

5.25.1 Namensbasierte virtuelle Server

Mit HTTP/1.1 (RFC 2616) wurden die sogenannten *Name-based* bzw. *Non-IP Virtual Hosts* eingeführt, d.h. es lassen sich virtuelle Server realisieren, ohne jeweils eine eigene IP-Adresse vergeben zu müssen. Im Nameserver muss lediglich ein Hostname-Alias (*CNAME*) eingetragen werden.

Die Verwendung von solchen namensbasierten virtuellen Servern ohne eigene IP-Adresse hat allerdings einen Haken, denn sie funktioniert nur, wenn auch der Webclient diesen Teil von HTTP/1.1 unterstützt. Realisiert wird diese Art der virtuellen Server dadurch, dass ein Client bei jedem Zugriff den HTTP-Header `Host` mitschickt, in dem er den Hostnamen der Website übermittelt, auf die er zugreifen will.

Beispiel-Header:

```
Host: www.domain.tld
```

Übermittelt der Client solch einen Header nicht, kann der Webserver nicht herausfinden, welcher virtuelle Server angesprochen werden soll. Er verwendet in solch einem Fall den für diese IP-Adresse konfigurierten Default-Server. Dies ist immer der erste in der Serverkonfiguration aufgeführte virtuelle Server für diese IP-Adresse.

Heutzutage sollte die Nutzung von namensbasierten virtuellen Server jedoch kaum Probleme bereiten, denn es werden nur noch sehr wenig alte Webclients verwendet die noch keinen `Host`-Header mitliefern. Beim Netscape Navigator und dem Microsoft Internet Explorer wird diese Funktionalität bereits seit Version 3.0 unterstützt. Wenn keine anderen Gründe dagegen sprechen namesbasierte Server zu verwenden, so sollten Sie diese gegenüber den IP-basierten Servern unbedingt bevorzugen.

Die zentrale Anweisung bei der Konfiguration von virtuellen Servern ist die `<VirtualHost>`-Anweisung. Bei namensbasierten Servern kommt dann noch die Anweisung `NameVirtualHost` und im Bedarfsfalls noch die Anweisungen `ServerAlias` und `ServerPath` hinzu. Somit sind nur sehr wenige Konfigurationsanweisungen im Spiel, aber dennoch ist die Konfiguration von virtuellen Servern ein oft diskutiertes Thema, bei dem zahlreiche Fehler gemacht werden. Im Folgenden werden zuerst die genannten Anweisungen erläutert und danach an einigen Beispielen verdeutlicht.

5.25.2 <VirtualHost>

Syntax	`<VirtualHost` *Host*[:*Port*] ...> ... `</VirtualHost>`
Kontext	Serverkonfiguration

Die Angabe der `<VirtualHost>`-Anweisung ist nur in der Serverkonfiguration erlaubt. Mit Ihr wird ein virtueller Server eingerichtet beziehungsweise aktiviert.

Als Argument wird eine IP-Adresse oder ein Hostname erwartet, wobei optional eine Portnummer angegeben werden kann. Verwendet man den Stern »*« als Portnummer, so sind hiermit alle Ports gemeint, auf denen der Apache auf Anfragen lauscht.

Beispiele:

```
<VirtualHost 123.45.67.89>
...
</VirtualHost>

<VirtualHost www.user.tld:8080>
...
</VirtualHost>

<VirtualHost 123.45.42.42:*>
...
</VirtualHost>
```

Soll ein virtueller Server mehreren Hostnamen bzw. IP-Adressen zugewiesen werden, können Sie entsprechend viele Argumente angeben:

```
<VirtualHost 123.45.67.88 123.45.67.99>
...
</VirtualHost>
```

Die `<VirtualHost>`-Anweisung kann prinzipiell beliebig oft in der Serverkonfiguration auftauchen. Allerdings sollten Sie daran denken, dass jeder virtuelle Server Ressourcen verbraucht, die schließlich nicht unbegrenzt zur Verfügung stehen; aber dazu später mehr.

Die meisten Anweisungen, die auch in der Serverkonfiguration auftauchen dürfen, können auch in einer `<VirtualHost>`-Sektion benutzt werden, z. B. `ServerName`, `ServerAdmin`, `ErrorLog` und insbesondere `DocumentRoot`. Jeder virtuelle Server *erbt* die komplette Konfiguration des Hauptservers. Wird zum Beispiel nicht explizit innerhalb der `<VirtualHost>`-Sektion die `ErrorLog`-Anweisung angegeben, wird das Error-Logfile des Hauptservers benutzt. Dasselbe gilt für nahezu alle anderen in der Serverkonfiguration gemachten Angaben.

Eine minimale, sinnvolle Definition eines virtuellen Servers sollte somit mindestens die DocumentRoot- und die ServerName-Anweisung enthalten:

```
<VirtualHost 123.45.67.89>
ServerName www.user.tld
DocumentRoot /usr/local/apache/user-docs
</VirtualHost>
```

In den meisten Fällen will man jedoch auch eigene Logfiles und vor allem eine eigene Verzeichniskonfiguration für jeden virtuellen Server haben. Solch eine Definition könnte wie folgt aussehen:

```
<VirtualHost 123.45.67.89>
ServerName www.user.tld
ServerAdmin webmaster@user.tld
DocumentRoot /usr/local/apache/user-docs
ErrorLog user-logs/error_log
CustomLog user-logs/access_log combined
Include conf/user.conf
</VirtualHost>
```

Im Beispiel wird Include verwendet, um eine Datei mit weiteren Konfigurationsanweisungen zu laden, allerdings können diese Angaben, z. B. <Location>-Anweisungen, auch direkt in die <VirtualHost>-Sektion eingefügt werden.

Bei der Deklaration eines virtuellen Servers sollte man immer bevorzugt die IP-Adresse angeben, denn ansonsten muss der Apache beim Start jeweils einen DNS-Lookup ausführen, um die Adresse herauszubekommen. Sofern ein angegebener Hostname im Nameserver nicht eingetragen ist oder der DNS-Lookup aus anderen Gründen fehlgeschlagen ist, wird der virtuelle Server beim Start des Apache nicht aktiviert, und die folgende Fehlermeldung erscheint auf der Console bzw. im Error-Log:

```
[error] Cannot resolve host name blah.domain.tld --- ignoring!
```

Bei namensbasierten Servern ist es zwingend erforderlich, in der ServerName-Anweisung einen Hostnamen anzugeben, denn irgendwie muss man das Kind ja nennen.

Wenn Sie solch einen namensbasierten virtuellen Server verwenden, so stehen zudem die beiden zusätzlichen Konfigurationsanweisungen ServerAlias und Server-

Path zur Verfügung, die nur innerhalb einer <VirtualHost>-Sektion benutzt werden können. ServerAlias und ServerPath stehen zwar generell zur Verfügung, d.h. auch bei IP-basierten virtuellen Servern, allerdings bringt es dort nichts sie zu verwenden.

Um überhaupt namensbasierte Server verwenden zu können, wird die NameVirtualHost-Anweisung benötigt. Diese Anweisung wurde mit Apache 1.3 eingeführt, um eine einfachere bzw. eindeutigere Konfiguration der virtuellen Server zu ermöglichen.

NameVirtualHost

Syntax	NameVirtualHost *Adresse*[:*Port*]
Kontext	Serverkonfiguration

Sollen ein oder mehrere namensbasierte virtuelle Server verwendet werden, müssen die NameVirtualHost zur Kennzeichnung der jeweiligen IP-Adressen und gegebenenfalls die Portnummern angegeben werden.

Wird die Angabe von *Port* weggelassen, wird die Standard-Portnummer verwendet, bei der es sich in den meisten Fällen um Port 80 handeln dürfte.

Sollen beispielsweise die beiden virtuellen Server www1.domain.tld und www2.domain.tld unter der IP-Adresse 123.45.67.89 eingerichtet werden, ergibt sich folgende Konfiguration:

```
NameVirtualHost 123.45.67.89

<VirtualHost 123.45.67.89>
ServerName www1.domain.tld
...
</VirtualHost>

<VirtualHost 123.45.67.89>
ServerName www2.domain.tld
...
</VirtualHost>
```

Die Position der NameVirtualHost-Anweisung innerhalb der Serverkonfiguration ist nicht relevant, jedoch ist die Reihenfolge der zugehörigen <VirtualHost>-Sektionen wichtig. Der erste virtuelle Server, der in der Konfiguration für eine zuvor mit Name-

`VirtualHost` definierte IP-Adresse angegeben wird stellt, den Default-Server für diese IP-Adresse dar. Dies bedeutet, dass eine Anfrage, die an diese IP-Adresse gestellt wurde, jedoch keinem der zugehörigen namensbasierten virtuellen Server zugeordnet werden kann, vom ersten virtuellen Server bedient wird.

Die Reihenfolge aller weiteren virtuellen Server der jeweiligen IP-Adresse kennzeichnet deren Priorität in absteigender Folge. Eine Rolle spielt die Priorität dieser virtuellen Server jedoch nur in Bezug auf eventuell vorhandene `ServerAlias`- oder `ServerPath`-Anweisungen, da immer der erste passende virtuelle Server verwendet wird. Der mittels `ServerName` angegebene Name hat jedoch grundsätzlich Priorität gegenüber `ServerAlias` und `ServerPath`.

Beispiele:

```
NameVirtualHost 123.45.67.88
NameVirtualHost 123.45.67.99:8080
```

ServerAlias

Syntax	`ServerAlias` *Hostname* [*Hostname* ...]
Kontext	<VirtualHost>

Mit `ServerAlias` können Sie einem namensbasierten virtuellen Server weitere Hostnamen zuweisen.

Beispiel:

```
ServerAlias www.otherdomain.tld host1.otherdomain.tld
```

Abgesehen von der Angabe eines kompletten Hostnamen können Sie auch einen partiellen Hostnamen angeben:

```
ServerAlias host1 host2 www.subdomain
```

Weiterhin ist die Benutzung von Mustern (mit »?« und »*«) möglich:

```
ServerAlias *.otherdomain.tld host?.domain.tld
```

Vergessen Sie nicht, dass alle Namen, die Sie in der `ServerAlias`-Anweisung benutzen wollen, auch jeweils im Nameserver als Alias für die mittels NameVirtualHost definierte IP-Adresse eingetragen sein sollten.

ServerPath

Syntax	`ServerPath` *URL-Pfad*
Kontext	<VirtualHost>

Greift ein Client, der den `Host`-Header nicht unterstützt, auf einen namensbasierten virtuellen Server zu, so kann der Apache dies nicht erkennen, und er versucht die entsprechende Seite auf dem Default-Server zu finden. Wie bereits erwähnt, ist dies immer der erste virtuelle Server der für diese IP-Adresse in der Serverkonfiguration definiert wurde.

Ist `www.user.tld` beispielsweise solch ein namensbasierter virtueller Server und ist als Default-Server `www.domain.tld` definiert, so wird im Falle eines alten Webclients, der den `Host`-Header nicht unterstützt, beim Zugriff auf `http://www.user.tld/` die Hauptseite von `www.domain.tld`, also `http://www.domain.tld/`, angezeigt.

In gewissen Grenzen können Sie dieses Problem kompensieren, indem Sie auf der Seite `http://www.domain.tld/` einen Verweis auf `http://www.user.tld/user/` anbringt und den URL-Pfad als `ServerPath` für den virtuellen Host `www.user.tld` angeben.

Die Konfigurationsanweisung `ServerPath` macht also kenntlich, welcher URL-Pfad zu welchem virtuellen Server gehört.

```
<VirtualHost 123.45.67.89>
ServerPath /user
ServerName www.user.tld
DocumentRoot /usr/local/apache/user-docs
...
</VirtualHost>
```

Ein Zugriff auf den URL `http://www.user.tld/user/` liefert somit die Hauptseite des virtuellen Servers `www.user.tld`, egal ob der Webclient den `Host`-Header unterstützt oder nicht.

Diese Art von URLs ist jedoch relativ unelegant und funktioniert oftmals nicht, z. B. wenn auf den URL `http://www.user.tld/test/123.html` zugegriffen wird, jedoch der

URL-Pfad /test/123.html auf dem Hauptserver nicht existiert und /test auch nicht als ServerPath angegeben wurde.

Wenn Sie bei ServerPath einen URL-Pfad angeben, der eine Fortsetzung eines schon zuvor verwendeten URL-Pfades einer ServerPath-Anweisung ist (z. B. /abcdef, wobei /abc ebenso verwendet wird) muss die <VirtualHost>-Sektion, die den spezifischeren URL-Pfad enthält, vor der anderen <VirtualHost>-Sektion stehen, also weiter oben in der Konfigurationsdatei.

Beispiel:

```
<VirtualHost www.abcdef.tld>
ServerName www.abcdef.tld
ServerPath /abcdef
...
</VirtualHost>

<VirtualHost www.abc.tld>
ServerName www.abc.tld
ServerPath /abc
...
</VirtualHost>
```

Würden Sie die Reihenfolge umdrehen, würde immer www.abc.tld und niemals www.abcdef.tld angesprochen. Wenn ein Client einen Host-Header mitliefert, entstehen hier jedoch keine Probleme, da in solch einem Fall die Angabe von ServerPath sowieso nicht benötigt wird.

Probleme kann es auch geben, wenn Sie auf einem namensbasierten virtuellen Server einen URL-Pfad benutzen, der für einen anderen namensbasierten virtuellen Server als ServerPath gesetzt ist. In solch einem Fall wird immer der virtuelle Server mit der ServerPath-Angabe als Ziel-Server verwendet.

5.25.3 Der Hauptserver

Mit *Hauptserver* ist bei der Verwendung von virtuellen Servern prinzipiell der gesamte Teil der Serverkonfiguration gemeint, der sich ausserhalb aller <VirtualHost>-Sektionen befindet. Bis auf einige wenige Ausnahmen wird die *komplette* Konfiguration des Hauptservers für *jeden* virtuellen Server übernommen. Dies schließt alle Verzeichnis- und Dateiausprägungen (<Directory>, <Location>, <Files>), sonstige Konfigurationsanweisungen (CustomLog, ServerAdmin, DefaultType usw.) sowie alle modulspezifischen Konfigurationen ein. Die wenigen Ausnahmen sind nur Konfigurationsanweisungen wie z. B. `ServerRoot`, `MaxClients`, `Timeout`, `PidFile` oder `Listen`, die für den Webserver an sich gelten und nicht in einer `<VirtualHost>`-Sektion auftreten dürfen.

Die Konfiguration des Hauptservers stellt somit die Basis für jeden virtuellen Server dar. Die Konfiguration eines virtuellen Servers hat jedoch eine höhere Priorität, d.h. Teile der Konfiguration des Hauptservers können innerhalb der `<VirtualHost>`-Sektion neu bzw. umdefiniert werden.

Beispiel (Auszug aus `httpd.conf`):

```
ServerName www.domain.tld
DocumentRoot /usr/local/apache/htdocs
<Location /cgi-bin>
Options ExecCGI
SetHandler cgi-script
</Location>
...
<VirtualHost 123.45.67.89>
ServerName www.user.tld
DocumentRoot /usr/local/apache/user-docs
<Location /cgi-bin>
Options -ExecCGI
</Location>
...
</VirtualHost>
```

Im Hauptserver ist durch `<Location>` die Ausführung von CGI-Skripten im Verzeichnis `cgi-bin` freigeschaltet. Somit wäre es auch beim definierten virtuellen Server `www.user.tld` möglich CGI-Skripten im Verzeichnis `/usr/local/apache/user-docs/cgi-bin` zu verwenden. Da jedoch die Konfiguration eines virtuellen Servers grundsätzlich eine höhere Priorität hat, können Sie durch Einfügen der folgenden `<Location>`-Sektion die Ausführung von CGI-Skripten verhindern:

```
<Location /cgi-bin>
Options -ExecCGI
</Location>
```

Gerade in Fällen, in denen sich die einzelnen virtuellen Server stark unterscheiden, bietet es sich jedoch an den Hauptserver als solchen gar nicht zu benutzen und insbesondere auf <Directory>-, <Location>- und <Files>-Konfigurationen zu verzichten oder diese auf Anweisungen zu beschränken, die für alle virtuellen Server gleichermaßen gelten sollen.

Wenn der Hauptserver eine eigene IP-Adresse verwendet (d.h. die Adresse darf nicht bei einer NameVirtualHost-Anweisung aufgeführt sein) ist es durchaus möglich ihn für eine eingeständige Website zu verwenden. Es ist jedoch sinnvoller den Hauptserver lediglich für Konfigurationsanweisungen zu verwenden, die für jeden virtuellen Server gelten sollen, d.h. zur Definition der Default-Konfiguration der zu verwendenden virtuellen Server.

5.25.4 Default-Server

Wird bei einem Zugriff auf eine IP-Adresse zugegriffen, die keinem virtuellen Server zugeordnet werden kann und auch nicht in einer NameVirtualHost-Anweisung verwendet wird, wird automatisch der Hauptserver als Ziel der Anfrage verwendet. Wird als Hostname bei einer <VirtualHost>-Anweisung jedoch _default_ angegeben, so wird dieser virtuelle Server als Default-Server benutzt.

Beispiel:

```
<VirtualHost _default_> ... </VirtualHost>
```

Lauscht der Apache auf mehr als nur einer Portnummer auf Anfragen, können Sie die folgende Anweisung verwenden, die alle Portnummern abdeckt und zudem garantiert verhindert, dass eine Anfrage zum Hauptserver gelangt:

```
<VirtualHost _default_:*> ... </VirtualHost>
```

Die Anweisung mit _default_:* sollte immer als letztes in der Serverkonfiguration stehen, wenn noch andere Default-Server verwendet werden. Generell können beliebig viele _default_-Server für bestimmte Portnummern definiert werden.

Beispiel:

```
<VirtualHost _default_:80>
ServerName def1.domain.tld
...
</VirtualHost>
```

```
<VirtualHost _default_:8080>
ServerName def2.domain.tld
...
</VirtualHost>

<VirtualHost _default_:*>
ServerName def3.domain.tld
...
</VirtualHost>
```

Bei dieser Konfiguration wird der virtuelle Server `def1.domain.tld` für Anfragen auf Port 80 verwendet, sofern die Anfrage nicht einem anderen virtuellen Server zugewiesen wurde. Anfragen an Port 8080 landen in solch einem Fall auf dem virtuellen Server `def2.domain.tld` und für alle anderen Portnummern wird `def3.domain.tld` verwendet.

Die Nutzung eines `_default_`-Servers macht jedoch nur dann Sinn, wenn IP-basierte virtuelle Server verwendet werden, denn bei namensbasierten Servern gelangen Anfragen generell nie an einen `_default_` -Server. Bei namensbasierten Servern ist es so, dass es zu jeder durch `NameVirtualHost` definierten IP-Adresse bzw. Kombination aus IP-Adresse und Portnummer einen eigenen Default-Server gibt. Wie bereits zuvor erwähnt wurde, ist dies immer der virtuelle Server, der für diese IP-Adresse als erster in der Serverkonfiguration erscheint. Kann also eine Anfrage keinem bestimmten namensbasierten Server zugewiesen werden, landet sie beim beschriebenen Default-Server.

5.25.5 Zuweisung eines virtuellen Servers

Im Folgenden soll in knappen Zügen beschrieben werden, wie der Apache bei einem Zugriff entscheidet, ob dieser an den Hauptserver oder an einen der virtuellen Server gerichtet ist.

Beim Start des Apache werden grundsätzlich die Konfigurationsanweisungen des Hauptservers zuerst durchgegangen, auch dann, wenn einige von dessen Anweisungen in der Konfigurationsdatei *nach* einer `<VirtualHost>`-Sektion stehen.

Bei einem Client-Zugriff wird nun zuerst überprüft, an welche IP-Adresse und welchen Port der Zugriff gerichtet war. Dazu muss der Apache lediglich einen Blick in eine interne Hash-Tabelle werfen, in der alle IP-Adressen gespeichert sind. Im nächsten Schritt wird dann überprüft, ob es sich um einen IP- oder einen namensbasierten virtuellen Server handelt. Im Falle von namensbasierten Servern (d.h. die IP-Adresse ist durch eine `NameVirtualHost`-Anweisung definiert) enthält der Eintrag in der Tabelle eine Liste aller zugehörigen namensbasierten Server (Hostname und Portnummer). Enthält der gefundene Eintrag nur eine leere Liste, wurde der passende virtuelle Server gefunden und wird als Ziel der Anfrage verwendet.

Anderenfalls wird die Liste auf der Suche nach einem passenden namensbasierten Server der Reihe nach durchgegangen. Hierzu wird der bei der Anfrage im `Host`-Header übermittelte Hostname und gegebenenfalls die Portnummer jeweils mit den Einträgen der Liste verglichen. Zuvor wird der Inhalt des Headers jedoch aus Sicherheitsgründen auf syntaktische Korrektheit überprüft. Beispielsweise dürfen keine Leerzeichen im Header vorkommen, bei der Portnummer muss es sich auch wirklich um eine Zahl handeln und der Hostname darf keine Sonderzeichen, Umlaute oder einen Unterstrich enthalten. Ist der Host-Header nicht korrekt, wird eine Fehlermeldung, Status 400 (*Bad Request*), zurückgeliefert. Andernfalls wird die Liste weiter nach einem passenden Host durchsucht. Die Liste enthält die `ServerName`- und `ServerAlias`-Angaben aus den `<VirtualHost>`-Einträgen in der Reihenfolge wie sie in der Serverkonfiguration stehen. Wurde kein zum Host-Header passender Eintrag gefunden, wird immer der erste Eintrag der Liste ausgewählt. Das heißt, der erste virtuelle Server zur IP-Adresse, an die die Anfrage gestellt wurde, wird als Ziel-Server verwendet. Falls vom Webclient gar kein `Host`-Header übermittelt wurde, werden zuvor noch alle `ServerPath`-Angaben – sofern welche vorhanden sind – auf der Suche nach einem passenden Eintrag mit dem URL-Pfad der Anfrage verglichen, und gegebenenfalls wird der gefundene virtuelle Server verwendet.

Falls bei einem Zugriff ein kompletter URL übergeben wurde (Proxy-Zugriff), also zum Beispiel `http://www.domain.tld/index.html` statt nur `/index.html`, wird der Hostname aus der Anfrage ebenso bei der Suche nach einem passenden Ziel-Server in Betracht gezogen, noch bevor der `Host`-Header aus der Client-Anfrage ausgewertet wird.

Ist die IP-Adresse, an die die Anfrage gestellt wurde, gar nicht in der erwähnten Hash-Tabelle enthalten, wurde sie auch nicht in einem `<VirtualHost>`-Eintrag verwendet. In diesem Fall wird der »`_default_`«-Server, sofern einer in der Serverkonfiguration definiert wurde, als Ziel-Server verwendet – allerdings nur, wenn ein solcher Eintrag auch für die Portnummer vorliegt, an die die Anfrage vom Webclient gestellt wurde. Ist ein »`_default_:*`«-Server definiert, trifft dies in jedem Fall zu.

Enthält die Konfiguration keinen solchen Default-Server, wird als letzte Möglichkeit der Hauptserver benutzt, um die Anfrage zu beantworten.

5.25.6 Zusammenfassung

In der folgenden Auflistung sind einige der zuvor beschriebenen Konfigurationsmöglichkeiten und Verhaltensweisen des Apache zusammengefaßt.

- Ein IP-basierter virtueller Server kann nur über die zugehörige IP-Adresse erreicht werden. Das selbe gilt für namensbasierte Server; sie können nur über die mit der `NameVirtualHost`-Anweisung definierte IP-Adresse erreicht werden. Interferenzen zwischen IP- und namensbasierten virtuellen Servern sind somit ausgeschlossen.
- Eine Überprüfung von `ServerAlias`- und `ServerPath`-Angaben findet nur bei namensbasierten Servern statt.
- Der im vorigen Kapitel beschriebene IP-Lookup in der internen Hash-Tabelle erfolgt pro Client-Verbindung nur genau einmal. Bei einer Keep-Alive-Verbindung ist es jedoch möglich Dokumente von verschiedenen namensbasierten Servern anzufordern, d.h. die Hostname-Überprüfung wird bei jeder Anfrage durchgeführt.
- Die Anordnung der IP- bzw. namensbasierten Servern und des `_default_`-Servers in der Konfigurationsdatei spielt keine Rolle. Lediglich die Reihenfolge von namensbasierten Servern eines bestimmten IP-Adresse/Portnummer-Paares ist wichtig, da insbesondere der zuerst genannte virtuelle Server als Default-Server für die IP-Adresse/Portnummer fungiert.
- Aus Sicherheitsgründen beachtet der Apache die in einem `Host`-Header übermittelte Portnummer nicht. Es wird immer die reale Portnummer verwendet, auf der die Client-Anfrage eingegangen ist.
- Falls zwei IP-basierte virtuelle Server eine gemeinsame IP-Adresse verwenden, wird immer der virtuelle Server verwendet, der zuerst in der Serverkonfiguration angegeben wurde. Da dies typischerweise einen Konfigurationsfehler darstellt, gibt der Apache eine entsprechende Warnung im Error-Log aus:

```
[warn] VirtualHost 123.45.67.89:80 overlaps
       with VirtualHost 123.45.67.89:80,
       the first has precedence, perhaps you
       need a NameVirtualHost directive
```

- Ein `_default_`-Server wird genau dann als Ziel-Server verwendet, wenn für die Anfrage keine passende IP-Adresse und Portnummer gefunden wurde und die Portnummer der Anfrage der Portnummer des Default-Servers entspricht. Letzteres trifft immer zu, wenn der Default-Server mit »*« als Portnummer konfiguriert wurde.

- Werden die IP-Adresse und Portnummer des Hauptservers in einer `NameVirtualHost`-Anweisung verwendet, kann der Hauptserver unter dieser IP-Adresse und Portnummer nicht mehr angesprochen werden. Client-Anfragen werden vom Hauptserver nur dann beantwortet, wenn die Anfrage auf einer IP-Adresse und Portnummer gestellt wurde, die bei keinem anderen virtuellen Server verwendet wird. Sofern ein »`_default_:*`«-Server verwendet wird, kann grundsätzlich keine Anfrage mehr vom Hauptserver beantwortet werden.
- Werden außer einem »`_default_:*`«-Server noch weitere `_default_`-Server verwendet, sollten Sie darauf achten, dass die `<VirtualHost>`-Anweisung mit dem »*« immer am Ende der Serverkonfiguration steht.
- Nicht zwingend notwendig, jedoch ratsam ist die Verwendung von IP-Adressen bei der Angabe von `<VirtualHost>`-Anweisungen, sowohl bei IP- als auch namesbasierten virtuellen Servern. Ebenso sollte für jeden virtuellen Server die `ServerName`-Anweisung gesetzt sein. Hierdurch wird vermieden, dass der Apache beim Start DNS-Lookups durchführen muss.

5.25.7 Konfigurationsbeispiele

IP-basierte virtuelle Server

Auf einem Server, der bisher lediglich die IP-Adresse `123.45.67.88` (`www.domain.tld`) verwendet hat, soll ein virtueller Server mit der IP-Adresse `123.45.67.99` (`www.otherdomain.tld`) eingerichtet werden. Im Folgenden sind die relevanten Teile einer solchen Konfiguration aufgeführt:

```
Port 80
ServerName www.domain.tld
DocumentRoot /web/domain
...
<VirtualHost 123.45.67.99>
DocumentRoot /web/otherdomain
ServerName www.otherdomain.tld
...
</VirtualHost>
```

Über die Adresse `123.45.67.99` ist jetzt nur die Website `www.otherdomain.tld` zu erreichen und über `123.45.67.88` (und gegebenenfalls weitere IP-Adressen des Servers) der Hauptserver `www.domain.tld`.

Wie schon zuvor erläutert wurde, ist es oftmals nicht mehr sinnvoll einen Hauptserver wirklich als dedizierte Website zu verwenden – insbesondere dann, wenn sich die virtuellen Server in ihrer Konfiguration stark unterscheiden. Wird also der Hauptserver nur noch für die allgemeine Konfiguration verwendet, können Sie ohne weiteres einen zweiten virtuellen Server für `www.domain.tld` definieren:

```
Port 80
...
<VirtualHost 123.45.67.88>
DocumentRoot /web/domain
ServerName www.domain.tld
...
</VirtualHost>

<VirtualHost 123.45.67.99>
DocumentRoot /web/otherdomain
ServerName www.otherdomain.tld
...
</VirtualHost>
```

Wenn der Server außer den beiden oben aufgeführten IP-Adressen keine weiteren IP-Adressen besitzt, wird der Hauptserver niemals als Ziel einer Anfrage verwendet (abgesehen von lokalen Zugriffen auf `localhost`). Damit werden beispielsweise keine `DocumentRoot`- oder `ServerName`-Angaben für den Hauptserver benötigt.

Falls der Server selbst noch andere IP-Adressen besitzt und verhindert werden soll, dass der Apache diese verwendet, müssen der Serverkonfiguration noch entsprechende `Listen`-Anweisungen hinzugefügt werden:

```
Listen 123.45.67.88:80
Listen 123.45.67.99:80
```

Abgesehen davon kann jederzeit auch ein `_default_`-Server hinzugefügt werden.

Namensbasierte virtuelle Server

Im folgenden Beispiel hat ein Server die IP-Adresse `123.45.67.89` und soll drei virtuelle Server mit den Namen `www.domain.tld`, `www.otherdomain.tld` und `www.userdomain.tld` besitzen. Der Hauptunterschied zu IP-basierten Servern ist die Verwendung der `NameVirtualHost`-Anweisung:

```
Port 80
NameVirtualHost 123.45.67.89
...
<VirtualHost 123.45.67.89>
ServerName www.domain.tld
DocumentRoot /web/domain
...
</VirtualHost>

<VirtualHost 123.45.67.89>
ServerName www.otherdomain.tld
DocumentRoot /web/otherdomain
...
</VirtualHost>

<VirtualHost 123.45.67.89>
ServerName www.userdomain.tld
DocumentRoot /web/userdomain
...
</VirtualHost>
```

Anfragen an die IP-Adresse 123.45.67.89 (Port 80) werden grundsätzlich von einem der aufgeführten virtuellen Server beantwortet. Wurde vom Webclient kein `Host`-Header oder ein Header mit einem unbekannten Hostnamen geschickt, so wird `www.domain.tld` als Default-Server verwendet. Die Verwendung eines `_default_`-Servers macht somit nur dann Sinn, wenn der Server noch auf andere IP-Adressen hört.

Sind mehrere IP-Adressen im Spiel, können auch mehrere `NameVirtualHost`-Anweisungen verwendet werden, was ganz praktisch ist, wenn mehrere Gruppen namensbasierter Server eingerichtet werden sollen.

Hier folgt ein Beispiel, bei dem als Default-Server für die Adresse `123.45.67.88` der virtuelle Server `www.customer.tld` verwendet wird, und für die Adresse `123.45.67.99` der Server `www.othercustomer.tld` zum Einsatz kommt. Für die erste IP-Adresse sind zwei weitere virtuelle Server für Subdomains definiert und bei der zweiten IP-Adresse ein weiterer virtueller Server. Durch die Nutzung von zwei dedizierten IP-Adressen wird sichergestellt, dass es keine Interferenzen zwischen den beiden Gruppen von virtuellen Servern gibt.

```
Port 80
...
NameVirtualHost 123.45.67.88

<VirtualHost 123.45.67.88>
ServerName www.customer.tld
DocumentRoot /web/customer
...
</VirtualHost>

<VirtualHost 123.45.67.88>
ServerName www.sub1.customer.tld
DocumentRoot /web/customer/sub1
...
</VirtualHost>

<VirtualHost 123.45.67.88>
ServerName www.sub2.customer.tld
DocumentRoot /web/customer/sub2
...
</VirtualHost>


NameVirtualHost 123.45.67.99

<VirtualHost 123.45.67.99>
ServerName www.othercustomer.tld
DocumentRoot /web/othercustomer
...
</VirtualHost>

<VirtualHost 123.45.67.99>
ServerName www.sub.othercustomer.tld
DocumentRoot /web/othercustomer/sub
...
</VirtualHost>
```

Die Reihenfolge, in der die `NameVirtualHost`-Anweisungen in der Serverkonfiguration auftauchen, ist ohne Belang.

Kombination IP- und namensbasierter Server

Da namensbasierte virtuelle Server immer durch `NameVirtualHost`-Anweisungen gekennzeichnet werden, lassen sie sich nach Belieben mit IP-basierten Servern kombinieren. Im folgenden Beispiel besitzt der Webserver drei IP-Adressen. Die erste Adresse ist `123.45.66.77` und soll nicht für einen virtuellen Server verwendet werden. Weiterhin sollen mehrere namensbasierte Server auf der IP-Adresse `123.45.67.89` und zwei IP-basierte Server mit der IP-Adresse `123.45.67.90` bzw. `123.45.67.91` verwendet werden.

Da der Apache generell nicht die IP-Adresse `123.45.66.77` verwenden soll, sind für die anderen beiden Adressen entsprechende `Listen`-Anweisungen erforderlich:

```
Port 80
Listen 123.45.67.89:80
Listen 123.45.67.90:80
Listen 123.45.67.91:80
NameVirtualHost 123.45.67.89
...
<VirtualHost 123.45.67.89>
ServerName www.domain.tld
DocumentRoot /web/domain
...
</VirtualHost>

<VirtualHost 123.45.67.89>
ServerName www.sub.domain.tld
DocumentRoot /web/domain/sub
...
</VirtualHost>

<VirtualHost 123.45.67.90>
ServerName www.otherdomain.tld
DocumentRoot /web/otherdomain
...
</VirtualHost>

<VirtualHost 123.45.67.91>
ServerName www.userdomain.tld
DocumentRoot /web/userdomain
...
</VirtualHost>
```

Port-basierte virtuelle Server

Der Vollständigkeit halber sollen hier noch einmal port-basierte virtuelle Server vorgestellt werden. Im Grunde handelt es sich um normale IP- oder namensbasierte virtuelle Server, nur werden eben verschiedene Portnummern verwendet.

In der folgenden Beispielkonfiguration wird ein Webserver gezeigt, der auf die IP-Adresse 123.45.67.89 hört und für den zwei virtuelle Server definiert sind: einer auf Port 80 und der andere auf Port 8888:

```
Port 80
Listen 80
Listen 8888
ServerName www.domain.tld
...
<VirtualHost 123.45.67.89:80>
DocumentRoot /web/domain80
...
</VirtualHost>

<VirtualHost 123.45.67.89:8888>
DocumentRoot /web/domain8888
...
</VirtualHost>
```

Als `ServerName` wird jeweils `www.domain.tld` verwendet. Anfragen auf Port 80 werden aus dem Verzeichnis `/web/domain80` beantwortet und Anfragen auf Port 8888 aus `/web/domain8888`.

Ein weiteres typisches Beispiel für port-basierte virtuelle Server ist in Kapitel 5.23.22 über das Proxy-Modul zu finden.

5.25.8 Überprüfung der Virtual Host-Konfiguration

Ab Apache 1.3 steht die neue Kommandozeilenoption »`-S`« zur Verfügung, die zur Verifikation der Virtual Host-Konfiguration verwendet werden kann.

Beispiel:

```
$ httpd -S
VirtualHost configuration:
123.45.67.88:80      is a NameVirtualHost
```

```
                default server www1.domain.tld
                port 80 namevhost www1.domain.tld
                port 80 namevhost www2.domain.tld
123.45.67.91:80    www.otherdomain.tld
_default_ servers:
port * server www.domain.tld
```

5.25.9 Dateideskriptoren

Unix-Betriebssysteme erlauben pro Prozess nur die Verwendung einer begrenzten Anzahl von Dateideskriptoren. Typischerweise liegt dieser Wert bei 64 oder auch 256, wobei er jedoch in den meisten Fällen auf einen sehr viel höheren Wert heraufgesetzt werden kann, dessen Maximum dem Wert entspricht, den das Betriebssystem maximal pro Prozess verwalten kann (z. B. 1024).

Der Apache benötigt je nach Konfiguration 10 bis 20 Dateideskriptoren, wobei für jede Logfile-Anweisung (`CustomLog` etc.) ein weiterer Dateideskriptor benötigt wird. Da man oftmals für einen virtuellen Server eigene Logfiles definiert, erreicht man schon bei nur wenigen virtuellen Servern eine relativ hohe Anzahl an Dateideskriptoren.

Damit es nicht zu Problemen kommt, versucht der Apache, den Wert bei Bedarf bis hin zum Betriebssystemmaximum zu erhöhen. In einigen wenigen Fällen (je nach verwendetem Betriebssystem) kann dies jedoch fehlschlagen. In solch einem Fall sollten Sie entweder dazu übergehen, für alle virtuellen Server die Logfiles des Hauptservers zu benutzen und diese später durch ein separates Skript aufzusplitten, oder aber versuchen, beim Starten des Apache den Wert selbst festzulegen. Letzteres können Sie in den meisten Fällen über den Shell-Befehl `ulimit` erreichen.

5.25.10 Mass-Virtual-Hosting

Unter *Mass-Virtual-Hosting* ist das Hosting von mehreren hundert bzw. tausend Websites auf einem einzigen Webserver zu verstehen. Ab einer gewissen Anzahl von Websites wird die Serverkonfiguration sehr unhandlich, da für jede Website nunmal ein `<VirtualHost>`-Eintrag vorhanden sein muss. Zudem leidet die Performance bei einer sehr hohen Zahl von namensbasierten Servern, denn im Gegensatz zu den IP-Adressen die in einer Hash-Tabelle gespeichert sind, muss bei namensbasierten Servern immer die Liste der Hostnamen bzw. Portnummern durchgegangen werden. Im Kapitel zum Rewrite-Modul wurde bereits gezeigt, wie sich dieses Problem mit diesem Modul lösen lässt. Ab Apache 1.3.9 steht jedoch das Modul mod_vhost_alias zur Verfügung, mit dem Sie auf einfache und komfortable Weise eine hohe Anzahl von Websites nutzen und verwalten können. Die Nutzung macht allerdings nur dann Sinn, wenn die Websites auch bezüglich ihrer Konfiguration weitgehend identisch sind.

Die Idee bei mod_vhost_alias besteht darin, die Information zur Website, womit in erster Linie der Hostname gemeint ist, nicht in die Serverkonfiguration aufzunehmen, sondern auf das Dateisystem auszulagern. Wenn ein Webclient durch einen Host-Header kenntlich macht, auf welche Website er zugreifen will, lässt sich diese Information direkt auf das Dateisystem umsetzen, d.h. aus dem vom Client übermittelten Host-Header wird der zugehörige Dateipfad interpoliert. Im einfachsten Fall befinden sich in einem Hauptverzeichnis jeweils Unterverzeichnisse, die eben die Namen der jeweiligen Websites zeigen. Bei einem Zugriff auf http://www.domain.tld/page.html würde dann beispielsweise die Datei /usr/local/apache/htdocs/www.domain.tld/page.html ausgeliefert. In der Serverkonfiguration selbst muss nur das Hauptverzeichnis spezifiert werden.

Im Folgenden sind die wenigen Konfigurationsanweisungen des Moduls zusammengefaßt und werden an einigen Beispielen erläutert.

VirtualDocumentRoot

Syntax	VirtualDocumentRoot *Verzeichnisdefinition*
Modul	mod_vhost_alias
Kontext	Serverkonfiguration, <VirtualHost>

Die Anweisungen VirtualDocumentRoot und VirtualDocumentRootIP sind die zentralen Konfigurationsanweisungen des VHost-Moduls. Die zweite Anweisung wird, wie der Name schon andeutet, bei IP-basierten virtuellen Servern verwendet.

Mit der VirtualDocumentRoot-Anweisung werden die Verzeichnisse für namensbasierte virtuelle Server spezifiziert. Die Verzeichnisdefinition enthält hierbei entsprechende Bezeichner für den Hostnamen, Teile vom Hostnamen oder die Portnummer, die im Host-Header vom Webclient übermittelt wurden. Im einfachsten Fall wäre dies lediglich der Hostname:

```
VirtualDocumentRoot /sites/%0
```

Im Verzeichnis /sites können dann beliebige Unterverzeichnisse für die einzelnen Websites angelegt werden, z. B. `www.domain.tld` oder `www.otherdomain.tld`. Ein Zugriff auf `http://www.domain.tld/test/index.html` würde dann dafür sorgen, dass die Seite `/sites/www.domain.tld/test/index.html` an den Client zurückgeliefert wird.

Wurde kein passendes Verzeichnis gefunden, wird eine normale »*Not Found*«-Fehlermeldung zurückgeliefert.

Damit bei selbst referezierenden HTTP-Redirects auch der korrekte Hostname an den Client geliefert wird, muss in der Serverkonfiguration unbedingt die folgende Anweisung stehen:

```
UserCanonicalName Off
```

Ansonsten würde der mittels `ServerName` konfigurierte Hostname verwendet, was in der Regel nicht funktionieren wird.

`VirtualDocumentRoot` kann global in der Serverkonfiguration gesetzt werden, dann ist die Funktionalität für alle IP-Adressen aktiviert, an die sich der Apache gebunden hat. Bei Bedarf kann die Anweisung auch innerhalb einer `<VirtualHost>`-Sektion definiert werden, wodurch die Funktionalität auf eine bestimmte IP-Adresse beschränkt wird:

```
<VirtualHost 123.45.67.89>
ServerName server.domain.tld
UseCanonicalName Off
VirtualDocumentRoot /sites/%0
...
</VirtualHost>
```

Übermittelt ein Webclient keinen Host-Header, wird der kanonische Name des Servers verwendet. Im obigen Beispiel würde also das Verzeichnis `/sites/server.domain.tld` als Ziel der Anfrage genommen. Mit `%0` wird somit der komplette Hostname gekennzeichnet.

Es ist jedoch nicht anzuraten mehrere tausend Verzeichnisse für die Websites in ein einzelnes Hauptverzeichnis zu legen, da sich dies, je nach Betriebssystem, nachteilig auf die Performance auswirkt.

Die *Verzeichnisdefinition* kann deshalb weitaus komplexer gestaltet werden, um eine Verteilung auf mehrere Verzeichnisse zu erreichen. Wie bereits im zuvor beschriebenen Beispiel zu sehen war, kennzeichnet `%0` den gesamten Hostnamen (ohne Portnummer). Statt der Null kann eine andere Zahl angegeben werden, die dann die jeweilige durch Punkte getrennte Komponente des Hostnamens kennzeichnet. Beim Namen `www.domain.tld` wird mit `%1` beispielsweise `www` gekennzeichnet, mit `%2` `domain` und mit `%3` die Top-Level-Domain `tld`. Werden negative Zahlen verwendet, so wird bei der letzten Komponente mit der Durchnummerierung begonnen, d.h. `%-1` kennzeichnet `tld`, `%-2` `domain` usw. Wird an die Zahl ein Pluszeichen angefügt, werden damit die jeweilige Komponente und alle folgenden Komponenten bzw., bei negativen Zahlen, alle vorangestellten Komponenten gekennzeichnet. Zum Beispiel wäre mit `%2+` der Teil `domain.tld` gemeint. Da das Ganze noch nicht kompliziert genug ist, können Sie auch noch die einzelnen Zeichen einer Komponente ansprechen. Hierbei wird an die Zahl (durch einen Punkt getrennt) die gewünschte Position angehängt. `%2.1` ergibt beispielsweise den ersten Buchstaben der zweiten Komponente, und `%2.-1` entspricht dem letzten Buchstaben. Da der `Host`-Header auch eine Portnummer enthalten kann, lässt sich diese bei Bedarf durch Einfügen von `%p` kennzeichen.

In Tabelle 5.6 ist die Syntax noch einmal zusammengefasst.

Tabelle 5.5: Bezeichner der `VirtualDocumentRoot`-Anweisung

Bezeichner	Komponente
%k	Mit »*k*« wird eine der Komponenten des Namens gekennzeichnet. %2 wäre zum Beispiel die zweite Komponente des Hostnamens, und %0 kennzeichnet den gesamten Hostnamen.
%-k	Entspricht *%k*, jedoch wird bei der Nummerierung mit der letzten Komponente begonnen.
%k+	Kennzeichnet die *k*-te und alle nachfolgenden Komponenten.
%-k+	Kennzeichnet die *k*-te und alle vorangestellten Komponenten.
%k.z	Mit »*z*« wird das *z*-te Zeichen der *k*-ten Komponente gekennzeichnet. Alle zuvor aufgeführten Varianten bzgl. »*k*« können auch hier verwendet werden. Zum Beispiel würde mit `%-1.1` das erste Zeichen der letzten Komponente bezeichnet.
%k.-z	Entspricht *%k.z*, allerdings wird bei der Nummerierung mit der letzten Komponente begonnen.
%k.z+	Kennzeichnet das *z*-te und alle nachfolgenden Zeichen der *k*-ten Komponente.
%k.-z+	Kennzeichnet das *z*-te und alle vorangestllten Zeichen der *k*-ten Komponente.

Tabelle 5.5: Bezeichner der `VirtualDocumentRoot`-Anweisung

Bezeichner	Komponente
`%p`	Die Portnummer aus dem Host-Header oder eventuell auch die Portnummer, auf der die Anfrage vom Webclient gestellt wurde, falls kein `Host`-Header übermittelt wurde.
`%%`	Falls wirklich mal ein »%« im Pfad verwendet werden soll, können Sie dies mit `%%` definieren.

Falls der Hostname selbst weniger Komponenten besitzt, als referenziert werden, wird an dieser Stelle ein »_« beim Zugriff vewendet.

Ein komplexeres Beispiel, das auch für eine hohe Anzahl von Sites verwendbar ist, könnte wie folgt aussehen:

```
VirtualDocumentRoot /sites/%-1/%-2.1/%-2.2/%-2
```

Mit `%-1` bekommen Sie die Top-Level-Domain, wodurch sich die Verzeichnisse `/sites/de`, `/sites/com`, `/sites/org` usw. ergeben. Mit `%-2.1` bzw. `%-2.2` wird das erste bzw. zweite Zeichen des Domainnamens gekennzeichnet, und mit `%-2` bekommen Sie schließlich den ganzen Domainnamen ohne Top-Level-Domain. Wird beispielsweise ein Zugriff auf `http://www.domain.tld/page.html` oder `http://domain.tld/page.html` ausgeführt, so wird jedesmal die Datei `/sites/tld/d/o/domain/page.html` ausgeliefert.

VirtualDocumentRootIP

Syntax	`VirtualDocumentRootIP` *Verzeichnisdefinition*
Modul	`mod_vhost_alias`
Kontext	Serverkonfiguration, `<VirtualHost>`

Die `VirtualDocumentRootIP`-Anweisung entspricht der `VirtualDocumentRoot`-Anweisung, allerdings wird `VirtualDocumentRootIP` bei IP-basierten virtuellen Servern verwendet. Wurde eine Anfrage beispielsweise an die IP-Adresse `123.45.67.89` gestellt, so bekommen Sie durch Angabe von `%0` in der Verzeichnisdefinition eben genau diese Adresse. Ansonsten lassen sich alle zuvor beschriebenen %-Varianten verwenden, allerdings werden Sie in den meisten Fällen mit `%1`, `%2`, `%3` und `%4` zur Kennzeichnung der einzelnen Zahlenkomponenten auskommen.

Beispiel:

```
VirtualDocumentRootIP /sites/%-2/%0
```

Bei diesem Beispiel würde ein Zugriff auf die IP-Adresse 123.45.67.89 das Verzeichnis /sites/67/123.45.67.89 als Ziel der Anfrage verwenden.

VirtualDocumentRootIP kann zwar auch in einer <VirtualHost>-Sektion angegeben werden, allerdings macht dies nur selten Sinn, da hier typischerweise nur genau eine IP-Adresse im Spiel ist und es somit nicht viel für mod_vhost_alias zu tun gäbe.

Sofern UseCanonicalName auch bei der Verwendung von VirtualDocumentRootIP deaktivierst ist, ist die Konfiguration zwar durchaus nutzbar, allerdings ergibt sich ein kleines Problem, wenn ein selbst referenzierender HTTP-Redirect ausgeführt wird, aber der Webclient keinen Host-Header übermittelt hat. In diesem Fall wird der mittels ServerName konfigurierte Hostname verwendet, was ohne Zweifel zu einem Fehler führen wird. Um dieses Problem zu umgehen sollte bei IP-basierten virtuellen Servern UseCanonicalName immer wie folgt konfiguriert sein:

```
UseCanonicalName DNS
```

Das DNS-Argument sorgt dafür, dass im beschriebenen Fall ein DNS-Reverse-Lookup ausgeführt wird, um an den zur IP-Adresse gehörenden Hostnamen zu kommen. Im HTTP-Redirect wird dann der Hostname aus dem Nameserver verwendet.

VirtualScriptAlias

Syntax	VirtualScriptAlias *Alias Verzeichnisdefinition*
Modul	mod_vhost_alias
Kontext	Serverkonfiguration, <VirtualHost>

VirtualScriptAlias ist eine Mischung aus der ScriptAlias- und der VirtualDocumentRoot-Anweisung. Mit dieser Anweisung werden Verzeichnisse als CGI-Verzeichnisse deklariert. Hierzu kann eine entsprechende *Verzeichnisdefinition* angegeben werden.

Beispiele:

```
VirtualScriptAlias /cgi-bin /site-cgi/%0
VirtualScriptAlias /cgi-bin /sites/%-1/%-2.1/%-2.2/%-2/cgi-bin
```

Beim ersten Beispiel würde ein Zugriff auf `http://www.domain.tld/cgi-bin/test.cgi` die Ausführung des Skripts `/site-cgi/www.domain.tld/test.cgi` zur Folge haben.

Sofern sich das `cgi-bin`-Verzeichnis im Hauptverzeichnis der Website befindet, wird nicht zwingend ein Alias benötigt, und Sie könnten folgende `<Location>`-Sektion verwenden um jeweils das CGI-Verzeichnis zu aktivieren:

```
<Location /cgi-bin>
Options ExecCGI
SetHandler cgi-script
</Location>
```

VirtualScriptAliasIP

Syntax	`VirtualScriptAliasIP` *Alias Verzeichnisdefinition*
Modul	`mod_vhost_alias`
Kontext	Serverkonfiguration, `<VirtualHost>`

`VirtualScriptAliasIP` ist die Variante der zuvor erläuterten `VirtualScriptAlias`-Anweisung für IP-basierten virtuelle Server.

5.26 Limitierung der Ressourcen

Um es vorweg zu nehmen: Wenn Sie nicht genau wissen, was Sie durch Ändern der nachfolgend beschriebenen Konfigurationsanweisungen bewirken, sollten Sie lieber die Finger davon lassen, denn bei den Anwendungsfällen werden die *RLimit*-Anweisungen nicht benötigt.

Da Sie dies wahrscheinlich doch nicht davon abhalten kann, mit den Anweisungen `RLimitCPU`, `RLimitMEM` und `RLimitNPROC` zu experimentieren, folgt hier die Erklärung dieser Konfigurationsanweisungen.

Die Verwendung der RLimit-Anweisungen, die entweder in der Serverkonfiguration oder in einer `<VirtualHost>`-Anweisung benutzt werden können, bietet sich an, wenn Sie den Ressourcenverbrauch des Servers bzw. eines virtuellen Servers kontrollieren bzw. begrenzen wollen.

5.26.1 RLimitCPU

Syntax	`RLimitCPU` *Soft-Limit* [*Max-Limit*]
Default	(*Betriebssystemvorgabe*)
Kontext	Serverkonfiguration, `<VirtualHost>`

Die Anweisung `RLimitCPU` gibt an, wie viel CPU-Zeit die Serverprozesse verbrauchen dürfen. Die Grenzwerte werden jeweils in Sekunden pro Prozess angegeben. Als spezieller Wert für *Soft-Limit* oder *Max-Limit* kann auch »`max`« angegeben werden, womit das vom Betriebssystem erlaubte Maximum gekennzeichnet wird.

Um den *Max-Limit*-Wert erhöhen zu können, müssen Sie den Apache als `root` starten.

5.26.2 RLimitMEM

Syntax	`RLimitMEM` *Soft-Limit* [*Max-Limit*]
Default	(*Betriebssystemvorgabe*)
Kontext	Serverkonfiguration, `<VirtualHost>`

Die Konfigurationsanweisung `RLimitMEM` ist mit `RLimitCPU` identisch, außer dass keine Grenzwerte bezüglich der CPU-Zeit gesetzt werden, sondern bezüglich der Speicherplatzressourcen. *Soft-Limit* und *Max-Limit* werden jeweils in Bytes pro Prozess (oder als »`max`«) angegeben.

Beispiele:

```
RLimitMEM 1073741824
RLimitMEM max max
```

Wie auch bei `RLimitCPU` müssen Sie beim Erhöhen von *Max-Limit* den Apache als `root` starten.

5.26.3 RLimitNPROC

Syntax	`RLimitNPROC` *Soft-Limit* [*Max-Limit*]
Default	(*Betriebssystemvorgabe*)
Kontext	Serverkonfiguration, `<VirtualHost>`

Auch die `RLimitNPROC`-Anweisung ist mit den anderen RLimit-Anweisungen identisch, wobei als Argumente jeweils die Prozessanzahl pro User angegeben wird.

Somit können Sie beispielsweise festlegen, wie viele Prozesse maximal für einen virtuellen Server verwendet werden dürfen. Sie sollten bei Verwendung von `RLimitNPROC` unbedingt den suEXEC-Wrapper benutzen, denn ansonsten werden CGI-Skripten immer unter der ID des Hauptservers ausgeführt und können somit keinem bestimmten User zugeordnet werden.

`RLimitNPROC` wird nicht auf allen Betriebssystemen unterstützt.

5.27 Modulkonfigurationen

5.27.1 Dynamic Shared Objects (DSO)

Durch die DSO-Funktionalität ist es möglich, Module dynamisch in den Apache einzubinden oder auch wieder aus ihm zu entfernen. Der Apache muss hierzu nicht neu übersetzt werden, aber das Modul `mod_so`, das die DSO-Funktionalität zur Verfügung stellt, muss statisch im Apache eingebunden sein. Zudem müssen die Module als sogenannte DSO-Dateien vorliegen. Gebräuchlich sind auch die Bezeichnungen *Shared Objects* und *Shared Libraries*. Interessant wird die DSO-Funktionalität vor allem dadurch, dass die Module auch zur Laufzeit des Apache verändert werden können, und zwar ohne eventuell aktive Verbindungen unterbrechen zu müssen.

Bei der Win32-Version des Apache wird das SO-Modul grundsätzlich verwendet um Module, die in Form von DLLs realisiert sind, in den Apache einzubinden. Auf Unix-System hingegen können Sie beim Übersetzen zwischen einer normalen statischen Version und einer Version mit `mod_so` wählen.

Die meisten Module, die für den Apache erhältlich sind, werden entweder über eine spezielle Konfigurationsanweisung aktiviert respektive deaktivert oder stellen nur einen Handler zur Verfügung, der erst mit SetHandler oder AddHandler aktiviert werden muss. Es gibt jedoch auch Module, die grundsätzlich aktiviert sind, wie z. B. mod_userdir (wobei dieses wiederum durch die Anweisung UserDir disabled deaktiviert werden kann) oder mod_unique_id. Gerade deshalb sollten Sie darauf achten, dass nur Module aktiv sind, die auch wirklich verwendet werden. Wenn Sie den Apache statisch übersetzen, müssen Sie sich vorher Gedanken machen, welche Module Sie benötigen und welche nicht. Bei Verwendung von DSO kann jedoch auch nachträglich die Modulzusammenstellung geändert werden. Zur Konfiguration dienen hierbei die beiden Anweisungen LoadModule und LoadFile.

LoadModule

Syntax	LoadModule *Modulname Dateiname*
Modul	mod_so
Kontext	Serverkonfiguration

Wenn mod_so in den Apache eingebunden wurde, können Sie beliebige Module über eine LoadModule-Anweisung in den Apache laden.

Beim Start respektive Neustart werden alle LoadModule-Anweisungen der Reihe nach durchgegangen, und es wird versucht das jeweils angegebene Modul in den Apache einzubinden und zu aktivieren.

Als erstes Argument wird der interne Modulname erwartet und als zweites Argument der Dateiname des Moduls, der absolut oder auch relativ zum ServerRoot-Verzeichnis angegeben werden kann.

Beispiele:

```
LoadModule userdir_module  libexec/mod_userdir.so
LoadModule proxy_module    libexec/libproxy.so
```

Die Abfolge der LoadModule-Anweisungen spiegelt die Priorität der Module in umgekehrter Reihenfolge wider, d.h. ein später geladenes Modul hat eine höhere Priorität als ein zuvor geladenes.

Die Priorität der einzelnen Module, die von entscheidender Bedeutung für die korrekte Funktion des Apache ist, sollte jedoch gemeinhin durch ein ClearModuleList gefolgt von AddModule-Anweisungen festgelegt werden. Wenn alle Module – bis auf mod_so versteht sich – mit LoadModule in den Apache eingebunden werden, ist die

Angabe von `AddModule`-Anweisungen zwar nicht zwingend notwendig, falls die korrekte Priorität bereits durch die `LoadModule`-Anweisung festgelegt wurde, jedoch ist die Neuanordnung der Module durch entsprechende `AddModule`-Anweisungen ein muss, wenn sowohl statische als auch dynamisch geladene Module verwendet werden.

Wird der Apache mittels APACI konfiguriert und installiert, brauchn Sie sich um die `LoadModule`- und `AddModule`-Anweisungen keine Gedanken zu machen, da bei der Installation via APACI automatisch eine entsprechende Serverkonfiguration erstellt wird.

LoadFile

Syntax	`LoadFile` *Dateiname* [*Dateiname* ...]
Modul	`mod_so`
Kontext	Serverkonfiguration

Mit `LoadFile` können Sie zusätzliche Objekt-Dateien oder Bibliotheken in den Apache einbinden, die zur Verwendung von Zusatzmodulen benötigt werden. Für die Verwendung der Standard-Apache-Module, wie auch der meisten Zusatzmodule, werden jedoch in der Regel keine zusätzlichen `LoadFile`-Anweisungen benötigt. Es können mehrere Dateinamen angegeben werden, wobei sie entweder mit einem absoluten Pfad oder relativ zum `ServerRoot`-Verzeichnis angegeben werden müssen.

5.27.2 Modulaktivierung

Mit den bereits zuvor erwähnten Konfigurationsanweisungen `ClearModuleList` und `AddModule` können Sie auf unterster Ebene kontrollieren, welche Module aktiv sind. Mit »aktiv« ist hierbei gemeint, dass sie in der internen Liste für aktive Module des Apache stehen und somit bei Anfragen die Möglichkeit bekommen, diese zu bearbeiten bzw. entsprechende Funktionen auszuführen.

Per Default können alle in den Apache eingebundenen Module verwendet werden. Die beiden nachfolgend beschriebenen Konfigurationsanweisungen werden in der Regel nur dann benötigt, wenn `mod_so` im Spiel ist, d.h. alle oder ein Teil der Module als DSO-Dateien in den Apache geladen werden. Aber auch bei einem Apache, der nur statische Module beinhaltet, können die beiden Anweisungen verwendet werden, um bestimmte Module gänzlich im Apache zu deaktivieren.

ClearModuleList

Syntax	ClearModuleList
Default	*(Alle eingebundenen Module sind aktiv)*
Kontext	Serverkonfiguration

Wenn Sie die Anweisung `ClearModuleList` zur Serverkonfiguration hinzufügen, wird die interne Liste der aktiven Module gelöscht. Lediglich der Apache-Kern (`httpd_core`) bleibt aktiv.

Nachdem `ClearModuleList` in der Serverkonfiguration aufgeführt wurde, sollten Sie alle gewünschten Module danach mittels `AddModule` wieder aktivieren.

AddModule

Syntax	`AddModule` *Modulname* [*Modulname* ...]
Default	*(Alle eingebundenen Module sind aktiv)*
Kontext	Serverkonfiguration

Über die Konfigurationsanweisung `AddModule` können Sie ein Modul aktivieren, also in die Apache-interne Modulliste aufnehmen, sofern es noch nicht aktiv war, z.B. weil kurz zuvor `ClearModuleList` aufgerufen wurde.

Als *Modulname* wird hierbei der Dateiname des jeweiligen Moduls angegeben, so wie es in den Apache eingebunden wurde. Es ist auch möglich mehrere Modulnamen pro Zeile zu verwenden.

Beispiel:

```
ClearModuleList
AddModule mod_vhost_alias.c
AddModule mod_env.c
AddModule mod_log_config.c
...
```

Werden obige Beispielanweisungen der Serverkonfiguration hinzugefügt, so sind nach dem Start des Apache auch nur diese bei `AddModule` genannten Module und der Apache-Kern aktiv und können benutzt werden. Alle anderen Module, die in den Apache statisch oder über `LoadModule` eingebunden wurden, sowie deren Konfigurationsanweisungen stehen nicht mehr zur Verfügung.

5.27.3 Bedingte Konfigurationsanweisungen

<IfModule>

Syntax	`<IfModule [!]`*Modulname*`>` ... `</IfModule>`
Kontext	Serverkonfiguration, `<VirtualHost>`, `<Directory>`, `<Location>`, `<Files>`, `.htaccess`

Bedingte Konfigurationsanweisungen werden über die Anweisung `<IfModule>` ermöglicht. Eingeschlossen in diese Anweisung, werden sie nur ausgeführt, wenn das angegebene Modul in den Apache eingebunden wurde.

Als *Modulname* wird der Source-Dateiname des Moduls angegeben, z. B. `mod_env.c`: oder `mod_negotiation.c`.

Beispiel:

```
<IfModule mod_env.c>
  SetEnv TEST 0815
</IfModule>
```

Die `SetEnv`-Anweisung in obigem Beispiel wird nur ausgeführt, wenn auch das Modul `mod_env` eingebunden wurde. Jetzt stellt sich allerdings die Frage, warum obige Angabe überhaupt sinnvoll ist, da die Variable `TEST` sowieso nicht gesetzt werden kann, wenn das Modul `mod_env` nicht zur Verfügung steht, weil der Apache dann die Anweisung `SetEnv` gar nicht kennt? Der Punkt ist jedoch der, dass der Apache nicht startet, wenn die obige Anweisung in der Konfiguration auftaucht, aber das Modul `mod_env` nicht in den Apache eingebunden wurde. Ob es in solch einem Fall sinnvoll ist, den Apache überhaupt zu starten, ist wieder eine andere Frage.

Stellt man dem Modulnamen ein »!« voran, negiert man die Anweisung, d. h. die in der `<IfModule>`-Sektion enthaltenen Anweisungen werden nur dann ausgeführt, wenn das jeweilige Modul nicht im Apache eingebunden ist.

Beispiel:

```
<IfModule !mod_negotiation.c>
  <FilesMatch "\.var$">
  deny from all
  </Files>
</IfModule>
```

Wenn das Modul `mod_negotiation` nicht zur Verfügung steht, wird der Zugriff auf alle `.var`-Dateien (Type-Maps) gesperrt, damit diese nicht im Klartext heruntergeladen werden können.

Durch die Verwendung von »`!`« können Sie *If-Then-Else*-ähnliche Konstrukte erstellen.

Beispiel:

```
<IfModule mod_cgi.c>
  <Location /cgi-bin>
  Options ExecCGI
  SetHandler cgi-script
  </Location>
</IfModule>

<IfModule !mod_cgi.c>
  <Location /cgi-bin>
  deny from all
  </Location>
</IfModule>
```

Bei obigem Beispiel würde der `cgi-script`-Handler für das `cgi-bin`-Verzeichnis aktiviert, falls das CGI-Modul zur Verfügung steht. Andernfalls wird der Zugriff auf das `cgi-bin`-Verzeichnis gesperrt.

Die `<IfModule>`-Anweisung kann überall verwendet werden, sei es nun in der Serverkonfiguration oder in einer `.htaccess`-Datei. Ebenso können Sie die `<IfModule>`-Anweisung verschachteln, wodurch sich recht komplexe Konstrukte erstellen lassen.

Aber wie schon zuvor angedeutet, ist der praktische Nutzen nicht sehr hoch, denn in der Regel stimmt man seine Konfiguration sowieso auf die verwendeten Module ab. Durch die Nutzung von `<IfModule>` kann es jedoch passieren, dass eine wichtige Funktionalität gar nicht aktiviert wird, weil man vielleicht vergessen hat, ein bestimmtes Modul einzubinden. Im Einzelfall kann `<IfModule>` jedoch durchaus seine Anwendung finden.

<IfDefine>

Syntax	`<IfDefine [!]`*Parameter*`> ... </IfDefine>`
Kontext	Serverkonfiguration, `<VirtualHost>`, `<Directory>`, `<Location>`, `<Files>`, `.htaccess`

`<IfDefine>` ähnelt der `<IfModule>`-Anweisung, wobei jedoch kein Modulname, sondern ein *Parameter* als Argument herhalten muss. Mit *Parameter* sind hierbei die Parameter gemeint, die beim Start des Apache auf der Kommandozeile mit »`-D`*Parameter*« angegeben wurden.

Beispiel:

```
<IfDefine !STAGING>
 DocumentRoot /usr/local/apache/htdocs
</IfDefine>

<IfDefine STAGING>
 DocumentRoot /usr/local/apache/devdocs
 <Location />
 Order deny,allow
 deny from all
 allow from 123.45.
 </Location>
</IfDefine>
```

Wird der Apache nun mit

```
# httpd -DSTAGING
```

gestartet, so werden nur die Konfigurationsanweisungen der zweiten `<IfDefine>`-Sektion ausgeführt, d.h. `DocumentRoot` wird auf `/usr/local/apache/devdocs` gesetzt und der Zugriff wird nur für bestimmte Rechner erlaubt.

Es können nur die mittels »`-D`« angegebenen Parameter bei `<IfDefine>` verwendet werden, wobei Sie beachten müssen, dass zwischen Groß- und Kleinschreibung unterschieden wird.

5.28 Selbst definierte Fehlerdokumente

Tritt bei einer Client-Anfrage ein Fehler auf, zum Beispiel weil ein Dokument nicht gefunden werden konnte, erzeugt der Apache eine entsprechende Fehlermeldung und gibt sie als HTML-Dokument an den Client zurück.

Die internen Fehlerdokumente des Apache sind relativ kurz gehalten und erklären den Fehler oft auf eine eher technische Weise, die von vielen Nutzern nicht gedeutet werden kann.

Über die `ErrorDocument`-Anweisung können nun für jeden Fehlerfall eigene Dokumente definiert werden. Sie können auch ein CGI-Skript angeben, das die Anfrage, die zu einem Fehler geführt hat, verarbeiten soll.

5.28.1 ErrorDocument

Syntax	`ErrorDocument` *Fehlercode Dokument*
Default	(*Die internen Fehlerdokumente werden verwendet.*)
Kontext	Serverkonfiguration, `<VirtualHost>`, `<Directory>`, `<Location>`, `<Files>`, `.htaccess`

Wenn Sie für einen bestimmten Fehlerfall ein eigenes Dokument verwenden wollen, geben Sie als *Fehlercode* den jeweiligen HTTP-Statuscode an, z.B. 404 (*Not Found*), und das entsprechende *Dokument*. Als *Dokument* kann entweder ein lokaler URL-Pfad, ein kompletter URL oder eine einfache Textnachricht angegeben werden.

Der angegebene Fehlercode muss dem Apache bekannt sein, und es sollte sich sinnvollerweise auch um einen Statuscode handeln, der einen Fehler kennzeichnet. In Anhang A finden Sie eine Auflistung aller für HTTP/1.1 definierten Statuscodes.

Beispiele:

```
ErrorDocument 500 /error/server_error.html
ErrorDocumeNT 404 /cgi-bin/not_found
ErrorDocumeNT 410 http://host.domain.tld/error/gone.html
ErrorDocumeNT 403 "Forbidden - I don't like your nose!
```

Bei den ersten beiden Beispielen wird jeweils ein lokaler URL geladen, wobei es sich im ersten Fall um ein normales HTML-Dokument handelt und im zweiten Fall um ein CGI-Skript, das die fehlerhafte Anfrage entsprechend bearbeitet.

Im zweiten Beispiel wird ebenfalls ein URL verwendet, der aber auf ein HTML-Dokument einer anderen Website zeigt. In solch einem Fall schickt der Apache einen HTTP-Redirect an den Webclient, der den Fehler verursacht hat. Bei der Angabe solch eines externen URLs kann jedoch nicht der Fehlercode 401 (*Unauthorized*) verwendet werden, da dieser nur bei Angabe eines lokalen URL-Pfades bzw. einer einfachen Textnachricht verwendet werden kann.

Im letzten Beispiel wird kein URL angegeben, sondern direkt der Text, der an den Webclient übermittelt werden soll. Diese Variante wird durch ein Anführungszeichen gekennzeichnet. Ein schließendes Anführungszeichen darf hierbei nicht angegeben werden, da alles nach dem ersten Anführungszeichen unverändert an den Webclient übermittelt wird. Da der Text als HTML-Dokument übertragen wird, können Sie auch HTML-Auszeichnungen darin unterbringen, z. B.:

```
ErrorDocumeNT 404 "<BIG><STRONG>OOPS!</STRONG></BIG>
```

In den meisten Fällen wird man jedoch die Angabe eines URLs bevorzugen.

Auf der beigelegten CD-ROM finden Sie im Verzeichnis `/apache/config/errordocument` eine Sammlung von HTML-Dokumenten für nahezu alle Fehlercodes.

Die Dokumente liegen in mehreren Sprachen vor, wodurch sich die Verwendung von MultiViews anbietet. Durch die Nutzung von Server-Side Includes werden automatisch Angaben wie z. B. `ServerAdmin` aus der Serverkonfiguration übernommen. Die Dokumente können somit prinzipiell ohne jegliche Modifikationen auf dem eigenen Server verwendet werden.

5.28.2 Umgebungsvariablen

Wenn Sie ein CGI-Skript oder auch ein SSI-Dokument verwenden, können Sie zusätzliche Umgebungsvariablen abfragen, anhand derer Sie Informationen zur ursprünglichen Anfrage bekommen, z. B. welcher Statuscode, d. h. welcher Fehler, ausgelöst wurde.

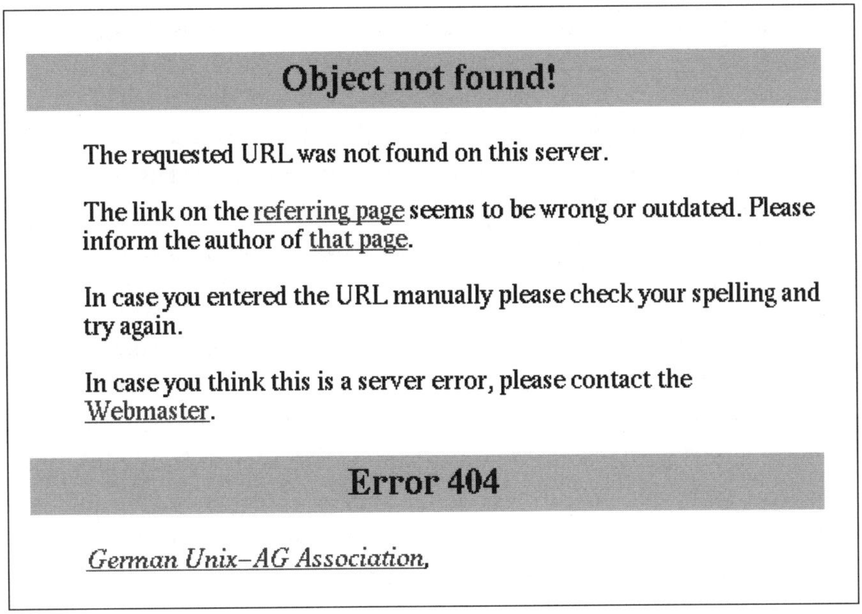

Abb. 5.13: Beispiel für ein Fehlerdokument, Statuscode 404.

Die folgenden zusätzlichen Variablen werden vom Apache gesetzt:

- `REDIRECT_STATUS`
  Enthält den Statuscode, der durch die ursprüngliche Anfrage erzeugt wurde.
- `REDIRECT_URL`
  Der URL-Pfad der ursprünglichen Anfrage.
- `REDIRECT_QUERY_STRING`
  Zusätzliche Daten, die im URL, z.B. an ein CGI-Skript, übermittelt wurden.

Abgesehen von diesen drei Variablen setzt der Apache weitere Variablen, indem den normalen Variablennamen ein »`REDIRECT_`« vorangestellt wird. Allerdings werden diese nur für Variablen erzeugt, die zum Zeitpunkt des Zugriffs schon intern gesetzt sind. In den meisten Fällen trifft dies z.B. für die Variable `REQUEST_METHOD` zu, die dann als `REDIRECT_REQUEST_METHOD` die für den ursprünglichen Zugriff verwendete HTTP-Methode beinhaltet.

Weitere Informationen über normale Umgebungsvariablen finden Sie in Kapitel 10.

5.29 Performance-Steigerung durch Memory-Mapping

Seit der Apache-Version 1.3 ist das Modul `mod_mmap_static` in der Distribution enthalten. Hinter der Abkürzung *mmap* verbirgt sich das sogenannte *Memory-Mapping,* eine Funktionalität, die auf den meisten modernen Unix-Systemen, wie beispielsweise auf Linux, zu finden ist. Memory-Mapping besagt im Prinzip nur, dass eine Datei komplett im internen Speicher abgebildet wird. Zuständig hierfür ist der Systemaufruf `mmap()`.

Das Modul `mod_mmap_static` gibt Ihnen über die Anweisung `MMapFile` die Möglichkeit Dateinamen anzugeben, die beim Start des Apache in den Speicher geladen werden sollen. Der Vorteil ist ein erheblich schnellerer Zugriff auf den Inhalt der Datei, da diese ja im Speicher vorliegt und so zahlreiche Systemaufrufe zum Laden der Datei vermieden werden. Insbesondere werden Leseoperationen auf dem Dateisystem vermieden. Abgesehen davon sind die geladenen Dateien nach dem Start sofort allen Kindprozessen des Apache zugänglich.

Das Modul hat jedoch einen eher experimentellen Charakter. Der Performancegewinn ist zwar relativ hoch, aber es gibt gewisse Einschränkungen und Nachteile des Moduls.

Jede einzelne Datei, die im Speicher gehalten werden soll, müssen Sie mit einer `MMapFile`-Anweisung in der Konfiguration aufführen. Zudem werden die Dateien nur bei einem Start bzw. Neustart des Apache geladen. Dies hat zur Folge, dass der Apache auch dann neu gestartet werden muss, wenn eine Datei modifiziert wurde. Wird eine Datei einfach überschrieben, kann es zudem passieren, dass bei einem Zugriff plötzlich ein kaputter Inhalt ausgeliefert wird. Um dies zu vermeiden, sollten Sie beim Update einer Datei immer zuerst die alte Datei mit `mv` verschieben und dann die neue Datei unter dem jeweiligen Namen ablegen.

Letztlich funktioniert das Ganze – wie der Name des Modul schon andeutet – nur bei statischen Dateien, d.h. Sie dürfen `MMapFile` nicht auf CGI-Skripten, SSI-Dokumenten oder etwas Vergleichbarem anwenden.

Die Verwendung von `Alias`- oder `RewriteRule`-Anweisungen mit den Dateien ist zwar prinzipiell möglich, sollte jedoch im Einzelfall immer getestet werden.

5.29.1 MMapFile

Syntax	`MMapFile` *Dateiname* [*Dateiname* ...]
Modul	`mod_mmap_static`
Kontext	Serverkonfiguration

Wie bereits erwähnt wurde, muss für jede Datei, die beim Start des Apache im Speicher abgebildet werden soll, eine `MMapFile`-Anweisung in der Serverkonfiguration stehen. Sie können entweder pro Datei eine eigene `MMapFile`-Anweisung verwenden, oder es werden bei einer Anweisung mehrere Dateinamen aufgeführt.

Bezüglich des Dateinamens ist zu beachten, dass es sich um einen absoluten Pfad handeln muss und keinerlei Dateisystem-Links verfolgt werden.

Beispiel:

```
MMapFile /usr/local/apache/htdocs/index.html
MMapFile /usr/local/apache/htdocs/images/logo.gif
MMapFile /usr/local/apache/htdocs/images/banner.gif
MMapFile /usr/local/apache/htdocs/test/page.html
...
```

Entsprechend viel Speicher vorausgesetzt kann so eine ganze Anzahl von Dateien im Speicher vorgehalten werden, wobei bevorzugt Dateien angegeben werden sollten, die sich nur selten ändern. Für Produktivsysteme ist `mod_mmap_static` nur bedingt geeigent, allerdings kann der Einsatz im Einzelfall durchaus Gewinn bringend sein.

Kapitel 6

HTTP-Daemon

In diesem Kapitel wird zuerst ein Blick auf das Funktionsprinzip des Apache geworfen. Danach wird genauer auf das `httpd`-Programm eingegangen.

6.1 Funktionsprinzip

Wird der Apache im Standalone-Modus (`ServerType`) gestartet – der inetd-Modus soll hier nicht weiter betrachtet werden –, so bindet er sich an alle ihm durch `Port` oder `Listen` zugeteilten Ports.

Entsprechend der mit der Anweisung `StartServers` erfolgten Vorgabe erzeugt der `httpd`-HauptProzess weitere Kindprozesse. Diese Kindprozesse bearbeiten die einzelnen Client-Anfragen, wobei immer eine bestimmte Anzahl dieser Prozesse in Reserve gehalten wird. Die Anzahl dieser Reserve-Server wird über die Konfigurationsanweisungen `MinSpareServers` und `MaxSpareServers` kontrolliert.

Egal wie viele Anfragen der Apache bearbeiten muss, er versucht immer, mindestens die mittels `MinSpareServers` eingestellte Anzahl von Prozessen in Reserve zu halten, damit Anfragen möglichst schnell beantwortet werden können. Aufgrund dieses Mechanismus gehört der Apache zur Kategorie der *Pre-forking Webserver*.

Stehen keine freien Kindprozesse mehr zu Verfügung, wird zuerst ein neuer Prozess gestartet, dann zwei, vier, acht usw., je nachdem ob noch Bedarf besteht. Um schnell auf plötzliche Lastsituationen reagieren zu können, wird der Wert jeweils verdoppelt, wobei maximal 32 neue Kindprozesse pro Sekunde erzeugt werden. Wie in Kapitel 4 beschrieben, kann das Maximum mittels `MAX_SPAWN_RATE` erhöht oder auch verringert werden.

Der HauptProzess selbst bearbeitet keine Client-Anfragen direkt, sondern vermittelt Client-Verbindungen nur an die Kindprozesse, die diese bearbeiten und entsprechende Daten an den Client zurücksenden bzw. vom ihm entgegennehmen.

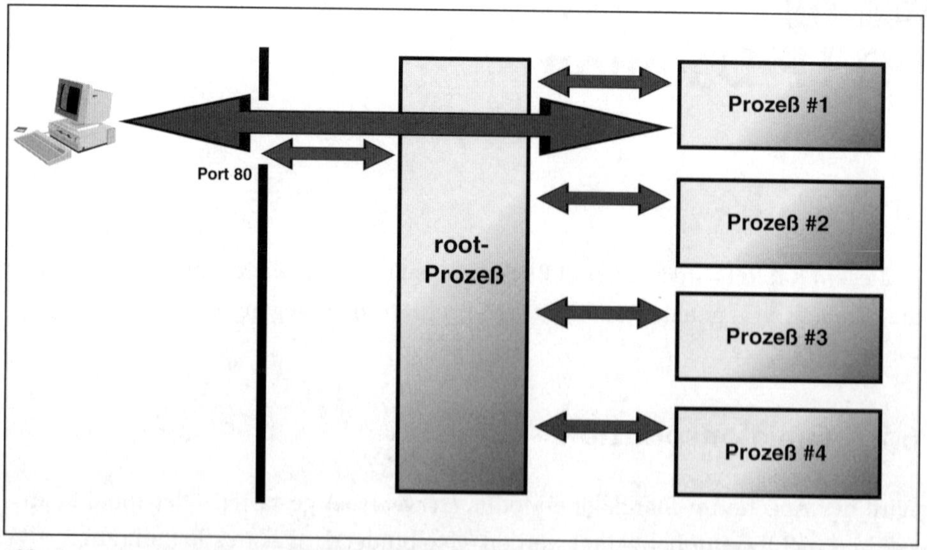

Abb. 6.1: Funktionsprinzip: Prozess #1 bearbeitet die Anfrage eines Webclients

Mit der Konfigurationsanweisung `MaxClients` können Sie festlegen, wie viele Kindprozesse maximal verwendet werden sollen. Per Default liegt das Maximum bei 256 Prozessen. Dieser Wert lässt sich aber über die Compiler-Option `HARD_SERVER_LIMIT` erhöhen. Egal wie hoch dieser Wert jedoch gesetzt wird, ob auf 150, was für die meisten Fälle ein vernünftiger Wert ist, oder auf 256, es muss dafür gesorgt werden, dass hinreichende Ressourcen, insbesondere Speicherplatz, zur Verfügung stehen.

Falls die maximale Anzahl gleichzeitiger Verbindungen erreicht ist, bearbeitet der Apache keine weiteren Client-Anfragen. Weitere Anfragen werden bis zu einer gewissen Grenze in eine Warteschlange (Betriebssystem) aufgenommen und dem nächsten freien Serverprozess zugewiesen. Aber auch wenn Sie Hundertausende von Zugriffen pro Tag erhält, dürfte es kaum dazu kommen, dass die maximale Anzahl von Server-Prozessen vom Apache ausgeschöpft werden muss. Lediglich wenn Sie in Bereiche von einigen Millionen Zugriffen pro Tag vorstoßen, kann eine Erhöhung der maximalen Prozessanzahl notwendig werden. Wichtig bei solch einer hohen Anzahl von Zugriffen ist aber insbesondere der verfügbare Speicher. Pro Apache-Prozess müssen ca. 1-2 MByte veranschlagt werden. Falls Zusatzmodule wie beispielsweise `mod_ssl` oder `mod_perl` verwendet werden, erhöht sich dieser Wert auf mehrere MByte pro Prozess.

Da unter Windows kein *Forking*-Mechanismus zur Verfügung steht, wird hier *Multithreading* genutzt. Ab Version 2.0 des Apache wird dies auch unter Unix-Systemen Verwendung finden, allerdings nur in Hybrid-Form, d.h. es wird sowohl Multithreading als auch der Forking-Mechanismus verwendet werden.

6.2 Kommandozeilenoptionen

Wird das `httpd`-Programm ohne weitere Angaben aufgerufen, so versucht es, die Konfigurationsdatei zu laden, die entsprechend der Compiler-Optionen `HTTPD_ROOT` und `SERVER_CONFIG_FILE` festgelegt wurde. Falls Sie nicht selbst Hand an diese Compiler-Optionen gelegt haben, wird die Datei `/usr/local/apache/conf/httpd.conf` geladen (vergleiche Kapitel 4).

Das `httpd`-Programm stellt jedoch mehrere Kommandozeilenoptionen zur Verfügung, um beispielsweise eine andere Konfigurationsdatei oder ein anderes Server-Verzeichnis spezifizieren zu können.

6.2.1 Server-Verzeichnis festlegen

Als Server-Verzeichnis, d.h. das Verzeichnis, in dem sich die Unterverzeichnisse für die Logfiles, die HTML-Dokumente usw. befinden, wird immer der Inhalt der Compiler-Option `HTTPD_ROOT` verwendet, wobei der Default-Wert mit `/usr/local/apache` angegeben ist.

Soll ein anderes Server-Verzeichnis verwendet werden, lässt sich dies über die Option »`-d`« angeben. Dazu muss immer ein absoluter Verzeichnispfad angegeben werden.

Beispiel:

```
# httpd -d /usr/local/www
```

In der Konfigurationsdatei können Sie das Server-Verzeichnis wiederum durch die Konfigurationsanweisung `ServerRoot` definieren.

6.2.2 Konfigurationsdatei spezifizieren

Mit der Option »-f« können Sie eine andere Konfigurationsdatei festlegen, die der Apache benutzen soll. Per Default wird immer ausgehend vom Server-Verzeichnis nach der Datei conf/httpd.conf gesucht.

Beispiel:

```
# httpd -f conf/test.conf
```

Falls eine Konfigurationsdatei verwendet werden soll, die sich nicht unterhalb des Server-Verzeichnisses befindet, muss die Datei mit absolutem Pfad angegeben werden.

Beispiel:

```
# httpd -f /usr/tmp/test.conf
```

6.2.3 Versions- und Built-Nummer

Wie zu vermuten ist, gibt das httpd-Programm bei Verwendung der Option »-v« die Versionsnummer und das Datum, an dem es übersetzt wurde, aus. Das Programm beendet sich danach wieder.

Beispiel:

```
$ httpd -v
Server version: Apache/1.3.12 (Unix)
Server built:   Feb 25 2000 02:19:43
```

6.2.4 Erstellungsparameter

Die erweitere Variante von »-v« ist »-V«. Hiermit werden die Versions- und Built-Nummer ausgegeben sowie zusätzlich noch die *Module Magic Number* und die Parameter bzw. Compiler-Flags, mit denen der Apache übersetzt wurde.

Beispiel:

```
$ httpd -V
Server version: Apache/1.3.12 (Unix)
Server built:   Feb 25 2000 02:19:43
```

```
Server's Module Magic Number: 19990320:6
Server compiled with....
 -D HAVE_MMAP
 -D HAVE_SHMGET
 -D USE_SHMGET_SCOREBOARD
 -D USE_MMAP_FILES
 -D USE_FCNTL_SERIALIZED_ACCEPT
 -D HTTPD_ROOT="/usr/local/apache"
 -D SUEXEC_BIN="bin/suexec"
 -D DEFAULT_PIDLOG="logs/httpd.pid"
 -D DEFAULT_SCOREBOARD="logs/httpd.scoreboard"
 -D DEFAULT_LOCKFILE="logs/httpd.lock"
 -D DEFAULT_XFERLOG="logs/access_log"
 -D DEFAULT_ERRORLOG="logs/error_log"
 -D TYPES_CONFIG_FILE="conf/mime.types"
 -D SERVER_CONFIG_FILE="conf/httpd.conf"
 -D ACCESS_CONFIG_FILE="conf/access.conf"
 -D RESOURCE_CONFIG_FILE="conf/srm.conf"
```

6.2.5 Eingebundene Module

Durch die Angabe der Option »-l« wird der Apache dazu veranlasst, eine Liste aller eingebundenen Module auszugeben. Zudem wird am Schluß noch ausgegeben, ob der suEXEC-Wrapper aktiv ist oder nicht. Danach beendet sich das Programm sofort wieder.

Beispiel:

```
$ httpd -l
Compiled-in modules:
  http_core.c
  mod_env.c
  mod_log_config.c
  mod_mime.c
  mod_negotiation.c
  mod_status.c
  mod_include.c
  mod_dir.c
  mod_cgi.c
  mod_actions.c
  mod_proxy.c
  mod_rewrite.c
```

```
    mod_access.c
    mod_auth.c
    mod_headers.c
    mod_setenvif.c
  suexec: enabled; valid wrapper bin/suexec
```

Die Reihenfolge, in der die Module ausgegeben werden, spiegelt deren Priorität wider. Sie ist umso höher, je weiter unten das Modul in der Liste auftaucht. Die höchste Priorität hat bei obigem Beispiel `mod_setenvif`, das somit bei einer Client-Anfrage immer als erstes die Gelegenheit bekommt, diese zu bearbeiten.

Sofern alle Module als *Shared Object*, d.h. mit DSO-Unterstützung (siehe Kapitel 4) übersetzt wurden, sollten nur `http_core` und `mod_so` in der Liste auftauchen.

6.2.6 Zusätzliche Konfigurationsanweisungen

Mit den Optionen »`-c`« und »`-C`« können Sie weitere Anweisungen zu den Anweisungen der Serverkonfiguration spezifizieren. Die Option mit dem großen »`C`« sorgt dafür, dass die Konfigurationsanweisung ausgeführt wird, bevor die Serverkonfiguration eingelesen wird. Wird hingegen die Option mit dem kleinen »`c`« verwendet, so werden zuerst die Konfigurationsanweisungen der Serverkonfiguration ausgeführt und dann erst die mit der Option übergebene Anweisung.

Es ist möglich die Optionen jeweils mehrfach anzugeben.

Beispiele:

```
# httpd -c "ServerName www.mydomain.tld"

# httpd -C "IncludeConfig conf/test.conf"

# httpd -c "<Location /server-status>" \
        -c "SetHandler server-status" \
        -c "</Location>"
```

6.2.7 IfDefine-Parameter

Wie bereits in Kapitel 5.27.3 beschrieben, können Konfigurationsanweisungen nur bedingt ausgeführt werden, wenn sie in eine `<IfDefine>`-Sektion gestellt werden. Aktiviert wird die jeweilige Sektion durch die Option »`-D`«, gefolgt von dem entsprechenden Namen, der bei `<IfDefine>` angegeben wurde.

Beispiel:

```
<IfDefine TEST>
...
</IfDefine>
```

Durch den Aufruf von

```
httpd -D TEST
```

werden die Anweisungen innerhalb der `<IfDefine>`-Sektion ausgeführt, andernfalls nicht. Das Leerzeichen zwischen »`-D`« und dem Namen kann bei Bedarf auch entfallen.

6.2.8 Konfigurationsanweisungen

Mit der Option »`-L`« bekommen Sie eine Liste aller verfügbaren Konfigurationsanweisungen inklusive einer kurzen Erklärung angezeigt.

Beispiel (Auszug):

```
$ httpd -L
<Directory>
        Container for directives affecting resources located in
        the specified directories
        http_core.c
        Allowed in *.conf only outside <Directory> or <Location>
</Directory>
        http_core.c
        Allowed in *.conf only inside <Directory> or <Location>
...
BrowserMatchNoCase
        a browser regex and a list of variables.
        mod_browser.c
        Allowed in *.conf only outside <Directory> or <Location>
```

6.2.9 Konfigurationsanzeige

Um zu überprüfen, ob und wie der Apache die einzelnen Anweisungen der Serverkonfiguration eingelesen hat, können Sie die Option »-S« verwenden. Bei der zur Drucklegung dieses Buches zur Verfügung stehenden Apache-Version beschränkt sich diese Ausgabe jedoch auf Informationen zu den <VirtualHost>-Anweisungen.

Beispiel (Auszug):

```
$ httpd -S
VirtualHost configuration:
123.45.67.88:80       is a NameVirtualHost
                      default server www1.domain.tld
                      port 80 namevhost www1.domain.tld
                      port 80 namevhost www2.domain.tld
123.45.67.91:80       www.otherdomain.tld
_default_ servers:
port * server www.domain.tld
```

6.2.10 Modul-Verzeichnis festlegen

Wurde der Apache mit dem Compiler-Flag SHARED_CORE übersetzt, so steht die Option »-L« zur Verfügung, mit der beim Start angegeben wird, aus welchem Verzeichnis der Apache beim Start das Core-Objekt laden soll.

6.2.11 Syntaxüberprüfung der Serverkonfiguration

Mit den Optionen »-t« und »-T« kann eine Syntaxüberprüfung der Serverkonfiguration (httpd.conf) durchgeführt werden. Der einzige Unterschied zwischen den beiden Optionen ist, dass bei »-t« ebenfalls überprüft wird, ob auch alle Verzeichnisse, die in einer DocumentRoot-Anweisung angegeben wurden, vorhanden und lesbar sind. Bei »-T« entfällt diese Überprüfung, was den Test beschleunigen kann, wenn sich sehr viele DocumentRoot-Anweisungen in der Konfiguration befinden.

Wurde ein Fehler gefunden, werden die fehlerhafte Zeile und die Fehlermeldung ausgegeben. Andernfalls erscheint die Meldung »Syntax OK«.

6.2.12 Fehlersuche

Nur ein einziger Prozess und keine weiteren Kindprozesse werden gestartet, falls das httpd-Programm mit der Option »-X« aufgerufen wird. Für den Normalbetrieb ist dieser Modus jedoch nicht gedacht, er dient in erster Linie der Fehlersuche.

6.2.13 Hilfe

Wird »-h« oder eine falsche Option angegeben, gibt das httpd-Programm eine kurze Übersicht der verfügbaren Optionen aus.

Beispiel:

```
Usage: httpd [-D name] [-d directory] [-f file]
             [-C "directive"] [-c "directive"]
             [-v] [-V] [-h] [-l] [-L] [-S] [-t] [-T]
Options:
  -D name           : define a name for use in
                      <IfDefine name> directives
  -d directory      : specify an alternate initial ServerRoot
  -f file           : specify an alternate ServerConfigFile
  -C "directive"    : process directive before reading
                      config files
  -c "directive"    : process directive after  reading
                      config files
  -v                : show version number
  -V                : show compile settings
  -h                : list available command line options
                      (this page)
  -l                : list compiled-in modules
  -L                : list available configuration directives
  -S                : show parsed settings
                      (currently only vhost settings)
  -t                : run syntax check for config files
                      (with docroot check)
  -T                : run syntax check for config files
                      (without docroot check)
```

6.3 Starten und Stoppen des Apache

Der Apache kann einerseits manuell gestartet werden, indem direkt das `httpd`-Programm aufgerufen wird. Ansonsten bietet sich die Verwendung des Apache-Control-Skripts `apachectl` an. Das Shell-Skript wird zusammen mit dem `httpd`-Programm im `bin`-Verzeichnis installiert und dient als Wrapper für den Apache. Es erlaubt komfortables Starten und Stoppen des Apache und führt bei einem Start oder Restart automatisch eine Syntaxüberprüfung der Serverkonfiguration durch. Zudem erlaubt es Status-Abfragen des Apache, zumindest dann, wenn `mod_status` im Apache eingebunden ist.

Hier folgt die Ausgabe der verfügbaren Kommandozeilenparameter von `apachectl`:

```
usage: apachectl (start|stop|restart|fullstatus|status|
                  graceful|configtest|help)

start      - start httpd
stop       - stop httpd
restart    - restart httpd if running by sending a
             SIGHUP or start if not running
fullstatus - dump a full status screen; requires
             lynx and mod_status enabled
status     - dump a short status screen; requires
             lynx and mod_status enabled
graceful   - do a graceful restart by sending a SIGUSR1
             or start if not running
configtest - do a configuration syntax test
help       - this screen
```

Im `apachectl`-Skript selbst können bei Bedarf einige wenige Variablen, wie der Pfad zur PID-Datei und dem `httpd`-Programm, definiert werden. Wie bereits in Kapitel 4 erläutert wurde, kann das Skript auch direkt als Init-Skript zum automatischen Start des Apache beim Hochfahren des Servers genutzt werden.

Im Folgenden sind jeweils immer beide Varianten, mit `apachectl` und auch die manuelle Variante, aufgeführt.

6.3.1 Starten

Wenn sich die Konfigurationsdatei dort befindet, wo das httpd-Programm sie entsprechend der Compiler-Optionen HTTPD_ROOT und SERVER_CONFIG_FILE sucht (per Default wird /usr/local/apache/conf/httpd.conf verwendet), können Sie den Apache durch einfaches Aufrufen des httpd-Programms ohne weitere Optionen starten. Andernfalls müssen Sie mindestens mit der Option »-f« die Konfigurationsdatei angeben, so wie in Kapitel 6.2.2 beschrieben. Die Verwendung eines »&« ist nicht notwendig, da sich der httpd-Prozess selbstständig von der Shell abkoppelt.

Wird apachectl verwendet, so muss es mit der Option start aufgerufen werden:

```
# apachectl start
```

Wird eine fehlerfreie Konfigurationsdatei gefunden, startet der Apache, ohne weitere Meldungen in der Shell auszugeben. Lediglich bei Verwendung des suEXEC-Wrapper, erscheint beim Start eine Meldung, dass dieser aktiviert wurde.

Nach erfolgreichem Start sollte im Error-Log die Meldung

```
Server configured -- resuming normal operations
```

zu finden sein. Mit dem ps-Befehl sollten jetzt sowohl der httpd-HauptProzess (User-ID root) als auch die Kindprozesse sichtbar sein:

```
 USER   PID %CPU %MEM   VSZ   RSS  TT STAT   START    TIME COMMAND
 root  2524  0.0  2.4  1292   768  ?  S      20:07    0:00 httpd
httpd  2525  0.0  2.4  1292   768  ?  S      20:07    0:00 httpd
httpd  2526  0.0  2.4  1292   768  ?  S      20:07    0:00 httpd
httpd  2527  0.0  2.4  1292   768  ?  S      20:07    0:00 httpd
httpd  2528  0.0  2.4  1292   768  ?  S      20:07    0:00 httpd
...
```

Sollte ein Fehler beim Start auftreten, macht der Apache dies durch entsprechende Fehlermeldungen in der Shell und in der Regel auch im Logfile kenntlich. Bei Verwendung von apachectl wird vor dem Startversuch automatisch erst eine Syntaxüberprüfung der Konfiguration durchgeführt.

6.3.2 Beenden

Beendet wird der Apache, indem ein TERM-Signal an den `httpd`-Hauptprozess geschickt wird. Der Hauptprozess terminiert bei Erhalt dieses Signals sofort alle Kindprozesse, schließt alle Logfiles und beendet dann sich selbst. Bestehende Client-Verbindungen werden hierbei sofort beendet.

In der mit `PidFile` angegebenen Datei legt der Apache die Prozess-ID des Hauptprozesses ab, was Ihnen die Mühe erspart, die Prozess-ID selbst herauszusuchen.

Beispiel:

```
# kill 'cat /usr/local/apache/logs/httpd.pid'
```

Im Error-Log quittiert der Apache solch einen `kill`-Befehl mit der Meldung:

```
httpd: caught SIGTERM, shutting down
```

Komfortabler geht es jedoch bei der Verwendung von `apachectl`:

```
# apachectl stop
```

Falls sehr viele Kindprozesse aktiv sind, kann das Beenden durchaus einige Sekunden dauern.

6.3.3 Restart

Ein Neustart bzw. Restart des Apache ist insbesondere dann notwendig, wenn Änderungen an einer der Konfigurationsdateien vorgenommen wurde und der Apache zum Einlesen der neuen Konfiguration gezwungen werden soll.

Normaler Restart

Bei der normalen Restart-Methode schickt man dem Hauptprozess ein HUP-Signal.

Beispiel:

```
# apachectl restart
```

Sie können einen Neustart auch manuell mit dem `kill`-Befehl einleiten:

```
# kill -HUP 'cat /usr/local/apache/logs/httpd.pid'
```

Das HUP-Signal veranlasst den Apache zu einem kompletten Neustart. Alle bestehenden Verbindungen werden sofort beendet, alle Kindprozesse terminiert, die Logfiles geschlossen und alle Ports, an die der `httpd` gebunden ist, freigegeben. Danach wird wie bei einem normalen Startvorgang die Konfigurationsdatei eingelesen, die Logfiles geöffnet etc. Im Error-Log sollten zu diesem Vorgang die beiden folgenden Einträge zu finden sein:

```
SIGHUP received.  Attempting to restart
Server configured -- resuming normal operations
```

Graceful Restart

Seit der Version 1.2 unterstützt der Apache auch einen sogenannten *Graceful Restart*, bei dem bestehende Client-Verbindungen nicht unterbrochen werden. Die Konfigurationsdatei wird neu eingelesen, und alle Kindprozesse, die gerade keine Anfrage bearbeiten, werden sofort beendet und durch einen neuen Prozess ersetzt. Prozesse, die gerade eine Client-Anfrage bearbeiten, werden nur angewiesen, sich nach Beendigung der aktuellen Anfrage zu beenden. Erst dann wird dieser Prozess durch einen neuen ersetzt. Die geöffneten Ports, auf denen der Apache lauscht, werden bei diesem Vorgang nicht geschlossen, es sei denn, eine Portnummer wurde in der Konfigurationsdatei geändert bzw. entfernt. Eine bereits bestehende Verbindung wird jedoch in keinem Fall unterbrochen.

Ausgelöst wird ein *Graceful Restart*, indem das USR1-Signal an den Hauptprozess geschickt wird.

Beispiel:

```
# apachectl graceful
```

Manuell wird ein *Graceful Restart* wie folgt ausgelöst:

```
# kill -USR1 'cat /usr/local/apache/logs/httpd.pid'
```

Im Error-Log sollten die folgenden zwei Einträge erscheinen:

```
SIGUSR1 received. Doing graceful restart
Server configured -- resuming normal operations
```

Wo immer möglich, sollte man dem *Graceful Restart* den Vorzug gegenüber einem normalen Restart geben, insbesondere dann, wenn es sich um einen viel besuchten Webserver handelt.

Falls Sie einen *Graceful Restart* in einem Skript benutzen, das eine Logfile-Rotation durchführt, müssen Sie beachten, dass Kindprozesse, die noch eine bestehende Verbindung bearbeiten, weiterhin die alten Logfiles verwenden. Bevor Sie also die Logfiles weiterverarbeiten, sollten Sie hinreichend lange warten, bis alle alten Prozesse durch neue ersetzt wurden. Das Wort »hinreichend« ist jedoch relativ, denn eine Verbindung kann schon nach einer Sekunde beendet sein oder erst nach einer Stunde, z. B. dann, wenn eine große Datei über eine langsame Verbindung übertragen wird. Es empfiehlt sich zumindest einige Minuten zu warten.

6.3.4 Konfigurationsfehler

Ein manueller Restart des Apache funktioniert nur dann, wenn keine der Konfigurationsdateien einen Fehler enthält, denn in solch einem Fall kann der Apache die Konfiguration nicht neu einlesen und verweigert den Start. Auch ein *Graceful Restart* wird solch einem Fehler zum Opfer fallen, wobei jedoch eine bereits bestehende Verbindung nicht unterbrochen wird, auch wenn der Hauptprozess aufgrund des Konfigurationsfehlers beendet wurde.

Da der Apache bei solch einem Fehler typischerweise eine entsprechende Meldung in der Shell ausgibt, wird der Fehler nicht unentdeckt bleiben und kann behoben werden. Jedoch gibt der Apache die Fehlermeldung in der Shell-Umgebung aus, aus der er gestartet wurde, was im ungünstigsten Fall dafür sorgt, dass der Fehler erst dann bemerkt wird, wenn man auf den Webserver zugreift oder in das Error-Log schaut.

Aus diesem Grund empfiehlt es sich entweder vorher eine manuell Syntaxüberprüfung der Konfiguration mittels

```
$ httpd -t
```

durchzuführen oder direkt das `apachectl`-Skript mit der `restart`- oder `graceful`-Option zu verwenden. Das Skript führt automatisch eine Syntaxüberprüfung der Serverkonfiguration durch, bevor der Neustart ausgeführt wird. Sollte hierbei also ein Fehler gefunden werden, wird erst gar kein Neustart-Versuch unternommen und lediglich die entsprechende Fehlermeldung ausgegeben.

Falls nur die Syntaxüberprüfung durchgeführt werden soll, können Sie auch das `apachectl`-Skript verwenden:

```
$ apachectl configtest
```

6.3.5 Windows-spezifische Optionen

Unter Windows hat der Apache zum einen nicht den Namen `httpd`, sondern `apache` und zum anderen einige spezifische Optionen. Die zuvor beschriebenen Optionen wie beispielsweise »`-f`« oder »`-t`« können auch unter Windows verwendet werden, wobei die folgenden die Windows-spezifischen Unterschiede kurz erläutert werden sollen.

Das `apachectl`-Skript kann unter Windows nicht verwendet werden.

Installation als Service

Um den Apache unter Windows NT als Service installieren beziehungsweise wieder deinstallieren zu können stehen die beiden Optionen »`-i`« (*install*) und »`-u`« (*uninstall*) zur Verfügung. Über die Option »`-n`« kann hierbei ein entsprechender Name für den Service gesetzt werden, wobei per Default der Name `Apache` verwendet wird.

Beispiele:

```
apache -i -n
apache -i -n "Apache Web Server"
apache -u -n "Apache Web Server"
```

Wurde nicht der Standard-Servicename gewählt, müssen Sie die »`-n`«-Option immer mit angeben.

Beispiel:

```
apache -n "Apache Web Server" -t
```

Apache als Console-Applikation

Unter Windows 95 ist es nicht möglich den Apache als Service zu installieren. Hier muss der Apache als Console-Applikation gestartet werden, was im einfachsten Fall über folgenden Aufruf geschieht:

```
apache
```

Unter Windows NT kann diese Variante ebenfalls verwendet werden, wobei gegebenenfalls der Servicename angegeben werden muss:

```
apache -n "Apache Web Server"
```

Starten, Neustarten oder Stoppen

Mit der Option »-k« können Sie dem Apache ein Signal schicken, um ihn zu beenden, um einen Neustart auszuführen oder ihn zu starten. Ein Neustart muss immer dann ausgeführt werden, wenn etwas an der Serverkonfiguration geändert wurde.

Es stehen die folgenden drei Möglichkeiten zur Verfügung:

```
apache -k start
apache -k restart
apache -k stop
```

Unter Windows NT muss hier bei Bedarf noch der Servicename über die »-n«-Option angegeben werden.

Alternativ können auch direkt die *NET*-Befehle verwendet werden:

```
NET START "Apache"
NET STOP "Apache"
```

Kapitel 7

Sicherheitsaspekte

Bei einer von Dan Farmer, dem Autor von SATAN (*SECURITY ANALYSIS TOOL FOR AUDITING NETWORKS*), im Dezember 1996 durchgeführten Untersuchung[1] von 2200 Websites wurden drei Viertel dieser Rechner als unsicher eingestuft. Bei einem Drittel dieser Rechner waren die Sicherheitslücken so groß, dass ein Einbruch ohne große Mühe möglich gewesen wäre.

Gerade wenn man bedenkt, dass es sich um Websites handelt, ist diese Zahl erschreckend hoch, denn Websites sind ein sehr beliebtes Angriffsziel.

Die gefundenen Sicherheitslücken hatten in den meisten Fällen nichts mit dem Webserver selbst zu tun, sondern waren Lücken in anderen Netzwerkdiensten. Bei Sicherheitslücken bezüglich des Webservers spielen CGI-Skripten die Hauptrolle, was im nächsten Kapitel genauer erläutert wird.

7.1 Webserver

Die geeignete Konfiguration eines Webservers kann sehr hilfreich sein, wenn es um die Abwehr von Angriffen geht. Inbesondere sollten Sie nicht vergessen, dass ein Angriff nicht unbedingt immer von außen kommen muss, sondern oftmals von einem lokalen Nutzer unternommen wird.

Im Folgenden soll eine Konfiguration des Apache beschrieben werden, die versucht maximale Sicherheit zu gewährleisten, insbesondere dann, wenn nicht autorisierte Personen versuchen, auf Daten zuzugreifen.

7.1.1 UID und GID des HTTP-Daemons

Bereits im Konfigurationskapitel wurde beschrieben, dass die richtige Auswahl einer User- und Group-ID für den Webserver sehr wichtig ist. Eingestellt werden die IDs über die Konfigurationsanweisungen `User` und `Group`. Per Default wird die

---

1 `http://www.trouble.org/survey/`

numerische ID »–1« für User und Group verwendet, was in den meisten Fällen der User-ID »nobody« und der Group-ID »nobody« oder »nogroup« entspricht.

Die Verwendung von nobody als User- respektive Group-ID ist jedoch nur bedingt sinnvoll, da es eventuell Überschneidungen mit anderen Netzwerkdiensten wie z.B. einem Proxy geben kann, falls diese auch unter der ID nobody laufen.

Die beste Lösung ist es, einen eigenen User und eine eigene Group für den Webserver einzurichten, z.B. jeweils httpd. Beim Einrichten dieses neuen Users sollten Sie darauf achten, dass sich unter dieser User-ID niemand einloggen kann, d.h. dass der Account als gesperrt eingetragen wird. Konsultieren Sie im Zweifelsfall Ihre Systemdokumentation.

Die nummerische UID respektive GID sollte unterhalb des Wertes liegen, der als UID_MIN und GID_MIN für den suEXEC-Wrapper eingetragen ist, sofern dieser überhaupt benutzt wird. In den meisten Fällen bietet sich eine UID/GID im Bereich von 50 bis 100 an.

Das Home-Verzeichnis des httpd-Users kann auf das Server-Verzeichnis zeigen (/usr/local/apache), jedoch sollte dieses Verzeichnis nicht dem httpd-User selbst gehören.

7.1.2 Dateirechte

In den meisten Fällen wird man einen dedizierten User einrichten, der als Administrator-Account fungiert, z.B. webadmin. Bezüglich der Gruppe empfiehlt es sich eine Gruppe anzulegen, in die alle User aufgenommen werden, die Dokumente auf dem Webserver anbieten sollen – und somit auch den User webadmin zu dieser Gruppe hinzuzufügen (in den folgenden Beispielen wird die Gruppe web verwendet). Als umask sollte 027 (*user file-creation mode mask*) für webadmin gesetzt sein. Dateien werden dann mit dem Modus 640 angelegt und Verzeichnisse mit 750.

Beispiel-Ausgabe:

```
-rw-r-----   2 webadmin web        0  file
drwxr-x---   2 webadmin web     1024  directory
```

Falls verschiedene Personen administrative Tätigkeiten ausüben sollen, empfiehlt es sich, jeweils einen eigenen Account hierfür einzurichten, wobei für jeden Account *dieselbe* nummerische UID verwendet[1] und sinnvollerweise auch dasselbe Home-Verzeichnis angegeben wird. Das heißt, es gibt z.B. die zwei Accounts webadm1 und webadm2, die beide die UID 50 haben. Hierdurch können beide Personen im selben Home-Verzeichnis agieren, ohne dass es zu Störungen kommt.

Das Server-Verzeichnis

Basierend auf der zuvor geschilderten User- und Group-Konfiguration sollte das Server-Verzeichnis bezüglich der Dateirechte wie folgt gestaltet sein:

```
drwx--s---   2 webadmin httpd     1024  cgi-bin
drwx--s---   3 webadmin httpd     1024  conf
drwx--s---  13 webadmin httpd     2048  htdocs
drwx--s---   2 webadmin httpd     2048  icons
drwx------   3 webadmin web       1024  logs
drwx------   2 webadmin web       1024  bin
drwx------   2 webadmin web       1024  libexec
drwx------   2 webadmin web       1024  man
drwx------   2 webadmin web       1024  include
drwx------   2 webadmin web       1024  proxy
```

Das Server-Verzeichnis selbst (/usr/local/apache) sollte webadmin gehören und keinerlei Schreib-/Leserechte für group oder other besitzen. Alle weiteren Dateien sollten ebenso webadmin gehören.

Auf die Unterverzeichnisse cgi-bin, conf, htdocs und icons muss der User httpd zugreifen können, damit er die Dokumente, CGI-Skripten etc. lesen bzw. ausführen kann. Sie gehören deshalb der Gruppe httpd und sind für diese zugänglich. Dateien und Verzeichnisse, die unterhalb eines der obigen Verzeichnisse angelegt werden, werden aufgrund des gesetzten s-Bit für group (Modus 2710) automatisch der Gruppe httpd zugeordnet. Hierdurch wird sichergestellt, dass auch alle Dateien, die z.B. im htdocs-Verzeichnis angelegt werden, für den Webserver lesbar sind.

Das Verzeichnis conf braucht nur dann httpd den Zugriff erlauben, wenn das Modul mod_info verwendet wird, da dieses selbstständig auf die Konfigurationsdateien zugreift. httpd muss ebenfalls auf das Verzeichnis conf zugreifen können, wenn dort die Passwort- und Gruppendateien ablegt wurden, die für Authentikationszwecke verwendet werden (AuthUserFile etc.).

1 Es gibt einige wenige Ausnahmen von Unix-Plattformen, bei denen dies nicht möglich ist.

Die Verzeichnisse `logs`, `bin`, `libexec` etc. haben keinerlei Rechte für `group` oder `other` gesetzt und gehören der Gruppe `web` an.

Insbesondere beim Verzeichnis `logs` sollten Sie darauf achten, dass dieses unter keinen Umständen Schreibrechte für `other` aufweist. Der Apache schreibt die Logfiles unter der User- und Group-ID, unter der er gestartet wurde. Das dürfte in den meisten Fällen `root` sein. Nutzer, die Schreibrechte für das Verzeichnis `logs` haben, könnten dies ausnutzen, um `root`-Rechte zu erlangen.

Auf keinen Fall sollte eine Datei irgendwo auf dem Server dem User `httpd` gehören oder Schreibrechte für die Gruppe `httpd` haben. Nur die Dateien, die der Webserver lesen können soll, sollten Leserechte für die Gruppe `httpd` haben bzw. Ausführrechte, wenn es sich um CGI-Skripten handelt. Nur im Falle von Dateien, auf die beispielsweise ein CGI-Skript, das unter der ID des Webservers läuft, Schreibzugriff haben muss, sollten Schreibrechte für `httpd` vergeben werden.

Dokumentverzeichnisse

Wie schon zuvor gesagt wurde, muss die Gruppe `httpd` auf ein Dokumentverzeichnis, wie z. B. `htdocs`, sowie alle Unterverzeichnisse zugreifen können, damit der Apache auf die Dateien zugreifen kann. Die Dateien selbst müssen somit Leserechte für die Gruppe `httpd` aufweisen.

Beispiel:

```
-rw-r-----   1 webadmin httpd    2551  index.html
```

Nutzerverzeichnisse

Falls sich auf dem Serverrechner Accounts von normalen Nutzern befinden und entsprechende Nutzerverzeichnisse (z. B. `public_html`) für den Webserver konfiguriert worden sind, müssen diese Verzeichnisse und die enthaltenen Dateien Leserechte für `other` aufweisen. Da die Nutzer die Verzeichnisse selbst anlegen, haben Sie hier in der Regel nicht die Gruppe `httpd` zur Verfügung. Bei den Verzeichnissen reicht es jedoch, nur das `x`-Bit (kein `r`-Bit) für `other` zu setzen. Auf diese Weise kann zumindest nicht jeder Nutzer das `public_html`-Verzeichnis eines anderen Nutzers auflisten.

Andernfalls muss man dafür sorgen, dass auch diese Verzeichnisse der Gruppe `httpd` gehören und das `s`-Bit gesetzt ist.

Zusammenfassung

Durch die beschriebene Konfiguration wird erreicht, dass der Webserver – oder, genauer gesagt, die Serverprozesse – nur genau die Dateien lesen dürfen, auf die auch ein Zugriff erlaubt sein soll. Schreibzugriff besteht hierbei in der Regel nirgendwo. Dateien, die von einem CGI-Skript oder via Server-Side Includes geschrieben werden müssen, stellen die einzige Ausnahme dar. Im Fall von CGI-Skripten sollte der Einsatz eines CGI-Wrappers (z.B. suexec oder cgiwrap) erwogen werden.

Durch das Setzen des s-Bits bei den Verzeichnissen htdocs, cgi-bin etc. wird erreicht, dass der User webadmin dort Dateien anlegen kann und diese automatisch der Gruppe httpd zugewiesen und für sie somit lesbar werden.

Durch den Verzicht auf jegliche Lese- oder Schreibrechte für other wird letztlich sichergestellt, dass keine anderen Nutzer (oder Netzdienste) des Rechners über das Dateisystem auf die Server-Daten zugreifen. Das ist inbesondere dann wichtig, wenn bestimmte Bereiche des Webservers von außen nur über ein Passwort oder von einem bestimmten Rechner aus erreichbar sein sollen.

Sicher ist sicher...

Trotz der zuvor erläuterten Sicherheitsvorkehrungen bezüglich des Users, unter dem der Webserver läuft, hat man immer noch das Problem, dass es auf dem Serverrechner zahlreiche Dateien gibt, die für jeden – und somit auch für den User httpd – lesbar sind, z.B. die Passwortdatei /etc/passwd.

Per Default kann der Webserver jede Datei ausliefern, für die er Leserechte besitzt, wobei er jedoch prinzipiell auf das Dokumentverzeichnis (DocumentRoot) beschränkt ist. Falls jedoch z.B. eine Alias- oder RewriteRule-Anweisung angegeben wird, bei der eine Datei außerhalb des Dokumentverzeichnisses verwendet wird, kann auf solche Dateien zugegriffen werden, was ja auch in manchen Fällen beabsichtigt ist.

Um ganz sicherzugehen, dass dies auch wirklich nur in Fällen geschieht, in denen Sie dies wünschen sollten Sie in der Serverkonfiguration mit deny grundsätzlich erst einmal den Zugriff für alle verweigern und nur in den Verzeichnissen erlauben, in denen sich Dateien befinden, die vom Webserver herausgegeben werden dürfen.

Ebenso sollte der Zugriff auf bestimmte Dateien beschränkt werden. Beispielsweise legen manche Texteditoren oftmals Sicherheitskopien von Dateien an, die dann zum Beispiel als »index.html~« über den Webserver heruntergeladen werden können. Auch sollte man, wie schon im Konfigurationskapitel beschrieben, den Zugriff auf .htaccess-Dateien sperren.

Im Folgenden sehen Sie eine Beispielkonfiguration, die eine solche sichere Serverkonfiguration skizziert:

```
<Directory />
Options None
AllowOverride None
order deny,allow
deny from all
</Directory>

<Files ~ "(\.htaccess|/core|~|#|\.bak|\.BAK|\.old)$">
order deny,allow
deny from all
</Files>

# Server-Verzeichnis
<Directory /usr/local/apache>
...
order allow,deny
allow from all
</Directory>

# User-Verzeichnisse
<Directory /usr/home/*/public_html>
...
order allow,deny
allow from all
</Directory>
```

7.1.3 CGI und SSI

Bezüglich der Sicherheitsaspekte beim Einsatz von CGI-Skripten und Server-Side Includes sei hier auf die entsprechenden Kapitel 8 und 9 verwiesen, in denen auf dieses Thema ausführlich eingegangen wird.

7.2 Allgemeine Rechnersicherheit

Die Bemühungen um die Sicherheit des Webservers selbst nützen wenig, wenn der Serverrechner nicht sicher ist. Da die Sicherheit des Rechners selbst nicht direkt etwas mit dem Webserver zu tun hat, sollen in diesem Kapitel nur einige grundlegende Überlegungen zu diesem Thema angestellt werden.

Wer detaillierte Informationen zum Thema Rechnersicherheit sucht, sei hier auf weiterführende Literatur verwiesen. Ein hervorragendes Buch zu diesem Thema ist »*Practical Unix & Internet Security*« von Simon Garfinkel und Gene Spafford [Garf96].

7.2.1 Der ideale Serverrechner?

Ein idealer Serverrechner wäre ein Rechner, der einzig als Webserver dient und sonst keinerlei andere Netzdienste wie z. B. E-Mail bereitstellt, der physikalisch abgekoppelt vom lokalen Netzwerk agiert, von außerhalb nur einen Zugriff auf den Port des Webservers erlaubt und auf dem nur der Administrator einen Account hat.

In diesem Fall stellt sich allerdings die Frage, wie man die Webseiten auf den Rechner bekommt. In den meisten Fällen wird daher ein Zugriff für mehrere Personen von verschiedenen Rechnern aus auf den Webserver erlaubt werden müssen, so dass ein Kompromiss zwischen Sicherheit und Nutzbarkeit gefunden werden muss.

7.2.2 Ein eigener Rechner

Wann immer möglich, sollte ein Webserver auf einem Rechner installiert werden, der keinem anderen Zweck als dem Webservice dient. Insbesondere sollte es in Erwägung gezogen werden, dass der Zugriff auf wichtige Daten nur indirekt über den Webserver erfolgen kann, indem sie auf einen anderen Rechner, der nicht von außerhalb erreichbar ist, ausgelagert werden, z. B. in Form einer Datenbank.

7.2.3 Minimierung der Funktionalität

Wie schon gesagt wurde, sollte die Funktionalität des Serverrechners minimiert werden, d.h. von außen sollte nur der Webserver selbst erreichbar sein (Port 80 etc.). Jegliche anderen Netzdienste respektive Services sollten deaktiviert werden. Insbesondere gilt dies für die Dienste `login` und `shell` (rlogin, rsh), die *immer* deaktiviert werden sollten. Eine Übersicht über Dienste, die eventuell auf dem Rechner zur Verfügung stehen, können Sie in den meisten Fällen über die Datei `/etc/services` erhalten. Ein Teil der Dienste wird über den `inetd` gestartet. Dessen Konfiguration befindet sich in den meisten Fällen in der Datei `/etc/inetd.conf`. Hier sollten alle Dienste deaktiviert werden, von denen Sie nicht hundertprozentig sicher sind, dass sie benötigt werden. In den meisten Fällen dürfte eine minimale `inetd.conf` einzig aus einem Eintrag für `ftp` bestehen, dessen Zugriff via TCP-Wrapper (`tcpd`) nur auf autorisierte Rechner beschränkt sein sollte (vergleiche `/etc/hosts.deny` und `/etc/hosts.allow`).

Sie sollten auch den interaktiven Zugriff auf den Serverrechner via `telnet`, `rlogin` oder `rsh` deaktivieren und statt dessen die `ssh` respektive den `sshd` verwenden. Hinter der Abkürzung »`ssh`« verbirgt sich die *Secure Shell*[1], die einen Ersatz für die zuvor genannten Dienste darstellt. Der Vorteil der Secure Shell liegt darin, dass verschlüsselte Verbindungen verwendet werden und somit weder Passwörter noch sonstige Daten im Klartext über die Leitung geschickt werden. Ebenso lassen sich X-Sessions oder andere TCP-Dienste wie beispielsweise NFS, durch Verwendung der `ssh` sichern respektive verschlüsseln.

Nur im Notfall sollten Sie den Zugriff mit normalem `telnet` auf den Serverrechner zulassen und in diesem Fall den Zugriff via TCP-Wrapper auf autorisierte Rechner beschränken. Unter keinen Umständen sollten `rlogin` oder `rsh` verwendet werden, da diese beiden Dienste keinerlei Sicherheit bieten.

7.2.4 Betriebssystem-Updates

Je nachdem, welches Betriebssystem verwendet wird, sollten Sie darauf achten, dass Updates, die Sicherheitslücken im System beheben, möglichst zügig auf dem Serverrechner eingespielt werden.

7.2.5 Einbrüche erkennen

Oftmals wird davon ausgegangen, dass ein Einbruch in einen Rechner und insbesondere in eine Website relativ leicht erkannt werden kann, da in den meisten Fällen bei einem Einbruch auf einer Website die Seiten verunstaltet werden, was typischerweise nicht lange unbemerkt bleibt. Oft wird jedoch der Serverrechner nur dazu benutzt, um in andere Rechner der jeweiligen Domain einzudringen, was im ungünstigsten Fall unbemerkt bleibt.

1 `http://www.ssh.org/`

Wenn ein Angreifer *nur* die Webseiten gegen offensichtlich falsche ausgetauscht hat, kann man fast noch von Glück reden, denn viel fataler kann es sein, wenn gezielt Falschinformationen in Webseiten eingebaut wurden, die nicht sofort als falsch erkennbar sind. Insbesondere für eine Firma können solche Falschinformationen fatale Folgen haben.

Eine mögliche Lösung für das obige Problem soll hier kurz beschrieben werden. Anstatt direkt die Webseiten auf dem Serverrechner zu bearbeiten, verwendet man einen zweiten Rechner, auf dem man die Seiten respektive Daten für den Webserver erstellt und bearbeitet. In periodischen Abständen werden die Daten dann auf den eigentlichen Webserver transferiert. Um die Daten zu transferieren, könnte beispielsweise `scp`, das *Secure Remote Copy*-Programm der ssh-Distribution verwendet werden. Andere Lösungen unter Verwendung von FTP, NFS oder `rdist` sind ebenso denkbar. Zum einen werden hierdurch Seiten, die nach einem Einbruch verändert wurden, wieder in den Originalzustand gebracht, auch dann, wenn man den Einbruch gar nicht bemerkt hat. Zum anderen hat man so immer ein aktuelles Backup der Daten, falls z.B. die Festplatte des Serverrechners mit einem Defekt ausfällt. Außerdem entfällt hierdurch die Notwendigkeit, den Personen, die die Webseiten bearbeiten, einen Zugang zum Serverrechner selbst einräumen zu müssen, da sie zur Bearbeitung den Daten-Rechner verwenden können.

In jedem Fall sollten Sie jedoch das Transferieren der Daten vom Datenrechner und nicht etwa vom Serverrechner aus initiieren. Grundsätzlich sollten Sie dafür sorgen, dass der Serverrechner – in den eingebrochen wurde – nicht dazu missbraucht werden kann, in weitere Rechner des lokalen Netzes einzudringen.

Um jedoch einen Einbruch in den Serverrechner festzustellen, gibt es nur den Weg, diesen in regelmäßigen Abständen zu kontrollieren, d.h. zu überprüfen, welche Benutzer eingeloggt sind, welche Prozesse gerade laufen, ob es ungewöhnliche Einträge in Logfiles gibt (System-Log, Error-Log des Apache etc.) usw.

7.2.6 Firewall

Wenn vom Thema Sicherheit die Rede ist, fällt früher oder später der Begriff *Firewall*. Eine Firewall ist ein System, das für eine Trennung von Netzen sorgt und den nicht autorisierten Zugriff verhindern soll. In den meisten Fällen dient eine Firewall dazu, ein lokales Netz vor Zugriffen aus dem Internet zu schützen.

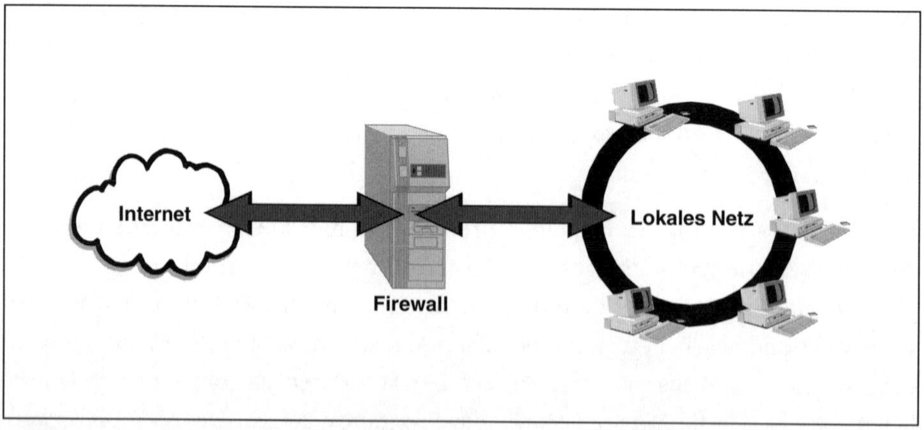

Abb. 7.1: Internetanbindung über einen Firewall

Der Begriff Firewall wird häufig als Synonym für das Wort Sicherheit verwendet, was zwar zutreffen kann, jedoch nicht unbedingt zutreffen muss. Im Gegenteil kann es sogar eher problematisch sein, einen Webserver in eine Firewall-Topologie zu integrieren.

Für die Plazierung des Webservers gibt es prinzipiell drei Möglichkeiten. Er kann sich vor der Firewall, auf dem Firewall-Rechner selbst (falls es sich überhaupt um einen normalen Rechner handelt) oder im lokalen Netz befinden.

Je nach Firewall-Topologie ist letztere Möglichkeit nicht immer gegeben und falls doch, stellt sie im Falle eines Einbruchs in den Serverrechner eine Gefahr für das lokale Netz dar. Die beste Firewall nützt wenig, wenn sich auf dem Webserver z. B. ein CGI-Skript befindet, das eine Sicherheitslücke aufweist.

Den Webserver auf dem Firewall-Rechner (*Bastion-Host*) selbst laufen zu lassen ist zwar praktisch, da er so von außen wie auch von innen ohne Probleme erreichbar ist, jedoch ist hier die Gefahr umso größer, da ein Angreifer durch Ausnutzen eines Fehlers in der Webserver-Software die Firewall dann umgehen kann.

Falls die Topologie es erlaubt, ist es in vielen Fällen die sicherste Lösung, den Webserver vor der Firewall zu plazieren, da dieser im Falle eines Einbruchs – bei entsprechender Konfiguration des Firewalls – keine Gefahr für das lokale Netz darstellt. Dann müssen Sie nur dafür sorgen, dass vom lokalen Netz aus über die Firewall auf den Serverrechner zugegeriffen werden kann, um Daten auf ihn zu transferieren.

Kapitel 8

Common Gateway Interface (CGI)

Dynamisch erzeugte Webseiten und die Interaktion mit dem Anwender sind schon fast ein Muss, ob es nun um komplexere Angelegenheiten, wie z. B. Warenkorb-Systeme, oder einfach nur um die Auswertung eines interaktiven Formulars geht. Prädestiniert für diesen Zweck ist CGI, das *Common Gateway Interface.*

Im Gegensatz zu anderen Mitteln, die die Erzeugung von dynamisch generierten Webseiten erlauben, wie z. B. Javascript, handelt es sich beim CGI jedoch nicht um eine eigene Programmiersprache, sondern lediglich um eine Schnittstelle, die vom Webserver zur Verfügung gestellt wird.

Die Umsetzung der jeweiligen Aufgaben kann in jeder beliebigen Programmiersprache erfolgen. Der Grund, warum oft von CGI-Skripten gesprochen wird, besteht darin, daß sehr häufig Skript- respektive Interpretersprachen verwendet werden, angefangen von Shell-Skripten über Python bis hin zu Perl. Perl ist wohl die am häufigsten benutzte Sprache, wenn es um CGI-Anwendungen geht, da sie sehr vielfältige und relativ einfach anzuwendende Möglichkeiten der Text- und Zeichenverarbeitung zur Verfügung stellt.

Der Vorteil einer zu interpretierenden Sprache, wie z. B. Perl, liegt darin, daß man bei kleinen Änderungen nicht erst das Programm neu übersetzen muss und sich solche Skripten leichter warten lassen. Allerdings ist die Performance in der Regel geringer als z. B. bei einem in C geschriebenen Programm. Für einige Interpretersprachen, wie z. B. Perl, Python oder Tcl sind deshalb spezielle Apache-Module verfügbar, die einen Interpreter in den Apache integrieren und bezüglich der Performance einen enormen Gewinn gegenüber der normalen Ausführung via CGI bringen.

Eine umfassende Einführung in das Gebiet der CGI-Programmierung kann und soll dieses Kapitel nicht bieten. Auf den folgenden Seiten werden jedoch die Grundprinzipien erläutert. Insbesondere soll gezeigt werden, welche Sicherheitsprobleme durch CGI-Skripten entstehen können und wie sie vermieden werden können.

8.1 Funktionsweise

In den meisten Fällen ist ein CGI-Skript mit einem Formular verknüpft. Das heißt, in einem interaktiven Formular können Daten eingegeben werden, die dann bei Anwahl des »*Submit*«-Buttons vom Webbrowser in geeigneter Weise zusammen mit dem URL des aufzurufenden CGI-Skripts an den Webserver übermittelt werden. Der Webserver ruft dann – sofern möglich – das CGI-Skript auf, übergibt die Daten und setzt notwendige Umgebungsvariablen. Das CGI-Script verarbeitet diese Daten und erzeugt eine Ausgabe, die vom Webserver an den Client geschickt wird, wobei es sich in den meisten Fällen um ein HTML-Dokument handelt.

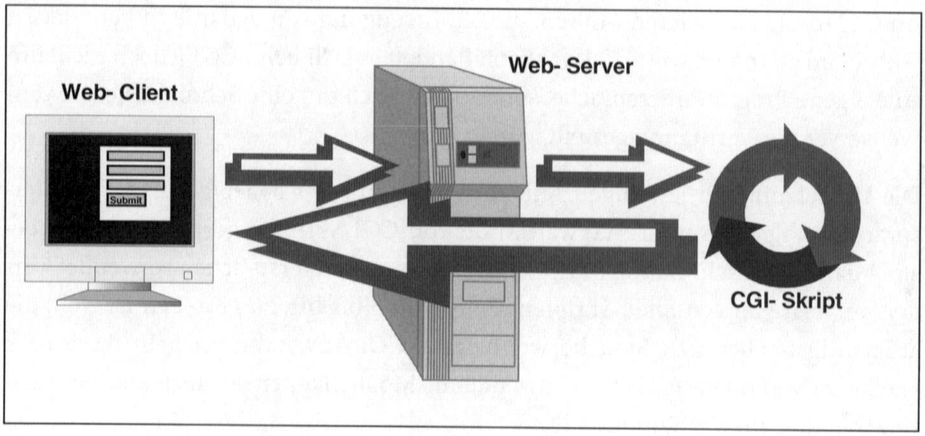

Abb. 8.1: Das *Common Gateway Interface*

8.2 Konfiguration

Die beim Apache notwendigen Konfigurationsschritte bezüglich CGI wurden zwar schon ausführlich in Kapitel 5.16 beschrieben, sollen hier jedoch noch einmal kurz zusammengefaßt werden.

Es gibt beim Apache zwei grundlegende Möglichkeiten, um eine Datei als CGI-Skript zu deklarieren und als solches ausführen zu können. Einerseits können ein oder auch mehrere Verzeichnisse als CGI-Verzeichnisse definiert werden, womit alle im Verzeichnis enthaltenen Dateien als CGI-Skripten angesehen und beim Zugriff via GET oder POST entsprechend ausgeführt werden.

Beispiel:

```
<Location /cgi-bin>
Options ExecCGI
SetHandler cgi-script
</Location>
```

Andererseits können Sie alle Dateien mit einer bestimmten Dateiendung, typischerweise `.cgi`, als CGI-Skripten deklarieren, die dann bei einem Zugriff ausgeführt werden, sofern im jeweiligen Verzeichnis, in dem sich das CGI-Skript befindet, die Ausführung von CGI-Skripten erlaubt ist.

Beispiel:

```
AddHandler cgi-script .cgi
```

8.2.1 GET oder POST?

Ein CGI-Skript kann über eine der beiden HTTP-Methoden GET oder POST aufgerufen werden. GET ist die Methode, die auch für das Abrufen normaler Dateien benutzt wird, wobei dem CGI-Skript eventuell Daten im URL-Pfad übermittelt werden (*Query-String*).

Beispiel eines Client-Aufrufs (HTTP):

```
GET /cgi-bin/script?vorname=Joe&nachname=User HTTP/1.0
```

`/cgi-bin/script` stellt hierbei das entsprechende CGI-Skript dar, dem, getrennt durch ein »?«, die Daten übergeben werden. Der Webserver speichert diese Daten in der Umgebungsvariable `QUERY_STRING`, die dann im Skript abgefragt werden kann. Im obigen Beispiel würde die Variable auf »`vorname=Joe&nachnahme=User`« gesetzt. Der zuvor genannte Beispielaufruf wurde durch ein vom Browser ausgewertetes HTML-Formular erzeugt:

```
<FORM METHOD="GET" ACTION="/cgi-bin/script">
Vorname: <INPUT NAME="vorname" TYPE="TEXT">
Nachname: <INPUT NAME="nachname" TYPE="TEXT">
<INPUT TYPE="SUBMIT" VALUE="Formular abschicken">
</FORM>
```

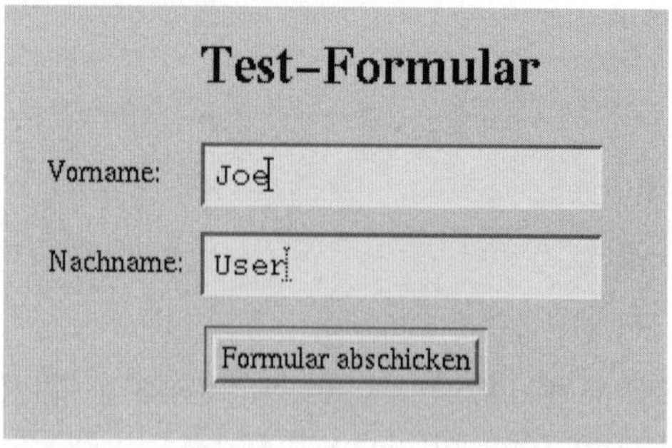

Abb. 8.2: Aufruf eines CGI-Skripts über ein HTML-Formular

In einem URL sind nicht alle Zeichen, z. B. Umlaute, erlaubt. Diese müssen vor der Übertragung vom Client zum Webserver kodiert werden. Das jeweilige Zeichen wird hierbei durch seinen hexadezimalen Wert gemäß ISO 8859 und ein vorangestelltes Prozentzeichen »`%`« ersetzt. Wird beispielsweise in dem zuvor genannten Beispiel als Nachname »`Müller`« eingegeben, würde ein Client im URL-Pfad »`M%FCller`« an den Webserver übermitteln. Für die meisten Programmiersprachen gibt es Hilfsbibliotheken, die – unter anderem – den `QUERY_STRING` dekodieren und die einzelnen Daten in geeigneter Weise zur weiteren Verarbeitung zur Verfügung stellen können. Weiterhin gibt es auch Wrapper-Programme wie z. B. *uncgi*, die einem CGI-Skript quasi vorgeschaltet werden und die einzelnen Daten schon in dekodierter Form an das CGI-Skript übergeben.

Die zweite Möglichkeit, Daten an ein CGI-Skript zu übergeben, ist die POST-Methode. Hierbei werden dem Webserver die Daten im *Entity-Body* (vergleiche Anhang A) übergeben und an das CGI-Skript über die Standardeingabe (STDIN) weitergereicht.

Beispiel-Aufruf (HTTP):

```
POST /cgi-bin/script HTTP/1.0

vorname=Joe
nachname=User
```

Die Länge der übergebenen Daten kann im CGI-Skript über die Variable `CONTENT_LENGTH` ermittelt werden.

Ob Sie GET oder POST verwendet, ist prinzipiell egal, jedoch empfiehlt sich die Verwendung der POST-Methode, wenn sehr viele Daten respektive Variablen übergeben werden sollen, da hier sonst der URL bei der GET-Methode sehr lang wird und eventuell beim Browser oder einem zwischengeschalteten Proxy Probleme verursacht.

Ein sehr gut geschriebenes CGI-Skript kann sowohl GET als auch POST verarbeiten. Ein gutes CGI-Skript überprüft, ob es auch mit der Methode aufgerufen wurde, die es verarbeiten kann, und ein schlecht geschriebenes CGI-Skript stürzt ab, wenn es mit der falschen HTTP-Methode aufgerufen wurde.

8.2.2 Minimalanforderung

Die Übergabe von Daten an ein Skript ist jedoch keinesfalls ein Muss. Das folgende minimale CGI-Skript gibt beispielsweise nur ein einfaches HTML-Dokument aus:

```
#!/bin/sh

echo "Content-Type: text/html"
echo ""
echo "<HTML><HEAD><TITLE>Test</TITLE></HEAD>"
echo "<BODY><P>Test...</P></BODY></HTML>"
```

Abgesehen vom HTML-Dokument selbst, gibt das obige CGI-Skript vorher als einzigen HTTP-Header den `Content-Type`-Header aus. Mindestens diesen Header sollte jedes CGI-Skript ausgeben, damit der Webclient weiß, welche Art von Daten ihm übermittelt werden. Falls Sie den Header weglassen, verwendet der Apache den mit `DefaultType` eingestellten MIME-Typ. Alle weiteren notwendigen HTTP-Header, wie z. B. `Connection` oder `Date`, fügt der Apache automatisch ein.

8.3 Statuscode

Wurde ein CGI-Skript erfolgreich ausgeführt, so liefert der Apache die Ausgabe immer mit dem Status 200 (*OK*) zurück. Allerdings können Sie dies je nach Bedarf anpassen, indem Sie einen Status-Header im CGI-Skript spezifizieren.

Beispiel:

```
#!/bin/sh

echo "Status: 400 Bad Request
echo "Content-Type: text/html"
echo ""
echo "<HTML><HEAD><TITLE>Test</TITLE></HEAD>"
echo "<BODY><P>Test...</P></BODY></HTML>"
```

Die Status-Zeile wird jedoch nicht so ausgegeben, sondern in die entsprechende HTTP-Statuszeile konvertiert, d.h. bei diesen Beispielen würde an den Webclient

```
HTTP/1.1 400 Bad Request
```

als erste Zeile der Antwort ausgeliefert.

Nützlich ist diese Funktionaliät in erster Linie für HTTP-Redirects (Status 301 und 302), da diese dann direkt aus einem CGI-Skript heraus erzeugt werden können.

8.4 Umgebungsvariablen

Die Spezifikationen des Common Gateway Interface geben einige feste Variablen vor, die vom Webserver erzeugt bzw. zur Verfügung gestellt werden sollten. Der Apache stellt alle für das CGI/1.1 spezifizierten Variablen sowie einige weitere zur Verfügung. Eine genaue Auflistung der Variablen und ihrer Bedeutung finden Sie in Kapitel 10.

Beispiel eines Perl-Skripts, das alle gesetzten Umgebungsvariablen alphabetisch sortiert ausgibt:

```
#!/usr/local/bin/perl

print "Content-type: text/plain", "\n\n";
foreach $key (sort keys %ENV)
{
 print $key, " = ", $ENV{$key}, "\n";
}
exit (0);
```

8.5 NPH-Skripten

Bei CGI-Skripten ist es zwar möglich diverse HTTP-Header wie beispielsweise den `Content-Type`-Header auszugeben, allerdings können Header wie `Date` oder `Server` nicht modifiziert werden. Bei anderen wie `Connection` ist es wiederum nur möglich einen weiteren Wert hinzuzufügen, aber der vom Server generierte Wert wird immer mit ausgegeben.

Abhilfe schaffen hier im Bedarfsfall die als *Non-Parsed-Header*-Skripten, kurz NPH, bezeichneten Skripten. Wie der Name es schon andeutet, kümmert sich der Apache bei solchen CGI-Skripten erst gar nicht um irgendwelche Header, sondern die Ausgabe wird direkt an den Webclient geschickt. Dies bedeutet, dass das CGI-Skript selbst sowohl die Status-Zeile als auch alle anderen benötigten HTTP-Header erzeugen und entsprechend ausgeben muss.

Soll die NPH-Funktionalität des Apache genutzt werden, so wird dies durch den Namen des CGI-Skripts gekennzeichnet. Beginnt der Name des Skripts mit den Zeichen »`nph-`«, so wird es als NPH-Skript behandelt.

Beispiel:

```
#!/bin/sh
echo "HTTP/1.1 200 OK"
echo "Date: '/bin/date +'%a, %d %b %Y %T %z''"
echo "Server: Apache/1.3.12"
echo "Connection: close"
echo "Content-type: text/plain"
echo ""

echo "Test..."
```

Das Beispiel macht jedoch nicht viel Sinn und auch ansonsten ist der Nutzen der NPH-Skripten nur sehr gering. In Apache 1.2 war die NPH-Funktionalität die einzige Möglichkeit eine ungepufferte Ausgabe eines CGI-Skripts zu erreichen. Ab Apache 1.3 ist dies jedoch überflüssig, da generell alle Ausgaben ungepuffert durchgeführt werden.

8.6 Ungepufferte Ausgabe

Wie gerade erwähnt, werden ab Apache 1.3 alle CGI-Ausgaben automatisch ungepuffert an den Client geschickt. Erzeugt ein gerade aufgerufenes CGI-Skript keine Daten mehr (ohne bereits beendet zu sein), so werden die Daten im Puffer, auch wenn dieser noch nicht voll ist, direkt an den Webclient geschickt.

Der Apache sendet zwar die Daten ungepuffert, aber auch nur dann, wenn er sie auch vom CGI-Skript ungepuffert geliefert bekommt. Einige Programmiersprachen, wie zum Beispiel Perl, puffern Ausgaben jedoch grundsätzlich, so dass Sie hier noch selbst dafür Sorge tragen müssen, dass ungepufferte Ausgaben an den Apache und somit an den Client geliefert werden. Was Perl anbelangt, findet sich in der Literatur oft der Hinweis, die *Auto-Flush*-Funktion mit der Anweisung »`$| = 1`« zu aktivieren, was dazu führt, dass nach jeder Lese- bzw. Schreiboperation der Puffer entleert wird. Betrachtet man jedoch die Performance, hat dies erhebliche Nachteile, weil oftmals viele kleine IP-Pakete an den Client übermittelt werden müssen. Je nach verwendetem Perl-Skript ist es häufig sinnvoller den Puffer nur manuell an geeigneten Stellen im Skript zu entleeren.

Hier folgt ein Beispielskript, das dies demonstriert:

```
#!/usr/local/bin/perl

require "flush.pl";

print "Content-Type: text/html\n\n";
print "<HTML>\n<BODY><PRE>\n";
print "<STRONG>Bitte warten. ";
print "Anfrage wird ausgeführt...</STRONG>\n";
&flush(STDOUT);
print "...\n";
sleep(10);
print "<STRONG>Fertig!</STRONG>";
print "</PRE></BODY>\n</HTML>\n";
```

Der Befehl »`&flush(STDOUT)`« sorgt dafür, dass die vorhergehenden Daten der `print`-Anweisungen unverzüglich – in einem Stück – an den Client übermittelt werden. Die restlichen Daten werden erst nach Beendigung des Skripts übermittelt.

8.7 Fehlerbeseitigung

Es ist oft nicht einfach, die Fehler in einem CGI-Skript aufzuspüren, da beim Zugriff über einen Webbrowser nur die Standardfehlermeldung des Apache ausgegeben wird. Daher kann der Apache bei Bedarf ein Logfile mit allen Ausgaben (stdout, stderr etc.) eines fehlerhaften CGI-Skripts erstellen. Vergleiche hierzu die Konfigurationsanweisung `ScriptLog` in Kapitel 5.11.12.

8.8 Sicherheit

Bei der Programmierung von CGI-Skripten sollten Sie sehr sorgfältig vorgehen, denn ein schlecht geschriebenes CGI-Skript kann eine Sicherheitslücke darstellen, die im ungünstigsten Fall von einem Angreifer dazu genutzt werden kann, in den Rechner einzudringen.

Insbesondere bei der Verwendung von Hochsprachen, wie z. B. C, ist es oftmals – zumindest für unerfahrene Programmierer – schwierig, sichere CGI-Skripten zu schreiben. Beispielsweise kann der unsachgemäße Gebrauch einiger Funktionen, z. B. `gets()`, zu Sicherheitslücken führen, die auf den ersten Blick für den Progammierer nicht zu erkennen sind. Aber auch in einem einfachen Shell-Skript sind sehr schnell sicherheitsrelevante Fehler eingebaut.

Allgemeingültige Regeln, wie man sichere CGI-Skripten schreibt respektive Fehler vermeidet, die zu Sicherheitslücken führen, können nur schwer gegeben werden, da sie sehr stark von der verwendeten Programmiersprache und der Funktionaliät des jeweiligen CGI-Skripts abhängen. Es soll hier lediglich aufgezeigt werden, dass CGI-Skripten vom Sicherheitsstandpunkt aus sehr ernst genommen werden sollten. An einem einfachen Beispiel eines Perl-Skripts soll dies verdeutlicht werden:

```
#!/usr/local/bin/perl

print "Content-Type: text/html\n\n";

$MAILTO = $ENV{'QUERY_STRING'};
$MAILTO =~ s/\+/ /g; # '+' in ' ' umwandeln

print "<HTML><HEAD><TITLE>Test</TITLE></HEAD>";
print "<BODY><H1>Mail sent!</H1></BODY></HTML>";
```

```
open (MAIL,"| /usr/bin/mail $MAILTO");
print MAIL "Skript wurde aufgerufen\n";
close MAIL;
```

Obiges CGI-Skript bekommt als *Query-String* eine oder mehrere E-Mail-Adressen übergeben, an die mit `/usr/bin/mail` eine E-Mail geschickt werden soll. Auf den ersten Blick ist nicht zu erkennen, dass das Skript eine Gefahr darstellt. Zwar kann die Adresse von außen modifiziert werden (auch wenn sie in einem versteckten Feld eines Formulars untergebracht wäre), jedoch hat der Inhalt der Mail immer einen festen Wert. Das Problem stellt jedoch der Aufruf des `mail`-Programms dar, das eigentlich mit einer oder mehreren E-Mail-Adressen als Argumente aufgerufen werden soll, z. B.:

```
/usr/bin/mail joe@domain.tld john@domain.tld
```

Allerdings könnte das CGI-Skript auch mit dem folgenden *Query-String* konfrontiert werden:

```
hacker@baddomain.tld+</etc/passwd
```

Das Resultat wäre der folgende Aufruf:

```
/usr/bin/mail hacker@baddomain.tld </etc/passwd
```

Wenn Sie keine Shadow-Passwörter verwenden, haben Sie in obigem Fall ein Problem, da die Passwortdatei an den Angreifer übermittelt wird.

Solche Probleme können Sie vermeiden, indem Sie alle Variablen, die von einem Client übergeben werden, auf *ungewollte* Zeichen, wie z. B. »;«, untersuchen.

Hier sehen Sie eine verbesserte Form des obigen Skripts:

```
#!/usr/local/bin/perl

print "Content-Type: text/html\n\n";

$MAILTO = $ENV{'QUERY_STRING'};
$MAILTO =~ s/\+/ /g; # '+' in ' ' umwandeln

print "<HTML><HEAD><TITLE>Test</TITLE></HEAD>";
```

```
if($MAILTO =~ tr/;<>*|'&$!#()[]{}:'"//) {
  print "<BODY><H1>Bogus mail addresses!</H1></BODY></HTML>";
  exit(1);
}
print "<BODY><H1>Mail sent!</H1></BODY></HTML>";

open (MAIL,"| /usr/bin/mail $MAILTO");
print MAIL "Skript wurde aufgerufen\n";
close MAIL;
```

In der `if`-Anweisung wird die Variable `MAILTO` auf bestimmte Zeichen überprüft, die nicht enthalten sein dürfen. Gegebenenfalls wird das Skript abgebrochen.

Wollen Sie noch weiter gehen, sollten Sie nicht nur überprüfen, ob eventuell ungewollte Zeichen in einer Variable vorhanden sind, sondern auch überprüfen, ob die Variable genau dem entspricht, was Sie erwartet haben. In obigem Fall sollten Sie also überprüfen, ob die Variable wirklich nur durch Leerzeichen getrennte E-Mail-Adressen enthält.

Im Folgenden sind einige allgemeine Sicherheitstipps zu CGI-Skripten zusammengefasst.

- Installieren Sie alle CGI-Skripten in einem zentralen Verzeichnis, z. B. `cgi-bin`, und sperren Sie die Ausführung von CGI-Skripten in allen anderen Verzeichnissen. Erlauben Sie nur solchen Nutzern, denen Sie hundertprozentig vertrauen, selbst CGI-Skripten anzubieten bzw. vorhandene zu modifizieren.
- Verwenden Sie den suEXEC-Wrapper oder einen anderen CGI-Wrapper, wenn mehrere Nutzer CGI-Skripten anbieten dürfen, damit sie jeweils unter der ID des jeweiligen Nutzers ausgeführt werden.
- Installieren Sie CGI-Skripten, die Sie nicht selbst geschrieben haben, nur dann, wenn Sie dem jeweiligen Autor vertrauen beziehungsweise das Skript selbst auf Sicherheitslücken hin überprüft haben.
- Installieren Sie nach Möglichkeit keine CGI-Skripten, deren Quellcode nicht zur Verfügung steht.
- Installieren Sie niemals einen Interpreter (perl, python etc.) oder eine Shell (sh, bash, tcsh etc.) in einem CGI-Verzeichnis selbst, da diese zum Ausführen beliebiger Programme respektive Skripten missbraucht werden können.
- Löschen Sie CGI-Skripten, wenn sie nicht mehr benötigt werden oder durch andere ersetzt wurden. Insbesondere Sicherheitskopien, die von einigen Textedito-

ren automatisch angelegt werden, sollten gelöscht werden, wenn CGI-Skripten anhand ihrer Dateiendung erkannt werden. Ein *blinder* Zugriff auf eine vorhandene Sicherheitskopie, z.B. »`script.cgi~`« oder »`script.cgi.bak`«, würde diese nicht als CGI-Skript ausführen, sondern den Quellcode an den Client übermitteln.

- Installieren Sie niemals Test- bzw. Enwicklungsskripten in einem öffentlichen Verzeichnis. Insbesondere für die Entwicklung von eigenen CGI-Skripten empfiehlt sich die Einrichtung eines eigenen CGI-Verzeichnisses, z.B. `/test cgi`, auf das nur von bestimmten Rechnern aus zugegriffen werden kann bzw. das über einen Authentikationsmechanismus geschützt ist.
- Vermeiden Sie es, eine Shell aus einem CGI-Skript heraus aufzurufen, z.B. um ein anderes Programm zu starten. In Perl ist hier deshalb Vorsicht bei den Funktionen `system()` und `exec()` geboten sowie beim Öffnen einer Pipe oder der Verwendung von *Backticks*, um ein Programm auszuführen. In C respektive C++ und Python sind diesbezüglich die Funktionen `system()` und `popen()` zu nennen.

  Folgende Konstrukte sollten grundsätzlich vermieden werden, da sie ein potenzielles Sicherheitsrisiko darstellen (hier nur eine kleine Auswahl für Perl, C/C++ und Python):

Tabelle 8.1: Gefährliche Konstrukte in CGI-Skripten

Konstrukt	Sprache
system(»Programm $Argumente«);	Perl
sprintf(buffer, »Programm %s«, Argumente); system(buffer);	C
system(»Programm » + Argumente);	C++, Python
open(OUT, »|Programm $Argumente«);	Perl
'Programm $Argumente';	Perl, Shell-Skripten
exec(»Programm $Argumente«);	Perl
popen(»Programm«, »w«);	C, C++, Python

- Wie schon im zuvor genannten Beispiel gezeigt, sollten die Daten, die an ein CGI-Skript übergeben werden, *immer* daraufhin überprüft werden, ob sie auch den erwarteten Daten entsprechen. Zum Beispiel können Sie durch den Vergleich mit einem regulären Ausdruck sehr leicht überprüfen, ob eine Variable, die eine E-Mail-Adresse enthalten soll, auch eine E-Mail-Adresse beinhaltet.

Perl-Beispiel:

```
unless($MAILTO =~ /^[\w@\.\-]+$/)
{
  # Keine gültige E-Mail-Adresse!
  # HTML-Dokument mit Fehlermeldung ausgeben...
  # und Skriptausführung beenden.
  exit(1);
}
```

Falls nicht genau spezifiziert werden kann, wie die Daten auszusehen haben, sollte zumindest überprüft werden, ob sie ungewollte Zeichen, wie z. B. ein Semikolon oder ein Pipe-Symbol, enthalten. Wenn Sie diesen Weg wählen, sollten Sie insbesondere nicht vergessen zu überprüfen, ob in der jeweiligen Variable ein Return-Zeichen enthalten ist (URL-kodiert kann es als »%0A« an das CGI-Skript übergeben werden).

Sofern Perl verwendet wird, bietet sich die Verwendung der »*Tainting*«-Funktionalität an, die beim Aufruf des Perl-Interpreters durch die Option »-T« aktiviert wird. Informationen hierzu finden Sie in der Dokumentation zu Perl.

- Wenn Sie in einem CGI-Skript auf eine Datei zugreifen, deren Name und Dateipfad aus den übermittelten Daten erstellt wurde, sollten Sie unbedingt sicherstellen, dass die Daten auch keine »..« enthalten (um auf übergeordnete Dateien zu verweisen) oder auf eine andere Weise eine *falsche* Datei angegeben werden kann.
- Bei Verwendung einer Hochsprache, wie z. B. C, ist Vorsicht bezüglich sogenannter Pufferüberläufe geboten.

  Beispiel:

```
int test(void)
{
  char buffer[10];

  strcpy(buffer, user_input);
  /* ... */
}
```

Im Beispiel wird davon ausgegangen, dass die Variable `buffer` nur maximal zehn Zeichen enthalten kann. Wenn jedoch die Variable `user_input` nicht auf ihre Länge hin überprüft wird, kann der Programm-Stack beim Aufruf von `strcpy()` überschrieben werden, was zum Ausführen von Befehlen missbraucht werden kann. Obwohl solch ein Sicherheitsloch ungleich schwieriger auszunutzen ist, als die zuvor beschriebenen Sicherheitslücken, ist es dennoch nicht unmöglich.

Aus demselben Grund sollte niemals die Funktion `gets()` verwendet werden, da es bei ihr gar keine Möglichkeit gibt, die Länge des Eingabepuffers festzulegen. `fgets()` für die Standardeingabe (stdin) zu verwenden ist hier die bessere Wahl.

- Vertrauen Sie niemals der `PATH`-Variable, sondern setzen Sie entweder in jedem CGI-Skript die Variable selbst, oder verwenden nur Sie absolute Pfadangaben. Bei der Verwendung des suEXEC-Wrapper wird grundsätzlich immer eine zuvor festgelegte *sichere* `PATH`-Variable an das Skript übergeben.
- Falls Sie ein CGI-Skript verwenden, das Angaben vom Nutzer in einem HTML-Dokument speichert (z.B. ein Guestbook-Skript), sollten Sie unbedingt darauf achten, dass alle HTML-Auszeichnungen und insbesondere alle SSI-Befehle aus den Eingaben herausgefiltert werden. Wenn z.B. Server-Side Includes für das betroffene Dokument freigeschaltet sind und SSI-Befehle nicht gefiltert werden, ist es für einen Angreifer ein Leichtes, beliebige Programme auf dem Webserver auszuführen.
- Weitere hilfreiche Informationen zum Thema CGI und Sicherheit finden Sie in der *WWW Security FAQ*, die sowohl unter `http://www.w3.org/Security/faq/` als auch auf der CD-ROM zum Buch zu finden ist.

8.9 suEXEC-Wrapper

Abschließend soll der suEXEC-Wrapper noch einmal kurz Erwähnung finden. Seine Funktion und Installation wurde bereits in Kapitel 5.16 erläutert.

Führt der Apache ein CGI-Skript aus, so wird es unter der User- und Group-ID ausgeführt, unter der auch der Apache selbst läuft (`User`- und `Group`-Anweisungen). Falls Nutzer eigene CGI-Skripten anbieten dürfen oder mehrere virtuelle Server unterschiedlicher Nutzer verwendet werden, kann es zu Problemen bezüglich der Zugriffsrechte kommen. Beispielsweise könnte ein Skript die Daten, die von einem anderen Skript eines Nutzers geschrieben wurden, modifizieren.

Beim suEXEC-Wrapper, der sich im `support`-Verzeichnis der Apache-Distribution befindet, handelt es sich um ein externes Programm, das dafür sorgt, dass CGI-Skripten unter der User- und Group-ID des Eigentümers ausgeführt werden.

Aktiviert wird der Wrapper in zwei Fällen: Wenn das CGI-Skript über einen URL aufgerufen wird, der zu einem Nutzerverzeichnis gehört, z.B. `/~joe/script.cgi`, oder für die CGI-Skripte eines virtuellen Servers, wenn in der `<VirtualHost>`-Sektion `User`- und `Group`-Anweisungen verwendet werden.

Kapitel 9

Server-Side Includes (SSI)

Dieses Kapitel bietet einen Einblick in die Funktionsweise und Anwendung von *Server-Side Includes*, kurz SSI genannt. Bezüglich der Konfiguration von Server-Side Includes sei auf das Kapitel 5.17 verwiesen.

9.1 Funktionsweise

Hinter dem Begriff Server-Side Includes verbirgt sich ein Mechanismus, durch den ein Dokument vor der Auslieferung an einen Client vom Apache auf Include-Anweisungen hin untersucht wird, die gegebenenfalls entsprechend ausgeführt werden. Beispielsweise kann ein Dokument über eine Include-Anweisung in ein anderes Dokument eingebunden werden, oder einem Dokument wird der Inhalt einer Umgebungsvariablen hinzugefügt. Auf der Client-Seite ist von all dem nichts zu bemerken. Ob Server-Side Includes für ein Dokument benutzt werden, ist von außen nur erkennbar, wenn solche Dokumente durch gesonderte Dateiendungen gekennzeichnet werden, z.B. `.shtml`. Vergleiche hierzu das Konfigurationskapitel 5.17.

9.2 Include-Anweisungen

Eine Include-Anweisung wird in Form eines Kommentars in ein Dokument eingebunden. Die generelle Syntax sieht dabei wie folgt aus:

```
<!--#Element Attribut="Wert" Attribut="Wert" ... -->
```

Beispiel:

```
<!--#echo var="REMOTE_HOST" -->
```

9.2.1 Dateien einbinden

Über das `include`-Element können Sie andere Dateien in ein SSI-Dokument einbinden, wobei entweder eine Datei über das Filesystem eingebunden oder aber ein URL-Pfad spezifiziert werden kann.

Rekursive Includes fängt der Apache dabei automatisch ab.

file

Syntax: `<!--#include file="`*Dateiname*« `-->`

Wenn Sie das Attribut `file` verwenden, können Sie als Wert eine andere Datei angeben, z.B.:

```
<!--#include file="data.txt" -->
```

Als Dateiangabe kann jedoch aus Sicherheitsgründen nur eine Datei im aktuellen Verzeichnis, also in dem Verzeichnis, in dem sich auch das SSI-Dokument befindet, sowie eine Datei aus einem Unterverzeichnis angegeben werden.

Angaben, die einen absoluten Dateipfad oder einen Verweis auf ein übergeordnetes Verzeichnis »..« enthalten, können somit nicht verwendet werden. Eventuelle Zugriffsbeschränkungen der einzubindenden Datei werden beachtet.

Die Verwendung des `virtual`-Attributs ist in den meisten Fällen sinnvoller.

virtual

Syntax: `<!--#include virtual="`*URL-Pfad*« `-->`

Im Gegensatz zum `file`-Attribut können Sie mittels `virtual` einen URL-Pfad (URL-kodiert) angeben. Die Daten, die sich hinter diesem URL verbergen, werden an der entsprechenden Stelle der Include-Anweisung im SSI-Dokument eingefügt.

Beispiele:

```
<!--#include virtual="header.html" -->

<!--#include virtual="/data/data2.txt" -->

<!--#include virtual="../includes/header.html" -->

<!--#include virtual="data1" virtual="data2" virtual="data3" -->
```

Falls der URL-Pfad nicht mit einem »/« beginnt, wird er als relativ zum aktuellen Verzeichnis betrachtet. Ein URL-Schema und ein Hostname können nicht verwendet werden.

Eventuelle Zugriffsbeschränkungen werden beim Einbinden der Datei beachtet.

Die Ausführung eines CGI-Skripts ist ebenso möglich, indem als URL-Pfad ein CGI-Skript angegeben wird. Auch ein *Query-String* kann in der Include-Anweisung angegeben werden.

Beispiele:

```
<!--#include virtual="/cgi-bin/script" -->

<!--#include virtual="/cgi-bin/script?test=0815" -->
```

9.2.2 Datei-Informationen

Informationen zur Dateigröße und dem letzten Änderungsdatum können über die Elemente `fsize` und `flastmod` in ein SSI-Dokument eingebunden werden. Das Format des jeweiligen Wertes können Sie über eine Include-Anweisung mit dem `config`-Element an Ihre eigenen Wünsche anpassen.

fsize

Mit dem Element fsize können Sie die Größe einer Datei in ein SSI-Dokument einbinden. Analog zu `include` kann `file` oder `virtual` als Attribut verwendet werden.

- `file`
  Syntax: `<!--#fsize file="`*Dateiname*« `-->`
- `virtual`
  Syntax: `<!--#fsize virtual="`*URL-Pfad*« `-->`

flastmod

Das letzte Änderungsdatum (*Last-Modified*) können Sie über das Element `flastmod` in ein SSI-Dokument einbinden. Wie beim `include`-Element kann entweder mit `file` eine Datei angegeben werden oder mit `virtual` ein URL-Pfad.

- `file`
  Syntax: `<!--#flastmod file="`*Dateiname*« `-->`
- `virtual`
  Syntax: `<!--#flastmod virtual="`*URL-Pfad*« `-->`

config

Das Format der mit `fsize` und `flastmod` ausgegebenen Werte können Sie über eine Include-Anweisung mit dem `config`-Element festlegen.

- `sizefmt`

  Syntax: `<!--#config sizefmt="bytes|abbrev« -->`

  Sofern `bytes` als Wert angegeben wird, wird die genaue Dateigröße in Bytes ausgegeben. Verwenden Sie hingegen `abbrev` als Wert, wird die Dateigröße – je nach Bedarf – in kByte beziehungsweise MByte ausgegeben.
- `timefmt`

  Syntax: `<!--#config timefmt="`*Format*`« -->`

  Per Default wird bei `flastmod` eine Ausgabe der folgenden Art erzeugt:

```
Saturday, 03-Jan-98 23:53:52 CET
```

Über das Attribut `timefmt` können Sie jedoch ein eigenes Format angeben. Das Format entspricht dabei dem Format, das auch bei der Funktion `strftime(3)` Verwendung findet.

Tabelle 9.1: Die Formatangaben beim `timefmt`-Attribut

Formatangabe	Bedeutung
%a	Der Name des Wochentages in abgekürzter Form
%A	Der volle Name des Wochentages
%b	Der Name des Monats in gekürzter Form
%B	Der volle Name des Monats
%c	Das mit der *locale*-Einstellung vorgegebene Datums- und Zeitformat
%d	Der Tag des jeweiligen Monats
%H	Stunden (Bereich: 01 bis 23)
%I	Stunden (Bereich: 01 bis 12)
%j	Der Tag des Jahres (Bereich: 001 bis 366)
%m	Der Monat als Zahl (Bereich: 01 bis 12)
%M	Minuten (Bereich: 00 bis 59)
%p	Entweder »am« oder »pm«, je nach Tageszeit
%S	Sekunden (Bereich: 00 bis 59)
%U	Die Wochennummer des jeweiligen Jahres (die Woche beginnt sonntags)

Tabelle 9.1: Die Formatangaben beim `timefmt`-Attribut (Forts.)

Formatangabe	Bedeutung
%W	Die Wochennummer des jeweiligen Jahres (die Woche beginnt montags)
%w	Der Wochentag als Zahl (Bereich: 0 bis 6, mit 0 für Sonntag)
%x	Das mit der *locale*-Einstellung vorgegebene Datumsformat
%X	Das mit der *locale*-Einstellung vorgegebene Zeitformat
%y	Die zweistellige Jahreszahl (Bereich: 00 bis 99)
%Y	Die komplette Jahreszahl
%Z	Die Zeitzone

Beispiel:

```
<!--#config timefmt="%Y-%m-%d" -->
<!--#flastmod virtual="datei.txt" -->
```

Die letzte Include-Anweisung erzeugt beispielsweise eine Ausgabe im folgenden Format (ISO 8601):

```
2000-03-24
```

9.2.3 Programme ausführen

Wenn Sie das `exec`-Element in einer Include-Anweisung verwenden, können Sie über die Attribute `cgi` oder `cmd` beliebige CGI-Skripten beziehungsweise Shell-Befehle ausführen. Die Ausgabe wird dann jeweils an der Stelle der Include-Anweisung eingefügt.

cgi

Syntax: `<!--#exec cgi="`*URL-Pfad*« `-->`

Wird `exec` zusammen mit dem Attribut `cgi` verwendet, können Sie als Wert einen URL-Pfad (URL-kodiert) eines CGI-Skripts angeben. Falls der URL-Pfad nicht mit einem »/« beginnt, wird er als relativ zum aktuellen Verzeichnis angesehen. Ein URL-Schema und ein Hostname können nicht verwendet werden.

Beispiel:

```
<!--#exec cgi="/cgi-bin/script" -->
```

Dem aufgerufenen CGI-Skript werden die Variablen `PATH_INFO` und `QUERY_STRING` mit den Werten des ursprünglichen Aufrufs übergeben. Ein eigener *Query-String* kann somit dem CGI-Skript nicht übergeben werden, dies ist nur über `include` möglich.

Falls das CGI-Skript keine Ausgaben, sondern einen HTTP-Redirect liefert (`Location`-Header), wird der Inhalt des Headers in einen HTML-Verweis umgewandelt.

cmd

Syntax: `<!--#exec cmd="`*Befehl* [*Argumente*]« `-->`

Wollen Sie kein CGI-Skript ausführen, sondern einen Shell-Befehl, lässt sich dies über das Attribut `cmd` realisieren. Der Befehl kann dem entsprechen, was Sie auch bei der Shell in einer Kommandozeile eingeben würden.

Beispiele:

```
<!--#exec cmd="/bin/fortune" -->

<!--#exec cmd="/bin/ls -l" -->

<!--#exec cmd="test.sh" -->

<!--#exec cmd="/bin/cat datafile | /usr/bin/grep xyz" -->
```

Aufgerufen werden alle Befehle via `/bin/sh`, wobei alle Standardumgebungsvariablen an die Shell übergeben werden.

9.2.4 Umgebungsvariablen

In Kapitel 10 werden die Umgebungsvariablen, die der Apache setzt, genauer betrachtet. Abgesehen von der Nutzung in CGI-Skripten, können sie auch in SSI-Dokumenten verwendet werden. Vergleichen Sie hierzu auch Kapitel 5.17.

Abgesehen von der Ausgabe mit `echo` oder dem Setzen von Variablen mit `set` kann eine beliebige Umgebungsvariable als Wert in einer Include-Anweisung verwendet werden.

Beispiel:

```
<!--#exec cmd="/usr/sbin/traceroute $REMOTE_HOST" -->
```

echo

Syntax: <!--#echo encoding="none|entity|url« var="*Variable*« -->

Mit dem Element echo können Sie beliebige Variablen ausgeben. Als Attribut wird einerseits var zur Angabe der Variablen verwendet und (ab Apache 1.3.12) optional encoding, um zu spezifizieren, auf welche Weise der Inhalt der Variablen bei der Ausgabe kodiert werden soll. Sowohl var als auch encoding kann mehrfach innerhalb einer echo-Anweisung angegeben werden, wobei das encoding-Attribut immer vor dem var-Attribut stehen sollte, für das die Kodierungsangabe gelten soll.

Beim encoding-Attribut ist die Angabe eines der drei Werte none, entity oder url möglich, wobei entity die Standardeinstellung ist. Die entity-Kodierung ist immer dann geeignet, wenn normale Texte in einem HTML-Dokument ausgegeben werden sollen. Enthält die Variable die ausgegeben werden soll einen URL (z.B. Referer-URL), empfiehlt sich die url-Kodierung, d.h. Umlaute und Sonderzeichen werden durch die entsprechende %-Kodierung ersetzt (vergleiche hierzu Anhang A). Aus Sicherheitsgründen sollte in der Regel immer eine der beiden Kodierungsvarianten entity oder url gewählt werden (siehe http://www.apache.org/info/css-security/), allerdings kann bei Bedarf die Kodierung durch Angabe von none deaktiviert werden.

Beispiele:

```
<!--#echo var="SERVER_ADMIN" -->

<!--#echo encoding="entity" var="DATA1" var="DATA2"-->

<!--#echo encoding="url" var="HTTP_REFERER" -->
```

Sofern die angegebene Variable ungesetzt sein sollte, wird »(None)« ausgegeben.

set

Syntax: <!--#set var="*Variable*« value="*Wert*« -->

Beliebige Variablen können durch Verwendung von set erzeugt und auf einen bestimmten Wert gesetzt werden. Als Attribute werden jeweils var und value angegeben.

Beispiele:

```
<!--#set var="TEST" value="0815" -->

<!--#set var="foobar" value="Die Variable \"foobar\"." -->
```

Die Angabe des Attributs `value` ist zwingend notwendig, andernfalls wird die Variable nicht gesetzt.

printenv

Mit der Include-Anweisung

```
<!--#printenv -->
```

können Sie alle Umgebungsvariablen ausgeben, die zum Zeitpunkt des Aufrufs gesetzt sind. Das Element `printenv` sollte innerhalb eines `<PRE>`-Tags verwendet werden.

Beispielausgabe:

```
DOCUMENT_ROOT=/usr/local/apache/htdocs
HTTP_ACCEPT=image/gif, image/x-xbitmap,
          image/jpeg, image/pjpeg, image/png, */*
HTTP_ACCEPT_CHARSET=iso-8859-1,*,utf-8
HTTP_ACCEPT_ENCODING=gzip
HTTP_ACCEPT_LANGUAGE=de-DE, de;q=0.9, en;q=0.6, fr;q=0.1
HTTP_CONNECTION=Keep-Alive
HTTP_HOST=doubleshadow
HTTP_USER_AGENT=Mozilla/4.7 [en] (X11; U; Linux 2.3.42 i586; Nav)
PATH=/sbin:/bin:/usr/sbin:/usr/bin:/usr/bin/X11:/usr/local/sbin:/usr/local/
bin
REMOTE_ADDR=123.45.67.99
REMOTE_PORT=5541
SCRIPT_FILENAME=/usr/local/apache/htdocs/test.html
SERVER_ADDR=123.45.67.88
SERVER_ADMIN=webmaster@domain.tld
SERVER_NAME=www.domain.tld
SERVER_PORT=80
SERVER_SIGNATURE=
Apache/1.3.12 Server at www.domain.tld Port 80
```

```
SERVER_SOFTWARE=Apache/1.3.12 (Unix)
GATEWAY_INTERFACE=CGI/1.1
SERVER_PROTOCOL=HTTP/1.0
REQUEST_METHOD=GET
QUERY_STRING=
REQUEST_URI=/test.html
SCRIPT_NAME=/test.html
DATE_LOCAL=Sunday, 27-Feb-2000 13:10:29 CET
DATE_GMT=Sunday, 27-Feb-2000 12:10:29 GMT
LAST_MODIFIED=Sunday, 27-Feb-2000 13:09:36 CET
DOCUMENT_URI=/test.html
DOCUMENT_PATH_INFO=
USER_NAME=root
DOCUMENT_NAME=test.html
```

9.2.5 Fehlermeldung

Das Element `config` wurde schon zuvor bei der Beschreibung der Attribute `sizefmt` und `timefmt` erwähnt. Als drittes Attribut ist die Angabe von `errmsg` möglich.

errmsg

Syntax: `<!--#config errmsg="`*Fehlermeldung*« `-->`

Falls bei der Ausführung einer Include-Anweisung ein Fehler aufgetreten ist, z.B. wenn ein angegebener URL-Pfad nicht gefunden werden konnte, wird im Dokument die folgende Fehlermeldung ausgegeben:

```
[an error occurred while processing this directive]
```

Über das `errmsg`-Attribut können Sie jedoch einen eigenen Text für die Fehlermeldung angeben.

Beispiele:

```
<!--#config errmsg="[Include-Error]" -->

<!--#config errmsg="You messed it up again..." -->

<!--#config errmsg="" -->
```

Die letzte Include-Anweisung sorgt dafür, dass sämtliche Fehlermeldungen unterdrückt werden.

9.2.6 Perl-SSI

Das Modul `mod_perl` ist zwar nicht Bestandteil der Apache-Distribution, dennoch soll eine extra Funktion des Include-Moduls kurz Erwähnung finden.

Das Include-Modul besitzt eine – zum Zeitpunkt der Drucklegung dieses Buches – undokumentierte Compiler-Option namens `USE_PERL_SSI`. Falls das Perl-Modul eingebunden ist und der Apache mit der zuvor genannten Compiler-Option übersetzt wird, steht das zusätzliche Element `perl` zur Verfügung.

Syntax: `<!--#perl arg="`*Argumente*« `sub="`*Perl-Handler*« `-->`

Als `sub`-Attribut können Sie alles angeben, was einem Perl-Handler entspricht, z. B. den Namen einer Unterroutine, einen Package-Namen etc.

Beispiel:

```
<!--#perl sub="sub {print ++$Access::Cnt }" -->
```

Über das `arg`-Attribut können Sie beliebige Argumente spezifizieren.

9.2.7 Flußkontrolle

In Include-Anweisungen stehen die Elemente `if`, `elif`, `else` und `endif` zur Verfügung, mit denen Sie bedingte Angaben in einem Dokument erstellen können.

Konstrukte

- if-endif:

```
<!--#if expr="Testbedingung" -->
  ...
<!--#endif -->
```

- if-else-endif:

```
<!--#if expr="Testbedingung" -->
  ...
```

```
   <!--#else -->
     ...
<!--#endif -->
```

- if-elif-endif:

```
<!--#if expr="Testbedingung" -->
  ...
  <!--#elif expr="Testbedingung" -->
    ...
<!--#endif -->
```

- if-elif-else-endif:

```
<!--#if expr="Testbedingung" -->
  ...
  <!--#elif expr="Testbedingung" -->
    ...
    <!--#else -->
      ...
<!--#endif -->
```

Testbedingungen

Als *Testbedingung* in den zuvor genannten Konstrukten ergeben sich die nachfolgend aufgeführten Möglichkeiten:

Zeichenkette

Die Bedingung ist wahr, wenn die Zeichenkette nicht leer ist.

Beispiel:

```
<!--#if expr="$REFERER_URL" -->
  <A HREF="<!--#echo encoding="url"
   var="REFERER_URL" -->">Referer</A>
<!--#endif -->
```

Zeichenkette1 = Zeichenkette2

Die Bedingung ist wahr, wenn die beiden Zeichenketten identisch sind.

Beispiel:

```
<!--#if expr="$REMOTE_USER=joe" -->
  Hallo, Joe, auch mal wieder hier...
<!--#endif -->
```

Falls die zweite Zeichenkette in der Form »/*Zeichenkette*/« angegeben wird, wird sie als regulärer Ausdruck betrachtet, und ein entsprechender Vergleich wird durchgeführt.

Beispiel:

```
<!--#if expr="$REMOTE_HOST=/^.*\.domain\.tld$/" -->
  Interne Information...
<!--#endif -->
```

Zeichenkette1 != Zeichenkette2

Diese Bedingung ist wahr, wenn die beiden Zeichenketten *nicht* übereinstimmen. Auch hier kann ein regulärer Ausdruck verwendet werden.

Durch die Angabe von »&&« werden die beiden Testbedingungen mit einem logischen UND verknüpft.

Beispiel:

```
<!--#if expr="$REMOTE_IDENT=joe &&
             $REMOTE_HOST=host.domain.tld" -->
  Hallo, Joe...
<!--#endif -->
```

Testbedingung1 > Testbedingung2

Mit den Operatoren »>«, »<«, »<=« und »>=« können Sie lexikografische Vergleiche durchführen.

Beispiel:

```
<!--#if expr="$VAR>4711" -->
```

Wenn die Variable `VAR` eine Zahl größer als 4711 enthält, ist der Ausdruck positiv.

Testbedingung1 || Testbedingung 2

Wird ein »||« eingefügt, werden die beiden Testbedingungen mit einem logischen ODER verknüpft.

Beispiel:

```
<!--#if expr="$REMOTE_USER=peter || $REMOTE_USER=paul" -->
  ...
<!--#endif -->
```

(Testbedingung)

Sie können eine Testbedingung zusammenfassen, indem Sie sie in runde Klammern setzen. Dies ist insbesondere dann nützlich, wenn verschiedene Bedingungen logisch verknüpft werden.

Beispiel:

```
<!--#if expr="
      ($REMOTE_IDENT=peter && $REMOTE_HOST=host1.domain.tld)
   || ($REMOTE_IDENT=paul && $REMOTE_HOST=host2.domain.tld)" -->
  ...
<!--#endif -->
```

Der Teil zwischen `if` und `endif` wird nur ausgegeben, wenn der Zugriff von `host1.domain.tld` stammt *und* die IDENT-Anfrage als Ergebnis `peter` liefert *oder* der Zugriff von `host2.domain.tld` stammt *und* `paul` bei der IDENT-Anfrage zurückgeliefert wird.

!(Testbedingung)

Durch das Voranstellen eines Ausrufezeichens »!« wird die folgende Testbedingung negiert.

Beispiel:

```
<!--#if expr="!($REFERER_URL)" -->
  Kein Referer...
<!--#endif -->
```

9.3 Sicherheitsaspekte

Sofern Server-Side Includes durch die Angabe von

```
Options +Includes
```

freigeschaltet sind, können in den Dokumenten beliebige CGI-Skripten und Shell-Befehle ausgeführt werden. Ein lokaler Nutzer kann damit großen Schaden anrichten, sei es nun absichtlich oder unabsichtlich. Vergleichen Sie hierzu Kapitel 8.

Beispiel:

```
<!--#exec cmd="/bin/rm -rf /" -->
```

Sofern sich auf dem Server Dateien befinden, die Schreibrechte für die User-ID aufweisen, unter der der Apache läuft, haben Sie bei dieser Include-Anweisung schlechte Karten – und hoffentlich ein Backup.

Da prinzipbedingt nur das Ausführen von CGI-Skripten oder Shell-Befehlen ein Sicherheitsproblem darstellt, lässt sich dies durch folgende Konfigurationsanweisung verhindern:

```
Options +IncludesNOEXEC
```

Wird die Option `IncludesNOEXEC` statt `Includes` verwendet, sind keine Include-Anweisungen, die das exec-Element enthalten, mehr möglich. Alle anderen Include-Anweisungen können jedoch weiterhin benutzt werden, auch `include`. Hier ist es dann nicht mehr möglich, mit Hilfe des `virtual`-Attributs ein CGI-Skript aufzurufen. Perl-SSI-Anweisungen sind ebenfalls bei `IncludesNOEXEC` nicht möglich.

Kapitel 10

Umgebungsvariablen

Von den CGI-Spezifikationen herrührend, gibt es eine ganze Reihe von Umgebungsvariablen, die vom Apache gesetzt werden und bei Bedarf in einem CGI-Skript oder einem Dokument via SSI, ePerl, PHP etc. ausgewertet werden können. Zusätzlich zu den CGI-Standardvariablen stellt der Apache noch einige weitere Variablen zur Verfügung, die hier kurz erklärt werden sollen.

10.1 Standardvariablen

Tabelle 10.1: Standardvariablen

SERVER_SOFTWARE	Der Name und die Versionsnummer der verwendeten Server-Software
SERVER_NAME	Der Hostname der Website (vergleichen Sie hierzu die Konfigurationsanweisung `ServerName`)
GATEWAY_INTERFACE	Die Versionsnummer des Common Gateway Interface, das der Web-Server implementiert
SERVER_PROTOCOL	Der Name und die Versionsnummer des bei der Anfrage verwendeten Protokolls
SERVER_PORT	Die Portnummer, an die eine Client-Anfrage gesendet wurde.
REQUEST_METHOD	Die HTTP-Methode, die in der Client-Anfrage verwendet wurde.
PATH_INFO	Die extra Pfadinformation (URL-Pfad), die z. B. an ein CGI-Skript übergeben wurde.
PATH_TRANSLATED	Entspricht `PATH_INFO`, nur ist hier der Dateipfad und nicht der URL-Pfad enthalten.
SCRIPT_NAME	Der URL-Pfad des CGI-Skripts, das aufgerufen wurde.
QUERY_STRING	Die Parameter, die an ein CGI-Skript übergeben wurden, in der Form, wie sie vom Webclient übermittelt wurden.
REMOTE_HOST	Der Hostname des Client- respektive Proxy-Rechners. Ist nur gesetzt, wenn `HostNameLookups` aktiviert wurde und der Rechner einen DNS-Eintrag besitzt.
REMOTE_ADDR	Die IP-Adresse des Client- respektive Proxy-Rechners

Tabelle 10.1: Standardvariablen (Forts.)

AUTH_TYPE	Die Art des verwendeten Authentikationsverfahrens
REMOTE_USER	Die User-ID, die bei einer Authentikation verwendet wurde.
REMOTE_IDENT	Das Ergbnis der IDENT-Anfrage an den Client-Host. Nur gesetzt, wenn `IdentityCheck` aktiviert ist.
CONTENT_TYPE	Enthält eine Anfrage (POST, PUT) weitere Daten, enthält die Variable den zugehörigen MIME-Typ.
CONTENT_LENGTH	Die Länge der besagten Daten in Bytes, wie sie vom Client übermittelt wurde.

10.2 Header-Variablen

Der Apache stellt, wie von den CGI/1.1-Spezifikationen gefordert, alle HTTP-Header zur Verfügung, die bei der Anfrage vom Webclient an den Server übermittelt wurden. Die Namen der Variablen entsprechen den Namen der Header, wobei immer »`HTTP_`« vorangestellt ist, alle Spiegelstriche »-« in Unterstriche »_« umgewandelt werden und ausschließlich Großbuchstaben verwendet werden.

Hat ein Client beispielsweise den Header

```
Accept-Language: de, en;q=0.5
```

übermittelt, so ergibt sich daraus der Variablenname

```
HTTP_ACCEPT_LANGUAGE
```

mit dem Inhalt:

```
de, en;q=0.5
```

Tabelle 10.2 enthält eine Übersicht über die Variablen von gebräuchlichen Anfrage-Headern:

Tabelle 10.2: Header-Variablen

HTTP_ACCEPT	Eine Auflistung der MIME-Typen, die der Client verarbeiten kann.
HTTP_ACCEPT_CHARSET	Eine Auflistung der Zeichensätze, die der Client verarbeiten kann.

Tabelle 10.2: Header-Variablen (Forts.)

HTTP_ACCEPT_ENCODING	Die Kodierungsarten, die der Client verarbeiten kann.
HTTP_ACCEPT_LANGUAGE	Die Sprachen, die der Client – oder besser gesagt, dessen Nutzer – verarbeiten kann.
HTTP_AUTHORIZATION	Die Daten einer WWW-Authentikation. Da der Header das Passwort für die Authentikation enthält, wird er aus Sicherheitsgründen nur dann in einer Variablen zur Verfügung gestellt, wenn der Apache mit der Compiler-Option `SECURITY_HOLE_PASS_AUTHORIZATION` übersetzt wurde (siehe Kapitel 4).
HTTP_CACHE_CONTROL	Informationen, ob und wie ein Objekt gespeichert werden kann bzw. ob von einem Cache ein gespeichertes Objekt zurückgeliefert werden darf.
HTTP_COOKIE	Der vom Client übermittelte Cookie, sofern vorhanden
HTTP_CONNECTION	Über diesen HTTP/1.1-Header wird definiert, ob eine persistente Verbindung verwendet werden soll oder ob sie geschlossen werden soll.
HTTP_FROM	Die E-Mail-Adresse des Clients respektive dessen Nutzers (wird normalerweise nie von einem Webbrowser übermittelt)
HTTP_HOST	Der Name des Web-Servers, der vom Client angesprochen wurde.
HTTP_PRAGMA	Die alte HTTP/1.0-Variante des `Cache-Control`-Headers. Wird typischerweise benutzt, um einem Proxy-Cache deutlich zu machen, dass er das Objekt neu vom jeweiligen Web-Server anfordern soll.
HTTP_REFERER	Der URL der Seite, von der aus ein Link verfolgt wurde.
HTTP_USER_AGENT	Der Name und die Versionsnummer der Webclient-Software
HTTP_VIA	Informationen zu Proxy-Caches, über die die Anfrage gestellt wurde.
HTTP_FORWARDED_FOR	Die alte Variante des Via-Headers

Für weitere Informationen zu HTTP-Headern sei hier auf die HTTP/1.1-Spezifikationen in RFC 2616 verwiesen.

10.3 Extra Variablen

Tabelle 10.3: Extra Variablen

DATE_LOCAL	Das Datum und Uhrzeit, angegeben in lokaler Zeitzone. Wird vom Include-Modul gesetzt.
DATE_GMT	Das Datum und Uhrzeit, angegeben in GMT (*Greenwich Mean Time*). Wird vom Include-Modul gesetzt.
DOCUMENT_NAME	Der Dateiname des aufgerufenen Dokuments ohne vorangestellen Dateipfad. Wird vom Include-Modul gesetzt.
DOCUMENT_PATH_INFO	Die extra Pfadinformation, die an ein Dokument übergeben wurde. Wird vom Include-Modul gesetzt. Vergleiche `PATH_INFO`.
DOCUMENT_ROOT	Der mit der Anweisung `DocumentRoot` angegebene Dateipfad.
DOCUMENT_URI	Der URL-Pfad des abgerufenen Dokuments. Wird vom Include-Modul gesetzt. Vergleiche `SCRIPT_NAME` und `REQUEST_URI`.
LAST_MODIFIED	Das Datum und die Uhrzeit der letzten Dateiänderung. Wird vom Include-Modul gesetzt.
PATH	Entspricht der gleichnamigen Shell-Variable und enthält die Pfadangaben, die beim Starten des Apache dort gesetzt waren. Mit diesem Pfad werden auch CGI-Skripten und SSI-Shell-Befehle ausgeführt.
REMOTE_PORT	Der auf der Client-Seite verwendete Port
REQUEST_URI	Der URL-Pfad der aufgerufenen Datei. Wird vom Rewrite-Modul gesetzt. Vergleiche `DOCUMENT_URL` und `SCRIPT_NAME`.
SCRIPT_NAME	Der URL-Pfad des CGI-Skripts, das aufgerufen wurde. Vergleiche `REQUEST_URI` und `DOCUMENT_URL`.
SCRIPT_FILENAME	Der absolute Dateipfad des aufgerufenen CGI-Skripts. Wie die meisten anderen SCRIPT-Variablen wird sie jedoch ebenso beim Aufruf eines normalen Dokuments gesetzt.
SCRIPT_URI	Der absolute URL (inkl. Hostname) des aufgerufenen CGI-Skripts. Wird von `mod_rewrite` gesetzt.
SCRIPT_URL	Der URL-Pfad des CGI-Skripts, das aufgerufen wurde. Vergleichbar mit `SCRIPT_NAME` und `DOCUMENT_URL`. Wird von `mod_rewrite` gesetzt.
SERVER_ADMIN	Die mit `ServerAdmin` angegebene E-Mail-Adresse.
SERVER_SIGNATURE	Die Variable enthält den via `ServerSignature`-Anweisung spezifierten Text.
USER_NAME	Der Name des Nutzers, der den Apache gestartet hat. Wird vom Include-Modul gesetzt.
UNIQUE_ID	Die von `mod_unique_id` generierte ID.

10.4 Eigene Variablen

Das Setzen von eigenen Umgebungsvariablen in der Serverkonfiguration ist ebenfalls möglich. Dafür können die Module `mod_env`, `mod_setenvif` und `mod_rewrite` benutzt werden, die bereits in Kapitel 5 beschrieben wurden.

10.5 Beispiel

Nachfolgend sehen Sie die Ausgabe der `printenv`-Include-Anweisung, bei der auf den URL `http://www.domain.tld/test.html?xyz=123` zugegriffen wurde:

```
SCRIPT_URL=/test.html
SCRIPT_URI=http://www.domain.tld/test.html
HTTP_HOST=www.domain.tld
HTTP_ACCEPT=text/html, ..., */*;q=0.01    [Ausgabe gekürzt]
HTTP_ACCEPT_ENCODING=gzip, compress
HTTP_ACCEPT_LANGUAGE=de, en;q=0.5
HTTP_NEGOTIATE=trans
HTTP_USER_AGENT=Lynx/2.8.3 libwww-FM/2.14
PATH=/sbin:/bin:/usr/sbin:/usr/bin
SERVER_SOFTWARE=Apache/1.3.12
SERVER_NAME=www.domain.tld
SERVER_PORT=80
REMOTE_HOST=host.domain.tld
REMOTE_ADDR=123.45.67.89
DOCUMENT_ROOT=/usr/local/apache/htdocs
SERVER_ADMIN=webmaster@domain.tld
SCRIPT_FILENAME=/usr/local/apache/htdocs/test.html
REMOTE_PORT=13150
GATEWAY_INTERFACE=CGI/1.1
SERVER_PROTOCOL=HTTP/1.0
SERVER_SIGNATURE="<ADDRESS>Apache/1.3.12 Server
          at www.domain.tld Port 80</ADDRESS>\n"
REQUEST_METHOD=GET
QUERY_STRING=xyz=123
REQUEST_URI=/test.html?xyz=123
SCRIPT_NAME=/test.html
DATE_LOCAL=Sunday, 24-Mar-2000 22:09:45 CET
DATE_GMT=Sunday, 24-Mar-2000 21:09:45 GMT
LAST_MODIFIED=Wednesday, 03-Dec-1999 22:07:11 CET
```

```
DOCUMENT_URI=/test.html
DOCUMENT_PATH_INFO=
USER_NAME=webmaster
DOCUMENT_NAME=test.html
QUERY_STRING_UNESCAPED=xyz=123
UNIQUE_ID="OKSPnMCoAP4AAFzvDaA"
```

Kapitel 11

Content Negotiation

Wie schon in Kapitel 5.14 beschrieben wurde, kann der Apache eine Antwort an die Wünsche und Fähigkeiten des zugreifenden Webclients anpassen. Dieser Mechanismus wird als *Content Negotiation* oder manchmal auch als *Content Arbitration* bezeichnet.

Die Voraussetzung hierfür ist, dass von einer bestimmten Ressource, einem HTML-Dokument, einer Grafik etc., verschiedene Varianten erstellt wurden. Zum Beispiel könnte an einen Webclient, der eine Präferenz von PDF- gegenüber Postscript-Dateien anzeigt, die PDF-Variante übermittelt werden.

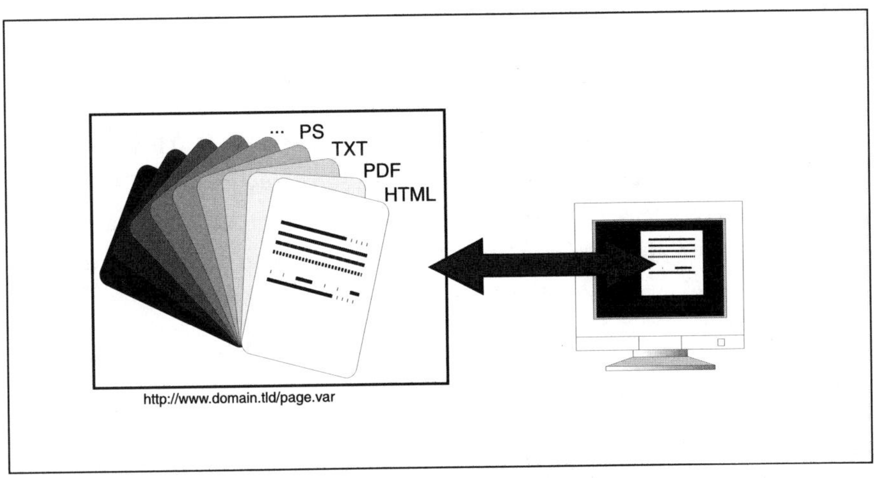

Abb. 11.1: Content Negotiation: Hinter einem URL verbergen sich mehrere Varianten

Um Content Negotiation nutzen zu können, muss im Apache das Modul `mod_negotiation` eingebunden sein. Die geeignete Variante kann hierbei auf zwei unterschiedliche Arten ausgewählt werden. Im Normalfall entscheidet der Apache auf Basis der vom Webclient übermittelten HTTP-Header welche Variante er ausliefern soll. Das heißt, hierbei spielt sich die Auswahl der Variante auf der Server-Seite ab. Seit Apache Version 1.3.4 wird jedoch auch die client-seitige Content Negotiation unterstützt, bei der nicht der Apache eine Variante auswählt, sondern der

Client selbst. Vom Apache wird lediglich eine Liste aller verfügbaren Varianten an den Client übermittelt, damit dieser die entsprechende Auswahl treffen kann. Für den Nutzer läuft der gesamte Prozess in der Regel transparent ab, weshalb dieses Verfahren auch als *Transparent Content Negotiation* (*TCN*) bezeichnet wird. Der Apache hält sich hierbei an RFC 2295[1], in dem Transparent Content Negotiation spezifiziert wird. Allerdings ist es je nach Implementierung möglich, dass der Webclient dem Nutzer trotzdem eine Auswahlliste darstellt, damit eine Variante manuell ausgewählt werden kann. Doch auch wenn ein Webclient TCN-Unterstützung beinhaltet, so überlässt er doch typischerweise die Auswahl einer Variante dem Webserver. Der Apache unterstützt diesbezüglich den in RFC 2296 beschriebenen *Remote Variant Selection Algorithm 1.0*, kurz *RVSA/1.0*.

Im folgenden soll zunächst die klassische Content Negotiation mittels Apache-Algorithmus erläutert werden, und am Schluss des Kapitels werden die Unterschiede und Möglichkeiten der *Transparent Content Negotiation* (RFC 2295) näher betrachtet.

11.1 Standard-Apache-Content Negotiation

Auskunft über seine Fähigkeiten gibt ein Webclient in den HTTP-Headern, die er beim Zugriff an den Webserver übermittelt. Zu nennen sind hier die HTTP-Header `Accept`, `Accept-Charset`, `Accept-Encoding` und `Accept-Language`. Auf Grundlage dieser vier HTTP-Header ergeben sich somit vier Möglichkeiten, auf deren Basis der Apache entscheiden kann, was für eine Variante er an den Client zurückliefern soll:

- MIME-Typ
- Zeichensatz
- Kodierung
- Sprache

Auf der Seite des Apache gibt es zwei verschiedene Möglichkeiten der Content Negotiation. Entweder wird eine *Type-Map* mit den expliziten Angaben der einzelnen Varianten erstellt oder es wird eine sogenannte *Multiviews*-Suche verwendet.

1 Die in RFC 2295 spezifizierte *Feature Negotiation* wird im Apache bisher nicht unterstützt.

11.1.1 Apache Negotiation Algorithm

Um die *beste* Variante für den Webclient auszuwählen, wird ein spezieller Negotiation-Algorithmus verwendet, der jedoch hier nicht im Detail diskutiert werden soll. Eine Konfiguration des Algorithmus ist ohnehin nicht möglich. Falls keine passende Variante ausgewählt werden kann, liefert der Apache eine Auswahlliste mit allen möglichen Varianten an den Client zurück. Genauer gesagt handelt es sich um eine Fehlermeldung mit dem Status 406 (*Not Acceptable*). Etwas weiter in diesem Kapitel findet sich hierzu ein Beispiel.

Vergleichen Sie hierzu die Erläuterungen zum *Remote Variant Selection Algorithm* am Schluss dieses Kapitels.

11.1.2 Type-Maps

Bei einer Type-Map handelt es sich um eine Textdatei, die Angaben zu allen Varianten einer bestimmten Ressource enthält. Kenntlich gemacht wird sie in der Regel durch die Dateiendung `.var`. (siehe Kapitel 5.14 zur Aktivierung von Type-Maps.)

Wie oben beschrieben, lässt sich eine Content Negotiation auf Basis von vier verschiedenen Variationen durchführen. Dies sind der MIME-Typ (`Accept`-Header), die Sprache (`Accept-Language`-Header), der Zeichensatz (`Accept-Charset`-Header) und die Kodierung (`Accept-Encoding`-Header). Zu jeder Variation können nun Angaben zu einer oder mehreren dieser vier Arten der Content Negotiation in einer Type-Map gemacht werden.

Eine Type-Map hat dasselbe Format wie ein Mail-Header (vergleiche RFC 822), wobei insgesamt sechs verschiedene Header vom Apache erkannt bzw. genutzt werden:

URI

Als URI (*Uniform Resource Identifier*) wird der Dateiname relativ zum aktuellen Verzeichnis angegeben, also z. B.:

```
URI: page.html
```

oder:

```
URI: ../page.html
```

Die Angabe eines absoluten URI ist nicht möglich.

Content-Type

Über den `Content-Type`-Header wird der MIME-Typ einer Variante und – durch Semikolon getrennt – der zugehörige Qualitätswert »`qs`« (*quality score*) definiert. Als zusätzlicher Parameter (`charset`) kann der in der Datei verwendete Zeichensatz angegeben werden.

Der `Content-Type`-Header muss bei jeder Variante in einer Type-Map angegeben werden, auch wenn alle Varianten denselben MIME-Typ haben!

Beispiele:

```
Content-Type: text/html
Content-Type: image/gif; qs=0.5
Content-Type: text/plain; qs=0.4; charset=iso-8859-5
```

Content-Length

Hiermit lässt sich die Größe der zugehörigen Datei in Bytes angeben. Der Apache ermittelt den korrekten Wert selbstständig, falls der `Content-Length`-Header nicht angegeben wird. Auch die Angabe eines falschen Wertes scheint den Apache nicht sonderlich zu beeindrucken, denn bei Tests lieferte er immer den korrekten Wert (die Dateigröße) zurück, jedoch niemals einen absichtlich falsch angegebenen Wert. Die Angabe dieses Wertes erscheint somit unnötig zu sein.

Content-Language

Die in der Datei verwendete Sprache[1] wird über `Content-Language` kenntlich gemacht. Als Wert wird dabei das zweistellige Kürzel für die jeweilige Sprache verwendet, so wie es in ISO 639 definiert ist. In Anhang D befindet sich eine Übersicht dieser Abkürzungen.

Beispiel:

```
Content-Language: de
```

1 Gemeint ist keine Programmiersprache, sondern eine natürliche Sprache wie z.B. Deutsch oder Englisch.

Da es aber auch unterschiedliche Varianten innerhalb einer Sprache geben kann, kann bei Bedarf auch ein zweistelliges Länderkürzel angehängt werden, z. B. unterscheidet sich das Englisch, das in den USA gesprochen wird, vom Englisch, das in Großbritannien gesprochen wird.

Sprach- und Länderkennzeichnung werden durch ein »-« getrennt.

Beispiel:

```
Content-Language: en-GB
```

Fordert ein Client beispielsweise die Sprache »en-GB« an, so wird ihm die »en-GB«-Variante oder – falls diese nicht verfügbar ist – die »en«-Variante zurückgeliefert. Andersherum erhält er die »en-GB«-Variante, wenn er »en« übermittelt hat, aber keine andere englischsprachige Variante vorliegt.

Vergleichen Sie hierzu die HTTP/1.1-Spezifikationen.

Content-Encoding

Wurde eine Datei mit compress oder gzip kodiert, so können Sie dies über Content-Encoding deutlich machen.

Beispiele:

```
Content-Encoding: gzip
Content-Encoding: compress
```

Description

Wie der Name des Headers schon suggeriert, können Sie über diesen optionalen Description-Header eine Kurzbeschreibung der jeweiligen Variante angeben. Der Apache gibt diese Beschreibungen aus, wenn er keine passende Variante gefunden hat, die den Anforderungen des Webclients gerecht wird. Dies geschieht in Form einer Fehlermeldung (Statuscode 406, *Not Acceptable*), die alle verfügbaren Varianten zusammen mit der Kurzbeschreibung auflistet und an den Client schickt. Der Nutzer kann dann bei Bedarf selbstständig die Variante auswählen, die ihm am ehesten zusagt.

Enthält die Beschreibung Leerzeichen, muss sie in Anführungszeichen gesetzt werden.

Beispiele:

```
Description: "Original english version"
Description: "German HTML document"
Description: Postscript
```

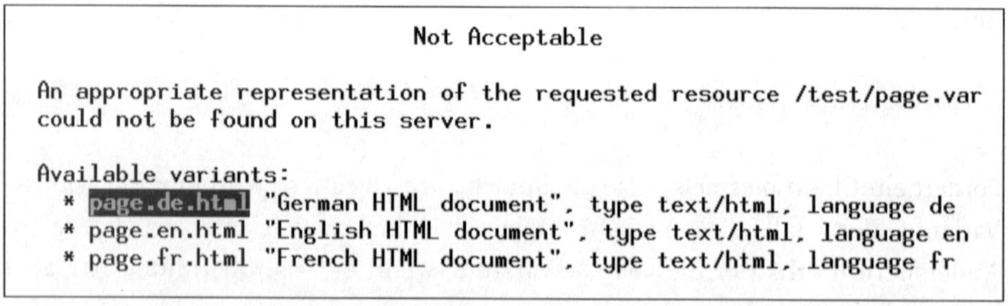

Abb. 11.2: Fehlermeldung: Statuscode 406

Jeder der oben genannten Header darf mehrfach in einer Type-Map auftreten, allerdings pro Dateivariante nur einmal. Jede Beschreibung einer Variante enthält mindestens den `URI`-Header und den `Content-Type`-Header und wird durch eine Leerzeile von den Beschreibungen der anderen Varianten getrennt. Zeilen, die mit »#« beginnen, werden als Kommentar angesehen und nicht weiter beachtet.

Beispiel einer Type-Map-Datei

```
#
# type-map: /test/page.var
#

URI: page.de.html
Content-Type: text/html; qs=0.8
Content-Language: de
Description: "German HTML document"

URI: page.en.html
Content-Type: text/html; qs=0.8
Content-Language: en
Description: "English HTML document"

URI: page.txt
Content-Type: text/plain; qs=0.1
```

```
Content-Language: en
Description: "English plain text document"

URI: page.pdf
Content-Type: application/pdf; qs=1
Content-Language: en
Description: "English PDF document"
```

Ein Zugriff auf den URL `http://www.domain.tld/test/page.var` würde eine der Varianten `page.de.html`, `page.en.html`, `page.txt` oder `page.pdf` zurückliefern. Falls der Client nur Dokumente in deutscher Sprache haben möchte, so würde ihm ohne weitere Nachfrage die deutsche Version des HTML-Dokuments `page.de.html` übermittelt, auch wenn er PDF-Dokumenten eine höhere Präferenz einräumt. Aktzeptiert er hingegen auch Dokumente in englischer Sprache, würde ihm die Variante `page.pdf` übermittelt, da sie den höchsten Qualitätswert »qs« hat.

11.1.3 Der Webclient sagt, was er will

Auf welche Weise ein Webclient kenntlich macht, welche Formate er verarbeiten kann respektive welchen Varianten der Nutzer den Vorzug gibt, ist im Folgenden für die einzelnen Arten der Content Negotiation zusammengefasst.

Type Negotiation

Im `Accept`-Header übermittelt der Webclient die verschiedenen MIME-Typen, die er verarbeiten kann bzw. verarbeiten will, z. B. `text/html`, `image/png` oder `application/pdf`, um nur einige zu nennen (vergleiche Anhang C). Zusätzlich zum Typ selbst kann der Client einen Qualitätswert angeben, d. h. er kennzeichnet, inwieweit er einen Typ gegenüber einem anderen bevorzugt. Der Qualitätswert »q« reicht hierbei von 0 bis 1, wobei ein höherer Wert eine höhere Präferenz für den jeweiligen Typ anzeigt.

Beispiel-Header:

```
Accept: image/png;q=1, image/gif;q=0.5, image/jpeg;q=0.7
```

Der obige Beispiel-Header bringt zum Ausdruck, dass der Client die Grafikformate PNG, GIF und JPG verarbeiten kann und dabei PNG-Dateien den Vorzug gibt (q=1). Liegt keine PNG-Variante vor, so liefert der Apache die JPEG-Datei oder, falls diese auch nicht vorhanden ist, die GIF-Datei zurück. Kann keinem der Wünsche des

Webclients entsprochen werden, so antwortet der Apache, wie schon zuvor gesagt, mit einer 406-Fehlermeldung.

Beispiel einer Type-Map für die drei Dateien `bild.png`, `bild.gif` und `bild.jpg`:

```
#
# type-map: bild.var
#

URI: bild.png
Content-Type: image/png; qs=0.6
Description: "Truecolor PNG image"

URI: bild.gif
Content-Type: image/gif; qs=1
Description: "256color GIF image"

URI: bild.jpg
Content-Type: image/jpeg; qs=0.6
Description: "Truecolor JPEG image with 70% quality-level"
```

Würde ein Client auf `bild.var` zugreifen und dabei den oben angegebenen Beispiel-Header übermitteln, so würde die PNG-Variante vom Apache zurückgeschickt. Die Qualitätswerte der Client-Anfrage werden mit den Qualitätswerten der Type-Map kombiniert, und die bestmögliche Kombination wird an den Client ausgeliefert. Hätte der Client als Qualitätswert für den MIME-Typ `image/png` den Wert 0.5 angegeben, so wäre ihm vom Apache die GIF-Variante des Bildes übermittelt worden.

Language Negotiation

Liegt ein Dokument in mehreren verschiedenen Sprachen, wie z. B. Deutsch und Englisch vor, so kann auf Basis des `Accept-Languange`-Headers die gewünschte Variante zurückgeliefert werden.

Beispiel-Header:

```
Accept-Language: de, en;q=0.9, fr;q=0.2
```

Verbal ausgedrückt, bedeutet der Header: »Ich bevorzuge Deutsch, aber nehme auch Englisch und im Notfall sogar Französisch.«

Beispiel einer Type-Map für ein HTML-Dokument, das in den Sprachen Deutsch, Englisch und Französisch vorliegt:

```
#
# type-map: page.var
#

URI: page.html.de
Content-Type: text/html
Content-Language: de
Description: "German document (original version)"

URI: page.html.en
Content-Type: text/html
Content-Language: en
Description: "English document (translated version)"

URI: page.html.fr
Content-Type: text/html
Content-Language: fr
Description: "French document (translated version)"
```

Betrachtet man einen Zugriff auf `page.var` mit obigem Beispiel-Header, so würde die deutsche Version des HTML-Dokuments an den Client übermittelt.

Charset Negotiation

Der `Accept-Charset`-Header gibt Auskunft darüber, welche Zeichensätze der Webclient verarbeiten kann. Der Standardzeichensatz für HTML-Dokumente ist ISO-8859-1.

Beispiel-Header:

```
Accept-Charset: iso-8859-1, unicode-1-1;q=0.8
```

Beispiel einer Type-Map für zwei HTML-Dokumente:

```
#
# type-map: page.var
#
```

```
URI: page.html
Content-Type: text/html; qs=1; charset=iso-8859-1
Description: "test document (iso)"

URI: page.uni.html
Content-Type: text/html; qs=1; charset=unicode-1-1
Description: "test document (unicode)"
```

Encoding Negotiation

Über den `Accept-Encoding`-Header zeigt der Webclient an, ob und welche Arten von Kodierungen er akzeptiert.

Beispiel-Header:

```
Accept-Encoding: gzip, compress
```

Beispiel einer Type-Map für ein Postscript-Dokument:

```
#
# type-map: info.var
#

URI: info.ps.Z
Content-Type: application/postscript
Content-Encoding: compress
Description: "info document (compress)"

URI: info.ps.gz
Content-Type: application/postscript
Content-Encoding: gzip
Description: "info document (gzip)"
```

Je nachdem, ob ein Client `compress` oder `gzip` akzeptiert, wird vom Apache entweder `info.ps.Z` oder `info.ps.gz` zurückgeliefert. Sinnvollerweise sollte immer ein entsprechender Qualitätswert beim `Content-Type`-Header angegeben werden, um eine Präferenz bezüglich einer der beiden Formate festzulegen.

Kombination verschiedener Varianten

Wie schon in einem vorhergehenden Beispiel gezeigt, können Sie eine Type-Map nicht nur für jeweils eine Variation erstellen, sondern Sie können beliebige der zuvor genannten Arten der Content Negotiation kombinieren.

Hier ein Beispiel für ein Dokument, das als HTML- und TXT-Datei, jeweils in zwei verschiedenen Zeichensätzen und jeweils in deutscher und englischer Sprache vorliegt:

```
#
# type-map: extrem.var
#

URI: extrem-iso.html.de
Content-Type: text/html; qs=0.9; charset=iso-8859-1
Content-Language: de
Description: "German HTML document, iso-8859-1"

URI: extrem-iso.html.en
Content-Type: text/html; qs=0.9; charset=iso-8859-1
Content-Language: en
Description: "English HTML document, iso-8859-1"

URI: extrem-iso.txt.de
Content-Type: text/plain; qs=0.2; charset=iso-8859-1
Content-Language: de
Description: "German HTML document, iso-8859-1"

URI: extrem-iso.txt.en
Content-Type: text/html; qs=0.2; charset=iso-8859-1
Content-Language: en
Description: "English plain text document, iso-8859-1"

URI: extrem-uni.html.de
Content-Type: text/html; qs=0.9; charset=unicode-1-1
Content-Language: de
Description: "German HTML document, unicode-1-1"

URI: extrem-uni.html.en
Content-Type: text/html; qs=0.9; charset=unicode-1-1
Content-Language: en
```

```
Description: "English HTML document, unicode-1-1"

URI: extrem-uni.txt.de
Content-Type: text/plain; qs=0.2; charset=unicode-1-1
Content-Language: de
Description: "German HTML document, unicode-1-1"

URI: extrem-uni.txt.en
Content-Type: text/html; qs=0.2; charset=unicode-1-1
Content-Language: en
Description: "English plain text document, unicode-1-1"
```

11.1.4 MultiViews

Wie am letzten Beispiel zu erkennen ist, ist die Erstellung von Type-Maps relativ zeitaufwendig. Da der Apache an der Dateiendung sowieso in der Regel erkennen kann, welchen MIME-Typ oder welche Kodierung eine Variante hat, könnte er die Type-Maps prinzipiell selbst erstellen.

Genau diese Funktionalität verbirgt sich hinter der MultiViews-Suche, die jedoch nicht so flexibel einsetzbar ist wie Type-Maps.

Aktiviert wird die MultiViews-Suche über die Option `MultiViews` (vergleichen Sie hierzu das Konfigurationskapitel 5.14).

Der Ablauf einer MultiViews-Suche, der schon im Konfigurationskapitel beschrieben wurde, soll hier jedoch noch einmal wiederholt werden. Bei einem Zugriff auf eine nicht existierende Datei, z. B. `/test/page`, in einem Verzeichnis, für das `MultiViews` aktiviert wurde, sucht der Apache intern nach allen Dateien `/test/page.*`. Anhand der gefundenen Dateien erstellt er intern eine Type-Map, auf deren Basis dann entschieden wird, welche Datei an den Webclient zurückgeliefert werden soll. Falls sich unter den gefundenen Dateien eine Typ-Map befindet, wird diese verwendet und zwar unabhängig von den anderen Dateien. Auf diese Weise ist es möglich, für bestimmte Objekte Type-Maps, aber ansonsten MultiViews zu verwenden.

Die Funktion einer MultiViews-Suche ist somit identisch zu einer Type-Map – mit dem Unterschied, dass selbst keinerlei Type-Map-Dateien erstellt werden müssen, aber hierdurch auch etwas an Flexibilität verloren geht.

Anwendungsbeispiel:

Das Verzeichnis `/test` enthält die drei Dateien `page.html`, `page.txt` und `page.pdf`. Ein Client greift auf `http://www.domain.tld/test/page` zu und sendet dabei den folgenden `Accept`-Header:

```
Accept: text/html;q=1, text/plain;q=0.5, application/pdf;q=0.8
```

Der Apache übermittelt in diesem Fall die Datei `page.html`, da der Client hierfür den höchsten Qualitätswert angegeben hat. Gibt der Client keine Qualitätswerte für die verschiedenen MIME-Typen an, kann nicht vorhergesagt werden, welche der drei Varianten ihm übergeben wird. Hier wirkt sich der Nachteil der geringeren Flexibilität der MultiViews-Suche aus, da auf der Server-Seite keine Präferenzen für die einzelnen Formate gesetzt werden können. Die Verwendung von MultiViews ist in solchen Fällen somit weniger geeignet.

Eine MultiViews-Suche ist jedoch hervorragend geeignet, wenn Dokumente in verschiedenen Sprachen angeboten werden sollen.

Wie schon zuvor beschrieben, wird die Sprache eines Dokuments durch einen Zusatz im Dateinamen gekennzeichnet, der typischerweise dem Sprachkürzel der Sprache laut ISO 639 entspricht. In Anhang D finden Sie eine Auflistung der möglichen Abkürzungen.

Ein Dateiname wird typischerweise nach folgender Regel aufgebaut:

```
Name.Typ.Sprache.Zeichensatz.Kodierung
```

Die Reihenfolge der Komponenten – abgesehen vom Namen – lässt sich jedoch bei Bedarf auch verändern.

Beispiele:

```
page.html.de
page.de.html
page.html.ja.jis
page.html.jis.ja
info.txt.de.gz
info.gz.txt.de
```

Damit der Apache auch weiß, dass z.B. »de« für Deutsch und »en« für Englisch steht, zeigt man ihm dies über die Konfigurationsanweisung AddLanguage an. Falls ein Webclient keinen Accept-Language-Header übermittelt, wird eine Variante ausgewählt, die der angegebenen LanguagePriority entspricht. Enthält eine Datei kein Sprachkürzel, wird sie immer genau dann vom Apache zurückgeliefert, wenn der Webclient bei seiner Anfrage zwar eine (oder mehrere) gewünschte Sprache mitgeliefert hat, diese jedoch nicht verfügbar ist.

Stehen beispielsweise die drei folgenden Dokumente zur Verfügung:

```
page.html.de
page.html.fr
page.html
```

so würde einem Webclient bei einer Anfrage, in der er nur englischsprachige Dokumente anfordert, immer die Datei page.html zurückgeliefert.

Unabhängig davon kann mittels DefaultLanguage bestimmten Dokumenten, die kein Sprachkürzel enthalten, eine Sprache zugewiesen werden. Nützlich ist dies vor allem dann, wenn bisher alle Dokumente in einer bestimmten Sprache vorlagen, diese jedoch kein Sprachkürzel enthalten. Soll beispielsweise zukünftig zu den bisher vorliegenden deutschsprachigen Dokumenten auch eine englische Variante hinzugefügt werden, so kann DefaultLanguage genutzt werden, um alle Dateien mit der Endung .html (ohne Sprachkürzel) als Deutsch (de) zu definieren. Die englischsprachigen Dokumente können einfach mit dem entsprechenden Sprachkürzel (en) hinzugefügt werden. Hierdurch erspart man sich das Umbenennen aller alten Dateien.

Eine ausführliche Erklärung der Konfigurationsanweisungen AddLanguage, LanguagePriority und DefaultLanguage finden Sie in Kapitel 5.14.

Doch kommen wir wieder zurück zu den ursprünglichen Beispielen. Das dritte und vierte Beispiel kennzeichnet ein Dokument in japanischer Sprache mit einen speziellen Zeichensatz (*ISO-2022-JP*):

```
page.html.ja.jis
page.html.jis.ja
```

Damit der Apache erkennt, dass es sich bei der Komponete `jis` um eine Zeichensatzangabe handelt, muss diese, wie in Kapitel 5.14.2 beschrieben, über die `AddCharset`-Anweisung definiert werden. Sofern keine Zeichensatzangabe im Dateinamen enthalten ist, wird als Default ISO-8859-1 oder der mittels `AddDefaultCharset` definierte Zeichensatz verwendet.

Dies gilt gleicherweise für die Kodierungsangabe, d.h. wenn beispielsweise `gz` verwendet wird, muss die Serverkonfiguration eine entsprechende `AddEncoding`-Anweisung enthalten. Für die Standardkodierungsvarianten `gz` (*gzip*), `tgz` (*tar.gz*) und `Z` (*compress*) enthält die per Default verwendete `httpd.conf`-Datei bereits entsprechende Einträge.

Sollen MultiViews auch für die Type Negotiation verwendet werden, so müssen die verwendeten MIME-Typen mittels `AddType` in der Serverkonfiguration aufgeführt werden. Dies ist allerdings nur dann notwendig, wenn es sich nicht um einen Standardtyp handelt, der bereits in der `mime.types`-Datei definiert ist wie beispielsweise `text/html` oder `application/pdf`.

Referenzierung von Dokumenten

In einem Hyperlink können die Dokumente bei Verwendung von MultiViews auf verschiedene Arten referenziert werden. Zum Teil gibt es hier mehrere Möglichkeiten, je nachdem wie die Komponenten wie Sprachkürzel oder MIME-Typ im Dateinamen angeordnet sind.

Beispiel:

```
page.html.ja.jis
```

Dieses Dokument kann mit einem der folgenden Namen referenziert werden:

```
page
page.html
page.html.ja
page.html.ja.jis
```

Hat das Dokument hingegen den Dateinamen

```
page.ja.html.jis
```

so ergeben sich die folgenden Referenzierungsmöglichkeiten:

```
page
page.ja
page.ja.html
page.ja.html.jis
```

Wie Sie sehen, können bezüglich der Referenzierung immer beliebige Komponenten, beginnend von rechts, weggelassen werden. Ansonsten ist es generell immer möglich den kompletten Dateinamen inklusive aller Komponenten anzugeben oder nur den Namen ohne jegliche Komponenten.

Es ist jedoch nicht möglich ein oder mehrere Elemente bei der Referenzierung aus der Mitte des Dateinamens herauszunehmen oder die Reihenfolge zu ändern. Bezogen auf das letzte Beispieldokument würden beispielsweise die folgenden Namen beim Zugriff eine »*Not found*«-Fehlermeldung produzieren:

```
page.ja.jis
page.jis.ja
page.jis
page.html
```

11.2 Transparent Content Negotiation

Wie bereits am Anfang des Kapitels erwähnt, unterstützt der Apache seit der Version 1.3.4 sogenannte *Transparent Content Negotiation*, kurz *TCN* genannt. Bezogen auf die Konfiguration des Apache ergeben sich keinerlei Unterschiede zur zuvor beschriebenen normalen *Apache Content Negotiation* (im Folgenden als *ACN* bezeichnet).

Werden Type-Maps oder die MultiViews-Funktionalität, wie zuvor beschrieben, verwendet, steht auch TCN zur Verfügung. Aktiviert wird TCN aber immer vom Webclient. Zuständig hierfür ist der HTTP-Header »`Negotiate`«.

Liefert der Webclient den Header

```
Negotiate: trans
```

kennzeichnet er damit, dass ein Webserver der TCN unterstützt, immer eine Liste aller verfügbaren Varianten zurückliefern soll.

Im folgenden Beispiel wurden drei Dokumente auf dem Server abgelegt:

```
page.html.de
page.html.ja.jis
page.ps.en
```

Ruft ein Webclient nun das Dokument page auf, so liefert der Apache folgende Ausgabe zurück:

```
HTTP/1.1 300 Multiple Choices
Date: Fri, 24 Mar 2000 23:49:31 GMT
Server: Apache/1.3.10-dev (Unix)
Alternates: {"page.html.de" 1 {type text/html}
            {language de} {length 1877}},
            {"page.html.ja.jis" 1 {type text/html}
            {charset iso-2022-jp} {language ja} {length 1623}},
            {"page.ps.de" 1 {type application/postscript}
            {language de} {length 2326}}
Vary: negotiate,accept,accept-language,accept-charset
TCN: list
Connection: close
Content-Type: text/html

<!DOCTYPE HTML PUBLIC "-//IETF//DTD HTML 2.0//EN">
<HTML><HEAD>
<TITLE>300 Multiple Choices</TITLE>
</HEAD><BODY>
<H1>Multiple Choices</H1>
Available variants:
<ul>
<li><a href="page.html.de">page.html.de</a> ,
    type text/html, language de
<li><a href="page.html.ja.jis">page.html.ja.jis</a> ,
    type text/html, language ja, charset iso-2022-jp
<li><a href="page.ps.de">page.ps.de</a> ,
    type application/postscript, language de
</ul>
<HR>
<ADDRESS>Apache/1.3.12 Server at
         www.domain.tld Port 80</ADDRESS>
</BODY></HTML>
```

Wichtig im Hinblick auf TCN sind hierbei die HTTP-Header `Alternates`, `Vary` und `TCN`. Über diese Header erfährt der Webclient welche Varianten vorliegen und welche Möglichkeiten der Auswahl er hat. In der Regel sollte der Client dann eine entsprechende Variante auswählen und eine neue Anfrage an den Webservers schicken. Dieser Vorgang läuft transparent für den Nutzer ab. Nur wenn der Client keine geeignete Variante auswählen kann, bekommt der Nutzer die Auswahlliste angezeigt und kann manuell eine Variante auswählen. Diese Auswahlliste entspricht im Übrigen der Auswahlliste, die bei der ACN ausgegeben wird, wenn der Apache keine passende Variante gefunden hat. Allerdings wird bei ACN eine Antwort mit dem Status 406 (*Not Acceptable*) zurückgeliefert und bei TCN eine mit dem Status 300 (*Multiple Choices*).

11.2.1 Remote Variant Selection Algorithm

In den meisten Fällen wird ein Client, der TCN unterstützt, aber den folgenden Header bei seinen Anfragen verwenden:

```
Negotiate: 1.0
```

Hiermit gibt der Client an, dass der Server den *Remote Variant Selection Algorithm*, kurz *RVSA/1.0* verwenden soll, um bereits auf der Server-Seite die *beste* Variante auszuwählen (siehe RFC 2296). Die HTTP-Header `Alternates` und `Vary` werden auch in diesem Fall immer vom Apache mitgeliefert. Somit kann der Webclient bei Bedarf immer noch (transparent für den Nutzer) entscheiden, ob nicht doch eine andere Variante besser wäre, und diese vom Server anfordern.

Prinzipiell ähnelt der RVSA dem Apache-eigenen Negotiation-Algorithmus, d.h. auf Basis der Accept-Header des Webclients wird eine passende Variante ermittelt und zurückgeliefert. Allerdings bietet der ACN-Algorithmus ein paar Besonderheiten. Insbesondere bekommen Anfragen von bestimmten Webbrowsern eine Sonderbehandlung, damit auch hier eine passende Variante ausgewählt werden kann. Beispielsweise unterstützen alle aktuellen Netscape Navigator-Versionen die Angabe der Sprachkürzel, die im `Accept-Language`-Header mitgeschickt werden. Es ist zwar auch möglich entsprechende Qualitätswerte manuell anzugeben, jedoch wird darauf nicht explizit hingewiesen. Werden also beispielsweise ohne weitere manuelle Konfiguration die beiden Sprachen Deutsch und Englisch ausgewählt, so ergibt sich daraus der folgende Header:

```
Accept-Language: de, en
```

Die beiden Sprachen haben also den gleichen Qualitätswert, was bei der Verwendung von MultiViews dazu führt, dass nicht entschieden werden kann, welcher Sprache hier der Vorzug gegeben werden soll. Um ungünstigsten Fall wird also das Dokument mit der weniger bevorzugten Sprache ausgegeben. Obwohl die Reihenfolge der Sprachkürzel eigentlich keine Wertung kennzeichnet, orientiert sich der Apache in solch einem Fall daran und würde im Beispiel oben der Sprache Deutsch intern einen höheren Qualitätswert zuweisen.

Ähnlich verhält es sich beim `Accept`-Header. Viele Browser verwenden, zusammen mit explizit angegebenen MIME-Typen, den Wildcard-Eintrag »`*/*`«, um zu kennzeichnen, dass sie generell alle MIME-Typen akzeptieren.

Beispiel:

```
Accept: text/html, text/plain, image/png, image/jpeg, */*
```

Der Wildcard-Eintrag hat jedoch, wie alle anderen MIME-Typen, den Qualitätswert 1. Um zu erreichen, dass trotz der identischen Qualitätswerte die explizit angegebenen MIME-Typen bevorzugt werden, wird intern der Wildcard-Eintrag auf den Qualitätswert 0,01 gesetzt. Übermittelt ein Webclient im `Accept`-Header beispielsweise »`text/*`« oder »`image/*`«, so wird diesen intern der Qualitätswert 0,02 zugewiesen.

Bei der Verwendung von MultiViews kommt noch eine weitere Besonderheit hinzu. Sofern sich unter den möglichen Varianten ein CGI-Skript befindet und es sich um eine POST-Anfrage oder eine GET-Anfrage mit einem *Query-String* handelt, wird das CGI-Skript generell mit dem höchsten Qualitätswert bewertet und somit immer aufgerufen. Andernfalls, bei einer normalen GET-Anfrage, bekommt das CGI-Skript einen sehr niedrigen Qualitätswert und wird somit in der Regel in solch einem Fall nicht aufgerufen. Damit der Apache CGI-Skripten erkennen kann, muss dies entsprechend konfiguriert worden sein. Typischerweise wird hier den Dateien mit der Endung `.cgi` mittels `AddHandler`-Anweisung der Handler `cgi-script` zugewiesen (vergleiche Kapitel 5.17).

11.3 Einsatzmöglichkeiten

Die Content Negotation hat prinzipiell sehr vielfältige Einsatzmöglichkeiten, jedoch hapert es derzeit noch bei der client-seitigen Unterstützung. Zumindest zum Zeitpunkt der Drucklegung dieses Buches gab es noch keinen Webbrowser der

TCN unterstützt, und auch wenn es um die normale Content Negotiation geht, sind die Einsatzmöglichkeiten derzeit beschränkt. Die zuvor erläuterten Accept-Header werden zwar von den meisten Webbrowsern übermittelt, jedoch können diese nur in den wenigsten Fällen vom Nutzer auch konfiguriert werden. Die einzige Ausnahme ist derzeit die Spracheinstellung bezüglich des `Accept-Language`-Headers. Doch obwohl hier entsprechende Konfigurationsmöglichkeiten in den meisten Browsern vorhanden sind, werden diese oftmals von den Nutzern nicht oder zum Teil falsch eingesetzt.

Es bleibt zu hoffen, dass die Browser-Hersteller hier in Zukunft Abhilfe schaffen und weitere Unterstützung und Konfigurationsmöglichkeiten für die Content Negotiation implementieren.

## Kapitel 12

Image-Maps

Eine *Image-Map*, auch *clickable Image* genannt, stellt ein Bild dar, das – je nachdem welche Koordinaten des Bildes angewählt wurden – auf einen anderen URL verzweigt. Unterschieden wird zwischen *Server-Side Image-Maps* und *Client-Side Image-Maps*. Letztere erlangten erst mit der Verbreitung von HTML 3.2 Popularität.

Client-Side Image-Maps haben den Vorteil, dass sie vom Webclient selbst interpretiert werden, da sich die entsprechenden Angaben direkt im HTML-Dokument befinden. Hierdurch ergibt sich ein Geschwindigkeitsvorteil gegenüber Server-Side Image-Maps, da keinerlei zusätzliche Übermittlungen an den Webserver stattfinden und dort keine Berechnungen vorgenommen werden müssen.

Als Fazit ergibt sich somit, dass man nach Möglichkeit immer Client-Side Image-Maps bevorzugen sollte.

12.1 Client-Side Image-Maps

Mit dem Webserver haben Client-Side Image-Maps direkt nichts zu tun, da die Angaben zur Imagemap schon im HTML-Dokument selbst über das HTML-Tag `<MAP>` definiert werden.

Beispiel:

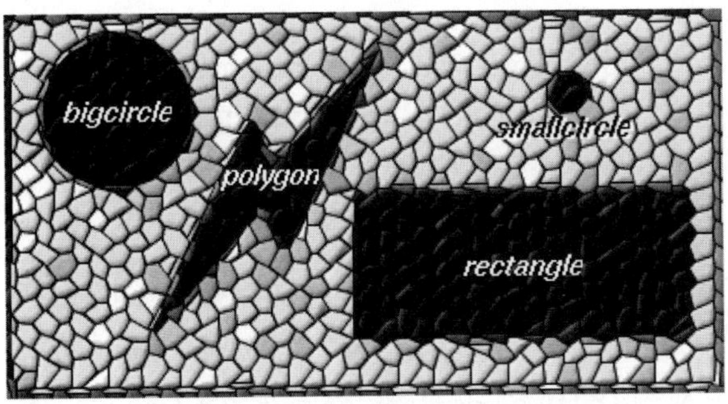

Abb. 12.1: Beispielgrafik

HTML-Code (Auszug):

```
   <MAP NAME="test">
<AREA SHAPE="RECT"
     COORDS="190,173,371,94"
       HREF="rectangle.html"
        ALT="The rectangle.">
<AREA SHAPE="CIRCLE"
     COORDS="62,53,103,9"
       HREF="bigcircle.html"
        ALT="The big circle.">
<AREA SHAPE="CIRCLE"
     COORDS="307,44,318,32"
       HREF="smallcircle.html"
        ALT="The small circle.">
<AREA SHAPE="POLY"
     COORDS="76,175,140,104,151,132,211,11,146,82,134,55,76,174"
       HREF="polygon.html"
        ALT="The polygon.">
</MAP>
```

Client-Side Image-Maps stellen die neuere Variante von Image-Maps dar und werden mittlerweile auch von fast allen Webclients unterstützt.

Wählt ein Nutzer zum Beispiel das Rechteck an, so erfolgt ein Zugriff auf die Datei `rectangle.html`.

Weitere Informationen finden Sie in der entsprechende HTML-Literatur.

12.2 Server-Side Image-Maps

Obwohl Sie nach Möglichkeit Client-Side Image-Maps bevorzugen sollten, können Sie Image-Maps auch auf die althergebrachte Weise zur Verfügung stellen. Wählt ein Nutzer eine Server-Side Image-Map an, so überträgt der Browser die angewählten Koordinaten in der Anfrage an den Webserver.

Um Server-Side Image-Maps verwenden zu können, muss das Modul `mod_imap` eingebunden sein. Die Konfiguration ist in Kapitel 5.15 beschrieben.

Da man in den seltensten Fällen Map-Dateien per Hand erstellt, sondern ein Programm zum Erstellen verwendet, soll hier nur kurz auf das Format der Image-Map-

Dateien eingegangen werden. Insgesamt sind sechs verschiedene Anweisungen erlaubt: `base`, `default`, `poly`, `circle`, `rect` und `point`.

12.2.1 base

Diese Anweisung entspricht dem HTML-Tag `<BASE>` und gibt das Basisverzeichnis für relativ angegebene URLs an. Als Defaultwert wird das Hauptverzeichnis des Webservers verwendet, z. B. `http://www.domain.tld/`.

Syntax: `base` *URL*

Das Basisverzeichnis kann auch über die `ImapBase`-Anweisung in der Serverkonfiguration oder einer `.htaccess`-Datei gesetzt werden.

12.2.2 default

Sofern keine Koordinaten angewählt wurden, die zu einem definierten Objekt der Image-Map gehören, wird der mittels `default` angegebene URL geladen.

Syntax: `default` *URL*

12.2.3 poly

Hiermit werden die Koordinaten eines Polygons angegeben. Mindestens drei Koordinatenangaben sind notwendig, maximal hundert sind möglich.

Syntax: `poly` *URL »Alt-Text« x,y x,y x,y ...*

12.2.4 circle

Ein Kreis wird über die `circle`-Anweisung definiert, wobei zwei Koordinaten angegeben werden – der Mittelpunkt des Kreises und ein Punkt auf dem Rand des Kreises.

Syntax: `circle` *URL »Alt-Text« x,y x,y*

12.2.5 rect

Ein Viereck wird mit `rect` definiert, indem man die Koordinaten zweier gegenüberliegender Eckpunkte angibt.

Syntax: `rect` *URL »Alt-Text« x,y x,y*

12.2.6 point

Im Falle von `point` wird nur ein einzelner Punkt definiert, dessen URL geladen wird, wenn Koordinaten in der Nähe dieses Punktes ausgewählt wurden und keinerlei andere Objekte sich über diesen Koordinaten befinden. Die `default`-Anweisung wird nicht beachtet, wenn eine `point`-Anweisung in einer Image-Map benutzt wird.

Syntax: `point` *URL »Alt-Text« x,y*

Hier ein Beispiel einer Server-Side Image-Map für das schon zuvor verwendete Bild:

```
default http://www.domain.tld/
base http://www.domain.tld/test/
rect rectangle.html "The rectangle." 190,95 371,174
circle bigcircle.html "The big circle." 61,53 102,11
circle smallcircle.html "The small circle." 307,44 318,32
poly polygon.html "The polygon." 76,175 140,104 152,130
                               210,10 146,81 134,55 76,174
```

12.2.7 URL-Angaben

Die URLs von `rect`, `circle`, `poly` und `point` können entweder absolut oder relativ angegeben werden. Abgesehen von einem URL kann eins der folgenden Wörter angegeben werden, die eine spezielle Bedeutung haben:

map, menu

Die Angabe von `map` oder `menu` ist ein Synonym für den URL der Image-Map selbst. Sofern `ImapMenu` nicht auf `none` gesetzt ist, wird bei der Anwahl das entsprechende Menü angezeigt.

referer

Hiermit gibt man den Referer-URL des Zugriffs an. Als Default-Wert wird, falls kein Referer bei der Anfrage vom Client gesendet wurde, die Hauptseite des eigenen Servers benutzt.

nocontent

Wird ein mit `nocontent` angegebenes Objekt der Image-Map ausgewählt, wird eine Fehlermeldung, Statuscode 204 (*No Content*), an den Client gesendet.

error

Die Angabe von `error` erzeugt eine Fehlermeldung mit dem Statuscode 500 (*Server Error*), und sollte, wenn überhaupt, nur bei der `default`-Anweisung eingetragen werden.

Kapitel 13

Secure Webserver

Für die kommerzielle Nutzung des World Wide Web ist es oftmals notwendig, eine sichere Kommunikation zu ermöglichen, z. B. wenn Kreditkartendaten übertragen werden sollen. Bei einer gesicherten Übertragung spielt in erster Linie die Verschlüsselung der übertragenen Daten eine Rolle, aber auch die Authentikation ist hierbei nicht unwesentlich, denn es nützt wenig, wenn z. B. Kreditkartendaten zwar verschlüsselt, aber an die falsche Website übermittelt wurden. Andersherum soll der Webserver gegebenenfalls auch die Möglichkeit haben, eine Authentikation des Webclients durchführen zu können.

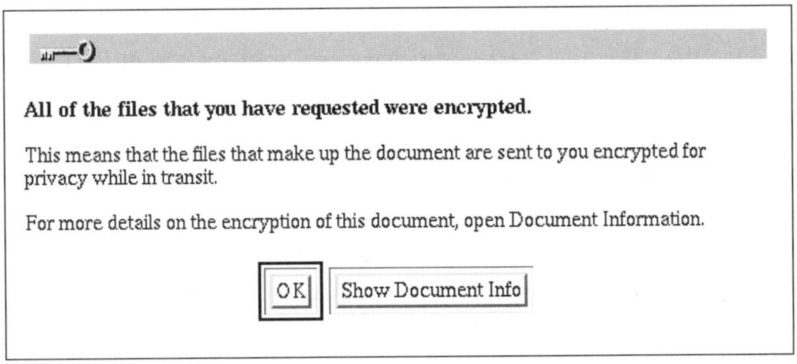

Abb. 13.1: SSL: Ein Dokument wurde verschlüsselt übertragen

13.1 Secure Sockets Layer (SSL)

Es gibt verschiedene Ansätze, um sichere Transaktionen im World Wide Web zu ermöglichen. Das von der Netscape Communications Corporation entwickelte SSL-Protokoll (*Secure Sockets Layer*) hat sich hierbei als De-facto-Standard etablieren können. Andere Varianten wie beispielsweise S-HTTP (*Secure HyperText Transfer Protocol*), das eine Erweiterung von HTTP darstellt, haben sich hier nicht durchsetzen können.

Das SSL-Protokoll ist zudem nicht auf die Verwendung im WWW beschränkt, sondern lässt sich auch für andere Dienste (z. B. *Telnet*) nutzen, da es unabhängig vom verwendeten Applikationsprotokoll ist.

Transport Layer Security (*TLS*) ist der Nachfolger von SSL und mittlerweile als RFC 2246 von der *IETF Network Working Group* in der Version 1.0 verabschiedet. Bisher unterstützen die gängigen Webbrowser meist nur SSL in den Versionen 2 und 3, wobei aber damit zu rechnen ist, dass zukünftig TLS die Hauptrolle spielen wird. Im Folgenden wird TLS nicht mehr speziell erwähnt, d. h. wenn von SSL gesprochen wird, ist in der Regel auch TLS gemeint.

13.1.1 Eigenschaften von SSL

Das SSL-Protokoll weist drei grundlegende Eigenschaften auf:

- Eine Verbindung ist *privat*. Nach einem initialen Verbindungs-Handshake wird ein Sitzungsschlüssel definiert, der als Schlüssel für ein symmetrisches Verschlüsselungsverfahren verwendet wird, mit dem die zu übertragenden Daten verschlüsselt werden. Dazu werden beispielsweise die Algorithmen RC4 oder DES verwendet.
- Eine Authentikation des Servers und des Clients wird ermöglicht. In den meisten Fällen kommt ein asymmetrisches oder *Public-Key*-Verfahren zur Anwendung.
- Eine Verbindung ist zuverlässig, da die Integrität der übertragenen Daten durch einen MAC (*Message Authentication Code*) verifiziert wird. Verwendung findet hier in vielen Fällen der MD5-Algorithmus.

Eine ausführliche Beschreibung des SSL-Protokolls finden Sie in [Frei96]. Die TLS-Spezifikationen sind hingegen in [Drei99] zu finden.

13.2 SSL-Integration in den Apache

Um einen *sicheren* Webserver einzurichten, bietet sich die Verwendung eines Webservers an, der SSL unterstützt. Die normale Version des Apache ist dazu leider nicht in der Lage. Der Grund sind in erster Linie die Exportbestimmungen der USA, die es untersagen, dass kryptografische Software aus den USA exportiert wird. Da die meisten der Apache-Entwickler aus den USA stammen, wo sich auch die Apache-Website befindet, wurde deshalb darauf verzichtet SSL-Unterstützung in den Apache zu integrieren. Die Exportrestriktionen wurden zwar für Software, die im Quellcode vertrieben wird, mittlerweile gelockert, dennoch muss derzeit noch auf zusätzliche Module und Erweiterungen zur SSL-Integration zurückgegriffen werden.

Wurde in der ersten und zweiten Auflage dieses Buches noch Apache-SSL beschrieben, wird im Folgenden die Installation und Konfiguration von `mod_ssl` erläutert. Das Modul `mod_ssl` wurde von Ralf S. Engelschall, basierend auf Apache-SSL von Ben Laurie, entwickelt und ist seitdem um zahlreiche Funktionalitäten erweitert worden. Insbesondere gestaltet sich die Installation von `mod_ssl` weitaus einfacher, als dies bei Apache-SSL der Fall ist.

Ebenso wie Apache-SSL ist `mod_ssl` frei verfügbar und auch Exportbestimmungen sind kein Problem, da die Software außerhalb der USA entwickelt und vertrieben wird.

Das SSL-Modul implementiert jedoch nicht selbst das SSL-Protokoll, sondern es handelt sich hierbei um die Schnittstelle zwischen Apache und einer entsprechenden SSL-Bibliothek. Die Standardbibliothek ist hierbei die frei verfügbare OpenSSL-Bibliothek, die im Folgenden genauer betrachtet werden soll.

13.2.1 OpenSSL

Bei *OpenSSL* handelt es sich um den Nachfolger von *SSLeay*, einer von Eric A. Young und Tim J. Hudson entwickelten SSL- und Kryptografiebibliothek. Da SSLeay nicht mehr weiterentwickelt wurde, schlossen sich einige Leute zusammen und entwickeln die Bibliothek unter dem Namen OpenSSL weiter.

OpenSSL stellt Unterstützung für SSL in den Protokollversionen 2 und 3 sowieso TLS-Version 1 zur Verfügung.

Da OpenSSL auch ein vollständiges Kryptografiepacket ist, enthält es weiterhin alle notwendigen Programme, um Schlüssel und Zertifikate zu erstellen, die dazu verwendet werden können, eine eigene Zertifizierungsinstanz (*Certification Authority*) aufzubauen.

Verfügbarkeit

- Homepage: `http://www.openssl.org/`
- FTP-Server: `ftp://ftp.openssl.org/`
- CD-ROM: Verzeichnis `/openssl`

Installation

Das Übersetzen und die Installation gestalten sich in der Regel sehr einfach. Wenn Sie das Archiv ausgepackt haben, müssen lediglich die folgenden Befehle ausgeführt werden:

```
$ ./config
$ make
$ make test
# make install
```

Das config-Skript sorgt dafür, dass das Konfigurationsskript mit den für die jeweilige Plattform notwendigen Optionen aufgerufen wird. Sofern keine Fehler aufgetreten sind, sollte nach einem Aufruf von »make install« die OpenSSL-Installation im Verzeichnis /usr/local/ssl zu finden sein.

Bei Bedarf kann config beziehungsweise Configure mit diversen Parametern aufgerufen werden, wobei folgende Aufrufsyntax verwendet werden muss:

```
./config [-Dxxx] [-lxxx] [-Lxxx] [-fxxx] [-Kxxx]
         [rsaref] [no-threads] [threads] [no-asm] [386]
         [no-cipher] [--prefix=DIR] [--openssldir=OPENSSLDIR]
         os/compiler[:flags]
```

In Tabelle 13.1 werden die möglichen Parameter erläutert:

Tabelle 13.1: Parameter des config-Skripts

Parameter	Bedeutung
-D, -l, -L, -f, -K	Hierbei handelt es sich um compiler-spezifische Optionen beziehungsweise Parameter, die vom config-Skript lediglich an den Compiler durchgereicht werden.
rsaref	Sorgt dafür, dass OpenSSL mit der *RSAREF*-Bibliothek übersetzt wird (librsaref.a muss sich im Bibliothekssuchpfad befinden). Dies ist aber nur aus patentrechtlichen Gründen in den USA notwendig und braucht auf europäischen Webservern nicht weiter beachtet zu werden.
no-threads threads	In der Regel entscheidet das config-Skript selbstständig, ob und wie auf dem jeweiligen Betriebssystem OpenSSL mit *Multi-Threading*-Unterstützung übersetzt werden kann. Allerdings kann dies bei Bedarf mit threads bzw. no-threads manuell gesteuert werden. Die Angabe von no-threads sollte allerdings niemals notwendig sein. Nur wenn die *Threading*-Unterstützung aktiviert ist, ist OpenSSL *Thread-Save* und kann mit *Multi-Threading*-Programmen verwendet werden.

Tabelle 13.1: Parameter des config-Skripts (Forts.)

Parameter	Bedeutung
no-asm	Für die meisten unterstützten Systeme liegen bestimmte Funktionen als Assembler-Code vor. Bei Bedarf kann die Nutzung durch Angabe von `no-asm` deaktiviert werden, was jedoch nur in Ausnahmefällen notwendig sein sollte.
386	Wenn Sie noch glücklicher Besitzer eines 386er Rechners sind, dann muss diese Option angegeben werden. Per Default wird mindestens ein 486er benötigt.
`no-`*Cipher*	Diese Angabe sorgt dafür, dass OpenSSL ohne den als *Cipher* angegebenen Kryptoalgorithmus übersetzt wird. Mögliche Algorithmen sind `bf`, `cast`, `des`, `dh`, `dsa`, `hmac`, `md2`, `md5`, `mdc2`, `rc2`, `rc4`, `rc5`, `rsa` und `sha`. Die Option kann mehrfach angegeben werden. Beispiel: `no-md2 no-rc2`
`--openssldir` `=`*Verzeichnis*	Wie bereits zuvor erwähnt, wird in der Standardeinstellung `/usr/local/ssl` für die Installation verwendet. Mittels `--openssldir` kann jedoch bei Bedarf ein anderes Verzeichnis ausgewählt werden.
`--prefix` `=`*Verzeichnis*	Mittels `--prefix` kann zusätzlich zu `--openssldir` ein Verzeichnis angegeben werden, in dem das `include`-, `lib`- und `bin`-Verzeichnis installiert werden soll.
os/compiler	Der wichtigste Parameter ist die Angabe des verwendeten Betriebssystems und Compilers. Das config-Skript wählt immer automatisch die passende Angabe aus, allerdings kann diese bei Bedarf manuell angegeben werden. Eine Übersicht erhalten Sie durch den Aufruf von `Configure` ohne jegliche Parameter.

Per Default wird OpenSSL beim Aufruf von »`make`« als statisch gebundene Bibliothek übersetzt, wobei es auf Linux möglich ist, über den Aufruf

```
$ make linux-shared
```

eine dynamisch gebundene Variante zu erstellen.

Wurde OpenSSL fertig übersetzt, sollten Sie »`make test`« aufrufen um einen Selbsttest durchzuführen. Sie können hierauf auch verzichten, allerdings sollten Sie dann zumindest »`make rehash`« aufrufen, um sicherzustellen, dass die symbolischen Links im `certs`-Verzeichnis korrekt angelegt sind.

Die Installation selbst wird dann, wie bereits erwähnt, durch Aufruf von »`make install`« durchgeführt. Wurde allerdings zuvor `linux-shared` zum Übersetzen verwendet, müssen die Bibliotheken manuell installiert werden, da dies nicht vom normalen Installationsmechanismus gemacht wird:

```
# mv lib* /usr/local/ssl/
# chmod 664 /usr/local/ssl/lib*
```

Allerdings ist die Installation von OpenSSL nur dann notwendig, wenn die Bibliothek dynamisch in `mod_ssl` eingebunden werden soll[1], oder dann, wenn die SSL-Tools auf dem System noch für andere Zwecke benötigt werden. Beim Übersetzen von Apache und `mod_ssl` greift man typischerweise auf das Distributionsverzeichnis zurück, und wenn die Bibliothek sowieso statisch eingebunden wird, kann auf die Installation auch verzichtet werden.

13.2.2 Das Modul mod_ssl

Wie bereits erwähnt wurde, stellt `mod_ssl` das Bindeglied zwischen OpenSSL und Apache dar. Das SSL-Modul kann zwar als *Dynamic Shared Object* (DSO-Modul) in den Apache eingebunden werden, jedoch ist dies nicht so ohne weiteres mittels `apxs` möglich. Das Modul benötigt einen Apache mit EAPI (*Enhanced API*), über das die notwendigen SSL-Schnittstellen (*SSL Hooks*) im Apache zur Verfügung gestellt werden. Es gibt zwar Bestrebungen, aufgrund der gelockerten Kryptoexportbestimmungen das EAPI in den Apache zu integrieren, jedoch muss derzeit noch auf einen Patch zurückgegriffen werden.

Wie später noch gezeigt wird, wird dieser Patch beim Übersetzen von `mod_ssl` automatisch in den Apache integriert und zusammen mit `mod_ssl` übersetzt.

Verfügbarkeit

- Homepage: `http://www.modssl.org/`
- FTP-Server: `ftp://ftp.modssl.org/`
- CD-ROM: Verzeichnis `/modules/mod_ssl`

Am Dateinamen der Distribution können Sie immer erkennen, für welche Apache-Version das Modul gedacht ist. Hat das Archiv beispielsweise den Namen

```
mod_ssl-2.6.0-1.3.12.tar.gz
```

so bezeichnet 2.6.0 die Versionsnummer von `mod_ssl` und 1.3.12 die Version des Apache, mit der es benutzt werden kann.

---

1 Nicht jede Plattform läßt es zu, dass eine *Shared Library* für ein DSO-Modul verwendet wird. In der Regel sollten Sie OpenSSL immer statisch in `mod_ssl` einbinden und Probleme zu vermeiden.

Installation

Da der Apache um das EAPI erweitert werden muss, werden typischerweise Apache und mod_ssl in einem einzigen Arbeitsschritt übesetzt und installiert. Entpackt man die mod_ssl-Distribution, finden Sie im das configure-Skript Hauptverzeichnis. Es stellt einerseits diverse mod_ssl-spezifische Konfigurationsparameter zur Verfügung, wobei es dann das configure-Skript des Apache mit allen weiteren Parametern aufruft. Mit anderen Worten, die unbekannten Konfigurationsparameter werden an das Apache-configure weitergereicht.

Die folgenden Konfigurationsparameter werden vom SSL-configure ausgewertet:

Tabelle 13.2: Die Konfigurationsparameter des configure-Skripts

Parameter	Bedeutung
--with-apache=*Verzeichnis*	Diese Angabe ist zwingend erforderlich, da der Apache Quellcode angepasst werden muss und dort auch der mod_ssl-Quellcode installiert wird, bevor dann das Apache-configure aufgerufen wird. Das Verzeichnis gibt das Distributionsverzeichnis an, d.h. es ist nicht das ServerRoot-Verzeichnis gemeint. Es kann entweder relativ oder auch mit absolutem Pfad angegeben werden. Beispiel: `--with-apache=../apache-1.3.12`
--with-apxs[=*Dateiname*]	Gibt den Pfad zum apxs-Skript an. Die Angabe wird nur benötigt, wenn mod_ssl nachträglich installiert werden soll und der Apache bereits über das EAPI verfügt.
--with-ssl=*Verzeichnis*	Ebenso, wie --with-apache das Distributionsverzeichnis des Apache angibt, wird mittels --with-ssl das Verzeichnis der OpenSSL-Distribution angegeben. Beispiel: `--with-ssl=../openssl-0.9.4`
--with-rsa=*Verzeichnis*	Falls mod_ssl mit der *RSAREF*-Bibliothek übersetzt werden soll, kann hiermit das entsprechende Verzeichnis angegeben werden. Sofern der Server allerdings nicht in den USA betrieben wird, braucht man sich um diese Angabe nicht weiter zu kümmern.
--with-mm=*Verzeichnis*	Die MM-Bibliothek wurde bereits in Zusammenhang mit mod_auth_digest erwähnt. In Bezug auf mod_ssl ermöglicht sie den Zugriff aller Kindprozesse des Apache auf einen gemeinsamen, im Speicher gehaltenen SSL-Session-Cache (vergleiche hierzu die folgenden Erläuterungen). Ansonsten muss der Session-Cache in einer Datei untergebracht werden. Insbesondere auf SSL-Servern mit hohem Traffic sollten Sie auf die MM-Bibliothek nicht verzichten.

Tabelle 13.2: Die Konfigurationsparameter des `configure`-Skripts (Forts.)

Parameter	Bedeutung
`--with-crt=`*Dateiname*	Ist bereits ein Serverzertifikat vorhanden, kann es mittels `--with-crt` angegeben werden. Es wird dann automatisch installiert und in der Serverkonfiguration eingetragen.
`--with-key=`*Dateiname*	Wird typischerweise immer zusammen mit `--with-crt` angegeben und gibt die zugehörige Schlüsseldatei an.
`--with-patch=`*Dateiname*	Normalerweise sorgt das `configure`-Skript selbstständig dafür, dass der EAPI-Patch mit einem mitgelieferten Patch-Programm in den Apache integriert wird. Bei Bedarf kann jedoch der Pfad zu einem `patch`-Programm manuell angegeben werden.
--with-eapi-only	Diese Option kann angegeben werden, wenn lediglich der EAPI-Patch in den Apache integriert, aber `mod_ssl` selbst nicht übersetzt werden soll. Dies ist hauptsächlich für Verwalter von Binärpacketen interessant, wenn der Apache mit EAPI für SSL vorbereitet werden soll, mod_ssl aber später getrennt mittels `apxs` hinzugefügt werden soll.
--expert	Wurde diese Option angegeben, werden keine zusätzlichen Kommentare vom `configure`-Skript ausgegeben.
--force	Um ein korrektes Übersetzen zu gewährleisten, werden beim Ausführen des `configure`-Skripts diverse Tests vorgenommen, z. B. ob die angegebene Apache-Distribution auch wirklich die passende Apache-Version für `mod_ssl` enthält. Mit `--force` können diese Tests deaktiviert werden. Dies ist nützlich, um versuchen zu können, `mod_ssl` auf Apache-Versionen anzuwenden, für die es nicht gedacht ist.
--verbose	Sorgt dafür, dass zusätzliche Schritte beim `configure`-Aufruf ausgegeben werden.
--quiet	Das Gegenstück zu `--verbose`; es werden gar keine Ausgaben vom `configure`-Skript gemacht.
--help	Gibt eine Übersicht über die möglichen Konfigurationsparameter aus.

Alle weiteren Optionen beziehungsweise Parameter werden zum Apache-`configure` (APACI) durchgereicht und entsprechend ausgeführt. Wenn also `mod_ssl` in den Apache integriert werden soll, müssen Sie das SSL-`configure` lediglich mit den Optionen aufrufen, mit denen Sie auch das Apache-`configure` aufgerufen hätten – zuzüglich der zuvor erläuterten SSL-spezifischen Optionen.

Wurden beispielsweise in einem Verzeichnis die drei Archive `apache-1.3.12.tar.gz`, `mod_ssl-2.6.0-1.3.12.tar.gz` und `openssl-0.9.4.tar.gz` ausgepackt (und OpenSSL bereits übersetzt), so könnte `configure` im `mod_ssl`-Verzeichnis im einfachsten Fall wie folgt aufgerufen werden:

```
./configure --with-apache=../apache-1.3.12  \
            --with-ssl=../openssl-0.9.4 --enable-module=ssl
```

Die Angabe --enable-module=ssl kann auch entfallen, da sie implizit vom configure-Skript an das Apache-configure weitergereicht wird.

Sie können nun den Apache samt mod_ssl durch den Aufruf von »make« im apache_1.3.12-Verzeichnis übersetzen.

Ebenso wie die Standardmodule des Apache lässt sich auch mod_ssl als DSO-Modul übersetzen. Hierzu müssen Sie lediglich

```
--enable-shared=ssl
```

angeben. Da man aber typischerweise nicht nur mod_ssl, sondern auch die anderen Apache-Module als DSO-Module übersetzen will, kann das configure-Skript auf folgende Weise aufgerufen werden (vergleichen Sie hierzu Kapitel 4):

```
./configure --with-apache=../apache-1.3.12  \
            --with-ssl=../openssl-0.9.4  \
            --enable-module=most  --enable-shared=max
```

Sofern mod_ssl als DSO-Modul in den Apache integriert ist, können Sie bei Bedarf auch apxs benutzen um ein Update durchzuführen – immer vorausgesetzt, dass die mod_ssl-Version auch für die Verwendung mit der installierten Apache-Version geeignet ist. Das SSL-configure kann diesbezüglich wie folgt aufgerufen werden:

```
./configure --with-apxs=/usr/local/apache/bin/apxs  \
            --with-ssl=../openssl-0.9.4
```

Durch den Aufruf von »make install« wird danach das neue SSL-Modul (libssl.so) installiert. Allerdings werden keine LoadModule- bzw. AddModule-Anweisungen in der Serverkonfiguration eingefügt, da dieser Mechanismus in erster Linie für ein Update gedacht ist. Die notwendigen Anweisungen sollten in diesem Fall schon in der httpd.conf-Datei zu finden sein.

Bei Bedarf können Sie dies jedoch durch den manuellen Aufruf von apxs nachholen:

```
apxs -e -a -n ssl /usr/local/apache/libexec/libssl.so
```

13.2.3 Serverzertifikat

Bevor `mod_ssl` jedoch verwendet werden kann, wird ein Zertifikat für den Server benötigt, über das sich der Server gegenüber den Webclients authentisiert. Genauer gesagt handelt es sich hierbei um sogenannte X.509-Zertifikate.

Zu Testzwecken kann direkt mittels OpenSSL ein eigenes Zertifikat erstellt werden. Zur Vereinfachung bietet `mod_ssl` hier einige Varianten zur Erstellung an. Eine der Varianten sollte bei Bedarf ausgewählt werden, bevor »`make install` « aufgerufen wird.

```
make certificate TYPE=dummy
make certificate TYPE=test
make certificate TYPE=custom
make certificate TYPE=existing CRT=Datei KEY=Datei
```

Die Varianten `dummy` und `test` sind prinzipiell identisch. Es wird jeweils ein Zertifikat mit voreingestellten Werten erstellt. Bei `dummy` wird ein selbstsigniertes Zertifikat erstellt (einige Browser haben damit allerdings Probleme) und bei `test` ein Zertifikat, das mit einem CA-Schlüssel signiert wird, der der `mod_ssl`-Distribution beiliegt (*SnakeOil-CA*). Die `dummy`- beziehungsweise `test`-Zertifikate sollten Sie deshalb nur zu Testzwecken verwenden.

Falls schon ein Serverzertifikat vorhanden ist, kann dieses bei der `existing`-Variante zusammen mit der Schlüsseldatei angegeben werden.

Interessant wird es jedoch, wenn als Typ `custom` verwendet wird, denn hier können sowohl die Werte für das Serverzertifikat, wie auch für das CA-Zertifikat (bzw. Schlüssel), selbst gewählt und eingegeben werden.

Selbst erstellte Serverzertifikate

Weiter unten ist ein Beispiel aufgeführt, bei dem ein selbst signiertes Serverzertifikat erstellt wird. Zuerst wird hierbei der Schlüssel für die eigene Zertifizierungsinstanz (*Certification Authority, CA*) erstellt und danach das Serverzertifikat mit diesem Schlüssel signiert.

Die wichtigste Angabe hierbei ist der »*Common Name*«, denn hier *muss* der korrekte Hostname angegeben werden, für den das Zertifikat verwendet werden soll. Falls also die Website unter dem Namen `www.domain.tld` erreichbar sein soll, dann muss dieser Name auch genau so angegeben werden. Denn falls hier ein falscher Name angegeben wird, beschweren sich die meisten Webbrowser bei einem Zugriff darüber, dass das Zertifikat nicht zum Server passt. Ein Zugriff ist zwar auch dann noch möglich, aber nur wenn sich der Nutzer erst durch mehrere Warnmeldungen geklickt hat.

Hier der Aufruf zur Generierung des Serverzertifikats (die Eingabedaten sind jeweils hervorgehoben dargestellt):

```
$ make certificate TYPE=custom
SSL Certificate Generation Utility (mkcert.sh)
Copyright (c) 1998-2000 Ralf S. Engelschall,
All Rights Reserved.

Generating custom certificate signed by own CA [CUSTOM]
______________________________________________________________

STEP 0: Decide the signature algorithm used for certificates
The generated X.509 certificates can contain either
RSA or DSA based ingredients. Select the one you want to use.
Signature Algorithm ((R)SA or (D)SA) [R]:
______________________________________________________________
STEP 1: Generating RSA private key for CA (1024 bit) [ca.key]
90040 semi-random bytes loaded
Generating RSA private key, 1024 bit long modulus
.......+++++
....+++++
e is 65537 (0x10001)
______________________________________________________________

STEP 2: Generating X.509 certificate signing request for
       CA [ca.csr]
Using configuration from .mkcert.cfg
You are about to be asked to enter information that will
be incorporated into your certificate request.
What you are about to enter is what is called a Distinguished
Name or a DN. There are quite a few fields but you can leave
some blank
For some fields there will be a default value,
If you enter '.', the field will be left blank.
-----
1. Country Name             (2 letter code) [XY]:DE
2. State or Province Name   (full name)
   [Snake Desert]:Bavaria
```

```
3. Locality Name           (eg, city)
   [Snake Town]:Munich
4. Organization Name       (eg, company)
   [Snake Oil, Ltd]:Apache Webserver
5. Organizational Unit Name (eg, section)
   [Certificate Authority]:
6. Common Name             (eg, CA name)
   [Snake Oil CA]:Internal CA
7. Email Address           (eg, name@FQDN)
   [ca@snakeoil.dom]:ca@domain.tld
8. Certificate Validity    (days)        [365]:1825
______________________________________________________________
STEP 3: Generating X.509 certificate for
      CA signed by itself [ca.crt]
Certificate Version (1 or 3) [3]:
Signature ok
subject=/C=DE/ST=Bavaria/L=Munich/
  O=Apache Webserver/OU=Certificate Authority/
  CN=Internal CA/Email=ca@domain.tld
Getting Private key
Verify: matching certificate & key modulus
read RSA private key
Verify: matching certificate signature
../conf/ssl.crt/ca.crt: OK
______________________________________________________________

STEP 4: Generating RSA private key for SERVER (1024 bit)
[server.key]
91104 semi-random bytes loaded
Generating RSA private key, 1024 bit long modulus
..........+++++
......+++++
e is 65537 (0x10001)
______________________________________________________________

STEP 5: Generating X.509 certificate signing request for
      SERVER [server.csr]
Using configuration from .mkcert.cfg
You are about to be asked to enter information that will
be incorporated into your certificate request.
What you are about to enter is what is called a Distinguished
Name or a DN. There are quite a few fields but you can leave
```

```
some blank
For some fields there will be a default value,
If you enter '.', the field will be left blank.

-----
1. Country Name          (2 letter code) [XY]: DE
2. State or Province Name  (full name)
    [Snake Desert]:Bavaria
3. Locality Name          (eg, city)
    [Snake Town]:Munich
4. Organization Name       (eg, company)
    [Snake Oil, Ltd]:Apache Webserver
5. Organizational Unit Name (eg, section)
    [Webserver Team]:World Domination Department
6. Common Name            (eg, FQDN)
    [www.snakeoil.dom]:www.domain.tld
7. Email Address          (eg, name@fqdn)
    [www@snakeoil.dom]:webmaster@domain.tld
8. Certificate Validity    (days)        [365]:

______________________________________________________________

STEP 6: Generating X.509 certificate signed by own
      CA [server.crt]
Certificate Version (1 or 3) [3]:
Signature ok
subject=/C=DE/ST=Bavaria/L=Munich/O=Apache Webserver/
  OU=World Domination Department/CN=www.domain.tld/
  Email=webmaster@domain.tld
Getting CA Private Key
Verify: matching certificate & key modulus
read RSA private key
Verify: matching certificate signature
.. /conf/ssl.crt/server.crt: OK
______________________________________________________________

STEP 7: Enrypting RSA private key of CA with a
      pass phrase for security [ca.key]
The contents of the ca.key file (the generated private key)
has to be kept secret. So we strongly recommend you to
encrypt the server.key file with a Triple-DES cipher and
a Pass Phrase.
```

```
Encrypt the private key now? [Y/n]:
read RSA private key
writing RSA private key
Enter PEM pass phrase:
Verifying password - Enter PEM pass phrase:
Fine, you're using an encrypted private key.
______________________________________________________________________

STEP 8: Enrypting RSA private key of SERVER with a
        pass phrase for security [server.key]
The contents of the server.key file (the generated private key)
has to be kept secret. So we strongly recommend you to encrypt
the server.key file with a Triple-DES cipher and a Pass Phrase.
Encrypt the private key now? [Y/n]: n
Warning, you're using an unencrypted RSA private key.
Please notice this fact and do this on your own risk.
______________________________________________________________________

RESULT: CA and Server Certification Files
o  conf/ssl.key/ca.key
   The PEM-encoded RSA private key file of the CA which you can
   use to sign other servers or clients. KEEP THIS FILE PRIVATE!

o  conf/ssl.crt/ca.crt
   The PEM-encoded X.509 certificate file of the CA which you
   use to sign other servers or clients. When you sign clients
   with it (for SSL client authentication) you can configure
   this file with the 'SSLCACertificateFile' directive.

o  conf/ssl.key/server.key
   The PEM-encoded RSA private key file of the server which you
   configure with the 'SSLCertificateKeyFile' directive
   (automatically done when you install via APACI).
   KEEP THIS FILE PRIVATE!

o  conf/ssl.crt/server.crt
   The PEM-encoded X.509 certificate file of the server which
   you configure with the 'SSLCertificateFile' directive
   (automatically done when you install via APACI).

o  conf/ssl.csr/server.csr
   The PEM-encoded X.509 certificate signing request of the
```

```
    server file which you can send to an official Certificate
    Authority (CA) in order to request a real server certificate
    (signed by this CA instead of our own CA) which later can
    replace the conf/ssl.crt/server.crt file.

  Congratulations that you establish your server
  with real certificates.
```

Wie den letzten Ausgaben zu entnehmen ist, werden insgesamt fünf Dateien, jeweils in einem Unterverzeichnis im `conf`-Verzeichnis, erstellt. Auf `mod_ssl` beziehen sich hierbei die beiden Dateien `server.crt` (Zertifikat) und `server.key` (Schlüssel).

Die Abfrage ob der Schlüssel mit einem Passwort geschützt werden soll, wurde absichtlich verneint, denn ansonsten müsste beim Start des Apache jedesmal das Passwort angegeben werden. Dies ist zwar möglich, macht es jedoch etwas schwierig, den Apache automatisch beim Booten des Rechners zu starten oder einen Neustart durchzuführen. Aus diesem Grund wird der Schlüssel typischerweise ohne Passwort abgelegt. Allerdings sollten Sie in diesem Fall unbedingt dafür Sorge tragen, dass nur authorisierte Personen auf die Datei zugreifen können.

Offizielle Zertifizierungsinstanzen

Zertifikate können zwar sehr schnell und einfach selbst erstellt werden, jedoch sind sie nur bedingt nutzbar, wenn sie für eine öffentliche Website gedacht sind. Die Grundidee von Serverzertifikaten besteht, wie bereits erwähnt wurde, darin, dass sie dazu dienen die Website gegenüber den Nutzern zu authentisieren. Wenn aber das Zertifikat mit dem Schlüssel einer selbst erstellten Zertifizierungsinstanz (*CA*) signiert wurde, ist dies verständlicherweise nicht der Fall. Stößt ein Webbrowser auf ein Zertifikat, das von einer unbekannten CA signiert wurde, gibt er immer einen entsprechenden Warnhinweis aus und fragt den Nutzer, ob er das Zertifikat wirklich akzeptieren will.

Soll dies vermieden werden, muss das Serverzertifikat von einer offiziellen CA signiert werden, die in diesem Fall eine vertrauenswürdige dritte Instanz darstellt. Die meisten Browser kennen bereits eine Vielzahl von CAs und können somit beim Zugriff auf einen SSL-Webserver direkt das Serverzertifikat auf Authentizität überprüfen.

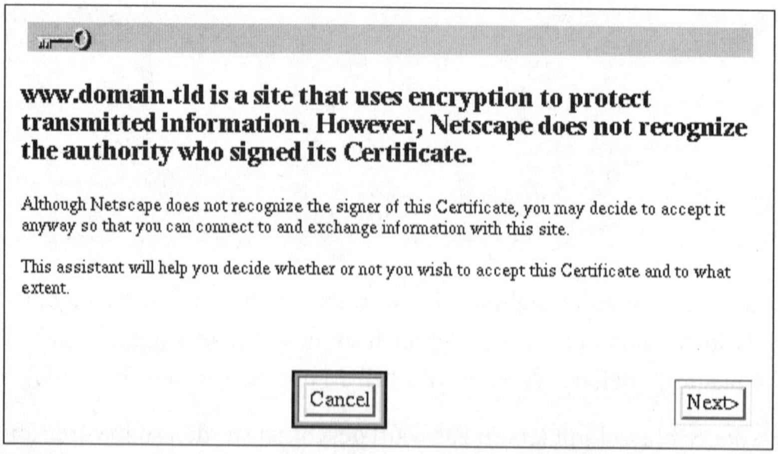

Abb. 13.2: Beispiel eines Zertifikatsdialogs (Netscape Navigator)

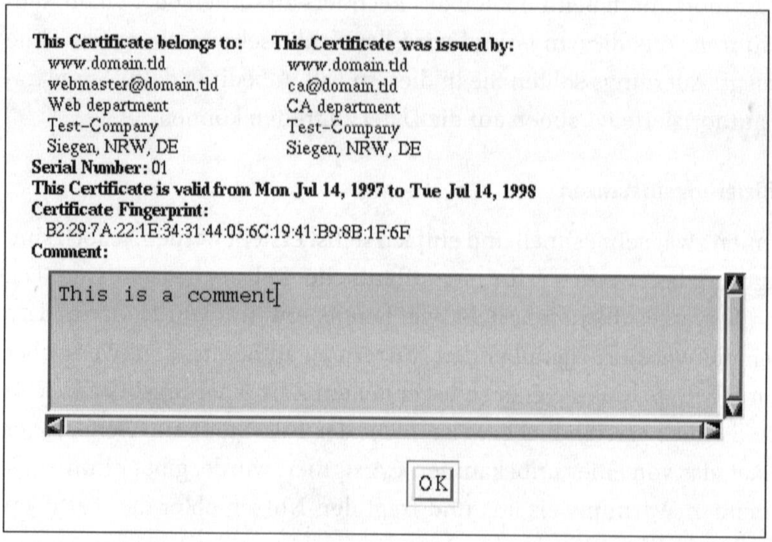

Abb. 13.3: Die Details des Serverzertifikats. Der Kommentar kann bei der Erstellung über die OpenSSL-Konfiguration geändert werden.

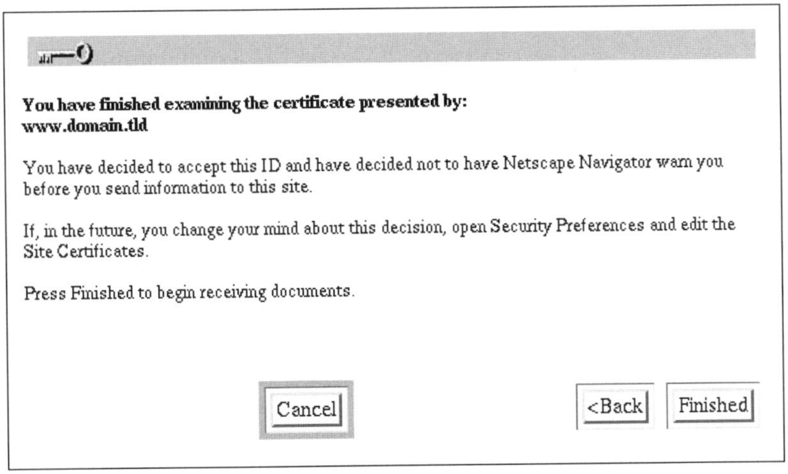

Abb. 13.4: Das Serverzertifikat wurde aktzeptiert.

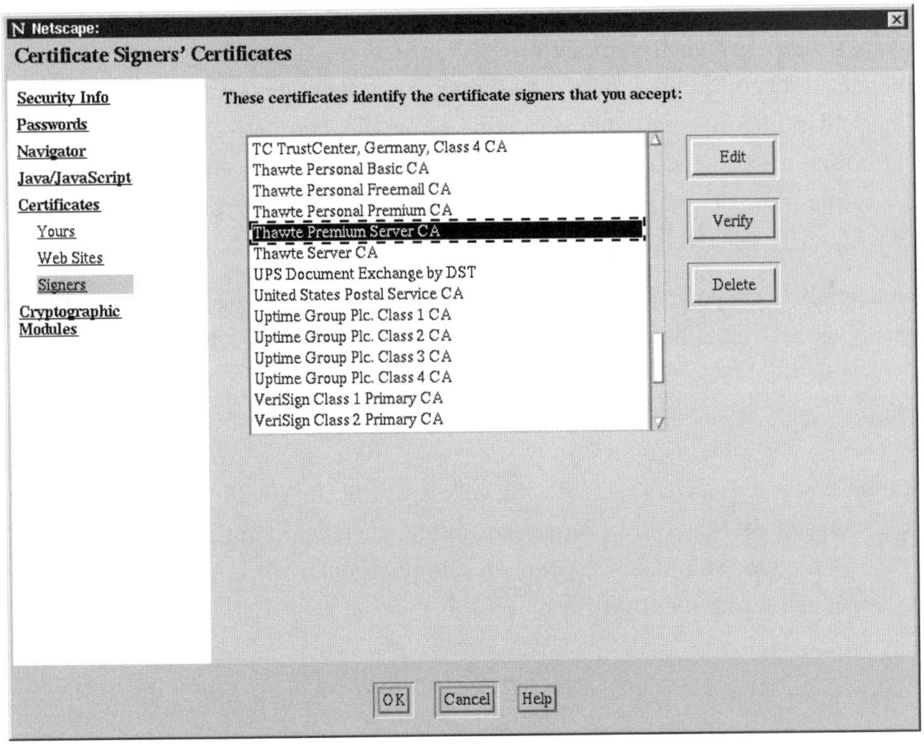

Abb. 13.5: Liste der CA-Zertifikate am Beispiel des Netscape Navigators.

Die beiden bekanntesten CAs, sprich Marktführer, sind VeriSign (http://www.verisign.com/) und Thawte[1] (http://www.thawte.com/). Die Zertifikate sind immer genau ein Jahr gültig, und die Preise beginnen bei 100 USD.

Certificate Signing Request

Um ein signiertes Zertifikat zu bekommen, wird jedoch nicht etwa ein selbst erstelltes Zertifikat an die CA geschickt, sondern es muss ein sogenannter *Certificate Signing Request* (*CSR*) erstellt werden.

Wurde bereits mittels

```
make certificate TYPE=custom
```

ein Zertifikat erstellt, wurde auch automatisch ein CSR erzeugt, der unter `conf/ssl.csr/server.csr` zu finden sein sollte und ohne weitere Modifikationen verwendet werden kann – vorausgesetzt die beim Erstellen eingegebenen Daten waren korrekt. Um dies auch verifizieren zu können, verlangen CAs immer entsprechende Bescheinigungen, dass der Firmenname auch verwendet werden darf (in Deutschland ist dies typischerweise eine Kopie des Handelsregisterauszugs) und die Domain auch wirklich der Firma gehört. Weiterhin muss ein Bevollmächtigter der Firma (z.B. Geschäftsführer) das Ganze noch mit seiner Unterschrift bestätigen.

Sind letztlich alle Vorkehrungen getroffen und der Apache und `mod_ssl` auch mittels »`make install`« installiert worden, sollten Sie den Apache über den Aufruf

```
/usr/local/apache/bin/apachectl startssl
```

starten können. Falls das `apachectl`-Skript als Init-Skript (*init.d*) verwendet werden soll, müssen Sie das Skript anpassen, damit auch beim Aufruf mit `start` statt `startssl` die Option »`-DSSL`« an den Apache übergeben wird. Ansonsten wird die SSL-Unterstützung nicht aktiviert.

---

1 *Thawte* hat früher eine kommerzielle SSL-Variante des Apache namens *Sioux* verkauft, die jedoch mittlerweile nicht mehr eigenständig weiterentwickelt wird. Teile von *Sioux* (z.B. das Web-Administrationsinterface) sind in die Version 2.0 von *Stronghold* (ebenfalls ein auf Apache basierender kommerzieller SSL-Webserver) eingeflossen.

Zugriff auf den SSL-Server

Der Zugriff auf den SSL-Server erfolgt nicht über das normale http-Schema, sondern https muss als Schema in einem URL angegeben werden.

Beispiel:

```
https://www.domain.tld/
```

Ist der erste Start des Apache nun erfolgreich verlaufen, ist es Zeit, einen Blick auf die Konfigurationsanweisungen des Moduls zu werfen.

13.2.4 Konfiguration

Auf den folgenden Seiten finden Sie alle von mod_ssl zur Verfügung gestellten Konfigurationsanweisungen mit entsprechenden Erläuterungen und Beispiel. Darauf folgt dann ein Komplettbeispiel mit den wichtigsten SSL-Anweisungen.

Ein Teil der aufgeführten Anweisungen wird nur dann benötigt, wenn mit Clientzertifikaten gearbeitet werden soll. Das heißt, nicht nur der Server authentisiert sich gegenüber dem Client, sondern auch der Client gegenüber dem Server. Die Verwendung von Clientzertifikaten ist die sicherste Möglichkeit der Zugangskontrolle. Zudem ist es sehr komfortabel für die Nutzer, da keinerlei Usernamen oder Passwörter eingegeben werden müssen.

In den meisten Fällen werden Sie jedoch nur mit Serverzertifikat in Kontakt kommen, und hier ist die Konfiguration mit einigen wenigen Anweisungen schnell erledigt.

SSLEngine

Syntax	SSLEngine On|Off
Default	Off
Modul	mod_ssl
Kontext	Serverkonfiguration, <VirtualHost>

Per Default ist SSL sowohl für den Hauptserver als auch für alle eventuell vorhandenen virtuellen Server deaktiviert. Mit der Anweisung SSLEngine können Sie das SSL-Protokoll jedoch aktivieren.

Wurde SSLEngine in der Konfiguration des Hauptservers definiert, so erbt jeder virtuelle Server diese Einstellung, d.h. hier kann SSL dann bei Bedarf für einen virtuellen Server deaktivert werden.

SSLRequireSSL

Syntax	SSLRequireSSL
Default	*(keine Beschränkung)*
Modul	mod_ssl
Kontext	Serverkonfiguration, <VirtualHost>

Mit der Anweisung SSLRequireSSL können Sie sicherstellen, dass die vom Client aufgebaute Verbindung auch wirklich über SSL abgesichert ist. Ist dies nicht der Fall, wird die Anfrage des Clients abgewiesen. Die SSLRequireSSL-Anweisung ist einzig zum Schutz gegen mögliche Fehlkonfigurationen gedacht, damit Daten nicht versehentlich unverschlüsselt übertragen werden.

SSLOptions

Syntax	SSLOptions [+|-]*Option ...*
Default	*(keine der Optionen ist gesetzt)*
Modul	mod_ssl
Kontext	Serverkonfiguration, <VirtualHost>, <Directory>, <Location>, <Files>, .htaccess

Die SSLOptions-Anweisung ähnelt von der Verwendung her der normalen Options-Anweisung. Als Paramter bekommt die Anweisung einen oder auch mehrere Namen von Optionen, die bestimmte Funktionalitäten von mod_ssl aktivieren. Wie bei der Options-Anweisung auch gelten die gesetzten Optionen ebenfalls für alle untergeordneten Verzeichnisse. Bei Bedarf kann hier erneut SSLOptions verwendet werden, und durch Voranstellen von »+« beziehungsweise »-« lassen sich selektiv bestimmte Optionen hinzunehmen oder wieder deaktivieren.

Als *Option* können hierbei die unten aufgeführten Optionen gesetzt werden:

Tabelle 13.3: Optionen der SSLOptions-Anweisung

Option	Bedeutung
StdEnvVars	SSL-spezifische Umgebungsvariablen (s.u.) werden nicht generiert. Zumindest nicht per Default, denn die Generierung der Variablen beansprucht zum Teil eine gewisse Rechenzeit, was sich negativ auf die Performance auswirkt. Sinnvollerweise sollte StdEnvVars deshalb nur auf bestimmte Bereiche beschränkt werden, wo die Variablen auch wirklich benötigt werden. Beispiele hierfür sind CGI-Skripten oder SSI-Dokumente.
CompatEnvVars	Entspricht StdEnvVars, allerdings werden hierbei Variablen erzeugt, die bezüglich ihrer Namen kompatibel zu anderen SSL-Modulen sind, wie beispielsweise Apache-SSL. Bei Bedarf kann diese Option zusammen mit StdEnvVars verwendet werden.
ExportCertData	Hiermit werden die folgenden zusätzlichen Variablen für eine Anfrage erzeugt: SSL_SERVER_CERT, SSL_CLIENT_CERT, SSL_CLIENT_CHAIN1, SSL_CLIENT_CHAIN2, usw. Die Variablen enthalten das PEM-kodierte X.509-Zertifikat des Servers, des Webclients sowie aller weiteren evtl. vorhandenen *Chain-Zertifikate*. Da diese Zertifikate nicht unbedingt sehr klein sind, sollten Sie diese Optione aus Ressourcengründen nur aktivieren, wenn der Zugriff auf die Zertifikate auch wirklich benötigt wird. Nützlich kann dies sein, wenn beispielsweise weitere Überprüfungen der Zertifikate durchgeführt werden sollen.
FakeBasicAuth	Falls Client-Authentikation verwendet wird, lässt sich das Zertifikat für den normalen Authentikationsmechanismus verwenden, der typischerweise von mod_auth zur Verfügung gestellt wird. Bei Bedarf kann jedoch auch ein anderes Authentikationsmodul verwendet werden. Ist FakeBasicAuth aktiviert, wird intern eine normale Basic-WWW-Authentikation durchgeführt, allerdings nur, wenn das Zertifikat auch gültig war. Intern wird vom SSL-Modul dabei grundsätzlich das Passwort »password« verwendet. Das heißt, in einer Passwortdatei (AuthUserFile) muss immer dasselbe DES-verschlüsselte Passwort »xxj31ZMTZzkVA« (entschlüsselt sich zu »password«) verwendet werden. Falls das Betriebssystem (z.B. FreeBSD) MD5 für die Passwortverschlüsselung verwendet, muss in der Datei statt dessen der folgende MD5-Hash verwendet werden: `$1$OXLyS...$Owx8s2/m9/gfkcRVXzgoE/`

Tabelle 13.3: Optionen der SSLOptions-Anweisung (Forts.)

Option	Bedeutung
	Als User-ID muss der *Subject Distinguished Name* (*Subject DN*) des Zertifikats herhalten, der durch den Aufruf openssl x509 -noout -subject -in zertifikat.pem aus dem Zertifikat ermittelt werden kann. Beispielkonfiguration: Options FakeBasicAuth <Location /test> ... AuthName test AuthUserFile /usr/local/apache/conf/x509passwd require valid-user </Location>
StrictRequire	Diese Option bezieht sich auf die SSLRequireSSL- und SSLRequire-Anweisungen. Ist sie aktiv, wird generell der Zugriff verweigert, wenn keine SSL-Verbindung für den Zugriff verwendet wird (SSLRequireSSL) oder aber die mit SSLRequire definierte Regel nicht zutrifft. Dies ist auch dann der Fall, wenn die anderen Anweisungen die Zugriffskontrolle trotzdem erlauben würden. Von Bedeutung ist hier einzig die Anweisung »*Satisfy Any*«, da diese ansonsten einen Zugriff zulassen würde.
OptRenegotiate	Normalerweise werden Sie die SSL-Funktionalität immer bezogen auf einen gesammten virtuellen Host aktivieren, allerdings kann sie auch nur für bestimmte Verzeichnisse, sprich, innerhalb einer <Directory>-Anweisung aktiviert werden. Dies hat allerdings den Nachteil, dass dann, bezogen auf das Verzeichnis, immer ein sogenanntes *SSL-Renegotiation-Handshake* durchgeführt werden muss. Hierbei handelt der Webclient erneut die SSL-Verbindungsparameter mit dem Server aus, was sich spürbar negativ auf die Performance auswirkt. Um dem entgegenzuwirken, kann OptRenegotiate aktiviert werden, was dafür sorgt, dass diese Renegotiation durch interne Parameterüberprüfungen möglichst vermieden wird. Allerdings kann dies im Einzellfall durchaus fehlschlagen.

Beispiele:

```
SSLOptions FakeBasicAuth StrictRequire

<LocationMatch "\.(cgi|php3)$">
SSLOptions +StdEnvVars
</LocationMatch>
```

SSLSessionCache

Syntax	`SSLSessionCache` *Typ*
Default	`None`
Modul	`mod_ssl`
Kontext	Serverkonfiguration

Der Session-Cache ist zwar optional, allerdings sollte er möglichst verwendet werden. Das SSL-Modul erzeugt für jeden Webclient der zugreift, eine Session, wobei diese Sessions lokal in den einzelnen Apache-Prozessen gespeichert werden. In den meisten Fällen werden die Anfragen eines bestimmten Clients jedoch nicht von nur genau einem Apache-Prozess verarbeitet, sondern von mehreren. Damit nicht jedesmal ein komplettes SSL-Handshake durchgeführt werden muss und erneut eine Session angelegt wird, können die Sessioninformationen prozessübergreifend verwaltet werden. Genauer gesagt existieren zwei Session-Caches. Ein globaler Session-Cache und einer in jedem Apache-Prozess (direkt in der OpenSSL-Bibliothek). Der globale Session-Cache dient als Haupt-Cache und synchronisiert die Session-Caches in den einzelnen Apache-Prozessen.

Mit `SSLSessionCache` legen Sie hierbei fest, auf welche Weise dies gemacht wird. Wird als *Typ* der Wert `None` angegeben, so wird kein Session-Cache geführt. Dies ist die Standardeinstellung.

Ansonsten wird typischerweise eine DBM-Datei als Cache-Datei verwendet.

Beispiel:

```
SSLSessionCache dbm:/usr/local/apache/logs/ssl_scache
```

Die Datei sollte sich immer auf einem lokalen Dateisystem befinden und nicht etwa auf einem NFS-Server (Locking-Probleme).

Wurde die MM-Bibliothek in `mod_ssl` integriert, empfielt sich hingegen die Verwendung der *Shared Memory*-Variante.

```
SSLSessionCache shm:/usr/local/apache/logs/ssl_scache
```

Es wird zwar ebenfalls eine Datei angegeben, allerdings werden die Daten typischerweise im Speicher abgelegt und nicht in der Datei. Auf einigen Plattformen wird die Datei aber trotzdem benötigt, je nachdem welche Implementierung die MM-Bibliothek für das *Shared Memory* wählen musste. Angegeben müssen Sie die Datei aber letztlich immer.

Die Größe des Caches ist per Default auf 512 kByte begrenzt. Soll dieser Wert geändert werden, kann die Größe, in Bytes, an den Dateinamen angehängt werden. Der Maximalwert der meisten Betriebssysteme liegt per Default bei 32 MByte (z. B. bei BSD und Linux). Auf anderen Systemen (z. B. Solaris) kann per Default nur maximal 1 MByte verwendet werden. In der Regel lässt sich der Maximalwert jedoch über Kernel-Parameter erhöhen.

Beispiel:

```
SSLSessionCache shm:/usr/local/apache/logs/ssl_scache(1024000)
```

SSLSessionCacheTimeout

Syntax	`SSLSessionCacheTimeout` *Zeit*
Default	300
Modul	`mod_ssl`
Kontext	Serverkonfiguration, `<VirtualHost>`

Wie lange eine Session maximal als aktiv im Session-Cache gespeichert wird, kann via `SSLSessionCacheTimeout` angegeben werden. Als *Zeit* wird hierbei die Anzahl der Sekunden angegeben, wobei als Default 300 Sekunden verwendet werden. Wurden also bei einer bestimmten Session seit mehr als 300 Sekunden keine Anfragen mehr gestellt, wird diese aus dem Cache entfernt.

Auf einem Server, der sehr viele SSL-Anfragen zu verkraften hat, sollte der Timeout-Wert gegebenenfalls verringert werden. Ansonsten sind 300 Sekunden ein durchaus brauchbarer Wert.

SSLMutex

Syntax	`SSLMutex` *Typ*
Default	None
Modul	`mod_ssl`
Kontext	Serverkonfiguration

Da beim Apache immer mehrere Prozesse im Spiel sind, müssen einige Operationen des SSL-Moduls, wie beispielsweise Schreibzugriffe auf den Session-Cache, synchronisiert werden, d.h. es muss ein *Locking* durchgeführt werden.

In der Standardeinstellung (*None*) wird kein Locking durchgeführt, was jedoch niemals so belassen werden sollte. Die beste Lösung ist die Verwendung von *System V IPC*-Semaphoren auf Unix-System und Windows-Mutex auf Win32-Systemen. Sie erreichen dies durch folgende Angabe:

```
SSLMutex sem
```

Ob das verwendete System Semaphoren unterstützt, erkennen Sie im negativen Fall sehr schnell an der folgenden Fehlermeldung im Error-Log:

```
SSLMutex: Semaphores not available on this platform
```

Auf nahezu jeder Plattform sollte es jedoch möglich sein, statt Semaphoren eine normale Lock-Datei zu verwenden. Das sieht wie folgt aus:

```
SSLMutex file:/usr/local/apache/logs/ssl_mutex
```

SSLPassPhraseDialog

Syntax	`SSLPassPhraseDialog builtin|exec:`*Dateipfad*
Default	`builtin`
Modul	`mod_ssl`
Kontext	Serverkonfiguration

Wenn der Apache gestartet wird, muss er einerseits das Serverzertifikat und andererseits die Schlüsseldatei laden. Der Schlüssel sollte sinnvollerweise mit einem Passwort geschützt sein, was jedoch dazu führt, das beim Start immer dieses Passwort eingegeben werden muss.

Wurde die Standardeinstellung verwendet oder `builtin` als Option angeben, so verlangt der Apache beim Start in der Shell nach dem zugehörigen Passwort.

Alternativ können Sie ein Programm oder Skript angeben, welches als ersten Parameter den Hostnamen des Servers, gefolgt von der Portnummer (durch einen Doppelpunkt getrennt) enthält. Der zweite Parameter ist entweder `RSA` oder `DSA`, je nachdem welcher Algorithmus verwendet wird. Das SSL-Modul erwartet dann vom Skript die Ausgabe des Passwortes (*stdout*), wobei es dem Skript überlassen bleibt, wie das Passwort letztlich erzeugt wird.

Wie bereits erwähnt, kann jedoch der Passwortschutz der Schlüsseldatei entfernt werden, wodurch sich das Problem mit der Eingabe von selbst erledigt. Dies ist zwar eine durchaus übliche Vorgehensweise, allerdings sollten Sie dann unbedingt sicherstellen, dass die Schüsseldatei auch wirklich nur für authorisierte Personen zugänglich ist. Das heißt, die Dateirechte sollten entsprechend restriktiv gestaltet sein.

Falls Sie sich also das Leben einfacher – aber auch unsicherer – machen wollen, können Sie den Pass-Phrase aus dem privaten Serverschlüssel durch folgenden Aufruf des `openssl`-Programms entfernen:

```
# openssl rsa -in server.key -out server-nopass.key
read RSA private key
Enter PEM pass phrase: ******
writing RSA private key
```

Der Serverschlüssel (`server-nopass.key`) hat dann *keinen Pass-Phrase* mehr, und der Apache fragt diesen beim Start bzw. Neustart nicht mehr ab.

Dies ist zwar praktisch, aber aus dem Blickwinkel der Sicherheit betrachtet, ist das Entfernen des Pass-Phrase eher bedenklich, denn falls ein Einbruch auf dem Serverrechner erfolgt ist, kann der Angreifer ohne Probleme das Serverzertifikat auf einer anderen Website verwenden und damit eventuell großen Schaden anrichten.

SSLRandomSeed

Syntax	`SSLRandomSeed` *Kontext Quelle* [*Bytes*]
Modul	`mod_ssl`
Kontext	Serverkonfiguration

Wie der Name es schon erahnen lässt, wird mit dieser Option festgelegt, wie die benötigten Zufallszahlen erzeugt werden. Unterschieden wird hierbei bezüglich *Kontext* immer zwischen `startup` und `connect`. Das SSL-Modul benötigt Zufallszahlen einmal beim Start und ebenso beim Aufbau einer neuen Clientverbindung (SSL-Handshake).

Die folgenden Varianten stehen hiebei zur Auswahl:

- `builtin`
  Hierbei wird vom SSL-Modul selbst eine Pseudo-Zufallszahl erzeugt, die auf der aktuellen Zeit, der Prozess-ID und in der Regel einem Auszug der Apache-Scoreboard-Struktur basiert. Da es sich hierbei nicht um starke Zufallszahlen handelt, sollte diese Variante nur im Notfall verwendet werden.
- `file:`*Dateipfad*
  Bei dieser Variante wird der Name einer Datei angegeben, aus der die Zufallszahlen ausgelesen werden. Sofern verfügbar, sollte hier eines der Random-Devices des Systems genutzt werden, da man hierdurch in der Regel starke Zufallszahlen bekommt. Beispiele hierfür sind `/dev/random` und `/dev/urandom`. Wenn möglich sollten Sie `/dev/random` bevorzugen, da es bessere Ergebnisse liefert, allerdings Sie hier vorsichtig sein, denn auf manchen Systemen blockiert das Device beim Lesen, wenn aufgrund mangelnder Entropie temporär keine Zufallszahl geliefert werden kann. In solche Fällen sollte auf `/dev/urandom` zurückgegriffen werden, das niemals blockieren sollte.
  Falls noch *Bytes* angegeben wird, so sorgt dies dafür, dass nur diese Anzahl von Bytes aus der Datei ausgelesen wird, ansonsten wird der gesamte Dateiinhalt verwendet.
- `exec:`*Dateipfad*
  Als Dateipfad wird hierbei der Pfad zu einem Programm oder Skript angegeben, welches beim Aufruf jeweils eine Zufallszahl liefert. Beispielsweise könnte hierfür die bereits in Kapitel 5 bezüglich `mod_auth_digest` erwähnte *truerand*-Bibliothek verwendet werden. Auch bei der `exec`-Variante kann die Anzahl der Bytes als drittes Argument angegeben werden.

Beispiele:

```
SSLRandomSeed startup builtin
SSLRandomSeed startup file:/dev/urandom
SSLRandomSeed startup exec:/usr/local/bin/truerand 16

SSLRandomSeed connect builtin
SSLRandomSeed connect file:/dev/random 1024
```

In der Serverkonfiguration müssen Sie jeweils genau einmal `SSLRandomSeed` für `startup` und einmal für `connect` angeben.

SSLProtocol

Syntax	`SSLProtocol [+|-]SSLv2|SSLv3|TLSv1|All`
Default	All
Modul	mod_ssl
Kontext	Serverkonfiguration, `<VirtualHost>`

Wie bereits anfangs erwähnt wurde, unterstützt OpenSSL die Protokolle SSL in Version 2 und 3 und die TLS-Version 1. Mit `SSLProtocol` haben Sie die Möglichkeit nur bestimmte Protokolle zu aktivieren. Erlaubt sind die Angaben `SSLv2`, `SSLv3`, `TLSv1` und `All`, wobei letztere die Standardeinstellung ist. Wie auch bei der `Options`-Anweisung kann jeweils ein Plus- oder Minuszeichen vorangestellt werden, je nachdem ob das Protokoll zugelassen sein soll oder nicht.

Beispiele

```
SSLProtocol SSLv3 TLSv1
SSLProtocol All -SSLv2
```

Von der Funktionalität her sind beide Beispiele identisch.

SSLCipherSuite

Syntax	`SSLCipherSuite` *Spezifikation*
Default	ALL:!ADH:RC4+RSA:+HIGH:+MEDIUM:+LOW:+SSLv2:+EXP
Modul	mod_ssl
Kontext	Serverkonfiguration, `<VirtualHost>`, `<Directory>`, `<Location>`, `<Files>`, `.htaccess`

Mit der Konfigurationsanweisung `SSLCipherSuite` können die Namen von Verschlüsselungsvarianten angegeben werden, die akzeptiert werden sollen, und auch solche, die nicht verwendet werden sollen. Als `Spezifikation` wird eine Auflistung der Abkürzungen der einzelnen Algorithmen angegeben. Durch ein vorangestelltes Plus oder Minus wird jeweils gekennzeichnet, ob der Algorithmus erlaubt oder deaktiviert sein soll. Wird der Angabe hingegen ein Ausrufezeichen vorangestellt, wird der Algorithmus aus der Liste der verfügbaren Algorithmen komplett gestrichen und kann auch nicht von einer anderen `SSLCipherSuite`-Anweisung aktiviert werden.

Für SSL-Version 3 sind folgende Algorithmen definiert, wobei in der Liste jeweils links der Name angegeben ist, in der Mitte der Schlüsselaustauschalgorithmus (z.B. *RSA*), dann der Authentikationsalgorithmus (z.B. *DSS*), der Verschlüsselungsalgorithmus (z.B. *IDEA* oder *3DES*) und rechts der *Message-Digest*-Algorithmus (z.B. *MD5*).

```
EDH-RSA-DES-CBC3-SHA    SSLv3 Kx=DH       Au=RSA Enc=3DES(168) Mac=SHA1
EDH-DSS-DES-CBC3-SHA    SSLv3 Kx=DH       Au=DSS Enc=3DES(168) Mac=SHA1
DES-CBC3-SHA            SSLv3 Kx=RSA      Au=RSA Enc=3DES(168) Mac=SHA1
IDEA-CBC-SHA            SSLv3 Kx=RSA      Au=RSA Enc=IDEA(128) Mac=SHA1
RC4-SHA                 SSLv3 Kx=RSA      Au=RSA Enc=RC4(128)  Mac=SHA1
RC4-MD5                 SSLv3 Kx=RSA      Au=RSA Enc=RC4(128)  Mac=MD5
EDH-RSA-DES-CBC-SHA     SSLv3 Kx=DH       Au=RSA Enc=DES(56)   Mac=SHA1
EDH-DSS-DES-CBC-SHA     SSLv3 Kx=DH       Au=DSS Enc=DES(56)   Mac=SHA1
DES-CBC-SHA             SSLv3 Kx=RSA      Au=RSA Enc=DES(56)   Mac=SHA1
DES-CBC3-MD5            SSLv2 Kx=RSA      Au=RSA Enc=3DES(168) Mac=MD5
IDEA-CBC-MD5            SSLv2 Kx=RSA      Au=RSA Enc=IDEA(128) Mac=MD5
RC2-CBC-MD5             SSLv2 Kx=RSA      Au=RSA Enc=RC2(128)  Mac=MD5
RC4-MD5                 SSLv2 Kx=RSA      Au=RSA Enc=RC4(128)  Mac=MD5
RC4-64-MD5              SSLv2 Kx=RSA      Au=RSA Enc=RC4(64)   Mac=MD5
DES-CBC-MD5             SSLv2 Kx=RSA      Au=RSA Enc=DES(56)   Mac=MD5
EXP-EDH-RSA-DES-CBC-SHA SSLv3 Kx=DH(512)  Au=RSA Enc=DES(40)   Mac=SHA1 export
EXP-EDH-DSS-DES-CBC-SHA SSLv3 Kx=DH(512)  Au=DSS Enc=DES(40)   Mac=SHA1 export
EXP-DES-CBC-SHA         SSLv3 Kx=RSA(512) Au=RSA Enc=DES(40)   Mac=SHA1 export
EXP-RC2-CBC-MD5         SSLv3 Kx=RSA(512) Au=RSA Enc=RC2(40)   Mac=MD5  export
EXP-RC4-MD5             SSLv3 Kx=RSA(512) Au=RSA Enc=RC4(40)   Mac=MD5  export
EXP-RC2-CBC-MD5         SSLv2 Kx=RSA(512) Au=RSA Enc=RC2(40)   Mac=MD5  export
EXP-RC4-MD5             SSLv2 Kx=RSA(512) Au=RSA Enc=RC4(40)   Mac=MD5  export
```

Per Default werden alle Varianten vom Client akzeptiert, und in der Regel gibt es auch keinen Grund, dies zu ändern. Allerdings könnte es sein, dass Sie veraltete Protokolle wie RC2 verbieten oder auch generell die Export-Varianten (*EXP*) der Algorithmen nicht zulassen wollen, da diese nur mit einer geringen Bit-Anzahl arbeiten.

Beispiel:

```
SSLCipherSuite -RC2-CBC-MD5:-EXP-RC2-CBC-MD5
```

Damit nicht immer die einzelnen Algorithmen angegeben werden müssen, werden bestimmte zu einer Gruppe zusammengefaßt:

Tabelle 13.4: Kryptoalgorithmengruppen

Algorithmus	Beschreibung
kRSA	RSA-Schlüsselaustauschalgorithmus
kDHr	Diffie-Hellmann Schlüsselaustausch mit RSA-Schlüssel
kDHd	Diffie-Hellmann Schlüsselaustausch mit DSA-Schlüssel
kEDH	Kurzfristiger (Ephemeral) Diffie-Hellmann Schlüsselaustausch (kein Zertifikat)
aNULL	keine Authentikation
aRSA	RSA-Authentikation
aDSS	DSS-Authentikation
aDH	Diffie-Hellmann-Authentikation
eNULL	keine Verschlüsselung
DES	DES-Verschlüsselung
3DES	Triple-DES-Verschlüsselung
RC4	RC4-Verschlüsselung
RC2	RC2-Verschlüsselung
IDEA	IDEA-Verschlüsselung
MD5	MD5-Hash-Funktion
SHA1	SHA1-Hash-Funktion
SHA	SHA-Hash-Funktion
SSLv2	alle SSL-Version 2.0-Algorithmen
SSLv3	alle SSL-Version 3.0-Algorithmen
EXP	alle Export-Algorithmen
LOW	alle schwachen Algorithmen (keine Export-Algorithmen und kein Single-DES-Algorithmus)
MEDIUM	alle Algorithmen mit 128-Bit-Verschlüsselung
HIGH	alle Algorithmen, die 3DES verwenden
RSA	alle Algorithmen mit RSA-Schlüsselaustausch
DH	alle Algorithmen mit Diffie-Hellmann-Schlüsselaustausch
EDH	alle Algorithmen mit kurzfristigem (Ephemeral) Diffie-Hellmann-Schlüsselaustausch
ADH	alle Algorithmen mit anonymem Diffie-Hellmann-Schlüsselaustausch
DSS	alle Algorithmen, die DSS-Authentikation verwenden
NULL	alle Algorithmen, die keinerweile Verschlüsselung verwenden

Beispiele:

```
SSLCipherSuite !EXP:!NULL:+HIGH:+MEDIUM:-LOW
SSLCipherSuite ALL:-SSLv2:-NULL:-RC2:-ADH:-EDH
```

SSLCertificateFile

Syntax	`SSLCertificateFile` *Dateiname*
Modul	`mod_ssl`
Kontext	Serverkonfiguration, `<VirtualHost>`

Die mit der Anweisung `SSLCertificateFile` angegebene Datei enthält das X.509-Serverzertifikat im PEM-Format und kann gegebenenfalls auch den privaten Schlüssel enthalten. Typischerweise will man Zertifikat und Schlüssel jedoch in getrennten Dateien unterbringen, wobei die Schlüsseldatei dann über die `SSLCertificateKeyFile`-Anweisung spezifiziert wird.

Beispiel:

```
SSLCertificateFile /usr/local/apache/conf/ssl.crt/server.crt
```

Die Anweisung kann entweder in der Hauptserverkonfiguration oder einer `<VirtualHost>`-Sektion auftauchen und hier jeweils ein oder auch zweimal. Sie kann nur dann zweimal auftreten, wenn ein RSA- und ein DSA-Zertifikat parallel verwendet werden sollen.

SSLCertificateKeyFile

Syntax	`SSLCertificateKeyFile` *Dateiname*
Default	(*der bei* `SSLCertificateFile` *angegebene Dateiname*)
Modul	mod_ssl
Kontext	Serverkonfiguration, `<VirtualHost>`

Die Konfigurationsanweisung `SSLCertificateKeyFile` gibt die Datei mit dem privaten Serverschlüssel im PEM-Format an. Falls sowohl das Zertifikat als auch der Schlüssel in einer einzigen Datei gespeichert sind, kann die Angabe von `SSLCertificateKeyFile` entfallen.

Falls der Serverschlüssel über ein Passwort geschützt ist, muss dieses beim Start oder Neustart des Apache eingegeben werden.

Beispiel:

```
SSLCertificateKeyFile /usr/local/apache/conf/ssl.key/server.key
```

SSLCertificateChainFile

Syntax	`SSLCertificateChainFile` *Dateiname*
Modul	`mod_ssl`
Kontext	Serverkonfiguration, `<VirtualHost>`

In der via `SSLCertificateChainFile` definierten Datei können Sie alle Zertifikate von Zertifizierungsinstanzen ablegen, die benötigt werden, um eine Verifikation des Serverzertifikats durchführen zu können. Da diese CA-Zertifikate voneinander abhängen, wird dies auch als *Certificate Chain* bezeichnet. Die Kette muss bis zu einem Root-Zertifikat einer CA führen, das bei einem Zugriff vom Browser verfiziert werden kann. Manchmal werden solche CA-Zertifikate auch als *Intermediate Certificates* bezeichnet.

In den meisten Fällen wird eine solche Chain-Datei nicht benötigt, da die Zertifikate, die Sie beispielsweise von Thawte oder VeriSign bekommen, immer direkt von den Webbrowsern überprüft werden können, ohne dass zusätzliche CA-Zertifikate notwendig sind. Bei den sogenannten *Global Server IDs* – Serverzertifikaten, die auch mit einigen normalen Webbrowsern eine starke 128-Bit-Verschüsselung ermöglichen – ist dies jedoch zum Teil anders. Hier muss oftmals mindestens ein CA-Zertifikat in der Chain-Datei abgelegt werden.

Beachten sollten Sie, dass der Mechanismus mit der Chain-Datei nur funktioniert, wenn nicht parallel RSA- und DSA-Zertifikate für die Website (Virtual Host) verwendet werden, denn die Chain-Datei würde immer für beide Varianten verwendet werden, was je nach Webbrowser zu einer Fehlermeldung führen könnte.

SSLCACertificatePath

Syntax	`SSLCACertificatePath` *Verzeichnisname*
Default	(*das Default-Verzeichnis von OpenSSL*)
Modul	`mod_ssl`
Kontext	Serverkonfiguration, `<VirtualHost>`

Im mit `SSLCACertificatePath` angegebenen Verzeichnis befinden sich die Zertifikate der CAs, die für die Client-Authentikation notwendig sind. Wird diese Konfigurationsanweisung weggelassen, werden die Zertifikate im Default-Verzeichnis (`SSL_CERT_DIR`) von OpenSSL gesucht.

Beispiel:

```
SSLCACertificatePath /usr/local/apache/conf/ssl.crt
```

Die Dateien im Zertifikatsverzeichnis werden immer über einen Hashwert gekennzeichnet, der in Form eines symbolischen Verweises vorliegt. Ein solcher Hashwert lässt sich für eine Zertifikatsdatei mittels `openssl` erstellen.

Beispiel:

```
ln -s ca.crt 'cat ca.crt | openssl x509 -noout -hash'.0
```

Liegen die Zertifikate jedoch im `ssl.crt`-Verzeichnis, können Sie dort einfach »`make`« aufrufen, und es werden automatisch für alle Dateien, die auf ».`crt`« enden entsprechende Verweise erzeugt.

Beispiel:

```
# make
ca-bundle.crt  ... Skipped
ca.crt        ... e52d41d0.0
server.crt     ... 82ab5372.0
```

Falls der Verweis auf ein Zertifikat fehlt, wird dieses bei der Client-Authentikation nicht beachtet, oder besser gesagt: Auch wenn es benötigt wird, könnte der Apache das Zertifikat nicht finden.

Falls keinerlei Client-Authentikation Verwendung finden soll, brauchen Sie sich um diese Anweisung nicht weiter zu kümmern.

SSLCACertificateFile

Syntax	`SSLCACertificateFile` *Dateiname*
Default	(*die Default-Datei von OpenSSL*)
Modul	`mod_ssl`
Kontext	Serverkonfiguration, `<VirtualHost>`

Ebenso wie `SSLCACertificatePath` dient auch `SSLCACertificateFile` dazu, die Zertifikate für die Client-Authentikation zur Verfügung zu stellen, wobei kein Verzeichnis angegeben wird, sondern eine einzelne Datei, in der sich alle Zertifikate befinden. Die einzelnen PEM-kodierten Zertifikate werden einfach der Reihe nach in die Datei aufgenommen.

Beispiel:

```
SSLCACertificateFile /usr/local/apache/conf/ssl.crt/ca-bundle.crt
```

SSLCARevocationFile

Syntax	`SSLCARevocationFile` *Dateiname*
Modul	`mod_ssl`
Kontext	Serverkonfiguration, `<VirtualHost>`

Auch die `SSLCARevocationFile`-Anweisung brauchen Sie nur dann beachten, wenn Sie mit Clientzertifikaten arbeiten.

Eine Zertifizierungsinstanz kann bereits herausgegebene Clientzertifikate durch Veröffentlichung einer sogenannten *Certificate Revocation List* (*CRL*) für ungültig erklären. Mittels `SSLCARevocationFile` wird die Datei angegeben, die die CRL der Zertifizierungsinstanzen enthält.

Beispiel:

```
SSLCARevocationFile /usr/local/apache/conf/ssl.crl/ca-bundle.crl
```

SSLCARevocationPath

Syntax	`SSLCARevocationPath` *Dateiname*
Modul	`mod_ssl`
Kontext	Serverkonfiguration, `<VirtualHost>`

Die `SSLCARevocationPath`-Anweisung entspricht der `SSLCARevocationFile`-Anweisung, allerdings werden hier die CRLs nicht in einer einzigen Datei, sondern jeweils in einer eigenen Datei abgelegt.

Beispiel:

```
SSLCARevocationPath /usr/local/apache/conf/ssl.crl
```

Auch für diese Dateien muss jeweils ein Verweis mit dem entsprechenden Hash-Wert angelegt werden. Zumindest im ssl.crl-Verzeichnis lässt sich dies jedoch komfortabel über den Aufruf von »`make`« erledigen.

SSLVerifyClient

Syntax	`SSLVerifyClient` *Variante*
Default	`none`
Modul	`mod_ssl`
Kontext	Serverkonfiguration, `<VirtualHost>`, `<Location>`, `<Directory>`, `.htaccess`

Mit der Konfigurationsanweisung `SSLVerifyClient`, die nicht nur global, sondern auch in einer `<Location>`-Sektion oder einer `.htaccess`-Datei genutzt werden kann, können Sie festlegen, ob ein Client ein Zertifikat vorweisen muss oder nicht. Es gibt insgesamt vier verschiedene Stufen der Verifikation, die durch folgende Angaben definiert werden:

- `none`:
  Es ist kein Zertifikat notwendig, und vom Server wird auch keins angefordert.
- `optional`:
  Der Server fordert den Client zur Übermittlung eines Zertifikats auf. Jedoch muss das Zertifikat nicht unbedingt gültig sein, damit der Zugriff erlaubt wird.

- `require`:
  Ein Client muss ein gültiges Zertifikat an den Server übermitteln, andernfalls wird der Zugriff verweigert.
- `optional_no_ca`:
  Ein Client kann ein gültiges Zertifikat übermitteln, das jedoch nicht zwingend von einer CA stammen muss, zu der der Server einen Schlüssel hat.

Pratikabel einsetzen lassen sich in der Regel nur die Varianten `none`, bei der es sich um die Standardeinstellung handelt, und `require`. Insbesondere die `optional`-Variante ist kaum nutzbar, da einige Webbrowser diese Variante nicht korrekt implementieren und der Zugriff auf den Server abgebrochen wird.

Beispiel:

```
SSLVerifyClient require
```

SSLVerifyDepth

Syntax	`SSLVerifyDepth` *Tiefe*
Default	1
Modul	`mod_ssl`
Kontext	Serverkonfiguration, `<VirtualHost>`, `<Location>`, `<Directory>`, `.htaccess`

Mit `SSLVerifyDepth` wird die Anzahl der maximal erlaubten Zertifikate zwischen dem Clientzertifikat und dem Zertifikat, das dem Server bekannt ist, festgelegt.

Die Default-Anzahl ist Eins, d.h., dass ein Clientzertifikat direkt von einer CA ausgestellt worden sein muss, die dem Server bekannt ist, damit es akzeptiert wird.

Wurde die Grenze überschritten, wird dem Client der Zugriff verweigert, sofern ein Clientzertifikat für den Zugriff notwendig ist, also `SSLVerifyClient` auf `require` gesetzt wurde.

Beispiel:

```
SSLVerifyDepth 10
```

Die Verwendung der Tiefe 0 ist zwar möglich, macht jedoch wenig Sinn, da in diesem Fall nur selbstsignierte Zertifikate erlaubt wären.

SSLRequire

Syntax	`SSLRequire` *Ausdruck*
Modul	`mod_ssl`
Kontext	`<Location>`, `<Directory>`, `<Files>`, `.htaccess`

Die `SSLRequire`-Anweisung dient zur Zugriffskontrolle, wobei als Argument ein *Ausdruck* angegeben werden kann, der erfüllt sein muss, damit der Zugriff erlaubt wird.

Der Ausdruck muss hierbei der folgenden Syntax entsprechen:

```
expr     ::= "true" | "false"
           | "!" expr
           | expr "&&" expr
           | expr "||" expr
           | "(" expr ")"
           | comp

comp     ::= word "==" word | word "eq" word
           | word "!=" word | word "ne" word
           | word "<"  word | word "lt" word
           | word "<=" word | word "le" word
           | word ">"  word | word "gt" word
           | word ">=" word | word "ge" word
           | word "in" "{" wordlist "}"
           | word "=~" regex
           | word "!~" regex

wordlist ::= word
           | wordlist "," word

word     ::= digit
           | cstring
           | variable
           | function

digit    ::= [0-9]+
cstring  ::= "..."
variable ::= "%{" varname "}"
function ::= funcname "(" funcargs ")"
```

Als *varname* kann eine Standardumgebungsvariablen verwendet werden. Informationen hierzu sind in Kapitel 10 zu finden. Ansonsten ist ebenfalls die Verwendung von den in Kapitel 16.3 beschriebenen Variablen möglich.

Bezüglich *funcname* können Sie die Funktion »`file(`*Dateiname*`)`« verwenden. Sie kann genutzt werden, um den Inhalt einer Datei mit einer Variablen oder einem regulären Ausdruck zu vergleichen.

Zur Verdeutlichung der recht komplexen Syntax finden Sie nachfolgend einige Beispiele.

Im ersten Beispiel soll der Zugriff soll nur dann erlaubt werden, wenn das Clientzertifikat als *Organisation*-Angabe im *Subject DN* nicht die Zeichenkette »`Microsoft`« enthält:

```
SSLRequire %{SSL_CLIENT_S_DN_O} !~ m/Microsoft/
```

Soll der Zugriff für bestimmte *Organisational Units* (Sales und Marketing) nur zwischen 8 und 17 Uhr erlaubt sein, ergibt sich folgender Ausdruck:

```
SSLRequire %{SSL_CLIENT_S_DN_OU} in {"Sales", "Marketing"} \
           and %{TIME_HOUR} >= 8 and %{TIME_HOUR} <=17
```

Im letzten Beispiel wird der Zugriff nur erlaubt, wenn das Clientzertifikat von der eigenen Firma stammt und zu einer bestimmten Abteilung gehört. Zugriffe aus dem internen Netz werden aber generell erlaubt:

```
SSLRequire ( %{SSL_CLIENT_S_DN_O} eq "Webserver Team" \
           and %{SSL_CLIENT_S_DN_OU} in {"Admin", "Support"} ) \
           or %{REMOTE_ADDR} =~ m/^123\.45\.67\.[0-9]+$/
```

SSLLog

Syntax	`SSLLog` *Dateiname*
Modul	`mod_ssl`
Kontext	Serverkonfiguration, `<VirtualHost>`

Die Anweisung SSLLog hat keinen Default-Wert. Bei Bedarf kann jedoch ein Logfile angegeben werden, in dem Meldungen des SSL-Moduls protokolliert werden. Falls es sich um Fehlermeldungen handelt, werden diese jedoch zusätzlich auch im normalen Error-Log ausgegeben.

Der Dateiname kann entweder absolut oder relativ zum ServerRoot-Verzeichnis angegeben werden.

Beispiel:

```
SSLLog logs/ssl_engine_log
```

SSLLogLevel

Syntax	SSLLogLevel *Level*
Default	none
Modul	mod_ssl
Kontext	Serverkonfiguration, <VirtualHost>

Über die SSLLogLevel-Anweisung wird definiert, welche Arten von Meldungen im Logfile protokolliert werden sollen.

Folgende *Level*-Angaben stehen zur Auswahl:

- none:
  Es wird kein Logfile geführt, allerdings werden Fehlermeldungen im normalen Error-Log ausgegeben.
- error:
  Lediglich Fehlermeldungen werden protokolliert.
- warn:
  Zusätzlich zu den Fehlermeldungen werden hierbei auch diverse Warnhinweise mitprotokolliert.
- trace:
  Bei trace wird das Logfile schon nach kurzer Zeit relativ groß, da diverse Funktionsabläufe des SSL-Moduls mitprotokolliert werden.
- debug:
  Mittels debug werden letztlich die gesammten Meldungen mitprotokolliert: angefangen von Fehlermeldungen bis hin zu reinen Debug-Meldungen.

Beispiel:

```
SSLLogLevel trace
```

13.2.5 HTTPS-Proxy-Konfiguration

Ab der `mod_ssl`-Version 2.6.0 steht HTTPS-Proxy-Funktionalität zur Verfügung. Allerdings ist dies noch experimentell und wird nur in das Modul integriert, wenn Sie beim Übersetzen `--enable-rule=SSL_EXPERIMENTAL` angegeben haben. Zum Zeitpunkt der Drucklegung dieses Buches waren die Konfigurationsanweisungen zudem noch undokumentiert und werden deshalb im Folgenden nur kurz erläutert.

SSLProxyProtocol

Syntax	`SSLProxyProtocol [+|-]SSLv2|SSLv3|TLSv1|All`
Default	`All`
Modul	`mod_ssl`
Kontext	Serverkonfiguration, `<VirtualHost>`

Die `SSLProxyProtocol`-Anweisung entspricht der normalen `SSLProtocol`-Anweisung. Sie gibt an, welche Protokolle der Proxy nutzen soll.

SSLProxyCipherSuite

Syntax	`SSLProxyCipherSuite` *Spezifikation*
Modul	`mod_ssl`
Kontext	Serverkonfiguration, `<VirtualHost>`, `<Location>`, `<Directroy>`, `.htaccess`

Entsprechend der `SSLCipherSuite`-Anweisung gibt `SSLProxyCipherSuite` die erlaubten Kryptoalgorithmen an.

Beispiel:

```
SSLProxyCipherSuite RSA:!EXP:!NULL:+HIGH:+MEDIUM:-LOW
```

SSLProxyVerify

Syntax	SSLProxyVerify on|off
Default	off
Modul	mod_ssl
Kontext	Serverkonfiguration, <VirtualHost>, <Location>, <Directroy>, .htaccess

Ist SSLProxyVerify aktiviert überprüft mod_ssl grundsätzlich die Serverzertifikate der Zielserver mit den lokal verfügbaren CA-Zertifikaten (SSLProxyCACertificatePath bzw. SSLProxyCACertificateFile). Ist eine Authentikation nicht möglich wird der Zugriff abgebrochen.

In der Standardeinstellung werden jedoch keinerlei Authentikationsversuche vorgenommen.

SSLProxyVerifyDepth

Syntax	SSLProxyVerifyDepth *Tiefe*
Default	1
Modul	mod_ssl
Kontext	Serverkonfiguration, <VirtualHost>, <Location>, <Directroy>, .htaccess

Mit SSLProxyVerifyDepth wird die maximale Tiefe vorgegeben bis zu der eine Überprüfung der Serverzertifikate vorgenommen wird (*Certificate Chain*).

Die Default-Anzahl ist 1, d.h., dass ein Serverzertifikat direkt von einer CA ausgestellt worden sein muss, die dem Server bekannt ist, damit es akzeptiert wird.

Wurde die Grenze überschritten, wird der Zugriff verweigert, sofern SSLProxyVerify aktiviert wurde.

SSLProxyCACertificateFile

Syntax	SSLProxyCACertificateFile *Dateiname*
Modul	mod_ssl
Kontext	Serverkonfiguration, <VirtualHost>

Gibt die Datei mit den CA-Zertifikaten für die Überprüfung der Serverzertifikate an.

Vergleichen Sie hierzu `SSLCACertificateFile`.

SSLProxyCACertificatePath

Syntax	`SSLProxyCACerfificatePath` *Verzeichnis*
Modul	`mod_ssl`
Kontext	Serverkonfiguration, `<VirtualHost>`

Im Gegensatz zu `SSLProxyCACertificateFile` wird bei `SSLProxyCACertificatePath` eine Verzeichnis angegeben. Jedes Zertifikat wird hierbei in einer eigenen Datei abgelegt.

Vergleichen Sie hierzu `SSLCACertificatePath`.

SSLProxyMachineCertificateFile

Syntax	`SSLProxyMachineCertificateFile` *Dateiname*
Modul	`mod_ssl`
Kontext	Serverkonfiguration, `<VirtualHost>`

Mit der `SSLProxyMachineCertificateFile`-Anweisung wird eine Datei mit den PEM-kodierten Clientzertifikaten angegeben.

SSLProxyMachineCertificatePath

Syntax	`SSLProxyMachineCertificatePath` *Verzeichnis*
Modul	`mod_ssl`
Kontext	Serverkonfiguration, `<VirtualHost>`

Im Gegensatz zu `SSLProxyMachineCertificateFile` wird bei `SSLProxyMachineCertificatePath` ein Verzeichnis verwendet, und jedes Zertifikat in einer eigenen Datei abgelegt.

13.2.6 Beispielkonfiguration

Bei der Installation von mod_ssl wird bereits eine httpd.conf-Datei installiert die für SSL-Nutzung vorbereitet ist. Die SSL-spezifischen Anweisungen sind alle in <IfDefine SSL>-Sektionen verpackt, d.h. wenn der Apache mit der Option -DSSL gestartet wird (oder mittels »»»apachectl startssl«), wird auch das SSL-Modul aktiviert. Diese Beispielkonfiguration ist recht umfangreich und kann sehr gut als Basis für die eigene Konfiguration verwendet werden.

Virtuelle Server mit SSL-Funktionalität und ohne SSL können nach Belieben kombiniert werden, allerdings muss es sich bei den virtuellen Server zwingenderweise um IP-basierte virtuelle Server handeln (port-basierte wären ebenfalls möglich). Da eine SSL-Verbindung bereits aufgebaut wurde, bevor die erste HTTP-Anfrage verschickt wird, können namensbasierte virtuelle Server prinzipbedingt nicht funktionieren. An welchen virtuellen Server die Anfrage gerichtet ist, ist also erst dann bekannt, wenn bereits das Serverzertifikat an den Webclient ausgeliefert wurde.

Im folgenden soll trotzdem nochmal eine auf die wesentlichen Anweisungen reduzierte Konfiguration vorgestellt werden.

Die Website www.domain.tld soll sowohl via HTTP als auch über HTTPS zugänglich sein, d.h. auf Port 80 und Port 443, dem Default-Port für HTTPS, laufen. Clientzertifikate sollen hierbei keine Verwendung finden.

```
Listen 80
Listen 443
ServerName www.domain.tld
...
<VirtualHost 123.45.67.89:80>
DocumentRoot /usr/local/apache/htdocs
...
</VirtualHost>

<VirtualHost 123.45.67.89:443>
DocumentRoot /usr/local/apache/ssldocs
SSLEngine On
SSLCertificateFile /usr/local/apache/conf/ssl.crt/server.crt
SSLCertificateKeyFile /usr/local/apache/conf/ssl.key/server.key
SSLSessionCache dbm:/usr/local/apache/logs/ssl_scache
SSLMutex file:/usr/local/apache/logs/ssl_mutex
SSLRandomSeed startup file:/dev/urandom 512
SSLRandomSeed connect file:/dev/urandom 512
```

```
SSLLog /usr/local/apache/logs/ssl_engine_log
SSLLogLevel error
...
</VirtualHost>
```

13.3 SSL-Umgebungsvariablen

Sofern StdEnvVars oder CompatEnvVars mittels SSLOptions gesetzt wurde, erzeugt das SSL-Modul diverse SSL-spezifische Umgebungsvariablen.

Diese können beispielsweise in einem CGI-Skript abgefragt, in einer CustomLog-Anweisung verwendet oder auch im Ausdruck einer SSLRequire-Anweisung verwendet werden.

Tabelle 13.5 enthält alle Variablen, die erzeugt werden, wenn

```
SSLOptions +StdEnvVars
```

gesetzt wurde.

Variable	Beschreibung
HTTPS	Ist gesetzt, wenn HTTPS verwendet wird.
SSL_PROTOCOL	Das SSL-Protokoll (SSLv2, SSLv3 oder TLSv1)
SSL_SESSION_ID	Die Hex-kodierte ID der SSL-Session
SSL_CIPHER	Der Name des verwendeten Kryptoalgorithmus
SSL_CIPHER_USEKEYSIZE	Die für den Kryptoalgorithmus verwendete Anzahl von Bits, z. B. 40
SSL_CIPHER_ALGKEYSIZE	Die maximal mögliche Anzahl von Bits, die der Algorithmus verarbeiten kann, z. B. 128.
SSL_VERSION_INTERFACE	Die mod_ssl-Versionsnummer
SSL_VERSION_LIBRARY	Die OpenSSL-Versionsnummer
SSL_CLIENT_M_VERSION	Die Versionsnummer des Clientzertifikats
SSL_CLIENT_M_SERIAL	Die Serienummer des Clientzertifikats
SSL_CLIENT_S_DN	*Subject Distinguished Name* (*DN*) des Clientzertifikats
SSL_CLIENT_S_DN_*Komponente*	X.509-Komponente der *Subject DN*. Mögliche Komponenten sind C, ST, L, O, OU, CN, T, I, G, S, D, UID und Email.
SSL_CLIENT_I_DN	*Issuer DN* des Clientzertifikats

Variable	Beschreibung
SSL_CLIENT_I_DN_*Komponente*	X.509-Komponente der *Issuer DN*
SSL_CLIENT_V_START	Datum, ab dem das Zertifikat gültig ist.
SSL_CLIENT_V_END	Ablaufdatum des Clientzertifikats
SSL_CLIENT_A_SIG	Kryptoalgorithmus der zum Signieren des Clientzertifikats verwendet wurde
SSL_CLIENT_A_KEY	Kryptoalgorithmus, der zum Signieren des öffentlichen Schlüssels des Clientzertifkates verwendet wurde.
SSL_CLIENT_VERIFY	Enthält einen der Werte NONE, SUCCESS, GENEROUS oder FAILED:*Beschreibung*.
SSL_SERVER_M_VERSION	Die Versionsnummer des Serverzertifikats
SSL_SERVER_M_SERIAL	Die Serienummer des Serverzertifikates
SSL_SERVER_S_DN	*Subject Distinguished Name* (*DN*) des Serverzertifikats
SSL_SERVER_S_DN_*Komponente*	X.509-Komponente der *Subject DN*
SSL_SERVER_I_DN	*Issuer DN* des Serverzertifikats
SSL_SERVER_I_DN_*Komponente*	X.509-Komponente der *Issuer DN*
SSL_SERVER_V_START	Datum, ab dem das Zertifikat gültig ist
SSL_SERVER_V_END	Ablaufdatum des Serverzertifikats
SSL_SERVER_A_SIG	Kryptoalgorithmus, der zum Signieren des Serverzertifikats verwendet wurde.
SSL_SERVER_A_KEY	Kryptoalgorithmus, der zum Signieren des öffentlichen Schlüssels des Serverzertifkates verwendet wurde.

13.3.1 Spezielle Variablen

Für die SetEnvIf- bzw. BrowserMatch-Anweisung wurden in Kapitel 5.18 bereits einige Beispiele von speziellen Variablen wie z. B. nokeepalive angeführt. Durch das SSL-Modul kommen hier noch zwei neue Variablen hinzu.

Eine SSL-Verbindung endet normalweise damit, dass der Webclient eine Bestätigung auf die Beendigungsnachricht vom Server schickt (*Close Notify Alert*). Allerdings halten sich einige Browser nicht daran und beenden die Verbindung einfach nach Erhalt der Servernachricht. Aus diesem Grund wartet mod_ssl per Default nicht auf eine Bestätigung vom Webbrowser.

Einige wenige Browser, wie beispielsweise einige Versionen des Microsoft Internet Explorer, senden aber weder Beendigungsnachrichten noch akzeptieren sie welche und verstoßen damit gegen das SSL-Protokoll. Ist dies der Fall, äußert sich dies typischerweise in Form von I/O-Fehlermeldungen auf der Client-Seite. Solche Fehler treten insbesondere dann auf, wenn CGI oder Ähnliches im Spiel ist. Zum Teil hängen die Probleme auch mit der gleichzeitigen Verwendung von persistenen Verbindungen zusammen (Keep-Alive).

An dieser Stelle kommen die speziellen SSL-Variablen ins Spiel:

- `ssl-unclean-shutdown`:
  Wird diese Variable mit `BrowserMatch` oder `SetEnvIf` gesetzt, so wird ein Workaround für *kaputte* Browser aktiviert, damit Fehler vermieden werden.
  Die Default-Konfiguration von `mod_ssl` enthält deshalb die folgende `SetEnvIf`-Anweisung:
  ```
  SetEnvIf User-Agent ».*MSIE.*« nokeepalive ssl-unclean-shutdown
  ```
- `ssl-accurate-shutdown`:
  Das genaue Gegenteil zu `ssl-unclean-shutdown` ist `ssl-accurate-shutdown`. Über diese Variable wird `mod_ssl` angehalten, sich strikt an das SSL-Protokoll zu halten. Dies bedeutet, dass immer ein sauberer Verbindungsabbau der SSL-Verbindung durchgeführt wird. Aktiviert werden sollte dieser Modus aber nur für Browser, von denen bekannt ist, dass sie sich ebenfalls strikt an das Protokoll halten.

Kapitel 14

PHP: Hypertext-Präprozessor

Dynamische Webseiten zu programmieren und dabei nicht nur HTML-Grundgerüste mit Datenbankabfragen zu verwenden, sondern möglichst alles – und dabei sehr einfach mit nur einer Programmiersprache – zu bewältigen, das ist der Traum eines manchen Webdesigners. Möglichkeiten, um diesen Traum zu erfüllen, gibt es mittlerweile viele, sei es mit Perl über CGI, Cold Fusion von Allaire oder mit Microsofts ASP-Programmierung, um nur einige Möglichkeiten zur Erstellung dynamischer Webseiten zu nennen.

Warum soll nun PHP statt all der oben genannten Optionen verwendet werden? Die Antwort ist sehr einfach: PHP ist besser. Die Vorteile von PHP liegen in den Möglichkeiten, die diese Programmiersprache bietet. PHP ist eine an C, Java bzw. Perl angelehnte Skriptsprache, die alles, was andere CGI-Programme zu leisten vermögen, auch beherrscht. Jedoch kommen noch ein paar sehr nützliche Funktionen dazu.

Neben der direkten Ansteuerung von etlichen Datenbanken, wie etwa MySQL, Adabas D, InterBase, Solid, dBase, Sybase, Oracle, Unix dbm, Informix, PostgreSQL, um nur einige zu nennen, unterstützt PHP auch die Kommunikation mit anderen Diensten durch Protokolle wie IMAP, SNMP, LDAP, POP3 oder auch HTTP. Schon diese Fähigkeiten sind Grund genug, um PHP zu verwenden, richtig interessant werden aber erst solche Funktionen, die PDF-Dokumente oder Grafiken bei Aufruf generieren. Die Möglichkeiten die hier dem Anwender zur Verfügung gestellt werden, sind enorm.

PHP besitzt neben all diesen Möglichkeiten noch Vorteile, die selten bei anderen Technologien zu finden sind. Zuallererst ist PHP kostenlos. Diese Programmiersprache unterliegt der *General Public License* (*GPL*). PHP ist schnell zu erlernen und zu programmieren, und es kann schneller ausgeführt werden als alle anderen Technologien. Des Weiteren ist PHP plattform- und serverunabhängig. Es funktioniert mit Apache, Microsoft IIS und PWS, Netscape und allen anderen Servern, die ein Common Gateway Interface (CGI) zur Verfügung stellen. Dabei spielt die Plattform keine Rolle. Neben Unix, Linux, Windows 9x, Windows NT/2000 läuft PHP auch auf Macintosh-Systemen. Hierfür muss der PHP-Code noch nicht einmal verändert werden.

Eine umfassende Einführung in das Gebiet der PHP-Programmierung kann und soll dieses Kapitel nicht bieten. Auf den folgenden Seiten werden jedoch die Grundprinzipien erläutert. Insbesondere soll gezeigt werden, wie PHP installiert wird und was alles damit gemacht werden kann.

14.1 Funktionsweise

PHP ist eine server-seitige in HTML eingebettete Skriptsprache. Das folgende Beispiel zeigt das bekannte *Hello-World*-Beispiel als HTML/PHP-Seite:

```
<HTML>
  <HEAD>
    <TITLE>Hello World</TITLE>
  </HEAD>
  <BODY>
    <?php echo "Hello World"; ?>
  </BODY>
</HTML>
```

In diesem Beispiel ist der Unterschied von PHP zu einem CGI-Skript, das in einer Sprache wie etwa Perl, Phython oder C programmiert wird, gut zu erkennen: Statt eines Programms mit etlichen Anweisungen zur Ausgabe von HTML, ist nur HTML-Code mit einigen eingebetteten Befehlen notwendig.

Der PHP-Code steht zwischen speziellen Anfangs- und Schluss-Tags, mit denen in den PHP-Modus und zurück gewechselt werden kann. Diese Tags können ein unterschiedliches Format besitzen. PHP erkennt seit der Version 3.0.4 selbst Tags im Stile von ASP:

```
<% echo ("Tags im ASP-Stil"); %>
<%= $variable; # Abk&uuml;rzung f&uuml;r "<%echo .." %>
```

Von client-seitigen Sprachen wie Javascript unterscheidet sich PHP durch die Ausführung des Codes auf dem Server. Wenn ein Besucher eine PHP-generierte HTML-Seite aufruft, ist es für ihn unmöglich, den zugrunde liegenden Code zu sehen. Wenn der Apache-Server so eingestellt wird, dass alle HTML-Seiten durch

PHP geparst werden, ist es dem Benutzer gänzlich unmöglich zu sehen, wie die Seiten erstellt wurden. Falls PHP als Apache-Modul verwendet wird, muss dafür folgende Zeile in die Apache-Konfigurationsdatei eingefügt werden:

```
AddType application/x-httpd-php3 .php3 .html  (PHP Version 3.x)
AddType application/x-httpd-php .php .html     (PHP Version 4.x)
```

Ab der Version *PHP4*, auch als *Zend* bekannt, ist es dem Programmierer sogar möglich, die PHP-Seiten schon kompiliert auf dem Webserver zu speichern, so dass selbst der Systemadministrator keinerlei Einblick in den Code erhält.

14.2 Installation

Wer PHP einsetzen will, sollte sich vorher überlegen, was er mit PHP machen will. PHP bietet die unterschiedlichsten Installationsmöglichkeiten, so dass der Anwender sich eine maßgeschneiderte Lösung erstellen kann. Dies sollte nicht unterschätzt werden, da dadurch die Leistungsfähigkeit von PHP erhöht, aber auch vermindert werden kann.

14.2.1 CGI-Version oder Apache-Modul?

PHP kann die programmierten Seiten in zwei sehr unterschiedlichen Methoden abarbeiten. Der Systemadministrator hat die Möglichkeit, PHP entweder als CGI-Programm oder als Modul für den Apache-Server (`mod_php`) einzusetzen. Die CGI-Variante bietet die Möglichkeit PHP mit vielen unterschiedlichen Webservern bzw. auf unterschiedlichsten Betriebssystemen einzusetzen.

Wenn Sie jedoch PHP mit dem Apache auf einem Unix-Derivat einsetzen, sollten Sie unbedingt die Variante mit `mod_php` vorziehen. PHP als Apache-Modul spart gegenüber CGI-PHP `fork()`- und `exec()`-Sequenzen und ist damit um etliches effizienter. Bei hochfrequentierten Webservern sollte daher unbedingt PHP als Modul verwendet werden.

Eine wesentlich höhere Verarbeitungsgeschwindigkeit als PHP3 verspricht die mit einer stark optimierten Engine ausgestattete neue Version 4.0. Schon die Betaversionen von PHP4 zeigen eindrucksvoll die stark erhöhte Leistung.

14.2.2 Installation von PHP unter Unix mit Apache

Falls Linux als Betriebssystem zur Verfügung steht, können Sie das aktuelle RPM-Paket für Apache 1.3 und PHP 3.0 sehr leicht im Internet finden. Jedoch beinhalten diese Pakete kaum alle Möglichkeiten, die gewünscht sind. Für einen ersten Versuch mit PHP ist dies aber die schnellste Methode PHP zu installieren.

PHP kann auf den verschiedensten Unix-Versionen kompiliert werden, unter anderem auf Linux, Solaris und Irix. Wenn Sie wissen, wie man Software kompiliert, sollte es nicht sonderlich schwerfallen PHP in einer Standardumgebung und -konfiguration zu kompilieren. Damit Sie einen Überblick und eine Vorlage erhalten, werden im Folgenden einige exemplarische Installationen vorgestellt.

Sie benötigen die Quellcodes der aktuellen Versionen von PHP3 bzw. Apache 1.3 und einen Ansi-C-Compiler, wie z. B. egcs oder gcc. Die aktuellen Quellcodes können leicht von den entsprechenden Websites heruntergeladen werden.

PHP als Modul mit Apache in der einfachsten Version

Wenn nur der Apache mit PHP übersetzt werden soll, können Sie sich an folgenden Schritten orientieren. Zuvor müssen die Sourcen alle in ein Verzeichnis heruntergeladen werden (z.B: `/opt/test_install/`):

```
1. gunzip apache_1.3.x.tar.gz
2. tar -xvf apache_1.3.x.tar
3. gunzip php-3.0.x.tar.gz
4. tar -xvf php-3.0.x.tar
```

Bei den Schritten eins bis vier werden die komprimierten Quellcodes ausgepackt. Danach wird der Apache an das vorhandene System angepasst und das entsprechende Makefile erzeugt:

```
5. cd apache_1.3.x
6. ./configure --prefix=/usr/local/apache
```

Als nächster Schritt folgt dann die Konfiguration von PHP, wobei das Skript alle dafür notwendigen Programme und Libraries überprüft.

```
7. cd ../php-3.0.x
8. ./configure --with-apache=../apache_1.3.x \
           --enable-track-vars
```

Die Anweisungen `--with-apache=../apache_1.3.x` und `--enable-track-vars` stellen die minimalste Option dar. Um einen Überblick über alle Anweisungen von PHP in der vorliegenden Version zu bekommen, führen Sie folgenden Befehl aus:

```
./configure --help
```

Die Übersetzung und das Einfügen in die Apache-Sourcen erfolgt mit:

```
9. make
10. make install
```

Nun kehren Sie wieder in den Apache-Quellcode zurück:

```
11. cd ../apache_1.3.x
```

Dort konfigurieren Sie dann den Apache mit dem neu dazugewonnenen Modul. Durch die Ausführung des 13. Schritts wird dann der Webserver übersetzt:

```
12. ./configure --prefix=/usr/local/apache  \
                --activate-module=src/modules/php3/libphp3.a
13. make
```

Falls der Apache schon auf dem System läuft, können Sie das so entstandene httpd-Programm, nachdem der vorhandene Apache angehalten wurde, einfach über das existierende Binary kopieren; oder Sie erzeugen mit

```
14. make install
```

die komplette Struktur des Webservers. Als letzter Punkt sollte noch die Konfigurationsdatei von PHP namens `php3.ini` in das Verzeichnis `/usr/local/lib/` kopiert werden:

```
15. cd ../php-3.0.x
16. cp php3.ini-dist /usr/local/lib/php3.ini
```

In dieser Konfigurationsdatei stehen einige Steuermöglichkeiten für PHP zur Verfügung, jedoch muss bei jeder Änderung dieser Datei der Apache-Server neu gestartet werden. Um ein anderes Zielverzeichnis für `php3.ini` zu erzwingen, müssen Sie im Schritt 8 folgende Anweisung hinzufügen:

```
--with-config-file-path=/path
```

Zuallerletzt muss nur noch die `httpd.conf`- bzw. `srm.conf`-Datei editiert werden, um dem Apache zu sagen, welche Dateien von PHP geparst werden sollen. Dafür fügen Sie Folgendes ein:

```
AddType application/x-httpd-php3 .php3
```

Die Endung `.php3` ist dabei nur ein Vorschlag. Sie können die Endung frei wählen. Wird auch noch `.html` in dieser Anweisung angegeben, werden alle HTML-Dateien durch PHP geparst.

Der Apache-Server muss nun gestartet werden, wobei ein `HUP`- oder `USR1`-Signal bei einem vorhandenen Apache nicht ausreichen. Zum Testen, ob die Übersetzung erfolgreich war, speichern Sie folgende Datei `test.php3` in den Dokumentenpfad und rufen sie mit einem Browser auf:

```
<HTML>
  <HEAD>
    <TITLE>PHP Test</TITLE>
  </HEAD>
 <BODY>
   <?php phpinfo(); ?>
 </BODY>
</HTML>
```

Erfolgt eine Ausgabe der Konfigurationsdaten von PHP, war die Übersetzung erfolgreich.

LAMPS: Apache, MySQL, PHP und mod_ssl unter Linux

Eine gängige Einsatzumgebung von PHP ist das sogenannte *LAMPS*-Modell. *LAMPS* steht dabei als Abkürzung für »Linux mit Apache, MySQL, PHP und SSL«. Die hier vorgestellte Installation erstellt einen Apache-Daemon mit statischen Modulen und der Funktionalität, von PHP dynamisch Grafiken erstellen zu lassen, sowie Apache-Passwortabfragen aus MySQL, dynamische PDF-Datei-Generierung und IMAP-Abfragen zu ermöglichen. Man könnte auch sagen: All-in-one. Als Betriebssystem ist Linux vorgegeben, jedoch sollte es auch unter Solaris mit dieser Anleitung funktionieren.

In dieser Anleitung wird davon ausgegangen, dass das Betriebssystem nur einen funktionierenden ANSI-C-Compiler zur Verfügung stellt.

Zunächst installieren Sie, wie in Kapitel 13 beschrieben, OpenSSL. Die aktuellen Sourcen hierzu finden Sie unter `http://www.openssl.org/`. Nachdem der Quellcode heruntergeladen und ausgepackt ist, konfigurieren und installieren Sie OpenSSL folgendermaßen:

```
./config
./make
./make test
./make install
```

Nach dem erfolgreichen Übersetzen sollte nun OpenSSL im Verzeichnis `/usr/local/ssl` vorhanden sein. Der nächste Schritt ist die Datenbank MySQL. Diese wird nun ausnahmsweise nicht neu übersetzt, sondern Sie verwenden das von TCX zur Verfügung gestellte Binary. Das gepackte Binary wird in das Verzeichnis `/usr/local` kopiert. Danach führen Sie Folgendes aus:

```
gunzip < mysql-VERSION-OS.tar.gz | tar xvf -
ln -s mysql-VERSION-OS mysql
cd mysql
scripts/mysql_install_db
bin/safe_mysqld &
```

Dann sollte unbedingt dem MySQL-root-User ein Passwort zugewiesen werden. Um Abfragen vom Apache/PHP zu ermöglichen, sollte auch noch ein User in der Datenbank angelegt werden, unter dem der Apacheserver läuft. Als Beispiel sei hier `wwwrun` genannt. Dieser User muss mindestens (und aus Sicherheitsgründen auch maximal nur) das Recht haben zu lesen. Hierfür wechseln Sie in das Verzeichnis `/usr/local/mysql/bin` und führen Folgendes aus:

```
shell> mysql -u root mysql
mysql> INSERT INTO user VALUES('localhost','wwwrun','', \
       'Y','Y', 'N','N','N','N','N','N','N','N','N','N','N','N')
mysql> FLUSH PRIVILEGES;
```

Genaueres finden Sie man in der sehr umfangreichen Dokumentation, die MySQL beigefügt ist. Für die dynamische Erstellung von PDF-Dateien muss auf dem System die von Thomas Merz programmierte `pdflib` installiert werden. Die Sourcen hierzu finden Sie unter der URL `http://www.pdflib.com/`. Das Kompilieren und Installieren erfolgt nach dem Auspacken durch:

```
./configure
make
make test
make install
```

Die so entstandenen Bibliotheken- und Include-Dateien befinden sich unter dem Verzeichnis `/usr/local` in den entsprechenden lib- und include-Verzeichnissen.

Um IMAP-Server mittels PHP abzufragen, müssen folgende IMAP-Rev.4.1-basierende Entwicklungsdateien vorhanden sein (Beispielverzeichnis ist hier `/usr/local/imapdevel`):

```
/usr/local/imapdevel/include/linkage.h
/usr/local/imapdevel/include/mail.h
/usr/local/imapdevel/include/rfc822.h
/usr/local/imapdevel/lib/libc-client.a
```

Um diese Dateien zu generieren, müssen Sie z.B. von der Universität Washington (`ftp://ftp.cac.washington.edu/imap/`), die aktuelle C-Client-Source herunterladen und kompilieren:

```
make slx  (als Beispiel für glibc-basierendes Linux)
```

Danach müssen manuell die oben angegebenen Dateien in das Beispielverzeichnis oder ein anderes Verzeichnis Ihrer Wahl kopiert werden. Die Datei `libc-client.a` ist ein symbolischer Link auf die Datei `c-client.a`.

Die GD-C-Library kann unter `http://www.boutell.com/gd/` heruntergeladen werden. Die Installations- und Konfigurationsanweisungen stehen in der Readme-Datei zu diesem Paket. Diese Library ist für eine dynamische Grafikerstellung notwendig.

Alle notwendigen Bibliotheken und Programme sollten jetzt installiert sein. Kommen wir nun zur eigentlichen Apache/PHP-Erstellung: Benötigt werden hierzu die aktuellen Sourcen von Apache 1.3.x, PHP 1.3.x, `mod_ssl` 2.5.x und `mod_auth_mysql`. Alle Pakete müssen in ein Verzeichnis kopiert und danach entpackt werden.

Der erste Schritt ist dann die Konfiguration von mod_ssl (detaillierte Informationen zum Übersetzen und der Konfiguration von mod_ssl finden Sie in Kapitel 13):

```
./configure --with-apache=../apache_1.3.x \
            --prefix=../apache_1.3.x
            --disable-rule=SSL_COMPAT
```

Dann wird der Apache mit

```
cd ../apache_1.3.x
./configure --prefix=/usr/local/apache
```

auf PHP vorbereitet. Danach können Sie PHP mit folgendem Aufruf konfigurieren:

```
./configure --with-apache=../apache_1.3.x \
            --with-mysql=/usr/local/mysql \
            --enable-memory-limit=yes \
            --enable-track-vars \
            --enable-debug=no \
            --with-imap=/usr/local/imapdevel \
            --with-gd \
            --with-pdflib=/usr/local
```

Im daraus entstehenden Makefile müssen Sie in die CFLAGS-Zeile noch

```
-I/usr/local/ssl/include/openssl
```

hinzufügen. Jetzt können Sie das PHP-Modul übersetzen und mit

```
make
make install
```

in den Apache-Baum installieren. Nach dem erfolgreichen Installieren wechseln Sie in das mod_auth_mysql-Verzeichnis und installieren das Modul mit:

```
./configure --with-mysql=/usr/local/mysql \
            --with-apache=../apache_1.3.9
make
```

Danach kann dann der Apache endgültig konfiguriert,

```
./configure --prefix=/usr/local/apache \
            --enable-module=ssl \
            --activate-module=src/modules/php3/libphp3.a \
            --enable-module=php3 \
            --activate-module=\
              src/modules/auth_mysql/libauth_mysql.a
```

kompiliert und mit einem SSL-Zertifikat installiert werden (siehe Kapitel 13.2.3):

```
make
make certificate
make install
```

14.2.3 PHP unter Windows 9x/NT/2000 und Apache 1.3

PHP-Seiten sind mit einer kleinen Einschränkung auch auf Microsoft Windows 32-Bit-Betriebssystemen lauffähig: Sie müssen nur bei Pfadangaben den Slash »/« mit einen Backslash »\« ersetzen.

Die Installation ist im Gegensatz zu Unix-Systemen sehr einfach, da PHP und Apache nicht mehr kompiliert werden müssen. Die gepackten Binärdateien können von der PHP-Seite direkt heruntergeladen werden.

Zuallererst entpacken Sie die Distributionsdatei in einem Verzeichnis Ihrer Wahl. Ein guter Startpunkt ist hier das Verzeichnis `C:\PHP3\`. Danach wird die Konfigurationsdatei `php3.ini-dist` als `php3.ini` in das Windows-Systemverzeichnis `%WINDOWS%` kopiert. Typischerweise ist das Windows-Systemverzeichnis bei Windows 95/98/Millenium/2000 meist `C:\windows` und bei NT Systemen `C:\winnt` oder `C:\winnt40`.

Die nun im Windows-Verzeichnis liegende `php3.ini`-Konfigurationdatei muss danach entsprechend angepasst werden:

```
* Anpassen der 'extension_dir'-Anweisung an das
      Installationsverzeichnis bzw. an das Verzeichnis,
      in dem sich die php3_*.dll-Dateien befinden.
* Auswahl der beim Start von PHP zu ladenden Module.
      Die Module können aber auch dynamisch im Skript geladen
      werden. Der Befehl hierzu lautet: dl("php_*.dll");
```

Achten Sie auf die Details bei der Namensgebung. Die DLL-Dateien für PHP-Erweiterungen besitzen das Namenspräfix »php3_«.

Damit Apache die Funktionalität des PHP-CGI-Binary unterstützt, müssen noch ein paar Anpassungen in der `httpd.conf` bzw. `srm.conf` durchgeführt werden. Als minimale Anpassung müssen folgende Direktiven vorliegen:

```
ScriptAlias /php3/ "c:/php3/"
AddType application/x-httpd-php3 .php3
Action application/x-httpd-php3 "/php3/php.exe"
```

Wie bereits erwähnt wurde, müssen bei Windows-Apache die Backslashes »\« in Slashes »/« umgeändert werden. Um die Funktion des »*Source Code Highlighting*« verwenden zu können, erstellen Sie einfach ein PHP-Skript mit folgendem Inhalt:

```
<?php show_source("eigentliches PHP Skript"); ?>
```

Dies ist der einzige Weg, um diese Funktionalität zu erhalten.

14.3 PHP-Konfigurationsdatei php3.ini

Die Einstellungen von PHP lassen sich sehr einfach mit der Konfigurationsdatei `php3.ini` steuern. Bei Änderungen muss der Apache-Server jedesmal neu gestartet und nicht nur neu geladen werden (z.B. mit einem HUP etc.). In der Konfigurationsdatei finden Sie selbsterklärende Kommentare. Einige Optionen werden hier kurz aufgeführt:

```
[PHP_3]

;;;;;;;;;;;;;;;;;;;;
; Language Options ;
;;;;;;;;;;;;;;;;;;;;

engine                                  =On
```
Gibt an, ob der PHP-Interpreter gestartet werden soll oder nicht.

```
short_open_tag                          =On
```
Gibt an, ob die Schreibweise "<?" erlaubt ist oder nur "<?php" und "<script>".

```
asp_tags                    =Off
```
Gibt an, ob die ASP-Schreibweise "<% %>" interpretiert werden soll.

```
precision                   =14
```
Anzahl der signifikanten Stellen bei Fließkommazahlen

```
y2k_compliance              =Off
```
Jahr-2000-Kompatibilität: Bei älteren Browsern können sonst Probleme entstehen.

```
safe_mode                   =Off
safe_mode_exec_dir          =
```
Falls der Sicherheitsmodus aktiv ist, wird angegeben, wo sich das entsprechende Verzeichnis befindet.

```
highlight.string            =#DD0000
highlight.comment           =#FF8000
highlight.keyword           =#007700
highlight.bg                =#FFFFFF
highlight.default           =#0000BB
highlight.html              =#000000
```
Farben für die Syntaxhervorhebung

```
expose_php                  =On
```
Gibt an, ob im HTML-Header die Versionsnummer gezeigt werden soll oder nicht.

```
;;;;;;;;;;;;;;;;;;;
; Resource Limits ;
;;;;;;;;;;;;;;;;;;;
```

```
max_execution_time          =30
```
Maximale Ausführungszeit für die Abarbeitung eines Skripts. Wird in Sekunden angegeben.

```
smemory_limit               =8388608
```
Maximaler Speicherbedarf für ein Skript (8 Mbyte)

Kapitel 15

Apache JServ

15.1 Hintergründe

Webseiten mit dynamischen Inhalten waren schon immer wichtig. Sei es, um Formulare auszuwerten oder z. B. Informationen aus Datenbanken darzustellen.

Einer der am weitesten verbreiteten Ansätze dazu ist das *CGI*, eine Schnittstelle, die in so ziemlich jedem Server vertreten ist. Sie können Programme für diese Schnittstelle in einer beliebigen Programmiersprache erstellen, die mit *Umgebungsvariablen* und *Standard-Ein-/Ausgabe* umgehen kann.

Dabei haben die eingesetzten Programmiersprachen alle ihre Vor- und Nachteile. Auch weisen sie Unterschiede in ihrer Beliebtheit, Eignung für bestimmte Aufgaben oder Unterstützung durch das zugrunde liegende Betriebssystem auf.

Wer nun gern *Java* einsetzen möchte, um dynamische Inhalte zu erzeugen, steht vor dem Problem, dass Java sich nicht besonders gut für das CGI eignet.

Das größte Hindernis dabei ist, dass das CGI für jeden Aufruf das komplette Programm und damit bei Interpretersprachen den Interpreter starten und sich initialisieren lassen muss. Nun fällt vor allem sowohl der sehr hohe Speicherbedarf als auch die verhältnismäßig lange Startphase der *Java-Virtual-Machine* bzw. des Java-Interpreters gegenüber oft für diesen Zweck benutzten Sprachen wie z. B. *Unix-Shell*, *Perl* oder *Python* auf. Die Java-Umgebung verbraucht schnell ein paar Megabytes nur für den Interpreter, und die Initialisierung dauert selbst auf schnellen Rechnern typischerweise einige Sekunden. Ein solches Verhalten wäre sogar auf sehr gering frequentierten Sites eine Zumutung.

Andererseits wäre es recht praktisch, wenn man Java verwenden könnte, da die Sprache gut strukturiert ist und es eine große Zahl Klassenbibliotheken für die unterschiedlichsten Aufgaben gibt.

Ein Ausweg aus der Situation ergäbe sich, wenn man die lange Startphase überwinden könnte und auch den Speicherverbrauch etwas begrenzen würde. Dabei wäre eine Möglichkeit, den *Fast-CGI*-Mechanismus (FCGI) zu benutzen.

Dies würde allerdings einen großen Vorteil von Java zunichte machen: die hohe Portabilität von Anwendungen, die in Java geschrieben sind. Ein Mechanismus wie FCGI ist sehr serverspezifisch.

Aus diesem Grund und einigen weiteren, die später noch erläutert werden, wurde bei Apache Jserv ein anderer Ansatz gewählt.

Von *SUN* existiert eine Referenzimplementation eines Webservers in Java. Die Einbindung von eigenen Anwendungen geschieht dort über *Servlets*. Das sind abgeschlossene Java-Applikationen, die im Kontext des Webservers ausgeführt werden. Die Servlets laufen in einer klar definierten Umgebung ab. Damit ist eine wichtige Bedingung für Plattformunabhängigkeit gegeben. Nun wäre eine Umsetzung von Apache in Java nicht sehr sinnvoll gewesen, und eine Integration einer Java-Laufzeitumgebung in den Webserver wäre sehr fehleranfällig und würde den Speicherverbrauch auch immens ansteigen lassen.

So wurde ein 3-Schichten-Konzept entworfen mit einem Modul, das in C geschrieben ist und in Apache integriert werden kann, dem `mod_jserv`. Dieses empfängt die Anfragen des Clients und setzt sie in einen Datenstrom um, der über eine Socket-Verbindung an einen in Java geschriebenen Server, *Jserv*, geschickt wird. Dieser wiederum setzt diesen Datenstrom in ein *Request-Objekt* um und gibt dieses an das entsprechende Servlet weiter. Das *Response-Objekt* mit der Rückantwort wird von Jserv wieder in einen Datenstrom verpackt und über die Netzverbindung an `mod_jserv` zurückgeschickt. Dieses generiert daraus wiederum die Antwort für den Client. Befinden sich der Apache und Jserv auf der gleichen physikalischen Plattform, dann wird die Verbindung über die lokale *Loopback-Schnittstelle* durchgeführt. Befinden sie sich auf verschiedenen Rechnern, wird die Verbindung über das Netz hergestellt.

Es ist also möglich, den Apache auf einem Rechner und die Servlets auf einem oder mehreren anderen Rechnern zu betreiben. Dabei spielt es nicht einmal eine Rolle, welches Betriebssystem jeweils verwendet wird.

Die Kommunikation zwischen `mod_jserv` und Jserv geschieht über ein eigens entwickeltes Protokoll, das *Apache Jserv Protocol, AJP*.

Durch eine solche Trennung des Teils, der die Anfragen bearbeitet, und des Teils, der die Java-Servlets ausführt, lassen sich interessante Szenarien aufbauen, bei denen diese Teile auf getrennten Rechnern ablaufen.

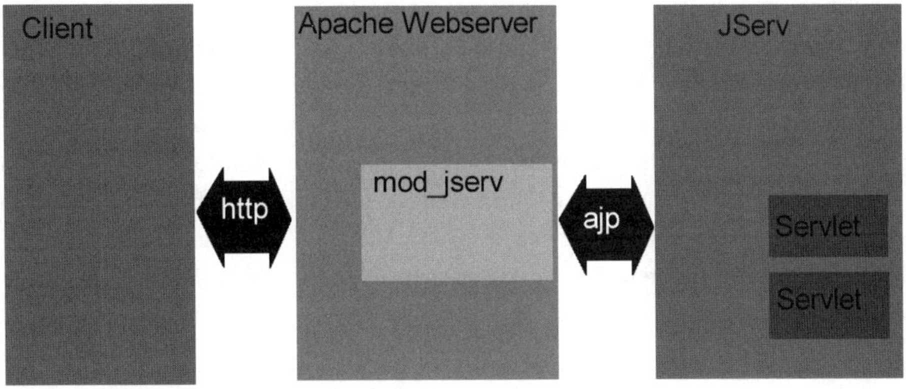

Abb. 15.1: Shematische Darstellung der Funktionsweise

Es ist dabei möglich, einmal aus Sicherheitsgründen Datenbankanfragen z. B. von einem Rechner hinter einer *Firewall* ausführen zu lassen, wobei der Webserver in einer DMZ (*Demilitarisierte Zone*, Firewall-Konzept) von außen zugänglich ist. Eine andere Anwendungsmöglichkeit wäre eine Lastverteilung, bei der eine Anfrage von verschiedenen Rechnern beantwortet werden kann, was besonders sinnvoll ist, wenn für ein Servlet große Ressourcen benötigt werden.

Natürlich spielt auch der Sicherheitsaspekt eine Rolle. Es muss verhindert werden, dass jeder, der Zugang zu dem Netz hat, in dem Jserv läuft, an den Sicherheitsmechanismen (Authentikation, Berechtigung) des Apache vorbei Servlets ausführen lassen kann.

Eine Reihe von Vorkehrungen sind daher schon getroffen worden:

1. Die IP-Adresse des Rechners, von dem aus Anfragen an Jserv gerichtet werden können, wird in der Konfiguration vorgegeben.
2. Die IP-Adresse, unter der Jserv Anfragen entgegennimmt, wird in der Konfiguration vorgegeben. Wenn z. B. Jserv auf dem gleichen Rechner wie der Apache läuft und die Loopback-Schnittstelle verwendet wird, beantwortet Jserv nur Anfragen, die an 127.0.0.1 (localhost) gerichtet sind. Dies ist normalerweise nur vom eigenen Host aus möglich.
3. `mod_jserv` und Jserv verwenden gewöhnlich eine verschlüsselte Verbindung, deren Schlüssel nur dem `mod_jserv` und Jserv bekannt (und zugänglich) sind.

Darüber hinaus führende Sicherheit kann nicht mehr Aufgabe der Implementierung sein, sondern sollte durch geeigenete Maßnahmen wie z. B. Firewalls sichergestellt werden.

Zum anderen sollten der Account, unter dem der Apache läuft und unter dem `mod_jserv` auf die Konfiguration und den Schlüssel zugreift, und der Account, unter dem Jserv läuft und auf die Schlüsseldatei zugreift, sowie die Servlets selbst hinreichend geschützt sein. Oft wird der Apache unter nobody/nogroup unter Unix ausgeführt, was das Sicherheitskonzept ad absurdum führen würde. Jeder Nutzer mit Zugang zum System könnte mit dem Schlüssel eine lokale Verbindung aufbauen oder, noch viel einfacher, die Servlets direkt ausführen. Es empfiehlt sich daher, für den Apache einen eigenen User vorzusehen, wie dies bereits in Kapitel 7 beschrieben wurde.

Ein anderer Aspekt ist ein Schutz der Ressourcen vor versehentlicher oder absichtlicher Störung durch Programme, die im Kontext des Webservers ausgeführt werden. Der Apache selbst ist recht gut geschützt, da in seinem Kontext nur das gut getestete Modul `mod_jserv` ausgeführt wird. Eine direkte Störung durch Servlets ist daher kaum möglich. Andererseits dürfen die Servlets über jede Resource verfügen, auf die auch der Nutzer Zugriff hat, unter dem Jserv ausgeführt wird. Es muss also hier vom Betriebssystem her Sorge dafür getragen werden, auf welche Ressourcen (Hauptspeicher, Prozessorbelastung, Dateizugriff) in welchem Umfang der Zugriff gestattet wird. Eine *Sandbox*, also eine Umgebung, in der man jedem Servlet genaue Beschränkungen über die Art der Systemnutzung vorgeben könnte, wie es z. B. bei Applets in Browsern üblich ist, ist derzeit noch nicht implementiert.

15.2 Installation

Da Apache Jserv ein Produkt für den Apache Webserver ist, benötigen wir im ersten Schritt zumindest einen wenigstens simpel installierten Apache. In einer *Unix*-Umgebung werden wir die Installation von Jserv in der Regel im Sourcecode durchführen. Dazu ist entweder der Apache vorher für den *DSO*-Support konfiguriert worden (die Anweisungen dazu finden Sie mit `./configure --help` im Verzeichnis, in dem die Apache-Distribution entpackt wurde), oder wir compilieren `mod_jserv` direkt statisch in den Apache. Die zweite Variante wird gerade für Produktionsumgebungen bevorzugt. Auf *Win32* brauchen wir nichts zu compilieren, sondern installieren beide Produkte, Apache und Apache Jserv mit dem mitgelieferten Installer. In allen Fällen wird noch neben einer funktionierenden Java-Umgebung, die Java 1.1 unterstützt, der *JSDK2.0* benötigt. Derzeit unterstützt Jserv nur genau diese Version des Java Servlet Developement Kit (JSDK) von Sun. Es gibt inzwischen mindestens schon die Version 2.1. Da aber auch Apache Jserv ständig weiterentwickelt wird, empfiehlt sich auch hier immer ein Blick in die jeweils beiliegende Dokumentation. Das JSDK finden wir auf den Webseiten von Sun nach langem, anstrengendem Suchen. Eventuell funktioniert aber auch gerade mal der Link von `http://java.apache.org/` aus, was die Suche durchaus erleichtert. Ist alles zur Hand – Apache Server in einer Version höher als 1.3, zum Zeitpunkt der Drucklegung ist dies 1.3.12, Apache Jserv (derzeit in der Version 1.1, zu finden unter `http://java.apache.org/`) und JSDK 2.0 – kann die Installation beginnen.

Folgende Szenarien sind möglich:

15.2.1 Apache und Apache JServ als Binary (Win32)

Der Installation von Jserv geht die Installation des Apache Servers und das Auspacken des JSDK voraus.

Die Apache-Jserv-Distribution für Win32 ist ausführbar und enthält den grafischen Installer.

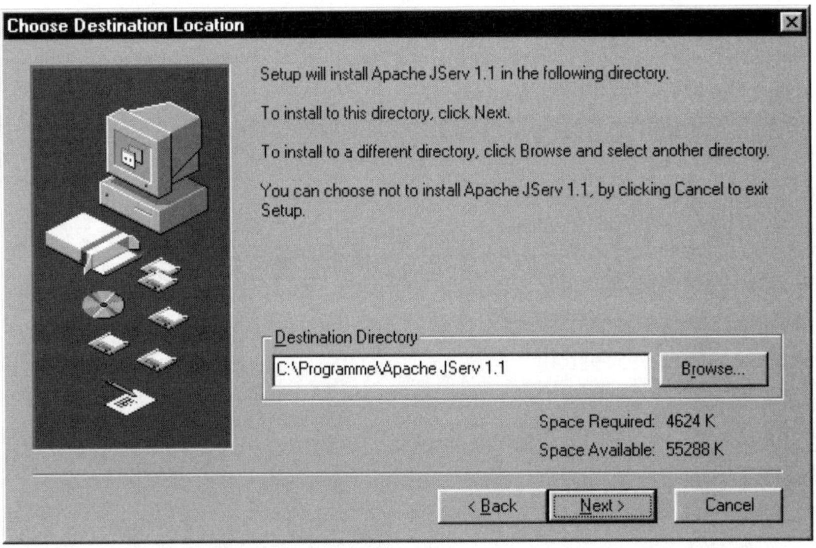

Abb. 15.2: Auswahl des Installationspfads

Die Bedienung des Installers erfolgt wie gewohnt: Nach Bestätigung der Nutzungsbedingungen wählen Sie das Zielverzeichnis für das Produkt. Dann wählen Sie den Umfang der Installation:

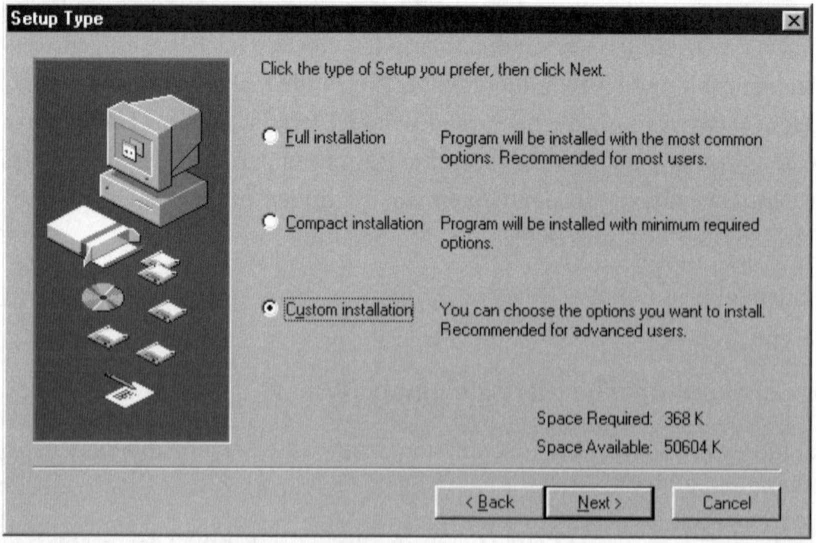

Abb. 15.3: Optionen für die Installation

In der Variante »*Custom*« haben Sie die Möglichkeit, die zu installierenden Bestandteile genau zu bestimmen:

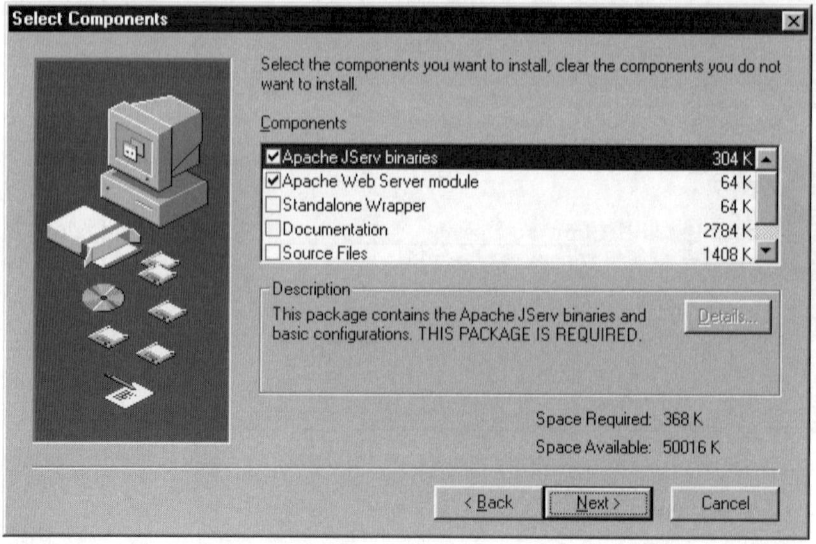

Abb. 15.4: Auswahl der zu installierenden Teile

Für die weiter unten beschriebene Lastverteilung und auch aus anderen Gründen ist es möglich, Jserv auch *stand-alone* zu betreiben. In dem Fall sollte dann das »*Web Server Module*« bei der Installation weggelassen und dafür der »*Standalone Wrapper*« installiert werden. Die Dokumentation mit zu installieren ist sicher kein Fehler. Die Installation der »*Source Files*« lohnt sich, falls Sie an den Interna interessiert sind oder Jserv selbst übersetzen möchten.

Als nächstes erkundigt sich der Installer nach der Position der *Java-VM* (Virtual Maschine). Im Idealfall ist das *JDK*(Java Developement Kit) 1.2 von Sun installiert und der Pfad wird ausgewählt:

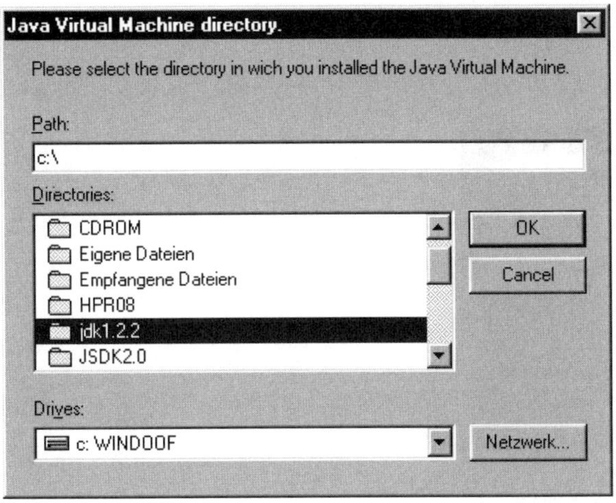

Abb. 15.5: Auswahl der Installation der JVM

Eventuell fragt der Installer beim Vorhandensein mehrerer Java-VMs nach der, die Sie verwenden möchten. Im unteren Teil des Fensters wird dann immer angezeigt, welche Position die jeweilige VM im Filesystem hat.

Nun erkundigt sich der Installer noch nach dem Installationsort des JSDK.

Ist die Installation des Webserver-Moduls gewünscht – was der Normalfall sein sollte – dann fragt der Installer im nächsten Schritt nach dem Verzeichnis, in dem Sie Apache installiert haben, oder wo sich `httpd.conf` befindet.

Sind alle Angaben gemacht, wird die Installation fertig gestellt, eventuell die `httpd.conf` entsprechend angepasst und ein Menüeintrag erzeugt, mit dem Sie die Installation wieder entfernen können.

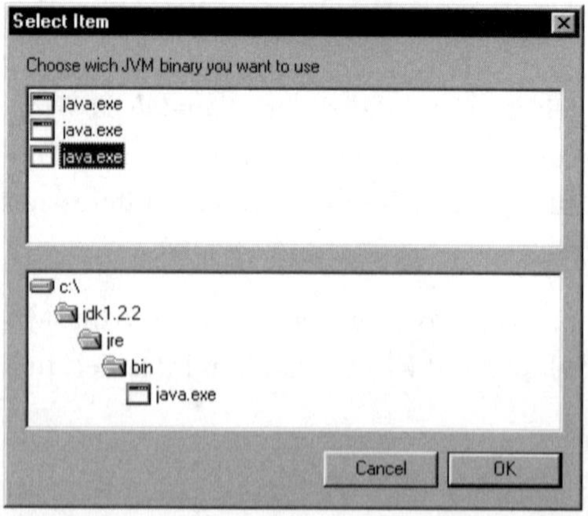

Abb. 15.6: Auswahl der zu benutzenden JVM

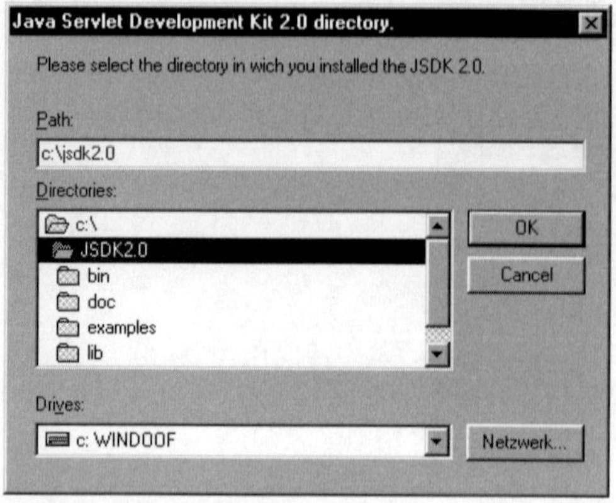

Abb. 15.7: Auswahl des Pfads, in dem der JSDK installiert wurde

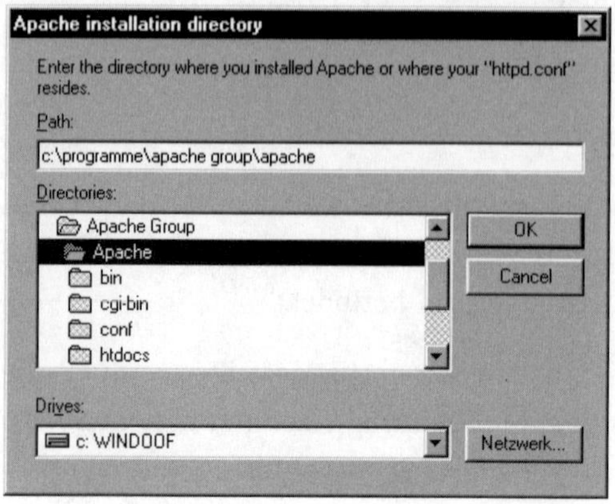

Abb. 15.8: Der Pfad, in dem der Apache installiert wurde

15.2.2 Apache und Apache JServ als Quellcode

Diese Möglichkeit kommt vor allem unter Unix in Frage. Wir benötigen dazu Folgendes:

- Apache 1.3.9 oder höher als Source (`http://www.apache.org/`)
- Apache Jserv 1.1 als Source-Distribution (`http://java.apache.org/`)
- Das *Java Servlet Development Kit* JSDK2.0 von Sun (`http://java.sun.com/products/servlet/`)
- Eine lauffähige und Java1.1-kompatible Laufzeitumgebung und einen Compiler (`http://java.sun.com/cgi-bin/java-ports.cgi`)
- Einen *ANSI-C*-kompatiblen Compiler z. B. *gcc* (`http://www.gnu.org/`)

Es empfiehlt sich in jedem Fall die Datei »`INSTALL`«, die den Quelltexten beiliegt, einmal durchzulesen. Diese enthält in der Regel die neuesten Informationen für die Installation.

Zuerst muss der Apache konfiguriert und installiert sein. Im einfachsten Fall geschieht das mit dem Aufruf:

```
$ ./configure --prefix=/usr/local/apache
# make install
```

Weitere Optionen sind mit dem Aufruf

```
$ ./configure --help
```

verfügbar. Sie werden an anderer Stelle im Buch noch einmal ausführlich beschrieben.

Wir wechseln nun in das Verzeichnis, in das wir Apache Jserv entpackt haben und rufen dort Folgendes auf:

```
$ ./configure \
      --with-apache-src=/path/to/apache/source \
      --prefix=/usr/local/jserv \
      --with-jdk-home=/path/to/jdk \
      --with-JSDK=/path/to/jsdk.jar
```

bzw.:

```
    --with-JSDK=/path/to/unpacked/JSDK
```

wenn wir das JSDK2.0 schon entpackt vorliegen haben.

Nach dem `configure`-Aufruf führt ein

```
# make install
```

zu einer Integration des Apache Jserv-Quelltextes in Apache sowie zu einer Installation der Java-Klassen von Jserv in dem Verzeichnis, das mit `--prefix` angegeben wurde.

Als Nächstes ist Apaches `configure` erneut mit der zusätzlichen Option

```
    --activate-module=src/modules/jserv/libjserv.a
```

aufzurufen.

Dann sorgt ein

```
$ make
# make install
```

für eine Installation des Apache mit Apache Jserv.

15.2.3 Apache mit DSO und Apache JServ als Quellcode

Für die Verwendung von Apache Jserv als DSO (*Dynamic Shared Object*) muss der Apache Webserver zunächst entsprechend installiert werden. Einzelheiten hierzu finden Sie in Kapitel 4. Ein lauffähig installiertes *Perl5* ist dabei zusätzlich für *AXPS*, die Installationshilfe für DSO, erforderlich. Im einfachsten Fall erhalten Sie einen Apache mit DSO durch folgenden Aufruf:

```
$ ./configure \
    --prefix=/usr/local/apache \
    --enable-rule=SHARED_CORE \
    --enable-module=so
# make install
```

Apache Jserv wird dann wie folgt konfiguriert:

```
$./configure \
    --prefix=/usr/local/jserv \
    --with-apxs=/usr/local/apache/bin/apxs \
    --with-jdk-home=/path/to/jdk \
    --with-JSDK=/path/to/jsdk.jar \
```

Dann rufen Sie wieder

```
$ make
# make install
```

auf, um Apache Jserv und die Jserv-Java-Klassen zu installieren.

Im Folgenden sind noch einmal alle Parameter für den `configure`-Aufruf von Apache Jserv beschrieben:

Option	Bedeutung **`[Vorgabewert]`**
`--prefix=`*PREFIX*	Installiert die architekturunabhängigen Dateien im Verzeichnis *PREFIX* [`/usr/local/jserv`].
`--exec-prefix=`*EPREFIX*	Installiert die architekturabhängigen Dateien im Verzeichnis *EPREFIX* [wie *PREFIX*].
`--bindir=`*DIR*	Installiert vom Benutzer ausführbare Programme in das Verzeichnis *DIR* [*EPREFIX*/`bin`].
`--sbindir=`*DIR*	Installiert vom Systemadministrator auszuführende Programmdateien in das Verzeichnis *DIR* [*EPREFIX*/`sbin`].
`--libexecdir=`*DIR*	Installiert vom Programm ausführbare Dateien in das Verzeichnis *DIR* [*EPREFIX*/`libexec`].
`--datadir=`*DIR*	Installiert nur zu lesende, plattformunabhängige Daten (z. B. Servlets) in *DIR* [*PREFIX*/`share`].
`--sysconfdir=`*DIR*	Installiert systemspezifische Daten (Konfigurationen) in das Verzeichnis *DIR* [*PREFIX*/`etc`].
`--sharedstatedir=`*DIR*	Installiert veränderbare, systemunabhängige Daten in das Verzeichnis *DIR* [*PREFIX*/`com`].
`--localstatedir=`*DIR*	Installiert veränderbare, systemspezifische Daten (PID-Datei) in das Verzeichnis *DIR* [*PREFIX*/`var`].
`--libdir=`*DIR*	Installiert Programmbibliotheken in das Verzeichnis *DIR* [*EPREFIX*/`lib`].
`--includedir=`*DIR*	Installiert C-Header-Dateien in das Verzeichnis *DIR* [*PREFIX*/`include`].

Option	Bedeutung **[Vorgabewert]**
`--oldincludedir=`*DIR*	Installiert C-Header-Dateien, die nicht für GCC verwendet werden, in das Verzeichnis *DIR* [`/usr/include`].
`--infodir=`*DIR*	Installiert die informelle Dokumentation in das Verzeichnis *DIR* [*PREFIX*`/info`].
`--mandir=`*DIR*	Installiert Manuals in das Verzeichnis *DIR* [*PREFIX*`/man`].
`--srcdir=`*DIR*	Installiert Programmquelltexte in das Verzeichnis *DIR* [`configure`-Verzeichnis oder `..`].
`--program-prefix=`*PREFIX*	Stellt *PREFIX* den installierten Programmnamen voran.
`--program-suffix=`*SUFFIX*	Hängt *SUFFIX* an installierte Programmnamen.
`--program-transform-name =`*PROGRAM*	Führt 'sed' *PROGRAM* für installierte Programmnamen aus.
`--build=`*BUILD*	Konfiguriert für eine Architektur *BUILD* [*BUILD=HOST*].
`--host=`*HOST*	Konfiguriert für eine Architektur *HOST* [ermittelt].
`--target=`*TARGET*	Konfiguriert für eine Zielarchitektur *TARGET* [*TARGET=HOST*].
`--enable-static[=`*PKGS*`]`	Erzeugt statische Programmbibliotheken [`no`].
`--enable-shared[=`*PKGS*`]`	Erzeugt dynamische Programmbibliotheken [`yes`].
`--enable-fast-install [=`*PKGS*`]`	Optimiert für eine schnelle Installation [`yes`].
`--with-gnu-ld`	C-Compiler benutzt GNU ld [`no`].
`--disable-libtool-lock`	Vermeidet 'Locking' (macht eventuell auf Multiprozessorrechnern Probleme).
`--enable-maintainer-build`	Aktiviert die Prüfungen auf Abhängigkeiten im Java-Code.
`--enable-compressed-jar allows`	Erzeugt eine mit zip komprimierte jar-Datei [`no`].
`--enable-debugging`	Fügt die Debugoption `-g` in die Java-Kompilierung ein.
`--with-apache-src=`*DIR*	Gibt den Ort des Apache-Quelltextes an (für festes Einkompilieren in Apache).
`--with-apxs=`*APXS-UTIL*	Gibt an, wo `apxs` zu finden ist (für DSO).
`--with-logdir=`*DIR*	Gibt das Verzeichnis für Apache Jserv Logdateien an.
`--with-servlets=`*DIR*	Gibt das Verzeichnis an, in dem die Servlets zu finden sind.
`--with-apache-install=`*DIR*	Gibt an, wo Apache installiert ist (für DSO).
`--enable-apache-config`	Gibt an, ob Apache für Jserv durch `configure` eingerichtet werden soll [`yes`].
`--with-jdk-home=`*DIR*	Gibt den Ort des JDK an.

Option	Bedeutung **[Vorgabewert]**
--with-java-platform=*VAL*	Gibt die Java-Plattform vor: 1 für 1.1.x oder 2 für 1.2.x oder höher).
--with-java=*prog*	Java-Laufzeitumgebung
--with-javac=*prog*	Java-Compiler
--with-javadoc=*prog*	Java-Dokumentationscompiler
--with-jar=*prog*	Programm für die Erzeugung von Java-Archiven
--with-JSDK=*DIR/JAR*	Gibt den Ort der JSDK-2.0-Klassendateien an.
--enable-overview	Aktiviert die Übersichtsfunktion für 'javadoc', benutzt package.html als Übersichtsdatei.
--with-signature[=*alias*]	Unterzeichnt das JAR-Archiv mit dem angegebenen Namen (normal aktueller Benutzer).
--with-jarsigner=*prog*	Programm für die Unterzeichnung des JAR- Archivs.
--enable-EAPI	Aktiviert die EAPI-Unterstützung (mod_ssl).

15.3 Konfiguration

Als nächstes müssen Sie die Konfigurationsdateien erstellen bzw. anpassen.

Für Jserv sind drei Konfigurationsdateien zuständig. Die erste ist die Datei jserv.conf, die wahlweise direkt in die httpd.conf eingefügt wird oder per Include-Anweisung in httpd.conf eingebunden wird. Die zweite Möglichkeit ist zu bevorzugen. Das geschieht mit der Anweisung »include /path/to/jserv.conf«. Sie schreiben also die Include-Anweisung und dahinter den Pfad zur Konfigurationsdatei jserv.conf.

Wird jserv.conf per Include-Anweisung eingebunden, verhält sie sich, als stünden die Anweisungen direkt in httpd.conf. Nur lässt sie sich als separate Datei etwas besser pflegen.

Wird DSO unter Unix genutzt, steht am Anfang:

```
LoadModule jserv_module libexec/mod_jserv.so
```

Die folgenden Anweisungen sind dann in

```
<IfModule mod_jserv.c>
...
</IfModule>
```

eingeschlossen, um Fehlermeldungen des Apaches zu vermeiden, wenn das Modul nicht vorhanden ist oder nicht aktiviert wurde.

```
ApJServManual off
```

Gibt an, daß Jserv nicht manuell gestartet werden soll, sondern automatisch zusammen mit dem Apache gestartet wird. Ist der Wert »`on`«, wird Jserv nicht automatisch mit gestartet.

```
ApJServProperties "Pfad/zu/jserv.properties"
```

Gibt den Pfad vor, unter dem die `jserv.properties` zu finden sind. Diese steuern das Verhalten von Jserv. Diese Anweisung wird nur beachtet, wenn Jserv automatisch zusammen mit dem Apache gestartet wird.

```
ApJServLogFile "Pfad/zu/mod_jserv.log"
```

Gibt den Pfad für das Logfile von `mod_jserv`, dem Modul im Apache, vor. Steht statt des Pfades der Wert »`DISABLED`«, werden die Ausgaben statt dessen in das Error-Logfile vom Apache geschrieben.

```
ApJServLogLevel notice
```

Mögliche Optionen sind: `debug`, `info`, `notice`, `warn`, `error`, `crit`, `alert` und `emerg`.

Diese Optionen geben die Menge der generierten Nachrichten vor. Wird Jserv mit der Option `JSERV_DEBUG` kompiliert, ist dieser Wert auf »`debug`« voreingestellt. Sonst ist er »`info`«.

```
ApJServDefaultProtocol ajpv12
```

Gibt das Protokoll an, mit dem sich `mod_jserv` und Jserv verständigen. In der Regel sollte hier `ajpv12` stehen. Nur wenn eine ältere Version von Jserv verwendet werden muss, kann `ajpv11` angegeben werden. Sollte es zu seltsamen Fehlermeldungen im Betrieb kommen, kann das daran liegen, dass `mod_jserv` und Jserv verschiedene Protokollversionen verwenden.

```
ApJServDefaultHost localhost
```

Gibt den Namen des Rechners an, auf dem Jserv läuft. Bei einer lokalen Installation, d.h. Apache mit `mod_jserv` und Jserv auf demselben Rechner, kann der Vorgabewert »*localhost*« verwendet werden. (Die Anweisung kann in diesem Fall mit # auskommentiert bleiben)

```
ApJServDefaultPort 8007
```

Der TCP-Port, auf dem die Kommunikation mit Jserv betrieben wird. Für ajpv12 ist es Port 8007.

```
ApJServVMTimeout 10
```

Gibt die Zeitspanne in Sekunden an, die der Java-Umgebung von Jserv gelassen wird, bevor Anfragen an Jserv gerichtet werden. Das ist auch die Zeitspanne, die `mod_jserv` zwischen »Pings« verstreichen lässt, um zu überprüfen, ob Jserv noch reagiert. Verstreicht die Zeitspanne ohne Reaktion von Jserv, versucht `mod_jserv` Jserv neu zu starten.

Auf einem sehr stark belasteten Rechner kann dieser Wert erhöht werden. Vorgabe ist hier der Wert 10.

```
# ApJServProtocolParameter [name] [parameter] [value]
```

Ist für spätere Protokollversionen eingeführt worden. Wird im Moment ignoriert und ist daher standardmäßig auskommentiert.

```
ApJServSecretKey "Pfad/zu/jserv.secret.key"
```

Gibt den Pfad zu der Datei an, die als Schlüssel für die Kommunikation zwischen `mod_jserv` und Jserv verwendet wird. Ist dieser Wert auf »`DISABLED`« gesetzt, kann jeder, der auf der Rechner zugreifen darf, Servlets ausführen.

```
ApJServMount [name] [jserv-url]
```

Diese Anweisung kann mehrfach vorkommen und gibt mit »`name`« den Teil des URLs vor, in dem die Servlets über den Webserver erreicht werden, und mit »`jserv-url`« den URL, unter dem `mod_jserv` die jeweilige Instanz von Jserv und die jeweiligen Servlets erreicht.

Beispiele dazu:

```
ApJServMount /servlets /myServlets
```

Wenn ein Anwender auf `http://host/servlets/FooServlet` zugreift, dann wird mit `ApJServDefaultProtocol` auf dem durch `ApJServDefaultHost` bestimmten Host und dem durch `ApJServDefaultPort` angegebenen Port nach der Zone »`myServlets`« gesucht und dort das Servlet »`FooServlet`« ausgeführt. Die Bedeutung der *Zone* werden wir im Folgenden noch genauer erläutern.

Läuft Jserv auf einem anderen Host und soll auch ein anderer TCP-Port verwendet werden (das muss der gleiche sein, der im Folgenden in den jeweiligen `jserv.properties` gesetzt wird), könnte die Anweisung wie folgt aussehen:

```
ApJServMount /servlets \
          ajpv12://host.auf.dem.jserv.laeuft:12345/myServlets
```

Das würde dazu führen, das unter `http://host/servlets/FooServlet` angesprochene Servlet auf dem Host »`host.auf.dem.jserv.laeuft`« unter Benutzung des Protokolls `ajpv12` auf `Port 12345` in der Zone »`myServlets`« anzusprechen. Die allgemeine Schreibweise ist hier `Protokoll://Host:Port/Zone`.

```
ApJServMountCopy on
```

Diese Anweisung gibt an, ob `<VirtualHost>` – Anweisungen von Apache die Mountpunkte übernehmen. Voreingestellt ist »`on`«.

```
#ApJServAction .jsp /servlets/org.gjt.jsp.JSPServlet
#ApJServAction .gsp /servlets/com.bitmechanic.gsp.GspServlet
#ApJServAction .jhtml /servlets/org.apache.servlet.ssi.SSI
#ApJServAction .xml /servlets/org.apache.cocoon.Cocoon
```

Diese Anweisungen, per Vorgabe deaktiviert, führen Servlets auf der Grundlage der Dateiendungen aus. Der Dateiname wird dabei an das Servlet unter dem Property »`PATH_TRANSLATED`« übergeben.

Der folgende Anweisungsblock aktiviert den Jserv-Status-Handler, analog zum Status-Handler von Apache. Hier sollte eine genaue Vergabe der Zugriffsrechte beachtet werden, damit kein unberechtigter Nutzer sensible Daten der Konfiguration erfahren kann. In einer Produktionsumgebung empfiehlt es sich, den Handler ganz zu deaktivieren.

```
<Location /jserv>
SetHandler jserv-status
order deny,allow
deny from all
allow from localhost
</Location>
```

Im Beispiel wird nur der Zugriff über `localhost` gestattet. Die Möglichkeiten der Konfiguration der `<Location>`-Anweisung werden in Kapitel 5.6 detailliert erläutert.

Eine Beispiel-Konfigurationsdatei liegt der Jserv-Distribution bei und muß lediglich angepaßt werden.

Bei der Erläuterung der `jserv.conf` war bereits von der Datei `jserv.properties` die Rede.

Diese Datei enthält die Konfigurationsanweisungen für den Java-Teil von Apache Jserv, dem Jserv selbst. Sie wird in der Regel durch die Angaben beim »configure«-Aufruf bzw. bei der Installation vorkonfiguriert. Die Schreibweise der Konfigurationsanweisungen in dieser Datei unterscheidet sich von der Schreibweise in den Konfigurationsdateien des Apache. Sie folgt der Schreibweise in Java Properties Dateien: `Name_der_Variable = Wert1, Wert2, ...`

Parametername	Erläuterung
wrapper.bin	Gibt den Pfad zur Java-Engine an, z.B. `/usr/java/jdk/bin/java`.
wrapper.bin.parameters	Parameter, die der Java-Engine beim Start übergeben werden sollen. Default: keine.
wrapper.path	Umgebungsvariable `PATH` für den Java-Interpreter. Die Angabe folgt der Schreibweise der jeweiligen Systemvariable, also »`:`« als Trennzeichen unter Unix und »`;`« als Trennzeichen bei Windows.
wrapper.classpath	Gibt (durch Kommas getrennt) Pfade vor, unter denen die erforderlichen Java-Klassenbibliotheken gefunden werden können. Diese Anweisung kann mehrfach vorkommen.
wrapper.env	Umgebungsvariable, die für den Java-Interpreter gesetzt wird. Unter Windows werden die Variablen »`SystemDrive`« und »`SystemRoot`« jeweils mit den entsprechenden Werten gesetzt. Die Schreibweise ist: *Variablenname=Wert*.

Parametername	Erläuterung
wrapper.env.copy	Gibt den Namen der Umgebungsvariablen an, die mit in die Umgebung der Java-Engine übernommen werden soll.
wrapper.env.copyall	Ist dieser Parameter auf `true` gesetzt, werden alle Umgebungsvariablen des Aufrufers für die Umgebung gesetzt, unter der der Java-Interpreter gestartet wird. Vorgabe ist hier: `false`.
wrapper.protocol	Gibt das Protokoll vor, mit dem Jserv und `mod_jserv` kommunizieren. Vorgabe ist `apjv12`
bindaddress	Gibt die IP-Adresse vor, unter der Jserv erreichbar ist. Bei einer Installation auf demselben Rechner wie der Apache ist »`127.0.0.1`«, also »`localhost`« zu empfehlen. Sonst sollten Sie wenn möglich eine Adresse wählen, die nur von `mod_jserv` erreichbar ist und möglichst nicht über das Internet.
port	Gibt den Port für die Kommunikation mit `mod_jserv` vor. Vorgabe ist hier Port 8007 für ajpv12.
Zones	Gibt die Zonen vor. Zonen sind abgeschlossene Bereiche, die jeweils mehrere Servlets ausführen können, die aber voneinander unabhängig sind. Zum Beispiel wäre die Zone myServlets aus dem o.g. Konfigurationsbeispiel von `jserv.conf` ein Wert für diese Variable.
MyServlet.properties	Heißt die Zone »`myServlet`«, gibt dieses Attribut den Pfad an, unter dem die Konfigurationsdatei für diese Zone zu finden ist.
Security.allowedAddresses	Gibt die IP-Adressen vor, von denen eine Anfrage an Jserv gerichtet werden kann. Das ist die IP-Adresse des Hosts, auf dem Apache mit `mod_jserv` läuft. Befinden sich beide auf demselben Rechner, so ist hier 127.0.0.1 anzugeben.
pool	Mögliche Optionen: `true` oder `false`. Vorgabe ist `false`. Threadpool ist noch nicht intensiv getestet und sollte mit Vorsicht behandelt werden. Die Option kann zur Leistungsverbesserung führen.
pool.capacity	Vorgabe: 10. Wenn die Pool-Option genutzt wird, gibt dieser Parameter die Anzahl der Threads vor.
pool.controller	Gibt den Kontroller für den Pool an. Vorgabe ist : `org.apache.java.recycle.DefaultController`
security.maxConnections	Gibt die maximale Anzahl der Socket-Verbindungen an, die Jserv benutzt. Vorgabe ist 50.
security.backlog	Dieser Parameter kann zur Feineinstellung des Verhaltens von Jserv verwendet werden. Nur für erfahrene Anwender. Vorgabe ist hier 5.
security.authentication	Vorgabe: `false`. Gibt an, ob eine verschlüsselte Verbindung aufgebaut werden soll.
security.secretKey	Gibt den Pfad zur Schlüsseldatei an. Das muß dieselbe Datei wie die Datei sein, die in `jserv.conf` angegeben ist.

Parametername	Erläuterung
security.challengeSize	Dieser Wert muß mindestens 5 sein. Vorgabe ist 5. Er gibt die Länge des Sitzungsschlüssels an.
log	Gibt an, ob eine Logdatei von Jserv geschrieben werden soll. (`true` oder `false`)
log.file	Gibt den Pfadnamen für die Logdatei an.
log.timestamp	Gibt an, ob die aktuelle Zeit für jeden Request in das Log aufgenommen wird. (`true` oder `false`)
log.dateFormat	Gibt das Format an, in dem der Zeitstempel in das Log geschrieben wird. Die Optionen sind in java.text.SimpleDateFormat zu finden. Vorgabe ist: [`dd/MM/yyyy HH:mm:ss:SSS zz`]
log.queue.maxage	Der Schreibvorgang in die Logdatei wird von einem Thread mit niedriger Priorität ausgeführt. Ist der Wert dieser Variable (Angabe in Millisekunden) zwischen den Schreibvorgängen verstrichen, wird ein Schreibvorgang erzwungen und zusätzlich eine Ausgabe gemacht, die diese Zeitüberschreitung angibt.
log.queue.maxsize	Obige Bedingung für die maximale Anzahl Zeilen, die noch nicht in die Logdatei geschrieben wurden. Wenn »`maxage`« noch nicht erreicht wurde, aber die Anzahl der Zeilen im Puffer die Angabe bei »`maxsize`« überschreitet, wird auch ein Schreibvorgang erzwungen.
log.channel	Gibt an, ob einer der nachfolgend beschriebenen Channelnamen mit in die Logdatei aufgenommen wird. Vorgabe: `false`.
log.channel.info	Infochannel, gibt viele Nachrichten aus. Empfiehlt sich nur für die Fehlersuche. Vorgabe: `false`.
log.channel.servletException	Gibt die Exceptions aus, die von den Servlets generiert werden. Vorgabe: `false`.
log.channel.warning	Channel für unkritische Meldungen. Vorgabe: `false`.
log.channel.servletLog	Loggt Meldungen der Servlets selbst. Vorgabe: `false`.
log.channel.critical	Meldungen, deren Ursache zu einem Stopp von Jserv führten. Vorgabe: `false`.

Beispiel für eine `jserv.properties`-Datei:

```
wrapper.bin=/usr/java/jdk/bin/java
wrapper.classpath=/usr/local/jserv/ApacheJServ.jar
wrapper.classpath=/usr/local/jsdk2.0/lib/jsdk.jar
bindaddress=localhost
port=8007
zones=myServlets,otherServlets
# Konfiguration für jede Servlet-Zone:
```

```
myServlets.properties=/usr/local/jserv/zones/myservlets.properties
otherServlets.properties=/home/joe/servlets/zones/joeservlets.properties
pool=false
security.maxConnections=50
security.allowedAddresses=127.0.0.1
security.authentication=true
security.secretKey=/usr/local/jserv/var/jserv.secret.key
log=true
log.file=/usr/local/jserv/logs/jserv.log
log.timestamp=true
log.dateFormat=[dd/MM/yyyy HH:mm:ss:SSS zz]
log.queue.maxage = 5000
log.queue.maxsize = 1000
log.channel=true
log.channel.servletException=true
log.channel.jservException=true
log.channel.warning=true
log.channel.servletLog=true
log.channel.critical=true
```

Nun hatten wir im Beispiel zwei Servlet-Zonen angegeben:

```
myServlets und otherServlets.
```

Die Pfade für die jeweiligen Konfigurationsdateien waren:

```
/usr/local/jserv/zones/myserv.properties
```

und

```
/home/joe/servlets/zones/joeservlets.properties.
```

Die Datei `myserv.properties` könnte folgende Anweisung enthalten:

```
repositories=/usr/local/jserv/servlets/FooBar,/usr/java/jsp.jar
```

Das heißt, die Zone umfaßt die Datei `FooBar.class` und das Java-Archiv `jsp.jar`. Dort wird nach Servlets beim Zugriff auf die Zone gesucht.

Die Datei `joeservlets.properties` könnte folgende Anweisung enthalten:

```
repositories=/home/joe/servlets/TestServlet
```

Wenn es dazu einen Eintrag in `jserv.conf` gibt, der

```
ApJServMount /~joe/servlettest /otherServlets
```

lautet, dann führt ein Aufruf von `http://host/~joe/servlettest/TestServlet` zum Start von `TestServlet.class` im Verzeichnis `/home/joe/servlets`.

15.3.1 Einfaches Servlet

```
public class TestServlet extends javax.servlet.http.HttpServlet
  {
  public void doGet(javax.servlet.http.HttpServletRequest req,
javax.servlet.http.HttpServletResponse res)
  throws java.servlet.ServletException,
    java.io.IOException
      {
       // Zuerst Header-Zeilen setzen:
      res.setContentType("text/plain");
      // Dann setzen wir die Klasse für
      // die Ausgabe:
      java.io.PrintWriter out = res.getWriter();
      // Dann die Ausgabe:
      out.println("Hallo Welt!");
      // Schließen der Ausgabe:
      out.close();
    }
  public java.lang.String getServletInfo()
    {
    return "Einfaches Testservlet";
    }
  }
```

Dieses einfache Servlet macht nur eine Ausgabe in reinem Text (Mime-Type `text/plain`). Bei der oben genannten Konfiguration würde der Aufruf von `http://host/~joe/servlettest/TestServlet` im Browser dazu führen, dass das Servlet ausgeführt wird und die Ausgabe

```
Hallo Welt
```

im Browser erscheint.

In diesem Beispiel wird nur die Methode »GET« vom Servlet unterstützt. Würde man das Servlet über ein Formular mit »POST« aufrufen, würde eine Fehlermeldung erscheinen. Die Methoden doGet, doPost, doPut und doDelete sind so vorbelegt, dass sie eine Antwort mit dem Status 400 (*Bad Request*) zurückgeben. Soll das Servlet eine oder mehrere dieser Methoden unterstützen, so muss die entsprechende Methode in der abgeleiteten Klasse überschrieben werden, wie es im obigen Beispiel mit der Methode doGet erfolgt ist.

Ich habe im Beispiel auf die Verwendung des »import«-Statements von Java verzichtet, da dies relativ oft irreführend ist.

Wer mag, kann natürlich auch einfach mit

```
import java.io.*;
import javax.servlet.*;
import  javax.servlet.http.*;
```

beginnen und die absoluten Pfade weglassen.

15.3.2 Die Methoden der ServletRequest-Klasse

Methode	Bedeutung
getAuthType()	Gibt das Authentikationsschema zurück.
getCookies()	Gibt ein Array von HTTP-Cookies des Aufrufs zurück.
getDateHeader(String)	Gibt den Wert des entsprechenden Datumsfelds zurück.
getHeader(String)	Gibt das ensprechende Header-Feld zurück.
getHeaderNames()	Gibt die Headernamen des Aufrufs zurück.
getIntHeader(String)	Gibt den nach »*Int*« gewandelten Wert eines Header-Felds zurück.
getMethod()	Gibt die HTTP-Methode (GET, POST, PUT), mit der die Anfrage ausgeführt wurde, zurück.
getPathInfo()	Gibt alle zusätzlichen Pfadinformationen des Aufrufs zurück, beginnend beim Servlet-Pfad und endend vor dem Query-String.

Methode	Bedeutung
getPathTranslated()	Wie vorstehend, allerdings nach Umsetzung zum realen Pfad.
getQueryString()	Gibt den Query-String zurück, also alles, was nach ? folgt.
getRemoteUser()	Gibt den Usernamen zurück, von dem die Anfrage stammt.
getRequestedSessionId()	Gibt die Sitzungs-ID der Anfrage zurück.
getRequestURI()	Gibt den URI (*Unified Resource Identifier*) der Anfrage bis auf den Query-String zurück.
getServletPath()	Gibt den Teil der URIs, der auf das Servlet verweist, zurück.
getSession(boolean)	Gibt die aktive Sitzung der Anfrage zurück, wenn »true« übergeben wird; gegebenenfalls wird eine neue Sitzung kreiert, falls keine existiert.
isRequestedSessionIdFrom-Cookie()	Fragt ab, ob die Sitzung per HTTP-Cookie ermittelt wurde.
isRequestedSessionId-FromUrl()	Fragt ab, ob die Sitzung per URL (Teil davon) geführt wurde.
isRequestedSessionIdValid()	Ermittelt, ob die Sitzungs-ID im aktuellen Kontext gültig ist.

15.3.3 Die Methoden der ServletResponse-Klasse

Methode	Bedeutung
addCookie(Cookie)	Fügt einen HTTP-Cookie der Antwort hinzu.
containsHeader(String)	Prüft, ob der angegebene Header in der Antwort vorhanden ist.
encodeRedirectUrl(String)	Kodiert den übergebenen URL für die Verwendung in der `sendRedirect()` Methode.
encodeUrl(String)	Kodiert den angegebenen URL mit einer ggf. vorhandenen Sitzungs-ID.
sendError(int)	Sendet eine Fehlerrückmeldung an den Client mit dem entsprechenden Statuscode und einer vorgegebenen Fehlermeldung.
sendError(int, String)	Sendet eine Fehlerrückmeldung mit angebenem Statuscode und eigener Fehlermeldung.
sendRedirect(String)	Sendet eine Meldung zur Umleitung des Browsers zum angegebenen URL.
setDateHeader(String, long)	Fügt ein Feld mit Namen und einem Datumsfeld zum Antwort-Header hinzu.

Methode	Bedeutung
setHeader(String, String)	Setzt ein Headerfeld mit angegebenem Namen und Wert als String.
setIntHeader(String, int)	Wie vorher, aber mit Integer-Wert.
setStatus(int)	Setzt den Statuscode der Antwort (identisch mit `sendError`).
setStatus(int, String)	Setzt den Statuscode und eine Meldung, die im Body erscheint (identisch mit `sendError`).

Eine weiterführende Dokumentation und auch Beispiele für Servlets liegen dem JSDK bei.

Kapitel 16

Logfile-Analyse

16.1 Auslastungsstatistik

Der Apache kann eine Vielzahl von verschiedenen Logfiles anlegen. Inbesondere das Access-Log ist für die meisten Anbieter von großem Interesse, da man aus ihm Informationen über die Zugriffe auf den Webserver erhält. Um die Auswertung des Access-Logs zu vereinfachen, gibt es zahlreiche Hilfsprogramme, von denen eins in Verlauf dieses Kapitels vorgestellt wird.

Aber bevor Sie eine Statistik des Access-Logs erstellen, sollte Sie erst einmal überprüfen, ob sie Ihnen überhaupt die Antworten liefern kann, die Sie suchen.

16.1.1 Zugriffsstatistik

Kann die Statistik Aufschluss darüber geben, wie viele Leute welche Seiten abgerufen haben?

Nein, da Proxy-Caches sehr weit verbreitet sind. Wenn Seiten nicht vom Webserver selbst, sondern von einem Proxy-Cache an einen Client ausgeliefert werden, erfolgt keinerlei Zugriff auf den Webserver. Außerdem verwenden die meisten Nutzer einen Webbrowser, der einen eigenen Cache anlegt. Auch hier ist oftmals keinerlei Zugriff auf den Webserver zu beobachten.

Wenn auf eine Webseite beispielsweise – laut Access-Log – eintausend Zugriffe erfolgt sind und auf eine andere Seite zweitausend, so können Sie nicht unbedingt davon ausgehen, dass letztere Seite häufiger von einem Nutzer angefordert wurde. Es könnte z. B. sein, dass die Seite mit nur eintausend Zugriffen wesentlich beliebter ist als die andere Seite und deshalb schon in den meisten Proxy-Caches zwischengespeichert wurde. Somit treffen bei dem Webserver selbst viel weniger Anfragen für die Seite ein.

Allenfalls bei Seiten bzw. Verzeichnissen, die sich bezüglich der Zugriffsanzahl deutlich hervorheben, kann man den Schluss ziehen, dass diese häufiger angefordert werden und vermutlich beliebter sind als andere.

16.1.2 Zugriffssequenz bestimmter Domains

Können Sie durch die Statistik herausgefinden, ob Nutzer von bestimmten Domains ein größeres Interesse am Webserver haben als andere?

Nein, denn auch hier machen Ihnen die Proxy-Caches einen Strich durch die Rechnung. Von einer Domain, deren Nutzer kaum Proxy-Caches verwenden, sieht man vielleicht mehr Zugriffeals von einer Domain, deren Nutzer ausschließlich über einen Proxy-Cache auf das World Wide Web zugreifen. Ob eine der beiden Domains nun ein größeres Interesse an Ihrem Webserver hat, lässt sich kaum feststellen.

Weiterhin gibt es Cache-Netzwerke, bei denen Proxy-Caches kaskadiert werden und sich teilweise über mehrere Top-Level-Domains erstrecken. Dabei ist es durchaus nicht selten, dass z. B. ein Zugriff, der aus der Top-Level-Domain de stammt, von einem Nutzer initiiert wurde, der in Großbritannien, Domain uk, sitzt.

16.1.3 Minimale Leseranzahl

lässt sich eine minimale Anzahl von Lesern einer Seite ermitteln?

Nein, wenn auf eine Seite z. B. 25 Zugriffe erfolgt sind, kann man allenfalls daraus schließen, dass mindestens eine Person die Seite gelesen hat. Allerdings stellt sich dann die Frage, ob es sich wirklich um eine Person gehandelt hat oder vielleicht nur um einem Web-Robot (vergleiche Kapitel 18).

16.1.4 Uncachebare Seiten

Wird die Statistik aussagekräftiger, wenn man alle Seiten uncachebar macht?

Prinzipiell ja, da nun die Seiten bei jedem Abruf neu vom Webserver angefordert werden müssen. Allerdings wird es immer noch eine kleine Anzahl von Proxy-Caches geben, die auch solche Seiten für einen gewissen Zeitraum zwischenspeichern.

Indem die Seiten so gestaltet werden, dass sie nicht mehr in einem Cache zwischengespeichert werden können respektive sollen, tut man den Nutzern jedoch keinen Gefallen, denn dadurch, dass die Seiten immer wieder neu vom Webserver übertragen werden müssen, erhöht sich in vielen Fällen die Wartezeit für die Nutzer. Wenn ein Nutzer auf jede Seite lange warten muss, wird er die Website recht bald verlassen und wahrscheinlich auch nicht so schnell wiederkommen.

16.1.5 Warum überhaupt eine Statistik?

Eine Statistik kann den Administratoren des Rechners sehr dabei helfen, die Auslastung des Serverrechners zu beurteilen. Deshalb heißt der Titel dieses Unterkapitels auch »Auslastungsstatistik« und nicht »Zugriffsstatistik«.

Wenn Sie einen Webserver betreiben, auf dem mehrere lokale Nutzer ihre Webseiten ablegen, werden Sie eine Statistik auch noch aus einem anderen Grund anlegen müssen: Weil fast alle Nutzer solch eine Statistik haben möchten, auch wenn sie vielleicht wissen, dass die Aussagekraft sehr beschränkt ist.

Aber die Analyse des Access-Logs ist immer noch sinnvoller, als auf eine Seite einen Web-Counter zu bauen, dessen Aussagekraft gegen null geht und der wohl das unsinnigste Element sein dürfte, das auf Webseiten zu finden ist. Bei grafischen Web-Countern ist das Problem z. B., dass die Grafik nicht geladen wird, wenn ein Client auf die Seite zugreift, aber das automatische Bilderladen deaktiviert wurde.

16.2 Analyseprogramme

Es gibt eine Vielzahl von Auswertungsprogrammen, von denen sich einige auf der beigelegten CD-ROM im Verzeichnis `/stats` befinden. Ein sehr verbreitetes Programm ist `analog`, das hier kurz vorgestellt werden soll.

`analog` ist äußerst flexibel konfigurierbar und insbesondere sehr schnell. Es verarbeitetet Logfiles sowohl im *Common Logfile Format* als auch im *Combined Logfile Format*. Weiterhin bietet `analog` einen eigenen DNS-Cache, d.h. es führt selbstständig DNS-Lookups aus, wenn es in einem Logfile eine IP-Adresse vorfindet. Es gibt somit keinen Grund, die Anweisung `HostNameLookups` des Apache zu aktivieren. Beim ersten Aufruf von `analog` und einem großen Logfile kann es jedoch einige Zeit dauern, bis der DNS-Cache zum ersten Mal aufgebaut wurde.

16.2.1 Analog übersetzen

Die Installation gestaltet sich in den meisten Fällen recht einfach. Änderungen am `Makefile` sollten nur in seltenen Fällen notwendig sein, jedoch sollten Sie in der Datei `anlghead.h` einige Defines an Ihre Bedürfnisse anpassen. Fast alle der folgenden Angaben lassen sich auch nach dem Übersetzen durch eine Konfigurationsanweisung umsetzen. Trotzdem ist es empfehlenswert, einige Werte schon vorher festzulegen.

Tabelle 16.1: Defines der Datei `anlghead.h`

Define	Bedeutung
HOSTNAME	Über das Define `HOSTNAME` kann der Name der eigenen Website oder auch der Name der Organisation oder Firma angeben werden.
HOSTURL	Der URL der Website, z. B. `http://www.domain.tld/`.
ANALOGDIR	Das Verzeichnis, in dem das `analog`-Programm, dessen Konfigurationsdateien usw. zu finden sind.
LOGFILE	Der Dateipfad zum Access-Log. Durch Kommata getrennt, kann mehr als eine Datei angegeben werden. Über die Logfile-Anweisung kann das Logfile auch in der Konfigurationsdatei angegeben werden.
OUTFILE	Per Default gibt `analog` die Auswertung auf der Standardausgabe (*stdout*) aus. Über die gleichnamige Anweisung kann bei Bedarf eine entsprechende Datei konfiguriert werden.
IMAGEDIR	Das Verzeichnis, in dem die Bilder für die Statistikseite gesucht werden. Falls sich das Bildverzeichnis im selben Verzeichnis befinden soll, in dem auch die Statistikseite zu finden ist, sollten Sie `IMAGEDIR` als »`./images/`« definieren.
LOGO	Das auf der Ausgabeseite einzubindende Logo. Die Standardeinstellung ist `analogo.gif`.
STYLESHEET	Bei Bedarf kann in die Ausgabeseite automatisch eine Stylesheet-Datei eingebunden werden.
DEFAULTCONFIGFILE	Die Default-Konfigurationsdatei, z. B. `analog.cfg`.
MANDATORY-CONFIGFILE	Über dieses Define kann eine zweite Konfigurationsdatei angegeben werden, die immer beachtet wird, auch wenn über eine Kommandozeilenoption eine andere Konfigurationsdatei angegeben wird. Gibt man »`none`« an, wird diese Funktionalität deaktiviert.

In der Datei `anlghead.h` gibt es noch viele weitere Defines, die jedoch auf dem Default-Wert belassen werden können, da sie sowieso später über eine Konfigurationsanweisung angepasst werden können.

make

Durch den Aufruf von `make` sollten sich schließlich das Programm `analog` und das zugehörige Form-Interface (die Dateien `analform.cgi` und `analform.html`) übersetzen lassen.

16.2.2 Installation

In diesem Beispiel soll `analog` im Verzeichnis `/usr/local/apache/tools`, wobei die Statistikseiten im Verzeichnis `/usr/local/apache/htdocs/stats/` zu finden sein sollen.

Die Installationsschritte im Einzelnen:

```
$ mkdir /usr/local/apache/tools/analog
$ cp -r analog analog.cfg *.tab lang
       /usr/local/apache/tools/analog
$ mkdir /usr/local/apache/tools/analog/dnscache
$ cp anlgform.pl /usr/local/apache/cgi-bin
$ mkdir /usr/local/apache/htdocs/stats
$ cp anlgform.html /usr/local/apache/htdocs/stats
$ cp Readme.html /usr/local/apache/htdocs/stats
```

16.2.3 Verwendungsmöglichkeiten

Statistikberichte

`analog` kann eine Vielzahl von Statistiken erstellen, die hier kurz vorgestellt werden sollen.

Allgemeine Statistik Sie bietet eine generelle Übersicht über die Anzahl der Logfile-Einträge, die Menge der übertragenen Daten usw.

Beispiel-Ausgabe:

```
(Zahlen in Klammern beziehen sich auf die letzten 7 Tage).
Erfolgreich bearbeitete Anfragen: 43.160.184 (6.646.579)
Durchschnittlich bearbeitete Anfragen pro Tag:
   1.392.045 (949.511)
Erfolgreich bearbeitete Seitenanfragen:
   37.864.101 (5.830.157)
Durchschnittlich bearbeitete Seitenanfragen pro Tag:
```

```
   1.221.231 (832.879)
Fehlgeschlagene Anfragen: 139.230 (23.076)
Umgeleitete Anfragen: 1.278.568 (206.574)
Anzahl unterschiedlicher verlangter Dateien: 108.852 (82.066)
Anzahl unterschiedlicher anfragender Hosts: 529.799 (151.017)
Unlesbare Zeilen in der Logdatei: 46.584
Nichtverwendete Einträge in der Logdatei: 16.576.696
Menge verschickter Daten: 351.530 MBytes (53.898 MBytes)
Durchschnittliche Menge verschickter Daten pro Tag:
   11.337 MBytes (7.699 MBytes)
```

Monatsbericht Der Monatsbericht fasst die Gesamtanzahl aller Zugriffe für die einzelnen Monate zusammen.

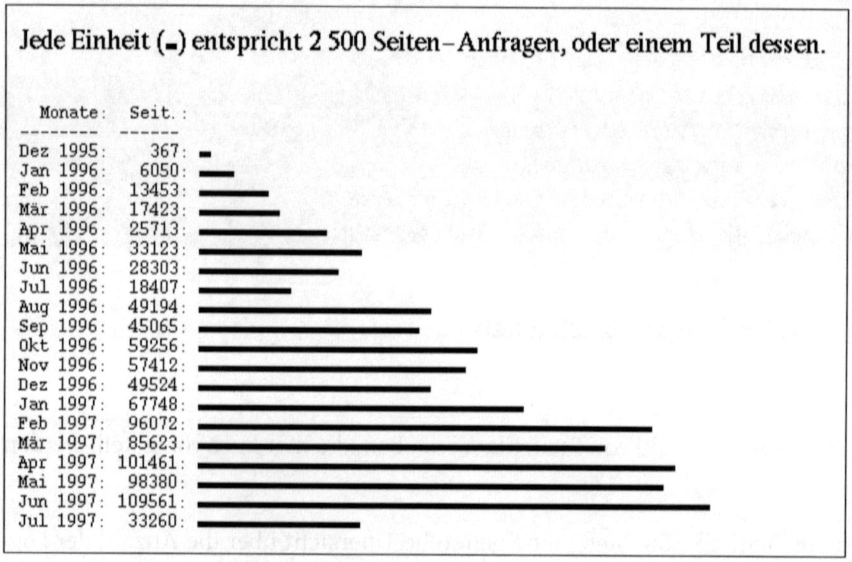

Abb. 16.1: Beispiel eines Monatsberichts

Wochenbericht Entspricht dem Monatsbericht, es werden jedoch die einzelnen Wochen aufgelistet. Der Wochenbericht kann relativ lang werden.

Tagesübersicht Die Tagesübersicht zeigt, wie sich die Zugriffe auf die einzelnen Tage verteilen.

Tagesbericht Der Tagesbericht bietet die detaillierte Auflistung der Zugriffe für einzelne Tage und wird somit sehr umfangreich.

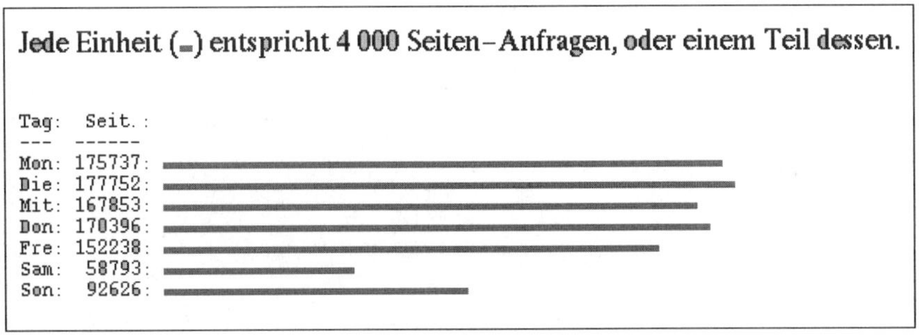

Abb. 16.2: Beispiel einer Tagesübersicht

Stundenübersicht Die Verteilung der Zugriffe auf die jeweilige Tageszeit.

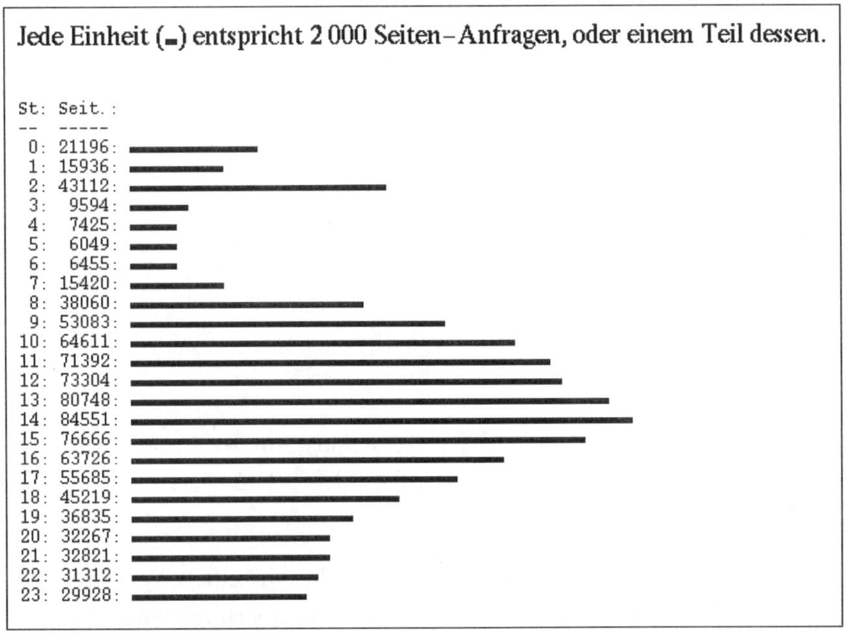

Abb. 16.3: Beispiel einer Stundenübersicht

Stundenbericht Eine Auflistung der Zugriffe, aufgeschlüsselt nach der Zeit des Zugriffs. Dieser Bericht kann extrem umfangreich werden.

Domain-Bericht Wie detailiert der Domain-Bericht erstellt werden soll, kann je nach Bedarf festgelegt werden. Es könnten zum Beispiel nur die Top-Level-Domains aufgelistet werden oder aber auch jeweils Second-Level-Domains mit einer gewissen Anzahl von Zugriffen.

Hier ein kleiner Auszug (nur Top-Level-Domains):

```
 #Anf. :  %Anf. : MBytes : %Bytes : Domäne
--------- -------- -------- -------- ------
1632139 : 71.14% :   5906 : 65.30% : .de (Germany)
 148159 :  6.46% :    752 :  8.31% : .com (Commercial)
  56117 :  2.45% :    320 :  3.53% : .net (Network)
  19076 :  0.83% :     80 :  0.89% : .ch (Switzerland)
  17236 :  0.75% :    101 :  1.12% : .edu (USA Educational)
  15209 :  0.66% :     65 :  0.72% : .at (Austria)
  14136 :  0.62% :     71 :  0.79% : .se (Sweden)
  13936 :  0.61% :     78 :  0.86% : .uk (United Kingdom)
  12628 :  0.55% :     65 :  0.72% : .org (Non-Profit Org.)
  11986 :  0.52% :     62 :  0.69% : .nl (Netherlands)
   7511 :  0.33% :     58 :  0.64% : .jp (Japan)
   6777 :  0.30% :     36 :  0.39% : .fi (Finland)
   6338 :  0.28% :     44 :  0.49% : .it (Italy)
   5810 :  0.25% :     36 :  0.39% : .ca (Canada)
   5380 :  0.23% :     25 :  0.27% : .dk (Denmark)
   5376 :  0.23% :     27 :  0.30% : .fr (France)
   4611 :  0.20% :     35 :  0.38% : .au (Australia)
   3572 :  0.16% :     17 :  0.19% : .no (Norway)
   3402 :  0.15% :     25 :  0.28% : .es (Spain)
   3343 :  0.15% :     18 :  0.20% : .be (Belgium)
   ...
```

Host-Bericht Im Host-Bericht wird jeder einzelne Host mit der Anzahl seiner Zugriffe und der übertragenen Datenmenge aufgeführt. Der Bericht dürfte in den meisten Fällen relativ lang ausfallen.

Verzeichnisbericht Im Verzeichnisbericht werden die einzelnen Verzeichnisse, sortiert nach Anzahl der Anfragen oder nach Menge der übertragenen Daten, aufgelistet. Bis zu welcher Tiefe die Verzeichnisse ausgegeben werden sollen, kann entsprechend konfiguriert werden.

Beispiel-Ausgabe (hier ein Auszug bei einer Tiefe von 2):

```
 #Anf.: %Bytes: Verzeichnis
------ ------ -----------
102869: 11.98%: /software/free/
312532: 11.37%: /images/logos/
305458: 10.82%: [root directory]
```

```
 83704:  6.06%: /info/maps/
122990:  5.17%: /help/search/
...
```

Dateityp-Bericht Eine Statistik, aufgeschlüsselt nach den Dateitypen, kann ebenso bei Bedarf ausgegeben werden.

Beispiel:

```
 #Anf.: %Bytes: Extension
------ ------ ---------
997216: 71,12%: .html
 42587: 13,83%: [directories]
126972:  6,49%: .cgi
 24184:  4,65%: .php3
112560:  1,90%: .txt
  1489:  0,04%: .class
 51330:  0,03%: .css
   539:  0,03%: [nicht angezeigt: 13 Extentions]
```

Anfrage-Bericht Im Anfrage-Bericht werden die einzelnen Dateien respektive Dokumente aufgelistet, wobei über die Konfiguration festgelegt werden kann, ab welchen Mindestwerten bezüglich Anzahl der Zugriffe und der übertragenen Datenmenge sie in den Bericht aufgenommen werden sollen.

Beispiel-Ausgabe:

```
 #Anf.: %Bytes: Datei
------ ------ -----
279979:  6.59%: /
 32821:  0.93%: /software/free/
 26511:  1.51%: /software/
 19786:  0.54%: /info/
 16458:  0.89%: /info/maps.html
 11800:  0.26%: /help/
```

Referer-Bericht Sofern ein Referer-Log geführt wird, kann `analog` einen entsprechenden Bericht über die Referer-URLs erstellen.

Browser-Übersicht Wenn ein Agent-Log geführt wird, können Sie `analog` anweisen, hieraus eine Statistik zu erstellen.

Beispiel-Ausgabe:

```
 #Anf.:  Browser
 -------  -------
949232:  Mozilla
698513:  Mozilla (compatible)
 77350:  htdig
 20957:  ArchitextSpider
 17841:  ia_archiver
  7904:  Teleport Pro
  7744:  Slurp
  7683:  Lynx
  6521:  WebCopy
  6262:  Microsoft Internet Explorer
  4738:  Scooter
  4683:  inWebstigator
  4096:  Lycos_Spider_(T-Rex)
  3573:  Mosaic
  ...
```

Browser-Bericht Wenn Sie einen Browser-Bericht erstellen lassen, listet `analog` jeden Browser einzeln auf, was in den meisten Fällen eine relativ lange Liste ergibt.

Statusbericht Der Statusbericht bietet eine Auflistung der einzelnen HTTP-Statuscodes und gibt an wie oft sie jeweils im Logfile auftauchen.

Beispiel-Ausgabe:

```
 #Anz.: Nr. Beschreibung
 ------ --- ------------
867733: 200 OK
  1648: 201 Created
   884: 206 Partial content
    18:     [Miscellaneous successes]
  8243: 301 Document moved permanently
 60254: 302 Document found elsewhere
210347: 304 Not modified since last retrieval
   292:     [Miscellaneous redirections]
    21: 400 Bad request
  2193: 401 Authorisation required
 11623: 403 Forbidden
  8244: 404 Document not found
```

```
      5:     [Miscellaneous client/user errors]
      8: 500 Internal server error
      2: 501 Request type not supported
```

Fehlerbericht Abgesehen vom Access-, Referer- und Agent-Log kann auch eine Auswertung des Error-Log erfolgen.

Beispiel-Ausgabe:

```
29298: File does not exist
11263: [unknown]
 2118: Client denied by server configuration
 1794: Lost connection to client
  343: Resuming normal operations
  333: Socket error: accept failed
  290: Read timed out
  161: SIGHUP received.  Attempting to restart
   33: File permissions deny server access
   21: Script not found
   20: Caught SIGTERM, shutting down
   14: Send timed out
   11: Unable to fork new process
    1: Malformed header from script
```

Konfiguration

Die Vielzahl der Konfigurationsanweisungen von `analog` zu erläutern würde den Rahmen dieses Buches sprengen. Eine Beispielkonfiguration, die als Basis für eine eigene Konfiguration verwendet werden kann, soll hier jedoch kurz aufgeführt werden. Ansonsten sei hier auf die Dokumentation von `analog` verwiesen.

Die Konfigurationsdatei `analog.cfg`:

```
HOSTNAME "www.domain.tld"
HOSTURL  "http://www.domain.tld/"
LOGFILE  /usr/local/apache/logs/access_log
ERRLOG   /usr/local/apache/logs/error_log
OUTFILE  /usr/local/apache/htdocs/stats/index.html
DNSFILE  /usr/local/apache/logs/dnscache

LOGFORMAT COMBINED
WARNINGS  ON
```

```
DNS WRITE
DNSGOODHOURS 1500
DNSBADHOURS 500
UNCOMPRESS *.gz,*.Z  "/usr/bin/gzip -d"
SUBDOMAIN *.de
SUBDOMAIN *.edu
SUBDOMAIN *.net
SUBDOMAIN *.com
SUBDOMAIN *.uk
SUBDOMAIN *.org
LANGUAGE GERMAN
DOMSORTBY REQUESTS
DIRECTORY   ON
REQUEST     ON
REFERER     ON
REFSITE     ON
REDIRREF    ON
FAILREF     ON
FILETYPE    ON
SIZE        ON
FAILURE     ON
REDIR       ON
BROWSER     ON
FULLBROWSER OFF
FULLDAILY   ON
STATUS      ON
PAGEINCLUDE .txt
REQINCLUDE PAGES
GOTOS FEW
REPORTORDER xmDdWhoirtzEfskKbc
SEPCHAR .
REPSEPCHAR none
DECPOINT ,
DOMCOLS RrBb
DIRFLOOR 100r
DOMFLOOR 100r
SUBDOMFLOOR 50r
REQFLOOR 100r
BROWFLOOR -25r
TYPEFLOOR 50r
WEEKBEGINSON MONDAY
ARGSEXCLUDE /*
```

16.3 Hilfsprogramme

Da es relativ zeitaufwendig ist, die Logfiles in Hinblick auf eventuell auftretende Fehler im Auge zu behalten, was inbesondere für das Error-Log gilt, können Sie hierzu eins der beiden Programme *Log-Surfer* oder *Swatch* verwenden, um nur zwei Beispiele zu nennen.

Beide Programme können Logfiles überwachen, d.h. neue Einträge überprüfen und gegebenenfalls eine Aktion auslösen. Wenn beispielsweise im Error-Log ein Eintrag auftaucht, der die Worte »`dump core`« enthält, kann davon ausgegangen werden, dass der Apache abgestürzt ist. Als Reaktion auf diesen Eintrag kann versucht werden, den Apache neu zu starten und eine entsprechende Meldung auf die Console zu schreiben oder via Mail an die Administratoren zu verschicken.

Die beiden Programme *Log-Surfer* und *Swatch* befinden sich auf der beigefügten CD-ROM im Verzeichnis `/logfiles`.

Kapitel 17

Suchen und Finden

Fast jeder kennt das *Lost in Hyperspace*-Gefühl – man klickt sich auf einer Website von Seite zu Seite und findet doch nicht das, wonach man eigentlich sucht, obwohl man genau weiß, das es dort irgendwo zu finden sein muss. Kann in solch einem Fall auf eine Suchfunktion auf der Website zugegriffen werden, so ist dies oftmals eine sehr große Hilfe, insbesondere dann, wenn es sich um eine Website mit mehreren tausend Webseiten handelt.

Um solch eine Suchfunktion auf der eigenen Website zu realisieren, gibt es verschiedene Möglichkeiten respektive verschiedene Software. In den meisten Fällen werden die eigenen Webseiten durch ein entsprechendes Programm indiziert und die Daten in einer Datenbank oder einer Indexdatei abgelegt. Durch ein CGI-Skript wird dann die Suche mit Hilfe der zuvor gesammelten Daten durchgeführt. In Falle einer kleinen Website oder wenn nur ein bestimmter Bereich der Website mit einer Suchfunktion versehen werden soll, reicht oftmals auch ein Suchskript, das bei jeder Anfrage erneut die Dokumente nach dem Suchbegriff durchforstet und keinen extra Index verwendet.

Im Folgenden finden Sie eine kurze Erläuterung einiger ausgewählter, frei erhältlicher Suchsysteme (oft als *Search-Engine* bezeichnet) unterschiedlicher Funktionalität.

Zu jedem der vorgestellten Suchsysteme ist jeweils die Homepage angegeben und das Verzeichnis auf der beigelegten CD-ROM, in dem sich eine Kopie der jeweiligen Distribution befindet.

17.1 ICE Indexing Gateway

Der *ICE Indexing Gateway* besteht aus zwei Perl-Skripten: einem Skript zum Erstellen einer Indexdatei (`ice-idx.pl`) und dem CGI-Skript für die Suche (`ice-form.pl`).

Mit dem Indexskript wird ausgehend von einem angegebenen Basisverzeichnis eine einzelne Indexdatei (Textformat) erstellt, die dann vom CGI-Skript als Basis für die Suche verwendet wird.

Das *ICE*-Suchsystem ist in relativ kurzer Zeit installiert und konfiguriert und eignet sich für kleine bis mittelgroße Websites. Bei großen Websites ist die Performance aufgrund des textuellen Index zu gering.

17.1.1 Funktionalität

- Die Suche kann im CGI-Skript auf beliebige Verzeichnisse beschränkt werden.
- Die Abfragemöglichkeiten umfassen die Suche nach kompletten Wörtern oder Wortteilen, die über die Boolesche Operatoren `and` und `or` miteinander verknüpft werden können. Weiterhin kann bei Bedarf ein Thesaurus bei der Suche aktiviert werden.
- Das Suchergebnis wird sortiert nach Anzahl der gefundenen Treffer pro Dokument ausgegeben.
- Umlaute im Suchbegriff werden unterstützt.
- URL-Mappings können im CGI-Skript definiert werden.
- Eventuell vorhandene Zugriffskontrollen und Authentikationsmechanismen seitens des Apache werden nicht beachtet, was jedoch eventuell zu verschmerzen ist, da kein Auszug aus dem jeweiligen Dokument in das Suchergebnis aufgenommen wird.
- Der Inhalt von Meta-Tags wird zwar beachtet, jedoch nicht gesondert bewertet.

17.1.2 Verfügbarkeit

Homepage: `http://www.objectweaver.de/ice/`

CD-ROM: Verzeichnis `/search/ice`

17.2 WebGlimpse

Die *WebGlimpse*-Distribution (*Glimpse* ist die Abkürzung für *GLobal IMPlicit SEarch*) besteht aus einer Sammlung von CGI-Skripten (Perl) und einigen zusätzlichen Perl-Skripten und Programmen. Um *WebGlimpse*, das den Nachfolger von *GlimpseHTTP* darstellt, verwenden zu können, muss zuvor *Glimpse* installiert worden sein, da *WebGlimpse* nur das CGI-Interface für *Glimpse* sowie einige Skripten zum Verwalten von Indizes zur Verfügung stellt.

Glimpse selbst besteht in erster Linie aus `glimpseindex`, dem Programm zum Erstellen eines Index, der aus mehreren Indexdateien besteht und `glimpse`, einem `agrep`-änlichen Suchprogramm.

WebGlimpse respektive *GlimpseHTTP* stellt wohl das am weitesten verbreitete Suchsystem dar, da es vielfältige Konfigurationsmöglichkeiten bietet und sich auch für große Websites eignet.

Die Zeit für die Installation von *Glimpse* und *WebGlimpse* und die Konfiguration eines Index sollte mit einer knappen Stunde angesetzt werden.

17.2.1 Funktionalität

- Ein Index kann für beliebige Verzeichnisse erstellt werden, z. B. für den gesamten Serverinhalt oder nur für ein bestimmtes Unterverzeichnis.
- Die Abfragemöglichkeiten sind sehr umfangreich. Es können komplette Wörter oder auch Wortteile im Suchbegriff verwendet werden, die über Boolesche Operatoren miteinander verknüpft werden können (`agrep`-Format). Ebenso kann approximativ gesucht werden, d. h. Sie können angeben, wie viele Zeichen sich bei einem gefundenen Wort vom Suchbegriff unterscheiden dürfen.
- Über Filterdateien kann genau spezifiziert werden, welche Dateitypen indiziert werden sollen und welche nicht.
- Das Suchergebnis wird sortiert nach Anzahl der gefundenen Treffer pro Dokument ausgegeben.
- Bei einem gefundenen URL wird jede Zeile des Dokuments, die den Suchbegriff enthält, in das Suchergebnis eingebunden.
- Bei Bedarf kann automatisch ein HTML-Formular für die Abfrage in die Webseiten eingebaut werden, wobei jeweils nur der Bereich um diese Seite bei einer Anfrage untersucht wird.
- Umlaute im Suchbegriff werden unterstützt.
- Sofern es gewünscht wird, können in die Indizierung auch Seiten von anderen Websites eingebunden werden. Allerdings kann eine andere Website nicht komplett indiziert werden, sondern es werden lediglich die Verweise, die sich auf Ihren Seiten finden, verfolgt und das Zieldokument in den Index eingebunden.
- URL-Mappings können explizit konfiguriert werden.

- Es werden keinerlei Meta-Tags beachtet.
- Eventuell vorhandene Zugriffskontrollen und Authentikationsmechanismen seitens des Apache werden je nach Anwendungsmodus nicht beachtet.

17.2.2 Sicherheitshinweis

WebGlimpse bietet eine sogenannte »*Jump to line*«-Funktion, die es Benutzern des Web-Interfaces ermöglicht direkt an die gesuchte Stelle in den gefundenen Dokumenten zu springen. Sofern auf der eigenen Website jedoch geschützte Dokumente (Passwortschutz oder Zugriff nur von bestimmten IP-Adressen) existieren, sollte diese Funktionalität von *WebGlimpse* möglichst nicht verwendet werden, da das jeweilige Dokument mit dem CGI-Skript `mfs` direkt über das Dateisystem geladen wird und die Zugriffskontrolle somit außer Kraft gesetzt wird.

WebGlimpse-Versionen bis einschließlich 1.1 sollten aufgrund von Sicherheitslücken nicht mehr verwendet werden.

17.2.3 Verfügbarkeit

Homepage: `http://www.webglimpse.net/`

CD-ROM: WebGlimpse ist nicht generell frei verfügbar und aus lizenzrechtlichen Gründen nicht auf der CD-ROM enthalten.

17.3 Isite Information System

Mit dem *Isite Information System* lassen sich beliebige Datenbestände indizieren, und es kann für verschiedene Anwendungszwecke verwendet werden. Die Implementierung eines WWW-Suchsystems ist nur einer dieser Anwendungszwecke. Beispielsweise sind in der *Isite*-Distribution auch die notwendigen Programme zum Aufbau eines Gateways enthalten, das den Zugriff auf Datenbanken über das ANSI/NISO Z39.50 Retrieval-Protokoll realisiert.

Die für den Aufbau eines WWW-Suchsystems benötigten Teile umfassen `Isearch`, `Iindex` und `Isearch-cgi`.

`Isearch` respektive `Iindex` unterstützen diverse Datenformate, d.h. die indizierten Daten werden entsprechend des angegebenen Formats analysiert, wodurch bei der

Suche ein Zugriff auf bestimmte Felder der Daten ermöglicht wird, z.B. auf den Titel eines HTML-Dokuments[I].

Laut Dokumentation eignet sich *Isite* auch für sehr große Datenbestände im GByte-Bereich.

Für die Installation müssen Sie ca. eine halbe Stunde veranschlagen, wobei die Konfiguration eines Index – je nach Komplexität – deutlich mehr Zeit in Anspruch nehmen kann.

17.3.1 Funktionalität

- Ein Index kann für beliebige Verzeichnisse erstellt werden, z.B. für den gesamten Serverinhalt oder nur für ein bestimmtes Unterverzeichnis, wobei jeweils unterschiedliche Datentypen einbezogen werden können.
- Die Abfragemöglichkeiten sind sehr umfangreich und äußerst flexibel. Es können komplette Wörter oder auch Wortteile im Suchbegriff verwendet werden, die über Boolesche Operatoren miteinander verknüpft werden können (Infix- oder RPN-Notation). Es kann in bestimmten Feldern der Daten gesucht werden, z.B. nur im Titeleintrag. Suchbegriffe können gewichtet werden und weitere Feinheiten mehr.
- *Isearch* ist auch bei großen Datenmengen sehr schnell.
- Das Suchergebnis wird nach Relevanz sortiert ausgeben. Wobei ein eigener *Ranking*-Algorithmus dafür sorgt, dass in fast jedem Fall das Dokument mit der höchsten Relevanz auch als erstes im Suchergebnis erscheint.
- Meta-Tags werden bei einer Volltextsuche zwar beachtet, jedoch nicht besonders gewichtet. Die Begrenzung einer Suche auf HEAD-Elemente und somit auf die Meta-Tags ist jedoch ohne zusätzliche Konfiguration möglich.
- Umlaute im Suchbegriff werden nicht unterstützt.
- URL-Mappings können in gewissen Grenzen konfiguriert werden.
- *Iindex* verbraucht während der Indizierung relativ viel Speicher.

17.3.2 Verfügbarkeit

Homepage: `http://www.cnidr.org/ir/isite.html`

CD-ROM: Verzeichnis `/search/isite`

I Rufen Sie Iindex mit dem Typ `SGMLTAG` auf, und erzeugen Sie das HTML-Formular unter Verwendung von `search_form` mit der Option "`-html`".

17.4 HTDig

HTDig (auch *ht://Dig* genannt) unterscheidet sich deutlich von den bisher vorgestellten Suchsystemen, denn es indiziert die Daten nicht über das Dateisystem, sondern greift via HTTP auf den Server zu. *HTDig* stellt somit einen Webrobot (vergleiche Kapitel 18) zur Verfügung, wodurch Sie in die Lage versetzt werden, nicht nur die eigene Website indizieren zu können, sondern auch andere.

Falls Sie über ein gemeinsames Suchsystem den Zugriff auf mehrere Websites ermöglichen wollen, ist *HTDig* eine gute Wahl.

Die *HTDig*-Distribution besteht aus verschiedenen C++-Programmen, wobei `htdig`, `htmerge` und `htsearch` die wichtigsten sind. Bei `htdig` handelt es sich um den Webrobot, der die Daten herunterlädt. Mit `htmerge` werden die Indexdateien erzeugt (DBM-Format), und bei `htsearch` handelt es sich um das CGI-Skript.

Die Zeit für die Installation und die Konfiguration eines Index lässt sich mit ungefähr einer Stunde veranschlagen.

17.4.1 Funktionalität

- Ein Index kann für beliebige Websites bzw. verschiedene Bereiche von Websites angelegt werden.
- Der Bereich des Index, der durchsucht werden soll, kann im HTML-Formular spezifiziert werden.
- Es können verschiedene Filter angegeben werden, mit denen bestimmte URLs oder Dateitypen ein- oder ausgeschlossen werden können.
- Die Abfragemöglichkeiten sind umfangreich. Die angegebenen Suchbegriffe können über Boolesche Operatoren miteinander verknüpft werden. Es können mehrere verschiedene Suchalgorithmen (komplette Wörter, Wortteile, Synonyme etc.) verwendet und gegebenenfalls miteinander kombiniert werden.
- Das Suchergebnis wird nach Relevanz sortiert ausgeben. In erster Linie wird die Anzahl der Treffer pro Seite berücksichtig, allerdings werden die Meta-Tags mit einer höheren Gewichtung bewertet. Bei Bedarf kann ein Auszug des Bereichs, in dem der Suchbegriff gefunden wurde, ausgegeben werden.
- Per Default unterstützt *HTDig* die Meta-Tags `htdig-keywords`, `htdig-noindex`, `htdig-email`, `htdig-notification-date` und `htdig-email-subject`. Die letzten drei dienen dazu ein Verfallsdatum in eine Seite aufzunehmen, was *HTDig* dazu veranlasst, eine E-Mail an die angegebene Adresse zu schicken, wenn das Datum

überschritten ist. Zusätzlich können beliebige weitere Meta-Tags definiert werden, die bei einer Suche beachtet werden sollen, z. B. `keywords` oder `description`.

- Die HTML-Auszeichnung des Suchergebnisses kann sehr leicht über Template-Dateien an die eigenen Wünsche angepasst werden.
- Umlaute im Suchbegriff werden unterstützt.
- Die Verwendung eines Proxy für den Webrobot ist möglich.
- Der *Standard for Robot Exclusion* wird unterstützt (vergleiche Kapitel 18).
- Die Basic-WWW-Authentikation wird unterstützt.
- Namensbasierte virtuelle Server werden unterstützt.
- Bisher wird bezüglich Datenformat nur zwischen HTML-Dokumenten und Textdateien unterschieden.
- Durch externe Zusatzprogramme wird die Indizierung beliebiger Datenformate, wie beispielsweise PDF und Postscript, unterstützt.

17.4.2 Verfügbarkeit

Homepage: `http://www.htdig.org/`

CD-ROM: Verzeichnis `/search/htdig`

17.5 Zusammenfassung

Die vorgestellten Suchsysteme, die alle frei erhältlich sind, zeigen nur ein kleines Spektrum an möglichen Systemen. Inbesondere im kommerziellen Bereich gibt es noch eine Vielzahl weiterer Suchsysteme.

Sollen mehrere Websites indiziert werden, ist *HTDig* sicherlich die beste Wahl. Aber auch, wenn es nur um eine Website geht, kann *HTDig* durchaus interessant sein, da es extrem flexibel zu konfigurieren ist und eine Vielzahl von Funktionen bietet. Insbesondere hat HTDig gegenüber WebGlimpse und ICE den Vorteil, dass es auch für die kommerzielle Nutzung frei verfügbar ist.

Falls Sie Datenbestände eines bestimmten Formats indizieren wollen, sollten Sie einen Blick auf *Isite* werfen, da hiermit die relevanten Teile aus den Daten extrahiert werden können und insbesondere eine strukturierte Suche möglich ist.

WebGlimpse stellt fast schon den Klassiker unter den Suchsystemen dar. Es ist flexibel konfigurierbar und eignet sich für die meisten Anwendungsfälle. Die Installation und Konfiguration ist hinreichend einfach, jedoch wirkt das System aufgrund der vielen kleinen Perl-Skripten und Programme etwas unübersichtlich.

ICE lässt sich am ehesten mit *WebGlimpse* vergleichen, ist jedoch nicht ganz so flexibel zu konfigurieren und ist bei großen Datenbeständen langsamer als *WebGlimpse*. Die Installation und Konfiguration gestaltet sich dafür sehr einfach.

Wenn es Bereiche auf Ihrer Website gibt, die mittels Passwort geschützt oder nur von bestimmten Rechnern aus zugänglich sind, sollten Sie vorsichtig beim Einsatz eines Suchsystem sein. Die meisten Suchsysteme greifen über das Dateisystem auf die Dateien zu und geben einen Auszug der Datei im Suchergebnis aus, was im Falle von privaten Daten nicht erwünscht sein dürfte.

Kapitel 18

Robots, Crawlers und Spiders

SCOOTER, *SLURP*, *EXCITE* oder *BLACKWIDOW* sind die blumigen Namen von Webrobots, die von Zeit zu Zeit im Access- bzw. Agent-Log vorzufinden sind. In vielen Fällen verbirgt sich hinter diesen Namen der Robot eines der unzähligen Suchdienste, die versuchen, einen mehr oder weniger großen Teil der Websites im Internet zu indizieren. Hinter dem Namen *SCOOTER* verbirgt sich zum Beispiel der Robot des *ALTAVISTA*-Suchsystems.

Eine sehr gute Webseite zum Thema Webrobots ist unter dem folgenden URL zu finden:

```
http://info.webcrawler.com/mak/projects/robots/robots.html
```

18.1 Was ist ein Webrobot?

Ein Webrobot ist ein Programm, das automatisch Seiten einer Website herunterlädt und dabei rekursiv alle weiteren Verweise der Seite verfolgt. Beginnend mit der Hauptseite einer Website kann der Webrobot so alle Seiten der Site herunterladen.

Ein Webrobot zeichnet sich dadurch aus, dass er automatisch – ohne Interaktion mit einem Menschen – Seiten von einer Website anfordert und dabei selbstständig entscheidet, welche Verweise verfolgt werden und wann diese verfolgt werden.

Obwohl in den meisten Fällen der Begriff Webrobot respektive Robot verwendet wird, findet man in einigen Fällen auch andere Namen, wie z. B. Web-Spiders, Web-Worms, Web-Crawlers oder auch Web-Wanderer, die aber nichts anderes darstellen als einen Webrobot. Manchmal taucht auch der Begriff Web-Ants auf, der einen Verbund von kooperierenden Webrobots bezeichnet.

18.2 Wozu dient ein Webrobot?

In den meisten Fällen dient er dazu, Webseiten zum Zwecke der Indizierung herunterzuladen; allerdings sind hier auch andere Anwendungen denkbar, wie z. B. das Spiegeln von Websites respektive das Kopieren kompletter Bereiche. *Wget*, *WebCopy* und *WebMirror* sind Vertreter dieser Kategorie von Webrobots. Ein anderer häufiger Anwendungszweck ist die Überprüfung von Hyperlinks, d.h. der Webrobot, z. B. *MOMspider*, verfolgt die Verweise, um zu überprüfen, ob sie noch korrekt sind.

In den folgenden Kapiteln soll jedoch in erster Linie die erste Kategorie betrachtet werden, die Indexrobots und inbesondere die der bekannten Suchdienste wie z. B. *AltaVista*, *Lycos* oder *Infoseek*.

18.3 Erkennen eines Webrobot-Besuchs

Jeder gute Webrobot übermittelt seinen Namen bei einer Anfrage im `User-Agent`-Header und erscheint somit im Access- bzw. Agent-Log. Allerdings muss es sich nicht bei jedem ungewöhnlichen Namen im Logfile um einen Webrobot handeln. Falls jedoch auch ein Zugriff auf die Datei `robots.txt` erfolgt ist, dürfte es sich um einen Webrobot handeln. Insbesondere der wiederholte Zugriff auf die Datei `robots.txt` eines bestimmten Rechners deutet auf einen Webrobot hin. Welchem Zweck die Datei `robots.txt` dient, soll im Folgenden genauer erläutert werden.

18.4 Robots aussperren

Um Administratoren von Webservern die Möglichkeit zu geben festzulegen, welche Robots auf welche Seiten zugreifen dürfen, hat Martijn Koster einen Standard für den Ausschluss von Robots entwickelt. Es handelt sich zwar nicht um einen Internet Standard (RFC), aber die Webrobot-Richtlinien haben sich als De-facto-Standard etabliert.

Zentrales Instrument des Standards ist die Datei `robots.txt`, die sich im Hauptverzeichnis der Website befinden muss, um von einem Webrobot beachtet zu werden.

Jeder Webrobot sollte die Anweisungen der `robots.txt`-Datei beachten. Das bedeutet, dass er, bevor er eine Datei von einer Website anfordert, zuerst die `robots.txt`-Datei herunterlädt und überprüft, ob er die Erlaubnis hat, auf die Seite zuzugreifen.

Will ein Robot beispielsweise auf den URL

```
http://www.domain.tld/info/test.html
```

zugreifen, fordert er zuerst `robots.txt` an:

```
http://www.domain.tld/robots.txt
```

Auf jeder Website kann es nur eine zentrale `robots.txt`-Datei geben, die sich im Hauptverzeichnis befinden muss. Befindet sich solch eine Datei in einem Unterverzeichnis, wird ihr von einem Robot keinerlei Beachtung geschenkt.

Kann die `robots.txt`-Datei nicht gefunden werden oder ist sie leer, geht ein Robot davon aus, dass es keinerlei Beschränkungen für den Zugriff auf die Website gibt.

18.4.1 robots.txt

Abgesehen von Leerzeilen und mit »#« beginnenden Kommentaren kann pro Zeile eine der folgenden drei Angaben auftauchen:

- User-Agent: *Name*
- Allow: *URL-Pfad*
- Disallow: *URL-Pfad*

Beispiel einer `robots.txt`-Datei, die den Zugriff auf das Verzeichnis `/intern/` für alle Webrobots sperrt:

```
# Dies ist ein Kommentar... ich liebe Kommentare.

User-Agent: *
Disallow: /intern/
```

User-Agent

Mit einer `User-Agent`-Zeile wird der Name eines Webrobots angegeben, für den die darauf folgenden `Allow`- und `Disallow`-Zeilen gelten sollen. Meldet sich ein Robot beispielsweise mit dem Namen:

```
PowerBot/1.0 libwww/2.17
```

so verwendet man folgenden Eintrag:

```
User-Agent: powerbot
```

Zwischen Groß- und Kleinschreibung wird nicht unterschieden. Die Angabe von Mustern oder gar regulären Ausdrücken ist nicht vorgesehen. Dem Eintrag

```
User-Agent: power*
```

würde somit *keine* Beachtung geschenkt. Es gibt jedoch eine einzige Ausnahme, mit der ein beliebiger Name gekennzeichnet wird:

```
User-Agent: *
```

Ein Webrobot sollte immer zuerst nach Einträgen suchen, die ihn speziell betreffen, und dann erst einen eventuell vorhandenen »*«-Eintrag beachten. Es empfiehlt sich jedoch, spezifischere Einträge immer weiter oben in der `robots.txt`-Datei einzufügen.

Sie können immer nur einen Robot-Namen pro Zeile angeben, dürfen jedoch mehrere `User-Agent`-Zeilen eintragen.

Beispiel:

```
User-Agent: scooter
User-Agent: slurp
User-Agent: excite
Disallow: /test/
```

Allow und Disallow

Über die `Allow`- und `Disallow`-Angaben wird festgelegt, welche URL-Pfade für einen Webrobot tabu und welche explizit erlaubt sind.

Ein URL-Pfad muss immer mit einem »/« beginnen. Der Pfad bezeichnet entweder ein Verzeichnis mit allen enthaltenen Dateien und Unterverzeichnissen oder aber eine einzelne Datei.

Beispiel:

Tabelle 18.1: Beispiel einiger robots.txt-Einträge und passender bzw. nicht passender URL-Pfade

robots.txt-Eintrag	passende URL-Pfade	nicht passende URL-Pfade
/test/	/test/ /test/abc.html /test/xyz/abc.html ...	/test /test.html /TEST/index.html /xyz/test/ /~test/ ...
/test	/test /test.html /test/abc.html /test/xyz/abc.html ...	/xyz/test.html /xyz/test/abc.html ...
/%7Ejoe/	/%7Ejoe/ /%7ejoe/ /~joe/ ...	...
/~joe/	/~joe/ /%7Ejoe/ /%7ejoe/ ...	...
/test/xyz/abc.html	/test/xyz/abc.html	/test/ /test/xyz/ /test/abc.html ...
/	/ /test.html /test/ /test/abc.html /test/xyz/abc.html ...	(keine)

Die Verwendung von URL-Mustern oder regulären Ausdrücken ist in einer `Allow`- oder `Disallow`-Zeile nicht möglich.

Hat ein Webrobot eine `User-Agent`-Zeile gefunden, die ihn speziell auflistet oder die ein »*« enthält, so vergleicht er den URL, auf den er zugreifen will, mit den Angaben der `Allow`- und `Disallow`-Zeilen in der Reihenfolge, wie sie in der `robots.txt`-Datei erscheinen. Verwendung findet der erste passende Eintrag, der gefunden wird.

Die User-Agent-Zeile, die den Stern enthält, wird von einem Webrobot nicht beachtet, wenn er bereits einen Eintrag gefunden hat, der den Webrobot speziell aufführt.

Beispiel:

```
User-Agent: powerbot
Disallow: /test/
Allow: /test/abc.html
```

Obwohl der URL-Pfad /test/abc.html als erlaubt eingetragen ist, würde der Robot nicht darauf zugreifen, weil er in der Regel schon die Disallow-Angabe beachtet und auf keinen URL-Pfad zugreifen würde, der mit /test/ beginnt.

Korrekt wäre dieses Beispiel:

```
User-Agent: powerbot
Allow: /test/abc.html
Disallow: /test/
```

Die Verwendung einer leeren Disallow-Zeile hat eine besondere Bedeutung und versteht sich als »*keine Beschränkungen*«. Sie stammt noch aus den Anfängen des Robot-Standards, bei dem es Allow noch nicht gab.

Beispiel:

```
User-Agent: scooter
User-Agent: slurp
Disallow:

User-Agent: *
Disallow: /
```

Allow- und Disallow-Zeilen können mehrfach aufeinander folgend auftreten.

Beispiel:

```
User-Agent: powerbot
Disallow: /intern/
Disallow: /tmp/

User-Agent: *
```

```
Allow: /info/
Allow: /users/
Allow: /dept/
Disallow: /
```

Welche Einträge sind sinnvoll?

Ob bestimmte Bereiche der eigenen Website vor dem Zugriff eines Webrobots geschützt werden sollten, hängt vom Inhalt der Website ab und auch von der Art des Webrobots.

Falls es Ihnen egal ist, ob ein Webrobot Ihre Website besucht oder nicht, sollten Sie zumindest eine leere `robots.txt`-Datei anlegen, da Sie sich so die »*File not found*«-Meldungen im Error-Log ersparren.

Bei den meisten Webrobots handelt es sich um Indexrobots, die Webseiten indizieren, um so einen Suchdienst anbieten zu können. Aus diesem Grund sollte man möglichst alle Seiten sperren, bei denen es keinen Sinn macht, wenn diese indiziert werden, z. B. Seiten, die temporäre Informationen enthalten.

Soll hingegen die komplette Website vor Webrobots *geschützt* werden, so reichen die folgenden beiden Zeilen:

```
User-Agent: *
Disallow: /
```

Wenn robots.txt nicht beachtet wird

Auch der schönste Standard nützt wenig, wenn es Robots gibt, die sich nicht an die Spielregeln halten und die `robots.txt`-Datei ignorieren.

Sollen solche Robots ausgesperrt werden, gibt es prinzipiell nur zwei Möglichkeiten. Falls der Robot einen `User-Agent`-Header bei einer Anfrage mitliefert, können Sie das Rewrite-Modul oder eine Kombination aus SetEnvIf- und Access-Modul verwenden, um Zugriffe von diesem Robot abzublocken.

Beispiel (`mod_setenvif/mod_access`):

```
BrowserMatchNoCase "^badrobot" BADCLIENT
...
<Location />
order allow,deny
allow from all
```

```
deny from env=BADCLIENT
</Location>
```

Beispiel (mod_rewrite):

```
RewriteCond %{HTTP_USER_AGENT} ^badrobot [nocase]
RewriteRule ^/.* - [forbidden]
```

Liefert ein Robot keinen User-Agent-Header, bleibt nur die Möglichkeit, die IP-Adresse, von der aus der Robot operiert, mit der deny-Anweisung für den Zugriff auf den Webserver zu sperren. Alternativ könnten Sie eine entsprechende SetEnvIf-Anweisung definieren, mit der die Umgebungsvariable BADCLIENT (siehe Beispiel) für die besagte IP-Adresse gesetzt wird. Falls es sich jedoch nicht um einen Robot handelt, der nur von bestimmten IP-Adressen aus eingesetzt wird, so haben Sie keinerlei Möglichkeit, den Zugriff zu sperren.

Caching von robots.txt

Bei der Modifizierung der robots.txt-Datei sollten Sie beachten, dass die meisten Webrobots diese Datei nicht vor jedem Zugriff erneut herunterladen, sondern für eine gewisse Zeit zwischenspeichern. Ein typischer Wert für die Dauer der Zwischenspeicherung ist eine Woche, erst dann wird die robots.txt-Datei erneut heruntergeladen.

Aktuelle Änderungen werden somit nicht unbedingt sofort von allen Webrobots beachtet, sondern erst nach ein paar Tagen.

Ein Webrobot sollte jedoch den Expires-Header beachten. Durch Hinzufügen dieses HTTP-Headers mit dem Expires-Modul können Sie festlegen, wie lange die Datei maximal zwischengespeichert werden darf.

Beispiel:

```
<Location /robots.txt>
ExpiresDefault "access 3 days"
</Location>
```

Meta-Tags

Abgesehen von der robots.txt-Datei gibt es auch einige Meta-Tags, die im Header von HTML-Dokumenten verwendet werden können und in erster Linie für Indizierungsrobots gedacht sind. Allerdings beachten nicht alle Robots diese Meta-Tags.

Tabelle 18.2: HTML-Meta-Tags für Webrobots

Content	Beschreibung
NOINDEX	Das Einfügen des Meta-Tags <META NAME="ROBOTS" CONTENT="NOINDEX"> in den Header eines HTML-Dokuments veranlasst einen Webrobot – sofern er dieses Tag überhaupt beachtet –, das Dokument nicht zu indizieren.
NOFOLLOW	Mit dem folgenden Meta-Tag können Webrobots angewiesen werden, keinerlei Verweise, die sich in dem jeweiligen Dokument befinden, zu verfolgen. <META NAME="ROBOTS" CONTENT="NOFOLLOW">

18.5 Die bekanntesten Webrobots

Tabelle 18.3: Eine Übersicht häufig auftretender Webrobots.

Name	Homepage	Robot-Name	Hauptzweck
Acoon	http://www.acoon.de/	acoon	Indizierung
Aladin	http://www.aladin.de/	aladin	Indizierung
AltaVista	http://www.altavista.de/	scooter	Indizierung
Archive	http://www.archive.org/	ia_archiver	Archivierung
Crawler	http://www.crawler.de/	crawler	Indizierung
Eule	http://www.eule.de/	eule-robot	Indizierung
EuroSeek	http://euroseek.net/	freecrawl	Indizierung
Excite Search	http://www.excite.com/	architextspider	Indizierung
Fireball	http://www.fireball.de/	kit_fireball	Indizierung
Google	http://www.google.com/	googlebot	Indizierung
HotBot	http://www.hotbot.com/	smartcrawl	Indizierung
HostList	http://www.hotlist.de/	motor	Indizierung
HyperBot	-	hyperbot	Info-Retrieval
InfoSeek	http://www.infoseek.com/	ultraseek	Indizierung
Inktomi	http://www.inktomi.com/	slurp	Indizierung

Tabelle 18.3: Eine Übersicht häufig auftretender Webrobots. (Forts.)

Name	Homepage	Robot-Name	Hauptzweck
Kolibri	`http://www.kolibri.de/`	mariner	Indizierung
Lycos	`http://www.lycos.com/`	lycos[a]	Indizierung
MOMspider	`http://www.ics.uci.edu/WebSoft/MOMspider/`	momspider	Link-Validierung
Planetsearch	`http://www.planetsearch.com/`	fido	Indizierung
URL-Minder	`http://www.netmind.com/`	url-minder	Update-Erkennung
w3mir	`http://www.ifi.uio.no/~janl/w3mir.html`	w3mir	Mirroring
WebCopy	`http://www.inf.utfsm.cl/~vparada/webcopy.html`	webcopy	Mirroring
WebCrawler	`http://www.webcrawler.com/`	webcrawler	Indizierung
WebWalker	-	webwalker	Link-Validierung
Wget	`ftp://gnjilux.cc.fer.hr/pub/unix/util/wget/`	wget	Mirroring

a. Der Robot meldet sich als "`Lycos_Spider_(T-Rex)`", die Angabe von "`lycos`" in der `robots.txt`-Datei ist jedoch ausreichend.

18.6 Böse Webrobots

18.6.1 Rapid-Fire-Robots

Mit dem Begriff *Rapid-Fire-Robot* wird ein Webrobot bezeichnet, der versucht, innerhalb kürzester Zeit die Seiten einer Website herunterzuladen. In Extremfällen können mehr als 20 Zugriffe pro Sekunde von solch einem Robot beobachtet werden. Je nach Serverrechner und Netzanbindung kann sich dies deutlich negativ auf die Reaktionsgeschwindigkeit auswirken und die Nutzbarkeit des Webservers stark beeinträchtigen. Ein *guter* Webrobot wartet in der Regel mindestens 30 Sekunden zwischen zwei Anfragen.

18.7 Robots anlocken

Die Webrobots, die für einen der zahlreichen Suchdienste wie beispielsweise *AltaVista* oder *Lycos* arbeiten, haben allerdings in den meisten Fällen etwas Gutes an sich, denn über den jeweiligen Suchdienst finden eventuell neue Nutzer den Weg auf Ihre Website.

In den meisten Fällen brauchen Sie nicht dafür zu sorgen, dass Ihre Website in die Suchdienste aufgenommen wird, da sich früher oder später diverse Webrobots auf Ihre Website *verirren* werden.

Da sich jedoch die meisten Suchdienste durch Angabe eines URLs zur Indizierung der Website einladen lassen, schadet es auch nichts, wenn Sie explizit die Website in alle Suchdienste eintragen.

Bei einer Vielzahl von verschiedenen Suchdiensten kann dies durchaus einige Zeit in Anspruch nehmen, weshalb hier auf einen Dienst hingewiesen wird, der Ihnen diese Arbeit deutlich erleichtern kann:

`http://www.klug-suchen.de/mteilen.html`

Einführung in HTTP

A.1 Uniform Resource Identifiers (URI)

Bevor wir die Funktionsweise des HTTP betrachten, sollen kurz die *Uniform Resource Identifiers* Erwähnung finden, die für die Adressierung von Ressourcen im World Wide Web verwendet werden.

EBekannter als die in [Bern94-1] erklärten Uniform Resource Identifiers ist eine spezielle Form eines URI, die *Uniform Resource Locators* (URL), die in [Bern94-2] ausführlich beschrieben werden.

Ein URI besteht aus zwei Teilen, dem *Schema* und dem *Pfad*. Der Pfad unterteilt sich wiederum in den Hostnamen (und eventuell eine Portnummer) und in den Pfad für den Server. Bei einem URL spiegelt der Pfad für den Server in vielen Fällen die physikalische Dateistruktur wider, er muss dies jedoch nicht unbedingt.

Syntax: *Schema://Hostname:Port/Server-Pfad*

Bekannte URI-Schemata sind z.B. »`http`«, »`ftp`«, »`news`« oder auch das bei SSL-Webservern verwendete »`https`«.

Die in einem URI vorkommenden Zeichen müssen 7-Bit-kodiert sein, d.h. Sonderzeichen (Tilde, Umlaute etc.) müssen durch eine Escape-Sequenz ersetzt werden, die durch ein Prozentzeichen »`%`« und den folgenden Hex-Wert des jeweiligen Zeichens gebildet wird. Die Escape-Sequenz »`%7E`« entspricht beispielsweise der Tilde »~«.

Beispiele:

```
http://www.domain.tld/test/index.html
http://www.domain.tld/cgi-bin/script?test=0815
http://www.domain.tld/publish/paper.html#abstract
https://www.domain.tld/%7Ejoe/
news:de.comm.infosystems.www.servers
```

Das zweite Beispiel enthält im Pfad das Fragezeichen »?«, das eine besondere Bedeutung hat. Es wird benutzt, um die Grenze zwischen dem referenzierten Objekt (`/cgi-bin/script`) und dem sogenannten *Query-String* (`test=0815`) zu kennzeichnen. Der *Query-String* wird in der Regel dazu verwendet, um Daten an ein CGI-Skript zu übergeben, z. B. die Daten, die ein Nutzer in ein HTML-Formular eingetragen hat.

Ein weiteres spezielles Zeichen ist »#«, das als Begrenzung für den *Fragment Identifier* dient, der eine Marke innerhalb eines Objekts darstellt. In einem HTML-Dokument kann hiermit eine bestimmte Position innerhalb des Dokuments referenziert werden. Ein Client übermittelt niemals einen *Fragment Identifier* an den Server, da er diesen selbstständig auswertet.

A.2 Funktionsweise des Hypertext Transfer Protocols

Das *HyperText Transfer Protocol* ist ein Protokoll der Anwendungsebene (also der Schicht 7 des OSI-Referenzmodells) und baut in der jetzigen Form auf TCP, dem *Transmission Control Protocol*, als Transportprotokoll auf. Es wurde von Tim Berners-Lee im Rahmen des WWW-Projektes entwickelt (siehe Kapitel 2) und dient der Übertragung von Daten (HTML-Dokumenten, Bildern, Animationen etc.) innerhalb des World Wide Web.

HTTP ist ein allgemeines Protokoll für verteilte Informationssysteme und somit nicht nur auf das WWW beschränkt.

Soll ein Webclient beispielsweise auf den URI

```
http://www.domain.tld/test/index.html
```

zugreifen, so baut er zunächst eine Verbindung zum Rechner

```
www.domain.tld
```

auf (in diesem Fall auf Port 80) und übergibt ihm die Anfrage für

```
/test/index.html
```

Der Webserver antwortet, indem er das gewünschte Objekt an den Client zurückliefert. Wurde das Objekt nicht gefunden, wird eine entsprechende Fehlermeldung an den Client übermittelt.

A.2.1 HTTP-Methoden

HTTP spezifiziert verschiedene Methoden, sogenannte *Method-Token*, zur Behandlung von Objekten. Die wichtigsten Methoden sollen im Folgenden kurz erläutert werden.

GET

Dies ist die wohl am häufigsten eingesetzte Methode. Mit ihr wird das in einem URI angegebene Objekt von einem Webserver angefordert.

HEAD

Diese Methode ist GET ähnlich, fordert jedoch nur den Header des Objekts an (z. B. um das Datum der letzten Änderung herauszubekommen).

PUT

Dies ist sozusagen die komplementäre Methode zu GET. Mit PUT wird ein Objekt zum Server geschickt, wo es unter dem angegebenen URI gespeichert werden soll (vorausgesetzt, der Server erlaubt dies auch).

POST

Diese Methode ist mit der PUT-Methode vergleichbar, da auch hier Daten an den Server geschickt werden. Jedoch soll hier kein neues Objekt auf dem Server erzeugt werden, sondern im URI-Pfad ist ein Objekt angegeben, dem die Daten übergeben werden sollen. Dies kann z. B. ein CGI-Skript sein, das die Daten weiterverarbeitet und ein Ergebnis in Form eines HTML-Dokuments zurückliefert.

DELETE

Diese Methode sorgt dafür, dass ein mit dem URI spezifiziertes Objekt auf dem Server gelöscht wird.

OPTIONS

Mit dieser Methode kann ein Webclient die Optionen und eventuelle Voraussetzungen für den Zugriff auf ein Objekt erfragen.

TRACE

Die Verwendung von TRACE ist in erster Linie dann interessant, wenn eine solche Anfrage an einen Proxy geschickt wird. Als Antwort bekommt der Client einen *Trace* der Anfrage und kann aus dem Via-Header erfahren über welche Proxies die Anfrage geleitet wurde.

CONNECT

Die CONNECT-Methode dient zur Kennzeichnung von SSL-Anfragen an einen Webproxy. Das heißt, der Proxy tunnelt hierbei die SSL-Anfragen zum jeweiligen Webserver.

A.2.2 WebDAV-Methoden

Bei WebDAV (*Distributed Authoring and Versioning*) handelt es sich um ein um Publishing-Funktionalitäten erweitertes HTTP. Das Zusatzmodul `mod_dav` steht für den Apache zur Verfügung und ist kostenlos zu bekommen. WebDAV definiert die folgenden zusätzlichen Methoden: PATCH, PROPFIND, PROPPATCH, MKCOL, COPY, MOVE, LOCK, und UNLOCK.

WebDAV und dessen Methoden sollen aber hier nicht weiter betrachtet werden.

A.2.3 Aufbau einer Client-Anfrage

Tabelle A.1: Aufbau einer Client-AnfrageAufbau einer Client-Anfrage

Method-Token	Eine der zuvor genannten Methoden, z. B. GET oder POST.
Request-URI	Der URI des jeweiligen Objekts, z. B. `/test/index.html`.
HTTP-Version	`HTTP/1.0` oder `HTTP/1.1`.
General-Header	Hierunter fallen Header wie z. B. `Connection`, `Via` oder `Cache-Control`.
Request-Header	Beispiele sind `Accept`, `Referer`, `User-Agent` oder `Host`.
Entity-Header	Bei POST- und PUT-Anfragen finden Sie hier die Header für die übergebenen Daten, z. B. `Content-Length`.
Entity-Body	Die bei einer POST- oder PUT-Anfrage übergebenen Daten.

A.2.4 Aufbau einer Server-Antwort

Tabelle A.2: Aufbau einer Server-Antwort

HTTP-Version	Entweder `HTTP/1.0` oder `HTTP/1.1`. HTTP/1.1-konforme Webserver antworten immer mit `HTTP/1.1`.
Statuscode	Der dreistellige HTTP-Statuscode, z. B. 404.
Reason-Phrase	Die Kurzbeschreibung des jeweiligen Statuscodes z. B. »`NOT FOUND`«.
General-Header	Hierunter fallen Header wie z. B. `Connection`, `Date` oder `Cache-Control`.
Response-Header	Beispiele sind `Location`, `Server`, `Vary` oder `WWW-Authenticate`.
Entity-Header	Sofern bei einer Antwort (z. B. auf eine GET-Anfrage) Daten zurückgeliefert werden müssen, finden sich hier jeweiligen Header, z. B. `Content-Length` oder `Content-Type`.
Entity-Body	Die jeweiligen Daten der Server-Antwort, sofern erforderlich.

A.2.5 Beispiel einer GET-Anfrage

Am Beispiel von GET soll gezeigt werden, wie eine Anfrage und die zugehörige Antwort des Servers aussehen. Betrachtet wird eine GET-Anfrage des URI unter Verwendung von HTTP/1.1:

```
http://www.domain.tld/test/index.html
```

Die Datei `index.html` hat den folgenden Inhalt:

```
<HTML>
<HEAD><TITLE>Test</TITLE></HEAD>
<BODY><H1>Test...</H1></BODY>
</HTML>
```

Nachdem ein Webclient eine TCP-Verbindung zu `www.domain.tld` aufgebaut hat, sendet er folgende Anfrage (nur die wichtigsten HTTP-Header sind aufgeführt):

```
GET /test/index.html HTTP/1.1
Connection: Keep-Alive
Host: www.domain.tld
User-Agent: TestClient/0.1
```

Da bei einer GET-Anfrage keine Daten an den Server übermittelt werden können, bleiben der *Entity-Header* und *Entity-Body* leer.

Die Server-Antwort sieht wie folgt aus:

```
HTTP/1.1 200 OK
Date: Mon, 28 Feb 2000 01:03:53 GMT
Server: Apache/1.3.12 (Unix)
Last-Modified: Tue, 23 Nov 1999 21:19:25 GMT
ETag: "123036-54e-383b04dd;38b91400"
Accept-Ranges: bytes
Keep-Alive: timeout=15, max=100
Connection: Keep-Alive
Content-Length: 1358
Content-Type: text/html

<HTML>
<HEAD><TITLE>Test</TITLE></HEAD>
<BODY><H1>Test...</H1></BODY>
</HTML>
```

A.3 Statuscodes

Die HTTP-Statuscodes werden in insgesamt fünf Kategorien aufgeteilt:

Tabelle A.3: Kategorien der HTTP-Statuscodes

Bereich	Bedeutung
100-199	Informative Meldungen, die eine Aktion des Clients anregen sollen
200-299	Client-Anfrage gültig
300-399	Client-Anfrage wurde nicht ausgeführt, weitere Schritte vom Client sind notwendig
400-499	Client-Anfrage fehlerhaft oder unvollständig
500-599	Server-Fehler

A.3.1 100-199

Tabelle A.4: Statuscodes für informative Meldungen

Statuscode	Reason-Phrase	Beschreibung
100	CONTINUE	Ein Teil der Anfrage wurde bereits bearbeitet, und der Client kann seine Anfrage beenden, wenn er dies möchte.
101	SWITCHING PROTOCOLS	Der Server würde gern zu dem Protokoll wechseln, das im `Upgrade`-Header angegeben ist.
102	PROCESSING	Wird vom Server geschickt, um dem Client mitzuteilen, dass er die Anfrage bekommen hat und sie gerade bearbeitet. Dieser Status-Code sollte vom Webserver genau dann geschickt werden, wenn davon auszugehen ist, dass die Bearbeitung noch eine gewisse Zeit benötigen wird. (*WebDAV*)

A.3.2 200-299

Tabelle A.5: Statuscodes für gültige Client-Anfragen

Statuscode	Reason-Phrase	Beschreibung
200	OK	Die Anfrage war erfolgreich, und die angeforderten Daten sind in der Antwort enthalten.
201	CREATED	Das Anlegen eines neuen Objekts war erfolgreich (z. B. bei PUT).
202	ACCEPTED	Der Server hat die Anfrage aktzeptiert, jedoch nicht sofort ausgeführt. Weitere Informationen werden gegebenfalls im *Entity-Body* übermittelt.
203	NON-AUTHORITATIVE INFORMATION	Die zurückgelieferten Informationen stammen aus einer anderen Quelle, z. B. einem anderen Server.
204	NO CONTENT	Das angeforderte Objekt hat keinerlei Inhalt.
205	RESET CONTENT	Der Client soll den Inhalt des gerade angezeigten HTML-Formulars auf die ursprünglichen Werte zurücksetzen.
206	PARTIAL CONTENT	Ein Teil eines Objekts wird als Antwort auf eine Anfrage mit `Range`-Header übermittelt.
207	MULTI-STATUS	Bei einer Multi-Status Antwort wird per Default der MIME-Typ `text/xml` verwendet, wobei im *Entitiy-Body* weitere Status-Code in Form eines XML-Elementes angegeben werden können. (*WebDAV*)

A.3.3 300-399

Tabelle A.6: Statuscodes für nicht ausgeführte Client-Anfragen

Statuscode	Reason-Phrase	Beschreibung
300	MULTIPLE CHOICES	Der angeforderte URL verweist auf mehr als ein Objekt. Weitere Informationen sind im *Entity-Body* enthalten.
301	MOVED PERMANENTLY	Das Objekt ist dauerhaft unter einem anderen URL zu finden, der im `Location`-Header übermittelt wird.
302	MOVED TEMPORARILY	Das Objekt ist zeitweise unter einem anderen URL zu finden, der im `Location`-Header übermittelt wird.
303	SEE OTHER	Das Objekt ist dauerhaft unter einem anderen URL zu finden, der im `Location`-Header übermittelt wird. Im Gegensatz zu `MOVED PERMANENTLY` sollte ein Client den URL aus dem `Location`-Header nicht ohne vorherige Bestätigung des Nutzers anfordern.
304	NOT MODIFIED	Antwort auf eine `If-Modified-Since`-Anfrage.
305	USE PROXY	Auf das angeforderte Objekt kann nur über den im `Location`-Header angegebenen Proxy zugegriffen werden.
307	TEMPORARY REDIRECT	Das Objekt ist zeitweise unter einem anderen URL zu finden, der im `Location`-Header übermittelt wird. Der Unterschied zu `MOVED TEMPORARILY` besteht darin, dass der Client weiterhin den alten URL für Zugriff verwenden sollte.

A.3.4 400-499

Tabelle A.7: Statuscodes für fehlerhafte oder unvollständige Client-Anfragen

Statuscode	Reason-Phrase	Beschreibung
400	BAD REQUEST	Die Client-Anfrage war fehlerhaft.
401	UNAUTHORIZED	Wird zurückgeliefert, wenn ein Zugriff auf ein passwortgeschütztes Objekt ohne korrekten `Authenticate`-Header erfolgt ist.
402	PAYMENT REQUIRED	(Reserviert für zukünftige Erweiterungen des Protokolls. In HTTP/1.1 ist dieser Code noch nicht spezifiziert.)

Tabelle A.7: Statuscodes für fehlerhafte oder unvollständige Client-Anfragen (Forts.)

Statuscode	Reason-Phrase	Beschreibung
403	FORBIDDEN	Der Zugriff auf das angeforderte Objekt wurde verweigert.
404	NOT FOUND	Das angeforderte Objekt konnte nicht gefunden werden.
405	METHOD NOT ALLOWED	Die in der Anfrage verwendete Methode ist für das Objekt nicht erlaubt.
406	NOT ACCEPTABLE	Es wurde eine Content Negotiation durchgeführt, wobei keine passende Variante gefunden wurde.
407	PROXY AUTHENTICATION REQUIRED	Der Proxy-Server wünscht eine Authentikation über den `Proxy-Authenticate`-Header.
408	REQUEST TIME-OUT	Eine Anfrage wurde nicht innerhalb des festgelegten Zeitlimits übermittelt.
409	CONFLICT	Der Server hat einen Konflikt bezüglich einer anderen Anfrage oder der eigenen Konfiguration festgestellt. Weitere Informationen sind im *Entity-Body* zu finden.
410	GONE	Das angeforderte Objekt ist nicht mehr vorhanden, und es ist auch kein neuer URL bekannt.
411	LENGTH REQUIRED	In der Anfrage fehlte der `Content-Length`-Header.
412	PRECONDITION FAILED	Die Bedingungen, die in einem oder mehreren der *If*-Header spezifiziert wurden, konnten nicht erfüllt werden.
413	REQUEST ENTITY TOO LARGE	Der Server kann die Anfrage nicht bearbeiten, da der *Entity-Body* zu groß ist.
414	REQUEST URI TO LARGE	Der Server kann die Anfrage nicht bearbeiten, da der *Request-URI* zu lang ist.
415	UNSUPPORTED MEDIA TYPE	Der Server kann die Anfrage nicht bearbeiten, da die im *Entity-Body* übermittelten Daten in einem unbekannten Format vorliegen.
416	RANGE NOT SATISFIABLE	Eine Anfrage enthielt eine fehlerhafte *Byte-Range*-Angabe.
417	EXPECTATION FAILED	Die Angaben im Expect-Header konnten nicht erfüllt werden.

Tabelle A.7: Statuscodes für fehlerhafte oder unvollständige Client-Anfragen (Forts.)

Statuscode	Reason-Phrase	Beschreibung
422	UNPROCESSABLE ENTITY	Bei solch einer Fehlermeldung hat der Server zwar die Anfrage verstanden und kennt auch den Content-Typ, allerdings kann die Anfrage trotzdem nicht beantwortet werden (*WebDAV*).
423	LOCKED	Der Zugriff auf ein bestimmtes Objekt ist gesperrt (*WebDAV*).
424	FAILED DEPENDANCY	Wenn eine Aktion auf einer erfolgreichen anderen Akion basiert und diese fehlgeschlagen ist, wird der Status 424 vom Server zurückgeliefert (*WebDAV*).

A.3.5 500-599

Tabelle A.8: Statuscodes für Server-Fehler

Statuscode	Reason-Phrase	Beschreibung
500	INTERNAL SERVER ERROR	Es ist ein interner Fehler im Server aufgetreten. Diese Meldung erscheint, wenn z. B. ein CGI-Skript abgestürzt ist oder der Server Ressourcenprobleme bekommen hat.
501	NOT IMPLEMENTED	Der Server kann die vom Client gewünschte Aktion nicht ausführen.
502	BAD GATEWAY	Der Server (Proxy) hat eine ungültige Antwort von einem anderen Server (Proxy) erhalten.
503	SERVICE UNAVAILABLE	Der Webservice ist zeitweise nicht verfügbar. Bei Bedarf kann ein `Retry-After`-Header übermittelt werden.
504	GATEWAY TIME-OUT	Entspricht `REQUEST TIME-OUT`, nur dass hierbei ein Gateway respektive Proxy gemeint ist.
505	HTTP VERSION NOT SUPPORTED	Der Server kann die Anfrage nicht bearbeiten, da die in der Anfrage verwendete HTTP-Version nicht unterstützt wird.
506	VARIANT ALSO VARIES	Bei einer Content Negotiation ist ein Fehler aufgetreten. Es konnte keine gültige Variante ermittelt werden.
507	INSUFFICIENT STORAGE	Es wurden Daten zur Speicherung an den Server übermitelt, jedoch ist nicht mehr genügend Speicherplatz vorhanden.

Tabelle A.8: Statuscodes für Server-Fehler (Forts.)

Statuscode	Reason-Phrase	Beschreibung
510	NOT EXTENDED	Der Zugriff auf die Server-Ressource konnte nicht erfüllt werden. Der Server schickt in diesem Fall alle für den Client benötigten Informationen, damit dieser einen *Extended*-Request durchführen kann (*HTTP Extension Framework*).

Anhang B

Zusatzmodule

Abgesehen von den Modulen, die schon in der Apache-Distribution enthalten sind, gibt es noch eine Vielzahl von weiteren Modulen für die unterschiedlichsten Aufgabengebiete. Die meisten dieser Module sind in der *Apache Module Registry* erfaßt:

```
http://modules.apache.org/
```

Eine Auswahl der verfügbaren Module soll hier kurz vorgestellt werden, wobei sich die meisten Module und weitere Informationen zu ihnen ebenfalls auf der beigelegten CD-ROM finden.

B.1 Authentikations- und Zugriffskontrollmodule

B.1.1 mod_access_identd

Bei diesem Modul werden *IDENT*-Lookups (RFC 1413) zur Authentikation bzw. Zugriffskontrolle verwendet.

B.1.2 mod_allowdev

Zugriffskontrolle, basierend auf bestimmten Devices, d.h. es kann eingeschränkt werden, auf welche Dateisysteme zugegriffen werden, und auf welche nicht.

B.1.3 mod_auth_cookie

Ein Cookie, der aus User-ID und Passwort besteht, wird vom Browser übermittelt und von `mod_auth_cookie` intern in eine normale Authentikationsanfrage umgewandelt.

B.1.4 mod_auth_cookie_file

Eine auf Cookies basierende Authentikation, bei der Dateien benutzt werden, die den `htpasswd`-Dateien ähneln.

B.1.5 mod_auth_cookie_msql

Identisch zu `mod_auth_cookie_file`, jedoch mittels einer mSQL-Datenbank.

B.1.6 mod_auth_external

Dieses Modul ist wohl das Authentikationsmodul mit dem weitesten Einsatzspektrum, das es gibt, denn es kann ein beliebiges externes Programm angegeben werden, das die Verifikation der User-ID und des Passwortes vornimmt. Die Daten werden hierbei über die Variablen `USER` und `PASS` respektive `GROUP` an das Programm übergeben. Eine erfolgreiche Verifikation ist durch den Rückgabewert »`0`« gekennzeichnet.

B.1.7 mod_auth_inst

Dieses Modul ermöglicht eine *Instant-Password-Authentication* für *Dummy*-Nutzer. Das heißt, dass schon direkt in der Serverkonfiguration Username und Passwort angegeben werden.

B.1.8 mod_auth_kerb

Authentikation via Kerberos. Vom Modul werden die Versionen 4 und 5 unterstützt.

B.1.9 mod_auth_ldap, mod_ldap, mod_ldapauth

Mit einem dieser Module ist eine Authentikation möglich, die auf dem *Lightweight Directory Access Protocol* (LDAP) basiert.

B.1.10 mod_auth_msql

Bei diesem Modul können die Authentikationsdaten in einer mSQL-Datenbank gespeichert sein. In früheren Apache-Versionen war das Modul Bestandteil der Apache-Distribution.

B.1.11 mod_auth_mysql

mySQL ist ebenso wie mSQL eine Implementierung einer SQL-Datenbank. `mod_auth_mysql` ist hierbei das passende Modul, um für eine Authentikation eine mySQL-Datenbank zu benutzen. Die Konfigurationsanweisungen sind nahezu identisch zu denen des Moduls `mod_auth_msql`.

B.1.12 mod_auth_nds

Falls auf Basis eines *Novell NetWare Servers* (NDS) authentisiert werden soll, können Sie `mod_auth_nds` verwenden.

B.1.13 mod_auth_nis

Wenn das *Network Information System* (NIS) Verwendung finden soll, können Sie dieses Modul für die Nutzer-Authentikation einsetzen.

B.1.14 mod_auth_notes

Falls Sie glücklicher Besitzer eines *Lotus Notes Servers* sind, dürfte dieses Modul für Sie interessant sein.

B.1.15 mod_auth_nt

Windows NT-basierte User-/Group-Authentikation.

B.1.16 mod_auth_ntlm

Stellt Unterstützung für die Windows-NTLM-Authentikation bereit, eine proprietäre HTTP-Erweiterung von Microsoft.

B.1.17 mod_auth_oracle

Falls eine Oracle8-Datenbank verwendet wird, kann dieses Modul zu Authentikationszwecken eingesetzt werden.

B.1.18 mod_auth_pam

Das PAM-Authentikationsmodul implementiert eine Basic-Authentikation, die auf der *Pluggable Authentication Module Library* aufbaut. Derzeit werden folgende Varianten unterstützt:

1. Standard Unix passwd
2. Shadow Passwords
3. NIS
4. Radius
5. Kerberos
6. SecureID
7. S/Key

B.1.19 mod_auth_pgsl

»pgsl« steht für Postgres, eine weitere frei verfügbare SQL-Implementierung. Das Modul ist mit `mod_auth_msql` vergleichbar.

B.1.20 mod_auth_radius

Hiermit kann ein externer *RADIUS*-Server für die Authentikation verwendet werden.

B.1.21 mod_auth_rdbm

Im Gegensatz zu normaler Authentikation auf Basis von DBM- oder DB-Dateien kann mittels RDBM eine Verteilung auf mehrere Server erreicht werden.

B.1.22 mod_auth_rom

Authentikationsmodul für ROM-basierte MUDs.

B.1.23 mod_auth_samba

Mit diesem Modul kann eine Samba-basierte Passwortauthentikation durchgeführt werden.

B.1.24 mod_auth_smb

Dieses Modul ist mit `mod_auth_samba` vergleichbar, es erlaubt eine Authentikation über SMB-Server (Windows NT, Samba).

B.1.25 mod_auth_sys

Mit dem Modul `mod_auth_sys` kann die System-Passwortdatei (Standard oder Shadow) als Basis für eine Authentikation genutzt werden.

Es gibt noch ein Modul gleichen Namens, das jedoch keine Shadow-Passwörter unterstützt.

B.1.26 mod_auth_tacacs

Authentikation auf Basis von *TACACS+*.

B.1.27 mod_auth_udp

Mit diesem Modul können Sie eine externe Authentikation über UDP realisieren.

B.1.28 mod_auth_yard

Falls Sie eine *YARD*-Datenbank verwenden, können Sie `mod_auth_yard` für Authentikationszwecke nutzen.

B.1.29 mod_auth_yp

Dieses Modul ist mit `mod_auth_nis` vergleichbar. Es erlaubt die Authentikation auf Basis von Username/Passwort und Username/Gruppe mittels NIS (*Yellow Pages*).

B.1.30 mod_auth2

Im Gegensatz zum normalen `mod_auth`-Modul können bei diesem Modul mehrere Passwortdateien verwendet werden.

B.1.31 mod_bandwith

Dieses Modul dient dazu, die maximale Bandbreite von Verbindungen zu limitieren. eispielsweise können Sie festlegen, dass eine bestimmte Domain nur maximal 10 kByte/s nutzen kann. Die Limitierung kann entweder global, für bestimmte Verzeichnisse oder für Dateien ab einer bestimmten Größe erfolgen.

B.1.32 mod_eaccess

Beim EAccess-Modul können sogar der *Query-String* und der Inhalt der Anfrage zu Authentikationszwecken verwendet werden.

B.1.33 mod_hosts_access

Dieses Modul verwendet die `hosts.allow`- und `hosts.deny`-Dateien des Systems für die Zugriffskontrolle.

B.1.34 mod_id

Hierbei handelt es sich um ein einfaches Modul, das alle Client-Anfragen zum Zwecke der *Intrusion Detection* überprüft.

B.1.35 mod_iprot

iProtect ist ein Passwortschutzsystem. Es überwacht die Authentikationen der Nutzer und deaktiviert automatisch Passwörter, die von mehreren verschiedenen Personen genutzt wurden.

B.1.36 mod_limit

Mit dem Limit-Modul können Sie festlegen, welche Datenmenge ein bestimmter Nutzer pro Tag von der Website herunterladen darf.

B.1.37 mod_lock

Dieses Modul stellt Konfigurationsanweisungen zur Verfügung, mit denen auf einfache Weise ein bestimmter virtueller Host oder ein Bereich des Servers (temporär) gesperrt werden kann.

B.1.38 mod_securid

Mit diesem Modul können Sie einen ACE-Server für die Authentikation mittels SecurID-Tokens verwenden.

B.1.39 mod_solid

Wenn eine SOLID-Datenbank zu Authentikationszwecken genutzt werden soll, ist `mod_solid` das Modul Ihrer Wahl.

B.1.40 mod_throttle

Dieses Modul ist vergleichbar mit `mod_bandwith` und `mod_limit`.

B.1.41 mod_ticket

Digital signierte *Tickets* werden in ein Dokument integriert, um transparent Authentikationsdaten auf mehreren Webservern verwenden zu können.

B.2 Skript- und Interpretermodule

B.2.1 mod_fastcgi

FastCGI ist eine Alternative zu CGI. Im Gegensatz zu normalen CGI-Skripten laufen die FastCGI-Applikationen als eigenständige Prozesse, wodurch ein Geschwindigkeitsvorteil erzielt wird, da die Initialisierung und das Starten der CGI-Skripten entfällt. Einige FastCGI-Server-Module und -Applikationsbibliotheken sind frei verfügbar.

Falls Sie sehr viel mit CGI-Skripten arbeiten, lohnt es sich, das FastCGI-Modul zu verwenden.

B.2.2 Chili!ASP

Dieses Modul stellt die Microsoft Active Server Pages (ASP) auf dem Apache zur Verfügung und ist sowohl für Windows NT als auch für einige Unix-Derivate verfügbar.

B.2.3 ColdFusion

Das ColdFusion-Modul stellt das Interface zum *ColdFusion*-Applikationsserver her. Es ist eine klassische Lösung zur Erstellung von dynamischen HTML-Seiten und ist am ehesten mit PHP zu vergleichen.

B.2.4 CommProc

Der *Communication Processor* stellt ein Framework für die verteilte Erzeugung von dynamischem Webinhalten zur Verfügung.

B.2.5 mod_cf

Das Modul hat den Namen *Cold Flame* und stellt einen Teil der ColdFusion-Sprache zur Verfügung. Sie können das Modul derzeit nur mit einer mySQL-Datenbank verwenden.

B.2.6 mod_cgisock

Entspricht prinzipiell dem normalen CGI-Modul, jedoch werden Sockets für den Zugriff auf die CGI-Skripten verwendet, was die Ausführung beschleunigt. Bei Bedarf kann das Modul auch zusammen mit `mod_cgi` genutzt werden.

B.2.7 mod_corba

Dieses Modul sorgt dafür, dass Sie über CORBA auf das Apache-API zugreifen können, was flexible Möglichkeiten für die Einbindung von externen Modulen bzw. Handlern zur Verfügung stellt. Der Object Request Broker *ORBit* wird dazu benötigt.

B.2.8 mod_cscript

Wenn Sie Interpretersprachen wie Perl oder Python nicht mögen und lieber in C programmieren, werden Sie über `mod_cscript` freuen, denn es ermöglicht die Einbettung von C-Quellcode in HTML-Seiten. Der Quellcode wird bei Bedarf übersetzt und automatisch zur Laufzeit in den Apache geladen.

B.2.9 mod_cint

Von der Funktionalität her ist `mod_cint` mit `mod_cscript` identisch, allerdings ist es sowohl für C als auch für C++ verwendbar. Es handelt sich aber noch um ein eher experimentelles Modul.

B.2.10 mod_dctl

Mittels `mod_dctl` können Sie Tcl-Skripte in HTML-Seiten einbinden und entsprechend beim Zugriff ausführen.

B.2.11 mod_ecgi

Dieses Modul verwandelt CGI-Skripten in dynamisch ladbare Module und sorgt so dafür, dass diese beim Zugriff nicht immer erneut gestartet werden müssen. Allerdings hat das Modul noch einen eher experimentellen Charakter.

B.2.12 mod_haskell

Die Haskell-Interpretersprache ist relativ unbekannt. Eine direkte Einbindung des Interpreters, um Haskell-CGI-Skripte zu beschleunigen, ist jedoch mittels `mod_haskell` möglich. Ebenso wie bei `mod_perl` lassen sich auch Apache-Module in Haskell erstellen.

B.2.13 mod_heitml

Wie mit einer normalen Programmiersprache können Sie mit `mod_heitml` Webseiten anbieten, die dynamisch nach entsprechenden Vorgaben erzeugt werden. Mit `mod_heitml` ist auch eine Anbindung an eine SQL- oder Postgres-Datenbank möglich.

B.2.14 mod_ihtml

`mod_ihtml` ist ein weiterer Vertreter im Bunde der proprietären HTML-Skripting-Sprachen.

B.2.15 mod_javascript

Mit diesem Modul wird *Server-side Javascript* ermöglicht. Implementiert wurde der *ECMA-262*-Standard.

B.2.16 mod_jserv

Eine Einführung in das JServ-Modul findet Sie in Kapitel 15.

B.2.17 mod_neoinclude

Das Modul `mod_neoinclude` ist Teil von *NeoWebScript*, einer Server-Side Includes-ähnlichen Erweiterung des Apache. Mit *NeoWebScript* können Tcl-Programme direkt in HTML-Dokumente integriert werden.

B.2.18 mod_perl

Mit `mod_perl` wird ein Perl-Interpreter direkt in den Apache eingebaut werden und ermöglicht es, Module direkt in Perl zu schreiben. Der Vorteil gegenüber der normalen Verwendung eines Perl-Skripts via CGI ist der, dass der Perl-Interpreter nicht bei jedem Aufruf gestartet werden muss. Somit entsteht ein erheblicher Geschwindigkeitsvorteil, der je nach Anwendungsfall mehrere 100% betragen kann. Eine Reihe von Apache-Perl-Modulen sind schon in der `mod_perl`-Distribution enthalten. Weiterhin ist es möglich, Perl-Skripten direkt als Apache-Modul zu implementieren.

Für Perl-Programmierer ist `mod_perl` einfach ein Muss.

B.2.19 mod_php

Eine Einführung in PHP finden Sie in Kapitel 14.

B.2.20 mod_pyapache

Für den Fall, dass viele Python-Skripten auf dem Webserver verwendet werden, sollten Sie einen Blick auf `mod_pyapache` werfen. Es ermöglicht die direkte Ausführung von Python-Skripten, ohne dass ein externer Python-Interpreter benötigt wird.

B.2.21 mod_scgi

Dieses Modul entspricht dem normalen CGI-Modul, jedoch erlaubt es die Einbettung von SSI-Anweisungen in die Ausgabe eines CGI-Skripts.

B.2.22 mod_weborb

Bei diesem Modul wird CORBA verwendet, um CGI-Funktionalität mittels CORBA-Objekten zu realisieren.

B.2.23 VelociGen Perl

Dieses Modul ist die kommerzielle Variante eines Perl-Moduls und von der Funktionalität her mit `mod_perl` vergleichbar.

B.2.24 VelociGen Tcl

Entspricht *VelociGen Perl*, jedoch für die Programmiersprache Tcl.

B.2.25 WebPlus

WebPlus ist eine sogenannte Middleware zur Applikationsentwicklung. Es werden verschiedene Datenbanken wie mSQL, MySQL und Postgres unterstützt.

Unter dem Namen *WebPlusShop* steht weiterhin eine komplette Shop-Lösung zur Verfügung.

B.3 Logfile-Module

B.3.1 mod_log_dir

Die Funktionsweise und Funktionalität ähnelt der des Moduls `mod_log_config`, wobei jedoch für beliebige Verzeichnisse ein eigenes Logfile geführt werden kann.

B.3.2 mod_log_elf

Dieses Modul dient dazu, ein Logfile im sogenannten *Extended Log Format* (ELF) zu führen. Das *Extended Log Format* ist eine Kombination aus Access-, Agent-, Referer- und Error-Log.

B.3.3 mod_zmod

Dieses Modul implementiert das Standard-IVW-Meßverfahren und führt entsprechende Logfiles.

B.4 Publishing-Module

B.4.1 mod_dav

Hinter mod_dav verbirgt sich das WebDAV-Modul. DAV steht hierbei für *Distributed Authoring and Versioning*. Es handelt sich um eine standardisierte Erweiterung von HTTP (RFC 2518), um entsprechende Publishing-Funktionalitäten zu integrieren.

B.4.2 mod_frontpage

Wenn Sie die Frontpage-Nutzer glücklich machen wollen, sollte das Frontpage-Modul installiert sein. Es stellt die benötigten Frontpage-Extensions zur Verfügung. Allerdings werden nicht alle Funktionalitäten der Windows-Variante unterstützt.

B.4.3 mod_put

Dieses Modul implementiert die HTTP-Methoden PUT und DELETE. Einige HTML-Editoren stellen über diese Methoden eine Publikationsfunktion zur Verfügung, die es ermöglicht, direkt Dateien auf dem Webserver abzulegen bzw. zu modifizieren.

B.5 Diverse Module

B.5.1 mod_backhand

Hierbei handelt es sich um ein Proxy-Modul zum Zwecke des Load-Balancing. Über das Modul können Sie die Last eines Servers (transparent für die Nutzer) auf mehrere Webserver verteilen.

B.5.2 mod_cache

Ein Modul, um Dateien Server-seitig im Speicher vorzuhalten. Der Zugriff auf Dateien wird hierbei spürbar beschleunigt, da Dateizugriffe auf ein Minimum reduziert werden. Das Modul ist mit `mod_mmap_static` vergleichbar, jedoch arbeitet es automatisch, d.h. die Dateien, die im Speicher vorgehalten werden sollen, müssen nicht zuvor in der Serverkonfiguration angegeben werden.

B.5.3 mod_cgi_sugid

Ähnlich wie beim suEXEC-Wrapper des Apache können Sie über dieses Modul steuern, unter welcher User-ID ein CGI-Skript ausgeführt werden soll.

B.5.4 mod_conv

Falls ein Anonymous-FTP-Server installiert ist, sollten Sie sich einmal `mod_conv` ansehen. Denn wenn die Daten des FTP-Servers auch via WWW zugänglich gemacht werden sollen, lässt sich das zwar auch über die normalen Verzeichnisindizes des Apache realisieren, jedoch bietet `mod_conv` diesbezüglich einige praktische Funktionen und ist sehr flexibel konfigurierbar.

B.5.5 mod_format

Dieses Modul können Sie dafür verwenden, um automatisch C-, C++- oder Java-Quellcode in HTML aufzubereiten.

B.5.6 mod_gunzip

Liegen Dokumente beziehungsweise Dateien in gepackter Form (gzip) vor, so kann `mod_gunzip` genutzt werden, um diese *on-the-fly* bei einem Zugriff zu entpacken.

B.5.7 mod_ip_forwarding

Wird der Apache Proxy beziehungsweise Reverse-Proxy eingesetzt, ist das IP-Forwarding-Modul ganz nützlich. Es sorgt dafür, dass die IP-Adressen bis hin zum Hauptserver durchgereicht werden.

B.5.8 mod_layout

Das Layout-Modul stellt Konfigurationsanweisungen zur Deklaration von Header- und Footer-Dokumenten zur Verfügung, die dann automatisch in jede HTML-Seite integriert werden.

B.5.9 mod_macro

Dieses Modul stellt eine flexible Makro-Funktionalität für die Serverkonfiguration zur Verfügung. Sich wiederholende Konfigurationsabschnitte können somit definiert und auf einfache Weise verwendet werden.

B.5.10 mod_proxy_add_forward

Falls das Proxy-Modul genutzt wird, sorgt dieses Modul dafür, dass der HTTP-Header `X-Forwarded-For` in die HTTP-Anfragen integriert wird. Der Header enthält die IP-Adresse des Webclients.

B.5.11 mod_redundancy

Wenn dieses Modul auf mehreren Servern installiert ist, kann ein Backup-Server im Fehlerfall die Aufgabe des ursprünglichen Hauptservers übernehmen. Sie können somit auf relativ einfach Weise eine hoch verfügbare Website implementieren.

B.5.12 mod_roaming

Das Modul stellt die Netscape-Roaming-Unterstützung zur Verfügung. Nutzer können ihre Konfiguration, Bookmarks etc. auf dem Server hinterlegen und von jedem beliebigen Arbeitsplatz darauf zugreifen.

B.5.13 mod_session

Ähnlich wie das Modul `mod_usertrack` dient `mod_session` zum *User Tracking*. Ebenso wie bei `mod_usertrack` können hierzu HTTP-Cookies verwendet werden. Es ist allerdings auch möglich, auf HTTP-Cookies zu verzichten und einen *Session-Key* innerhalb des URL unterzubringen.

B.5.14 mod_snmp

Hierbei handelt es sich um ein sehr interessantes Modul, das den Status des Apache via SNMP zur Verfügung stellt und somit zu Management- und Überwachungszwecken verwendet werden kann.

B.5.15 mod_ssl

Eine ausführliche Einführung in das SSL-Modul ist in Kapitel 13 zu finden.

B.5.16 mod_trailer

Dieses Modul sorgt dafür, dass ein definierter *Trailer* an jedes HTML-Dokument angehängt wird.

MIME-Typen

Die mime.types-Datei der Apache-Distribution hat folgenden Inhalt:

```
# This is a comment. I love comments.
# This file controls what Internet media types are
# sent to the client for given file extension(s).
# Sending the correct media type to the client
# is important so they know how to handle the content
# of the file.  Extra types can either be added here
# or by using an AddType directive in your config
# files. For more information about Internet media
# types, please read RFC 2045, 2046, 2047, 2048, and
# 2077.  The Internet media type registry is at
# <ftp://ftp.iana.org/in-notes/iana/assignments/media-types/>.

# MIME type                                          Extension

application/EDI-Consent
application/EDI-X12
application/EDIFACT
application/activemessage
application/andrew-inset                             ez
application/applefile
application/atomicmail
application/batch-smtp
application/cals-1840
application/commonground
application/cybercash
application/dca-rft
application/dec-dx
application/eshop
application/http
application/hyperstudio
application/iges
application/index
```

application/index.cmd	
application/index.obj	
application/index.response	
application/index.vnd	
application/ipp	
application/mac-binhex40	hqx
application/mac-compactpro	cpt
application/macwriteii	
application/marc	
application/mathematica	
application/mathematica-old	
application/msword	doc
application/news-message-id	
application/news-transmission	
application/ocsp-request	
application/ocsp-response	
application/octet-stream	bin dms lha lzh exe class
application/oda	oda
application/pdf	pdf
application/pgp-encrypted	
application/pgp-keys	
application/pgp-signature	
application/pkcs10	
application/pkcs7-mime	
application/pkcs7-signature	
application/pkix-cert	
application/pkix-crl	
application/pkixcmp	
application/postscript	ai eps ps
application/prs.alvestrand.titrax-sheet	
application/prs.cww	
application/prs.nprend	
application/remote-printing	
application/riscos	
application/rtf	rtf
application/sdp	
application/set-payment	
application/set-payment-initiation	
application/set-registration	
application/set-registration-initiation	
application/sgml	
application/sgml-open-catalog	

```
application/slate
application/smil                                          smi smil
application/vemmi
application/vnd.3M.Post-it-Notes
application/vnd.FloGraphIt
application/vnd.accpac.simply.aso
application/vnd.accpac.simply.imp
application/vnd.acucobol
application/vnd.anser-web-certificate-issue-initiation
application/vnd.anser-web-funds-transfer-initiation
application/vnd.audiograph
application/vnd.businessobjects
application/vnd.claymore
application/vnd.commerce-battelle
application/vnd.commonspace
application/vnd.comsocaller
application/vnd.cosmocaller
application/vnd.cups-postscript
application/vnd.cups-raster
application/vnd.cups-raw
application/vnd.cybank
application/vnd.dna
application/vnd.dpgraph
application/vnd.dxr
application/vnd.ecdis-update
application/vnd.ecowin.chart
application/vnd.ecowin.filerequest
application/vnd.ecowin.fileupdate
application/vnd.ecowin.series
application/vnd.ecowin.seriesrequest
application/vnd.ecowin.seriesupdate
application/vnd.enliven
application/vnd.epson.msf
application/vnd.epson.quickanime
application/vnd.epson.salt
application/vnd.epson.ssf
application/vnd.fdf
application/vnd.ffsns
application/vnd.framemaker
application/vnd.fujitsu.oasys
application/vnd.fujitsu.oasys2
application/vnd.fujitsu.oasys3
```

```
application/vnd.fujitsu.oasysgp
application/vnd.fujitsu.oasysprs
application/vnd.fujixerox.docuworks
application/vnd.fut-misnet
application/vnd.hp-HPGL
application/vnd.hp-PCL
application/vnd.hp-PCLXL
application/vnd.hp-hpid
application/vnd.hp-hps
application/vnd.ibm.MiniPay
application/vnd.ibm.modcap
application/vnd.intercon.formnet
application/vnd.intertrust.digibox
application/vnd.intertrust.nncp
application/vnd.intu.qbo
application/vnd.intu.qfx
application/vnd.is-xpr
application/vnd.japannet-directory-service
application/vnd.japannet-jpnstore-wakeup
application/vnd.japannet-payment-wakeup
application/vnd.japannet-registration
application/vnd.japannet-registration-wakeup
application/vnd.japannet-setstore-wakeup
application/vnd.japannet-verification
application/vnd.japannet-verification-wakeup
application/vnd.koan
application/vnd.lotus-1-2-3
application/vnd.lotus-approach
application/vnd.lotus-freelance
application/vnd.lotus-notes
application/vnd.lotus-organizer
application/vnd.lotus-screencam
application/vnd.lotus-wordpro
application/vnd.mediastation.cdkey
application/vnd.meridian-slingshot
application/vnd.mif                                  mif
application/vnd.minisoft-hp3000-save
application/vnd.mitsubishi.misty-guard.trustweb
application/vnd.mobius.daf
application/vnd.mobius.dis
application/vnd.mobius.msl
application/vnd.mobius.plc
```

application/vnd.mobius.txf	
application/vnd.motorola.flexsuite	
application/vnd.motorola.flexsuite.adsi	
application/vnd.motorola.flexsuite.fis	
application/vnd.motorola.flexsuite.gotap	
application/vnd.motorola.flexsuite.kmr	
application/vnd.motorola.flexsuite.ttc	
application/vnd.motorola.flexsuite.wem	
application/vnd.ms-artgalry	
application/vnd.ms-asf	
application/vnd.ms-excel	xls
application/vnd.ms-powerpoint	ppt
application/vnd.ms-project	
application/vnd.ms-tnef	
application/vnd.ms-works	
application/vnd.music-niff	
application/vnd.musician	
application/vnd.netfpx	
application/vnd.noblenet-directory	
application/vnd.noblenet-sealer	
application/vnd.noblenet-web	
application/vnd.novadigm.EDM	
application/vnd.novadigm.EDX	
application/vnd.novadigm.EXT	
application/vnd.osa.netdeploy	
application/vnd.pg.format	
application/vnd.pg.osasli	
application/vnd.powerbuilder6	
application/vnd.powerbuilder6-s	
application/vnd.powerbuilder7	
application/vnd.powerbuilder7-s	
application/vnd.powerbuilder75	
application/vnd.powerbuilder75-s	
application/vnd.previewsystems.box	
application/vnd.publishare-delta-tree	
application/vnd.rapid	
application/vnd.seemail	
application/vnd.shana.informed.formdata	
application/vnd.shana.informed.formtemplate	
application/vnd.shana.informed.interchange	
application/vnd.shana.informed.package	
application/vnd.street-stream	

```
application/vnd.svd
application/vnd.swiftview-ics
application/vnd.triscape.mxs
application/vnd.truedoc
application/vnd.ufdl
application/vnd.uplanet.alert
application/vnd.uplanet.alert-wbxml
application/vnd.uplanet.bearer-choi-wbxml
application/vnd.uplanet.bearer-choice
application/vnd.uplanet.cacheop
application/vnd.uplanet.cacheop-wbxml
application/vnd.uplanet.channel
application/vnd.uplanet.channel-wbxml
application/vnd.uplanet.list
application/vnd.uplanet.list-wbxml
application/vnd.uplanet.listcmd
application/vnd.uplanet.listcmd-wbxml
application/vnd.uplanet.signal
application/vnd.vcx
application/vnd.visio
application/vnd.wap.wbxml
application/vnd.wap.wmlc
application/vnd.wap.wmlscriptc
application/vnd.webturbo
application/vnd.wrq-hp3000-labelled
application/vnd.wt.stf
application/vnd.xara
application/vnd.xfdl
application/vnd.yellowriver-custom-menu
application/wita
application/wordperfect5.1
application/x-bcpio                             bcpio
application/x-cdlink                            vcd
application/x-chess-pgn                         pgn
application/x-compress
application/x-cpio                              cpio
application/x-csh                               csh
application/x-director                          dcr dir dxr
application/x-dvi                               dvi
application/x-futuresplash                      spl
application/x-gtar                              gtar
application/x-gzip
```

application/x-hdf	hdf
application/x-javascript	js
application/x-koan	skp skd skt skm
application/x-latex	latex
application/x-netcdf	nc cdf
application/x-sh	sh
application/x-shar	shar
application/x-shockwave-flash	swf
application/x-stuffit	sit
application/x-sv4cpio	sv4cpio
application/x-sv4crc	sv4crc
application/x-tar	tar
application/x-tcl	tcl
application/x-tex	tex
application/x-texinfo	texinfo texi
application/x-troff	t tr roff
application/x-troff-man	man
application/x-troff-me	me
application/x-troff-ms	ms
application/x-ustar	ustar
application/x-wais-source	src
application/x400-bp	
application/xml	
application/zip	zip
audio/32kadpcm	
audio/basic	au snd
audio/l16	
audio/midi	mid midi kar
audio/mpeg	mpga mp2 mp3
audio/vnd.cns.anpl	
audio/vnd.cns.infl	
audio/vnd.digital-winds	
audio/vnd.lucent.voice	
audio/vnd.nortel.vbk	
audio/vnd.octel.sbc	
audio/vnd.qcelp	
audio/vnd.rhetorex.32kadpcm	
audio/vnd.vmx.cvsd	
audio/x-aiff	aif aiff aifc
audio/x-pn-realaudio	ram rm
audio/x-pn-realaudio-plugin	rpm
audio/x-realaudio	ra

audio/x-wav	wav
chemical/x-pdb	pdb xyz
image/bmp	bmp
image/cgm	
image/g3fax	
image/gif	gif
image/ief	ief
image/jpeg	jpeg jpg jpe
image/naplps	
image/png	png
image/prs.btif	
image/prs.pti	
image/tiff	tiff tif
image/vnd.cns.inf2	
image/vnd.dwg	
image/vnd.dxf	
image/vnd.fastbidsheet	
image/vnd.fpx	
image/vnd.mix	
image/vnd.net-fpx	
image/vnd.svf	
image/vnd.wap.wbmp	
image/vnd.xiff	
image/x-cmu-raster	ras
image/x-portable-anymap	pnm
image/x-portable-bitmap	pbm
image/x-portable-graymap	pgm
image/x-portable-pixmap	ppm
image/x-rgb	rgb
image/x-xbitmap	xbm
image/x-xpixmap	xpm
image/x-xwindowdump	xwd
message/delivery-status	
message/disposition-notification	
message/external-body	
message/http	
message/news	
message/partial	
message/rfc822	
message/s-http	
model/iges	igs iges
model/mesh	msh mesh silo

model/vnd.dwf	
model/vnd.flatland.3dml	
model/vnd.gtw	
model/vrml	wrl vrml
multipart/alternative	
multipart/appledouble	
multipart/byteranges	
multipart/digest	
multipart/encrypted	
multipart/form-data	
multipart/header-set	
multipart/mixed	
multipart/parallel	
multipart/related	
multipart/report	
multipart/signed	
multipart/voice-message	
text/calendar	
text/css	css
text/directory	
text/enriched	
text/html	html htm
text/plain	asc txt
text/prs.lines.tag	
text/rfc822-headers	
text/richtext	rtx
text/rtf	rtf
text/sgml	sgml sgm
text/tab-separated-values	tsv
text/uri-list	
text/vnd.abc	
text/vnd.flatland.3dml	
text/vnd.fly	
text/vnd.fmi.flexstor	
text/vnd.in3d.3dml	
text/vnd.in3d.spot	
text/vnd.latex-z	
text/vnd.motorola.reflex	
text/vnd.wap.wml	
text/vnd.wap.wmlscript	
text/x-setext	etx
text/xml	xml

video/mpeg	mpeg mpg mpe
video/quicktime	qt mov
video/vnd.motorola.video	
video/vnd.motorola.videop	
video/vnd.vivo	
video/x-msvideo	avi
video/x-sgi-movie	movie
x-conference/x-cooltalk	ice

Anhang D

Sprachcodes

Die folgenden Sprachcodes können bei den Konfigurationsanweisungen `AddLanguage`, `LanguagePriority` und `DefaultLanguage` verwendet werden. Es ist jeweils der zweistellige Sprachcode entsprechend ISO 639 (Version 1) zusammen mit der englischen Sprachbezeichnung angegeben.

```
aa - Afar
ab - Abkhazian
af - Afrikaans
am - Amharic
ar - Arabic
as - Assamese
ay - Aymara
az - Azerbaijani
ba - Bashkir
be - Byelorussian
bg - Bulgarian
bh - Bihari
bi - Bislama
bn - Bengali; Bangla
bo - Tibetan
br - Breton
ca - Catalan
co - Corsican
cs - Czech
cy - Welsh
da - Danish
de - German
dz - Bhutani
el - Greek
en - English
eo - Esperanto
es - Spanish
et - Estonian
eu - Basque
```

```
fa  -  Persian
fi  -  Finnish
fj  -  Fiji
fo  -  Faeroese
fr  -  French
fy  -  Frisian
ga  -  Irish
gd  -  Scots Gaelic
gl  -  Galician
gn  -  Guamni
gu  -  Gujarati
ha  -  Hausa
he  -  Hebrew
hi  -  Hindi
hr  -  Croatian
hu  -  Hungarian
hy  -  Armenian
ia  -  Interlingua
id  -  Indonesian
ie  -  Interiingue
ik  -  Knupiak
in  -  (Indonesian, nicht mehr gültig, siehe id)
is  -  Icelandic
it  -  Italian
iu  -  Inuktitut (Eskimo)
iw  -  (Hebrew, nicht mehr gültig, siehe he)
ja  -  Japanese
ji  -  (Yiddish, nicht mehr gültig, siehe yi)
jw  -  Javanese
ka  -  Georgian
kk  -  Kazakh
kl  -  Greaenlandic
km  -  Cambodian
kn  -  Kannada
ko  -  Korean
ks  -  Kashmiri
ku  -  Kurdish
ky  -  Kirghiz
la  -  Latin
ln  -  Lingala
lo  -  Laothian
lt  -  Lithuainnian
```

```
lv - Latvian, Lettish
mg - Malagasy
mi - Maori
mk - Macedonian
ml - Malayalan
mn - Mongolian
mo - Moldavian
mr - Marathi
ms - Malay
mt - Maltese
my - Burmese
na - Nauru
ne - Nepali
nl - Dutch
no - Norwegian
oc - Occitan
om - (Afan) Oromo
or - Oriya
pa - Punjabi
ps - Pashto, Pushto
pt - Portuguese
rm - Rhaeto-Romance
rn - Kirundi
ro - Romanian
rw - Kinya, Rwanda
sa - Sanskrit
sg - Sangro
sh - Serbo-Croatian
si - Singhalese
sk - Slovak
sl - Slovenian
sm - Samoan
sn - Shona
so - Somali
sq - Albanian
sr - Serbian
ss - Siswati
st - Sesotho
su - Sundanese
sv - Swedish
sw - Swahili
ta - Tamil
```

```
te - Tegulu
tg - Tajik
th - Thai
ti - Tigrinya
tk - Turkmen
tl - Tagalog
tn - Setswana
to - Tonga
tr - Turkish
ts - Tsonga
tt - Tatar
tw - Twi
ug - Uigur
uk - Ukrainian
ur - Urdu
uz - Uzbek
vi - Vietnamese
vo - Volapuek
wo - Wolof
xh - Xhosa
yi - Yiddish
yo - Yoruba
za - Zhuang
zh - Chinese
zu - Zulu
```

Anhang E

Top-Level-Domains

```
ad   -  Andorra
ae   -  United Arab Emirates
af   -  Afghanistan
ag   -  Antigua and Barbuda
ai   -  Anguilla
al   -  Albania
am   -  Armenia
an   -  Netherlands Antilles
ao   -  Angola
aq   -  Antarctica
ar   -  Argentina
arpa -  Old style Arpanet
as   -  American Samoa
at   -  Austria
au   -  Australia
aw   -  Aruba
az   -  Azerbaidjan
ba   -  Bosnia-Herzegovina
bb   -  Barbados
bd   -  Bangladesh
be   -  Belgium
bf   -  Burkina Faso
bg   -  Bulgaria
bh   -  Bahrain
bi   -  Burundi
bj   -  Benin
bm   -  Bermuda
bn   -  Brunei Darussalam
bo   -  Bolivia
br   -  Brazil
bs   -  Bahamas
bt   -  Bhutan
bv   -  Bouvet Island
bw   -  Botswana
```

```
by  - Belarus
bz  - Belize
ca  - Canada
cc  - Cocos (Keeling) Islands
cf  - Central African Republic
cg  - Congo
ch  - Switzerland
ci  - Ivory Coast (Cote D'Ivoire)
ck  - Cook Islands
cl  - Chile
cm  - Cameroon
cn  - China
co  - Colombia
com - Commercial, mainly USA
cr  - Costa Rica
cs  - Former Czechoslovakia
cu  - Cuba
cv  - Cape Verde
cx  - Christmas Island
cy  - Cyprus
cz  - Czech Republic
de  - Germany
dj  - Djibouti
dk  - Denmark
dm  - Dominica
do  - Dominican Republic
dz  - Algeria
ec  - Ecuador
edu - USA Educational
ee  - Estonia
eg  - Egypt
eh  - Western Sahara
er  - Eritrea
es  - Spain
et  - Ethiopia
fi  - Finland
fj  - Fiji
fk  - Falkland Islands
fm  - Micronesia
fo  - Faroe Islands
fr  - France
fx  - France (European Territory)
```

```
ga  - Gabon
gb  - Great Britain
gd  - Grenada
ge  - Georgia
gf  - French Guyana
gh  - Ghana
gi  - Gibraltar
gl  - Greenland
gm  - Gambia
gn  - Guinea
gov - USA Government
gp  - Guadeloupe (French)
gq  - Equatorial Guinea
gr  - Greece
gs  - S. Georgia & S. Sandwich Isls.
gt  - Guatemala
gu  - Guam (USA)
gw  - Guinea Bissau
gy  - Guyana
hk  - Hong Kong
hm  - Heard and McDonald Islands
hn  - Honduras
hr  - Croatia
ht  - Haiti
hu  - Hungary
id  - Indonesia
ie  - Ireland
il  - Israel
in  - India
int - International
io  - British Indian Ocean Territory
iq  - Iraq
ir  - Iran
is  - Iceland
it  - Italy
jm  - Jamaica
jo  - Jordan
jp  - Japan
ke  - Kenya
kg  - Kyrgyzstan
kh  - Cambodia
ki  - Kiribati
```

```
km   -  Comoros
kn   -  Saint Kitts & Nevis Anguilla
kp   -  North Korea
kr   -  South Korea
kw   -  Kuwait
ky   -  Cayman Islands
kz   -  Kazakhstan
la   -  Laos
lb   -  Lebanon
lc   -  Saint Lucia
li   -  Liechtenstein
lk   -  Sri Lanka
lr   -  Liberia
ls   -  Lesotho
lt   -  Lithuania
lu   -  Luxembourg
lv   -  Latvia
ly   -  Libya
ma   -  Morocco
mc   -  Monaco
md   -  Moldavia
mg   -  Madagascar
mh   -  Marshall Islands
mil  -  USA Military
mk   -  Macedonia
ml   -  Mali
mm   -  Myanmar
mn   -  Mongolia
mo   -  Macau
mp   -  Northern Mariana Islands
mq   -  Martinique (French)
mr   -  Mauritania
ms   -  Montserrat
mt   -  Malta
mu   -  Mauritius
mv   -  Maldives
mw   -  Malawi
mx   -  Mexico
my   -  Malaysia
mz   -  Mozambique
na   -  Namibia
nato -  NATO
```

```
nc  - New Caledonia (French)
ne  - Niger
net - Network
nf  - Norfolk Island
ng  - Nigeria
ni  - Nicaragua
nl  - Netherlands
no  - Norway
np  - Nepal
nr  - Nauru
nt  - Neutral Zone
nu  - Niue
nz  - New Zealand
om  - Oman
org - Non-Profit Making Organisations
pa  - Panama
pe  - Peru
pf  - Polynesia (French)
pg  - Papua New Guinea
ph  - Philippines
pk  - Pakistan
pl  - Poland
pm  - Saint Pierre and Miquelon
pn  - Pitcairn Island
pr  - Puerto Rico
pt  - Portugal
pw  - Palau
py  - Paraguay
qa  - Qatar
re  - Reunion (French)
ro  - Romania
ru  - Russian Federation
rw  - Rwanda
sa  - Saudi Arabia
sb  - Solomon Islands
sc  - Seychelles
sd  - Sudan
se  - Sweden
sg  - Singapore
sh  - Saint Helena
si  - Slovenia
sj  - Svalbard and Jan Mayen Islands
```

```
sk  -  Slovak Republic
sl  -  Sierra Leone
sm  -  San Marino
sn  -  Senegal
so  -  Somalia
sr  -  Suriname
st  -  Saint Tome and Principe
su  -  Former USSR
sv  -  El Salvador
sy  -  Syria
sz  -  Swaziland
tc  -  Turks and Caicos Islands
td  -  Chad
tf  -  French Southern Territories
tg  -  Togo
th  -  Thailand
tj  -  Tadjikistan
tk  -  Tokelau
tm  -  Turkmenistan
tn  -  Tunisia
to  -  Tonga
tp  -  East Timor
tr  -  Turkey
tt  -  Trinidad and Tobago
tv  -  Tuvalu
tw  -  Taiwan
tz  -  Tanzania
ua  -  Ukraine
ug  -  Uganda
uk  -  United Kingdom
um  -  USA Minor Outlying Islands
us  -  United States
uy  -  Uruguay
uz  -  Uzbekistan
va  -  Vatican City State
vc  -  Saint Vincent & Grenadines
ve  -  Venezuela
vg  -  Virgin Islands (British)
vi  -  Virgin Islands (USA)
vn  -  Vietnam
vu  -  Vanuatu
wf  -  Wallis and Futuna Islands
```

```
ws   -  Samoa
ye   -  Yemen
yt   -  Mayotte
yu   -  Yugoslavia
za   -  South Africa
zm   -  Zambia
zr   -  Zaire
zw   -  Zimbabwe
```

Anhang F

Reguläre Ausdrücke

Bei einigen Konfigurationsanweisungen des Apache, wie zum Beispiel `RewriteRule` oder `<Directory>`, können reguläre Ausdrücke (*Regular Expressions*) verwendet werden. Eine genaue Beschreibung finden Sie in [Frie97]. Die grundlegenden Elemente sollen hier jedoch kurz erläutert werden.

Ausdruck	Bedeutung
^	Kennzeichnet den Beginn einer Zeile.
$	Kennzeichnet das Ende einer Zeile.
.	Platzhalter für ein beliebiges Zeichen
?	Keins oder eins der vorangestellten Zeichen
*	Keins oder beliebig viele der vorangestellten Zeichen
+	Mindestens eins der vorangestellten Zeichen
[*Zeichen*]	Ein beliebiges der angegebenen Zeichen, z. B. `[xyz123]` oder `[a-zA-Z]`
[^*Zeichen*]	Keins der angegebenen Zeichen
Zeichen	Zeichen, die bei regulären Ausdrücken eine besondere Bedeutung haben, müssen durch ein vorangestelltes »\\« gekennzeichnet werden. Beispiel sind z. B. die Zeichen »`[`«, »`]`« oder der Punkt »`.`«.
(*Zeichenkette*)	Gruppierung von Zeichenketten für eine spätere Referenzierung, z. B. `(test.*)`

Einige Beispiel für reguläre Asdrücke finden Sie in den Kapiteln zu den Konfigurationsanweisungen `RewriteCond` und `RewriteRule`.

Anhang G

Mailinglisten

In den folgenden Tabellen finden Sie eine kleine Übersicht von Mailinglisten zum Apache, zu Zusatzmodulen und zu Web-Servern allgemein.

G.1 Announce-Liste der Apache Group

Listserver	`announce-subscribe@apache.org`
Subscribe-Befehl	(*keiner*)
Thema	Ankündigungen neuer Apache-Versionen
Status	öffentlich, englischsprachig, moderiert
Information	`http://www.apache.org/`

G.2 Entwicklungsliste der Apache Group

Listserver	`new-httpd-subscribe@apache.org`
Subscribe-Befehl	(*keiner*)
Thema	Mailingliste der Apache-Entwickler
Status	öffentlich, englischsprachig
Information	`http://dev.apache.org/`

G.3 Diskussionsliste zum Apache

Listserver	`ml-apache-request@unix-ag.org`
Subscribe-Befehl	subscribe
Thema	allgemeine Diskussion zum Apache
Status	öffentlich, deutschsprachig
Information	`http://www.unix-ag.org/apachelist/`

G.4 ApacheWeek

Listserver	`majordomo@apacheweek.com`
Subscribe-Befehl	subscribe apacheweek
Thema	wöchentlicher Newsletter
Status	öffentlich, englischsprachig
Information	`http://www.apacheweek.com/`

G.5 Announce-Liste der Apache-Module-Registry

Listserver	`apache-modules-announce-request@covalent.net`
Subscribe-Befehl	subscribe
Thema	Ankündigungen zu neuen Apache-Modulen
Status	öffentlich, englischsprachig
Information	`http://modules.apache.org/`

G.6 Diskussionsliste zu Apache-Modulen

Listserver	`apache-modules-request@covalent.net`
Subscribe-Befehl	subscribe
Thema	Modulprogrammierung
Status	öffentlich, englischsprachig
Information	`http://modules.apache.org/`

G.7 Announce-Liste zu mod_ssl

Listserver	`majordomo@modssl.org`
Subscribe-Befehl	subscribe modssl-announce
Thema	Ankündigung neuer Modulversionen
Status	öffentlich, englischsprachig, moderiert
Information	`http://www.modssl.org/support/`

G.8 Diskussionsliste zu mod_ssl

Listserver	`majordomo@modssl.org`
Subscribe-Befehl	subscribe modssl-user
Thema	allgemeine Diskussion rund um das SSL-Modul
Status	öffentlich, englischsprachig
Information	`http://www.modssl.org/support/`

G.9 Diskussionsliste zu mod_perl

Listserver	`majordomo@apache.org`
Subscribe-Befehl	subscribe modperl
Thema	allgemeine Diskussion rund um das Perl-Modul
Status	öffentlich, englischsprachig
Information	`http://perl.apache.org/`

G.10 Advocacy-Liste zu mod_perl

Listserver	`advocacy-subscribe@perl.apache.org`
Subscribe-Befehl	(*keiner*)
Thema	allgemeine Advocacy-Diskussionen rund um das Perl-Modul
Status	öffentlich, englischsprachig
Information	`http://perl.apache.org/`

G.11 Diskussionsliste für Entwickler von Perl-CGI-Modulen

Listserver	`cgi-perl-request@webstorm.com`
Subscribe-Befehl	subscribe
Thema	technische Diskussion über Perl-CGI-Module
Status	öffentlich, englischsprachig

G.12 Announce-Liste zu mod_php

Listserver	`php-announce-subscribe@lists.php.net`
Subscribe-Befehl	*(keiner)*
Thema	Ankündigung neuer Modulversionen
Status	öffentlich, englischsprachig, moderiert
Information	`http://php.apache.org/`

G.13 Diskussionsliste zu mod_php3

Listserver	`php3-subscribe@lists.php.net` (Normal) `php3-digest-subscribe@lists.php.net` (Digest)
Subscribe-Befehl	*(keiner)*
Thema	allgemeine Diskussionen rund um das PHP3-Modul
Status	öffentlich, englischsprachig
Information	`http://php.apache.org/`

G.14 Knowledgebase-Liste zu mod_php

Listserver	`php-kb-subscribe@lists.php.net`
Subscribe-Befehl	*(keiner)*
Thema	Zusammenfassungen der allgemeinen Diskussionsliste
Status	öffentlich, englischsprachig, moderiert
Information	`http://php.apache.org/`

G.15 Entwicklungsliste zu mod_php3

Listserver	`php-dev-subscribe@lists.php.net`
Subscribe-Befehl	*(keiner)*
Thema	Mailingliste der PHP-Entwickler
Status	öffentlich, englischsprachig
Information	`http://php.apache.org/`

G.16 Diskussionsliste zur PHPLIB

Listserver	phplib-subscribe@lists.php.net
Subscribe-Befehl	*(keiner)*
Thema	allgemeine Diskussionen zur PHPLIB
Status	öffentlich, englischsprachig
Information	http://php.apache.org/

G.17 Entwicklungsliste zur PHPLIB

Listserver	phplib-dev-subscribe@lists.php.net
Subscribe-Befehl	*(keiner)*
Thema	Liste der PHPLIB-Entwickler
Status	öffentlich, englischsprachig
Information	http://php.apache.org/

G.18 Announce-Liste zu mod_jserv

Listserver	java-apache-announce-on@list.working-dogs.com
Subscribe-Befehl	*(keiner)*
Thema	Ankündigung neuer Modulversionen
Status	öffentlich, englischsprachig, moderiert
Information	http://java.apache.org/

G.19 Diskussionsliste zu mod_jserv

Listserver	java-apache-on@list.working-dogs.com
Subscribe-Befehl	*(keiner)*
Thema	Diskussionsliste der JServ-Entwickler
Status	öffentlich, englischsprachig
Information	http://java.apache.org/

G.20 Diskussionslisten zur LibWWW

Listserver	`libwww-perl-request@ics.uci.edu`
Subscribe-Befehl	subscribe
Thema	technische Diskussion zur LibWWW-Bibliothek
Status	öffentlich, englischsprachig

Listserver	`www-lib-request@w3.org`
Subscribe-Befehl	subscribe
Thema	technische Diskussion zur LibWWW-Bibliothek (W3C-Referenzcode)
Status	öffentlich, englischsprachig

G.21 Diskussionsliste zum Thema Webserver und CGI

Thema	allgemeine Diskussion rund um Webserver
Status	nur für Mitglieder der HTML-Writers-Guild, englischsprachig
Information	`http://www.hwg.org/`

G.22 Announce-Liste des deutschen CGI-Forums

Listserver	`majordomo@cis-computer.com`
Subscribe-Befehl	subscribe cgi_announce
Thema	Hinweise zu neuen CGI-Skripts
Status	öffentlich, deutschsprachig
Information	`http://cgi-s.from.de/`

G.23 Diskussionsliste des deutschen CGI-Forums

Listserver	`majordomo@cis-computer.com`
Subscribe-Befehl	subscribe cgi_digest
Thema	Allgemeine Diskussion zum Thema CGI
Status	öffentlich, deutschsprachig
Information	`http://cgi-s.from.de/`

G.24 Diskussionsliste zur WWW-Sicherheit

Listserver	`www-security-request@nsmx.rutgers.edu`
Subscribe-Befehl	subscribe
Thema	allgemeine Diskussion zum Thema Sicherheit und Webserver
Status	öffentlich, englischsprachig

G.25 Diskussionsliste für das deutsche WWW

Listserver	`www-de-request@leo.org`
Subscribe-Befehl	subscribe
Thema	allgemeine Diskussion und Koordination des WWW in Deutschland
Status	öffentlich, deutschsprachig

G.26 Diskussionsliste zum World Wide Web

Listserver	`www-talk-request@w3.org` (Normal) `www-talk-d-request@w3.org` (Digest)
Subscribe-Befehl	subscribe
Thema	allgemeine Diskussion zum World Wide Web
Status	öffentlich, englischsprachig

G.27 Diskussionsliste zu Proxy-Caches

Listserver	`www-proxy-request@w3.org`
Subscribe-Befehl	subscribe
Thema	allgemeine Diskussion über Caching und Proxys
Status	öffentlich, englischsprachig

Anhang H

Newsgruppen

Im Folgenden finden Sie eine Übersicht von Newsgruppen aus dem Bereich World Wide Web. Bei Fragen zum Apache sollten Sie sich an eine der drei Newsgruppen `de.comm.infosystems.www.servers`, `comp.infosystems.www.servers.unix` oder `comp.infosystems.www.servers.ms-windows` wenden.

H.1 Deutschsprachige Gruppen

- `de.comm.infosystems.www.authoring.misc`
- `de.comm.infosystems.www.authoring.cgi`
- `de.comm.infosystems.www.browsers`
- `de.comm.infosystems.www.pages.announce`
- `de.comm.infosystems.www.pages.misc`
- `de.comm.infosystems.www.servers`

H.2 Englischsprachige Gruppen

- `comp.infosystems.www.advocacy`
- `comp.infosystems.www.announce (moderiert)`
- `comp.infosystems.www.authoring.cgi`
- `comp.infosystems.www.authoring.html`
- `comp.infosystems.www.authoring.images`
- `comp.infosystems.www.authoring.site-design`
- `comp.infosystems.www.authoring.stylesheets`
- `comp.infosystems.www.authoring.tools`
- `comp.infosystems.www.authoring.misc`
- `comp.infosystems.www.browsers.mac`
- `comp.infosystems.www.browsers.misc`
- `comp.infosystems.www.browsers.ms-windows`
- `comp.infosystems.www.browsers.x`
- `comp.infosystems.www.databases`
- `comp.infosystems.www.misc`
- `comp.infosystems.www.servers.mac`
- `comp.infosystems.www.servers.misc`
- `comp.infosystems.www.servers.ms-windows`
- `comp.infosystems.www.servers.unix`

Das Problem mit dem Slash

Kennen Sie den Unterschied zwischen den beiden folgenden URLs?

- `http://www.domain.tld/verzeichnis`
- `http://www.domain.tld/verzeichnis/`

Im Allgemeinen führen beide URL-Angaben zum gleichen Resultat: Die entsprechende Indexdatei aus dem Verzeichnis `/verzeichnis` wird geladen. Dennoch gibt es einen Unterschied, ob bei einer solchen URL-Angabe ein Slash »/« am Ende angegeben wird oder nicht.

Wird der Slash am Ende angegeben, erfolgt ein Zugriff direkt auf die Indexdatei (z. B. `index.html`). Wird jedoch der Slash am Ende des URL weggelassen, wird zuerst versucht auf eine Datei (in diesem Beispiel also `/verzeichnis`) zuzugreifen. Der Webserver erkennt jedoch den Fehler, dass es sich bei `/verzeichnis` um keine Datei, sondern um ein Verzeichnis handelt, das er nicht an den Webclient zurückliefern kann.

Der Webserver behebt nun diesen fehlerhaften Zugriff, indem er einen HTTP-Redirect auf den URL `http://www.domain.tld/verzeichnis/` an den Client zurückliefert. Auf Protokollebene sieht das beim Apache wie folgt aus:

```
HTTP/1.1 301 Moved Permanently
Server: Apache/1.3.12
Location: http://www.domain.tld/verzeichnis/
Connection: close
Content-Type: text/html

<HTML><HEAD>
<TITLE>301 Moved Permanently</TITLE>
</HEAD><BODY>
<H1>Moved Permanently</H1>
The document has moved
<A HREF="http://www.domain.tld/verzeichnis/">here</A>.<P>
</BODY></HTML>
```

Da ein Webclient in der Regel einen Redirect automatisch ausführt, bemerkt der Nutzer in den meisten Fällen nichts von seinem Fehler.

Die Nachteile sind offensichtlich:

1. Es müssen zwei Anfragen an den Webserver gestellt werden, was eine zusätzliche Belastung für den Webserver bedeutet.
2. Durch die zwei Anfragen wird das Netz unnötig belastet.
3. Für den Nutzer ergibt sich durch die zwei Anfragen eine unnötige Zeitverzögerung beim Laden der Seite, die insbesondere für einen Nutzer, der über eine langsame Verbindung auf den Webserver zugreift, deutlich spürbar ist.
4. Ein Proxy-Cache speichert nur die Webseite selbst, nicht jedoch die Redirect-Nachricht vom Webserver. Auch wenn die angeforderte Seite im Cache vorliegt, muß erst auf die Antwort (den Redirect) vom Webserver gewartet werden.

Als Fazit ergibt sich somit, dass als letztes Zeichen in einem URL der ein Verzeichnis bezeichnet, *immer* ein Slash auftauchen sollte.

Apache-Fehlermeldungen

Die folgende Tabelle enthält – alphabetisch sortiert – einen Überblick über die meisten Fehlermeldungen, die der Apache im Error-Log ausgibt.

Tabelle J.1: Fehlermeldungen des Apache

Fehlermeldung	Modul	Bedeutung
`... not supported on this platform`	`core`	Eine RLimit-Anweisung wurde gesetzt, wird jedoch vom Betriebssystem nicht unterstützt.
`... is improperly configu-red internally (server bug)`	`(alle)`	Eine Konfigurationsanweisung kann aufgrund eines internen Serverfehlers nicht benutzt werden.
`... must be On or Off`	`(alle)`	Bei einer Anweisung wurden falsche Parameter angegeben, nur `On` oder `Off` ist erlaubt.
`... not allowed here`	`(alle)`	Eine Anweisung wurde an einer Stelle verwendet, an der sie nicht erlaubt ist.

`... requires at least two arguments`
`... takes 1-2 arguments`
`... takes no arguments`
`... takes one or three arguments`
`... takes three arguments`
`... takes two or three arguments`
	`(alle)`	Eine Anweisung wurde mit falscher Anzahl an Argumenten verwendet.

`... with body is not allo-wed for ...`	`(alle)`	Die Client-Anfrage war für den angegebenen URL nicht gültig.
`</Location> outside of any <Location> section` `<Location> sections don't nest`	`core`	Bei den `<Location>`-Anweisungen ist etwas durcheinander gekommen. Überprüfen Sie Ihre Serverkonfiguration.
`</Virtualhost> out of place` `<VirtualHost> doesn't nest!`	`core`	Die `<VirtualHost>`-Anweisungen sind fehlerhaft, überprüfen Sie Ihre Serverkonfiguration.

Tabelle J.1: Fehlermeldungen des Apache (Forts.)

Fehlermeldung	Modul	Bedeutung
`accept ...`	`core`	Der Apache hat Socket- respektive Verbindungsprobleme. Das Problem sollte untersucht werden, wenn der Fehler häufig auftritt.
`access to ... failed for ..., reason: ...`	`(verschiedene)`	Auf einen URL konnte nicht zugegriffen werden, z. B. weil die zugehörige Datei nicht existiert.
`Address must end in :<port-number>`	`core`	Eine fehlerhafte Adressangabe
`Anonymous: Authoritative, Passwd ... not accepted`	`mod_auth_anon`	Ein angegebenes Passwort wurde zurückgewiesen, der Client hat eine entsprechende Fehlermeldung erhalten.
`Anonymous: Passwd ... Accepted`	`mod_auth_anon`	Eine rein informative Meldung, dass ein Passwort von `mod_auth_anon` akzeptiert worden ist.
`attempt to include NPH CGI script`	`mod_include`	Ein NPH-Skript kann nicht in ein SSI-Dokument eingebunden werden.
`attempt to invoke directory as script`	`mod_cgi`	Es wurde kein gültiges CGI-Skript angegeben.
`bad expires code ...`	`mod_expires`	Vergleiche das Konfigurationskapitel bzgl. `mod_expires`.
`bad token type`	`mod_include`	Überprüfen Sie die Include-Anweisungen im besagten SSI-Dokument.
`Can't find module ...`	`mod_so`	Das SO-Modul konnte ein Modul nicht finden (`LoadModule`).
`Can't get local host address!`	`core`	Kann eventuell zu Problemen führen; setzen Sie den Namen manuell über die `ServerName`-Anweisung.
`Can't have <Files> within <Limit>` `Can't have <Location> within <Limit>`	`core`	In einer `<Limit>`-Sektion dürfen nur die Anweisungen `order`, `allow`, `deny` und `require` verwendet werden.
`Can't open directory for index`	`mod_dir`	Ein Verzeichnisindex konnte nicht erstellt werden. Stimmen die Dateirechte des Verzeichnisses?
`Cannot exceed hard limit for open files`	`core`	Die maximale Anzahl offener Dateideskriptoren wurde erreicht. Falls viele virtuelle Server verwendet werden, versuchen Sie, möglichst wenige Logfiles zu verwenden. Werfen Sie einen Blick in die Betriebssystemdokumentation, ob das Limit evtl. erhöht werden kann.

Tabelle J.1: Fehlermeldungen des Apache (Forts.)

Fehlermeldung	Modul	Bedeutung
`cannot access type map file`	`mod_-negotiation`	Die Dateirechte verbieten eventuell den Zugriff auf die Type-Map.
`Cannot open lock file`	`core`	Die Lock-Datei konnte nicht geöffnet werden. Geben Sie mit der `LockFile`-Anweisung eine geeignete Datei an, oder überprüfen Sie die Dateirechte.
`Cannot open scoreboard file`	`core`	Da kein Shared-Memory zu Verfügung steht, muss eine Scoreboard-Datei verwendet werden, die jedoch nicht geöffnet werden konnte. Geben Sie eine Datei über die `ScoreBoardFile`-Anweisung an.
`cannot read directory for multi`	`mod_negotiation`	Die Verzeichnisrechte verbieten wahrscheinlich die Ausführung der Multi-Views-Suche.
`Cannot resolve host name ...`	`core`	DNS-Probleme. Je nachdem, welcher Lookup fehlgeschlagen ist, hat dies zur Beendigung des Apache geführt.

`child process ... did not exit, sending another SIGHUP`
`child process ... still did not exit, sending a SIGTERM`
`child process ... still did not exit, sending a SIGKILL`
`could not make child process ... exit, attempting to continue anyway`
	`core`	Der Hauptprozess versucht, einen Kindprozess zu beenden, was im Notfall mit einem KILL-Signal durchgesetzt wird.

`chunked Transfer-Encoding forbidden`	`core`	Es wurde versucht, *chunked Transfer-Encoding* bei einer Anfrage zu verwenden, was jedoch (in diesem Fall) nicht möglich ist.
`Client denied by server configuration`	`mod_access`	Der Zugriff auf einen URL wurde aufgrund einer deny-Anweisung verweigert.
`client sent HTTP/1.1 request without hostname` `client sent illegal HTTP/0.9 request`	`core`	Entweder ist der Client, der diese Anfrage geschickt hat, kaputt, oder es wurde versucht manuell eine Anfrage an den Webserver zu stellen, die jedoch fehlerhaft war.

Tabelle J.1: Fehlermeldungen des Apache (Forts.)

Fehlermeldung	Modul	Bedeutung
`client used wrong authentication scheme`	`core`	Bei einer Authentikation wurde entweder eine Digest-Authentikation verwendet, wo nur Basic möglich ist, oder umgekehrt.
`configuration error: couldn't phase ...`	`core`	Eine Client-Anfrage wurde mit einer *Server Error*-Meldung beantwortet. Überprüfen Sie Ihre Konfiguration.
`Configuring Apache for use with suexec wrapper.`	`core`	Eine rein informative Meldung, die in der Shell beim Start ausgegeben wird und darüber informiert, dass der suEXEC-Wrapper aktiviert wurde.
`Could not open password file` `could not open ... auth file`	`mod_auth*`	Eine in der Konfiguration angegebene Passwort- oder Gruppendatei (`AuthUserFile` etc.) konnte nicht gefunden respektive geöffnet werden.
`could not remove shared memory segment`	`core`	Shared-Memory-Probleme
`Couldn't fork child for ... process`	`mod_log_config`	Ein Logging-Prozess konnte nicht gestartet werden. Ressourcenprobleme?
`couldn't spawn child process`	`mod_cgi`	Ein CGI-Skript konnte nicht gestartet werden. Ressourcenprobleme?
`created shared memory segment`	`core`	Eine rein informative Meldung. Erscheint in der Regel bei jedem Start im Error-Log.
`DB user ... not found`	`mod_auth_db`	Die User-ID, die bei einer Authentikation verwendet wurde, wurde in der DB-Datei nicht gefunden.
`DBM user ... not found`	`mod_auth_dbm`	Die User-ID, die bei einer Authentikation verwendet wurde, wurde in der DBM-Datei nicht gefunden.
`Directory index forbidden by rule`	`mod_dir`	Ein Client hat auf ein Verzeichnis zugegriffen, das keine Indexdatei beinhaltet, für das jedoch Verzeichnisindizes deaktiviert wurden.
`dup - couldn't duplicate csd`	(verschiedene)	Dateideskriptor-Probleme
`Dynamic linking error --- symbols left undefined.`	`mod_dld`	Ein Fehler in `mod_dld` ist aufgetreten, der Apache konnte nicht gestartet werden. Wurde vielleicht das Laden der libc via `LoadFile` vergessen?
`else directive does not take tags`	`mod_include`	Verwenden Sie `<!--#else -->`

Tabelle J.1: Fehlermeldungen des Apache (Forts.)

Fehlermeldung	Modul	Bedeutung
`encountered error in GET_CHAR macro`	`mod_include`	Ein interner Fehler des Include-Moduls
`endif directive does not take tags`	`mod_include`	Verwenden Sie `<!--#endif -->`
`Error freeing accept lock. Exiting!` `Error getting accept lock. Exiting!`	`core`	Bei einer Client-Verbindung ist ein Fehler aufgetreten (Locking-Probleme). Falls es sich nicht um einen Einzelfall handelt, sollten Sie das Problem weiter untersuchen.
`Error freeing lock. Exiting!` `Error getting lock. Exiting!`	`mod_rewrite`	Das Rewrite-Modul hat Locking-Probleme bezüglich eines Dateideskriptors.
`Error: Apache has not been designed to serve pages while running as root.`	`core`	Sie haben versucht, den Apache unter der User-ID `root` laufen zu lassen (`User`-Anweisung). Egal warum Sie dies wollten, vergessen Sie es, denn der Apache ist nicht für den Betrieb unter der User-ID `root` ausgelegt. Für lokale Nutzer wäre es ein Leichtes, hierdurch `root`-Rechte zu erlangen. Falls Sie es trotzdem machen wollen, müssen Sie den Apache mit der Compiler-Option `BIG_SECURITY_HOLE` übersetzen.
`exec of ... failed, reason: ...`	(verschiedene)	Ein Skript oder ein Programm konnte nicht gestartet werden. Stimmen die Dateirechte?
`Exec of shell for logging failed!!!`	`mod_log_config`	Ein Logging-Programm konnte nicht gestartet werden.
`Failed to resolve server name for ...`	`core`	DNS-Probleme
`failed to set ... limit`	`core`	Eine RLimit-Anweisung konnte nicht ausgeführt werden.
`Failed to set SendBufferSize, using default`	`core`	Kontrollieren Sie die Angaben in der `SendBufferSize`-Anweisung.
`File does not exist`	(verschiedene)	Haben Sie vielleicht irgendwo einen falschen Dateinamen eingetippt?
`file permissions deny server access` `file permissions deny server execution`	`core`	Überprüfen Sie die Datei- bzw. Verzeichnisrechte.

Tabelle J.1: Fehlermeldungen des Apache (Forts.)

Fehlermeldung	Modul	Bedeutung
fork - Unable to fork new process	core	Dem Server stehen nicht mehr genügend Ressourcen zur Verfügung, um einen neuen Kindprozess zu starten.
httpd: #perl SSI disallowed by IncludesNoExec in ...	mod_include	Ebenso wie #exec und #include von CGI-Skripten ist #perl nicht erlaubt, wenn IncludesNoEXEC verwendet wurde.
httpd: Could not call shmat httpd: Could not call shmget httpd: Could not create OS/2 Shared memory pool. httpd: Could not find existing OS/2 Shared memory pool. httpd: Could not move break httpd: Could not move break back httpd: Could not set segment httpd: Could not stat segment httpd: Could not uopen() newly created OS/2 Shared memory pool.	core	Shared-Memory-Probleme
httpd: Could not mmap /dev/zero httpd: Could not mmap memory	core	MMAP-Probleme
httpd: could not open document config file ...	core	Überprüfen Sie die Dateiangabe und die Dateirechte.
httpd: Your kernel was built without CONFIG_SYSVIPC # kein sharememory on linux	core	Es steht kein Shared-Memory zur Verfügung, weil der Kernel ohne CONFIG_SYSVIPC übersetzt wurde. Sie sollten den Kernel neu übersetzen.
httpd: bad group name ... httpd: bad user name ...	core	Überpüfen Sie die User- und Group-Anweisungen.

Tabelle J.1: Fehlermeldungen des Apache (Forts.)

Fehlermeldung	Modul	Bedeutung

`httpd: cannot determine local host name.`
 	
`httpd: cannot determine the IP address of the local host`
	core	DNS-Probleme

`httpd: caught SIGBUS, attempting to dump core`
 	
`httpd: caught SIGSEGV, attempting to dump core`
	core	Der Hauptprozess des Apache ist abgestürzt! Untersuchen Sie ggfs. die Core-Datei, um die Ursache herauszufinden.

`httpd: caught SIGTERM, shutting down`	core	Dem Hauptprozess wurde ein TERM-Signal geschickt, damit er sich beendet.

`httpd: could not bind to address ... port ...`
 	
`httpd: could not bind to port ...`
	core	Ist der Port vielleicht belegt, weil der Apache schon läuft?

`httpd: could not log pid to file ...`	core	Überprüfen Sie die Dateirechte und die Dateiangabe der Anweisung `PidFile`.
`httpd: could not open ... file ...`	core	Überprüfen Sie die Dateirechte und die Dateiangabe der jeweiligen Anweisung.
`httpd: exec of ... failed, reason: ...`	mod_include	Ein Shell-Befehl oder CGI-Skript konnte nicht ausgeführt werden. Überprüfen Sie ggfs. die Dateirechte.
`httpd: exec used but not allowed in ...`	mod_include	Es wurde versucht, einen Shell-Befehl oder ein CGI-Skript auszuführen, obwohl `IncludesNoEXEC` angegeben wurde.
`httpd: module ... is not compatible with this version of Apache.`	core	Wie wäre es mit einem Update?
`httpd: premature EOF in parsed file ...`	mod_include	Eine Datei konnte nicht eingebunden werden. Überprüfen Sie die beteiligten Dateien.

`httpd: setpgrp failed`
 	
`httpd: setpgrp or getpgrp failed`
 	
`httpd: setsid failed`
	core	Überprüfen Sie die Anweisungen `User` und `Group`.

`httpd: unable to fork new process`	core	Aufgrund von Ressourcenproblemen konnte ein Prozess nicht gestartet werden.

Tabelle J.1: Fehlermeldungen des Apache (Forts.)

Fehlermeldung	Modul	Bedeutung
`httpd: unknown directive ... in parsed doc ...`	`mod_include`	Es wurde eine unbekannte Include-Anweisung verwendet. Überprüfen Sie das SSI-Dokument.
`Host ... has multiple addresses ...`	`core`	Ein virtueller Server wurde mit einem Hostnamen angegeben, der jedoch zu mehreren IP-Adressen gehört. Verwenden Sie eine IP-Adresse statt eines Hostnamens. Der Apache wurde in solch einem Fall nicht gestartet.
`Illegal option`	`core`	Bei einer `Options`-Anweisung wurde eine falsche Option angegeben.
`Illegal override option`	`core`	Bei einer `AllowOverride`-Anweisung wurde eine falsche Option angegeben.
`insufficient space in expand_map_lookups, aborting`	`mod_rewrite`	Überprüfen Sie die `RewriteMap`-Anweisungen und Map-Dateien.
`internal error in ...`	`(verschiedene)`	Wie die Meldung schon sagt, ist ein interner Fehler aufgetreten.
`Invalid auth file type`	`mod_digest`	Die Passwortdatei hat nicht das richtige Format.
`invalid base directive in map file`	`mod_imap`	Kontrollieren Sie die Image-Map-Datei.
`Invalid command ...`	`core`	Es wurde eine falsche Konfigurationsanweisung verwendet.
`invalid CGI ref ... in ...`	`mod_include`	Bei einem `cgi`-Include wurde ein falscher URL angegeben.
`Invalid Content-Length`	`mod_negotation`	In einer Type-Map wurde eine fehlerhafte `Content-Length`-Angabe gemacht.
`Invalid error redirection directive`	`(verschiedene)`	Ein Modul hat versucht, einen ungültigen URL in einem Redirect zu verwenden. Überprüfen Sie die Anweisungen der Module `mod_alias` und `mod_redirect`.

`invalid groupid`
`invalid username`
`invalid userid`
`couldn't determine user name from uid`
`unable to get group list`
	`core`	Überprüfen Sie die `User`- und `Group`-Anweisungen.

`Invalid expression ...`	`mod_include`	In einem SSI-Dokument wurde eine falsche Include-Anweisung verwendet.

Tabelle J.1: Fehlermeldungen des Apache (Forts.)

Fehlermeldung	Modul	Bedeutung
`Invalid parameters for ...`	`core`	Bei einer RLimit-Anweisung wurde ein ungültiger Parameter angegeben.
`Invalid rexp ...`	`mod_include`	In einer Include-Anweisung wurde ein ungültiger regulärer Ausdruck verwendet.
`Invalid URI in request ...`	`core`	Eine Client-Anfrage enthielt einen falschen URI.
`Invalid variable ...`	`mod_include`	Die Variablenangabe in einer Include-Anweisung ist ungültig.
`Listen not allowed in <VirtualHost>`	`core`	Listen kann nur in der Serverkonfiguration selbst definiert werden.
`long lost child came home!`	`core`	Ein Kindprozess, der bereits als verloren galt, ist doch wieder aufgetaucht. Ein gehäuftes Auftreten dieser Meldung sollte genauer untersucht werden.
`lost connection to client`	`core`	Die Verbindung zum Webclient wurde unterbrochen. Sofern die Meldung in gewissen Grenzen auftritt, ist sie normal und sollte nicht weiter beachtet werden.
`malformed header in meta file` `meta file permissions deny server access`	`mod_cern_meta`	Überprüfen Sie die Meta-Datei.
`mod_rewrite: could not fork child for ... process`	`mod_rewrite`	Der Prozess für das Rewrite-Log oder für ein Map-Programm konnte nicht gestartet werden. Ressourcenprobleme?
`Must be uid 0 to raise maximum ...`	`core`	Wenn bei einer RLimit-Anweisung ein zweiter Parameter angegeben wird, muss der Server als *root* gestartet worden sein.
`need AuthName`	`mod_auth*`	Es wurde eine `require`-Anweisung ohne `AuthName`-Anweisung verwendet.
`no acceptable variant`	`mod_negotiation`	Keine der verfügbaren Varianten entspricht den Anforderungen des Webclients.
`object is not a file, directory or symlink`	`core`	Die Anfrage wurde abgewiesen, da es sich um keine gültige Datei, kein gültiges Verzeichnis oder keinen gültigen symbolischen Link gehandelt hat.
`open of ... failed, reason: ...`	`(verschiedene)`	Eine Datei konnte nicht geöffnet werden. Überprüfen Sie die Dateirechte.

Tabelle J.1: Fehlermeldungen des Apache (Forts.)

Fehlermeldung	Modul	Bedeutung
out of memory	mod_include	Ein bisschen mehr Speicher wirkt in solch einem Fall Wunder.
Options ExecCGI is off in this directory	mod_cgi	Es wurde versucht, ein CGI-Skript in einem Verzeichnis auszuführen, in dem dies nicht erlaubt ist. Der Client bekommt in solch einem Fall eine *Forbidden*-Fehlermeldung.
Options FollowSymLinks or SymLinksIfOwnerMatch is off which implies that RewriteRule directive is forbidden	mod_rewrite	Rewrite-Anweisungen können in einer .htaccess-Datei nur verwendet werden, wenn für dieses Verzeichnis auch FollowSymLinks oder SysLinksIfOwnerMatch aktiviert wurde.
Ouch! malloc failed in copy_listeners()	core	Eventuell ist nicht mehr genügend freier Speicher verfügbar.
Port must be numeric	core	Haben Sie vielleicht versucht, bei der Port-Anweisung etwas anderes als eine Zahl anzugeben?
Premature end of script headers	mod_cgi	Die HTTP-Header eines CGI-Skripts wurden nicht korrekt ausgegeben. Als Minimum sollte der Content-Type-Header, gefolgt von einer Leerzeile, ausgegeben werden. Verwenden Sie ScriptLog, falls Sie den Fehler nicht finden können.
printenv directive does not take tags	mod_include	Verwenden Sie <!--#printenv -->
read from script	core	Ein Skript wurde aufgrund eines Timeouts abgebrochen.
Recursive include of ... in parsed file ...	mod_include	Rekursive Include-Anweisungen sind nun mal keine gute Idee...
request failed for ..., reason: URI too long	core	Der URI muss in diesem Fall schon sehr lang gewesen sein. Wenn der Fehler bei einem CGI-Skript auftritt, das die GET-Methode verwendet, sollten Sie die POST-Methode verwenden.
required module not found	core	Ein benötigtes Modul konnte nicht aktiviert werden (AddModule).
RewriteCond: bad argument line ... RewriteRule: bad argument line ...	mod_rewrite	Die Fehlermeldung spricht für sich selbst: Mit einer RewriteCond-respektive RewriteRule-Anweisung stimmt etwas nicht.

Tabelle J.1: Fehlermeldungen des Apache (Forts.)

Fehlermeldung	Modul	Bedeutung
`RewriteCond: cannot compile regular expression` `RewriteRule: cannot compile regular expression`	`mod_rewrite`	Der reguläre Ausdruck einer `RewriteCond`- oder `RewriteRule`-Anweisung ist fehlerhaft.
`RewriteCond: unknown flag ...` `RewriteRule: unknown flag ...`	`mod_rewrite`	Es wurde ein Flag verwendet, das entweder falsch oder für die Anweisung nicht erlaubt ist.
`RewriteMap: map file or program not found`	`mod_rewrite`	Die Datei oder das Programm, das bei einer `RewriteMap`-Anweisung angegeben wurde, konnte nicht gefunden werden. Überprüfen Sie die Dateirechte und den Dateinamen.
`RewriteOptions: unknown option ...`	`mod_rewrite`	Bei der `RewriteOptions`-Anweisung ist (derzeit) als Option nur die Angabe von `inherit` möglich.
`select ...`	`core`	Der Apache hat Socket- respektive Verbindungsprobleme. Das sporadische Auftreten dieser Fehlermeldung kann noch als normal bezeichnet werden.
`script not found or unable to stat`	`mod_cgi`	Überprüfen Sie den Dateinamen und die Dateirechte des CGI-Skripts.
`send body lost connection to ...`	`core`	Die Verbindung zum Client wurde unterbrochen. Sofern die Meldung nicht häufig auftritt, ist sie als normal zu betrachten und kann ignoriert werden.
`send error body`	`core`	Das Timeout beim Senden einer Antwort wurde überschritten, und die Verbindung wurde geschlossen.
`SendBufferSize must be >= 512 bytes, or 0 for system default.`	`core`	Sofern Sie nicht genau verstehen, was die `SendBuffersSize`-Anweisung bewirkt, sollten Sie den Default-Wert nicht ändern.
`setsockopt ...`	`core`	In gewissen Grenzen ist diese Fehlermeldung normal und hat keine fatalen Auswirkungen.
`shmctl ...`	`core`	Shared-Memory-Probleme
`sigaction ...`	`core`	Probleme beim Signal-Handling

Tabelle J.1: Fehlermeldungen des Apache (Forts.)

Fehlermeldung	Modul	Bedeutung
`SIGHUP received. Attempting to restart`	`core`	Dem Hauptprozess wurde ein HUP-Signal geschickt. Falls der Neustart erfolgreich war, finden Sie im Error-Log die Meldung »`Server configured -- resuming normal operations`«.
`SIGUSR1 received. Doing graceful restart`	`core`	Dem Hauptprozess wurde ein USR1-Signal geschickt (*GRACEFUL RESTART*). Falls der Neustart erfolgreich war, finden Sie im Error-Log die Meldung »`Server configured -- resuming normal operations`«.
`Server configured -- resuming normal operations`	`core`	Diese Meldung wird im Error-Log ausgegeben, wenn der Apache erfolgreich gestartet respektive ein Neustart durchgeführt wurde
`Server status unavailable in inetd mode`	`core`	Das Status-Modul kann nur verwendet werden, wenn der Apache im Standalone-Modus (`ServerType`) läuft, was sowieso sinnvoller ist.
`ServerRoot must be a valid directory`	`core`	Die Verzeichnisangabe der Anweisung `ServerRoot` ist fehlerhaft. Entweder wurde kein Verzeichnis angegeben oder es ist nicht lesbar.
`ServerType must be either 'inetd' or 'standalone'`	`core`	Vergleiche hierzu das Konfigurationskapitel.
`soaking script stderr`	`core`	Ein Skript wird abgebrochen (*Soft-Timeout*).
`Symbolic link not allowed`	`core`	Ein symbolischer Link wird auf Dateisystem-Ebene nur dann verfolgt, wenn `FollowSymLinks` oder `SymLinksIfOwnerMatch` für das Ausgangs- und das Zielverzeichnis des Links aktiviert wurde.
`Syntax error in type map ...`	`mod_negotiation`	Sie sollten einmal einen genauen Blick in die angegebene Type-Map werfen.
`Syntax error on line ... of ...`	`core`	In einer Konfigurationsdatei ist in der besagten Zeile ein Fehler enthalten.
`unable to change uid` `unable to set group id`	`core`	Überprüfen Sie die Einstellung der Anweisungen `User` und `Group`.
`Unknown Transfer-Encoding`	`core`	Der `Transfer-Encoding`-Wert wird nicht unterstützt.

Tabelle J.1: Fehlermeldungen des Apache (Forts.)

Fehlermeldung	Modul	Bedeutung
`Unmatched '(' in ...` `Unmatched ')' in ...`	`mod_include`	Bei einer Wertangabe einer Include-Anweisung wurden eine oder mehrere Klammern falsch gesetzt.
`Unrecognized LogFormat directive ...`	`mod_log_config`	Es wurde versucht, eine unbekannte Formatangabe bei der `LogFormat`-Anweisung zu verwenden.
`Unsupported HTTP response code`	`core`	Ein falscher Statuscode wurde gesetzt.
`User ... not found (MSQL-Auhtoritative)`	`mod_auth_msql`	Die bei einer Authentikation angegebene User-ID wurde nicht gefunden.
`WARNING: Compile-time limit of ... servers`	`core`	Der via Compiler-Option `HARD_SERVER_LIMIT` gesetzte Wert wurde bei der Angabe von MaxClients überschritten.
`WARNING: Require MaxClients > 0, setting to 1`	`core`	`MaxClients` muss mindestens den Wert 1 haben.
`WARNING: detected MinSpareServers set to non-positive.`	`core`	`MinSpareServers` muss mindestens den Wert 1 haben.
`Warning: DocumentRoot ... does not exist`	`core`	Überprüfen Sie die `DocumentRoot`-Anweisung, und setzen Sie sie auf ein gültiges Verzeichnis.
`Warning: ... directive in <VirtualHost> requires SUEXEC wrapper.`	`core`	User und Group kann in einer `<VirtualHost>`-Sektion nur verwendet werden, wenn der suEXEC-Wrapper eingebunden wurde.

Anhang K

Lizenzbedingungen des Apache

```
Copyright (c) 1995-1999 The Apache Group.  All rights reserved.

Redistribution and use in source and binary forms, with or without
modification, are permitted provided that the following conditions
are met:

1. Redistributions of source code must retain the above copyright
   notice, this list of conditions and the following disclaimer.

2. Redistributions in binary form must reproduce the above copyright
   notice, this list of conditions and the following disclaimer in
   the documentation and/or other materials provided with the
   distribution.

3. All advertising materials mentioning features or use of this
   software must display the following acknowledgment:
   "This product includes software developed by the Apache Group
   for use in the Apache HTTP server project (http://www.apache.org/)."

4. The names "Apache Server" and "Apache Group" must not be used to
   endorse or promote products derived from this software without
   prior written permission. For written permission, please contact
   apache@apache.org.

5. Products derived from this software may not be called "Apache"
   nor may "Apache" appear in their names without prior written
   permission of the Apache Group.

6. Redistributions of any form whatsoever must retain the following
   acknowledgment:
   "This product includes software developed by the Apache Group
   for use in the Apache HTTP server project (http://www.apache.org/)."

THIS SOFTWARE IS PROVIDED BY THE APACHE GROUP ''AS IS'' AND ANY
```

```
EXPRESSED OR IMPLIED WARRANTIES, INCLUDING, BUT NOT LIMITED TO, THE
IMPLIED WARRANTIES OF MERCHANTABILITY AND FITNESS FOR A PARTICULAR
PURPOSE ARE DISCLAIMED.  IN NO EVENT SHALL THE APACHE GROUP OR
ITS CONTRIBUTORS BE LIABLE FOR ANY DIRECT, INDIRECT, INCIDENTAL,
SPECIAL, EXEMPLARY, OR CONSEQUENTIAL DAMAGES (INCLUDING, BUT
NOT LIMITED TO, PROCUREMENT OF SUBSTITUTE GOODS OR SERVICES;
LOSS OF USE, DATA, OR PROFITS; OR BUSINESS INTERRUPTION)
HOWEVER CAUSED AND ON ANY THEORY OF LIABILITY, WHETHER IN CONTRACT,
STRICT LIABILITY, OR TORT (INCLUDING NEGLIGENCE OR OTHERWISE)
ARISING IN ANY WAY OUT OF THE USE OF THIS SOFTWARE, EVEN IF ADVISED
OF THE POSSIBILITY OF SUCH DAMAGE.
====================================================================

This software consists of voluntary contributions made by many
individuals on behalf of the Apache Group and was originally based
on public domain software written at the National Center for
Supercomputing Applications, University of Illinois, Urbana-Champaign.
For more information on the Apache Group and the Apache HTTP server
project, please see <http://www.apache.org/>.
```

Anhang L

Inhalt der CD-ROM

Der komfortabelste Weg, auf den Inhalt der CD-ROM zuzugreifen ist die Verwendung eines Webbrowsers. Starten Sie einen Webbrowser Ihrer Wahl, und öffnen Sie die Datei `index.html` im Hauptverzeichnis der CD-ROM. Ist die CD-ROM beispielsweise unter dem Pfad `/cdrom` eingebunden, so rufen Sie den Browser entweder mit dem Argument `/cdrom/index.html` auf oder öffnen den URL `file:/cdrom/index.html`.

Natürlich können Sie auch in gewohnter Weise über eine Shell oder über einen Dateimanager auf die CD-ROM zugreifen.

In Tabelle L.1 finden Sie eine kurze Auflistung der einzelnen Verzeichnisse und deren Inhalt.

Tabelle L.1: Inhalt der CD-Verzeichnisse

Verzeichnis	Inhalt
apache	Apache-Source- und -Binary-Distributionen
cgi	Common Gateway Interface: Spezifikationen, Skripten, Wrapper und Programmierbibliotheken
check	Link- und HTML-Checker
faq	Frequently Asked Questions: WWW, CGI, SSL etc.
languages	Perl-, Python- und Tcl-Distributionen
logfiles	Logfile-Security-Checker
mirror	HTTP-Mirror-Werkzeuge
misc	LibWWW, Squid, gd etc.
modules	Apache-Zusatzmodule (SSL, PHP3, JServ, Perl etc.)
rfc	Request For Comments (Komplettindex)
search	Suchsysteme: HTDig, Isite, WebGlimpse, ICE und Intermediate Search
security	Sicherheitswerkzeuge und Hilfsprogramme
openssl	*Secure Sockets Layer*-Bibliothek
stats	Statistikprogramme und Hilfsprogramme zur Logfile-Analyse

Literaturverzeichnis

[Bern94-1]
Berners-Lee, Tim; u.a.: Uniform Resource Identifiers in WWW; Juni 1994; RFC 1630.

[Bern94-2]
Berners-Lee, Tim; u.a.: Uniform Resource Locators (URL); Dezember 1994; RFC 1739.

[Bern98]
Berners-Lee, Tim; u.a.: Uniform Resource Identifiers (URI): Generic Syntax; August 1998; RFC 2396.

[Bern95]
Berners-Lee, Tim; Connolly, D: Hypertext Markup Language – 2.0; November 1995; RFC 1866.

[Chap95]
Chapman, D. Brent; Zwicky, Elizabeth D.: Einrichten von Internet Firewalls; 1995; O'Reilly & Associates, Inc, California.

[Dier99]
Dierks, C.; Allen, C.: The TLS Protocol Version 1.0; Januar 1999; RFC 2246.

[Fiel95]
Fielding, R.; Relative Uniform Resource Locators; Juni 1995; RFC 1808.

[Fiel96]
Fielding, R.; u.a.: Hypertext Transfer Protocol – HTTP/1.0; Juni 1996; RFC 1945.

[Fiel97]
Fielding, R.; u.a.: Hypertext Transfer Protocol – HTTP/1.1; Januar 1997; RFC 2068.

[Fiel99]
Fielding, R.; u.a.: Hypertext Transfer Protocol – HTTP/1.1; Juni 1999; RFC 2616.

[Flyn95]
Flynn, P.: The World Wide Web Handbook; 1995; International Thomson Publishing, London.

[Fran97]
Franks, J.; u.a.: An Extension to HTTP: Digest Access Authentication; Januar 1997; RFC 2069.

[Fran99]
Franks, J.; u.a.: HTTP Authentication: Basic and Digest Access Authentication; Februar 1999; RFC 2617.

[Fres96]
Freiss, Martin: SATAN – Sicherheitsmängel erkennen und beheben; 1996; O'Reilly & Associates, Inc, California.

[Frei96]
Freier, Alan O.; u.a.: The SSL Protocol Version 3.0; März 1996; Internet-Draft (`http://home.netscape.com/newsref/std/SSL.html`).

[Frie97]
Friedl, Jeffrey E.F.: Mastering Regular Expressions; 1997; O'Reilly & Associates, Inc, California.

[Frie98]
Friedl, Jeffrey E.F.: Reguläre Ausdrücke; 1998; O'Reilly Verlag, Köln.

[Ford95]
Ford, A.: Spinning the Web; 1995; International Thomson Publishing, London.

[Gait96]
Gaither, Mark u.a.: WWW-Programmierung mit CGI – Entwicklung interaktiver Anwendungen; 1996; International Thomson Publishing, Bonn.

[Garf96]
Garfinkel, Simson; Spafford, Gene: Practical UNIX and Internet Security; zweite Auflage, 1996; O'Reilly & Associates, Inc, California.

[Gola99]
Goland, Y.; u.a.: HTTP Extensions for Distributed Authoring -- WEBDAV; Februar 1999; RFC 2518.

[Gund96]
Gundavaram, Shishir: CGI Programmierung im World Wide Web; 1996; O'Reilly & Associates, Inc, California.

[Hein98]
Mathias Hein; TCP/IP – Internet Protokolle im professionellen Einsatz; 4. Auflage 1998; MITP-Verlag, Bonn.

[Holt98-1]
Holtman, K; Mutz, A: Transparent Content Negotiation in HTTP; März 1998; RFC 2295.

[Holt98-2]
Holtman, K; Mutz, A: HTTP Remove Variant Selection Algorithm -- RVSA/1.0; März 1998; RFC 2296.

[Kahr00]
Kahre, R.; Lawrence, S.: Upgrading to TLS Within HTTP/1.1; 2000; Internet-Draft (`draft-ietf-tls-http-upgrade-05.txt`).

[Kyas98]
Kyas, Othmar: Sicherheit im Internet; 2. Auflage 1998; MITP-Verlag, Bonn.

[Laur99]
Laurie, Ben; Laurie, Peter: Apache – The Definitive Guide; 2. Auflage 1999; O'Reilly & Associates, Inc, California.

[Meye95]
Meyers, J. Rose, M.: The Content-MD5 Header Field; Oktober 1995; RFC 1864.

[Neus96]
Neuss, Christian; Vromans, Johan: Webmasters Handbuch – CGI-Skripte mit Perl programmieren; 1996; International Thomson Publishing, Bonn.

[Pohl97]
Pohlmann, Norbert: Firewall-Systeme; 1997; International Thomson Publishing, Bonn.

[Post85]
Postel, J.; Reynolds, J.: File Transfer Protocol (FTP); Oktober 1985; RFC 959.

[Schr99]
Schröder, Jacob; Müller, Martin: Webserver betreiben: HTTP und Apache – Grundlagen, Konzepte und Lösungen; 1999, dpunkt-Verlag.

[Spai96]
Spainhour, Stephen; Quercia, Valerie: WebMaster in a Nutshell; 1996; O'Reilly & Associates, Inc, California.

[Ste92]
Stevens, W. Richard: Advanced Programming in the UNIX Environment; Mai 1992; Addison-Wesley, Massachusetts

[Ste94]
Stevens, W. Richard: TCP/IP Illustrated, The Protocols, Volume 1; 1994; Addision-Wesley, Massachusetts.

[Ste94]
Stevens, W. Richard: TCP/IP Illustrated, The Implementation, Volume 2; 1994; Addision-Wesley, Massachusetts.

[Ste96]
Stevens, W. Richard: TCP-Illustrated, TCP for Transactions, HTTP, NNTP, and the UNIX Domain Protocols, Volume 3; Januar 1996; Addison-Wesley, Massachusetts.

[Ste97]
Stevens, W. Richard: UNIX Network Programming: Networking APIs – Sockets and X11, Volume 1; Oktober 1997, Prentice Hall.

[Ste97]
Stevens, W. Richard: UNIX Network Programming: Interprocess Communication, Volume 2; August 1998, Prentice Hall.

Stichwortverzeichnis

B

C

D

H

N

Q

R

S

Y

Z

T

U